袁行霈 主編
趙爲民 程郁綴 副主編

歷代名篇賞析集成

魏晉南北朝隋唐五代卷（上）

高等教育出版社

篇目表

李白

高　適

于會稽山陰之蘭亭脩稧事
也羣賢畢至少長咸集此地
有崇山峻領茂林脩竹又有清流激
湍暎帶左右引以為流觴曲水
列坐其次雖無絲竹管絃之
盛一觴一詠亦足以暢敘幽情
是日也天朗氣清惠風和暢仰
觀宇宙之大俯察品類之盛
所以遊目騁懷足以極視聽之
娛信可樂也夫人之相與俯仰
一世或取諸懷抱悟言一室之內
或因寄所託放浪形骸之外雖

於所遇暫得於己快然自足不
知老之將至及其所之既惓情
隨事遷感慨係之矣向之所
欣俛仰之閒以為陳迹猶不
能不以之興懷況脩短隨化終
期於盡古人云死生亦大矣豈
不痛哉每攬昔人興感之由
若合一契未嘗不臨文嗟悼
不能喻之於懷固知一死生為虛
誕齊彭殤為妄作後之視今
由今之視昔悲夫故列
敘時人錄其所述雖世殊事
異所以興懷其致一也後之攬
者亦將有感於斯文

步出夏門行・觀滄海

曹　操

東臨碣石，以觀滄海。水何澹澹，山島竦峙。樹木叢生，百草豐茂。秋風蕭瑟，洪波湧起。日月之行，若出其中；星漢燦爛，若出其裏。幸甚至哉，歌以詠志。

開頭兩句起得很平穩，只不過是說站在碣石山上俯視大海，然而這番交代非常重要。因爲同樣是觀海，站在不同的地方（如山頂、船頭、岸邊），從不同的角度（如俯視、平眺），所得到的感受是不一樣的。先把立足點交代清楚，後邊的描寫才有着落，這是一。第二，碣石幷不是一座普普通通的山，《史記》和《漢書》上說秦始皇、漢武帝都曾登過此山，而且秦始皇還曾刻石於此（一九八二年四月，遼寧省文物部門在渤海之濱、距山海關十五公里的綏中縣黑山頭發現了漢代「望海台」遺址，據考證很可能就是秦皇、漢武和曹操觀海的遺址）。試想，登上這樣一座山去俯視大海，怎不格外激動呢？下面就接着寫觀海所見：

水何澹澹，山島竦峙。

曹操從大處落筆，着力表現大海那種蒼茫渾然的氣勢。「水何澹澹」形容海水搖蕩波動的樣子，其中有驚訝、有讚美，正是剛剛登上山頂的第一個印象。這兩句是寫大海的全景：極目遠眺，一片汪洋，唯有山島竦峙在海中。給人一種堅定、倔強的感覺。

巍然的山島奪去了詩人的注意，他便索性撇開大海去寫山島的景色：

樹木叢生，百草豐茂。

時間已是初秋，山上却依然是一片繁榮的景象，似乎其中有無限的生趣等待詩人去發現。這尋常的八個字把人帶進一個不尋常的境地，可是詩人不肯讓我們在這兒多流連一會兒，他突然掉轉筆鋒出人意外地寫出這樣兩句：

秋風蕭瑟，洪波湧起。

隨着一陣蕭瑟的風聲，突然湧起萬丈狂瀾，真叫人驚嘆不已！但是等我們轉眼去看那洪波的時候，詩人却又撇開眼前的實景，把我們帶進一個更加宏偉的想象的境界中去了：

日月之行，若出其中；星漢燦爛，若出其裏。

太陽和月亮出自東方，落向西方，日復一日地運行着，好像始終沒有離開過大海的懷抱。銀河燦爛斜貫蒼穹，它那遠遠的一端垂向大海，猶同發源於海底一樣。日、月、銀河，這三者可算是自然界最偉大、最輝煌的形象了吧？然而在曹操的想象裏，日、月、銀河的運行仍然離不開大海的懷抱，大海就像孕育它們的母親一樣。這種想象很雄偉，但是又很親切，使人覺得那吞吐日月的大海匯入了詩人的感情。這樣的境界在別人的詩裏是很少見的。

最後兩句是配樂時加上去的，每章的末尾都要重複一遍，它們和全詩的內容無關。

曹操這首《觀滄海》寄託了很深的感慨，雖然句句寫景，實則句句抒情。曹操不是到碣石來遊山玩水的，當時他正走在北征烏桓的路上。烏桓是漢代東北部的大患，建安十一年（二〇六），三郡烏桓破幽州，俘虜了漢民十餘萬戶。同年袁紹的兒子袁尚、袁熙勾結遼西烏桓蹋頓屢次騷擾邊境。所以這年冬天曹操不得不鑿渠通運準備出征。建安十二年（二〇七），曹操不顧劉表、劉備可能乘虛進襲而毅然北上。五月，到無終（今河北薊縣），沿渤海往東北行，七月遇到大水海道不通，於是改從陸路出盧龍塞（今河北遷安縣西北，喜峯口至冷口一帶）。八月，大破烏桓於白狼山，斬蹋頓，降者二十餘萬。這次巨大的勝利鞏固了曹操的後方。所以第二年曹操才能南下長江攻打東吳。把前後的事件聯繫起來，我們就可以看出北征烏桓對曹操來說是一場多麼重要的戰爭了。《觀滄海》正是這年秋天勝利歸來經過碣石所寫的。身爲主帥的曹操登上當年秦皇、漢武也曾登過的碣石山，又正是秋風蕭瑟之際，他的心情一定會像滄海一樣難以平靜。他將自己昂揚的鬥志，統一天下的理想，以及憂世的感慨，一幷寫進這首詩裏。這就構成了《觀滄海》豐富的思想內容和蒼勁古直的風格。作爲建安時代中下層地主階級傑出的政治家和軍事家，他的這種思想是符合歷史發展的要求和人民利益的。

《觀滄海》是我國現存第一首完整的山水詩。由於我國古代人民和海洋的關係不像和山河那樣密切，所以過去以海洋爲題材的詩不多。又由於海洋的形象比山河顯得單純，比較難以表現，所以寫海的詩成功的也不太多。姑以名家而論，像謝靈運、謝朓、李白等雖有這一類詩，但多半是着力描繪驚濤駭浪，或者堆垛些黿鼉龍魚的神話，很少有幾首能够反映出大海的氣魄。曹操這首《觀滄海》只是淡淡幾筆，就準確生動地勾勒出大海的形象，單純而不單調，豐富而不瑣細。它爲什麼能够取得如此好的效果呢？因爲曹操不是簡單地再現眼見耳聞的素材，不是自然主義地摹擬海洋外在的特點，而是力求透過表層去捕捉它內在的精神，力求表現它那種孕大含深、動蕩不安的性格。海洋在曹操筆下具備了人的豪爽和堅強。這樣寫不但沒有歪曲它，反而更眞實更深刻地反映了它的面貌。藝術創作最忌見物不見人，優秀的文學家和藝術家都懂得因物見人的道理，這是一種似紆實直、似易實難的寫法。因爲既不能脫離景物，又不能拘泥於景物，而要在全面地把握了景物的特點之後，取其主，捨其次，再把從生活中感受到的美的理想融會進去，用飽蘸感情的筆墨表現出來。這樣，作品裏的景物就高於自然景物，就有了靈魂、有了生命，而作家也就得以抒發自己的感情。否則頂多是徒有其表地把景物的輪廓、色彩、明暗照原樣搬進作品而已。

把《觀滄海》和曹操的另一首詩《龜雖壽》的表現方法比較一下是很有意思的。首先，《觀滄海》是借景抒情，把眼前的實景、自己的想象以及個人的雄心壯志這三者很巧妙地交融在一起，寫得十分雄壯。《龜雖壽》却是一首非常樸素的詩，從這裏你幾乎找不到一個悅人耳目的詞句，它盡用了些「龜」、「蛇」、「土灰」、「老驥」、「櫪」、「暮年」一類缺乏詩意的詞藻，但是憑着那股要求突破天命限制的氣魄，有力地打動了我們的心弦。《龜雖壽》和《觀滄海》同樣是抒發感情，但它採用了最直截了當的方式，好像是一句句喊出來的一樣。節奏十分急促，頓挫非常分明，從反正兩面一句緊似一句地逼出那個中心思想，達到了全詩的高潮，這就是那有名的四句：「老驥伏櫪，志在千里；烈士暮年，壯心不已。」

其次，《觀滄海》的高潮在詩的末尾，《龜雖壽》的高潮却在詩的中間，高潮之後詩人用四句議論來煞尾。這樣就把滿腔的熱情凝聚在一個哲理之中，顯得非常穩重有力。這當然不是說《觀滄海》那種寫法不好，它自有它的好處。《觀滄海》的感情很奔放，思想却很含蓄。惟其含蓄，所以更有啓發性，更能激發人們的想象，更耐人尋味。過去人說曹操「如幽燕老將，氣韻沉雄」。我想，從這兩首詩裏是可以得到印證的。

（袁行霈）

步出夏門行·龜雖壽

曹　操

神龜雖壽，猶有竟時。騰蛇乘霧，終為土灰。老驥伏櫪，志在千里；烈士暮年，壯心不已。盈縮之期，不但在天；養怡之福，可得永年。幸甚至哉，歌以詠志。

這首詩是曹操的樂府詩《步出夏門行》的最後一章，寫作的時間是建安十二年（二〇七）。東漢末年，居住在我國東北部的烏桓奴隸主貴族，乘中原一帶天下大亂之機，經常入塞擄掠漢民。建安十年，曹操平定冀州以後，袁紹的兒子袁熙和袁尚等，投奔了烏桓。建安十二年，曹操爲了安定東北邊境，消滅袁紹的殘餘勢力，率軍征伐烏桓，結果取得了勝利。這首詩是他凱旋歸來的時候寫的。全詩以昂揚慷慨爲基調，抒發了曹操老當益壯、積極進取的豪壯之情。

《龜雖壽》共十四句，除最後兩句是入樂時加的，和全詩的內容沒有關係以外，其他十二句，每四句是一層，可以分成三層來理解。

第一層是開頭四句。這四句的主要意思是說「人壽不長」。詩人爲了表現這一意思，沒有採取直述的寫法，而是連用了神龜和騰蛇兩個比喻。神龜，是龜的一種，古人常常用它來象徵長壽，《莊子·秋水篇》就說「楚有神龜死已三千歲矣」。神龜儘管能長壽，但最後還是要死亡，所以詩中說「猶有竟時」。騰蛇，又作「螣蛇」，相傳是一種像龍一樣的神物，本領很大，《韓非子·難勢篇》說：「飛龍乘雲，騰蛇游霧。」騰蛇雖然能騰雲駕霧，但到時候也免不了死亡，因此詩中說「終爲土灰」。大千世界，物種繁多。詩人在這裏特別標舉神龜和騰蛇，還是因爲在迷信思想相當盛行的古代，神龜和騰蛇都染上了濃厚的神學色彩，即使這樣，詩人也斷定它們逃脫不了死亡的命運。神龜和騰蛇尚且如此，至於其他物種，那就自然更不在話下了。因此，詩人用神龜和騰蛇作比喻，不僅具有舉一反三、以重代輕的典型意義，同時也旗幟鮮明地否定了萬物不變、人可以成仙不死等神學迷信思想。從修辭的角度來看，開頭這四句用的是借喻，只寫出了用做比喻的神龜和騰蛇，至於被比喻的內容，則完全略去了。這樣處理，不僅語言精練，而且也給讀者留下了想象的餘地，使讀者會自然地聯想到，衰老和死亡也是人們無法抗拒的自然規律。但是如何對待衰老和死亡，不同的人常常有不同的表現。有的及時行樂，虛度時光；有的慨嘆遲暮，消極悲觀。而曹操則表現了另外一種精神境界，這就是這首詩第二層所抒發的思想感情。

「老驥伏櫪」以下四句是第二層。這一層是全詩的中心。在寫法上，這一層和第一層有些相似之處，也是運用了比喻，用臥伏在馬棚裏的老驥還想馳騁千里，來比喻想建功立業的烈士到了暮年，仍是壯志不減。在這裏，詩人用老驥作比喻，是非常貼切的，意蘊也是極其豐富的。老驥，就是老千里馬。在古代，千里馬在人們的生活中，特別是在征戰中有很重要的作用。就當時來說，有多少千里馬隨曹操的部隊馳騁疆場，經受了考驗，也立下了戰功。可以說，千里馬和曹操部隊的征戰是息息相關的。曹操本人在動亂的年代，務在武功，身披介胄，轉戰南北，也有和老驥相似的經歷。因此，曹操用老驥作比喻，飽含着對老驥的尊敬和愛戴，同時也是他自己幾十年戎馬倥偬的征戰生涯的象徵。在內容上，這一層上承第一層，一方面表現了曹操清醒地看到了自己已經到了暮年，另一方面又表現了他進入暮年時的可貴的精神狀態。這一層一開始就寫「老驥伏櫪」，寫出了千里馬同神龜和騰蛇一樣，也不能違背自然法則，也是要老的。千里馬是這樣，人何嘗不是如此。對這一點，曹操認識得很清楚，他在《却東西門行》一詩中曾說自己是「冉冉老將至」。他寫《龜雖壽》時，已是五十三歲的年紀，照古人的說法，人「五十始衰」。因此，曹操在這首詩中，承認自己是到了暮年。但是曹操的過人之處主要不在這裏，而在於他面對暮年，在精神狀態上不服老，要老當益壯，要保持一種生命不息、鬥爭不止、奮發有爲的精神境界。這一點確實是難能可貴的。

一個有作爲的人，總是珍惜年華，總是想依靠人的力量延長自己的生命，從而爭取有更多的時間來建功立業，曹操就是這樣一個人。曹操的這種思想感情在《龜雖壽》的第三層有比較集中的表現。在曹操看來，「盈縮之期，不但在天」，也就是人的壽命的長短，與「天」有關係，但又不是完全由「天」來決定的。「養怡之福，可得永年」，只要人們能够注意保養自己的身體，是可以延年益壽的。在這裏，曹操一方面看到了人的壽命與自然屬性有關係，另一方面又突出地強調了在壽命問題上人的主觀能動作用。這種樸素的、辯證的唯物精神，否定了長期流傳的「死生有命，富貴在天」的迷信說法，這在當時來說，是相當進步的思想。

千百年來，《龜雖壽》被廣爲傳誦，表現了很強的生命力。清朝人陳祚明《采菽堂古詩選》評此詩說：「名言激昂，千秋使人慷慨。」此言不差。《晉書·王敦傳》載：王敦每次喝酒以後，就詠唱「老驥伏櫪，志在千里；烈士暮年，壯心不已」。他一邊詠唱，一邊用如意擊唾壺爲節，以至壺邊都被擊破了。新中國成立後，這首詩也廣泛流傳。這是因爲它在思想和藝術上有明顯的特點，并與我們中華民族的文化傳統有密切的關係。

前面談到，《龜雖壽》的中心是抒發了一種老當益壯、積極進取的精神風貌。這種風貌從一個側面反映了當時的時代精神和我們中華民族的文化傳統的一個特點。

東漢末年，戰亂頻仍，社會慘遭破壞。曹操經過多年的努力，雖然基本上統一了北方，安定了邊境，但戰亂并沒有消除，祖國還沒有統一。在這種形勢下，積極入世，消除戰亂，恢復封建治世，已成爲時代的要求。《龜雖壽》抒發的「壯心不已」、積極進取的豪壯之情，正是當時時代的最強音。從我們中華民族的文化傳統來看，儘管在漫長的歷史長河中，曾經出現過形形色色的神異的、出世的思想，但是它們始終沒有壓倒積極入世的思想，積極進取、建功立業，是我們中華民族文化傳統的特點之一。這一特點曾經激勵過無數的仁人志士，在「治國平天下」的事業中，奮發有爲，即使到了暮年，「猶冀有新功」。《龜雖壽》表現的正是這種思想感情，因此自古迄今，引起了許多人的共鳴。

《龜雖壽》是一首抒情詩，但是它和一般的抒情詩不同。一般的抒情詩都重在抒發感情，而這首詩却明顯地具有哲理的內容，做到了感情和哲理互相交融，使哲理寓於形象當中，因此我們讀這首詩的時候，既能被詩情激動，也能够通過具體的形象領悟到重要的人生哲理。這一點恐怕也是《龜雖壽》能在歷代膾炙人口的一個重要原因。

（張可禮）

短歌行

曹　操

對酒當歌，人生幾何？譬如朝露，去日苦多。慨當以慷，憂思難忘。何以解憂？唯有杜康。青青子衿，悠悠我心。但為君故，沉吟至今。呦呦鹿鳴，食野之苹。我有嘉賓，鼓瑟吹笙。明明如月，何時可掇？憂從中來，不可斷絕。越陌度阡，枉用相存。契闊談讌，心念舊恩。月明星稀，烏鵲南飛。繞樹三匝，何枝可依？山不厭高，海不厭深。周公吐哺，天下歸心。

曹操這一首《短歌行》是建安時代傑出的名作，它代表着人生的兩面，一方面是人生的憂患，一方面是人生的歡樂。而所謂兩面也就是人生的全面。整個的人生中自然含有一個生活的態度，這就具體地表現在成爲《楚辭》與《詩經》傳統的產兒。它一方面不失爲《楚辭》中永恆的追求，一方面不失爲一個平實的生活表現，因而也就爲建安詩壇鋪平了道路。

這首詩從「對酒當歌，人生幾何」到「但爲君故，沉吟至今」，充分表現着《楚辭》裏的哀怨。一方面是人生的無常，一方面是永恆的渴望。而「呦呦鹿鳴」以下四句却是盡情的歡樂。你不曉得何以由哀怨這一端忽然會走到歡樂那一端去，轉折得天衣無縫，彷佛本來就該是這麼一回事似的。這才是眞正的人生的感受。這一段如是，下一段也如是。「明明如月，何時可掇？憂從中來，不可斷絕。越陌度阡，枉用相存。契闊談讌，心念舊恩。月明星稀，烏鵲南飛。繞樹三匝，何枝可依。」纏緜的情調，把你又帶回更深的哀怨中去。但「山不厭高，海不厭深」，終於走入「周公吐哺，天下歸心」的結論。上下兩段是一個章法，但是你並不覺得重複，你只覺得捲在悲哀與歡樂的旋渦中，不知道什麼時候悲哀沒有了，變成歡樂；也不知道什麼時候歡樂沒有了，又變成悲哀，這豈不是一個整個的人生嗎？把整個的人生表現在一個刹那的感覺上，又都歸於一個最實在的生活上。「我有嘉賓，鼓瑟吹笙」，不正是當時的情景嗎？「周公吐哺，天下歸心」，不正是當時的信心嗎？

「青青子衿」到「鼓瑟吹笙」兩段連貫之妙，古今無二。《詩經》中現成的句法一變而有了《楚辭》的精神，全在「沉吟至今」的點竄，那是「青青子衿」的更深的解釋，《詩經》與《楚辭》因此才有了更深的默契，從《楚辭》又回到《詩經》，這樣與《鹿鳴》之詩乃打成一片，這是一個完滿的行程，也便是人生旅程的意義。「月明星稀」何以會變成「山不厭高，海不厭深」？幾乎更不可解。莫非由於「明月出天山」，「海上生明月」嗎？古詩說「枯桑知天風，海水知天寒」，枯桑何以知天風，因爲它高；海水何以知天寒，因爲它深。唐人詩「一葉落知天下秋」，我們對於宇宙萬物正應該有一個「知」字。然則既然是山，豈可不高？既然是海，豈可不深呢？「並刀如水，吳鹽勝雪」，既是刀，就應該雪亮；既是鹽，就應該雪白，那麼就不必問山與海了。

山海之情，成爲漫漫旅程的歸宿，這不但是烏鵲南飛，且成爲人生的思慕。山既盡其高，海既盡其深。

人在其中乃有一顆赤子的心。孟子主盡性，因此養成他浩然之氣。天下所以歸心，我們乃不覺得是一個誇張。

（林　庚）

燕歌行

曹　丕

秋風蕭瑟天氣涼，草木搖落露為霜，羣燕辭歸鵠（一本作「雁」）南翔。念君客游思斷腸（一本作「多思腸」），慊慊思歸戀故鄉，君何淹留寄他方？賤妾煢煢守空房，憂來思君不敢忘，不覺淚下霑衣裳。援琴鳴絃發清商，短歌微吟不能長，明月皎皎照我牀。星漢西流夜未央，牽牛織女遙相望，爾獨何辜限河梁！

一

曹丕是我國文學史上建安時期代表作家之一。在談曹丕的詩歌以前，我們有必要介紹一下建安文學的特點。歷來文學史研究者都認爲，建安文學，特別是詩歌，在我國古典文學發展中是一次新的飛躍。它上承先秦兩漢，下啓六朝和唐代，繼《詩》、《騷》和漢樂府之後，爲詩歌開闢了更廣闊的領域，甚至可以說，它是盛唐詩歌的基石。用古人現成的話來說，即所謂「建安風骨」或「建安風力」。

前人對「風骨」或「風力」的解釋很多，這裏不想列舉。照我的理解，建安詩歌最大的特色，即它既反映了當時社會上的各種矛盾鬥爭，又傾吐了作家個人的抱負理想，是現實主義和浪漫主義兩種創作方法結合得比較好的典範。從另一角度説，在文學史上有個比較普遍的規律，即有素養的文人在傳統民間文學的深厚的基礎上對某種形式的文學作品進行了加工再創造（通常稱之爲民間文藝與文人加工相結合），就能產生出煥發異彩的帶有新鮮血液的作品來。如小説中的《三國演義》、《水滸傳》、《西遊記》和戲曲中的《西廂記》等，都屬此類。由此上溯，屈原的《離騷》，建安和盛唐時期的詩歌，以及晚唐五代的詞，也都合於文學史上這一發展規律。建安時期的曹氏父子和王粲、劉楨等作家羣，實際上是在繼承兩漢樂府民歌的基礎上進行創造性的寫作，從而形成了源遠流長的一代詩風。所謂「風骨」或「風力」，概括地説，就是用比較壯美或精緻的語言來表達有一定現實意義的思想內容，既形成了不同作家各自的獨特風格，又體現出具有共性的時代精神風貌。所謂「骨」與「力」，就是指生活基礎比較深厚的作家所寫出的具有比較堅實而優美的思想內容的作品。這從曹操、曹植和王粲、劉楨等人的詩作中，都能證實這一點。

曹丕在建安時期的作家中是比較特殊的。他雖有一部分詩歌反映了社會現實並體現了個人理想，但這些作品並無明顯的代表性。他的創作特色乃在於對當時流行於民間的詩歌新形式的多方摹擬和大膽嘗試；由於他本人文學素養的淵博紮實，乃使得這種新形式的詩歌在他手中日臻成熟。例如這裏要談的《燕歌行》，便是他用當時還屬於新形式的七言體寫成的擬樂府。他如六言詩和雜言詩，在當時也還是新事物，曹丕都曾試驗着進行創作。今存的六言體《令詩》和長達三百六十四字的雜言體《大牆上蒿行》，都是曹丕在勇敢創新的歷程中留下的少許足跡。

二

七言的句式在《詩經》中即已出現，但那祇是極個別的偶然現象。《楚辭》諸篇的句式是多種多樣的，其中某些句式實更接近於七言。有的六言句加上助詞「兮」字（或加在句尾，或加在句子中央），有的八言句除去句尾的助詞「些」或「只」字，實際都是七言的濫觴；有的則乾脆是不折不扣的七言句（如《天問》中的某些句子）。可是眞正通首用七言的詩體，要到東漢時才出現。相傳漢武帝時有《柏梁臺聯句》，前人大都認爲它是七言詩的始祖。這是一首每句都押韻的近似謎語性質的「韻文」，詩味極少。它最初見於已經亡佚的《東方朔別傳》（這是東漢的作品，今所傳《柏梁臺詩》則據《藝文類聚》和《古文苑》轉引），因此，卽使是擬作也不應遲於東漢。何況在東漢趙曄的《吳越春秋》中也能找到同一類型的七言體韻文（參見近人逯欽立所輯《先秦漢魏晉南北朝詩》卷二），而且有三首之多（卽《窮劫曲》、《採葛婦歌》和《河梁歌》）。另外，東漢的崔駰和張衡，已創作出比較有詩味的七言詩（其中張衡的《四愁詩》確較成熟，且非一韻到底，但它最早見於《文選》，距張衡的時代已遠。詩前有序文，古人已證明此序是僞託；那麼詩的本文是否僞作也値得研究了）。由此可見，七言詩至遲在東漢時已經形成，並可肯定，最初的七言詩是每句押韻，而且是通首一韻到底的。曹丕的《燕歌行》今存兩首（這裏要談的是第一首），都是每句押韻，通首一韻到底。可見他仍沿用東漢以來的習見形式。過去有人連曹丕這兩首《燕歌行》也懷疑過，我以爲是不必要的。

三

我對這首詩有兩點看法不同於前人。第一點，我認爲，此詩應以三句爲一節（舊稱「一解」）。這樣劃分，不但節奏整齊，而且結構嚴密。因此我不同意前人的分法。如黃節以每兩句爲一節，而最後一節却剩下三句，祇好也算一節（見《魏武帝魏文帝詩註》），這實在有點勉強。又如余冠英先生的《三曹詩選》，他雖把「賤妾煢煢守空房」三句算一節（這是正確的），但前後仍以兩句爲一節，未免不盡愜人意。照我的理解則應是每三句爲一節。這就牽涉到第二點，卽詩中「牀」字的講法。我以爲，這個「牀」字有廣狹、古今二義。狹義或今義指眠牀，卽今天用來睡覺的牀；廣義或古義則指坐牀，包括可容兩人合坐的「牀」和較小的「坐榻」以及祇可容一人獨坐的「枰」（參見《釋名・釋牀帳》和《初學記》卷二十五引《通俗文》，《字詞天地》一九八四年第三期載晏炎吾先生大作《從「牀前明月光」說「牀」》，於此有詳考）。這兒「明月皎照我牀」的「牀」實指坐牀，亦卽堂上女子彈琴處，而不是她睡眠的閨房中（晉人王徽之曾在王獻之死後坐靈牀取琴而彈之，可爲傍證）。從詩意看，應該說這位抒情女主人公根本一夜未眠。另外，末句的「辜」字舊註或解爲「故」的假借字，我以爲仍作原意講似更好，意思說牛、女二星，究竟犯了什麽罪愆，終爲銀河所阻隔呢？

四

下面簡單析解一下全詩。

第一節從客觀環境寫起。首句說自然節令，次句說植物，兼及「露爲霜」者，草木遇霜卽「搖落」，且與上句綰合。第三句說動物，說動物而衹寫禽鳥，禽鳥中又獨寫候鳥，取其切合時令。這固然是寫實，但又義兼比興，比喻遊子也應如燕和鵠，該按時回家了，却至今不見他歸來。從寫實的角度看是從正面寫，卽候鳥到秋天應該南歸；從比興的角度看却爲反喻，以禽鳥之知返以喻遊子之不返，正好逗入下文。

第二節的三句，章法略有變化，把泛寫置於次句。首句寫自己思念遠人，次句却泛論一般遊子。蓋以常情論，遠行人總是「慊慊思歸」，對故鄉有依戀之情的。然後跌入第三句，直說自己所思之人爲什麽偏偏淹留在他方而不歸呢？這裏面閃爍着對男子是否負心的懷疑，同時又包含着自己對遠人的懸念，出語似坦率直截而蘊義實婉曲不盡，亦用以引起下文的思念達於極點而不覺淚下。其筆意是一以貫之，一竿子插到底的。

第三節三句，先寫自己孤獨無依，再寫因遊子遠行不歸而自己憂思之深，「不敢忘」比不願忘、不能忘來得更急切，不僅暗示女子之忠貞，更見出當時男女不平等的封建制度。言外之意，卽使對方負心或竟不幸辭世，自己也是「不敢忘」的。這樣，「賤妾」字樣就不衹是謙辭而已，也是當時封建等級制度的眞實反映了。在這樣憂戚傷感的重重壓抑下，第三句的「不覺」兩字才顯得順理成章，水到渠成。言淺近而情深摯，這正是漢魏古詩之所以樸實感人的地方。

第四節用「明月皎皎」點明時已午夜，而自己爲了排遣憂思，衹能彈琴自娛，唱歌抒怨。夫琴中清商之音雖淒涼哀婉，却由於心有憂思，連一曲也無法從頭唱到尾，衹能「微吟」而止。這時萬籟俱寂，唯見月色直映中堂，閨人獨處的幽怨情懷自然不言而喻了。

最後一節，先以「星漢」句承上，說明夜已過半，故銀漢偏西。末二句雖似寫實，仍屬比興。牛、女二星固爲抒情主人公望中所見，但它們兩相睽隔，正如遊子之久不歸來，無從團聚。往時讀《木蘭詩》，悟其於結尾處用兩兔並行不辨雄雌以爲比興，嘆其爲奇肆之筆。其實曹丕此詩把比興用於結尾，早在《木蘭詩》之前。不過曹詩「放筆爲直幹」，一氣到底，全無迂曲，故讀來不覺其爲比興；而《木蘭詩》則奇峯突起，一喻驚人，使人頓生新鮮之感。後者固屬青勝於藍，然曹丕篳路藍縷之功亦不可沒也。（吳小如）

洛神賦（並序）

曹植

黃初三年，余朝京師，還濟洛川。古人有言，斯水之神，名曰宓妃。感宋玉對楚王神女之事，遂作斯賦。其辭曰：

余從京域言歸東藩。背伊闕，越轘轅。經通谷，陵景山。日既西傾，車殆馬煩，爾迺稅駕乎蘅皋，秣駟乎芝田，容與乎陽林，流眄乎洛川。於是精移神駭，忽焉思散。俯則未察，仰以殊觀。睹一麗人，於巖之畔。迺援御者而告之曰：「爾有覿於彼者乎？彼何人斯，若此之豔也？」御者對曰：「臣聞河洛之神，名曰宓妃。然則君王之所見也，無迺是乎？其狀若何？臣願聞之。」

洛神賦（並序）

余告之曰：其形也，翩若驚鴻，婉若游龍。榮曜秋菊，華茂春松。髣髴兮若輕雲之蔽月，飄颻兮若流風之迴雪。遠而望之，皎若太陽升朝霞；迫而察之，灼若芙蕖出淥波。襛纖得衷，脩短合度。肩若削成，腰如約素。延頸秀項，皓質呈露。芳澤無加，鉛華弗御。雲髻峨峨，脩眉聯娟。丹唇外朗，皓齒內鮮。明眸善睞，靨輔承權。瓌姿豔逸，儀靜體閑。柔情綽態，媚於語言。奇服曠世，骨像應圖。披羅衣之璀粲兮，珥瑤碧之華琚。戴金翠之首飾，綴明珠以耀軀。踐遠游之文履，曳霧綃之輕裾。微幽蘭之芳藹兮，步踟躕於山隅。

於是忽焉縱體，以遨以嬉。左倚采旄，右蔭桂旗。攘皓腕於神滸兮，采湍瀨之玄芝。余情悅其淑美兮，心振蕩而不怡。無良媒以接懽兮，託微波而通辭。願誠素之先達兮，解玉佩以要之。嗟佳人之信脩兮，羌習禮而明詩。抗瓊珶以和予兮，指潛淵而為期。執眷眷之款實兮，懼斯靈之我欺。感交甫之棄言兮，悵猶豫而狐疑。收和顏而靜志兮，申禮防以自持。

於是洛靈感焉，徙倚傍徨。神光離合，乍陰乍陽。竦輕軀以鶴立，若將飛而未翔。踐椒塗之鬱烈，步蘅薄而流芳。超長吟以永慕兮，聲哀厲而彌長。爾迺衆靈雜遝，命儔嘯侶。或戲清流，或翔神渚，或採明珠，或拾翠羽。從南湘之二妃，攜漢濱之游女。嘆匏瓜之無匹兮，詠牽牛之獨處。揚輕袿之猗靡兮，翳脩袖以延佇。體迅飛鳧，飄忽若神。陵波微步，羅襪生塵。動無常則，若危若安。進止難期，若往若還。轉眄流精，光潤玉顏。含辭未吐，氣若幽蘭。華容婀娜，令我忘餐。

於是屏翳收風，川后靜波。馮夷鳴鼓，女媧清歌。騰文魚以警乘，鳴玉鸞以偕逝。六龍儼其齊首，載雲車之容裔。鯨鯢踊而夾轂，水禽翔而為衛。

於是越北沚，過南岡；紆素領，迴清陽。動朱唇以徐言，陳交接之大綱。恨人神

曹植

洛神賦（並序）

之道殊兮，怨盛年之莫當。抗羅袂以掩涕兮，淚流襟之浪浪。悼良會之永絕兮，哀一逝而異鄉。無微情以效愛兮，獻江南之明璫。雖潛處於太陰，長寄心於君王。忽不悟其所舍，悵神霄而蔽光。

於是背下陵高，足往神留。遺情想象，顧望懷愁。冀靈體之復形，御輕舟而上遡。浮長川而忘反，思緜緜而增慕。夜耿耿而不寐，霑繁霜而至曙。命僕夫而就駕，吾將歸乎東路。攬騑轡以抗策，悵盤桓而不能去。

曹子建獨佔天下八斗之才的聲譽，至少有一半是由《洛神賦》一類作品贏得的。奇怪的是，歷來對《洛神賦》大加讚賞者，對其主題思想的理解却大相徑庭。一方持「感甄」說，另一方持「寄心君王」說，營壘分明，雙方均大有人在。值得注意的是，在近三四十年的有關論著中，多數摒「感甄」說而信「寄心君王」說。「感甄」說是出自這樣的記載：

> 魏東阿王，漢末求甄逸女，既不遂，太祖回與五官中郎將。植殊不平，晝思夜想，廢寢與食。黃初中入朝，帝示植甄后玉鏤金帶枕，植見之，不覺泣。時已為郭后讒死，帝意亦尋悟，因令太子留宴飲，仍以枕賚植。植還，度轘轅，少許時，將息洛水上，思甄后，忽見女來，自云：「我本託心君王，其心不遂。此枕是我在家時，從嫁前與五官中郎將，今與君王。遂用薦枕席。歡情交集，豈常辭能具？為郭后以糠塞口，今被發，羞將此形貌重睹君王爾。」言訖，遂不復見所在。遣人獻珠於王，王答以玉佩。悲喜不能自勝，遂作《感甄賦》。後明帝見之，改為《洛神賦》（見清胡克家重刊宋尤袤本《文選》卷十九《洛神賦》李善註引《記》）。

「寄心君王」說的主要代表人物是何焯和丁晏。何說：「《離騷》：『我令豐隆乘雲兮，求宓妃之所在。』植既不得於君，因濟洛川作爲此賦，托詞宓妃以寄心文帝，其亦屈子之志也。」（《義門讀書記》）丁晏《曹集銓評》「晏案：序明云擬宋玉神女爲賦，寄心君王，託之宓妃、洛神，猶屈宋之志也，而俗說乃誣爲感甄，豈不謬哉。」

維護「寄心君王」說最堅決、反對「感甄」說最激烈的是清代的潘德輿，他說：「不解註此賦者，何以闌入甄后一事，致使忠愛之苦心，誣爲禽獸之惡行，千古奇寃，莫大於此。」他還指斥贊同「感甄」說的人是「文人輕薄，不顧事之有無，作此讕語，而又喋喋不已，眞可痛恨」（《養一齋詩話》卷二）。

很顯然，雙方陳述的理由，都不能成爲今天確立作品主題的依據。文學作品的主題，應當是指通過作品描述的生活所表現出來的主要思想。《洛神賦》寫的是作者與洛水女神在夢中的一段情事。賦中所說的「君王」，是洛神對「余」的稱呼，而「余」也就是曹植自指。「寄心君王」，是從作品第五段的「雖潛處於太陰，長寄心於君王」句中概括出來的，原意是說限於人神道殊，宓妃與「余」不得交接，在臨別時，除贈以耳飾，還說了「長寄心於君王」的話，表達她對「余」的繾綣之情。這個「君王」，與現實生活中的君王曹丕，不是一碼事。何焯、丁晏、潘德輿把「寄心君王」理解成「屈宋之志」和對曹丕的「忠愛之苦心」，是有悖於文意的。

李商隱曾寫過《東阿王》、《涉洛川》、《可嘆》等不下六七首詩，表達了對陳王（曹植）和宓妃的同情，而被潘德輿斥爲「喋喋不已」。《紅樓夢》第四十三回，寫賈寶玉不顧王熙鳳的生日和「正經社日」，一大早跑到水僊庵，不是爲了祭神；他看到洛神泥塑「滴下淚來」，也不是出於對神祇的虔敬和哀悃；是爲祭奠一個「人間有一、天上無雙、極聰明清雅的一位姐姐妹妹」。假如《洛神賦》「純是愛君戀闕之詞」（潘德輿《養一齋詩話》卷二），那麼曹雪芹借祭洛神寫賈寶玉對金釧的一段「不了情」，不僅是膚淺無聊的，也從根本上違背了賈寶玉的叛逆性格。因爲在他眼裏，皇帝老兒遠遠比不上女兒家那麼可親可愛。可見，曹雪芹和李商隱對《洛神賦》的理解是一致的，看來都贊成「感甄」說，不像「寄心君王」說者那樣穿鑿、迂腐。

洛神賦（並序）

但是又應該指出，古代的「感甄」和「寄心君王」二說，也有相同之處，都認爲曹植和甄后的關係是不名譽的。潘德輿斥之爲「禽獸之惡行」；李商隱把「賈氏窺簾」和「宓妃留枕」（見李商隱《無題四首》之二）並列而言；曹雪芹把曹子建同宓妃的關係，與賈寶玉和秦氏、金釧的關係聯繫起來，則是對《洛神賦》不同程度的曲解和誤解。這種曲解和誤解大致表現在兩方面，一是把《記》中所寫的甄后同曹植之間賚枕、獻珠、答佩的夢境，與現實同日而語；二是把甄后和宓妃混爲一談，把藝術形象和生活原型之間畫上等號，從而把並不很難理解的問題弄得十分混亂。

本來賦前的小序，對寫作時間、地點、緣由、題旨都有所交代。後來有人認爲序中「黄初三年，余朝京師」，是黄初四年之誤，說黄初三年曹植未朝京師。近一二年出版的有關論著說，黄初三年四月，曹植被人誣告，是年「詣京師面陳濫謗之罪」，其《自誡令》亦有「身輕於鴻毛，而謗重於泰山」句。其實，不管黄初三年還是四年，曹植的處境是一樣的，因而興文成篇的心理依據，也應基本相同。

《洛神賦》全篇大致可分爲六個段落。第一段寫作者從洛陽回封地時，看到「麗人」宓妃佇立山崖。這段類似話本的「入話」。第二段，寫宓妃容儀服飾之美。第三段寫「余」非常愛慕洛神，她實在太美好了，既識禮儀，又善言辭，雖已向她表達了眞情，贈以信物，有了約會，卻擔心受欺騙，極言愛慕之深。第四段寫洛神爲「君王」之誠所感後的情狀。第五段「恨人神之道殊」以下二句，是此賦的寄意之所在。第六段，寫別後「余」對洛神的思念。

《洛神賦》無疑是寫男女情事的，《文選》把它歸於賦中的情類，實際也是對「寄心君王」說的否定。但它又不單純是寫男女私情，賦中「君王」對洛神那種刻骨銘心的愛，不是一般兒女情長所能比擬的。有人稱此賦爲「曹子建寓言」，倒不失爲一說。

經過一番新的思索，我覺得用「感甄」和「寄心君王」概括《洛神賦》的主旨，都不恰當，區別在於後者完全是牽強附會，前者在一定意義上還算貼題。但「感甄」，不同於「記甄」、「賦甄」，更不是人物傳記式的某某人賦，如丁廙的《蔡伯喈女賦》。這裏說「感甄」，衹是指作者爲感念甄后、抒發情志而作此賦。那

洛神賦（並序）

麼，曹植爲什麼要感念甄后呢？據《三國志》卷五《魏書·文昭甄皇后傳》裴松之註引《魏略》等資料，甄后生於漢靈帝光和五年（一八二），比曹丕大五歲，比曹植大十歲。她三歲失父，原是袁紹的兒媳，建安十年（二〇五），曹操平冀州，曹丕先見到甄氏，嘆賞其美，據爲己有，並得到曹操的認可。甄初到曹家，受到寵愛，生曹叡（明帝），及一女東鄉公主。後來爲郭氏所謀，失寵。

《三國志》卷五有《文德郭皇后傳》，據載，郭氏很有手腕，常常替曹丕出主意。曹丕在與曹植爭奪太子地位的鬥爭中，曾倚重郭氏的「智數」。曹丕的王位確立之後，郭氏更得到愛幸。甄后失意，因有怨言，於黃初二年六月，被曹丕「遣使賜死」。第二年九月，郭氏被立爲皇后。甄后死時年僅四十歲，殯葬時「令被髮覆面，以糠塞口」。這與李善註引《記》所敍曹植夢遇甄后的「形貌」相一致，可見《記》並不完全是「無稽之說」（何焯語）。曹植既與甄后有瓜葛，甄和宓妃就可能有一定聯繫，這種聯繫就是文學和生活之間的美學關係。甄是被郭假手曹丕害死的，曹植的失敗，也與郭向曹丕「時時有所獻納」有關。黃初三年，曹植又受到進一步誣陷，「詣京師」辯誣，途經洛水，觸景生情，由神話中的宓妃聯想到慘死周年的甄后，痛定思痛，不知如何是好，便到幻想的世界尋求寄託，洛神就是這種幻想的化身。

就一般創作規律而言，不管是現實主義，還是浪漫主義作品的寫作，都離不開作者一定的生活積累。「魏甄后惠而有色，先爲袁熙妻，甚獲寵」（見《世說新語·惑溺》）。又據《三國志》裴註引各書所載，在曹家，甄小心侍奉公婆，被稱爲「賢明」和「以禮自持」。曹植對這樣一位雖年長十歲但賢惠美貌的嫂嫂產生一種愛慕之感，不奇怪；甄「慕陳思王之才調」（見《太平廣記》卷三一一引《傳奇》），同樣也合乎情理；不是什麼「禽獸之惡行」。這種彼此愛慕的情愫鬱積於心，一旦甄后被讒慘死，自己又遭到猜忌、誣陷，一方面是對美好記憶的追念，另一方面是君臣不遇的苦惱和前程莫測的憂慮。這種種感受的交織，當是孕育宓妃形象的基礎。

在《洛神賦》中，「柔情綽態」、「羌習禮而明詩」的女神宓妃，有可能是生活中「惠而有色」的甄后的藝術再現；在曹植筆下，洛神「翩若驚鴻，婉若游龍」的風姿，很可能保留着作者對「姿貌絕倫」的甄后的

洛神賦（並序）

深刻記憶。總之，洛神的形象——可以，而且可能是以甄后爲模特兒的；作者對於人物原型的某種隱情，也可能滲透到作品的形象之中。但是宓妃不是甄后，它是甄后和許多似曾相識的美人儀容的綜合和昇華。現實裏，作者與甄后的叔嫂之情，不同於理想中「余」與宓妃的人神之愛；作者在洛神身上，可能寄託着一定的知遇之感，但它不同於屈原的美人香草之喻；作者對之一往深情的女神，與處處猜忌報復他的曹丕不搭界。所以，我認爲《洛神賦》是一個愛情的故事，在這個故事裏，隱寓着作者身不由己、好夢未圓的惆悵和憤怨。全篇結穴是第五段的「恨人神之道殊兮，怨盛年之莫當」。

《洛神賦》是抒情賦的名篇。從取材上看，以如此濃重的抒情筆調、通篇描寫人神愛情故事，不用說漢大賦是鋪陳揚厲、歌功頌德之作，就連爲人們所稱道的抒情小賦，也是沒有的。《洛神賦》完全是自出心裁之作，也可稱之爲無出其右。它在藝術上也很有獨到之處。

首先，它揚棄了賦的傳統的徵實傾向，充分發揮了藝術想象力，把神話人物引入故事，爲作品增添了瑰麗色彩。賦中，除了主角洛神，還寫到湘水和漢水之神。這些神話人物的出現，不僅豐富了作品的內容，由於她們活動的神話世界是那麼美好，那麼自由自在——採珠、拾羽、戲耍、翱翔，呼朋喚友，熙熙攘攘，這就反襯出「無匹」、「獨處」的作者的可憐和孤單。作品的形象是虛無縹緲的，而給人的感受却是眞切的。作者在浪漫主義創作方法的運用上，雖不一定是自覺的，但却是諳練的。

其次，寓言寫志，感情眞摯。漢賦的名家都有深厚的文字學功夫和很強的體物能力。但大賦是潤色鴻業、娛悅耳目、虛而無徵的應命之作，有相當一部分是「無所疾痛而強爲呻吟者」（朱熹《楚辭辨證》）。《洛神賦》不是這樣，其作者本來有「戮力上國，流惠下民」（曹植《與楊德祖書》）之志，但在兄長曹丕的暗算下，不但太子未當成，曹操死後，完全落在曹丕手中，連性命有時也岌岌可危。甄后的慘遭毒手、自己處境的艱危，這一切在現實中，既不敢怒，更不敢言，祇有像他早年勸勉徐幹那樣「慷慨有悲心，興文自成篇」（曹植《贈徐幹》）了。《洛神賦》就是作者在一種慷慨悲怨心情支配下興文成篇的。全篇籠罩着濃重的感傷情緒，比如當洛神離去之後，作者心神不安，駕舟追尋，至曙不寐。同樣，洛神也爲良會之永絕悲泣不已：「抗羅袂以掩涕兮，淚流襟之浪浪。」這種發自肺腑的眞情實意，沒有切膚之感，難興其文。

《洛神賦》最重要的藝術特徵，更在於像鍾嶸《詩品》所讚賞的「詞采華茂」。我理解曹植的「詞采華茂」不單純是用詞華麗，講究文采，主要是指其藝術手法和表現手法的豐富多樣，以及語言的整飭、凝煉、生動、優美。在這些方面，他的五言詩和《洛神賦》有異曲同工之妙，比如第二段中對洛神的形象刻畫，語匯之富，藻飾之盛，比起《美女篇》來有過之無不及。其中用「流風迴雪」比美人之飄颻，是頗受稱道的。《紅樓夢》第五回《警幻仙姑賦》的「荷出淥波，日映朝霞」、「回風舞雪」等許多語句均取意於此。可見《洛神賦》對後世的深遠影響。

（陳祖美）

雜詩（其一）

曹植

高臺多悲風，朝日照北林。之子在萬里，江湖迥且深。方舟安可極？離思故難任。
孤雁飛南遊，過庭長哀吟。翹思慕遠人，願欲託遺音。形景忽不見，翩翩傷我心。

秋風蕭瑟，一隻離羣的孤雁向南飛，它一聲聲淒厲的哀鳴，驚動了高臺上正沉浸在思念、孤苦之情中的詩人。相傳雁是可以傳書的，彼時彼刻，詩人多麼希望它能爲自己給遠方的親人捎個信啊。然而，未容詩人多

曹植

雜詩（其一）

想，那孤雁已匆匆消逝了遠去的身影。希望的轉瞬卽逝，更加刺痛了詩人已受到重創的心，於是，他把滿腔的憂傷、悲苦都盡情地傾注於筆端，任憑情感的潮水奔湧着，湧出了這一首被人稱作「鏗鏘音節，抑揚態度，溫潤清和，金聲而玉振之，辭不迫切而意已獨至」（張戒《歲寒堂詩話》）的詩篇。

曹植是曹操的第三子。少年時卽以才學爲曹操所器重，曹操幾次想立他爲太子，但終因他「任性而行」而失寵。曹操死後，曹丕、曹叡相續爲帝，曹植從此備受猜忌，屢遭迫害，多次被貶爵徙封，一直抑鬱不得志。他在《贈白馬王彪》詩中說：「鴟梟鳴衡軛，豺狼當路衢。蒼蠅間白黑，讒巧令親疏。欲還絕無蹊，攬轡止踟蹰。踟蹰亦何留？相思無終極。」「變故在斯須，百年誰能持？離別永無會，執手將何時？王其愛玉體，俱享黃髮期。收淚卽長路，援筆從此辭。」表現了對骨肉相殘、兄弟離合的鬱勃不平之氣與悲苦哀傷之情。這首「高臺多悲風」詩所表現的情緒與《贈白馬王彪》詩十分相近。一般認爲，這首詩也是爲懷念曹彪（卽白馬王彪）而作。曹彪是曹植的異母弟，喜愛文學，與曹植感情非常契厚。是時，曹彪被封爲吳王，在南方；曹植在鄄城。曹植與曹彪雖爲兄弟，卻難得一見。因爲曹丕爲防止藩國串聯反叛，曾下令嚴禁藩國兄弟通問。在這種高壓的氣氛下，曹植衹能登上高臺，藉詩歌抒發自己內心的悲苦和對遠人的懷念了。

登高懷人，是中國古代詩歌的傳統題材之一。自《詩經》始，那哀婉淒惻、纏綿曲折的思婦、思夫、思親友之歌，便不絕於耳。「蒹葭蒼蒼，白露爲霜，所謂伊人，在水一方」（《詩經·蒹葭》），彷彿是一支委婉舒緩的小夜曲，寫出對心上之人的朦朦朧朧的懷戀之情；而「明月何皎皎，照我羅牀幃，憂愁不能寐，攬衣起徘徊」（《古詩十九首》）則以平易淡遠的筆觸寫出久客思家的遊子無處可訴的滿懷愁緒。若說到懷念兄弟的詩，自然首推王維那首膾炙人口的絕唱了：「獨在異鄉爲異客，每逢佳節倍思親。」這裏飄盪着的是一種遠離家鄉的淡淡的哀愁。而曹植的這首懷人詩，雖字裏行間也充溢着詩人對手足之情的深切懷戀，但同時又浸透着詩人自己的不幸、悲哀與憤慨，因而讀來感到情感格外沉重。

詩一開篇，便創造出了極爲濃重的悲劇氣氛：「高臺多悲風，朝日在北林。」清晨，詩人登上高臺，翹首南望，多麼渴望能目盡天涯，望見親人的身影。可是一陣秋風襲來，詩人感到的是：「悲哉，秋之爲氣也。」於是，他衹覺得高臺之上，唯「悲」而已。一個「多」字，正道出了那萬語千言也說不清、道不明的種種悲哀。朝日升起了，清晨的寒氣漸漸隱退，詩人或許該減輕一點內心的悲苦了吧？然而不。他反而一眼瞥見了陽光下象徵着懷人憂心的「北林」。中國古代詩詞的語言講究多義性、象徵性。這裏的「北林」正是這樣。從字面上看，無非是一片樹林，可它的深層意思却是：「鴥彼晨風，鬱彼北林。未見君子，憂心欽欽。」這裏對《詩經·晨風》詩意的巧妙運用，不僅十分含蓄地道出詩人登高賦詩的緣由，而且把詩人極爲豐富的內心衹藉這極爲簡單的幾個字就表現了出來，使全詩都籠罩在憂思、悲愁的氛圍之中。

「之子在萬里，江湖迥且深。方舟安可極？離思故難任。」這幾句明言詩人懷念曹彪，是因爲他遠在萬里天涯，路途多艱險，乘舟也不可及。其實這仍然衹是詩句的表層含義，其中還有着更爲深厚的內涵。爲什麽他們兄弟衹能長久地分離？爲什麽同在神州大地竟如遠隔天涯海角一般？難道眞有這樣深遠艱險而又無舟可濟的大江大湖麽？都不是。這一切不過是詩人藉詩歌的象徵性，來展現人世間最爲慘痛的悲劇——同胞兄長爲自己的親兄弟製造的生離死別的悲劇。因而這幾句詩看似平淡，却字字千鈞，迴盪着一股鬱勃、激越之情。使人自會聯想到「煮豆持作羹，漉菽以爲汁。萁在釜下燃，豆在釜中泣，本是同根生，相煎何太急」的《七步詩》來。可以說，這幾句詩所蘊含的深層義正是對「相煎何太急」的悲訴。

詩寫到這裏，那種悲苦之情已經彌漫到令人難以承受的地步，已經把人的情緒推向了高潮。這時，詩人突然筆鋒一轉，不再寫自己內心深處的憂傷，不再寫那終將是空幻的思戀，而把自己的鏡頭投向天空，集中到一隻孤零零向南飛去的鴻雁身上：「孤雁飛南游，過庭長哀吟。」鴻雁，在古人心目中是傳遞親人音訊的信使。此刻，恰逢鴻雁飛過，詩人怎能抑制住自己內心的激動呢。他被孤雁的哀鳴喚起心中的共鳴，他在孤雁的身影上觸發出對自己命運的聯想，他更渴望能託孤雁給遠方的親人捎個信去，哪怕衹寫上幾個字。這未嘗不是一點微薄的希望，未嘗不是對悲苦心境的一點小小的補償。然而，這一點點希望迅速地破滅了，消逝了。「形景忽不見，翩翩傷我心。」孤雁雖孤，又何嘗能理解人的孤獨！它飛得那麽迅疾，那麽無情無義，毫不理會人的心意，這怎能不加重詩人心情的悲傷呢！沒有希望，也就無所謂失望；有了希望，又終於無望；這同樣是一種人生的悲劇。同時，這裏詩人又未始不是藉孤雁南飛的哀吟，來襯托自己心中的悲哀；他想託孤雁捎信而不得的願望，又未始不是對曹丕限制兄弟互通音訊的一種憤慨。「翩翩傷我心」一句，該凝聚着多麼深厚的情感力量，多少難以言說的感受，何等慘痛的人生悲劇意識！至此，彷彿是電影中的定格一樣，詩戛然而止，可我們依然可以看到詩人那憂傷的神情，那孤獨的身影；那悠長的哀音還久久地迴旋在耳際。這首悲歌，以它特有的內在力量，向人們展示了在歷史的一個瞬間所演出的一幕慘痛的悲劇，顯示了它永久的藝術生命。這正是它之所以能成爲中國古典詩歌中千古不衰的名篇之所在。

（王景琳）

雜詩（其五）

曹植

僕夫早嚴駕，吾行將遠遊。遠遊欲何之？吳國為我仇。將騁萬里塗，東路安足由。
江介多悲風，淮泗馳急流。願欲一輕濟，惜哉無方舟。閑居非吾志，甘心赴國憂。

曹植不但是一位才華卓越的文學家，而且具有相當宏偉的政治抱負，渴望建立一番功業。當時三國鼎立，曹魏統治着北方，南方則有吳、蜀兩國。曹植迫切要求從軍殺敵，爲統一事業作出貢獻。這種心情鮮明地表現在他的《雜詩》第五首「僕夫早嚴駕」篇中。

曹植在青年時期卽富有政治抱負，不滿足於僅僅從事文學創作。在《與楊德祖書》中，他認爲辭賦創作是小道，「未足以揄揚大義，彰示來世」。並明白表示自己的理想是：「吾雖薄德，位爲藩侯，猶庶幾戮力上國，流惠下民，建永世之業，流金石之功，豈徒以翰墨爲勳績，辭賦爲君子哉！」由此可以看出他要求在政治上有所建樹的強烈願望。曹操死後，曹丕繼位。由於曹操生前曾一度擬立曹植爲太子，危害了曹丕的地位，所以曹丕對曹植備加疑忌壓制，屢徙封地，嚴加防範。曹丕死，子曹叡繼位，仍然疑忌壓制曹植。在這段時期內，曹植經常處在遷徙無常、悒鬱寡歡的境遇中，但仍然執著地企求奮身殺敵，報國立功。《雜詩》「僕夫」篇就是一個明證。

「僕夫」篇作於曹丕統治年間還是曹叡統治年間，難以確定；就其內容看，與作於魏明帝曹叡太和二年（二二八）的《求自試表》息息相通，似作於此年的可能性更大。這年秋天，吳將陸遜率軍攻擊魏揚州牧曹休，魏敗，死亡頗多。曹植面對這一緊張形勢，寫了要求參軍的《求自試表》（見《三國志・陳思王傳》），同時用詩歌形式寫下《雜詩》「僕夫」篇，是很可能的。不過，曹植在文帝黃初四年（二二三）所作的《責躬詩》，其中也有「甘赴江湘，奮戈吳越」的話，這年魏、吳間也有戰爭，因此這詩作於黃初四年也是有可能的。太和二年，曹植爲雍丘王（黃初四年，曹植先爲鄄城王，後徙封雍丘王）。雍丘在今河南杞縣。「僕夫」篇大約是在他朝京師（洛陽）後將還雍丘時寫的。詩中「將騁萬里塗」，是說從洛陽南征吳國路途遙遠。「東路安足由」是表明自己志在滅吳，不願由東路從洛陽返回雍丘。長江和淮泗，是南征必經之地；「多悲風」，「馳之流」，形容路上川流險阻。「惜哉無方舟」，是慨嘆自己沒有權力，不能率舟師渡江殺敵。

《雜詩》第六首「飛觀百餘尺」篇，與「僕夫」篇不一定是同時之作，但同樣表現了曹植殺敵報國的意願。詩有云：「烈士多悲心，小人媮自閒。國讎亮不塞，甘心思喪元。」其豪情壯志，與「僕夫」篇末二句「閒居非吾志，甘心赴國憂」完全一致。不過「飛觀」篇說「拊劍西南望」，其對象指蜀國，則又與「僕夫」篇有些不同。

《求自試表》是獻給魏明帝看的，《三國志・陳思王傳》說：「植常自憤怨，抱利器而無所施，上疏求自試。」它是曹植散文中的一篇名作，充分表現了曹植報國立功的雄心壯志和抱負不能實現的憤怨。文有云：

> 方今天下一統，九州晏如，而顧西有違命之蜀，東有不臣之吳，使邊境未得脱甲，謀士未得高枕者，誠欲混同宇内以致太和也。

指出了當前魏國的大敵是吳、蜀兩國，與「僕夫」篇的「吳國爲我仇」句、「飛觀」篇的「拊劍西南望」句可以參照。表文又云：

> 若使陛下出不世之詔，效臣錐刀之用，使得西屬大將軍，當一校之隊，若東屬大司馬，統偏舟之任，必乘危蹈險，騁舟奮驪，突刃觸鋒，為士卒先。……雖身分蜀境，首懸吳闕，猶生之年也。

充分表現了奮身殺敵、視死如歸的英雄氣概，與「飛觀篇」的「甘心思喪元」句可以參照。他希望「統偏舟之任」，「騁舟」南征；實際不能實現，所以「僕夫」篇要慨嘆「惜哉無方舟」了。當時率魏軍與吳作戰的，頗有魏的宗室，如曹真、曹仁、曹休等都是，曹植希望「統偏舟之任」南征，還是有一定的現實背景的。表文又云：

> 如微才弗試，沒世無聞，徒榮其軀而豐其體，生無益於事，死無損於數，虛荷上位而忝重祿，禽息鳥視，終於白首，此徒圈牢之養物，非臣之所志也。

表示不願閒散度日，可與「僕夫」篇「閑居非吾志」句、「飛觀」篇「小人媮自閒」句互相參照。總之，《求自試表》與《雜詩》「僕夫」、「飛觀」兩篇，表達了同樣的思想感情；但《求自試表》篇幅長，表述較「僕夫」兩篇遠爲具體充沛，取以對讀，可以幫助我們更加深入透徹地理解這兩篇詩的思想內容。《求自試表》見錄於《三國志》，被選入蕭統《文選》，它語言華贍生動，感情眞摯熱烈，是一篇文學性很強的散文，值得我們重視。

「僕夫」篇全詩共十二句。前六句用問答方式表明自己不願東歸封國，而要遠征吳國。中間四句說道途險阻，惋惜自己不被朝廷任用，不能率舟師南渡。末兩句點明了渴求報國立功不願虛度歲月的壯志。全詩語言明白自然，風格俊爽豪健。明代王世貞說：「子建之《雜詩》六首，可入《十九首》，不能辨也。」（《藝苑卮言》卷三）胡應麟也說：「子建《雜詩》，全法《十九首》。」（《詩藪》內編卷二）王、胡兩人都指出《雜詩》六首風格酷肖《古詩十九首》，這意見是中肯的。《雜詩》前三首寫遊子思婦，題材也與《古詩十九首》相通；後三首（「南國」、「僕夫」、「飛觀」）題材與《十九首》不同，但風格仍然接近。《雜詩》六首與《十九首》的共同特色是語言明白自然，風格清新剛健，都受到了漢代民歌的深刻影響。

《文心雕龍·明詩》在論述曹丕、曹植、王粲、徐幹等作家的詩歌時，指出它們的共同特色是：「慷慨以任氣，磊落以使才。造懷指事，不求纖密之巧；驅辭逐貌，唯取昭晰之能。」的確，情懷慷慨，意氣駿爽，直抒胸臆，語言明朗自然，不求纖密，是三曹、七子一類作者共同的創作風貌，後人亦稱之爲建安風骨。這一特色，在曹植《雜詩》「僕夫」篇中表現得也相當鮮明突出。

（王運熙）

野田黄雀行

曹植

高樹多悲風，海水揚其波。利劍不在掌，結友何須多？不見籬間雀，見鷂自投羅？羅家見雀喜，少年見雀悲。拔劍捎羅網，黄雀得飛飛。飛飛摩蒼天，來下謝少年。

這首詩可以分兩部分來讀。第一部分卽前四句。這四句由二句景物描寫和二句正面敍述組成。「高樹多悲風，海水揚其波」，這是寫景，不過顯然不是一般意義上的寫景，因爲它寫的並非作爲主人公活動環境的景物，這只是一種虛擬的景物描寫，從全詩內容看，同大海沒有什麼具體聯繫。因此，這二句景句，不可實看，祇能虛看。實際上，它具有景物描寫兼比興的性質，包含着某種比喻或象徵意義。這種意義是什麼？前人曾作過推測，有人認爲「風波以喻險惡」（朱乾《樂府正義》），有人認爲「樹高多風，海大揚波」（張玉穀《古詩賞析》），這些說法都有一定道理。不過我覺得還可以作一點補充，那就是這兩句景句還起着渲染氣氛的作用，它們渲染的是悲涼氣氛，而悲涼也正是此詩全篇的基調或者基色。

以下二句敍述，則是本篇主題所在，是全詩綱領。「利劍不在掌，結友何須多？」這裏一方面表明詩人當時的處境不妙，另一方面又透露着此詩之作，同他的「結友」有關。「此嘆權勢不屬，有負知交望救之詩。」（張玉穀《古詩賞析》）這樣理解詩旨，大體上是對的。聯繫到曹植的生平，他在前期建安年間儘管有「深得父寵」和「寵日衰」（《魏志》本傳）的過程，但總的來說，他一直是個貴介公子，個人處境是不成任何問題的，更沒有什麼人敢在曹操在世時對他施加某種迫害。至於他的「知交」丁儀、丁廙兄弟一直甚得曹操信任，也沒有發生什麼危機；祇有一個楊脩在建安二十三年被曹操殺掉了。不過楊脩的死因主要是他好弄小聰明，數次惹惱了曹操，曹操出於忌刻而將他處死，同曹植沒有直接的關聯。再說楊脩是被曹操殺掉的，曹植卽使心有不滿，也斷不敢以如此顯露的語言，在一首詩中表示對父親的非議。所以這首詩的產生背景，不大可能在建安中。

建安二十五年正月，曹操病故，曹丕繼位魏王，改元延康。他掌權後，立卽就把曹植的「知交」丁氏兄弟殺了。丁氏兄弟曾多處求救，但無濟於事。曹植眼看着他們被禍而一籌莫展，因爲此時連他自身也將不免，遑論他的朋儕？這一切的根源當然就在於建安中曾有過奪宗競爭，而且曹植曾一度在競爭中佔據優勢，曹丕差一點就做不成太子。現在曹丕終於掌握了最高權力，那長時間裏存下的積怨當然也就要發洩一番，所以曹植及其羽翼的倒霉是無可避免的。「利劍不在掌，結友何須多」，正是此時曹植處境及心境的眞切反映。由此，這首詩的產生時間也大體上可以放在丁氏兄弟被殺的延康初。

第二部分是後八句。這八句以「不見」二字爲過渡，整個地講述了一則寓言式故事。故事中的角色有「雀」、「鷂」、「羅家」、「少年」四個。「雀」是弱者，受迫害者，「雀喻被難的朋友」（余冠英《三曹詩選》），是。「鷂」與「羅家」是強者，加害者，它們隱指曹丕及其走卒，雀卽使能躲開鷂的利爪，也難逃羅網。這些意思一目了然。詩篇奇就奇在出現一個「少年」，他同情黃雀，而且竟然能「拔劍捎羅網」，使之得以脫身。這位「少年」是誰呢？從同情黃雀這點看，他可以是詩人本人，但「拔劍」之點就完全不合了，因爲前面明言他「利劍不在掌」。所以這位「少年」祇能是「假想的有力來救援的人」（余冠英《三曹詩選》）。曹植祇能以假想出一個「少年」的方式來救援受害的朋友，這本身就表明他的處境有多麼可悲。因此，詩末雖然寫「黃雀得飛飛」，又寫「來下謝少年」，似乎有一個喜劇結局，但這些都祇是強作寬解語罷了。「黃雀」的厄運是無可逃脫的，而詩人本人的厄運也卽將到來，曹植此後不久卽被曹丕兩次治罪，差一點被論以「大辟」，若無生母卞太后全力回護，他恐怕是要同丁氏兄弟一路去了。

要之，這是詩人在命運重大轉折關頭所寫的重要作品，它爲友人命運而悲，亦爲自身命運而悲。

這首詩在藝術上頗有特色。首先就是它的寓言色彩。曹植好作這一類詩賦，他還有《蝙蝠賦》、《神龜賦》、《鸚鵡賦》、《白鶴賦》等，尤其是他有一篇《鷂雀賦》，也寫鷂與雀的關係，「鷂欲取雀」，雀向鷂求免，鷂不聽，「當死斃雀」，結果是那雀「依一棗樹」而得幸免。其寓意與《野田黃雀行》有接近之處。這種寓言詩賦，其傳統可上溯到《詩經》、《楚辭》，如《鴟鴞》、《碩鼠》、《橘頌》等，但在漢末三國時期，却很少見，曹植的幾篇作品，就顯得很引人注目了。其次，這篇詩的民歌風也很濃厚，例如這種反問句：「不見籬間雀，見鷂自投羅？」就是漢樂府民歌中常見的描寫手法。又如這種首尾相銜的句法：「見鷂自投羅？羅家……」，「黃雀得飛飛。飛飛……」，同樣是源於民歌的法式。加之本篇用語平易，節奏明快，確實不像一般的文人作品。其實曹植集中此類作品不少，即使是篇幅較大的抒情詩《贈白馬王彪》，也帶有頗濃鬱的民歌色彩，它們表明了曹植對民歌的重視，他從中有意吸收了不少創作的養料。此外，曹植「極工起調」（沈德潛語），往往在起句即能創造出奇警雄渾的境界，此篇亦不例外。「高樹多悲風，海水揚其波」，讀來自有一種滌盪心脾的感受。雖然它與《雜詩》之一起句「高臺多悲風，朝日照北林」文字上稍有相似，但所發揮的藝術效果則是各不相同的。

（徐公持）

七哀

曹植

明月照高樓，流光正徘徊。上有愁思婦，悲歎有餘哀。借問歎者誰，言是宕（一作「自云客」）子妻。君行踰十年，孤妾常獨棲。君若清路塵，妾若濁水泥。浮沉各異勢，會合何時諧？願為西南風，長逝入君懷。君懷良不開，賤妾當何依？

這是一首閨怨詩，題名《七哀》，是當時的樂府新題。唐吳兢《樂府古題要解》說：「七哀起於漢末。」據現有資料看，王粲始作《七哀》。「七哀」的名稱來源說法不一，呂向說：「七哀謂痛而哀、義而哀、感而哀、耳聞而哀、目見而哀、口嘆而哀、鼻酸而哀，謂一事而七情具也。」（六臣註《文選》）其說恐是望文生義；元李冶《古今註》卷七云：「人之七情，有喜怒哀樂愛惡欲之殊，今而哀戚太甚，喜怒愛惡等悉皆無有，情之所繫，惟有一哀而已，故謂之『七哀』也。」何義門也說：「情有七，而偏主於哀，惟其所遭之窮也。」（《義門讀書記·文選》卷二）以上兩說，仍不出呂說之窠臼；今人有的認爲：「七是哀之多，非定數。」（《漢魏六朝詩一百首》）這也值得商榷；余冠英先生認爲可能與音樂有關，「晉樂《怨詩行》用這篇詩爲歌辭，分爲七解。」（《漢魏六朝詩選》）此說有一定道理。原來《文選》把該詩列入哀傷類，不入樂府，沈約《宋書·樂志》才收入楚調怨詩，郭茂倩《樂府詩集》因而歸入《相和歌辭·楚調曲》，題爲《怨詩行》，并把它列爲本辭。

七哀

這首詩從它的內容看，大抵是曹植後期的作品。曹植自幼聰敏過人，「年十歲餘，誦讀詩、論及辭賦數十萬言，善屬文」（《三國志·魏書·陳思王傳》），深受曹操的寵愛。那時他年輕有爲，抱有建功立業的雄心壯志，曹操曾一度想立他爲太子。後因他「任性而行，不自凋勵，飲酒不節」（同上），不僅失掉了曹操對他的信任，而且埋下了曹丕對他的忌恨。建安二十五年，曹丕自立爲皇帝後，便對曹植進行了一系列的打擊迫害，先是殺死擁護他的丁儀、丁廙兄弟，繼則逼他就封藩國，「監國謁者灌均希指，奏『植醉酒悖慢，劫脅使者』」（同上），貶了他的爵位，要不是其母卞太后的庇護，他早作曹丕刀下之鬼了。所以他的後半生，自建安二十五年（曹植二十九歲）起，到魏明帝太和六年曹植四十一歲死爲止，一直是在曹丕父子的壓迫欺凌下痛苦地生活着，十一年中，他三徙封地，六換爵位，不能和親戚往來，不能參預政事，名爲藩侯，實同囚徒。正如他自己所說的：「成爲圈牢之養物。」（《求自試表》）正由於他前後生活境遇的不同，因此他前後期的作品在思想內容上也有明顯的差異。這首《七哀》詩就是在曹植後期不幸的境遇下寫的。該詩表面上是寫一個思婦對丈夫的思念與哀怨之情，實際上是詩人在政治上被遺棄後產生哀怨心情的曲折吐露，抒發了對其兄曹丕打擊迫害的憤怒與不平。

全詩可分三個層次。「明月照高樓，流光正徘徊。上有愁思婦，悲嘆有餘哀。借問嘆者誰，言是宕子妻」六句，這是第一個層次，是全篇之主。詩人先從明月着筆，即景生情，敍寫夜深人靜的晚上，一輪皎潔的明月懸照高樓，明澈如水的月光在徘徊徜徉，照見高樓上這位哀愁的思婦，正因思念丈夫而悲嘆不已，她心底埋藏的縷縷哀思，就像晃動着的明媚的月光，在輕輕地叩動她的心房，此時此景和思婦之情完全融匯在靜謐優美的月景之中了。詩人緊接着設問，這樣深切悲思的究竟是誰呢？原來是飄盪在外的遊子的妻子啊！這一設問不僅突出了宕子妻的身分，而且起到承上啓下的作用。下文「君行踰十年，孤妾常獨棲。君若清路塵，妾若濁水泥。浮沉各異勢，會合何時諧？」這六句爲第二層次，點明愁思的原因，承接得十分自然。正因爲思婦是宕子妻，她的丈夫遠行在外已經超過十年了，因而她長年孤獨地棲宿。而且遠行不歸的夫丈就像路上飛揚的輕塵，飄盪虛浮，而她自己好比水中沉積下來的淤泥，穩重一心。塵和泥雖同爲一物，但飛塵和沉泥是不能相會

七哀

的，這是因爲各自所處的地位不同，所以不知何時才能順心如願地會合，形象地烘托出夫婦或兄弟骨肉重會的困難。至此，詩人筆鋒一轉，以「願爲西南風，長逝入君懷。君懷良不開，賤妾當何依」四句作結，作爲第三層次，表示思婦別無他心，甘心化作西南風，長驅入君懷。但又擔心宕子變了心，他硬是不接受，那時她將無所依靠，更加痛苦了！收得十分纏綿。既明寫思婦想見之切，憂慮至深；又暗寓曹植念君之深，但又疑慮重重，怨憤之情溢於言表。

全詩既是寫實，又是託諷，結合得自然得體，天衣無縫，這是其最大的特色。曹植生活在社會大動盪的建安時代，他又「生乎亂，長於軍」，眼見社會的動亂，軍閥的混戰，無休止的征役，造成多少人妻離子散，正如呂向所說：「子建爲漢末征役別離，婦人哀嘆，故賦此詩。」（《六臣註《文選》）很顯然，該詩是曹植繼承了樂府民歌「感於哀樂，緣事而發」的現實主義傳統，從一個側面眞實地反映了當時亂離時代的面貌，具有深刻的社會意義。同時又是曹植託諷之作，怨女思婦被遺棄的不幸遭遇和痛苦，和曹植在政治上受排擠、被遺棄的不幸遭遇和痛苦，在某種程度上有其共同性。因爲此時的曹植，與身爲皇帝的曹丕，他們兄弟之間「甚於路人」、「殊於胡越」（《求通親親表》），不再是平等的兄弟關係，而是統治與被統治、迫害與被迫害的君臣關係了。所以他所寫的怨女、棄婦之作之所以這樣哀怨纏綿，淒愴感人，與詩人在政治上受迫害、被遺棄而產生的哀怨心情是分不開的。無怪乎劉履在《選詩補註》中說：「《七哀》詩比也。子建與文帝（指曹丕）同母骨肉，今乃浮沉異勢，不相親與，故特以孤妾自喻，而切切哀慮之也。……此篇亦知在雍丘所作，故有『願爲西南風』之語。按雍丘，即今汴梁之陳留縣，當魏都西南方。」這是不無道理的。關於這個問題，沈德潛則明確指出：「《七哀詩》，此種大抵思君之辭，絕無華飾，性情結撰，其品最工。」（《古詩源》卷五）這首詩確是曹植直抒胸臆，不加修飾，眞情流露的妙品。

其次，起調不凡，結句耐人尋味。這與曹植善用比興手法是分不開的。開首「明月照高樓，流光正徘徊」的起句，就顯得不凡。這種興象自然的起句，雖繼承了李陵逸詩「明月照高樓，想見餘光輝」（胡應麟《詩藪》）的句式，但不用其意。正如王夫之所說：「可謂物外傳心，空中造色。」（《船山古體詩評選》）

它所渲染出的彷徨惆悵的濃鬱氣氛，籠罩全篇。因爲明月的圓缺，最易勾起人們對親人的思念，月光的徜徉徘徊，正是思婦徹夜不眠內心哀思縈迴的見證，這一起句的運用，立即滿篇生輝，所以沈德潛說「陳思（即曹植）極工起調」（《說詩晬語》卷上），確非虛言。接着詩人運用比的手法，通過「君若清路塵，妾若濁水泥。浮沉各異勢，會合何時諧」的一段議論之後，立即轉入「願爲西南風，長逝入君懷。君懷良不開，賤妾當何依」作結，這一結句，把一個獨守空閨的思婦，日夜盼念宕子歸來的願望一再破滅，衹得憑藉想象的翅膀，化作西南風，飛度千山萬水，去與親人會面的急切心情和盤托出，但其結果却是「君懷良不開」，其原因，其哀痛，讓讀者回味。其結尾眞所謂「思深遠而有餘意，言有盡而意無窮也」（呂本中《童蒙詩訓》）。

再次，語言樸素、優美，委婉、含蓄。全詩字字讀來，情眞意切，出自天然，而又時有警句突起，啓人遐想。這都體現出詩人繼承和發展了漢樂府民歌語言「質而不俚，淺而能深，近而能遠」（《詩品·魏陳思王植》）的長處，從而構成了獨有的「清新流麗」的語言特色。

所以曹植的《七哀》詩，在思想內容和藝術形式上都達到了完美的統一，它反映了建安文學慷慨悲歌的時代精神，至今讀來，仍是哀切動人，韻味無窮。

（朱一清）

白馬篇

曹　植

白馬飾金羈，連翩西北馳。借問誰家子，幽并游俠兒。少小去鄉邑，揚聲沙漠垂。

宿昔秉良弓，楛矢何參差！控弦破左的，右發摧月支。仰手接飛猱，俯身散馬蹄。狡捷過猴猿，勇剽若豹螭。邊城多警急，虜騎數遷移。羽檄從北來，厲馬登高隄。長驅蹈匈奴，左顧凌鮮卑。棄身鋒刃端，性命安可懷？父母且不顧，何言子與妻！名編壯士籍，不得中顧私。捐軀赴國難，視死忽如歸！

《白馬篇》屬樂府歌辭《雜曲歌·齊瑟行》，以篇首二字名篇。這首詩塑造一位武藝高超而有強烈愛國精神的英雄形象，是曹植前期的代表作品。

曹植生於漢獻帝初平三年（一九二），正好這年曹操已擊敗黃巾，將其收編爲青州兵。所以，曹植所經歷的，已是漢末大亂的後期了。但他自稱「生乎亂，長乎軍」是不錯的，其青少年時期，確隨其父曹操南征北戰，有過一些軍旅生活。自漢末分裂割據以來，爲國家的統一和社會的安定而獻身，一直是時代的最強音。《白馬篇》就正是這樣一曲時代的慷慨高歌。

郭茂倩《樂府詩集》謂此篇：「言人當立功立事，盡力爲國，不可念私也。」吳淇《六朝選詩定論》提出：「此篇當與《名都篇》參看。彼一少年專事遊戲，此一少年衹是賣弄他一身本事。」幷從本詩的「少小」、「宿昔」等句，看到「今日捐軀赴國，非一朝一夕之故」的深意。古人的這些評論對我們認識此詩是有一定幫助的。當時確有一些如《名都篇》所寫鬥鷄走馬的京洛少年，日復一日地在醉生夢死中消磨歲月。張銑註《文選》有云：《名都篇》乃「刺時人騎射之妙，游騁之樂，而無愛國之心」。這種人和《白馬篇》中「捐軀赴國難，視死忽如歸」的英雄形象，確有鮮明的對照作用，由此更顯出白馬少年的「盡力爲國」和「愛國之心」的可貴。但是，爲國與愛國的具體內容和實質是什麼，古人未曾說破，這是今天的讀者所不能滿足的。

從漢末長期割據分裂的戰亂現實可知，國家的統一，社會的安定，是整個社會的客觀需要；爲了統一而征戰一生的曹操，特別是他那種「烈士暮年，壯心不已」的豪情，也不能不對經歷過一些「世積亂離」的曹植有深刻的影響。這兩方面的結合，就鑄成了本詩歌頌的英雄形象。他既有精絕的武藝，又有爲了國家而視死如歸的美德；衹有這樣的人，才是當時所急需的，才能爲現實作出應有的貢獻。所以，這位英雄形象，是時代的思想在曹植的筆下凝聚而成的。朱乾《樂府正義》以爲此詩「實自況也」，近人更發展其說而謂這位英雄「實際上是詩人的自我寫照」，都覺縮小了它豐富的時代意義。

清人方東樹認爲：「此篇奇警。」（《昭昧詹言》卷二）正概括了這首詩藝術上的特點。起首「白馬飾金羈，連翩西北馳」二句，就既警且奇了。詩是歌頌英雄人物，首二句雖未寫人而人在其中。這位白馬英雄爲何疾馳？又爲何是直奔西北？顯然，一着墨就緊扣讀者心弦，創造了令人驚奇的濃鬱氣氛。西北是古來多事之地，不斷遭到侵犯者的騷擾破壞，以至釀成巨大的戰禍。所以，「連翩西北馳」的戰士，顯示了情況的緊急。下面的「邊城多警急，虜騎數遷移；羽檄從北來，厲馬登高隄」，正是這種緊急情況的具體說明：邊地的城池已多次告急，犯邊的騎兵活動頻繁，步步緊逼；插上羽毛的緊急文告從北方傳來，邊防將士策馬登上了高高的防禦工事。這既是必須「西北馳」的原因，也是「西北馳」行動的繼續。

這裏的「奇」，是不先敍軍情事由，以「白馬飾金羈，連翩西北馳」二句突然而起之後，仍不直述因果，却用慢筆插入「借問誰家子」以下一大段鋪陳。作者這樣安排，一是以寫人物爲主，而不以敍事爲本。前兩句寫人，緊接「借問誰家子」十二句是爲了說明他是個何等樣的人。人物形象以此而更爲突出了。二是起筆緊，間以緩，再繼之以急，使文章波瀾起伏，曲折生姿，而不流於板滯。三是層層補敍，次第井然：「借問」十二句以補「西北馳」者爲何人，「邊城」四句以補「西北馳」的原因。

巧妙地補入「借問誰家子」一段是十分必要的。在長期的戰亂中，人們盼望的，正是久經沙場而武藝高強的英雄人物。無論「爲國」與「愛國」，在當時的情況下，徒有其願是無濟於事的。所以，詩人用高度凝練的筆墨，集中概括地說明了這位英雄的身世來歷：

> 借問誰家子，幽并游俠兒。少小去鄉邑，揚聲沙漠垂。宿昔秉良弓，楛矢何參差！
> 控弦破左的，右發摧月支。仰手接飛猱，俯身散馬蹄。狡捷過猴猿，勇剽若豹螭。

這種問答式和上下左右的鋪陳描寫，自然是學習漢樂府民歌的表現方法。曹植學得較爲成功，在於不是簡單的形式模擬，而是從表達內容的需要出發。這裏有很深的用意。幽、幷二州，是自古多豪俠之士的趙燕故地。這位英雄既是「幽幷游俠兒」，可見其根基不淺，來歷非凡，此其一；事實上，他自幼離家，已久經征戰而「揚聲沙漠垂」了。唐人有「醉臥沙場君莫笑，古來征戰幾人回」之句，他却是身經百戰、揚聲沙場的凱旋者，此其二；他爲什麼能揚聲沙漠呢？就因爲他有超人的勇武，於是以熱情的頌歌，精心描述了英雄的武藝，此其三。不僅這三個層次，一環緊扣一環，層層深入，使人確信其能安邊衛國，寫其武藝的幾句，也是如此：「宿昔」二句說明其武藝的精深，並非一朝一夕之功，而是在長期不懈的騎射中苦練出來的。「參差」二字很值得注意。它的本意是長短不齊，這裏講箭的「何參差」，其意何在呢？似不好理解，於是，此詩的多數註釋和分析者，都把它引伸爲「多」，字義上的引伸雖也可以，但這裏如果眞是講箭矢何其多，便覺索然無味了。曹植工於鍊字，其實這是很好一例。上言「宿昔秉良弓」，是說早早晚晚弓不離手，豈能是持之觀賞？下言「楛矢何參差」，自然就是狀其射出之箭的紛紛疾馳，絡繹不絕了。我們於此，正可看到所寫人物習藝之勤。主人公這樣苦練功夫，進而道其武藝之精，就有較大的說服力了：不僅左右開弓，都能中的，仰射飛猱，俯射馬蹄，無論上下左右，或動或靜，都能百發百中。這裏雖祇說其騎射之精，却概括了他的全部武藝。正因如此，故能敏捷勝過猿猴，勇猛有如虎豹與蛟龍。也正因他有如此勇猛，所以在「邊城多警急」之際，能有「長驅蹈匈奴，左顧凌鮮卑」的氣概。通過以上描寫，讀者對這點是完全信得過的。但必須指出的是，「長驅」二句祇是概括性的說法，並非實指。所謂「蹈」、「凌」，不過表示可以戰勝之意，並非已然之詞；「匈奴」與「鮮卑」，也是泛指邊地的騷擾者，如果視爲眞的指古代的匈奴和鮮卑族，則匈奴與鮮卑當時是否曾同時犯邊於西北，反擊者怎樣既「長驅蹈匈奴」，又「左顧凌鮮卑」，都是無法解釋的；卽使能解釋，也失去了詩歌藝術的廣泛意義。

詩歌到此，所寫英雄人物已被推到頂點，對於頌歌來說，似乎無以復加，無話可說了。但塑造一個完整的、有血有肉的英雄形象，這裏才完成一半，下面還有相當重要的一半，就是英雄人物可貴的精神世界：

白馬篇

棄身鋒刃端，性命安可懷？父母且不顧，何言子與妻！名編壯士籍，不得中顧私。捐軀赴國難，視死忽如歸！

投身於鋒刃之中，首先是把個人的生死置之度外，再就是要捨得割斷父母妻子之愛，然後才能做到捐軀爲國，視死如歸。這些字字千鈞的豪言壯語，我們讀來並無空泛的印象，反覺句句眞切，感人至深，原因何在呢？首先是本詩通篇高昂的情緒感染了讀者，它引導着讀者的激情步步上升，自然而然地達於非此不可的境地；如果把這段話移到詩前，就絕難起到它現有的作用。二是作者安排了一個巧妙的過渡：「長驅蹈匈奴，左顧凌鮮卑。」這兩句既是前段描寫的自然歸宿，又是誘發後段豪情的有力引言。二句是正面寫勇，點出人物的英雄氣概。而這種勇，是和「性命安可懷」分不開的，貪生怕死的人就談不到什麼勇了。不畏鋒刃，毫無個人私念，而視死如歸的精神，正是英雄氣概的本色，也是勇的動力和具體表現。我們讀到「長驅蹈匈奴」二句時，不僅能接受其思想，而且有快感。伴隨着這種快感過渡到下段，就是非常自然的了。所以，緊接在「長驅」二句之後的豪言壯語，不僅是全詩的有機組成部分，且逐步發展到「捐軀赴國難，視死忽如歸」，才把詩的主題引向最高潮。現在出現在讀者面前的，才是具有巨大感人力量的愛國主義英雄形象。

詩以言志。《白馬篇》抒發了作者自己的報國之志，這是毋庸置疑的。如曹植在《雜詩》之五中所說「閑居非吾志，甘心赴國憂」，就和《白馬篇》的基本思想一致。但我們又不能把《白馬篇》完全視爲曹植的「自我寫照」。有作者在內而又不是完全寫他自己；塑造一個作者崇敬的人物形象，而又反映了當時多數人的願望和理想，正是此詩成爲歷代傳誦佳篇的重要原因。這種技藝高超而一心爲國的人物，不僅在整個封建社會中是可貴的，他的精神直到今天，仍有值得發揚之處。詩歌能具有這種深遠的藝術力量，就因爲它是用高度概括的方法，通過鮮明的藝術形象寫成的；同時又必須看到，曹植能創造出這種傳神百代的愛國英雄形象，是傾注了他自己的滿腔報國之志的。試細讀這樣兩句：「父母且不顧，何言子與妻！」

這是身臨疆場者非常現實、非常具體的問題，能說它是言不由衷的大話？此二句若非眞情，則不僅「性命安可懷」、「視死忽如歸」等靠不住，全詩以至「甘心赴國憂」等，都將變成假話。「父母」二句講得如此具體和深刻，如果讀者體會到它是出自作者剛毅果斷的內心，自會感到詩人熔鑄在這個人物身上的情感是很不一般的。至少可以說，作者是眞誠而熱情地歌頌這種自我犧牲精神，也在一定程度上表白自己的決心；它不過是「甘心赴國憂」這類直陳其情的剖視。曹植在這首詩中，祇是沒有出場自白，而是把他的激情凝聚在更完美的白馬英雄身上，盡情歌頌他，傾其才力來塑造其高大形象。也正因如此，他才創造了這位歷久不衰的英雄形象。

（牟世金）

美女篇

曹植

美女妖且閑，採桑歧路間。柔條紛冉冉，葉落何翩翩！攘袖見素手，皓腕約金環。頭上金爵釵，腰佩翠琅玕。明珠交玉體，珊瑚間木難。羅衣何飄飄，輕裾隨風還。顧盼遺光彩，長嘯氣若蘭。行徒用息駕，休者以忘餐。借問女安居？乃在城南端。青樓臨大路，高門結重關。容華耀朝日，誰不希令顏？媒氏何所營？玉帛不時安。佳人慕高義，求賢良獨難。衆人徒嗷嗷，安知彼所觀。盛年處房室，中夜起長歎。

關於這首詩，郭茂倩曰：「美女者，以喻君子。言君子有美行，願得明君而事之。若不遇時，雖見徵求，終不屈也。」（《樂府詩集》）劉履說得更清楚：「子建志在輔君匡濟，策功垂名，乃不克遂，雖授爵封，而其心猶爲不仕，故託處女以寓怨慕之情焉。」（《選詩補註》）詩中寫一位雍容華貴的美女，由於沒遇到意中人寧肯盛年不嫁，以此比喻志士雖具匡世之才志，未遇明主仍不得施展。這顯然是作者自況。我們知道，曹植自幼擅長詩文，才氣橫溢。謝靈運曾讚嘆說：「天下才共一石，曹子建獨得八斗，我得一斗，自古及今同用一斗。奇才敏捷，安有繼之。」（見李瀚《蒙求集註》）但子建並不滿足於翰墨之勳，他的雄心壯志是「戮力上國，流惠下民，建永世之業，流金石之功」（《與楊德祖書》）。忌賢妒能的曹丕父子相繼掌權，使這宏偉抱負化爲泡影。曹丕先是斬了曹植的摯友丁儀、丁廙兄弟，進而對親弟弟屢加政治迫害，幾致死地。「植常自憤怨，抱利器而無所施。」（《三國志》卷十九）太和六年（二三六）向明帝上疏求自試，懇請率兵征邊，亦不允。植身爲高爵厚祿之王侯，却如囚徒般毫無自由，其後半生潦倒之極，憂憤之極。這首詩當是他失意之初，深感懷才不遇，而對未來仍抱有渺茫希望時寫成的。詩的主題，與後期偏晚時寫的《鰕䱇篇》相倣，而憂憤之情却表露得含蓄、深沉，不像《鰕䱇篇》那樣如決堤之水。詩中對美女情態的描寫，又與黃初四年（二二三）所作《洛神賦》對洛神的描寫有某些相似之處。如果說《洛神賦》表現了詩人對美的執著追求，那麼《美女篇》則表現出顧影自憐的情致，兩篇從不同角度反映了對美好事物的憧憬，對高潔理想的禮贊，而悵怨之情則是息息相通的。估計兩篇的創作時間較爲接近。

詩人既然是以美女作喻，因此這美女並不是、也沒有必要是現實生活中的人物。她是詩人心目中盡善盡美的形象，是詩人精神世界的自我寫照。她不僅有稀世的儀表美，而且有非凡的心靈美，不僅出身富貴，而且勤於勞作，眞是聚衆美於一身。這些富有理想色彩的描寫，顯然借鑒了前人的創作經驗，特別是汲取了漢樂府《陌上桑》的藝術手法。但《美女篇》並不是一味摹倣《陌上桑》，除了立意、構思的明顯差別外，《美女篇》還吸收了宋玉《神女賦》中對典雅女性的描寫，使人物具有更多高雅氣質，在藝術表現上有許多創造和發展。

「美女妖且閑，採桑歧路間。」詩一開頭便出語不凡，說這位美女既豔麗又優雅，在岔路邊的桑林裏採桑。「妖」狀其貌，「閑」狀其態，既見風采又見風姿。「歧路間」指明採桑之地。這兩句比《陌上桑》開篇六句的內容還豐富。「柔條紛冉冉，葉落何翩翩！」寫採桑之舉，是《陌上桑》所沒有的。兩句妙在不是直敍，而是以景襯事。由蓬鬆、茂盛的嫩枝，帶入採桑情景，以採下的桑葉紛紛飄落，反襯美女採桑技術的熟練、舉動的輕捷。這就大大調動了讀者的想象力。此刻，人們很自然會聯想到那雙靈巧的手。接下去，詩人不像《陌上桑》那樣寫採桑的用具，而是就勢給美女的雙手來個特寫，並將鏡頭逐步推移到全身：她揎起雙袖露出雪白的手臂，金鐲子在手腕上閃閃發光。髮髻上插的是金雀首飾，腰間佩帶的是綠色美石。顆顆明珠裝飾着她的玉體，其間還點綴着紅的珊瑚、碧的珠寶。這六句像一幅絢麗多彩的靜態畫面，既描繪了美女華貴的妝飾，又描繪了她白細的肌膚，二者互相映襯，珍寶因附着於玉體而倍放光輝，美女亦因美飾而增色三分。這樣描寫顯然比《陌上桑》裏「頭上倭墮髻，耳中明月珠」兩句要生動得多。《洛神賦》有「攘皓腕於神滸兮」句，可見揎袖而顯「素手」、「皓腕」，是曹植獨創的一種詩歌形象。《陌上桑》接下寫羅敷的衣着：「緗綺爲下裙，紫綺爲上襦」，單就裙、襦的質地落墨。《美女篇》接下兩句也是寫衣着：「羅衣何飄飄，輕裾隨風還。」是說輕輕的羅衣隨風翻飛，衣襟隨着美女的走動而飄轉。兩句衣着與美女同時下筆，既見出羅衣質地的輕柔，又見出美女輕盈的步履、優美的身段。畫面亦由靜而動，生氣盎然，給人以無限美感。對美女外表的描繪，至此本可擱筆，但詩人餘意未盡，筆鋒陡起，進一步寫美女的神采：「顧盼遺光彩，長嘯氣若蘭。」顧，是回視。盼，是眼睛黑白分明的樣子。這兩句的意思是，她的目光炯炯有神，所及之處，都能給人留下很美的印象；她嘬口出聲，吐出氣來芳香如蘭花。畫人最重要的是畫眼睛，古人寫美女多狀其美目。《詩經·衞風·碩人》：「巧笑倩兮，美目盼兮。」宋玉《神女賦》：「眸子炯其精朗兮，瞭多美而可觀。」曹植深得其法，而寫得更加活脫，以「遺光彩」來誇張形容「顧盼」之神采，妙極。「長嘯氣若蘭」句，從《神女賦》「吐芬芳其若蘭」句脫出，既狀出這位美女高雅不凡、矜持自重的氣質，又透出她深藏心底的憂怨，亦妙。詩人《洛神賦》中「轉眄流精，光潤玉顏，含辭未吐，氣若幽蘭」與這兩句的意蘊近似。詩人讚美洛神「瓌姿豔逸，儀靜體閑」，與上述對美女的描寫也近似。可以認爲，豔而不俗、文靜嫻雅正是詩人所崇拜的女性形象的基本素質。至此，一位富有個性的美女的外在形象已活現在讀者眼前。下面兩句：「行徒用息駕，休者以忘餐」則是從旁觀者的反應來渲染這位女子的美。是說過路的人紛紛停下車來朝她佇望，捨不得離去；坐在田邊道旁準備進餐的人，也因看呆了而忘了吃飯。這是極言她所具有的美的魅力。這種側面烘托之法，本是《陌上桑》的創造，它用了「行者見羅敷」八句來烘托羅敷之美，造成強烈的喜劇氣氛。而曹植化繁爲簡，將八句壓縮爲兩句。這主要怕是爲了與全詩的怨慕基調相協調。

以下諸句，逐漸轉入美女內心世界的披露，着力展示她的心靈美。「借問女安居？乃在城南端。青樓臨大路，高門結重關。」是說請問那女子家住何處？就在城的南頭。那是座緊挨大路的塗飾着青漆的樓房，高高的大門拴上了兩道門閂。樓以青漆爲飾，此專指顯貴家的閨閣。古時衹許富人家建樓於大道邊。這四句寫美女居所的顯貴，可想見她出身門第非同一般。這與詩人的王侯身分倒很接近。如果說《陌上桑》裏羅敷誇耀夫婿的一大段言語，是表現羅敷對那位無賴使君的巧妙鬥爭的話，那麼這裏對美女出身門第的簡介，則是排除了美女的盛年不嫁是因出身卑微這種可能。接下四句：「容華耀朝日，誰不希令顏？媒氏何所營？玉帛不時安。」以朝陽形容美女的容貌，取《神女賦》「耀乎若白日初出照屋梁」句意。詩人在《洛神賦》中亦有「遠而望之，皎若太陽升朝霞」這樣精彩的描寫。朝陽處於上升階段，喻處女極當。四句的意思是：她容光煥發，有如耀眼的朝陽。誰不爲她美麗的容貌而傾倒？可那些媒人還在做什麼？爲啥不及時來行聘定婚？對這樣美貌的姑娘，媒人却不積極行動，自然給讀者造成懸念：這究竟是爲什麼呢？全詩到此一折，以便加重後文的分量，詩人的寫法相當高明。下面四句是正面回答這個問題：「佳人慕高義，求賢良獨難。衆人徒嗷嗷，安知彼所觀。」是說這位美女崇敬的是品德高尚之士，而在當時要找到一個賢德的丈夫也實在是太困難了。大家且不要瞎嚷嚷，你們哪裏知道她所看得起的是什麼樣的人呢？詩中的「衆人」，當包括說媒的人，求婚的人，以及社會上非議這位美女的人。總之，是不知曉、理解她心中所思的人。「衆人」二句，與《鰕䱇篇》的結句「汎泊徒嗷嗷，誰知壯士憂！」的內涵完全一致，強調了不被世人理解，透出懷才不遇的憤懣。這幾句突出地表現了這位美女的崇高理想，和她爲當時社會所不瞭解的美好的內心世界。她的所思所慕，不正是詩人「閑居非吾志，甘心赴國憂」（《雜詩》其五）的寫照麼！她的不肯屈就，正表現了詩人理想的不可動搖。美女的形象霎時高大起來，她那純潔、高尚的心靈，使她卓立於衆多美女之上。「慕高義」是全篇的詩眼，是這位美女盛年不嫁的註脚。《美女篇》側重於美女內心的剖析，是它與《陌上桑》在立意上的明顯區别。

最後兩句：「盛年處房室，中夜起長嘆」是説這位女子正值青春年華，却獨居閨房，心中憂傷，常常半夜裏起坐長嘆。兩句意味無窮，它是美女命運的必然。美女對自己的理想堅守不渝，而在當時又無法實現，自然始終處於苦悶之中。值「盛年」而「處房室」，這一矛盾現象構成悲劇，具有深刻社會意義。這位美女有採桑之才，有令人息駕、忘餐之貌，有青樓高門之貴，衹因她有「慕高義」之德，便孤寂獨處。其責任就不在於她本身的矜持，而是在於那「求賢良獨難」的污濁的社會了。美女以「求賢良獨難」來詛咒這社會，自傲於這社會，她取得了精神上的勝利。但她在這社會中却真真切切的是個失敗者。因爲現實社會不是無賢可求的問題，而是有賢不用的問題，她本身不就是可以大用的「賢」麼？作者正是以此來比喻志士不遇良主的苦悶。同時，這也是作者個人遭際的苦悶。早在他貴盛之時，就有過「盛時不可再，百年忽我遒」（《箜篌引》）的緊迫感，怎奈曹丕掌權後「蒼蠅間白黑，讒巧令親疏」（《贈白馬王彪》），終不見用，衹得發出「高高上無極，天路安可窮」（《雜詩》其二）的哀嘆，他被排擠得連解救朋友的權力都沒有：「利劍不在掌，結友何須多！」（《野田黄雀行》）無權者的憤怒是激不起浪花的。有志不獲騁的焦慮，有才不得展的悲哀，隨着時間的推移，很容易從佳人青春將逝的惶恐那裏找到共鳴和寄託：「時俗薄朱顔，誰爲發皓齒？俛仰歲將暮，榮耀難久恃。」（《雜詩》其四）這便是本詩「中夜起長嘆」所飽含的深沉的憂憤。《陌上桑》在一片哄笑聲中結束，讀者能想見那位使君在勝利者羅敷面前灰溜溜逃走的樣子；《美女篇》則在出人意料的嘆息聲中收尾，讀者能想見這位悲劇的主人公「此恨綿綿無絶期」，直至她美好理想的徹底破滅。

（謝　孟）

飲馬長城窟行

陳琳

飲馬長城窟，水寒傷馬骨。往謂長城吏：「慎莫稽留太原卒！」「官作自有程，舉築諧汝聲！」「男兒寧當格鬥死，何能怫鬱築長城？」長城何連連，連連三千里。邊城多健少，內舍多寡婦。作書與內舍：「便嫁莫留住！善侍新姑嫜，時時念我故夫子。」報書往邊地：「君今出語一何鄙！」「身在禍難中，何為稽留他家子。生男慎莫舉，生女哺用脯。君獨不見長城下，死人骸骨相撐拄！」「結髮行事君，慊慊心意關，明知邊地苦，賤妾何能久自全！」

陳琳字孔璋，廣陵（今江蘇江都縣）人。生年不詳，卒於漢獻帝建安二十二年（二一七）。「建安七子」之一。初爲何進主簿。後因董卓之亂避難冀州，依袁紹。曾替袁紹寫檄文聲討曹操。袁紹失敗歸附曹操。曹操愛其才不咎既往，讓他和阮瑀一起任職司空軍謀祭酒，並管記室。他們二人都擅長草寫軍國文書。曹丕的《典論·論文》說：「琳、瑀之章表書記，今之雋也。」他的詩作僅存四首，以《飲馬長城窟行》最爲著名。

《飲馬長城窟行》是樂府古題，屬《相和歌·瑟調曲》。長城是我國古代勞動人民智慧的結晶，也是我國國力強盛、文化輝煌的具體反映。然而在漫長的封建社會中，也凝聚了無數人民羣衆的血汗和淚水。自戰國以來，封建統治者修築長城的繁重徭役從未間斷，給人民帶來了莫大的災難：他們迫使民伕從事長期脩築長城的

飲馬長城窟行

繁重勞動，不少人甚至獻出了寶貴的生命，以致家中土地無人耕種，父母無人贍養，妻兒無所依靠，家人無法團聚。陳琳的《飲馬長城窟行》正是反映了封建統治者這種無休止的繁重徭役所帶給人民的深重災難。由於三國時期戰亂頻仍，徭役繁重，人民顛沛流離，朝不保夕，因而《飲馬長城窟行》不僅有其歷史意義，而且在當時也有一定的現實意義。

「飲馬長城窟，水寒傷馬骨。」詩一開始，作者就在讀者面前展開一幅長城附近嚴冬凜冽、水寒透骨的畫圖。「長城窟」的「窟」指的是「泉窟」，也就是現在所說的「泉眼」。「長城窟」指的是長城旁邊有泉水的泉眼，可供行役者飲馬之用。在嚴冬季節，連喝過泉眼的水的馬也感到水寒刺骨，難以忍受。這兩句並非單純敍事和描繪長城的周圍環境，而是含有明顯的象徵意味：馬尚如此，人何以堪！這就爲下面所要展開的事件作了鋪墊。

「往謂長城吏：『愼莫稽留太原卒！』『官作自有程，舉築諧汝聲。』『男兒寧當格鬥死，何能怫鬱築長城！』」這六句是築城民伕與監督築城官吏的對話。先看頭兩句。「愼」是小心、留意的意思。「稽留」就是滯留。「太原卒」，指從太原（在今山西省中部一帶）征調來服役的民伕。這兩句寫民伕懇求官吏不要延誤他歸家的日期。再看第三、四兩句。「官作」，官府的工程，卽指脩築長城而言。「程」，期限。「築」，杵，築城夯土的工具。這兩句是官吏告誡民伕的話。意思是說，官家的工程有它的期限，你們還是齊聲唱起夯歌、努力築城吧！最後兩句是民伕回答官吏的話。「格鬥」指作戰。「怫鬱」，憂鬱、愁悶。這兩句的意思是：作爲一個男子漢，寧可與敵人短兵相接搏鬥而死，怎能整天憂鬱地在這裏築長城呢！這六句雖然是敍述民伕和官吏的對話，但層次井然，步步深入，人物語言的感情色彩非常濃厚。先是民伕希望服役期滿後能盡快回家，因此說話帶有懇求的口氣。接着官吏並不正面回答問題，卻告誡民伕努力築城，並表現出不耐煩的樣子，意味着民伕卽使服役期滿仍不一定能歸去與家人團聚。這樣就激起了民伕的滿腔怒火，憤慨地說出「男兒寧當格鬥死，何能怫鬱築長城」的話。

「長城何連連，連連三千里。」「連連」，形容長城之長，連綿不斷。兩句含有竣工遙遙無期，民伕歸家無望的悲憤和感慨，是針對官吏所說「官作自有程」而發，同時引出「邊城多健少，內舍多寡婦」這兩句。「邊城」，指長城。「內舍」，指民伕的家裏。「寡婦」指獨居的婦人。由於築城，長城附近集中了許多身強力壯的年輕民伕，因而在這些民伕家裏也都有獨居的婦人。

從「作書與內舍」到「賤妾何能久自全」是築城民伕與妻子通過書信的對話。

「作書與內舍：『便嫁莫留住！善侍新姑嫜，時時念我故夫子。』」「姑嫜」，古代婦人稱丈夫的父母爲「姑嫜」，也就是現在通稱的「公婆」。「故夫子」，原來的丈夫。寫信的民伕自稱。由於築城的工程遙遙無期，民伕與家人團聚無望，因此民伕寫信勸妻子改嫁，希望妻子好好侍奉新姑嫜，同時不要忘記原來的丈夫。書信的內容反映了民伕心情的矛盾，說明他勸妻子改嫁並非出於自願，而是迫不得已。

「報書往邊地：『君今出語一何鄙！』」「報書」，回信。「鄙」，淺陋，鄙薄。這兩句寫妻子回信給丈夫，責備丈夫出語淺陋，拒絕改嫁。

「身在禍難中，何爲稽留他家子？生男愼莫舉，生女哺用脯。君獨不見長城下，死人骸骨相撐拄！」「他家子」，別人家的女子，這裏指他的妻子。古人也可以稱女子爲「子」。「舉」，養育成人。「哺」，餵。「脯」，乾肉。「撐拄」，支架。這六句是寫民伕再次寫信給妻子，進一步申述要她改嫁的理由。意思是說，自己正在蒙受脩築長城竣工無期、生歸無望的禍難，爲什麼還要連累妻子呢？假如你生下男孩，千萬不要把他養育成人；如果生的是女孩，倒是可以用乾肉餵養她。我這種想法可是迫於無奈啊！你難道沒有看見嗎？在那高高的長城下面，爲築城而死亡的骸骨枕藉、相互支架，正雜亂地堆積在那裏！《太平御覽》五百七十引晉楊泉《物理論》說：「始皇起驪山之冢，使蒙恬築長城，死者相屬，民歌曰：『生男愼勿舉，生女哺用脯。不見長城下，尸骸相支柱。』」封建時代是重男輕女的，這首民歌却說生男不如生女，反映出人們一種反常的心理狀態。怨憤之情，溢於言表。陳琳在詩中借用了現成的民間歌謠，正是爲了表達詩中人物極端沉痛而又複雜的心理活動。杜甫在《兵車行》中說：「信知生男惡，反是生女好。生女猶得嫁比鄰，生男埋沒隨百草。君不見青海頭，古來白骨無人收；新鬼煩冤舊鬼哭，天陰雨濕聲啾啾！」很明顯，杜甫這種寫法是有所本的。

「結髮行事君，慊慊心意關。明知邊地苦，賤妾何能久自全！」「結髮」表示成年，古代男女成年的時候都要把頭髮束起來。「慊慊」，怨恨不滿的樣子。「關」，牽繫。這四句是妻子再回答丈夫的話，表示自己對愛情的堅貞不移。意思是：我成年之後和你結婚，不久就離別了，心牽兩地，怨恨極深。如今你在邊地受苦，我又怎能活得長久呢？清人張玉穀說：「答辭四句，表自己之亦當從死，而彼死終不忍言，只以『苦』字代之，得體。」（《古詩賞析》卷九）可供參考。

語言通俗，具有樂府民歌的鮮明傾向，這是陳琳的《飲馬長城窟行》在藝術上的最大特色。作者在詩中成功地運用了民歌所常用的一些表現手法，如開頭以「飲馬長城窟，水寒傷馬骨」起興，託事於物，由此及彼，用形象去引起人們的聯想：天寒地凍，環境惡劣，連馬都難以忍受，更何況長年累月在邊地築城的民伕！詩中還採用了民歌常用的對話形式。通過民伕和官吏、丈夫和妻子的對話，把要揭露的客觀現實和作者的主觀意圖生動地展現在讀者面前。由於運用了對話形式，人物的身分、處境、音容面貌和內心情緒莫不刻畫得維妙維肖，感人至深。沈德潛曾說這首詩「無問答之痕而神理井然，可與漢樂府競爽矣」（《古詩源》卷六）。陳祚明也說：「孔璋《飲馬》一篇，可與漢人競爽。辭氣俊爽，如孤鶴唳空，翮堪凌霄，聲聞於天。」（《采菽堂古詩選》卷七）此外，這首詩以五言爲主，但也運用了參差錯落的長短句。後世的評論家認爲：「以長短句行之，遂爲鮑照先鞭。」（宋長白《柳亭詩話》卷十四）「老杜歌行似此。」（鍾惺《古詩歸》卷九）由此也可見它對後代文學的深遠影響。

（吳珮珠）

登樓賦

王粲

登茲樓以四望兮，聊暇日以銷憂。覽斯宇之所處兮，實顯敞而寡雠。挾清漳之通浦兮，倚曲沮之長洲；背墳衍之廣陸兮，臨皋隰之沃流。北彌陶牧，西接昭丘；華實蔽野，黍稷盈疇。雖信美而非吾土兮，曾何足以少留？

遭紛濁而遷逝兮，漫踰紀以迄今。情眷眷而懷歸兮，孰憂思之可任？憑軒檻以遙望兮，向北風而開襟。平原遠而極目兮，蔽荆山之高岑。路逶迤而修迥兮，川既漾而濟深。悲舊鄉之壅隔兮，涕横墜而弗禁。昔尼父之在陳兮，有「歸歟」之嘆音。鍾儀幽而楚奏兮，莊舄顯而越吟。人情同於懷土兮，豈窮達而異心？惟日月之逾邁兮，俟河清其未極。冀王道之一平兮，假高衢而騁力。懼匏瓜之徒懸兮，畏井渫之莫食。步棲遲以徙倚兮，白日忽其將匿。風蕭瑟而并興兮，天慘慘而無色。獸狂顧以求羣兮，鳥相鳴而舉翼。原野闃其無人兮，征夫行而未息。心悽愴以感發兮，意忉怛而憯惻。循階除而下降兮，氣交憤於胸臆。夜參半而不寐兮，悵盤桓以反側。

這篇作品傳誦已久。晉代陸雲在同他的兄長陸機切磋文章技巧時，就以它作爲標的，說「《登樓》名高，恐未可越爾」（《與兄平原書》）。南朝梁代劉勰在談論「魏晉之賦首」（《文心雕龍·詮賦》）時，也以王粲列爲第一家。宋代朱熹則認爲《登樓賦》「猶過曹植、潘岳、陸機愁詠、閑居、懷舊衆作，蓋魏之賦極此矣」（《楚辭後語》）。到元代，更有鄭光祖以此爲題材，編了一齣雜劇《王粲登樓》，開了敷演賦意爲舞臺藝術的先例。當然，《登樓賦》的盛名，不是虛攬而得的。這篇作品篇幅短小，內容充實，藝術上很見特色，在辭賦發展史上，它是抒情小賦成功地顯示其優點的代表作之一。

賦共三小段。

第一段首二句述登樓緣起：是爲了「銷憂」。次十句寫樓上所見景物，同時交代樓的地點方位：它在荆州漳、沮二水之側，靠近范蠡之墳陶牧、楚昭王之墓昭丘。末二句「雖信美而非吾土兮，曾何足以少留」點明作者之憂乃是出於對故土的思念。

第二段先回顧作者經歷：他適逢漢末戰亂，避難至荆州，已逾十二年。「情眷眷」句以下，宣洩因舊鄉壅隔而不能北歸的悲思，他涕淚交墜，悲情強烈。接着用孔子困於陳時曾嘆息「歸歟，歸歟！」（《論語·公冶長》）以及春秋時楚人鍾儀被囚於晉國而操南音、越人莊舄在楚國任顯職而喜越聲的故實，進一步襯托自己對故土的強烈眷念。這裏「鍾儀」句和「莊舄」句，所詠事跡相反，而用意正同，它們是所謂「反對」儷辭手法，從這一「反對」中又引出末二句來：窮達雖異，而懷土情同。這一段裏表現了更深的憂思，到了「孰可任」的地步。

第三段在內容上進一步發展。作者提出了他期待着「河清」之日的到來，希冀「王道」普施，天下清平，說如此則可以藉之馳騁才力，改變如徒懸的匏瓜和無人取飲的枯井那樣長期被棄置埋沒的處境。從情緒上說，本段也比前二段更加強烈。作者始登樓爲了「銷憂」，至此循階而下時，不僅憂思未消，反而更悽愴憤慨起來，甚至夜半不寐，悵恨不已，總的來看，本篇的三個段落，也就是三個層次，它們是層層轉進的關係，以「銷憂」始，而以更加強烈的「氣交憤」結束。

怎樣理解賦中的這種強烈的思鄉懷土內容？它的思想實質是什麼？這是應當結合作者的身世志尚作進一步考察的。

登樓賦

王粲在十七歲時遭逢董卓作亂，不得已逃離長安到荊州避難。對於漢末軍閥肆惡、荼毒生靈情狀，他是親眼目睹了的，他在《七哀詩》中就曾記述了「出門無所見，白骨蔽平原」的慘象。他在國家蒙難，自身又多年遠適他鄉的情況下，憶念桑梓，希冀治定，這是一種很樸素自然的感情。不過這還祇是一方面。從另一方面看，王粲出身名門，曾祖王龔、祖王暢，都曾位列三公，在漢末極重視門第的風氣中，他自少即出入洛陽、長安兩京，很得勢要者賞識。史載他初訪蔡邕，邕即「倒屣迎之」，而蔡邕「此王公孫也」的一句介紹，就使在場衆賓客肅然起敬。因此，王粲對功名一向懷有很強的信心。他雖然不得不到荊州避難，但是甫到時政治熱情並未爲之稍歇，還曾積極參與荊州牧劉表的一些政治活動，並讚頌劉表「荊衡作守，時邁淳德，勛格皇穹，聲被四宇」（《荊州文學記官志》）等。在當時，並未見他流露出什麼厭倦懷歸心情。王粲在荊州後期才有思鄉情緒的大迸發，這是同他的政治處境有很大關係的。

原來劉表其人「外貌儒雅，心多疑忌」（《魏書·劉表傳》），對於王粲這樣的名門公子，一時尚能禮遇，根本上却不可能加以重用。劉表還頗以貌取人，而王粲又偏「貌寢」，儀表上略差些，就更爲劉表所輕。於是隨着歲月流逝，王粲就愈感到自己受着冷落。這種境況，對於政治上不甘寂寞的人來說，實在是難以長期忍受的。所以，「雖信美而非吾土兮，曾何足以少留」，這話至少有一半是從政治上說的，意思是荊州的政治環境使他不能久留。他在賦中還說要「假高衢而騁力」，又說「懼匏瓜之徒懸」、「畏井渫之莫食」，都表現了求取功名的內心願望。總之，在《登樓賦》的思鄉懷土內容中，很大程度上包含着作者因功名不遂而產生的懷才不遇成分。

明乎此，我們也就可以理解，當曹操挾戰勝之威，長驅占領荊州後，王粲爲什麼儘管身尚在荊州，他的「憂」、「悵」却不翼而飛，他的情緒突然高漲了起來。這除了他看到了回歸故土的希望外，更重要的原因就是曹操甫始荊州，即辟他爲「丞相掾」，賜爵關內侯，滿足了他的功名心。曹操曾在漢水之濱舉行慶祝收取荊州的宴會，會上王粲發表了一篇祝辭，其中有幾句話可以視爲他對自己在荊州前後狀況的說明，他說：「士之避亂荊州者，皆海內俊傑也；（劉）表不知所任，故國危而無輔。明公……及平江漢，引其賢俊而置之列位，使海內回心，望風而願治，文武並用，英雄畢力，此三王之舉也。」（《魏書》本傳）可知王粲在荊州的不滿，主要由於未得劉表「所任」，一旦被曹操「置之列位」，他也就立即「望風」而「回心」了。王粲把「引其賢俊而置之列位」說成是「三王之舉」，這也正好可以給《登樓賦》中「冀王道之一平兮，假高衢而騁力」二句作註脚，證明王粲所希冀「王道」亦即理想政治，是同他個人的功名心緊密聯繫着的。

這篇賦在藝術上最可注意的是它的景物描寫。此賦每段都寫景，而且寫得極有特色。首先是寫得精練。在兩漢大賦中，對景物環境的描寫實在是過於鋪張揚厲了，東南西北，前後左右，細緻周詳，面面俱到。王粲完全捨棄了那種傳統。試觀本篇第一段，從第三句以下十句爲寫景，它們固然寫得「局面闊大」（清姚範語），而且形象清新，但並不專事鋪采摛文，唯以描寫的必要爲限。這裏有北而無南，取西而捨東，看似不够全面對稱，實則十分精要，略無冗言贅語。

更重要的是，賦中的寫景與作者感情的抒發之間，有巧妙的契合。如上所說，此賦的三個段落所表現的思想感情有三個層次；而其中的景物描寫，也隨着作者思路的轉進和感情的發展，表現了不同的色調和風貌。如第一段的景物描寫，是承「四望」而來的，它們重在襯托作者心目中的「顯敞」和「信美」兩點，所以就寫「通浦」、「長洲」、「廣陸」、「沃流」、「華實蔽野」、「黍稷盈疇」等等。第二段的景物描寫，是配合着「懷歸」、「懷土」之思的，所以就寫「平原遠」、「路逶迤」、「高岑」、「修迥」等，至於第三段，作者的情緒已發展到「心淒愴」、「意忉怛」的程度，所以景物描寫也一變而爲「風蕭瑟」、「天慘慘」，白日西匿，鳥獸狂顧等。它們不僅具有陪襯意味，而且起着「感發」情緒的作用，眞正做到了情與景的融合。王粲的這種緊密配合感情發展的、有層次的景物描寫，表現了很高超的技巧。這在整個建安文學中，也稱得上是傑出的一例。看來「魏晉之賦首」，王粲是當之無愧的。

（徐公持）

七哀詩（其一）

王粲

西京亂無象，豺虎方遘患。復棄中國去，委身適荆蠻。親戚對我悲，朋友相追攀。出門無所見，白骨蔽平原。路有饑婦人，抱子棄草間。顧聞號泣聲，揮涕獨不還，「未知身死處，何能兩相完！」驅馬棄之去，不忍聽此言。南登霸陵岸，回首望長安。悟彼《下泉》人，喟然傷心肝。

王粲的《七哀詩》共三首，這是第一首。唐人吳兢的《樂府古題要解》說：「《七哀》起於漢末。」在現存資料裏，王粲的這首《七哀》就是最早的。漢獻帝初平元年（一九〇），董卓作亂；初平三年四月，呂布殺董卓；六月，董卓的部將李傕、郭汜等人發兵作亂，擄掠長安。年僅十七歲的王粲離開長安南投劉表，這首詩便記述了當時的所見所感，含蓄蘊藉，悲涼蒼勁，具有很強的藝術感染力。

詩一開始，「西京亂無象，豺虎方遘患」兩句，概括出當時長安的混亂局勢，同時也交代了自己不得不離開長安的緣由。東漢建都於洛陽，故稱長安爲西京。無象，卽無道，說明政治局勢極端混亂。作者把李、郭等人比作豺虎，旣形象地勾畫出了他們窮凶極惡的面目，又表現出作者極度的憎惡。

「復棄中國去，委身適荆蠻」，說明自己的去向。「中國」與「荆蠻」對舉。古人把北方黃河流域長安、洛陽一帶國都所在地稱爲中國或中原，而稱南方的部族曰蠻，荆州在南方，故稱荆蠻。這兩句是說，我再次離棄中原故土，託身於荆州。初平元年，董卓脅迫獻帝從洛陽遷都長安，驅使吏民數百萬入關，并在洛陽及沿途燒殺擄掠，以致横尸遍野。當時王粲或許有過一次逃難的經歷。然而，僅隔兩年，慘絶人寰的悲劇再度重演。眼前之景已不忍睹，回首往事，更是不勝悲哀。作者用一「復」字，把往日的哀思勾帶出來，并把它重疊在今日的悲痛之上；這就不僅把連年戰亂、民不聊生的史事映帶了出來，而且更加深了創巨痛深的悲哀之情，豐富了詩歌的內涵。可謂以少總多，情貌無遺。

按照事件發展的先後順序，接下來兩句寫離別時的情景：「親戚對我悲，朋友相追攀。」追攀，指攀車依戀的惜別之情。「對我悲」與「相追攀」互文見義，前者重在刻畫內在的情感，後者重在突出外在的動作。離親別友，詩人百感凄惻，而親友也是五內俱焚。寫離別，是這首詩不可少的一筆，但作者并没有過多地花費筆墨，衹用十個字就渲染出一個悲哀的氣氛，加强了詩歌主題。

送別之後，便很自然地過渡到旅途的情景。「出門無所見，白骨蔽平原。」以高度概括之筆，爲下文饑婦棄子的典型提供一個背景。然後就以濃墨描寫一個饑餓的婦女。「路有饑婦人」六句，通過動作、表情和語言，把她的痛苦、矛盾、悲憤展露無遺。「揮涕」與「獨不還」是一個矛盾的過程。「揮涕」，是因爲棄子的號泣聲刺痛了慈母之心，悲痛之中也有幾分內疚；「獨不還」，說明她已横下心，獨自離開了。人世間別無一種愛更甚於母子之愛，可是這饑婦人似乎喪失了母性，無情地拋棄了親生骨肉。作者在這裏并不是譴責她，而是通過這個事例揭示一個深刻的社會問題。因此，作者引饑婦人的話說：「未知身死處，何能兩相完！」自身尚難保全，何況兒子呢？儘管她悲痛欲絶、難以割捨，但殘酷的現實又逼得她走投無路，不得不如此。詩歌通過這樣一個具有典型意義的細節描寫，就更加眞實而深刻地揭露了「豺虎遘患」的後果。

眼前這幅慘景，作者也同樣目不忍睹，「驅馬棄之去，不忍聽此言」。「不忍」二字，蘊含了作者的同情和憤慨。這兩句起到了承上啓下的作用，即由敍事轉入抒情。

「南登霸陵岸，回首望長安。悟彼《下泉》人，喟然傷心肝。」明代楊慎曾評論前兩句說：「劉文房詩：『已是洞庭人，猶看霸陵月。』孟東野詩：『長安日下影，又落江湖中。』語意相似，皆寓戀闕之意。然

七哀詩（其一）

總不若王仲宣云：『南登霸陵岸，回首望長安。』涵蓄蘊藉，自然不可及也。」（《升庵詩話》卷十三）涵蓄蘊藉，自然天成，是王粲這兩句詩「不可及」的原因。這兩句詩有三層意思：首先，霸陵在長安東郊，是長安通往荆州的必經之路，這是交代了旅途經過；其次，身處江海之上，心存魏闕之下，詩人用「望長安」的動作，說明對國都長安的留戀不捨，及對朝廷國事的深切擔心；再次，霸陵是西漢中興之主文帝劉恆的陵墓，詩人經過霸陵，免不了要想起「文景之治」的太平盛世，可是白骨蔽野，滿目悽慘，像漢文帝那樣的賢君明主在哪裏呢？像「文景之治」那樣的太平盛世又在哪裏呢？因此，詩人最後悲嘆道：「悟彼《下泉》人，喟然傷心肝。」《下泉》是《詩經·曹風》中的一篇。《毛詩序》說，《下泉》「思治也。曹人疾共公侵刻下民，不得其所，憂而思明王賢伯也」。這兩句是說，明白了《下泉》詩的作者盼望賢明君主的心情，而無限感傷。詩人用這種勾連映襯、古今對比的手法，使悲哀、憂憤之情達到了高潮，并在這深沉的嘆息聲中，很自然地結束了詩篇，也給讀者留下了回味、深思的餘地。

在漢末的詩歌中，眞實地反映了當時軍閥混戰及其給廣大人民帶來深重災難的，應首推曹操的《蒿里行》和王粲的這首詩。曹操居高臨下，用高度概括的手法，體現了一位政治家、軍事家的氣度與風格；而王粲則是以一個普通人的身分，把所見、所聞、所感結合起來，使人感到親切。清人吳淇評這首詩說：「單舉婦人棄子而言之者，蓋人當亂之際，一切皆輕，最難割捨者骨肉，而慈母於幼子尤甚。寫其重者，他可知矣。」（《選詩定論》）精心地選擇典型題材，并把它展示在廣闊的背景下，眞實、深刻，動人心弦。

劉勰評王粲說：「仲宣溢才，捷而能密，文多兼善，辭少瑕累，摘其詩賦，則七子之冠冕乎！」（《文心雕龍·才略》）的確，從這首詩中可以看出，詩人善於運用最簡潔的語言，通過敘事與抒情的結合、環境氣氛的渲染以及勾連映帶等藝術手法，反映廣闊的社會現實，表達複雜的內心情感，的確是一篇佳作。

（孟二冬）

贈從弟（其二）

劉楨

亭亭山上松，瑟瑟谷中風。風聲一何盛，松枝一何勁！冰霜正慘悽，終歲常端正。
豈不罹凝寒，松柏有本性。

劉楨（一七〇?——二一七），字公幹，東平寧陽（今山東寧陽縣南）人，「建安七子」之一。少以才學知名，八、九歲即能誦《論語》詩賦數萬言。曹操任丞相時，愛其才氣，辟爲丞相掾屬。一次曹丕宴請諸文學，酒酣坐歡時，命夫人甄氏出拜，坐中衆人皆俯伏，而楨獨平視。曹操聞之，不悅，以不敬論其死罪。後來減免死罪，要他作工抵罪。建安二十二年（二一七）大疫流行，死於疫中。

劉楨今存散文十來篇，詩歌十五首。其詩直抒胸臆，氣勢旺盛，而不尚雕飾。因此，鍾嶸在《詩品》中一方面稱讚他「仗氣愛奇，動多振絕，眞骨淩霜，高風跨俗」，一方面又指出他「氣過其文，雕潤恨少」。他在「建安七子」中的文學成就較高，鍾嶸把他的詩列爲上品，并說「自陳思以下，楨稱獨步」。曹丕在《與吳質書》中說：「其五言詩之善者，妙絕時人。」後世有人把他和曹植并稱，元好問《論詩絕句》說：「曹劉坐嘯虎生風，四海無人角兩雄。」《贈從弟》三首是他的代表作。這三首詩，第一首以清水中的蘋藻比喻從弟（堂弟）的清高芳潔，第二首以山上的青松比喻從弟的堅貞剛強，第三首以南嶽的鳳凰比喻從弟的不同流俗。這裏選的是第二首，是劉楨詩中最爲人所稱道的。

「亭亭山上松，瑟瑟谷中風。」亭亭，聳立的樣子。瑟瑟，風聲。這兩句說，高高的青松在山頭挺立，瑟瑟的寒風在山谷呼嘯。青松長得很高，挺立在山頭就更高，這樣，就如曹植在《野田黃雀行》中所說：「高樹多悲風」，樹大必然招風，高高聳立在山頭的青松必然要遭受呼嘯在山谷中的寒風的襲擊。這開頭二句描寫青松的高大形象及其所處的惡劣環境。

「風聲一何盛，松枝一何勁！冰霜正慘悽，終歲常端正。」一何：何其，多麼。慘悽：凛冽，形容十分寒冷。這四句的意思說，從山谷中刮來的寒風是多麼氣勢洶洶啊，但是，面對這股冷風，松枝顯得多麼強勁挺拔！儘管凛冽的冰霜像刀箭一樣向青松襲來，但青松一年到頭總是那樣端端正正地挺立，決不彎腰曲背低頭屈服。這四句具體描寫青松與寒風冰霜頑強抗爭的情景。

爲什麼青松在呼嘯的寒風和凛冽的冰霜面前，能够保持「終歲常端正」呢？難道它不遭受嚴寒的侵襲（「豈不罹凝寒」）？不是不遭受嚴寒的侵襲，而是因爲「松柏有本性」，是松柏的根本特性決定它一年到頭保持堅強挺拔、青翠如一。詩的最後兩句點明青松所以能够抗風鬥霜、不畏嚴寒的原因。

劉楨在這首詩中運用象徵的手法，以歌頌青松的不畏嚴寒、傲然挺立，來讚美他的堂弟的堅貞品德，勉勵他的堂弟保持和發揚這種美德，支持他的堂弟做剛強不屈的人，不要向任何惡勢力屈服，不要受世俗歪風的影響。同時，詩中的青松也是作者自己的寫照，表現了作者本人的處世態度。作者對曹丕夫人甄氏「平視」的卓傲倔強，正體現了「終歲常端正」的松柏的本性。詩中所說的松柏的本性，指的就是正直之士的道德修養，就是「富貴不能淫，貧賤不能移，威武不屈」的浩然正氣。

這首詩寫青松，不是孤立地靜止地描寫，而是在矛盾鬥爭中刻畫。全詩共八句四聯，每一聯都是以象徵正義的青松和象徵邪惡的寒風冰霜對舉。邪惡勢力一步緊似一步地向青松進逼、侵襲，而青松頑強抗爭，始終傲然挺立。這樣在矛盾鬥爭中作動態的描寫，青松就顯得更加生氣勃勃，它的堅強不屈的精神就顯得更加突出，就更具有強烈的感人力量。

松柏抗風鬥霜、常年青翠的形象，自古以來就受到人們的敬重。孔子就說過一句很有名的話：「歲寒，然後知松柏之後凋也。」(《論語·子罕》)以後，歷代有骨氣有氣節的人都以松柏來自勉和勉人。東晉著名詩人陶淵明在一首《飲酒》詩中寫道：「青松在東園，衆草沒其姿。凝霜殄異類，卓然見高枝。」(《陶淵明集》)其詩的精神和表現手法，與劉楨詩是一脈相承的。

(唐滿先)

出師表

諸葛亮

先帝創業未半而中道崩殂，今天下三分，益州疲敝，此誠危急存亡之秋也。然侍衛之臣不懈於內，忠志之士忘身於外者，蓋追先帝之殊遇，欲報之於陛下也。誠宜開張聖聽，以光先帝遺德，恢弘志士之氣，不宜妄自菲薄，引喻失義，以塞忠諫之路也。

宮中府中，俱為一體，陟罰臧否，不宜異同。若有作奸犯科及為忠善者，宜付有司論其刑賞，以昭陛下平明之理，不宜偏私，使內外異法也。

侍中、侍郎郭攸之、費禕、董允等，此皆良實，志慮忠純，是以先帝簡拔以遺陛下。愚以為宮中之事，事無大小，悉以咨之，然後施行，必能裨補缺漏，有所廣益。

將軍向寵，性行淑均，曉暢軍事，試用於昔日，先帝稱之曰能，是以衆議舉寵為督。愚以為營中之事，悉以咨之，必能使行陣和睦，優劣得所。

親賢臣，遠小人，此先漢所以興隆也；親小人，遠賢臣，此後漢所以傾頹也。先帝在時，每與臣論此事，未嘗不歎息痛恨於桓、靈也。侍中、尚書、長史、參軍，此悉貞良死節之臣，願陛下親之信之，則漢室之隆，可計日而待也。

臣本布衣，躬耕於南陽，苟全性命於亂世，不求聞達於諸侯。先帝不以臣卑鄙，猥自枉屈，三顧臣於草廬之中，咨臣以當世之事，由是感激，遂許先帝以驅馳。後值傾覆，受任於敗軍之際，奉命於危難之間，爾來二十有一年矣。

先帝知臣謹慎，故臨崩寄臣以大事也。受命以來，夙夜憂歎，恐託付不效，以傷先帝之明，故五月渡瀘，深入不毛。今南方已定，兵甲已足，當獎率三軍，北定中原，庶竭駑鈍，攘除奸兇，興復漢室，還於舊都。此臣所以報先帝，而忠陛下之職分也。至於斟酌損益，進盡忠言，則攸之、禕、允之任也。

願陛下託臣以討賊興復之效，不效則治臣之罪，以告先帝之靈；若無興德之言，則責攸之、禕、允等之慢，以彰其咎；陛下亦宜自謀，以諮諏善道，察納雅言，深追先帝遺詔。臣不勝受恩感激。

今當遠離，臨表涕零，不知所言。

《出師表》是出兵打仗前，主帥給君主上的奏章。這種表，或表明精忠報國之心，或呈獻攻城掠地之策。歷來以戰名世者甚衆，以表傳後者頗少。唯獨諸葛亮的《出師表》不僅存之典册，而且燦然於文苑。

諸葛亮上《出師表》是在蜀漢後主建興五年（二二七），率兵北伐之時。這時蜀偏居一隅，國力疲敝，又「北畏曹公之強，東憚孫權之逼」，諸葛亮爲了實現劉備振興漢室、一統天下的遺願，「五月渡瀘，深入不毛」，平定了南方，有了較鞏固的後方，并抓住了曹魏兵敗祁山、孫吳兵挫石亭的時機揮師北伐，擬奪取魏的涼州（今甘肅省部分地區），向後主劉禪上了兩道表文，「前表開守昏庸，後表審量形勢」，即出名的《前出師表》、《後出師表》。這裏談的是《前出師表》。

出師表

諸葛亮自劉備於公元二〇七年「三顧茅廬」後，即忠心耿耿地輔佐劉備，以完成統一大業。經過長期奮戰，使寄寓荆州的劉備，一躍而爲與魏、吳對峙的蜀國之主，雄踞一方，到公元二二一年劉備便即帝位。公元二二二年吳蜀夷陵之戰後，劉備敗逃白帝城，次年病死。劉備「白帝託孤」時對諸葛亮說：「君才十倍曹丕，必能安國，終定大業。若嗣子可輔，輔之；如其不才，君可自取。」對諸葛亮無比信賴。諸葛亮回答說：「臣敢竭股肱之力，效忠貞之節，繼之以死。」劉備吩咐劉禪說：「汝與丞相從事，事之如父。」劉禪繼位，即後主。劉禪黯弱昏庸，親信宦者，遠避賢能，胸無大志，苟且偷安，是個「扶不起的阿斗」，諸葛亮主張出兵擊魏，侃侃陳詞，力排衆疑，申明大義以拯其愚，吐露忠愛以藥其頑，既有政治家的眼光，又有軍事家的頭腦，且嚴守人臣下屬的身分。

《出師表》前半部分是臨行時的進諫，後半部分乃表明此行奪勝的決心。劉禪雖爲蜀主，而蜀之安危成敗，實繫於諸葛亮之身，因而率衆出征時，當促使後主保持清醒的頭腦，具備正確的觀點，採取得力的措施，才能保證前方順利進軍；同時表明自己忠貞死節之心，既是自勉自勵，也是預防小人惑主。

諸葛亮向後主提出三項建議：廣開言路，執法公平，親賢遠佞。這三項建議，既是安定後方的措施，也是施政的正理。爲了治愚醫頑，作者在行文上頗費深思。

由勢入理，起筆崢嶸。表文第一節向後主提出「開張聖聽」的建議，可是却從形勢敍起，這能起震聾發聵的作用，又能激發繼承遺志的感情。表文開筆即言「先帝創業未半而中道崩殂」，深痛劉備壯志未酬身先死，深誡後人繼承父業不可廢，以追念先帝功業的語句領起，至忠至愛之情統領了全文。繼而以「今天下三分」，點明天下大勢，逐鹿中原，尚不知鹿死誰手；復直言「益州疲敝」，自身條件很差，地少將寡，民窮地荒；進而大聲疾呼：「此誠危急存亡之秋也！」大有危在旦夕之勢，如不救亡存國，將會出現國破身亡的慘局，筆勢陡峭，崢嶸峻拔。在凸顯形勢的情況下，墊以「侍衛之臣不懈於內，忠志之士忘身於外」，他們不忘先帝恩德，不改對後主的忠心，轉危爲安，化險爲夷還是有依傍的，有力量的，有希望的。在這樣的基礎上，提出「開張聖聽」，「以光先帝遺德，恢弘志士之氣」的建議，規勸不可「妄自菲薄，引喻失義，以塞忠諫之路」。表文將是否廣開言路，從關係國家存亡的角度來談，從關係忠於先帝的高度來說，使人聞之驚心，思之動心。如果表文祗是一般地申述廣開言路的意義，平平道來，那對一個昏聵愚鈍的君主來說，顯然是不會有多大觸動的。

由主而次，肌理縝密。以情動人，更要以理服人。說理應主次分明，先後有序。表文主要是向後主進言的，因而首揭「開張聖聽」，以打開進言之路。在打通了忠諫之路的前提下，再言執法公平、親賢遠佞兩項。談執法公平，又先總提「宮中府中，俱爲一體，陟罰臧否，不宜異同」，繼而就宮中、府中兩方面分述之。分述時，又切緊「開張聖聽」的精神，宮中之事，向郭攸之、費禕、董允這些志慮忠純之士請教，而且要「事無大小，悉以咨之」，則「必能裨補缺漏，有所廣益」。對於府中之事，向「性行淑均，曉暢軍事」的向寵請教，「營中之事，悉以咨之」，也「必能使行陣和睦，優劣得所」。最後提出「親賢臣，遠小人」的問題。三項建議，既可獨立成項，又相互關聯。廣開言路，是開的忠諫之路，而非爲讒邪開方便之門。親賢臣遠小人，才能廣納郭攸之、向寵等人的良言，才能「昭平民之理」，不讓奸邪得勢，造成內外異法，賞罰不明。君主昏庸，主要就在於貪於私欲，蔽於視聽，昧於事理，因而忠奸不分，賢愚不辨，是非不清，賞罰不當。諸葛亮針對後主寵信宦官黃皓，無視創業勳臣的毛病，對症施藥，又說得委婉深曲，入情合理。所列三項，廣開言路是前提，執法公平是關鍵，親賢遠佞是核心。嚴密的說理，再愚的人也會得到啓發。

由近及遠，思路開闊。表文爲了說明親賢遠佞的利弊，以先漢的「興隆」和「傾頹」的歷史事實，作爲前車之鑒，并以先帝嘆息痛恨桓帝、靈帝昏庸誤國爲告誡，促使後主親信賢臣，并以「漢室興隆，可計日而待」爲鼓勵，由近及遠，借古鑒今，成敗并舉，顯得衢路文通，經緯成交。

諸葛亮因爲後主是個「妄自菲薄，引喻失義」的昏庸之徒，理要說得明，語又不可用得重，既要循循善誘地開導，又要不失臣下尊上的分寸，因而以「形勢」使對方震動，明示已臨「危急存亡之秋」，如不勵精圖治，勢必國破身亡；以「情感」打動對方，連呼先帝，聲聲熱淚，其業係先帝首創之業，其臣爲先帝簡拔之臣，其將爲先帝稱能之將，怎不光先帝之遺德，竟先帝之遺業；以「措施」教之，告知治國理政的具體辦法，切實可行，行必有效；以「事業」勵之，告誡後主要完成「先帝創業未半」的業，使天下歸一，漢室興隆，促使他有遠大的抱負，完成千秋大業。表文從各個方面規箴後主，情眞理足，詞婉心切，因而雖屬奏章表文，却感人至深。

表文的第二部分，由敍自己生平而至言伐魏的意義，進而表明自己「興復漢室，還於舊都」的決心，也寫得慷慨深沉，動人心魄。

由人到己，文勢跌宕。表文從第一部分的進諫，到第二部分，忽以「臣本布衣」起筆，另入蹊徑，別開生面。敍寫自己二十一年來的情況，歷數先帝之殊遇：一是三顧茅廬使之出山效命，一是傾覆之際使之出任丞相，使之由布衣身分一躍而爲極位重臣，由躬耕隱士一舉而成三軍主帥。這一節敍述，好像是逸枝衍蔓，與上下文聯繫不緊。其實，它與上下文貌分神合，明疏實密。這是因爲：第一，追溯二十一年的殊遇，披露感恩戴德之情，說明以上進言純屬忠諫，叫後主聽來覺得舒徐入耳。第二，以自身不負先帝殊遇捨命驅馳，作爲後主不忘先人之業的榜樣，進一步啓發後主奮發圖強。第三，二十一年不平凡歷程，說明創業艱難，激勵其不可半途而廢，更不能前功盡棄。第四，寫出先帝的榜樣，不以孔明「卑鄙」，猥自枉屈，三顧茅廬，事不分大小，悉以咨之，於敗軍之際，危難之間，仍委以重任，可見他任人唯賢，唯才是舉，叫後主效法先帝知人善任。第五，表明自己二十一年如一日，竭忠盡智，今後仍一如既往，忠心不改，餘力不遺，使後主託之以討賊興復之任，且可免因率師北伐，小人進讒而不予信任，壞了大局。諸葛亮的這段敍述，係進一步打動後主的心，樂於接受前面的進言，又是臨別時的表白，實有深衷曲意。文章由進言轉而爲自敍生平，宕開了筆墨，使文勢波瀾起伏，更爲可觀。

由敍而誓，推上高潮。表文繼敍二十一年遭際之後，續述白帝託孤後的心情、工作，進而表明北定中原的決心。前面的論世、進言、抒情，到此結穴，出師表文的特點由此完全挑明。追言託孤之事，交代這次出師的歷史根源，「受命以來，夙夜憂嘆，恐託付不效，以傷先帝之明」，說明這次出師的思想基礎。「五月渡瀘，深入不毛。今南方已定」，指出這次出師的物質準備。在充分敍說條件的基礎上，提出「當獎率三軍，北定中原，庶竭駑鈍，攘除奸兇，興復漢室，還於舊都」，誓拔爽截，鏗鏗振響，熠熠生光。《出師表》至此才徑言出師，切入本題。前面的進言，是爲了保證有出師的條件，中間敍事，是說明自身具有出師條件，至此兩線歸一，提出宜乎出師，也就如瓜熟蒂落，孕足而娩。

歸納前意，總綰全篇。表文結束之前，將出師與諫言兩層意思攏合一起。一方面提出「願陛下託臣以討賊興復之效，不效則治臣之罪」，另一方面還提出「陛下亦宜自謀，以諮諏善道，察納雅言」，諸葛亮主動領受任務，并表示如失職，甘願受罰，以顯示「平明之理」。最後還不放心，諄諄告誡，要後主「深追先帝遺詔」。先帝臨終時訓示後主：「勿以惡小而爲之，勿以善小而不爲。惟賢惟德，能服於人。」最後又回復到「開張聖聽」的問題上來，可見修明內政與北伐勝敗的關係。這也就將前面兩部分內容，溝通了內在聯繫。

表文以「今當遠離，臨表涕零，不知所言」作結，其聲嗚咽似泣，其情沛然如注，勤勤懇懇之態如現，耿耿忠心盡袒。

「出師未捷身先死」，可惜諸葛亮此行未能如願却先逝世，後人對此頗多惋嘆。杜甫曾寫道：「三顧頻煩天下計，兩朝開濟老臣心。出師未捷身先死，長使英雄淚滿襟。」（《蜀相》）宋代文天祥身陷囹圄，還高唱「或爲出師表，鬼神泣壯烈。」（《正氣歌》）陸游更是多次提到《出師表》：「《出師》一表通古今，夜半挑燈更細看。」（《病起書懷》）「《出師》一表千載無。」（《游諸葛武侯臺》）「一表何人繼出師。」（《七十二歲吟》）「凛然《出師表》，一字不可删。」（《感狀》）「《出師》一表眞名世，千載誰堪伯仲間。」（《書憤》）總之，這道《出師表》，因其深情厚意寄翰墨，忠肝義膽照簡編，一直爲人所樂道。

《出師表》能寫到如此地步，決不是偶然的。文章皆有所爲而發。時當北伐在即，作爲主帥的諸葛亮要向君主上一道表文，他不是作爲例行公事，而是從北伐的全局上考慮，只有後主脩明政治，才能保證北征順利，因而先進安後之言，再表奪勝決心。表文又極爲注意收表對象的特點，因而決不是一般的上條陳，列述方策，而是熔議論、敍事、抒情於一爐，啓愚矯頑。諸葛亮是後主的丞相，又是受「託孤」的對象。他給後主上表文，既不宜用訓斥的口吻，又不便用卑下的聲氣，寫得不卑不亢，方爲得體。尤其文中連稱先帝，最爲合宜。全文稱先帝凡十三次，顯得情詞十分懇切。諸葛亮自敍「先帝知臣謹慎，故臨崩寄臣以大事也」，確實「諸葛一生惟謹慎」，細玩本文，從慮事到措詞，無不體現了「謹慎」精神，這也是此表被譽之爲「至文」的重要原因。

（徐余　周洲）

悲憤詩

蔡　琰

漢季失權柄，董卓亂天常。志欲圖篡弑，先害諸賢良。逼迫遷舊邦，擁主以自強。海內興義師，欲共討不祥。卓衆來東下，金甲耀日光。平土人脆弱，來兵皆胡羌。獵野圍城邑，所向悉破亡。斬截無孑遺，尸骸相撐拒。馬邊懸男頭，馬後載婦女。長驅西入關，迥路險且阻。還顧邈冥冥，肝脾為爛腐。所略有萬計，不得令屯聚。或有骨肉俱，欲言不敢語。失意幾微間，輒言「斃降虜！要當以亭刃，我曹不活汝！」豈敢惜性命，不堪其詈罵。或便加棰杖，毒痛參并下。旦則號泣行，夜則悲吟坐，欲死不能得，欲生無一可。彼蒼者何辜？乃遭此戹禍。

邊荒與華異，人俗少義理。處所多霜雪，胡風春夏起，翩翩吹我衣，肅肅入我耳。

感時念父母，哀歎無窮已。有客從外來，聞之常歡喜。迎問其消息，輒復非鄉里。邂逅徼時願，骨肉來迎己。己得自解免，當復棄兒子。天屬綴人心，念別無會期。存亡永乖隔，不忍與之辭。兒前抱我頸，問「母欲何之？人言母當去，豈復有還時？阿母常仁惻，今何更不慈？我尚未成人，奈何不顧思！」見此崩五內，恍惚生狂癡。號泣手撫摩，當發復回疑。兼有同時輩，相送告離別。慕我獨得歸，哀叫聲摧裂。馬為立踟躕，車為不轉轍。觀者皆歔欷，行路亦嗚咽。

去去割情戀，遄征日遐邁。悠悠三千里，何時復交會？念我出腹子，胸臆為摧敗。既至家人盡，又復無中外。城郭為山林，庭宇生荆艾。白骨不知誰，從橫莫覆蓋。出門無人聲，豺狼號且吠。煢煢對孤景，怛咤糜肝肺。登高遠眺望，魂神忽飛逝。奄若壽命盡，旁人相寬大。為復彊視息，雖生何聊賴？託命於新人，竭心自勗厲。流離成鄙賤，常恐復捐廢。人生幾何時，懷憂終年歲。

蔡琰字文姬，又字昭姬，是漢末著名文學家蔡邕的女兒。《後漢書・董祀妻傳》說她「博學有才辯，又妙於音律。適河東衛仲道，夫亡無子，歸寧於家。興平中（筆者案，興平當作初平。王先謙《後漢書集解》引用沈欽韓的說法，已指出此點，當可從。）天下喪亂，文姬爲胡騎所獲，沒於南匈奴左賢王，在胡中十二年，生二子。曹操素與邕善，痛其無嗣，乃遣使者以金璧贖之，而重嫁於（董）祀。……後感傷亂離，追懷悲憤，作詩二章」。

《悲憤詩》二章，一爲五言，一爲騷體（又稱楚辭體）。自從蘇東坡提出它們的眞僞問題之後，成了聚訟紛紜的問題。其中有主眞派，承認《後漢書》所載兩首悲憤詩皆爲蔡琰所作，這是大多數；有主僞派，認爲兩首皆僞託，這是少數；另外主張一眞一僞的，或認爲五言一首爲蔡琰所作，或認爲騷體一首爲蔡琰作。但是主僞派（包括一眞一僞派）幷沒有太充足的理由，他們或認爲時間不合（指被擄時間），或認爲地點不合（指蔡琰入南匈奴後所居之地），以此來斷定作品眞僞。這種看法是大可商榷的。我相信這兩首詩是蔡琰所作，并寫了專文論述（詳見拙作《蔡琰〈悲憤詩〉新考》，載齊魯書社出版《古典文學論叢》第四輯），此處不多置論。

《悲憤詩》二首，五言的一首藝術成就遠遠超過騷體的一首，歷代選家多選其五言而遺其騷體，是不爲無見的。本文所要分析的就是五言一首。

這首詩在我國詩史上是文人創作的第一首自傳五言長篇敍事詩。全詩一百零八句，計五百四十字。它眞實而生動地描繪了詩人在漢末大動亂中的悲慘遭遇，也寫出了被掠人民的血和淚，是漢末社會動亂和人民苦難生活的實錄，具有史詩的規模和悲劇的氣氛。詩人的悲憤，帶有一定的典型意義，是受難者對悲劇製造者的血淚控訴。字字是血，句句是淚。

全詩可分三大段，前四十句爲第一大段。第一大段有三個層次，前十四句，先從漢末董卓之亂寫起。這是詩人蒙難的歷史背景。她概括了中平六年（一八九）至初平三年（一九二）這三四年的動亂歷史，詩中所寫，均有史可證。從「斬截無孑遺」以下八句，寫出了以董卓爲首的一羣極端兇惡的豺狼破城後實行最野蠻的屠殺和擄掠的慘象。據《三國志·魏書·董卓傳》記載：「（董卓）嘗遣軍到陽城，時適二月社，民各在其社下，悉就斷其男子頭，駕其車牛，載其婦女財物，以所斷頭繫車轅軸，連軫而還洛，云攻賊大獲，稱萬歲。入開陽城門，焚燒其頭，以婦女與甲兵爲婢妾。」詩中所寫的卓衆殺人積尸盈野，白骨相撑及「馬邊懸男頭，馬後載婦女」，是這場浩劫的實錄。「載婦女」三字，把自己的遭遇暗暗引入。初平三年春，董卓部將李傕、郭汜大掠陳留、潁川諸縣，他們的部隊中又雜有羌胡兵，蔡琰就是此時被擄的。「所略有萬計」以下十六句，細述詩人在俘虜營中的生活。這些成千上萬的俘虜，賊兵不讓他們在一起屯聚，即使骨肉之間在一起，也不敢說一句話，稍不留意，就會遭到一頓臭罵和毒打。他們日夜號泣、悲吟，欲死不得，欲生不能，於是詩人含着滿腔的悲憤，衹好呼天而問。「彼蒼者」兩句，將途中之苦，總括收住。這一大段最精彩的藝術描寫，是寫賊兵辱罵俘虜的幾句話，口吻畢肖，活畫出賊兵一副猙獰的面目和蠻橫的嘴臉。

「邊荒與華異」以下四十句爲第二大段，主要敘述在邊地思念骨肉之親的痛苦及迎歸別子時不忍棄子、去住兩難的悲憤。「邊荒與華異，人俗少義理」兩句，高度地概括了她被擄失身的屈辱生活，詩人於不忍言、不便言之處，僅用「少義理」三字概括，「以少總多」，寫出了她被侮辱被蹂躪的無數傷心事。「處所多霜雪」以下六句，「霜雪」、「胡風」，略言邊地之苦，以引出念父母的哀嘆。詩人通過居處環境的描寫，以景襯情，以無窮無盡的「霜雪」和四時不停的「胡風」來烘托無窮已的哀嘆，增強了酸楚的悲劇氣氛。附帶指出，有的註家認爲「邊荒」與「處所」，「實指南匈奴，其地在河東平陽（今山西省臨汾附近）」，這是不確切的。暫居在河東平陽的，僅南匈奴右賢王去卑一支，非左賢王所居之地。譚其驤先生考證蔡琰流落之地在西河美稷（今內蒙古自治區伊克昭盟一帶），較爲可信。不然，地近中原的山西臨汾焉能稱作「邊荒」？又何言「悠悠三千里」呢？「有客從外來」以下六句敍述引領望歸和急盼得到家人消息的心情，忽喜忽悲，波瀾起伏。客從外來，聞之高興；迎問消息，方知不是同鄉，不是爲迎己而來，希望轉爲失望。「邂逅徼時願，骨肉來迎己」兩句，詩的意脈忽又轉折，平時所企望的事情意外地實現了，曹操派使者迎自己回鄉，喜出望外。「己得自解免」以下六句，忽又由喜而悲。返回故鄉必須丟棄兩個兒子，而且可能一別永無再會之日，念及母子的骨肉之情，又不忍拋棄自己的兒子，詩人於是陷入痛苦與矛盾之中。「別子」的一段藝術描寫，最爲動人，感情眞摯，而且挖掘得深，兒子勸母親留下的幾句話，句句刺痛着母親的心。張玉穀評「天屬綴人心」以下十六句說：「夫琰既失身，不忍別者豈止於子。子則其可明言而尤情至者，故特反覆詳言之。己之不忍別子說不盡，妙介入子之不忍別己，對面寫得沉痛，而己之不忍與別愈顯矣，最爲文章妙訣。」（《古詩賞析》卷六）這種賞析，頗爲精到。兒子的幾句質問，使得文姬五內俱焚，恍惚若癡，號泣撫摩其子，欲行不前。在去住兩難中，凸顯了抒情主人公的複雜、矛盾、痛苦的心情。「兼有同時輩」以下八句，插敍同輩送別的哀痛。所謂「同時輩」，應指與蔡琰同時被擄、同時流落南匈奴的人；其中應多爲婦人女子。她們羨慕蔡琰能返回故鄉，哀嘆自己的命運，故痛哭號啕。作者描寫了馬不肯行，車不轉轍，連觀看的人和路過的人看到此種分別，都感動得歔欷流淚、嗚咽悲泣的場面。不言而喻，當事者的痛苦，要甚於旁觀者十倍、百倍。這種襯托手法，更加突出了抒情主人公的悲痛欲絕。

「去去割情戀」以下二十八句，爲第三大段，敍述歸途及到家後的遭遇。首六句寫歸途，割斷情戀，別子而去，上路疾行，日行日遠，但情戀何嘗能割去？詩人想到路遠山遙，何時能再見面？「念我出腹子，胸臆爲摧敗」兩句，以念子收轉，隨作一頓。「既至家人盡」以下十二句，敍述到家後事。先述到家後方知親人已經死盡，連中表近親也沒有，以此狀寫詩人的孤苦無依。接敍亂後荒涼：城郭變爲山林，庭院中生長着荆棘和雜草，白骨縱橫，尸骸相撑。特別是「出門無人聲，豺狼號且吠」兩句，把戰後的荒涼，通過陰森氣氛的渲染表現得十分透足。「煢煢對孤景」句，遙接「既至家人盡，又復無中外」兩句，孤獨的身軀對着孤獨的影子，這就難免痛碎肝肺了。「登高遠眺望」兩句，又以念子暗收，遙應「念我出腹子」兩句。「奄若壽命盡」以下四句，敍述詩人在百憂煎熬之下，自己覺得活不多久了，不過是靠人勸慰，勉強活着罷了，雖然活着，也失去了生活的樂趣。「託命於新人」以下四句，敍述重嫁董祀之後，雖用盡心力，勉勵自己好好活下去，但自己經過一番流離之後，已經成爲被人輕視的女人，常常擔心被新人拋棄。末二句「人生幾何時，懷憂終年歲」，「雖頂末段，却是總束通章，是悲憤大結穴處。」（《古詩賞析》卷六）說明自己的悲劇生涯已無法解脫，悲憤無時不在，無往不在，沒有終極。

通觀全詩，我感到《悲憤詩》在藝術上有幾點突出的成就。

首先，詩人善於挖掘自己的情感，將敍事與抒情緊密地結合在一起。《悲憤詩》雖然是敍事詩，但情繫乎詞，情事相稱，敍事不枯不板，不碎不亂，當詳之處極力鋪寫，長於細節的描寫。如俘虜營中的生活和別子的場面，描寫細膩，有些如電影中的特寫鏡頭；當略之處，一筆帶過，如「邊荒與華異，人俗少義理」兩句，就是高度的藝術概括，敍事言情，局陣恢張，波瀾層疊。它的敍事以時間先後爲序，以自身遭遇爲綱，言情以悲憤爲旨歸，但又有忽喜忽悲的變化，所以有波瀾。在表現悲憤的感情上，縱橫交錯，多層次、多方面地抒發這種感情。她的傷心事太多了：被掠、杖罵、受侮辱、念父母、別子、悲嘆親人凋喪、重嫁後的懷憂，詩中可數者大約有七八種；但是最使她痛心的事是別子，作者爲突出這一重點，用迴環往復的手法，前後有三四次念子的藝術描寫。別子之前，從略述邊地之苦，引到「感時念父母，已爲念子作影」（《古詩賞析》）。別子的場面，寫得聲淚俱下。同輩送別的哀痛，正是襯托別子之哀痛。贖歸上路後，又翻出「念我出腹子，胸臆爲摧敗」一層，見得難以割捨的情戀，是爲別子而發。「登高遠眺望，魂神忽飛逝」兩句，又暗收念子。從這裏可以看出別子是詩人最強烈、最集中、最突出的悲憤，從這種悲憤中，我們看出了偉大的母親的心。詩人的情感在這一方面挖掘得最深，因此也最動人，是令人嘆爲觀止的藝術匠心之所在。

其次，《悲憤詩》的眞實感極強，詩人被掠後俘虜生活的具體描繪和別子時進退兩難的複雜、矛盾心情，非親身親經幷有深刻的感受是難以道出的。近代學者吳闓生所說的「吾以謂（悲憤詩）決非僞者，因其爲文姬肺腑中言，非他人所能代也」（《古今詩範》）；沈德潛說它的成功「由情眞，亦由情深也」（《古詩源》卷三），足見它的眞實感是有目共睹的。

復次，《悲憤詩》語言渾樸，具有明白曉暢的特點，由於它情眞、情深，故質由中出，不假雕琢，「自然成文」。這可以說是它藝術風格上的一個特點。它的人物語言，具有個性化的特點：如第一大段賊兵罵俘虜的幾句惡言惡語，逼眞作神，與人物身分吻合，如聞其聲，如見其人，形象很突出。文姬別子時，其子說的幾句話：問「母欲何之？人言母當去，豈復有還時？阿母常仁惻，今何更不慈？我尚未成人，奈何不顧思！」酷似兒童的語氣，似乎可以看到小孩抱着母親的頸項說話的神態，看出嘟着小嘴那不滿意的樣子，孩子的天眞、幼稚和對母親的依戀之情，躍然紙上。這在前此的詩歌中，是罕見的。

《悲憤詩》激昂酸楚，在建安詩歌中別構一體，它深受漢樂府敍事詩的影響，如《十五從軍征》、《孤兒行》等，都是自敍身世的民間敍事詩，《悲憤詩》取法於漢樂府中的敍事詩，但又揉進了文人抒情詩的寫法，「以情緯文」，眞情極切。前人指出《悲憤詩》對杜甫的《奉先詠懷》及《北征》均有影響，是不爲無見的。在我國詩歌史上，它與稍後於它的民間敍事詩《古詩爲焦仲卿妻作》，是敍事詩的雙璧。最後讓我們引用張玉穀的一首論詩絕句作結吧：

文姬才欲壓文君，悲憤長篇洵大文。老杜固宗曹七步，瓣香可也及釵裙。

（劉文忠）

詠懷（其一）

阮籍

夜中不能寐，起坐彈鳴琴。薄帷鑒明月，清風吹我襟。孤鴻號外野，翔鳥鳴北林。徘徊將何見，憂思獨傷心。

《晉書·阮籍傳》載：阮籍「作《詠懷詩》八十餘篇，爲世所重」。這些詩作不是一時所作，也不是爲一事而詠。因此，它們不是完整的組詩。

這是《詠懷詩》的第一首。有統攝全部詩作旨意的作用。清人方東樹在《昭昧詹言》中曾說：「此是八十一首發端，不過總言所以詠懷不能已於言之故。」

詩人以一個「夜」字領起：「夜中不能寐」，這首句中的第一個字，先給讀者提供了一個明確的時間概念。詩篇所展示的詩人的起居行動，所見所聞，心理狀態等，都離不開這個特定的時間。所以，這個「夜」字，又具有統領全詩的作用。「夜」，本是萬籟俱靜、沉酣夢鄉之際，可是詩人却偏「不能寐」。這種違反生活常規的現象，必然是有所思慮，心靈失去平衡所致。而深夜難以成眠，更會增添「長夜漫漫何時旦」的苦悶

詠懷（其一）

惆悵之情，心靈愈發難以平衡。正是爲了驅遣精神的苦悶，求得心靈的平衡，他才繼而「起坐彈鳴琴」。我國古人有彈琴尋覓知音的傳統習慣，詩人此刻彈琴，既想排除內心積鬱的惆悵，又渴望尋找到知音。然而深夜裏奏琴，何處覓知音？他所得到的衹能是加倍孤獨寂寞而已。他又環顧身邊周圍：「薄帷鑒明月，清風吹我襟。」在他視線所及的室內窄小的空間裏，衹有如水的月光透過煙霧般的帷帳；清冷的夜風徐徐地吹拂着他的襟懷。再側耳諦聽遠處：「孤鴻號外野，翔鳥鳴北林。」在他聽覺所及的「外野」、「北林」闊大的空間裏，回盪着失羣孤鴻的號叫和離伴飛鳥的哀鳴。這「明月」、「清風」、「孤鴻」、「翔鳥」，就是他所尋得的知音嗎？不，清冷的明月，襲人的清風，哀號的孤鴻和驚叫的飛鳥，這一切，都衹能給環境增添凄涼的氣氛，給詩人增加更多的惆悵。此情此景，已使詩人難以抑制內心的不平靜，所以，他才「徘徊」起來，可是又「將何見」呢？內心的苦悶，無法排遣，唯有「憂思獨傷心」罷了。從這結句裏我們看到，詩人是滯留在那無邊無盡的憂愁哀傷的心理狀態中了。

通過這八句《詠懷》詩，我們尋覓不到絲毫有關社會生活具體形態的描繪，他衹是緊緊地抓住了讀者的感情，讓讀者追蹤着他的足跡，跨進了一個茫然不眠的「夜」境。這個「夜」，是充滿孤獨、凄清、憂傷、哀嘆的「夜」；是生靈都不得安居的痛苦的「夜」。在這個「夜」裏，詩人所抒發的情懷，究竟有些什麼內涵呢？王夫之《古詩評選》曾說：「阮籍詩以淺求之，若一無所懷，而字後言前，眉端吻外，有無盡藏之懷，令人循聲測影而得之。」這「無盡藏之懷」，詩人雖然沒有明說，可是我們從他的生平經歷、性格稟賦等方面入手，仍然可以「循聲測影」，摸索到一些蛛絲馬跡。阮籍是一位具有魏晉風度的詩人，關於他的性格和爲人，其摯友嵇康在《與山巨源絕交書》中這樣說過：「阮嗣宗口不論人過，吾每師之而未能及。至性過人，與物無傷，唯飲酒過差耳。」李康《家誡》也做過類似的描述：「天下之至愼者，其惟阮嗣宗乎！每與之言，言及玄遠，而未嘗評論時事，臧否人物……」（《世說新語·德行篇》註引）這兩段記載，也許會引起誤解，似乎阮籍不明是非，麻木不仁。其實恰恰相反。不過他的是非愛憎，有自己性格化的獨特表現形式罷了。《晉書·阮籍傳》載：「文帝初欲爲武帝求婚於籍，籍醉六十日，不得言而止。鍾會數以時事問之，欲因其可否而致之罪，皆以酣醉獲免。」「籍又能爲青白眼，見禮俗之士，以白眼對之。」這「酣醉」和「青白眼」，不就是詩人是非愛憎的特殊表現形式嗎？阮籍本來是有濟世之志的人，由於生逢「名士少有全者」的魏晉交替時期，他的宏願根本無法實現。司馬氏爲了達到陰謀篡權的目的，玩弄了種種卑鄙的伎倆。對於天下名士，一方面採取籠絡的政策，使其爲之效命；另一方面又實行恐怖的大屠殺，凡是不與之合作者就一一誅除。「竹林七賢」中的山濤等人，便在司馬氏的拉攏之下，中道變節，成了幫兇；嵇康則因堅決不與之合作而慘死。面對這樣的現實，阮籍內心對司馬氏極其憎惡鄙視，但是爲了免禍，又不公開表示反對。即使如此，司馬氏仍舊不肯放過他。爲此他一生從未平靜過，心情總是陷在極度的煩悶痛苦之中。這就是詩人「夜中不能寐」的「憂思」的內涵。詩中所抒發的情感，正是其時代正直士人苦悶徬徨的典型寫照。這就是本詩所具有的深刻的思想意義，也是它「爲世所重」的原因所在。

全詩寫得隱晦曲折。深夜不眠，起坐彈琴，徜徉徘徊，都屬於詩人的動作行爲。然而已經透露出詩人內心的痛苦。詩人所寫到的「夜」——時間；「外野」、「北林」——空間；「明月」、「清風」——自然現象；「孤鴻」、「翔鳥」——飛禽；這種種都屬於客觀物象。這些客觀物象，染上了詩人的主觀感情色彩，已成爲意象。這些意象排列組合在一起，構成一幀意境孤獨淒清的圖畫。倘加以仔細辨析，可見那一個個意象上，塗抹着各自不同的情感色調。如：「外野」、「北林」等空間，彌漫着悲涼的氣氛；「明月」、「清風」等自然景物，染上了清寒的色彩；「孤鴻」、「翔鳥」等飛禽，投下了愁苦的影子。「夜」，是黑暗社會現實的象徵；「外野」、「北林」，是社會環境的比附；「明月」、「清風」，烘托了冷寂的氣氛；「孤鴻」、「翔鳥」，是夜不能寐的詩人自我形象的比喻。詩人那種豐富、生動、多層次、甚至是矛盾的情感，就在那一個個排列起來的意象背後潛藏着，始終以其不規定內涵的外在特徵，融合在形象的描繪之中，并以情感的模糊性，和讀者的審美感受的心理，保持着若即若離的關係。由上述詩人的動作行爲與各個意象的交織，象徵、比喻、渲染、烘托等不同表現手法的雜糅，綜合成爲本詩隱晦曲折的獨特藝術風格。阮籍《詠懷》這種深文隱曲的藝術特徵，前人也早有所評論。鍾嶸《詩品》說：「言在耳目之內，情寄八荒之表……厥旨淵放，歸趣

詠懷（其一）

難求。」《文選》李善註說：「（阮籍）文多隱蔽，百代之下，難以情測。」王夫之則說：「以高朗之懷，脫穎之氣，取神似於離合之間，大要如晴雲出岫，舒卷無定質。」（見《古詩評選》）本詩抒寫了詩人的內心痛苦，又沒有吐盡他的痛苦，更沒有傾訴出他痛苦的內涵。大凡人的痛苦，有可以言傳和難以言傳兩種。可以言傳的痛苦，畢竟是有限的痛苦；而那些難以言傳無法名狀的痛苦，才是幽深巨大而又無法解脫的痛苦。「夜中不能寐」，所抒發的正是後一種痛苦。他引起讀者無限的同情，深深的思索，確實具有非同凡響的藝術魅力。

這首以動作行爲和意象排列的描述而組成的詩篇，在結構上并不顯得雜亂無章，乃是一個層次井然、有條不紊的集成體。詩人將其所描述的對象，做了精心的安排與分布。起首二句，以描寫主觀動作行爲爲主；中間四句，以描寫所見所聞的意象爲主；末尾二句，又歸結到詩人的主觀動作行爲及心理狀態的描寫上；全篇首尾緊相呼應。然而各層次所描寫的對象，表面上又看似相距甚遠，跨度頗大，缺乏必然的聯繫性和邏輯的嚴密性。然而，詩篇又不給人以渙散游離之感。其原因就在於，那些貌似不甚相干的內容，都在遵循着詩人孤獨感傷的意識流動過程自由地跳動。因此才使詩篇由主體到客體，再由客體到主體的各個層次的描繪，過渡銜接自然和諧，形成爲一個渾然的整體。還須指出的是，篇末結句心理狀態的描寫在結構上的妙用。如前所述詩篇前七句「如晴雲出岫，舒卷無定質」的朦朧描繪，使讀者猶如置身於迷宮之中，正當疑惑不解之際，突然出現在眼前一個點明心境的結句。這結句恰似一個導體構件，它將前面存儲起來的隱蔽極深的思想感情，一股腦兒全部傳導給了讀者，使之豁然開朗，恍然省悟。

（馮宇）

詠懷（其十九）

阮籍

西方有佳人，皎若白日光。被服纖羅衣，左右珮雙璜。修容耀姿美，順風振微芳。登高眺所思，舉袂當朝陽。寄顏雲霄間，揮袖凌虛翔。飄颻恍惚中，流盼顧我傍。悅懌未交接，晤言用感傷。

這首詩描繪了「佳人」的形象。「佳人」何指，前人曾作過種種的推測和比附，有的疑指曹爽，有的則以爲司馬氏。其實都無所徵信。《晉書》本傳說：「籍本有濟世志，屬魏、晉之際，天下多故，名士少有全者，籍由是不與世事，遂酣飲爲常。」「濟世」的理想和抱負既不能實現，并且還有性命之虞，因而不得不故作曠放，那內心自然十分的痛苦，「時率意獨駕，不由徑路，車跡所窮，輒慟哭而反」。這詩寫「佳人」的曠世不羣以及遍求「所思」而不得的感傷，顯然是運用《楚辭》以來的象徵、比興手法，表現自己理想、抱負的美好高潔以及理想、抱負不能實現的憂愁幽思。

全詩十四句，可分三層。

前六句寫「佳人」的容貌、服飾之美，象徵理想、抱負的高潔不俗。開篇一句是總起，用漢代李延年歌詞首句，略改一字，托體高妙，亦足統攝全篇。「皎若白日光」一句，從宋玉《神女賦》「其始來也，耀乎若白日初出照屋梁；其少進也，皎若明月舒其光」化出，用來描寫「佳人」的容貌像太陽一樣光明燦爛，光彩照人。「被服」二句，寫「佳人」服飾的華貴。羅衣，即絲綢衣服；璜，半璧形的玉器，二者皆古代富貴婦女的服飾。穿着精緻的羅衣，佩着雙璜，說明她的身分尊貴而不俗氣，穿戴華麗而不妖冶。「修容耀姿美，順風振微芳。」承上而言，是說「佳人」姿態優美，隨風散出芳香。以上從外形塑造「佳人」的形象，一反工筆重彩、反覆鋪陳的傳統寫法，運用人物素描式的勾勒，脫淨鉛華，突出了自然之美、眞實之美。

「登高眺所思」以下六句，寫「佳人」遍求「所思」，從動態上揭示「佳人」的內心世界，表現自己對理想和光明的追求。作者展開想象的翅膀，運用超現實的描寫，寫「佳人」登高遠眺，未見所思念的人，繼而引身高舉，飛上雲霄，凌空飛翔，在飄動恍惚之中，終於找到所思念的人的情景。作者從「登高」落筆，最耐人尋味。尋找「所思」，何以要登高而眺呢？荀子說：「登高而招，臂非加長也，而見者遠。」顯然，「佳人」在登高之前已經遍求近處而未見「所思」，因此才有登高之舉。這層意思很像劇中的「潛臺詞」，沒有在字面上出現，而隱括在「登高眺所思」之中。「舉袂當朝陽」，「佳人」登上高處，面對朝陽，舉起她那長長的衣袖，默默無言，凝神遠望，她多麼希望自己所思念的人就在那太陽升起的東方出現！「寄顏雲霄間，揮袖凌虛翔。」她又一次失望了，因此不得不飛上更高的雲天，到那裏繼續尋找。這個遺世獨立的絕代「佳人」，她的「所思」，她的理想在人間是找不到的。然而她奮鬥不息，不甘失敗，終於在雲天之上，恍惚之中，找到了「所思」，於是秋波送情，在「所思」的身邊轉來轉去。「恍惚」，即「恍忽」，指神思不定。宋玉《神女賦》：「精神恍忽，若有所喜，紛紛擾擾，未知何意。」「佳人」在精神恍惚之中看見「所思」，正說明僅是想象情事，現實中本不存在。

最後兩句，從想象返回現實，寫理想、抱負不能實現的感傷。「悅懌」緊承上句，指「佳人」對「我」多情，「我」對「佳人」有意，是相互欣喜。「未交接」，言實際幷未接觸，坐實「恍惚」之意。因此一旦神志清醒（「晤」）過來，便有無限感傷。結末一句，直抒胸臆，全篇至此，氣足神完，而且言盡意不盡，確實是「神至之筆」。

阮籍的《詠懷》之作，大抵「反覆零亂，興寄無端」（沈德潛《古詩源》卷六），這首詩似乎是個例外。全篇集中塑造了一個絕代佳人形象，以她的絕色象徵自己理想、抱負的曠世不羣，以她的遍求「所思」寄託自己對理想、光明的追求，以她的求「所思」而不得比喻自己追求理想、光明的不能實現。言在耳目之內，旨趣尋味可得。在佳人形象的塑造上，作者採取大寫意的手法，用白描勾勒外貌，用舞臺化的動作揭示其內心世界，筆墨極其簡練，而人物形象極其鮮明。與宋玉《神女賦》、樂府《陌上桑》、曹植《洛神賦》、《美女篇》相比，完全不落前人窠臼，緣情發義，自具機杼。在謀篇布局方面，從開篇到結尾，一氣呵成，渾然一體，於緊湊嚴謹中具波瀾跌宕之勢，逞變化縱浪之姿，「如晴雲出岫，舒卷無定質」。因此，即使在阮籍的八十二首《詠懷》中，本篇也堪稱上乘之作。

（鄧安生）

與山巨源絕交書

嵇　康

康白：足下昔稱吾於穎川，吾嘗謂之知言。然經怪此，意尚未熟悉於足下，何從便得之也？前年從河東還，顯宗阿都說足下議以吾自代；事雖不行，知足下故不知之。足下傍通，多可而少怪；吾直性狹中，多所不堪，偶與足下相知耳。間聞足下遷，惕然不喜；恐足下羞庖人之獨割，引尸祝以自助，手薦鸞刀，漫之羶腥。故具為足下陳其可否。

吾昔讀書，得并介之人，或謂無之，今乃信其眞有耳。性有所不堪，眞不可強。

與山巨源絕交書

今空語同知有達人，無所不堪，外不殊俗，而內不失正，與一世同其波流，而悔吝不生耳。老子、莊周，吾之師也，親居賤職；柳下惠、東方朔，達人也，安乎卑位。吾豈敢短之哉！又仲尼兼愛，不羞執鞭；子文無欲卿相，而三登令尹。是乃君子思濟物之意也。所謂達能兼善而不渝，窮則自得而無悶。以此觀之，故堯、舜之君世，許由之巖棲，子房之佐漢，接輿之行歌，其揆一也。仰瞻數君，可謂能遂其志者也。故君子百行，殊途而同致，循性而動，各附所安。故有處朝廷而不出，入山林而不反之論。且延陵高子臧之風，長卿慕相如之節，志氣所託，不可奪也。

吾每讀尚子平、臺孝威傳，慨然慕之，想其為人。少加孤露，母兄見驕，不涉經學。性復疏嬾，筋駑肉緩，頭面常一月十五日不洗；不大悶癢，不能沐也。每常小便而忍不起，令胞中略轉，乃起耳。又縱逸來久，情意傲散，簡與禮相背，嬾與慢相成，而為儕類見寬，不攻其過。又讀莊、老，重增其放。故使榮進之心日頹，任實之情轉篤。此由禽鹿，少見馴育，則服從教制；長而見羈，則狂顧頓纓，赴蹈湯火；雖飾以金鑣，饗以嘉肴，逾思長林而志在豐草也。

阮嗣宗口不論人過，吾每師之，而未能及。至性過人，與物無傷，唯飲酒過差耳。至為禮法之士所繩，疾之如讎，幸賴大將軍保持之耳。吾不如嗣宗之賢，而有慢弛之闕；又不識人情，闇於機宜；無萬石之慎，而有好盡之累，久與事接，疵釁日興，雖欲無患，其可得乎！又人倫有禮，朝廷有法，自惟至熟，有必不堪者七，甚不可者二。臥喜晚起，而當關呼之不置，一不堪也。抱琴行吟，弋釣草野，而吏卒守之，不得妄動，二不堪也。危坐一時，痺不得搖，性復多蝨，把搔無已，而當裹以章服，揖拜上官，三不堪也。素不便書，又不喜作書，而人間多事，堆案盈几，不相酬答，則犯教傷義，欲自勉強，則不能久，四不堪也。不喜弔喪，而人道以此為重，已為未見恕者所怨，至欲見中傷者；雖瞿然自責，然性不可化，欲降心順俗，則詭故不情，亦終不能獲無咎無譽，如此五不堪也。不喜俗人，而當與之共事，或賓客盈坐，鳴聲聒耳，囂塵臭處，千變百伎，在人目前，六不堪也。心不耐煩，而官事鞅掌，機務纏其心，世故繁其慮，七不堪也。又每非湯、武而薄周、孔，在人間不止此事，會顯世教所不容，此甚不可一也。剛腸疾惡，輕肆直言，遇事便發，此甚不可二也。以促中小心之性，統此九患，不有外難，當有內病，寧可久處人間邪？

又聞道士遺言，餌朮、黃精，令人久壽，意甚信之。游山澤，觀魚鳥，心甚樂之。一行作吏，此事便廢，安能舍其所樂，而從其所懼哉！

夫人之相知，貴識其天性，因而濟之。禹不偪伯成子高，全其節也。仲尼不假蓋於子夏，護其短也。近諸葛孔明不偪元直以入蜀，華子魚不強幼安以卿相，此可謂能相終始，真相知者也。足下見直木必不可以為輪，曲者不可以為桷，蓋不欲枉其天才，令得其所也。故四民有業，各以得志為樂，惟達者為能通之；此足下度內耳。不可自見好章甫，強越人以文冕也；己嗜臭腐，養鴛雛以死鼠也。吾頃學養生之術，方外榮華，去滋味，游心於寂寞，以無為為貴。縱無九患，尚不顧足下所好者。又有心悶疾，頃轉增篤，私意自試，不能堪其所不樂。自卜已審，若道盡塗窮則已耳。足下無事冤之，令轉於溝壑也。

吾新失母兄之歡，意常悽切。女年十三，男年八歲，未及成人，況復多病，顧此悢悢，如何可言！今但願守陋巷，教養子孫；時與親舊敘闊，陳說平生，濁酒一杯，彈琴一曲，志願畢矣。足下若嬲之不置，不過欲為官得人，以益時用耳。足下舊知吾潦倒麤疏，不切事情，自惟亦皆不如今日之賢能也。若以俗人皆喜榮華，獨能離之，以此為快；此最近之，可得言耳。然使長才廣度，無所不淹，而能不營，乃可貴耳。若吾多病困，欲離事自全，以保餘年，此真所乏耳。豈可見黃門而稱貞哉！若趣欲共登王塗，期於相致，時為懽益，一旦迫之，必發其狂疾，自非重怨，不至於此也。

野人有快炙背而美芹子者，欲獻之至尊，雖有區區之意，亦已疏矣。願足下勿似之。其意如此。既以解足下，并以為別。嵇康白。

這篇散文的作者嵇康（二二三——二六二），是譙國銍（今安徽宿縣）人。他生活的時代正是魏晉易代之際，大權已旁落司馬氏之手。范文瀾先生在《中國通史簡編》中指出，司馬氏統治集團十分反動，它集「封建統治階級的所有的兇惡、險毒、猜忌、攘奪、虛僞、奢侈、酗酒、荒淫、貪污、頹廢、放蕩等等齷齪行爲」於一身。而處於這樣一個黑暗的統治之下的嵇康持什麼樣的政治態度呢？我們先從他的處境說起吧。他與曹魏宗室有同鄉之誼，又有姻親之好，并曾「拜中散大夫」。因此，嵇康是同情曹魏的。再看他的信仰，嵇康內心深處是相信儒家教導的。他是一位「忠信篤敬，直道而行」的硬骨頭知識分子。他的個性、他的信仰、以及他的社會關係都決定了他決不會和司馬氏合作。他看透了司馬氏宣揚儒教的目的是爲篡國奪權製造輿論，於是越發不受禮法約束，轉而崇尚老莊學說，以隱居不仕表示他的政治態度。

山巨源名濤，本是嵇康志同道合的朋友，和嵇康同屬「竹林七賢」。但在四十歲以後，因爲經受不住司馬氏的威逼利誘，改變初衷，出仕爲官。山濤的這種行徑，實質上是向反動勢力投降，故深爲嵇康所不齒。當山濤由選曹郎高升爲大司馬時，又推薦嵇康替補他的原職。山濤此舉，甚合司馬氏之意。因嵇康在知識分子中有很大的影響，如果肯出來做官，對統治當局是有好處的。然而嵇康拒絕出仕，并且憤怒地寫下了這封著名的絕交書。在信中痛罵了山濤，并表示與司馬氏斷然決裂。這封信充分顯示了嵇康的個性和他的政治態度。我們可視之爲嵇康向司馬氏進行討伐的檄文。

《絕交書》全文可分爲四個段落。

第一段（從開頭到「陳其可否」）：爲全文的帽，在結構上起着總領全文的作用，內容主要敍述絕交的緣起。以下的三段均從不同的角度圍繞着絕交這一主旨來闡述。在第一段的開頭就指出我嵇康與你山濤彼此性情不合：「足下傍通，多可而少怪，吾直性狹中，多所不堪，偶與足下相知耳。」這種開門見山的陳述方式十分符合作者的「剛腸疾惡，輕肆直言」的性格，給人留下深刻的印象。接着作者化用了《莊子・逍遙遊》的典故，揭示出山濤拉他出仕的秘密：「恐足下羞庖人之獨割，引尸祝以自助，手薦鸞刀，漫之膻腥。」意思是說，您不好意思像個廚師，手拿刀子，一個人在那兒大宰大割，故此要拉我這個祭師來幫忙，讓我也沾一身膻腥。這個典故用得恰到好處，它把山濤做官，充當司馬氏宰割人民的劊子手的嘴臉活畫出來。「羞」字尤爲傳神，好像讓我們看到山濤的內心思想活動。這種巧妙運用典故、以形象加強說服力的手法，是本文的一大特色。

第二段（從「吾昔讀書」到「志在豐草也」）作者聯繫自己，對比山濤，說明自己不宜做官。在這一段的開頭，作者大談「并介之人」。所謂并介之人，指的是那種耿介孤直，有一定操守，又與隨便什麽人在政治上都合得來的人。粗看起來，似乎與第一段銜接得不緊。但與上、下文聯繫起來細細體味，就會發現作者用的是欲抑先揚的手法。即先讚許山爲并介之人，是爲後面貶斥山做鋪墊。所以緊跟着作者就談歷史人物的出仕是有操守、有原則、有志氣的。嵇康以堯、舜、老、莊、孔子等古聖先賢爲例，說明他們出仕或隱居都本着「達能兼善而不渝，窮則自得而無悶」的原則。而他們的行動又是根據自己的本性即所謂「循性而動」的。而且態度特別堅決，「志氣所托，不可奪也」。我們讀至此處自然會聯想到山濤的做官符合聖人的教導嗎？他的本性如何？他的志氣何在？作者在表達上述議論時用了大量的駢文、散文并行的句子，造成滔滔不絕的論勢。而對於自己的出仕問題未著一字，但其偉岸的形象，已然凸現在我們的面前；使論辯的對方屈居一隅，無言以對。「志氣所托，不可奪也」是承上啓下的兩句，作者筆鋒一轉而描述自己的「志氣所託」。嵇康的生活方式是怪誕的，這是那個時代的特殊產物。此段文字絕非作者信手拈來故意表示自己的通脫，依然是緊承不能做官，并與山濤絕交這一中心思想展開的。在第二段的結尾，作者寫了一個擒鹿馴育的小故事，用以比喻自己不堪爲官的思想，更加強說理的形象性。

第三段（從「阮嗣宗口不論人過」至「安能舍其所樂而從其所懼哉」）作者筆鋒轉爲評論當代名士，繼續展開自己不願做官的道理。當代名士中有許多人隱居，但作者衹選取阮籍爲例，這很有見地。因爲阮與嵇齊名，都是有影響的人物，同樣是司馬氏既想爭取而又猜忌的對象。作者指出阮籍「至性過人，與物無傷」，但仍爲司馬氏集團中的僞君子「禮法之士」所不容，那麼「輕肆直言」的嵇康自己下場如何，不是顯而易見了嗎？對於阮籍這樣的人司馬氏尚且不放過，這個統治集團的反動性不是昭然若揭了嗎？所以作者在「吾不如嗣宗之賢」後，用大段的文字，從自己本身來談不宜做官的道理。作者把這些道理總結爲「必不堪者七，甚不可者二」。嵇康說這是因爲自己有九種毛病，即：一、性情疏懶；二、生活散慢；三、不能正襟危坐；四、不習慣公文往來；五、不願參加世俗之人的慶弔活動；六、討厭與俗人共事；七、不願讓公務纏身；八、責難湯、武、周、孔；九、遇事愛發脾氣。我們必須注意，這「九患」不是孤立的擺在那裏的，而是嵇康針對「人倫有理，朝廷有法，自惟至熟」之後提出來的，因此，這「九患」就是對司馬氏統治集團所宣揚的虛僞禮教的挑戰，就是對司馬氏篡權的輿論工具的全面否定與揭露。其中的第八條「非湯武而薄周孔」，尤其像一支利箭，射中了司馬氏的要害。嵇康也因此爲自己種下殺身的禍根。個中的奧秘，爲魯迅先生一語道破：「湯武是以武定天下的；周公是輔成王的；孔子是祖述堯舜，而堯舜是禪讓天下的。嵇康都說不好，那麼，教司馬懿（昭）篡位的時候，怎麼辦才是好呢？沒有辦法。在這一點上，嵇康於司馬氏的辦事上有了直接的影響，因此就非死不可了。」（《魏晉風度及文章與藥及酒之關係》）嵇康以高度精練、生動的筆墨，在「九患」中爲我們勾勒出兩種截然不同的生活圖景。一爲「裹以章服，揖拜上官」、「賓客盈坐，鳴聲聒耳，囂塵臭處，千變百伎」；一爲「抱琴行吟，弋釣草野」、「遊山澤，觀魚鳥」。在這裏，作者的筆鋒沒有直指山濤，但我們却可以通過形象生動的畫面，得出誰清誰濁的結論。因此我們可以把這九患的總結，視爲《絕交書》的點睛之筆。最後，作者又把這些畫面抽象爲道理，「安能舍其所樂而從其所懼哉！」明確地表示了自己不願爲官的意向。

最後一段：主要從「人之相知，貴識其本性」的交友之道的高度，說服山濤不要拉自己做官，并照應首段，再次鄭重表示與山濤絕交。作者把這個交友之道分析得十分綿密。先從人情、物理兩方面入手。連舉大禹、仲尼、諸葛孔明、華子魚四人爲例，說明他們都是深諳交友之道的「眞相知者也」。這樣，道理就擺得很充分，極有說服力。嵇康又用「此足下度內耳」，來擡高山濤。然後筆鋒一轉，刺向山濤道：「不可自見好章甫，強越人以文冕也；己嗜臭腐，養鴛雛以死鼠也。」這句大意是說你不可以自己見了好的帽子，就強迫扣在沒有戴帽子習慣的越人頭上，你自己愛吃臭肉爛老鼠，就用它來飼養鴛雛，這是兩個典故，都出自《莊子》。嵇康用它們來諷刺山濤，不要因爲自己愛做官，就以爲別人也願意賣身投靠，并把山濤的出仕比喻爲好吃死老鼠，嵇康自比爲「非練實不食，非醴泉不飲」的高貴的鴛雛。這幾句話足以使山濤將嵇康恨入骨髓。古人云「刀筆」恐怕指的就是這樣尖刻的語言吧。信寫到這裏，已經達到以理曉喻山濤的目的；作者又用充滿凄寂與柔情的筆動之以情，重申自己性愛老莊，志在享受天倫之樂，勸告山濤不要拉自己「共登王塗」爲司馬氏賣命。但是嵇康的態度依然是很堅決的：「一旦迫之，必發其狂疾。」信寫至此，不能做官，并與之絕交的主旨已經明白，本來可以結束這封信了，但是作者最後又用野人曝背、芹子美食的典故（出自《列子》），再次諷刺了山濤纔戛然而止。

魯迅曾經這樣評說：「嵇康的論文，比阮籍更好，思想新穎，往往與古時舊說反對。」通過我們對《絕交書》的賞析，會感到嵇文不但「思想新穎」，在表現手法上更別具特色。可以總結爲下列幾點：一、結構謹嚴。四段文章的發展變化甚爲符合起、承、轉、合的布局安排；二、意脈明晰。四段之間有嚴密的內在邏輯貫串；三、觀點明確，論點突出。每段都從不同角度論述不能做官及絕交的道理。四、文筆辛辣流暢，能化用典故。散句與駢體間行，又用大量的排比句加強文章的論辯氣勢，例如「必不堪者七、甚不可者二」的九句就是排比而出的。總之，嵇康的文章繼承了秦漢散文的優良傳統，又給後代以巨大的影響。

《晉書·阮籍傳》指出：「魏晉之際，名士少有全者。」生活在當時的嵇康，對於自己的處境不可能全然不曉，在這種情況下，嵇康寫的《絕交書》不就等於用自己的生命向黑暗的惡勢力進行抗爭嗎？魯迅先生喜愛嵇康，單獨爲他整理出專集，并且多次在文章中提到他，其原因恐怕也就在於此吧！因此，我們說嵇康像一支巨燭，驅散黑暗，燃盡自己，却爲後人送來光明。（韓海明）

情詩（其三）

張華

清風動帷簾，晨月照幽房；佳人處遐遠，蘭室無容光。襟懷擁虛景，輕衾覆空牀；居歡惜夜促，在慼怨宵長。拊枕獨嘯嘆，感慨心內傷。

張華（二三二——三〇〇），字茂先，范陽方城（今河北省固安縣南）人。西晉名臣。他身處暗主（惠帝司馬衷）、虐后（賈南風）之時，能「盡忠匡輔」，致使「海內晏然」；他處於士族獨據上品之世，以庶族之身，位列重臣，并且深孚衆望；他見聞賅博，以《博物》一志，譽重士林，可稱三幸。然而，却不幸殞命於「八王之亂」。

對張華詩的評價，毀譽參半。鍾嶸認爲「其體華豔，興託不奇」（《詩品》）；而劉勰則以爲「奕奕清暢」（《文心雕龍·才略》）。至於《情詩》五首，或寫閨中離婦思夫，或寫遠遊曠夫戀婦，深情綿邈，哀豔動人，頗爲選家注目。這裏介紹的是《情詩》的其三。

「清風動帷簾，晨月照幽房；佳人處遐遠，蘭室無容光。」四句寫離婦思夫。佳人，指丈夫。作者首先

情詩（其三）

突出「清風」「晨月」，融情入景。我們知道，臨風懷想，對月興思，是我們民族慣有的心理現象。歷代文人雅士常將「清風」、「明月」和戀人的愛情生活聯繫在一起，形諸筆墨，在文藝的百花壇上放射着璀璨的光彩。李白有「清風不相識，何事入羅帷」（《春思》）的癡情之問，王維有「清風明月苦相思」（《伊州歌》）的刻骨之思。古往今來，這清風明月牽動了多少情人的思緒，又誘發過多少令人陶醉的深情啊！張華抓住了這兩件富於誘惑力的景物，將閨中少婦的懷人之情突現在讀者的眼前：清風動簾，疑是玉人來會，閨中人懸想入癡；月照幽房，不見來人，惟存寂靜。於是，孤單之感便油然而生，渴想之情愈不可遏。着一「晨」字，表明少婦徹夜遐思。於是，漫漫長夜中的輾轉反側之態，纏綿孌婉之情，亦可於言外而心會。此外，以清風明月來寄託情思，銷盡了珍珠環珮的富貴氣，脫去了油膏鉛黛的脂粉氣，給愛情籠罩了高雅別致的面紗，呈現着超凡拔俗的風采。就章法而言，「佳人處遐遠，蘭室無容光」原是「清風動帷簾，晨月照幽房」的原因，倒置於後，作「清風動帷簾」二句的補充，將景中情落在實處，給人以精神上的滿足。

「襟懷擁虛景，輕衾覆空牀；居歡惜夜促，在慼怨宵長。」景，同「影」。慼，通「戚」，憂愁之意。如果說上四句是融情於景，以景寫情，那麼，這四句就是化情入事，於事見情。襟懷相擁，輕衾覆牀，原是年輕夫妻的閨房樂事。如今這位深閨獨處的少婦，癡情入魔，在幻覺中重溫往日夫妻相處時閨房中的溫存和愛戀，以襟懷相擁、輕衾覆牀來求得感情上的慰藉，不僅情深，而且情急！「深」與「急」的背後，藏着她的忠誠和熱烈。然而，良人遠出，自己襟懷所擁的，乃懸想中的「虛景」，輕衾所覆的，乃現實中的「空牀」。這樣一來，癡情的幻想和孤單的現實形成了不可調和的矛盾，造成了感情上強烈的震盪，眞是酸甜苦辣、喜怒哀樂一起匯集心頭，使你覺得什麼滋味都有，什麼滋味都不是；什麼情緒也有，什麼情緒也不是！眞是「剪不斷，理還亂，是離愁，別是一般滋味在心頭」（李煜《烏夜啼》）啊！「居歡惜夜促，在慼怨宵長」二句雖是反映人們歡樂嫌夜短，愁苦恨宵長的普遍心理，但在「襟懷擁虛景，輕衾覆空牀」之後，却有特殊的藝術作用：不僅點明了夫妻相處的歡樂和離別的痛苦，讓閨中人在回憶對比中表達自己的情懷，爲下文作鋪墊，而且再一次把感情上的衝突加以點掇，「情重更斟情」，使「襟懷擁虛景，輕衾覆空牀」兩句敘事更富於迷離悵惘的情味。

「拊枕獨嘯嘆，感慨心內傷。」這是從癡情的幻想中清醒之後的直抒胸臆的感嘆！《漢書·吳王濞傳》顔師古註「拊」爲「輕擊」，段玉裁《説文解字註》引《尚書·堯典》爲據，亦以爲「拊輕擊重」。我們以爲，釋「拊」字爲「輕擊」、「輕拍」，於詩意爲優。通詳詩意，這「拊枕」的動作，輕不得，重不得。輕而至於「摩」，則失去思念入魔清醒之後的薄嗔懊惱之態；重而至於「擊」，則又使夫妻之間恩愛纏綿的柔情頓消。唯這一「拊」，不輕不重，恰到好處，既見其哀怨嬌嗔之態，又見其夫妻恩愛深情。這樣，「感慨」才有内容，「心内傷」才有着落。「拊枕獨嘯嘆」，確乎哀怨動人。「拊枕」二字，又將上文「清風」、「晨月」的因景懷人和「襟懷擁」、「輕衾覆」的藉事懷人融而爲獨白式的感嘆和憂傷，把閨中人對丈夫的懷念作了合情合理的歸結：她的苦思冥想、出魔入幻，正是她忠誠熱烈、純潔堅貞的愛情的體現。（湯貴仁）

悼亡詩（其一）

潘　岳

荏苒冬春謝，寒暑忽流易。之子歸窮泉，重壤永幽隔。私懷誰克從，淹留亦何益？僶俛恭朝命，迴心反初役。望廬思其人，入室想所歷。幃屏無髣髴，翰墨有餘跡；流芳未及歇，遺掛猶在壁。悵怳如或存，周遑忡驚惕。如彼翰林鳥，雙棲一朝隻；如彼游川魚，比目中路析。春風緣隟來，晨霤承檐滴。寢息何時忘，沉憂日盈積。庶幾有時衰，

悼亡詩（其一）

莊缶猶可擊。

潘岳（二四七——三〇〇）《悼亡詩》三首中第一首，寫爲亡妻楊氏送葬歸來時的感受。前面八句寫回家路上的思緒，感到幽明永隔，無限傷懷，不如回朝廷去，以便擺脱感情的糾纏——寫得比較一般；後面十八句寫返家以後的感觸，觸物興嘆，若不勝情，但願自己能像莊子那樣通達，否則眞要被悲痛壓倒了——寫得相當精彩，尤其是「望廬」等八句，語淡情濃，歷來爲人所稱道。

欣賞這首詩，在藝術上可以注意的主要有兩點：空間與時間互相平行的結構線索，深情與淺語彼此統一的抒情藝術。

先說第一點。全詩從遠處落筆，從下葬後（「之子歸窮泉，重壤永幽隔」）的回程寫起，繼而「望廬」，進而「入室」，詩人的形象由遠而近，由外而內，鏡頭也跟着移動、推近，由路上的全景轉換成廬舍、居室的中景，進而推成幃幕、屏風、翰墨的餘跡、檐頭冰柱的水滴等一個又一個近景或特寫的鏡頭。我們也彷彿隨着詩人的步履一路行來，步步走近，望見了廬舍，進入了室內，幃幕、屏風、翰墨的餘跡、檐頭冰柱的水滴等一一映上眼簾，體驗到了詩人在掩埋親人以後由物是人非感到的無可告語的傷痛。詩作在空間上展開的同時，還平行地展開了一條時間的結構線索。此詩作於初春（「春風緣隟來，晨霤承檐滴」），却偏從「荏苒冬春謝，寒暑忽流易」落筆。拈出一個「冬」字，看來似對時光流逝的泛寫，其實浸透了詩人傷痛的感情。原來詩人的妻子楊氏是在上一年（二九八）的初冬去世的——《悼亡詩》第三首作於初冬（「凄凄朝露凝，烈烈夕風厲」），詩中說「念此如昨日，誰知已卒歲」（「卒歲」，已滿一年），可知楊氏去世卽在初冬季節。按古人葬禮，「死三日而殯，三月而葬」（《儀禮》卷四十三）。詩人在翌年初春，在親人下葬以後，情不自禁地回過頭去看到了三月前妻子去世的那一刻，於是從靈府深處躍出了一個「冬」字，幷在下句中以「忽」字緊承，使失去親人以後那種如夢似幻的感覺彌漫於字裏行間。「私懷」等四句是在歸途上對未來日子的擬想。「私懷誰克從，淹留亦何益」，與屈原的「國無人莫我知兮，又何懷乎故都」（《離騷》）如出一轍，說的是不被人理解的悲哀。因而進而想到還不如離開這觸目傷心的地方回到朝廷去。從對未來的擬想中，可以進一步看出詩人悲痛的深廣。當他踏入家門以後，耳目所接無不使他目搖神移。冰柱的滴水在無聲地宣告時光的流逝，而詩人感到時間帶給他的，衹是越來越沉重的憂傷。在無可奈何之中，他想起了達觀的莊子，希望將來有一天能像莊子那樣從感情的重壓下解脫出來。通過時間的結構線索，我們看到詩人的傷痛并不始於今日，而今日的傷痛又將通向未來。這樣，在我們心目中出現的，就不僅是一個在歸葬路上與入室以後沉思默想、哀怨欲絕的孤獨者，而且是一個深深陷入過去、現在、未來三時的無邊痛苦中的形象了。

再說第二點。詩人的悲痛無限深廣，但在表現上毫不矯飾誇張。大概因爲愈是深層的海水愈不盪起波瀾吧，詩人採用的衹是以淺語寫深情的白描的手法。無論從宏觀寫意或者微觀抒情來說，莫不如此。在宏觀方面，如對妻子去世的怵目驚心的回顧，衹用時節變換的「荏苒冬春謝，寒暑忽流易」的平淡的敍述來表現；對於自己不被人理解的悲哀，衹是淡淡地說了聲「淹留亦何益」；對於沉憂日積的擔心，也衹是託之於極爲平淺的語言：「庶幾有時衰（但願將來有一天會衰歇下來），莊缶猶可擊。」詩人悼亡的深情婉轉流動於清淺的字句之間，不作層波疊浪，却涓涓長流，綿綿不絕。在微觀方面，如「望廬」等八句，也是情至深而語至淺。「望廬思其人」與「入室想所歷」互文見義，即「望廬」時旣「思其人」又「想所歷」，「入室」時旣「想所歷」又「思其人」。這兩句是綱，提起下面六句。其中「幃屏無髣髴，翰墨有餘跡；流芳未及歇，遺掛猶在壁」，隔句相承，三句頂承一句，四句頂承二句，作扇形展開：在幃幕與屏風間再也看不到妻子的姿容（「髣髴」，相似而不眞切的形象。《漢書·外戚傳》載漢武帝曾延請方士施法，得以約略見到已去世的李夫人的形影），但還能聞到她在世時身上散發出的芳香；她往日經常作文寫字，如今牆上還掛着她留下的筆跡。詩人的妻子出身於一個擅長書法的家庭，她父親戴侯楊肇與哥哥康侯楊潭都是擅長草書與隸書的書法家。楊肇寫字時，「翰動若飛，紙落如雲」（潘岳《楊荊州誄》）。在這樣一個家庭環境中長大的楊氏，耳濡目染，一定養成了愛好書法的習慣。

結婚以後，想必積習難改，常常揮毫，將得意的手跡懸掛在室內牆上。因而當詩人「入室」以後，物在人亡的景象深深刺痛了他，由人亡而引出「幃屏無髣髴」與「流芳未及歇」二句，由物在而化爲「翰墨有餘跡」與「遺挂猶在壁」二句。這幾句雖然都是對眼前景象的實寫，而當詩人說到「幃屏無髣髴」時，心目中會自然浮現出亡妻的形象；當說到「翰墨有餘迹」時，也會自然想起她在世時和墨、灑筆的種種情態。用語何等淺近，寄情又何其深長！面對眼前景象，詩人感到了迷離惝恍，產生了種種複雜的感情，於是又進一步寫出了自己深一層的感覺：「悵怳如或存，周遑（一作『回惶』）忡驚惕。」吳淇在《六朝選詩定論》中說：「『悵怳』者，見其所歷而猶爲未亡；『周遑忡驚惕』，想其所歷而已知其亡。故以『周遑忡驚惕』五字，合之『悵怳』共七字，總以描寫室中人新亡，單剩孤孤一身在室內，其心中忑忑忐忐光景如畫。」所論頗能把握住詩人感情的律動。順着這股感情之水的流淌，在上述八句之後接着又寫出了「如彼翰林鳥，雙棲一朝隻；如彼游川魚，比目中路析」等四句。比喻極爲通俗，也有人認爲這是潘岳「筆端繁冗，不能裁節」之病（陳祚明《采菽堂古詩選》卷十一），但若了解到這段姻緣悠久的歷史——早在潘岳十一歲時就已定了親，結婚以後也已共同生活了二十多個年頭，那麼，也就不難體察到這兩個通俗的比喻在感情的天平上所顯示的分量了。

詩人就是這樣以空間與時間互相平行的結構線索以及深情與淺語彼此統一的抒情藝術，成功地抒發了悼念亡妻的眞摯、深切的感情。讀罷這首詩，一個凄悲的詩人形象慘然地浮現在讀者眼前。

潘岳之能寫出流傳千古的《悼亡詩》，自然是與他高度的藝術修養分不開的，但歸根結底還在於他有着眞情實感。潘岳生性重情，他不屬於思辨型，而是情感型的人物，故能「遵四時以嘆逝，瞻萬物而思紛」（陸機《文賦》），「物色之動，心亦搖焉」（劉勰《文心雕龍·物色》）：因秋來而抒慨，寫下了《秋興賦》；見花落而傷情，抒發了「奈何兮繁華（花），朝榮兮夕斃」（見所作《朝菌賦》）。他對死別的傷痛，感受尤爲強烈。他岳父家的人先後去世，「今九載兮一來，空館闃其無人」（《懷舊賦》）；自己家中也先後弟亡、妹折、子夭、妻逝。他在《懷舊賦》中說：「獨鬱結其誰語，聊綴思於斯文。」他的許多作品正是鬱結之情的自然流露。在妻子死後，他心愛的金鹿姑娘又不幸去世，一向委婉抒情的他，竟然一反常態，喊出了「嗚呼上天」（《金鹿哀辭》）的呼天搶地的聲音來。對於結髮夫妻的長逝，他又怎能不深爲動情呢？因而在寫作上述《悼亡詩》第一首的同時，還寫下了《哀永逝文》、《悼亡賦》。初秋時又寫下了第二首《悼亡詩》，到初冬妻子去世一周年時又寫下了第三首《悼亡詩》。如果不是在下一年詩人自己遭到殺身之禍，倒瀉入他胸中的那一片感情的汪洋，想來還會無止息地流淌下去的。張溥在《潘黃門集》題辭中說潘岳的悼亡詩賦與《哀永逝文》「有古落葉哀蟬之嘆」；劉熙載在《藝概》卷二《詩概》中進一步指出潘岳「悲而不壯」，也就是說，他的風格不屬於陽剛的悲壯而屬於陰柔的悲淒，都是深得其中三昧的說法。而胡應麟把潘岳說成是一個以文詞取勝的人（《詩藪》外編卷二：「潘、陸俱詞勝者也。」），沈德潛認爲潘岳的詩「如剪彩爲花，絕少生韻」（《古詩源》卷七），應該說，胡、沈的看法是不太符合潘岳作品的實際的。

歷來對《悼亡詩》第一首的解釋，都取何焯《義門讀書記》中的意見：「安仁《悼亡》，蓋在終制之後，荏苒冬春，寒暑忽易，是一期已周也。古人未有喪而賦詩者。」何氏之誤在於：（一）未對三首《悼亡詩》逐一加以考察，顯然沒有注意到三首并非作於一時，祇有第三首才是寫於喪妻一周年之時，即所謂「一期已周」，其餘兩首均作於周年之前。（二）不明「三月而葬」的古制。（三）誤解了第一首前兩句的意思。「荏苒冬春謝」，是說冬去（「謝」）而春來；「寒暑忽流易」，則是說天氣冷暖忽然間有了變化，與上句同一意思，祇是着眼點從季節變換改爲冷暖變化罷了。（四）所謂「古人未有喪而賦詩者」，這是何氏的臆斷。不僅潘岳《悼亡詩》的一二首是「喪而賦詩」，而且以悼亡聞名的唐代大詩人元稹的許多悼亡詩也都是「喪而賦詩」的明證。元稹的妻子韋叢於元和四年（八〇九）七月初九去世，三個月後的十月十三日葬於咸陽。當時元稹在洛陽分務東臺任上，因職務羈絆，未能臨葬，作《空屋題》詩，題下註有「十月十四日夜」，詩中有「更想咸陽道，魂車昨夜回」之句。《除夜》詩的前四句爲：『憶昔歲除夜，見君花燭前。今宵祝文上，重疊敍新年。」可見是作於新喪後的第一個除夕。

末了，筆者還想指出一點，即：潘岳不僅給我們留下了悼亡妻的三首傑作，而且還因爲這三首《悼亡詩》的成功，從此以後，「悼亡」不再是悼念死者的泛稱而成了悼念亡妻的特指了。這是潘岳在悼念亡妻時無意中留給世人的一塊紀念碑吧！

（陳志明）

詠史（其五）

左　思

皓天舒白日，靈景耀神州。列宅紫宮裏，飛宇若雲浮。峨峨高門內，藹藹皆王侯。
自非攀龍客，何為欻來遊。被褐出閶闔，高步追許由。振衣千仞岡，濯足萬里流。

左思（二五〇？——三〇五？）生活的西晉時代，正是世家大族把持政權的時代，竊據高位的人，非公侯之子孫，則當途之昆弟，世家大族獨佔上品，所謂「上品無寒門，下品無世族」即指此而言。左思出身寒門，其妹左棻雖被選入宮，做了晉武帝的貴人、修儀，可以說與皇帝攀上了親戚，但這一點并不能改變左思寒門出身的社會地位，雖躋身仕途，在仕途上并不得意。他在《詠史》詩中，往往藉歷史爲因由，發洩他對門閥制度和現實社會種種不合理現象的不滿，這使得他的《詠史》詩具有「名爲詠史，實爲詠懷」的特點。

此首是《詠史》八首之五。前半寫皇都壯麗，侯門深邃。後半寫自己志在隱居遁世，不願做攀龍附鳳之

詠史（其五）

人，打算離開繁華的京都，與官場決裂，追蹤古代的高士許由，過一種高蹈遺世的生活。

詩的前二句，先從宏觀的方面寫景。明亮的天空陽光四射，普照着中國的大地。「白日」與「靈景」均指日光而言。下文的「列宅紫宮裏，飛宇若雲浮」二句，描寫皇家一排排高大的建築羣，飛檐畫棟，密集如雲，十分豪華。五、六兩句，又從宮禁寫到王侯第宅：「峨峨高門內，藹藹皆王侯。」「峨峨」，言其高，「藹藹」，狀其衆。以上六句爲第一段，寫景分三個層次。如果將三個層次的描寫聯繫起來再加以讀者想象的再創造，我們獲得兩點認識。第一，詩人將皇宮的建築羣和櫛比鱗次的王侯第宅，置在「浩天」、「靈景」籠蓋照射下，那就如同麗日照在金碧輝煌的五色琉璃瓦上，發出絢爛的光彩，將天上之景與地上之物渾融在一起，構成了一個完整的藝術畫面。第二，詩人將列宅紫宮、飛宇雲浮的皇家宮禁與王侯的高門大宅連成一片。寫京都之景衹選取這兩點，這說明京都是他們的天下，宮禁與門閥正是互相比鄰互相依存的。宮禁森嚴，侯門深邃，大有炙手可熱之勢。

第二段由描寫京都的壯麗，過渡到寫自己的懷抱。在封建社會，有不少攀龍附鳳之徒，企圖以干謁帝王公侯而求仕進，這正如《詠史》（其四）所云：「濟濟京都內，赫赫王侯居。冠蓋蔭四術，朱輪竟長衢。朝集金張館，暮宿許史廬。」那些攀龍客爲了向上爬，整日車馬相逐，風塵僕僕，朝夕投奔王侯勢要，惶惶不可終日。左思對他們頗不以爲然，「自非攀龍客，何爲欻來遊」兩句，表明他不願以干謁求仕進，他後悔自己誤落塵網，他感到冠蓋相逐的京華，并非自己的久遊之地，干謁也無用，倒不如高蹈隱居可樂。他選擇了自己的生活道路，要離開繁華的京都，追蹤古代的高士許由，做一名與世無爭的隱者。「被褐出閶闔，高步追許由」二句，正是表明此種心曲的。他要穿上粗布衣服，離開宮門，邁開大步，去追蹤古代的高士。許由曾隱居沛澤之中，堯讓天下給他，他不受而逃，後又招他做九州長，他不願聽這種話，跑到潁水之濱去洗耳。左思打算效法許由，離開繁華的京都，走向廣闊的天地，在自然山水中放浪形骸。「振衣千仞岡，濯足萬里流」二句，正是他設想的高蹈遺世後的浪漫生活。他要在萬仞高山上抖衣，在萬里長河中洗腳，以除塵世的污垢。結尾這兩句詩，大有俯視一切，臨崖勒馬之勢。

此首詩，詠史的成分很少，僅許由一點。在構造詩歌的形象上，不管是寫景還是抒情言志，皆是「質由中出，不假雕琢」。全詩的感情慷慨激昂。明人胡應麟說左思《詠史》「造語奇偉，創格新特，錯綜震蕩，逸氣干雲，遂爲古今絕唱」（見《詩藪》）。我們通過這首詩的鑒賞，可以見其「造語奇偉，創格新特」之一斑。試看詩中的「振衣千仞岡，濯足萬里流」之句，造語何等豪邁，何等奇偉，大有睥睨千古的氣概。在左思之前的《詠史》詩，大多詠一人一事，概括本傳，不加藻飾，堆垛寡變，有的「質木無文」，有的不過是呆衍史事，美其事而詠嘆之，詠史與詠懷沒有很好地結合起來。自左思開始，詠史詩的傳統寫法便打破了。他創造了一種「變」體的詠史詩，這是左思對詠史詩寫作的一大貢獻。何焯《義門讀書記》說：「詠史者，不過美其事而詠嘆之，概括本傳，不加藻飾，此正體也。太沖（左思字）多攄胸臆，此又其變。」實際上這種「變」體，正是詠史詩的發展和提高。詩歌是抒情言志的一種藝術形式，詠史詩也不能例外。左思創造了「名爲詠史，實爲詠懷」的詠史詩，正是左思的「創格新特」之處。

（劉文忠）

詠史（其六）

左思

荆軻飲燕市，酒酣氣益震。哀歌和漸離，謂若傍無人。雖無壯士節，與世亦殊倫。

高眄邈四海，豪右何足陳？貴者雖自貴，視之若埃塵。賤者雖自賤，重之若千鈞。

詠史（其六）

此首是左思《詠史》八首其六，它通過歌頌荆軻慷慨高歌、睥睨四海的精神，寄託着詩人對權貴的蔑視。

本篇的寫法在《詠史》八首中代表了一種類型，與其五有所不同。張玉穀曾概括了左思《詠史》詩的幾種不同手法說：「太沖《詠史》，初非呆衍史事，特借史事以詠己之懷抱也。或先述己意，而以史事證之；或先述史事，而以己意斷之；或止述己意，而史事暗合；或止述史事，而己意默寓。各還懸解，乃能脈絡貫通。」（《古詩賞析》）這首詩的詠史方法，是「先述史事，而以己意斷之」。詩的前四句，直敘荆軻飲於燕市之事，其本事見於《史記·刺客列傳》：

> 荆軻既至燕，愛燕之狗屠及善擊筑者高漸離。荆軻嗜酒，日與狗屠及高漸離飲於燕市，酒酣以往，高漸離擊筑，荆軻和而歌於市中，相樂也，已而相泣，旁若無人者。

「荆軻飲燕市，酒酣氣益震。哀歌和漸離，謂若旁無人」四句，即是上引一段史傳的藝術概括。人們不禁要問，荆軻事跡中有不少驚心動魄之處，左思爲何祇選取這樣一段不太起眼的事跡來讚美荆軻呢？這要聯繫左思的思想來考察。左思在《詠史》詩中，曾不只一次地抨擊世族門閥制度。在《詠史》其二中，他把才高位卑的寒士比作「鬱鬱澗底松」，而把才拙位高的世族比作「離離山上苗」，揭露了「世胄躡高位，英俊沉下僚」的不合理，對竊居高位的貴介子孫投以極大的蔑視。荆軻、漸離，雖爲博徒狗屠，是市井小人物，但却有迭倫之才，又有睥睨四海的精神，他們對豪右是不屑一顧的。仁者見仁，智者見智，左思選取此事以詠歌之，這與他對世族門閥的不滿密切相關。在蔑視豪右這一點上，荆軻的行爲引起了左思的共鳴。這也說明了此篇仍是一篇「特藉史事以詠己之懷抱」之作。

中間四句「雖無壯士節，與世亦殊倫。高眄邈四海，豪右何足陳」爲第二個意層。這幾句詩是對荆軻的評價與讚美。張玉穀評中四句詩說：「中四，即其人而贊之，『雖無壯士節』，所謂欲揚先抑也，作一

詠史（其六）

曲筆，分寸恰合。」實際上這未必是曲筆，左思心目中的壯士，是具有高風亮節、卓然不羣的段干木、魯仲連，他們不但能爲人排難解紛，爲國家立下大功，而且「功成不受爵」，「爲人排患釋難解紛亂而無所取」（《史記·魯仲連傳》）。荆軻其行雖有可稱之處，但比起魯仲連來終遜一籌，正是基於這一點，所以左思說荆軻「雖無壯士節，與世亦殊倫」，這雖然不是最高的評價，但也可說是比較高的讚美，似不必看作欲揚先抑的曲筆。左思十分欣賞荆軻那種睥睨四海、蔑視權貴的精神，「高眄邈四海，豪右何足陳」二句，既是對荆軻的讚美，同時也是左思的自況，語含雙關，一面需作兩面看。

詩的最後四句爲一個意層，張玉穀評此四句說：「後四，推開發議，以貴之不足重，跌出賤之足重來，筆力何等傲岸。」此說頗爲中肯。詩人左思，一反世俗的偏見，他認爲豪貴雖自以爲貴，但我看來却輕若埃塵；賤者（指博徒狗屠荆軻、漸離）雖自以爲賤，但我看來却重如千鈞。這正是全詩的致意之點。

爲了更深入地理解此詩在選擇史事與立意方面的特點，我們不妨與東晉大詩人陶淵明的《詠荆軻》作一比較。陶淵明《詠荆軻》云：

燕丹善養士，志在報強嬴。招集百夫良，歲暮得荆卿。君子死知己，提劍出燕京；素驥鳴廣陌，慷慨送我行。雄髪指危冠，猛氣衝長纓。飲餞易水上，四座列羣英。漸離擊悲筑，宋意唱高聲。蕭蕭哀風逝，淡淡寒波生。商音更流涕，羽奏壯士驚。心知去不歸，且有後世名。登車何所顧，飛蓋入秦庭。凌厲越萬里，逶迤過千城。圖窮事自至，豪主正怔營。惜哉劍術疏，奇功遂不成！其人雖已沒，千載有餘情。

左、陶二人之作，雖題材相同，但在提煉《荆軻傳》的情節與剪裁方面，二者大相異趣。陶作寫出了荆軻刺秦的始末，極力描寫易水之別的悲壯場面，渲染悲劇氣氛，并歌頌了荆軻視死如歸的英雄氣概，最後對荆軻的奇功不成，表示了深沉的惋惜之情。總之，陶詩提煉的情節，多是驚心動魄的場面，強調誅鋤強暴的復仇精神，這正是陶淵明金剛怒目的一面。左思的詠荆軻，不取驚心動魄的場面，衹重其慷慨悲歌，旁若無人，突出他們對豪右的蔑視，雖同爲優秀的詠史詩，二詩蹊徑不同。這也證明了作家的思想、世界觀對創作有着多麼重大的影響。

左思此詩在藝術上的顯著特色是氣勝、奔放，一氣貫注到底，大有「睥睨千古」、「逸氣干雲之概」。「高眄邈四海，豪右何足陳」之句，同上首的「振衣千仞岡，濯足萬里流」一樣，都是以磅礴之氣來自鑄偉詞，風格是奔放、豪邁的。所謂「左思風力」（鍾嶸《詩品》），實與他《詠史》詩的慷慨多氣有關。

（劉文忠）

嬌女詩

左　思

吾家有嬌女，皎皎頗白皙。小字為紈素，口齒自清歷。鬢髮覆廣額，雙耳似連璧。明朝弄梳臺，黛眉類掃跡。濃朱衍丹唇，黄吻爛漫赤。嬌語若連瑣，忿速乃明憰。握筆利彤管，篆刻未期益。執書愛綈素，誦習矜所獲。其姊字惠芳，面目粲如畫。輕妝喜樓邊，臨鏡忘紡績。舉觶擬京兆，立的成復易。玩弄眉頰間，劇兼機杼役。從容好趙舞，延袖像飛翮。上下絃柱際，文史輒卷襞。顧眄屏風畫，如見已指摘。丹青日塵闇，明義為隱賾。馳騖翔園林，果下皆生摘。紅葩綴紫蒂，萍實驟抵擲。貪華風雨中，眒忽數百適。務躡霜雪戲，重綦常累積。并心注肴饌，端坐理盤槅。翰墨戢閒案，相與數離逖。動為罏鉦屈，屣履任之適。止為荼菽據，吹噓對鼎䥶。脂膩漫白袖，烟薰染阿錫。衣被皆重地，難與沈水碧。任其孺子意，羞受長者責。瞥聞當與杖，掩淚俱向壁。

左思這首《嬌女詩》，寫的是他兩個小女兒嬌憨可愛的情態。據詩中具體描述來推測，大女兒惠芳大約十歲上下，小女兒紈素不過六七歲吧。內容都是瑣細的日常生活。左思在文學史上以《詠史》八首著名，其實，《嬌女詩》的成就并不在《詠史》之下。只是過去人們對這一類作品不甚重視，因而也較少提及它。但文學的演進，却正是越來越傾向於表現普通人日常的喜怒哀樂，因爲它更爲豐富更爲眞實地反映了人類的生活。再從本篇的具體背景來說，魏晉時代，隨着儒學的衰微，文學也逐漸擺脫了過去作爲封建政治與倫理的工具的地位，題材不斷擴大，反映個人情懷、日常生活的作品不斷增多。這正是文學進步的體現。左思這首詩也可以說是明顯的標誌。從現存資料來看，這是第一首細緻描繪兒童形象的作品。作者通過對孩子的描寫，表現了對純眞的人性之美的讚頌與回味，在當時，它有着頗爲重要的價值和意義，到今天依然能够引起我們的欣喜。

詩開始是兩句一般的交代。這種平穩的起頭具有民歌風味，并預示着全詩輕鬆愉快的基調。接下去一節寫小女紈素。首先是靜態的素描，說她面目清秀（「口齒」是以一部分代全體），額頭寬廣，雙耳晶瑩如玉。然後是動態的刻畫。「明朝弄梳臺」，早晨，小女娃學着大人模樣到梳臺邊去打扮自己。不過，她大半是爲了頑皮胡鬧，所以叫做「弄」。弄出個什麼結果呢？眉毛畫得像掃帚掃出來似的，小嘴兒塗得一片通紅，這模樣够教人絕倒！「衍」字用得很巧，它本有延展、滿溢的意思，在這裏表示胡塗亂抹，動作和動作的效果都有了。下面再用「爛漫赤」三字形容，給人以鮮明的印象。接着兩句寫小孩說話的樣子。「連瑣」本指相銜不絕的花紋圖案之類，用來形容小女孩撒嬌時說話嘰嘰喳喳、一氣不停的腔調，給人的聯想既實在，又可愛。不過，要是急惱起來（「忿速」），那可就變作「明慬」之態了。「慬」有乖張之意，「明慬」大致是指聲調響亮而尖銳。有過女孩子的父母，都知道這是怎麼回事。最後四句寫紈素的讀書。她「握筆」，只是因爲喜歡好看的筆管（「彤管」在這裏泛指好筆），要說正經寫字（「篆刻」指小孩習字），那是沒指望的。她翻弄書卷，也只是因爲喜愛用來抄書的綈素（絲織品），略微識幾個字，便到處向人賣弄。這麼幾個細節一寫，紈素的模樣便在我們面前活起來了吧？

姐姐惠芳大了幾歲，就有許多不同。先說「面目瞭如畫」（「瞭」當爲「粲」，美好貌）罷，就有美麗的感覺，不只是小孩子的可愛了。她愛打扮，既不像妹妹那樣爲着好玩，也不像已經懂事的姑娘知道恰如其分、適可而止。她剛曉得要美，還未曉得羞澀，打扮起來就入了迷。「輕妝喜樓邊，臨鏡忘紡績」，總喜歡在樓邊淡淡地施妝，一對着銅鏡便忘了紡織——這原是舊時代女孩家最要緊的學業。下一句中，「觶」恐係「觚」之誤。觚是一種木製的筆，這裏就是泛指筆。「京兆」是用西漢宣帝時京兆尹（首都行政長官）張敞爲妻子畫眉的典故，這裏也是泛指化妝打扮。「立的成復易」是說，點成了「的」（婦女點在臉上的朱紅點）嫌不好，又擦掉重來。這是舉一例而及其它。所以下面說：「玩弄眉頰間，劇兼機杼役。」「劇」是「甚」、「厲害」之意，「兼」本意是超出一倍。這兩句是說，在小臉蛋上花掉的功夫，比起紡織之類的事來，要遠遠超過。惠芳還喜歡跳舞（古代趙國女子以善舞著名，這裏「趙舞」泛指舞蹈），姿態優雅舒緩。「延袖像飛翮」，是說慢慢地揮動着長袖，就像鳥兒飛動的翅膀。這一句寫得很美。她又喜歡音樂，手指在琴弦琴柱之間撥弄着，文史之類的書早被她捲起來扔到一邊去了。不過，她到底大一些，是讀過一些書了，所以看到屏風上的畫，才「如見」——看了個隱約彷彿，就指指點點，挺高明地談論起畫的內容來。其實，這些畫年代久了，因灰塵污染而晦暗，其「明義」——明白的內容，早已「隱賾」——隱晦難曉了。小孩子自作聰明，哪管它呢！到這裏，我們不能不佩服左思筆能傳神。兩個孩子雖然都天真可愛，嬌憨頑皮，但年齡不同，性格、神態便各不一樣。同樣是化妝打扮，小的是胡塗亂抹，滿臉狼藉，大的是精心描畫，顧影自憐；同樣是自我誇耀，小的是略有所得，便情不自禁、到處賣弄，大的是借題發揮，做出一點學問氣了。

最後是把兩姐妹合在一起寫。這一大一小，雖有所不同，貪玩却是一樣的。「馳騖翔園林」，眞像一對

嬌女詩

小鳥！園林的果子還未成熟，就被生摘下來，連着花連着蒂，這麼擲來擲去地玩（「萍實」係用典，這裏泛指佳果）。貪戀花兒，哪管什麼風雨！眒忽（猶言「倏忽」）之間，來往了不知多少次。凝霜積雪，那也禁不住，一定要踩着霜雪出去玩，雪泥裏鞋子穿不住，縛了一根又一根的鞋帶（「綦」，鞋帶）。有沒有閒下來的時候？也有。菜肴端上來，她們就全神貫注了。有時還能端端正正地坐着，幫大人理一下盤子裏的乾果（「核」，乾果）。咽着唾液，裝着規矩，好不容易的呢！「翰墨戢閒案，相與數離逖」是說，讓她們讀書，她們常常把筆墨收起來放在几桌上，結着伴跑得沒影蹤（「逖」，遠）。小孩的天性，做「壞」事頂好大家有份，省得獨自受罰。下面「動爲鑪鉦屈」，鑪鉦是樂器，這裏大約指街上玩雜耍、賣小吃之類的人敲擊的樂器聲。「屈」猶言征服。一聽到街上傳來鑪鉦的聲音，她們就尋聲而去，連鞋子都顧不上穿好，拖着就跑。「止爲茶菽據」，是說她們只是爲了食物才會安坐下來（「茶菽」在這裏泛指食物），而且耐不得嘴饞心急，還一個勁往爐子裏吹氣。「脂膩漫白袖，煙熏染阿錫。衣被皆重地，難與沈水碧」四句，「阿錫」本意爲細繒和細布，這裏指衣服：「重地」是說衣服的底色變得一層一層，五顏六色。這是寫油膩和煙氣把她們的衣服染得一塌糊塗，浸到碧水裏也洗不清。最後四句說，她們任着自己的小孩脾氣胡來，却又怕受到大人的指責。知道要挨打了，兩個人一齊對着牆壁流淚，煞是可憐。整篇詩的氣氛到這裏突然改變了，然後一下收住。但這改變結果并不嚴重，也絕不會破壞全詩輕鬆愉快的基調，所以只是引起讀者啞然失笑。如此可愛的孩子該不該挨揍呢？天曉得。我們祖祖輩輩都這麼過來的。

這首詩是敍事性的作品，結構單純，表現技巧上也沒有什麼特別之處。可貴的是，作者能選擇一個個很有代表性的細節，娓娓敍來，繪聲繪色，活靈活現，極爲清晰生動地勾畫出兩個女孩的神情姿態，好像她們就生活在我們身邊。這不但需要詩的才華技巧，更需要作者對孩子的愛和了解，以及他自己那一顆不會泯滅的童心。稍微聯想一下，惠芳和紈素這兩個孩子後來到底怎樣了呢？我們雖然無法知道，但能够猜想，她們總得學會溫良恭謹、賢惠謙和。爲了長大，人們失去的美和歡樂誰知有多少！這也許就是描寫孩子的作品在成人之中也總不會失去它的價值的原因吧。

（駱玉明）

擬明月何皎皎

擬明月何皎皎

陸機

安寢北堂上，明月入我牖。照之有餘輝，攬之不盈手。涼風繞曲房，寒蟬鳴高柳；踟躕感節物，我行永已久。游宦會無成，離思難常守。

這是陸機的一首擬詩。擬《古詩·明月何皎皎》（《明月何皎皎》見前）。擬詩從月光寫起：皎潔如晝的中秋前後的滿月瑩光，從窗子裏瀉進來，照到安睡在北堂牀上的作者身上，「月到中秋分外明」，作者面對這如霜似銀的月色，思潮澎湃，愛撫不已。因爲是中秋夜的滿月，所以在視覺上感到的是「照之有餘輝」；又因爲是如水的月光，所以在觸覺上感到的是「攬之不盈手」。這兩句詩，刻畫中秋月色的特點，可以說是「曲寫毫芥」、精妙絕倫！「北堂」是有朝北窗子的臥室。古人常以夏月虛閒、高臥北窗之下、清風颯至的生活，引爲快事；這是一般較爲富裕的生活。「涼風繞曲房」，「涼風」，係指秋天的風，在這「已涼天氣未寒時」，吹到人們身上的風，微有涼意。「曲房」，指曲檻迴廊，是富貴人家住宅常有的建築結構，因爲是「曲房」，所以在「涼風」下邊用了個「繞」字。以上幾句是從北堂的牀上到「曲房」，把讀者的視線從北堂的牀上引向全屋的華麗結構。「寒蟬鳴高柳」，「寒蟬」，秋天的知了，「寒蟬淒切」、「秋氣肅殺」，這是秋天、寒蟬給予人們的感受。這句詩，又把讀者的視線從室內引向野外。窗外有幾株高大的柳樹，寒蟬就在上面聲嘶力竭地叫着。

以上的詩句，構成了一幅鮮明的圖畫。從牀上到全屋，再從室內到野外，層次井然。而其中的一切建築和陳設，都是有錢人家才會有的；描寫景色時，作者又渲染了淒涼、悲愁的情調。這分明是把古詩原作中的「客行雖云樂，不如早旋歸」兩句的思想感情，闡發無遺。雖則沒有明說，但是意在言外，使人意而得之。這種情景交融、含而不露的寫法，正如梅聖俞所說的：「狀難寫之景，如在目前；含不盡之意，見於言外，然後爲至矣！」

此詩以下四句，均是用議論來抒發作者的羈旅之愁與鄉土之戀的，「踟躕感節物」一句，「節」，指季節，在此詩中具體指秋夜、中秋等。「物」，指事物，在此詩中具體指「北堂」、「曲房」、「月色」、「寒蟬」等。這個道理，在陸機自己的《文賦》中有所總結：「遵四時以嘆逝，瞻萬物而思紛，悲落葉於勁秋，喜柔條於芳春。」後來齊、梁間鍾嶸也有所總結：「氣之動物，物之感人，故搖蕩性情，形諸舞詠。」此詩中即由於上述「節物」的感召，使作者產生「我行永已久」的情意。於是在下文急轉直下點明全詩的主旨：「遊宦會無成，離思難常守。」遊宦經年，一事無成；「離思」難以「常守」。「膾憶松江雙筋紅」。不如歸去！——全詩波瀾起伏，水到渠成；迴環往復，引人入勝。

再把陸機此詩和古詩原作作一比較：這兩首詩主旨相同，又同是從月色寫起，而且，都以「明月皎皎」命題而寫法各異，擬詩主要特色是波瀾起伏，情景交融；原詩雖平鋪直敘而一往情深，例如原詩中的「出戶獨彷徨，愁思當告誰？引領還入房，淚下霑裳衣」數語，抒寫他鄉旅人，舉目無親、孑然一身而滿懷離愁，無可告訴之痛、比擬詩更爲深刻、細緻，因此，也特別感人。兩詩各有所長，堪稱幷美。陸機擬古能獨出心裁，別開生面，亦是詩中高手。

兩詩最大的特色是「白描」，它們沒有一句用典。而抒寫胸懷，情眞意切。這最爲後人所稱道。如劉勰在《文心雕龍·明詩篇》中評「古詩」：「觀其結體散文，直而不野；婉轉附物，怊悵切情，實五言之冠冕也。」鍾嶸評「古詩」：「文溫以麗，意悲而遠，驚心動魄，可謂幾乎一字千金！」值得我們注意的是在鍾嶸的《詩品·下品序》裏，歷舉漢代以下的名篇，其中列入《擬古》而不及陸機他篇。又評「太康之英」的陸機道：「才高詞贍，舉體華美」。稱他的詩「不貴綺錯」、「厭飫膏澤」。由此可見，論詩提倡「直尋」、反對「用事」的鍾嶸，他推崇陸詩的着眼點，正在於這一類白描的詩上。而在陸機的其他詩篇，都是按照《文賦》中的「詩緣情而綺靡」的標準，追求綺靡、雕琢的。正如劉勰所說：「晉世羣才，稍入綺靡。張、潘、左、陸，比肩詩衢，采縟於正始，力柔於建安，或析文以爲妙，或流靡以自妍。」這評語對陸機的其他詩篇來說是正確的。這樣的「擬古詩」，自然生動，剛健清新，在陸機的詩篇中，雖是少數，但却是上品。

據考證，陸機的論文《辨亡論》和《擬古詩》，都是在他二十到三十歲時隱居故里華亭（今上海市松江縣）所作；那時，吳國覆滅，他兩個弟兄遇害，身爲吳國貴族世胄子弟的陸機，在國破家亡的時代裏，杜門讀書，潛心學習，希望能以自己的勤奮努力，來繼承和發揚他父親和祖父的豐功偉績。今天我們從他的擬古詩《擬明月何皎皎》來看，他這「十年辛苦不尋常」；學古而能創新，也可以說是成績斐然的。（蔣祖怡）

雜詩（其四）

張　協

朝霞迎白日，丹氣臨湯谷。翳翳結繁雲，森森散雨足。輕風摧勁草，凝霜竦高木。

密葉日夜疏，叢林森如束。疇昔嘆時遲，晚節悲年促。歲暮懷百憂，將從季主卜。

雜詩（其四）

魏晉時期正處在山水詩田園詩正式問世的前夕。這時期詩歌創作中的一個顯著特色是寫景因素正迅速滋長。以「三張」、「二陸」、「兩潘」、「一左」爲代表的西晉太康詩壇，從總體看成就并不高，但詩人們的創作在不同程度上都體現了這一特色。其中張協尤值得注意。鍾嶸《詩品》評其詩云：「其源出於王粲。文體華淨，少病累。又巧構形似之言。雄於潘岳，靡於太沖。風流調達，實曠代之高手。詞采葱蒨，音韻鏗鏘，使人味之亹亹不倦。」這段話對張協詩歌作了中肯的評價。現在，我們就以這首《雜詩》爲窗口，來窺探一下張協的創作。

張協，字景陽，安平（今河北安平）人。與兄張載、弟張亢并稱「三張」，《雜詩》十首是其代表作。這組詩或傷懷才不遇，或嘆世路多艱，或敍思婦懷遠之情，或言及時自勉之意，內容較廣泛，非作於一時。這一篇原列第四，是其中有代表性的一首。

首二句以簡練的筆觸勾勒出曙色初露、旭日東升的壯偉景象。作者從絢麗的朝霞着筆，巧妙地運用「迎」、「臨」二字，便把人們習見的日出之景寫得別具一格：那玫瑰色的雲霞照臨太陽的家鄉湯谷，把太陽從沉睡中喚醒，給它披上光彩奪目的衣裳，然後裊裊婷婷，把它送到人間。詩人突出了朝霞的動態美，使人想見那萬道霞光的全部光華與豐采。在張協筆下，朝霞成了光明的使者，這不僅增加了詩的情趣，而且使詩歌詞采瞻麗，神貌飛動。左思的「皓天舒白日，靈景耀神州」也寫日出景象，但比之張詩就顯得質木平實，也缺乏氣韻了。鍾氏所說「詞采葱蒨」、「靡於太沖」，於此可見一斑。

次二句寫氣候突變，詩歌頓起波瀾。「翳翳結繁雲，森森散雨足。」先寫陰雲集結，後寫急雨滂沱，雖大起大落，却層次井然。翳翳，是多雲而陰的樣子。語出《論衡》：「初出爲雲，繁雲爲翳。」森森，是繁密的樣子。蔡邕《霖賦》：「瞻玄雲之晻晻，懸長雨之森森。」詩人以翳翳寫雲之多而厚，以森森狀雨絲之長而密，無不曲盡其妙。張協《雜詩》其三有雲：「騰雲以湧煙，密雨散如絲。」其十有雲：「雲根臨八極，雨足洒四溟。」皆描摹逼真，窮形盡相。張協不愧是狀寫繁雲苦雨的高手。「雨足」二字尤可玩味。雨急而密，一根根雨絲接連不斷地落在地上，其狀可見，其聲可聞，正如人的步履，有聲可聞，有跡可尋。詩人錘煉出「雨

張　協

雜詩（其四）

足」一詞，何等鮮明形象，又何等新鮮活脫。它平易而奇警，既見出詩人琢煉之功，而又顯得自然本色，啓人聯想。故王船山評曰：「『森森散雨足』得之象外。」（《八代詩選》引）後人激賞張協的創造，屢屢愛用，如「雨足飛春殿」（庾肩吾《侍宴餞湘州刺史張續詩》）、「夕陽連雨足，空翠落後陰」（孟浩然《題大禹寺義公禪房》）、「雨脚如麻未斷絕」（杜甫《茅屋爲秋風所破歌》）等等。至於「雲脚」、「日脚」之類，恐也是由此而觸類旁通的吧。

以下四句扣住草木寫秋冬蕭瑟之景。西風凜冽，乾枯的小草爲之摧折；寒凝霜華，高樹上的枝葉爲之凋零。這本是常見的景色，詩人却通過一個「竦」字來刻意形容。竦者，驚懼也。竦，又通「聳」。樹木因葉子凋落而顯得更高，似乎驚懾於秋霜的威力而森然竦立，讀者也似乎看見那枝幹以及殘留的葉子都失去了往昔的光澤滋潤而顯得枯槁暗淡了。一派蕭森氣象全由此一字傳出。這一「竦」字又傳出詩人的心聲：草木搖落，歲華易逝，詩人感物興懷，怎不觸目驚心！這就暗暗逗出最後四句來。至此已把秋意寫足，但作者感到意猶未盡，於是再以一個比喻來極貌狀物：「叢林森如束」。林空葉盡，枝條根根上聚，遠望去像是被捆成一札札似的。此境此景，眞非一個「束」字不足以形容。李周翰說：「木葉密則枝重，葉既疏落，條輕上指，森森然如束也。」（六臣註《文選》）對張協的工筆細摹之妙，理解得最爲中肯。張載《七哀》詩云「木落柯條森」，已自形象鮮明，而張協此句更是「巧言切狀」，「狀難寫之景如在目前」。無怪乎鍾嶸說「孟陽（張載字）詩乃遠慚厥弟」了。這句就「凝霜竦高木」加重渲染，強化了高曠蕭森的氣氛，造境警拔，使人聯想起「天高萬物肅」（張協《雜詩》之二）的境界。前人說張詩「諔詭」（《詩品》卷中鮑照條），當可於此等所在體味一二。

詩的最後四句寫由秋景而引起的感觸。「疇昔嘆時遲，晚節悲年促。」少年時不諳世事，「秋月春風等閒度」，有時甚至恨時間過得太慢；到了老年，却悲嘆年歲流逝得太快了。一生體驗凝集在十個字中，語言極精警，內涵極豐富。它概括了具有普遍意義的人生經驗，富於哲理意味，足以發人深省。張協少有俊才，素有抱負，也曾在晉朝做了幾任官，但他爲人「清簡寡欲」，見「天下已亂」，「遂棄絕人事，屏居草澤，守

雜詩（其四）

道不競，以屬詠自娛」（《晉書·張協傳》）。其《雜詩》之五曾說：「陽春無和者，巴人皆下節。流俗多昏迷，此理誰能察。」可見他不滿現實、反抗世俗的品格。因此，這裏的「悲年促」，就不僅僅是一般的嘆老嗟卑，而實隱含着壯志未遂的深深感嘆。既然生不逢時，不如棲隱山林。「歲暮懷百憂，將從季主卜。」季主，即司馬季主，他是漢初長安著名的賣卜者。宋忠和賈誼曾問他：「何居之卑？何行之汚？」他答道：「賢者不與不肖者同列，故君子處卑隱以辟衆，自匿以辟倫。」（見《史記·日者列傳》）詩人以表達高尚的情志結束全詩，給人以高標拔俗之感。史載：「永嘉初，復召爲黃門侍郎，託疾不就，終於家。」這種高潔的襟抱形之歌詠，就使其詩作每每於形象鮮明之外流宕着一種高情遠韻，這就是他之所以「風流調達」「雄於潘岳」之所在！劉勰強調張協「詞采葱蒨」一面，說：「景陽振其麗。」（《文心雕龍·明詩篇》）而劉熙載說：「麗何足以盡景陽哉！」（《藝概》）相比之下，劉熙載所言稱得上是知人之論。

全詩前八句全寫景，後四句才抒情，山水景物描寫的比重大大增加了；而寫景又逼眞如畫，可謂句句工筆勾鏤，處處窮態極妍，顯示出早期山水景物描寫貴重「形似」的特色。《文心雕龍·物色篇》說：「自近代以來，文貴形似，窺情風景之上，鑽貌草木之中。吟詠所發，志惟深遠；體物爲妙，功在密附。故巧言切狀，如印之印泥，不加雕削，而曲寫毫芥。」但張詩并不因追求形似而顯得繁蕪平弱。這是因爲作者善於捕捉最具特徵的朝霞、繁雲、密雨、勁草、高木等自然景物，又善於以最凝煉形象的詞語來狀寫，故而語少意多，「文體華淨」。諸如「迎」、「臨」、「結」、「散」、「摧」、「竦」一系列動詞皆精當傳神，又如「森森」、「翳翳」、「繁（雲）」、「勁（草）」、「高（木）」等形容詞也無不切合情境，使人有「雖復思經千載，將何易奪」之感。作者還巧用譬喻，善用疊字，注意對偶工整、音韻鏗鏘，追求藝術的完美。魏晉以降，文學創作成爲人們「自覺」的活動，詩人們開始煉字琢句，講究聲色，不僅「情必極貌以寫物」，而且「辭必窮力而追新」，張協的精於錘煉，表現出當時詩人共同的好尚，而其功力較之同時代作家又高出一籌，故而何焯《義門讀書記》曰：「詩家琢字煉句，始於景陽。」當然，這首詩也有美中不足之處：詩人的情感雖因景物而觸發，情因景生，生得自然，但情景分寫，畢竟還沒能把主觀感情融注到客觀物象之中。所有這些成就和不足，都恰恰是孕育中的山水詩的獨特風貌。

張協之後，謝靈運第一個傾力寫作山水詩。他模山範水，情貌無遺，景物刻畫極爲細緻精工，「雜有景陽之體，故尚巧似」（《詩品》卷上），但往往在景物描寫之後拖着一條玄言説理的尾巴。同時筆力也遜於張協，寫景「頗以繁富爲累」。東晉大詩人陶淵明，在田園景物的描繪中融入了強烈的主觀感受和情思，由語不及情而情景交融，達到了物我同一的渾化境界。其情志之高尚和「文體省淨，殆無長語」，顯然和張協一脈相承。故何義門曰：「胸次之高，言語之妙，景陽與元亮之在兩晉，蓋猶長庚、啓明之麗天矣。」（《義門讀書記》）其後，經過南北朝許多詩人的努力，山水詩日益成熟。唐代的山水田園詩正是在前代人的基礎上，才達到景中情、情中景融爲一體、風神綽約、韻味無窮的化境。張協詩中的景物描寫實開陶謝之先河。從他的《雜詩》中，我們不難看到山水詩這朵古典文學藝苑中一株獨具色彩的奇葩最初形態，儘管它還很不完善，但却顯示出獨具的異彩和頑強的生命力，爲後世詩人提供了豐富的養料，從這個意義上説，鍾嶸「曠代高手」之美譽是不爲過分的。

（徐定祥）

扶風歌

劉琨

朝發廣莫門，暮宿丹水山。左手彎繁弱，右手揮龍淵。顧瞻望宮闕，俯仰御飛軒。據鞍長嘆息，淚下如流泉。繫馬長松下，發鞍高嶽頭。烈烈悲風起，泠泠澗水流。揮手

扶風歌

長相謝，哽咽不能言。浮雲為我結，歸鳥為我旋。去家日已遠，安知存與亡？慷慨窮林中，抱膝獨摧藏。麋鹿遊我前，猨猴戲我側。資粮既乏盡，薇蕨安可食？攬轡命徒侶，吟嘯絕巖中。君子道微矣，夫子故有窮。惟昔李騫期，寄在匈奴庭。忠信反獲罪，漢武不見明。我欲竟此曲，此曲悲且長。棄置勿重陳，重陳令心傷。

劉琨（二七一——三一八）字越石，中山魏昌（今河北省無極縣東北）人，西晉末年著名的愛國將領和詩人。他出身世族，早年生活浮華，曾參與著名豪富石崇的金谷之遊，又與石崇等降節事權貴賈謐，時稱「二十四友」。晉惠帝時，「八王之亂」起，北方少數民族貴族又乘機佔領了北部中國的大片土地。此時，劉琨投入了平亂救國的戰爭之中，出任并州（今山西一帶）刺史，召募流亡，抗敵平亂。《扶風歌》就是寫於詩人赴并州途中，敍述了詩人路途的艱難困苦，抒發了憂慮國事的悲憤之情。

「朝發廣莫門，暮宿丹水山」兩句從字面上看，寫的是一天，但實際上是概括了整個行程。廣莫門是西晉都城洛陽的北門。丹水山，一般認爲就是丹朱嶺，是丹水發源之地，在今山西省高平縣北。兩地行程絕非一日可以到達。下文所寫則是行軍過程中的具體的所見所感，都是由這兩句生發開去。另外，這兩句在句式上是襲用了《離騷》的「朝發軔於蒼梧兮，夕余至乎縣圃」，并對後世有所影響。著名的《木蘭辭》就有「旦辭爺娘去，暮宿黃河邊」，「旦辭黃河去，暮至黑山頭」之句，都不是具體的行程記實。接下二句「左手彎繁弱，右手揮龍淵」，用富有典型性的動作描寫，塑造了一個英武豪邁的將軍形象，亦即是詩人的自我形象。「繁弱」是良弓名，「龍淵」是寶劍名，前面分着一「彎」字和一「揮」字，形象而又貼切，突現了將軍的雄姿。前人評劉琨詩認爲兼有悲壯（見劉熙載《藝概·詩概》），這是就整個風格而言，但本詩前四句却激盪着豪壯之氣。詩人早年雖染有浮誇之習，但也有「枕戈待旦，志梟逆虜」（《晉書》本傳）的雄心壯志。從本詩前四句看，詩人豪氣不減當年。

「顧瞻望宮闕，俯仰御飛軒。據鞍長嘆息，淚下如流泉」四句，氣勢一轉，由壯而悲，與前四句奠定了全詩悲壯的主調。「顧瞻」二字極具感情色彩，表現了詩人對京城的依依顧戀之情，流露了對朝政的關切。當時外患內亂困擾着西晉政權，皇帝也像傀儡似的爲各派軍閥輪相挾持。劉琨就在這時，割慈離邦，遠赴邊郡。國家的前途和命運未卜，引起了詩人強烈的焦慮和悲憤。「顧瞻望宮闕」正是這種心情的流露。「據鞍」二句是這種心情的進一步發展，自古英雄淚不輕流，詩人却忍不住由「嘆息」而「淚下如流泉」，足可見詩人內心的悲憤和痛苦。可是詩人雖然顧戀洛陽，但平亂的重任在肩，所以仍然「俯仰御飛軒」，驅馬駕車奔赴幷州前線。「俯仰」二字，《文選》六臣呂向註說是「高下」，當就是車子高下顛簸之狀，用字貼切形象。

「繫馬」四句，具體描寫行軍征途的艱難。「繫馬」句是說行車途中暫憩，「發鞍」句是說出發。兩句也不是實指某一次的駐宿和出發，概言了一路行軍中不知有多少次的「繫馬」休息和「發鞍」啓程，而「繫馬」常在「長松下」，「發鞍」多是「高嶽頭」，突出了行程一直是在穿過窮林，越過高山，爲下文進一步描寫行程艱險埋下了伏筆。劉琨是九月末從洛陽出發的，所以「烈烈悲風起」的「悲風」正是秋風，點明了時節是秋季，流露了悲秋之情。自宋玉首發悲秋之嘆，後世文人很少有人寫秋而不悲的，但多數是抒發個人的坎壈情懷。劉琨的悲秋却有深廣的社會內容，《晉書》本傳說他「每見將佐，發言慷慨，悲其道窮」。可見他悲的是救國之道窮，而「泠泠澗水流」句，更透出絲絲寒意，加重了前一句悲涼的氣氛。

「揮手」四句是對前四句「悲」字的加強性描寫。「揮手長相謝」是說揮手與京邑長別，正因爲是長別，故生悲，因悲而「哽咽不能言」。「浮雲爲我結，歸鳥爲我旋」兩句用的是擬人化的手法，浮雲本自到處飄盪，但却彷彿有知，故爲我而鬱結，歸鳥本只自知天晚而歸，但却彷彿有情，故爲我而返巢，象徵着詩人愁腸鬱結的心境和依依不捨的家國之戀。客觀的景物注入了強烈的主觀感情，情與景互相交融。筆者竊以爲這四句從內容發展線索上看，似應接在「俯仰御飛軒」句後。因爲車兒飛奔，離家日遠，故應接之以「揮手長相謝」四句，表現詩人沉重的依戀京城的愁思。但這首詩幷不是按時間順序來寫的紀行詩，而主要是抒情詩，記事完全是爲了抒情的需要，抒情是經，記事是緯。清代詩人沈德潛說：「越石英雄失路，萬緒悲涼，故其詩隨筆傾吐，哀音無次，讀者烏得於語句間求之。」（《古詩源》卷八）沈氏是看到劉琨詩有「哀音無次」的特點，但「無次」只是在記事上，而不是在抒情上。《扶風歌》抒情的線索和主題是明晰的，不能認爲是「無次」。

「去家」以下八句是寫在窮林中的休憩，照應上文「繫馬」句。這八句可以從抒情和記事兩方面去理解。抒情仍然是抒發悲情，但悲中兼壯，悲壯結合，突出了本詩「善爲淒戾之詞，自有清拔之氣」（鍾嶸《詩品》）的悲壯格調。首先，「去家日已遠」一句相承着上文「顧瞻望宮闕」和「揮手長相謝」語意，表現的是對家國的悲思之情。全篇三申其意，表達了詩人懷念家國而「哀音無次」的紛亂心情。其次是對此行前程難卜的悲。詩人出任并州刺史時，并沒有足够的軍隊和充足的資糧，一路上召募流亡，纔得千餘人，且只有野菜充饑。這種情勢，詩人對前程怎能不憂慮滿懷？怎能不唱出「安知存與亡」的悲歌，以抒發對此去前程的憂慮？但詩人主要悲的是國事，所以悲中有壯。詩人在窮林中「慷慨」悲歌，抱膝「摧藏」（「摧藏」是悽愴之意）。「慷慨」兩句刻劃了詩人的形象，鮮明生動，與前文「左手」兩句相互配合補充，一個壯懷激烈，意緒悲涼的失路英雄的形象卓然顯現在讀者面前。

記事方面則主要是突出行程之艱難，但記事中有抒情。他們穿行的是窮林、高山，渺無人煙，只有野獸出沒。「遊」、「戲」兩字下得極有深意，一是以麋鹿和猿猴的優遊和快樂反襯詩人焦慮和悲哀的心情，意蘊深永。本來景物影響人的思想感情是古代詩人早就有的認識，陸機《文賦》說：「遵四時以嘆逝，瞻萬物而思紛；悲落葉於勁秋，喜柔條於芳春。」但是這還是所謂以樂景寫樂，以哀景寫哀。文學藝術家的感受往往有其獨特的地方，有時樂景反能引起人的哀情，而哀景有時又能引起人的樂情。王夫之說：「『昔我往矣，楊柳依依；今我來思，雨雪霏霏。』以樂景寫哀，以哀景寫樂，一倍增其哀樂。」（《薑齋詩話》卷上）很正確地道出了文學作品中景與情非但有人們通常認識到的相輔相成，而亦有相反相成的作用。《扶風歌》既有以哀景寫哀情的「烈烈悲風起，泠泠澗水流」，也有以樂景反襯哀情的「麋鹿遊我前，猿猴戲我側」。我們試想，詩人本自滿懷悽愴和悲哀，而禽獸無情，却偏在詩人面前遊戲玩耍，此情此景只能引起更強烈的悲情。另外，

扶風歌

這兩句的「遊」、「戲」二字還暗示了詩人所到之地的人煙荒涼。禽獸畏人，本是通常的情景，但此地的麋鹿、猿猴，非但不畏人逃避，反而旁若無人地在人前遊戲，則此地荒涼可知。詩人在赴并州路上的《請糧表》中說：「臣自涉州疆，目睹困乏，流移四散，十不存二。」本傳也說：「并土饑荒，百姓隨（司馬）騰南下，餘戶不滿二萬。」知此，則「麋鹿」二句就絕不僅是爲了收到倍增其哀的藝術效果的誇張，而是當時社會現實的實錄。我們從這兩句中似乎可以聽到「白骨露於野，千里無鷄鳴。生民百遺一，念之斷人腸」（曹操《蒿里行》）的悲哀的呼號！在如此荒無人煙之地，詩人只能以薇蕨充饑也就是情之必然了。

作爲一個愛國志士，詩人并未爲艱難困厄的環境所壓倒，反而更激發了他強烈的愛國熱情。「攬轡」兩句正是這種英雄氣概的體現，他們在休憩之後，又踏上了征程，并在「絕崖」中吟嘯以抒發悲憤壯烈的情懷。照應了前文「發軔」句。接下去六句用了兩個歷史典故。第一個是孔子在陳絕糧的故事，緊承上文「資糧」二句，用典貼切。這不僅是爲了堅定自己的愛國志向，也是激勵「徒侶」的愛國熱情，表示了詩人對前途的信心。第二個是用李陵的故事。歌頌了李陵的「忠信」（歷史上對李陵有不同的評價，這裏不論），批判了漢武帝的「不明」，表達了詩人對現實的憂慮。兩個典故看似矛盾，但細膩地表現了詩人內心的矛盾心情。

「我欲竟此曲」四句收束全篇，再次突出本詩的悲壯格調。「棄置勿重陳」，不是說不要「重陳」這首歌，而是不要「重陳」那些令人憂慮傷心的事，且把它們「棄置」一邊，眼下當務之急是奔赴前線，完成救國平亂的重任。悲哀的音調中，仍然顯現出詩人壯懷激烈的身影。

（韓傳達）

遊仙詩（其二）

郭璞

青溪千餘仞，中有一道士。雲生棟梁間，風出窗戶裏。借問此何誰，云是鬼谷子。翹跡企潁陽，臨河思洗耳。閶闔西南來，潛波渙鱗起。靈妃顧我笑，粲然啟玉齒。蹇修時不存，要之將誰使。

郭璞爲晉朝南渡之際的一位重要作家。他博學多才，訥於言論而妙於詞賦。他有遊仙詩十四首，文藻意象俱美，「彪炳可玩」，在淡乎寡味的玄言詩風行的當時，顯得不同一般，十分突出，是爲他詩歌的代表作。「青溪千餘仞」詩，爲其中第二首。全詩可分爲三段，前六句，中二句，後六句。每一段都提出了一個人物，或仙或隱，亦仙亦隱，作爲詩人所懷理想的象徵。

「青溪千餘仞，中有一道士。」「青溪」不是水名，是山名，指座落在荊州臨沮縣（今湖北省當陽縣西北）境內的青溪山。山名「青溪」，令人想見其泉水百注、草木豐茸的秀麗。高千餘仞，又極言山巒的高大深邃。郭璞到過臨沮，青溪風光給予他不能磨滅的印象。山東又有清泉，泉側有道士精舍，這尤其觸動了詩人欲高蹈棄世的情懷，在他眼中，這座精舍格外顯得美妙：「雲生梁棟間，風出窗戶裏。」風起雲湧，本是山間景致的一大特色，而今，雲氣乃蒸生於精舍的棟樑之間，嵐風也竟是由它的窗牖門戶中吹出來的，精舍便與四周的山水風光相溝通，融合爲一體了。風雲變幻，又常能給人以飄渺欲仙的感覺，精舍之間有雲生風起，使實在的屋宇也似着上了仙氣，虛幻活動起來。如此幽秀的風光，如此精美的屋宇，其中所棲息的是怎樣一種人物呢？「借問此何誰，云是鬼谷子。」據說，戰國時代有豪士王詡，隱於鬼谷，自號「鬼谷子」。因此「鬼谷子」又可作爲一般隱者的通稱。王詡是有名的縱橫家蘇秦和張儀的老師，極有學問，又富謀略，一些傳說便在他隱士的面目上又塗抹上一層「眞仙」色彩，於是成了位亦隱亦仙的人物。郭璞將這樣一位人物置於雄偉秀美兼而有之的青溪風光之背景前，熱情貫注地描繪了自己所憧憬的理想境界。然而，這一理想是遊仙？是隱遁？一時尚難以斷言。

「翹跡企潁陽，臨河思洗耳。」潁水，源出河南省登封縣西南，東南流入淮河。傳說遠古時候有高士許由，堯禪讓天下與他而不肯有，就隱遁在這潁水北岸。水北曰「陽」，潁陽之名，後來成了許由一流高士隱者的代稱。許由既遁去之後，堯又召他爲「九州長」，許由以爲「其言不善」，便洗耳於潁水之濱，以示決不能聽從。這「洗耳」之舉，以後也成爲隱者高尚行爲的一種指代和象徵。許由是傳說與歷史之中棄世最爲徹底乾淨的一位眞隱士，千百年來，一直備受人們歌頌。身處亂世的、或者懷才不遇的傳統知識分子，或少或多，都抱有着「高步追許由」的心思。在郭璞此首詩中，用了形象化的詩歌語言將這一意願表達得十分明確和強烈。他踮起脚來，企慕那不可企及的高尚形象；他又銘記住了「洗耳」的故事，走近河邊，便聯想到許由這一高潔的行爲。讀詩至此段，可知詩人確乎是一位有志於山林間棲隱者。

「閶闔西南來，潛波渙鱗起。」西方之風名閶闔風。風行水上，使原本沉靜的「潛波」，被吹起了層層的鱗紋。這個美麗的意象微妙地喚起了人們某種期待之感：也許，隨着這一點兒細小的變化，有某種極不平常的事物將要出現了。果然，「靈妃顧我笑，粲然啓玉齒。」風來波起，引出了一位絕美的神女。她從水中來，是水之神，也即是屈原《離騷》中所歌詠的洛水之神宓妃。女神顧視詩人而笑，似乎十分鍾情於他；而女神的美貌，在這啓齒一笑之中最充分地表現了出來。由齒之美讚人之美，是傳統詩歌藝術的一種古老手法。女神顧笑有情，詩人也有心交接，但是，「蹇修時不存，要之將誰使？」《離騷》已經提到了蹇修：「吾令豐隆乘雲兮，求宓妃之所在。解佩纕以結言兮，吾令蹇修以爲理。」可見蹇修是個善於爲媒的角色。只是因爲宓妃雖美卻驕傲無禮，這才使騷人後來放棄了她而改求別人。郭璞詩中活用了《離騷》的故事，說詩人之所以未能求得女神，是由於方今之時，找不到如蹇修那樣的好媒人，那麽，還有誰能够負起這一使命來呢？此一段，敍欲與神人交接而無由可達，棲隱之趣又渺，遊仙之味漸濃。

郭璞遊仙詩，歸趣究竟何在？在遊仙？還是在隱遁，而假遊仙之辭以委曲道出？抑或是同於魏晉之際阮籍的《詠懷》詩，將眞意隱在大量的比興和象徵的意象之後？確實，不論遊仙還是隱遁，都僅僅是它的表層結構，正如前人所言，郭璞是「亮節之士」，「遊仙詩假棲遁之言，而激烈悲憤，自在言外，乃知識曲宜聽其眞也」。因爲郭璞精通卜筮，《晉書》本傳記載有他許多的神機妙算，儼然是一位洞察天人之際的巫師。其實不然，郭璞衹是善於分析政治形勢，極聰慧有遠見的一位知識分子。他對於當時的社會現實看得透徹，抱着悲觀的批判的態度。他又以爲自己身處亂世，受制於人，將不免於患，因此否定朱門而嚮往山林。青溪在荆州，正爲大將軍王敦謀反，而郭璞極言成敗以勸之，終爲王敦忌殺之地；作「青溪千餘仞」詩時，詩人對於形勢的危亂不會沒有一點察覺。雖然詩心深隱，不得達詁，但是，無論遊仙求長生，還是棲隱求清靜，總之詩人渴望遠離這亂紛紛的人世，找到一片清靜的樂土是無疑的，然而，這條道路由於「蹇修時不存」而無法走通。籠罩全篇的便是這種渴望和渴望無法實現所造成的深深惆悵。

（陳蝶沁）

時運

陶淵明

時運，游暮春也。春服既成，景物斯和，偶影獨游，欣慨交心。

邁邁時運，穆穆良朝。襲我春服，薄言東郊。山滌餘靄，宇曖微霄。有風自南，翼彼新苗。

洋洋平澤，乃漱乃濯，邈邈遐景，載欣載矚。人亦有言，稱心易足。揮茲一觴，陶然自樂。

延目中流，悠想清沂。童冠齊業，閒詠以歸。我愛其靜，寤寐交揮。但恨殊世，邈不可追。

斯晨斯夕，言息其廬。花藥分列，林竹翳如。清琴橫牀，濁酒半壺。黃唐莫逮，慨獨在余。

《論語》裏記載，一次孔子和一羣門徒圍坐在一起，他讓各人說出自己的志向。最後一個是曾點，他說的是：「暮春者，春服既成，冠者五六人，童子六七人，浴乎沂，風乎舞雩，詠而歸。」意思是：在暮春的日子裏，天氣暖和得已經穿得住春裝了，和五六個成年的朋友一起，帶上六七個少年人，到曲阜南面的沂水裏入浴，再登上求雨的土壇，迎着春風的吹拂，然後一路唱着歌回家。這想象中和平安寧的景象，悠閑瀟灑的儀態，把向來嚴毅深沉、注重實際的老夫子也感動得喟然長嘆，說：「吾與點也。」後代關於修禊（三月三日遊於水邊以消除不祥）的詩文，常以此爲典。

東晉元興三年（四〇四），陶淵明四十歲，正閑居在家鄉潯陽柴桑（今江西九江）。暮春時節，按照當時盛行的修禊風俗出遊東郊，他想起曾點那一番話，寫下了這首記遊的《時運》。詩形式上模倣《詩經》，爲四言體，摘首句中二字爲題。詩前有序，點明全篇的宗旨，其作用與格式也都和《詩經》各篇前的小序相同。本來，《詩經》以後，四言詩體已漸趨消歇。這是因爲較之新起的五言詩來，其節奏顯得單調，而且爲了湊足音節，常需添加無實義的語詞。但大家自有妙手。再則陶詩喜歡追求平和閒遠、質樸清淡的情調，節奏簡單而平穩的四言體却別有相宜之處。陶集中現存的四言詩爲數不算少，或許與此有關吧。

本詩小序的大意是：暮春時節，景物融和，獨自出遊，唯有身影相伴，欣喜感慨，交雜於心。全詩四章，恰是前二章說欣喜之情，後二章敍感傷之意。

先說一二兩章。第一章前四句中，「時運」謂四時運轉；「襲」謂取用、穿上；「薄言」是倣《詩經》中常用的語詞，無實義。這四句意思很簡單，用五言詩寫兩句也够了：時運値良朝，春服出東郊。但詩歌語言幷非唯有簡練才好，而必須服從特定的抒情要求。下筆緩緩四句，正寫出詩人悠然自得、隨心適意的情懷。開頭「邁邁」、「穆穆」兩個叠詞，聲調悠長，也有助於造成平緩的節奏。而且「邁邁」形容時間一步一步地推進，「穆穆」形容春色溫和寧靜，都排除了激盪、強烈的因素，似乎整個時空和詩人的意緒有着同樣的韻律。後四句寫郊外所見景色：山峯滌除了最後一點雲霧，露出清朗秀麗的面貌；天宇輕籠着一層若有若無的淡淡雲氣，顯得格外高遠縹緲；南風吹來，把蹤跡留在一大片正在抽發的綠苗上，那此禾苗歡欣鼓舞，像鳥兒掀動着翅膀。這些寫景的句子從簡樸中顯出精巧，似漫不在意，却恰到好處。同時這開闊的畫面，又是詩人精神世界的象徵。它廣大、明朗、平和、歡欣。

第二章轉筆來寫自己在水邊的遊賞，這情趣和《論語》中說的「浴乎沂，風乎舞雩」相似。「洋洋平澤」，是說水勢浩大而湖面平坦，詩人就在這湖邊洗濯着（這裏「漱」也是洗滌之意）；「邈邈遠景」，是說遠處的景色遼闊而迷濛，它引人矚目，令人欣喜。這四句中寫動作的兩句很簡單，其實就是四個動詞。「乃」和「載」都沒有實義，主要起湊足音節、調和聲調的作用。寫景的兩句也很虛，不能使讀者切實地把握它。但實際的效果如何呢？那洋洋的水面和邈邈的遠景融爲一氣，展示着大自然浩渺無涯、包容一切的寬廣。詩人在湖中洗濯，在水邊遠望，精神隨着目光延展、彌漫，他似乎和自然化成了一個整體。這四句原是要傳布一種完整而不可言狀的感受、氣氛，倘若某一處出現鮮明的線條和色塊，就把一切都破壞了。後四句是由此而生的感想：人們不是這樣說嗎？凡事祇求符合自己的本願，不爲世間的榮利所驅使，人生原是容易滿足的。舉起酒杯一飲而盡，在朦朧醉意之中，我就自得其樂。

以上是說暮春之遊在自然中得到的欣喜。陶淵明熱愛自然，這是人所皆知的。他病重時寫給幾個兒子的遺書中，還言及自己「見樹木交蔭，時鳥變聲，亦復歡然有喜」。不過，陶淵明之熱愛自然，內中還深含着一層人生哲理。在他看來，多數人由於違背了人的自然本性，追逐無止境的欲望，於是虛僞矯飾，傾軋競爭，得則喜，失則憂，人生就在這裏產生了缺損和痛苦。而大自然却是自在自足不外求的，它無意識地循着自身的規律運轉變化，沒有欲望，沒有目的，因而自然是充實自由的，無缺損的。人倘能使自己化同於自然，就能克服痛苦，使人生得到最高的實現。這樣再來看前二章，也許可以體會得更深一些。

那麼，陶淵明爲什麼又「欣慨交心」，還有一種感傷呢？說到底，人終究不能完全脫離社會，還是面對着自然生活——哪怕是做了隱士。就在陶淵明寫作《時運》詩的前一年（元興二年）冬，軍閥桓玄纂晉自立，國號楚，并把晉安帝貶爲平固王，遷往自己的根據地江州，安置在潯陽。不久另一名軍閥劉裕（後來的宋武帝）以復晉爲旗幟，起兵討伐桓玄。元興三年自春至夏，兩軍在潯陽一帶反覆拉鋸，戰爭異常激烈。這動盪不寧、惡濁昏暗的社會現實，與陶淵明筆下溫和平靜的自然，恰成爲反面的對照。它不能不在詩人的心中投下濃重的陰影。三四兩章傷今懷古的感嘆，正是以此爲背景的。

第三章前四句，寫自己目光投注在湖中的水波上，遙想起《論語》中曾點所描敘的那一幅圖景：少長相雜的一羣人，習完了各自的課業，無所憂慮、興味十足地遊於沂水之濱，然後悠閑地唱着歌回家。需補充說明的是，這裏面包含着雙重意義：一方面是個人的平靜悠閑，一方面是社會的和平安寧。這本是曾點（包括孔子）所嚮往的理想境界，但陶淵明把它當作實有之事，以寄託自己的感慨。他的周圍，是一個喧囂激盪的流血世界；他自己，進不能實現濟世之志，退又不能眞做到超然物外。而且他是孤獨的，小序中說「偶影獨遊」，正與曾點所說「冠者五六人，童子六七人」相對照。他不能不感傷。下面說：「我愛其靜，寤寐交揮。」用一個「靜」字總括曾點所敍，幷表示對此時刻嚮往，不能自已（「交揮」猶言「迭起」），因爲那種社會的安寧與人心的平和，是他所處的世界中最爲缺乏的；那種朋友們相融無間、淡然神會的交往，又是他最爲渴望的。最後兩句說：遺憾的是那個時代與自己遙相懸隔，無法追及。這實際是說，他所嚮往的一切不可能在現實中出現。

第四章所敍，是遊春後回到居所的情景。開頭兩句，寫經過自晨至夕的流連，又回到家中。接着四句描摹庭園景色和室內陳設。這裏表面上沒有寫主人的活動，但我們的目光跟着詩篇取景的鏡頭，看到分列小徑兩旁的花卉藥草，交相掩蔽的綠樹青竹，牀頭一張古琴、半壺濁酒，不是清楚地感受到一種清靜的氣氛和主人清高孤傲的情懷了嗎？第二章出現過的、使詩人「陶然自樂」的酒，在這裏重又出現了，不過它現在似乎更帶有憂傷的色彩。酒中的陶淵明到底是快樂的還是憂傷的呢？恐怕他自己也說不清。後面「黃唐」指傳說中的黃帝、唐堯，據說他們統治的遠古時代，社會太平、人心淳樸。但是「黃唐莫逮」，這個時代自己已經無法追趕了，「慨獨在余」，我衹能一個人獨自感嘆傷懷。最後這兩句的意思和第三章結尾兩句差不多，不過是換了一個寄託感慨的對象，把傷今懷古的情緒回復加強了一番。但懷古幷非陶淵明眞正的目的。他衹是藉對古人的追慕表達對現實的厭惡，對一種空想的完美境界的嚮往，這和《桃花源記》實質上是共通的。

這首詩表現的情緒、蘊含的內容是複雜而深厚的。詩人從寄情自然中獲得欣慰，但仍不能懷忘世情，擺脫現實的壓迫；他幻想一個太平社會，一個靈魂沒有負荷的世界，却又明知道不可能得到。所以說到底他還是痛苦的。但無論是歡欣還是痛苦，詩中表現得都很平淡，語言也毫無着意雕飾之處。陶淵明追求的人格，是眞誠沖和，不喜不懼；所追求的社會，是各得其所，怡然自樂，因而在他的詩歌中，就形成了一種清淡自然，平和閑遠的獨特風格。任何過於誇張，過於強烈的表現，都會破壞這種純和的美，這是陶淵明所不取的。

（駱玉明）

答龐參軍

陶淵明

相知何必舊，傾蓋定前言。有客賞我趣，每每顧林園。談諧無俗調，所說聖人篇。或有數斗酒，閑飲自歡然。我實幽居士，無復東西緣。物新人惟舊，弱毫多所宣。情通萬里外，形跡滯江山。君其愛體素，來會在何年？

陶淵明其人其詩，一言以蔽之，曰：率眞。這裏所錄五言《答龐參軍》就是一篇情眞、意眞、語眞的佳作。

所謂「情眞」，是指詩中表現了對龐參軍的眞摯友情。詩前有序云：「三復來貺，欲罷不能。自爾鄰曲，冬春再交；款然良對，忽成舊遊。俗諺云『數面成親舊』，況情過此者乎？人事好乖，便當語離，楊公所嘆，豈惟常悲。吾抱疾多年，不復爲文，本既不豐；復老病繼之。輒依《周禮》往復之義，且爲別後相思之資。」序文質樸，而情意纏綿，同樣表現出對龐參軍的深情厚誼。龐參軍是何許人？從這序與詩以及作者另一篇四言《答龐參軍》詩幷序，我們可以推知，他是陶淵明新交的朋友。他們在江州（今江西九江）曾經

答龐參軍

是鄰居，時有詩酒往來，遂結爲契友。不久，兩人便分手，龐參軍離開了江州。龐參軍是衛軍參軍。江州刺史王宏於宋永初三年（四二二）進號衛將軍，所謂衛軍參軍當是王宏的參軍。據王瑤先生考證：景平元年（四二三），龐參軍於春日奉王宏之命使江陵（今湖北江陵），又奉宜都王（宋文帝時爲宜都王，以荆州刺史鎮江陵）命於冬日由江陵使上京（今江蘇南京），路經潯陽，同陶淵明再遇（見《陶淵明集》）。四言答詩寫的是重逢之際的情景，這首五言答詩則是寫初別之後的相思。從序文「自爾鄰曲，冬春再交」可知，他們的交往最多不超過一年之久，但是交情之深却勝於「親舊」。古諺有云：「白頭如新，傾蓋如故。」（《史記·郡陽傳》）意思說，如不能相知，雖相交至白頭，也如同新相識；如能相知，雖途中傾蓋相接暫駐而語，也如同舊相識。陶詩「相知何必舊，傾蓋定前言」，正是化用這個諺語，來表現他們一見如故的交情。序文說：「款然良對，忽成舊遊。俗諺云『數面成親舊』，況情過於此者乎？」誠摯的交談，很快就成了老朋友，其情勝於俗語所說的「數面成親舊」。這些話補足了新交成故交的意思。人之相與，貴在相知，知交之情，貴在率眞。陶淵明同龐參軍之所以能新識如舊識，新交如故交，就在於彼此間交流着一片眞情。交情深則離情長。龐參軍奉命奔赴江陵，判袂之際，便攬起浩蕩離愁。《淮南子·說林訓》云「楊子見逵路而哭之」，高誘註說「憫其別也」。楊朱因傷別而哭逵路，引起淵明的共鳴。序中所說「人事好乖，便當語離，楊公所嘆，豈惟常悲」，其傷別之情有過於楊公（朱）。四言答詩寫送龐參軍赴上京時，也流露出這種感情：「嘉遊未斁，誓將離分；送爾於路，銜觴無欣。」也是一片眞情。離別之情長則相思之情切。「情通萬里外，形跡滯江山。君其愛體素，來會在何年！」思念之情通於萬里之外，身居兩地阻滯萬重江山。江陵到潯陽，滾滾長江，牽動着兩人的相思之情。別易會難，在無可奈何之中，淵明一方面勸說龐參軍保重身體，一方面希望能有機會重逢。（果然，天賜良機，這年冬天，在「霰雪飄零」的時候，他們重逢了。）這都說明相思之切。詩序說他已抱病多年，身體羸弱，久不爲文作詩，但是他還是依《禮記·曲禮》「往而不來，非禮也；來而不往，亦非禮也」這「禮尚往來」之義，寫了這首酬答詩，「且爲別後相思之資。」可見這首詩的寫作，主要是爲了表現深切的相思之情。也是一片眞情。寫初交。寫離別，寫相思，都是一片眞情。是謂「情眞」。

所謂「意眞」，是指陶淵明解綬歸田的行動體現了他的眞實思想。如前所述，龐參軍是江州刺史王宏的參軍，陶淵明同龐參軍的來往，與王宏是否有關係呢？蕭統《陶淵明傳》云：「江州刺史王宏欲識之，不能致也。陶淵明嘗往廬山，宏命淵明故人龐通之賫酒縣，於半道栗里之間邀之。」又傳有王宏派白衣人送酒飲淵明的故事。這都說明王宏曾招邀淵明。有人疑心淵明故人龐通之，就是陶集中《怨詩楚調示龐主簿鄧治中》裏的龐主簿（遵）；有人甚至疑心龐主簿（遵）也就是龐參軍。一般都認爲龐主簿是舊交，龐參軍是新知，各如其分，不是一人。在未有足够材料證明二龐是一人時，我們還是作二人看爲宜。但是，從陶淵明答龐參軍的詩中，我們可以看出，他同龐的交談中，曾涉及進退出處的問題。淵明不爲五斗米折腰向鄉里小人。他反對的是世俗小人，但他不反對周孔聖賢，所以曾說：「潛也何敢望賢，志不及也。」（蕭統《陶淵明傳》）他并不是渾身「靜穆」，也有「金剛怒目」的一面（魯迅《題未定草》）。明乎此，他對龐參軍「談諧無俗調，所說聖人篇」，採取肯定的態度，便可以理解了。我們可以這樣推斷，龐參軍可能拿「聖人」的大道理來勸淵明重返仕途。但是陶未予理會，說：「或有數斗酒，閑飲自歡然。」衹是飲酒，不談仕宦，并且明確地回答：「我實幽居士，無復東西緣。」意思說，我實在是幽居之士，不再爲利祿去奔波了。《禮記·檀弓上》載孔子語：「今丘也，東西南北之人也，不可以弗識也。」註云：「東西南北，言居無定處也。」後人借「東西南北」指在外漂泊，奔波利祿。如高適《人日寄杜二拾遺》所說：「龍鍾還忝二千石，愧爾東西南北人。」淵明所謂「無復東西緣」，當是指不能像孔子東西南北漂泊，也不能爲利祿奔波，自甘當個隱士。在四言答詩中，似乎又強調了這一層意思：「衡門之下，有琴有書。載彈載詠，爰得我娛。豈無他好，樂是幽居。朝爲灌園，夕偃蓬廬。」在這詩背後，我們彷彿又感到龐參軍赴上京經潯陽時再次勸淵明出仕，所以以此回答，并在詩的末尾反過來勸龐：「勗哉征人，在始思終；敬茲良辰，以保爾躬。」他的歸隱，是眞隱。宋朱熹說：「晉、宋人物，雖曰尙清高，然個個要官職，這邊一面清談，那邊一面招權納貨。陶淵明眞個能不要，此所以高於晉、宋人物。」（清陶澍《靖節先生集》「評陶匯集」）他雖然不是渾身「靜穆」，也不非聖賢薄周孔，但他歸隱之舉是眞的，歸隱之心是眞的，詩中所表現的歸隱之意是眞的。是謂「意眞」。

所謂「語眞」，是指他的詩語言眞淳自然。淵明的詩表現的是眞情眞意，眞正是書寫胸中所欲言。宋葉夢得《玉澗雜書》云：「陶淵明眞是傾倒所有，借書於手，初不自知爲語言文字也，此其所以不可及。」想什麼說什麼。不加藻飾，而自然成文。所以讀來「不自知爲語言文字」。全詩平平說來，不堆砌典故，不矯揉造作，近於家常話、口頭語，刊落鉛華，自然成趣。像「有客賞我趣，每每顧林園」，寫龐參軍對他的生活情趣的贊許和對他的園林居處的過訪，語言自然，詩意深厚。正如黃庭堅所說：「至於淵明，則所謂不煩繩削而自合者。」不用規矩而自成方圓，如果不是駕馭語言的高手，是不可能達到這種境地的。元好問《論詩絕句》評陶詩云：「一語天然萬古新，豪華落盡見眞淳。」用以評這首詩的語言也是很恰當的，這詩的語言的確質樸而眞淳。是謂「語眞」。

情眞、意眞、語眞，構成了這詩的眞境界。「眞」，可以說是這首詩的靈魂。

（林東海）

歸園田居五首

陶淵明

其一

少無適俗韻，性本愛丘山。誤落塵網中，一去三十年。羈鳥戀舊林，池魚思故淵。開荒南野際，守拙歸園田。方宅十餘畝，草屋八九間。榆柳蔭後簷，桃李羅堂前。曖曖遠人村，依依墟里煙。狗吠深巷中，雞鳴桑樹巔。戶庭無塵雜，虛室有餘閒。久在樊籠裏，復得返自然。

其二

野外罕人事，窮巷寡輪鞅。白日掩荆扉，對酒絕塵想。時復墟里人，披草共來往。相見無雜言，但道桑麻長。桑麻日已長，我土日已廣。常恐霜霰至，零落同草莽。

其三

種豆南山下，草盛豆苗稀。晨興理荒穢，帶月荷鋤歸。道狹草木長，夕露沾我衣。沾衣不足惜，但使願無違。

其四

久去山澤遊，浪莽林野娛。試攜子姪輩，披榛步荒墟。徘徊丘壠間，依依昔人居。井竈有遺處，桑竹殘朽株。借問採薪者，此人皆焉如？薪者向我言，死沒無復餘。一世異朝市，此語真不虛。人生似幻化，終當歸空無。

其五

悵恨獨策還，崎嶇歷榛曲。山澗清且淺，遇以濯吾足。漉我新熟酒，隻鷄招近局。日入室中闇，荆薪氏明燭。歡來苦夕短，已復至天旭。

晉義熙二年，亦即淵明辭去彭澤令後的次年，詩人寫下了《歸園田居》五首著名詩篇。這是詩人辭舊我的別詞，迎新我的頌歌。它所反映的深刻思想變化，它所表現的精湛圓熟的藝術技巧，不僅爲歷來研究陶淵明的學者所重視，也使廣大陶詩愛好者爲之傾倒。

《歸園田居》五首是一個不可分割的有機整體。其所以是如此，不僅在於五首詩分別從辭官場、聚親朋、樂農事、訪故舊、歡夜飲幾個側面描繪了詩人豐富充實的隱居生活，更重要的是，就其所抒發的感情而言，是以質性自然、樂在其中的情趣來貫穿這一組詩篇的。詩中雖有感情的動盪、轉折，但那種歡愉、達觀的明朗色彩是輝映全篇的。

有的論者很樂於稱道淵明胸中的「無一點黏着」，其實，「黏着」還是有的。即以淵明辭官之際寫下的《歸去來兮辭》而論，不也還有「奚惆悵而獨悲」之句嗎？就是說，他心中總還難免有一絲惆悵之感的。眞正純淨的靈魂不會是與生俱來的（儘管詩人一再宣稱他「少無適俗韻，性本愛丘山」），而是在不斷地濾除思想雜質的過程中逐漸變得澄澈的。

正如一個人不願觸及心中的隱痛那樣，詩人在《歸園田居》中也很不願意提及剛剛從其中拔脫的汚穢官場。「誤落塵網中」，就很有點引咎自責的遺憾意味。而「一去三十年」，則不是幾次出仕時間的累計，而是在對自己整個前半生的搖擺、癡迷表示深沉的懺悔。然而，今天畢竟如願以償了，此刻的心情也就豁然、釋然了。

「方宅十餘畝，草屋八九間。」其中洋溢着一種故園依舊、「吾愛吾廬」的一往深情。「榆柳蔭後簷，桃李羅堂前。」簷後榆柳樹影婆娑，濃蔭匝地，習習清風平息了詩人心中的焦慮。眼前桃李花榮實繁，弄姿堂前，喚起詩人心中多少歡欣。詩人在同無知的草木交流着感情。極目遠眺，炊煙融入暮靄，側耳諦聽，依稀聽得犬吠鷄鳴。眼前堆案盈几的文牘案卷不見了，代之以心愛的「清琴」、「異書」。嵇康把「人間多事，堆案盈几」，「賓客盈坐，鳴聲聒耳，囂塵臭處，千變百伎」（《與山巨源絕交書》）視爲不堪爲官的理由。詩人在這裏，也似在有意無意之間地用了「塵雜」這個字眼。他告訴我們，從前苦於應對「塵網」的一切，都沒有、也不會再有了。從這個意義上說，確有點兒「虛室」之感；但虛中有實，他重新開始了完全由自己來安排、支配的生活。

「久在樊籠裏，復得返自然。」「久」與「三十年」相映，「樊籠」與「塵網」相映，「自然」與「性」相映，而以一「返」字點明了「魂兮歸來」的樂趣。是的，官場消蝕了自己的半生，玷污了自己的「清節」，而今天，苦盡甘來，詩人終於得到了欣慰的補償。

「野外罕人事，窮巷寡輪鞅。」我看這兩句都應該倒過來理解：「爲了罕見人事，我才來到野外，爲着免於酬酢，我才住進了僻巷」。須知，這不是客觀的敍述，而是主觀的選擇啊。詩人從官場退居到「野外」，從「野外」退處到「窮巷」，「白日掩荊扉」，又冥坐室中，「對酒絕塵想」。層層防範，躲避塵世唯恐不遠，屏絕交遊唯恐不及，摒棄俗慮唯恐不盡。詩人是不是太孤寂了，以至有些不近人情呢？不，詩人彷彿要有意消除人們這種錯覺，而爲我們展開了自己的生活和精神世界：

「時復墟里人，披草共來往。」他雖無「三徑」之設，却自有同道頻繁來往。「相見無雜言，但道桑麻長。」他們共有一個心愛的話題。

鄉間的生活是簡樸甚至貧困的，清靜甚至寂寞的。但是，也正是這樣的環境，使人們獲得了共同的語言，培育起一種樸質真摯的感情。「聞多素心人，樂與數晨夕。」（《移居》）詩人不惜一身清苦，兒輩「幼而饑寒」（《與子儼等疏》），而孜孜以求的，正是這種天地間的真情。

新的生活要從以躬耕洗雪身陷宦海的恥辱開始。也許是官身束縛，體質有所下降的緣故，也許是久別田園，農藝有些荒疏了吧，「草盛豆苗稀」，耕耘欠佳。這裏流露出來的是一種自慚、自勉之情。「晨興理荒穢，帶月荷鋤歸。」僅從時間上看，也可見詩人決心之大，用力之勤。他清除「荒穢」，也是清除心中的雜念，除去了雜草，心中也就寬慰了一些，見出我還是那個「性本愛丘山」的我，還是那個樂於爲農，也能夠爲農的我。荷鋤夜歸，心情傲然，舉頭仰望，皓月當空，詩人很像一個凱旋的士兵。辛苦是有的，但正是這辛苦的勞作使他獲得了心靈的極大滿足。

詩的第四首同第五首實際是一首詩的前後兩個部分。詩人懷着意滿志得，甚至是帶點炫耀的心情造訪故友。子姪與俱，笑語不斷，披榛尋徑，健步而前。他要同故友共憶曩時歲月，向他們傾訴心曲，同他們暢飲幾杯……然而，展現在他眼前的，是「井竈有遺處，桑竹殘朽株」的殘破景象，聽到的是故友「死沒無復餘」的噩耗。一向通達的詩人也不禁陷入了「人生似幻化，終當歸空無」的深沉哀傷之中。

所以，第五首寫歸來，「悵恨獨策還」，雖仍有子侄跟隨，詩人却不願多言，形同孤雁，踽踽「獨」行；「崎嶇歷榛曲」，一任小徑上的灌木叢牽掣他的衣衫。詩人「悵恨」什麼呢？惆悵的是人生必然的幻化，惱恨的是自己的不悟。如果早離官場，多同故友相聚些時日，不就實際上最大限度地推遲了這一悲劇的降臨？

那麼，詩人又是如何從這種悵恨的心情中解脫出來的呢？

——「山澗清且淺，遇以濯我足。」

也許是因爲訪友不得的餘哀，也許是因爲旅途的困頓勞乏，詩人在溪澗邊坐下來小憩片刻。這溪水清澈見底，直視無礙；濯足水中，頓時，一股涼意流遍全身，也使他從紛繁的思緒中清醒過來。他彷彿又從悲哀的幻夢中回到了現實中來。我不是到底歸來了麼？「悟已往之不諫，知來者之可追。」（《歸去來兮辭》）人生固然短暫，我不是還有所餘無多的寶貴時日？昔人固已凋零，我不是還有許多「披草共來往」的友人？

從「漉我新熟酒，隻鷄招近局」來看，詩人顯然已經抹去了籠罩心頭的不快的陰雲。酒以陳爲美，而「新熟酒」一詞，一是說明家無餘財，二也在點明詩人此刻「渴酒如狂」的迫切心情。這不禁使我見起詩人所著《晉故征西大將軍孟府君傳》一文中那段有趣的對答：

（桓）溫嘗問君（孟嘉）：「酒有何好，而卿嗜之？」君笑而答曰：「明公但不得酒中趣爾。」

如果我們此刻問淵明：「酒有何好，而卿嗜之？」想來他也定會回答我們「但不得酒中趣爾」。是啊，這「酒中趣」太豐富、太玄妙了：它消除了詩人一天的疲勞；它排解了訪友不得的餘哀；它使詩人感受到了生活的眞趣；使詩人重又樂觀起來，達觀起來；它也加深了詩人同鄰居的理解和感情。主客俱歡，頻頻舉觴；暮色降臨，詩人胡亂燃起荊柴，學一個「秉燭夜遊」滿屋煙火之氣不僅不使人感到窮酸，反而憑添了熱烈親切的氣氛。什麼人生如寄之悲，什麼故舊凋零之嘆，一霎時都悄悄地消融在這人生眞諦的通達領悟之中了。

「歡來苦夕短，已復至天旭。」新的一天開始了，而剛剛開始的新生活不也正如這旭日一般燦爛？這兩句是全詩傳神的點睛，是樂章的主旋律，是生活的最強音。

通觀五首，官場污穢，而終獲補償的欣慰；生活貧困，却有親朋的摯情；農事辛苦，而得心靈的滿足；人生短暫，乃有人生眞諦的徹悟。眞個是「何陋之有」！這樣，詩人就把整個隱居生活，不，整個人生的樂趣，包容到他渾涵汪洋的詩情中去了。這是一種高度的概括，也是一種深刻的揭示。正是在這種同污穢現實截然對立的意義上，《歸園田居》達到了完美和諧的藝術意境，開拓出一片「浩浩落落」的精神世界。

詩人的一生并非一帆風順，他的心中也不是消弭了一切矛盾的靜穆世界。詩人的可貴之處在於，在與世俗社會相對立的理想田園世界中，他終於發現了自己人格的尊嚴，朋友的摯情，無地位尊卑、無貧富懸殊差別的人際關係，無爾虞我詐、相互傾軋的人生理想。這是陶詩思想意義的集中反映，也是陶詩平實、質樸、清新、自然風格的源泉。

他描繪的是常景。茅舍草屋、榆柳桃李、南山原野、犬吠鷄鳴，這些在高貴的世族文人看來，也許是難登大雅的，詩人却發現了蘊含其中的樸質、和諧、充滿自然本色情趣的眞美。

他抒發的是眞情。他不是以鑒賞者那種搜奇獵異、見異思遷、短暫浮泛的感情去玩賞，而是以一種鄉土之思去體察、去頌贊。所以，他的感情執著、渾厚、廣闊、專注。周圍的一切都是他生活中無言的伴侶，啓動他心靈深處的共鳴。

他闡釋的是至理。他理解到的，就是他付諸實施的。他耿直，不孤介；他隨和，不趨俗。他從不炫耀，也無須掩飾。辭官場不慕清高，本「性」難易也；樂躬耕爲的使心「願無違」；避交遊祇圖「棄絕塵想」；悲人生，因爲他留戀這短暫、充實的生活。「著文章自娛，頗示己志。」（《五柳先生傳》）我寫我心，僅此足矣。

他揀選的是「易」字。

「方宅十餘畝，草屋八九間。」枯燥的數字一經他化入詩中，就被賦予無限活潑的生命力。一般地說，計數不確是鄉里人的一種習慣；特殊地說，它不也正表現出詩人辭官以後那心境的閑適澹泊？

「曖曖遠人村，依依墟里煙。」遠村隱約迷茫，而詩人久久地佇立凝望，不正見出那心理上的切近？炊煙裊裊，天宇蒼茫，這同詩人大解脫之後那種寬敞的心境是多麼和諧。王維也很企慕這種意境，《輞川閑居贈裴秀才迪》詩云：「渡頭餘落日，墟里上孤煙。」惜乎刻意的觀察終不及淵明無意中的感受，斟酌的字眼兒也有遜於淵明用字的渾樸天然。

「山澗清且淺，遇以濯吾足。」詞因景設，意隨詞轉，暗暗傳出心境的微妙變化，大匠運斤，不見斧鑿之痕，足當「行雲流水」之譽。

「漉我新熟酒，隻鷄招近局。」這一「招」多麼傳神！足不出戶，隔牆一呼，而知鄰居必不見怪，招之即來。相形之下，反覺「故人具鷄黍，邀我至田家。」（孟浩然《過故人莊》）之爲繁縟了。

它如：

「羈鳥戀舊林，池魚思故淵」之喻，何等靈動貼切。

至若「桑麻日已長，我土日已廣。常恐霜霰至，零落同草莽」；「種豆南山下，草盛豆苗稀。晨興理荒穢，帶月荷鋤歸」；「人生似幻化，終當歸空無」諸句，風韻天然，如謠似諺，幾與口語無異。

劉勰《文心雕龍·練字》云：「自晉來用字，率從簡單，時幷習易，人誰取難。」但眞正練易字而臻於化境者，其唯淵明乎！

常景、眞情、至理、易字，這就是淵明的藝術情趣，這就是淵明一生的藝術寫照。

（徐克強）

移居（其二）

陶淵明

春秋多佳日，登高賦新詩，過門更相呼，有酒斟酌之。農務各自歸，閑暇輒相思。相思則披衣，言笑無厭時。此理將不勝，無為忽去茲。衣食當須紀，力耕不吾欺。

前人評陶，統歸於平淡，又謂「凡作清淡古詩，須有沉至之語，樸實之理，以爲文骨，乃可不朽」（施補華《峴傭說詩》）。陶淵明生於玄言詩盛行百年之久的東晉時代，「理過其辭，淡乎寡味」乃詩壇風尚，故以理爲骨、臻於平淡皆不爲難，其可貴處倒在淡而不枯，質而實綺，能在眞率曠達的情意中化入淵深樸茂的哲理，從田園耕鑿的憂勤裏討出人生天然的樂趣。試讀陶詩《移居》其二，即可知此意。

陶淵明於義熙元年棄彭澤令返回柴桑里，四年後舊宅遇火。義熙七年遷至南里之南村，是年四十七歲。《移居》作於搬家後不久，詩共二首，均寫與南村鄰人交往過從之樂，又各有側重。其一謂新居雖然破舊低矮，但南村多有心地淡泊之人，因此頗以能和他們共度晨夕、談古論今爲樂。其二寫移居之後，與鄰人融洽相處，忙時各紀衣食、勤力耕作，閑時隨意來往、言笑無厭的興味。全詩以自在之筆寫自得之樂，將日常生活中鄰里過從的瑣碎情事串成一片行雲流水。首二句「春秋多佳日，登高賦新詩」，暗承第一首結尾「奇文共欣賞，疑義相與析」而來，篇斷意連，接得巧妙自然。此處以「春秋」二字發端，概括全篇，說明詩中所敍幷非「發眞趣於偶爾」（《四溟詩話》），而是一年四季生活中常有的樂趣。每遇風和日麗的春天或天高雲淡的秋

移居（其二）

日，登高賦詩，一快胸襟，歷來爲文人引爲風雅逸事。對陶淵明來說，在柴桑火災之後，新遷南村，有此登臨勝地，更覺欣慰自得。登高不僅是在春秋佳日，還必須是在農務暇日，春種秋獲，正是大忙季節，忙裏偷閑，登高賦詩，個中趣味決非整天悠哉游哉的士大夫所能領略，何況還有同村的「素心人」可與共賞新詩呢？所以士大夫常有的雅興，在此詩中便有不同尋常的意義。這兩句用意頗深却如不經意道出，雖無一字刻畫景物，而風光之清靡高爽，足堪玩賞，詩人之神情超曠，也如在目前。

移居南村除有登高賦詩之樂以外，更有與鄰人過從招飲之樂：「過門更相呼，有酒斟酌之。」這兩句與前事并不連屬，但若作斟酒品詩理解，四句之間又似可承接。過門輒呼，無須士大夫之間拜會邀請的虛禮，態度村野更覺來往的隨便。大呼小叫，毫不顧忌言談舉止的風度，語氣粗樸反見情意的眞率。「相呼」之意可能是指鄰人有酒，特意過門招飲詩人；也可能是詩人有酒招飲鄰人，或鄰人時來串門，恰遇詩人有酒便一起斟酌，共賞新詩。杜甫說：「肯與鄰翁相對飲，隔籬呼取盡餘杯。」（《客至》）「叫婦開大瓶，盆中爲吾取。……指揮過無禮，未覺村野醜。」（《遭田父泥飲》）諸般境界，在陶詩這兩句中皆可體味，所以愈覺含蓄不盡。

當然，人們也不是終日飲酒遊樂，平時各自忙於農務，有閑時聚在一起才覺得興味無窮：「農務各自歸，閑暇輒相思。相思則披衣，言笑無厭時。」有酒便互相招飲，有事則各自歸去，在這個小小的南村，人與人的關係何等實在，何等眞誠！「各自歸」本來指農忙時各自在家耕作，但又與上句飲酒之事字面相連，句意相屬，給人以酒後散去、自忙農務的印象。這就像前四句一樣，利用句子之間若有若無的連貫，從時間的先後承續以及詩意的內在聯繫兩方面，輕巧自如地將日常生活中常見的瑣事融成了整體。這句既頂住上句招飲之事，又引出下句相思之情。忙時歸去，閑時相思，相思復又聚首，似與過門相呼意義重複，造成一個回環，「相思則披衣」又有意用民歌常見的頂針格，強調了這一重複，使筆意由於音節的復沓而更加流暢自如。這種往復不已的章法在漢詩中較常見，如「蘇武詩」、古詩「西北有高樓」、「行行重行行」等，多因重疊回環、曲盡其情而具有一唱三嘆的韻味。陶淵明不用章法的複疊，而僅憑意思的回環形成往復不已的情韻，正是其取法漢人而又富有獨創之處。何況此處還不是簡單的重複，而是詩意的深化。過門招飲，僅見其情意的眞率，閑時相思，才見其友情的深摯。披衣而起，可見即使已經睡下，也無礙於隨時相招，相見之後，談笑起來沒完沒了，又使詩意更進一層。如果說過門輒呼是從地鄰關係表明詩人與村人的來往無須受虛禮的限制，那麼披衣而起、言笑無厭則表明他們的相聚在時間上也不受俗態的拘束。所以，將詩人與鄰人之間純樸的情誼寫到極至，也就將摒絶虛僞和矯飾的自然之樂傾瀉無餘。此際詩情已達高潮，再引出「此理將不勝，無爲忽去兹」的感嘆，便極其自然了：這種樂趣豈不比什麼都美嗎？不要匆匆離開此地吧！這兩句扣住移居的題目，寫出在此久居的願望，也是對上文所述過從之樂的總結。不言「此樂」，而說「此理」，是因爲樂中有理，由任情適意的樂趣中悟出了任自然的生活哲理比一切都高。從表面上看，這種快然自足的樂趣所體現的自然之理與東晉一般貴族士大夫的玄學自然觀沒有什麼兩樣。王羲之在《蘭亭集序》中說：「夫人之相與，俯仰一世，或取諸懷抱，晤言一室之內；或因寄所託，放浪形骸之外。雖趣捨萬殊，靜躁不同，當其欣於所遇，暫得於己，快然自足，曾不知老之將至。」似乎也可以用來解釋陶淵明《移居》其二中的眞趣所在。但同是「人之相與」、「欣於所遇」之樂，其實質內容和表現方式大不相同。東晉士族自恃門閥高貴，社會地位優越，每日服食養生，清談玄理，宴集聚會所相與之人，都是貴族世家，一時名流；遊山玩水所暫得之樂，亦不過是無所事事，自命風雅；他們所寄託的玄理，雖似高深莫測，其實衹是空虛放浪的寄生哲學而已。陶淵明的自然觀雖然仍以玄學爲外殼，但他的自然之趣是脫離虛僞汚濁的塵網，將田園當作返樸歸眞的樂土；他所相與之人是淳樸勤勞的農夫和志趣相投的鄰里；他所寄託的玄理，樸實明快，是他在親自參加農業勞動之後悟出的人生眞諦。所以，此詩末二句「忽跟農務，以衣食當勤力耕收住，蓋第耽相樂，本易務荒，樂何能久，以此自警，意始周匝無弊，而用筆則矯變異常」（張玉穀《古詩賞析》）。結尾點明自然之樂的根源在於勤力躬耕，這是陶淵明自然觀的核心。「人生歸有道，衣食固其端。孰是都不營，而以求自安？」（《庚戌歲九月中於西田獲早稻》）詩人認爲人生衹有以生產勞動、自營衣食爲根本，才能欣賞恬靜的自然風光，享受純眞的人間情誼，并從中領悟最高的玄理——自然之道。顯然，這種主張力耕的「自然有爲論」與東晉士族好逸惡勞的「自然無爲論」是針鋒相對的，它是陶淵明用小生產者樸素唯物的世界觀批判改造士族玄學的產物。此詩以樂發端，以勤收尾，中間又穿插以農務，雖是以寫樂爲主，而終以勤爲根本，章法與詩意相得益彰，但見筆力矯變而不見運斧之跡。全篇羅列日常交往的散漫情事，以任情適意的自然之樂貫穿一氣，言情切事，若離若合，起落無跡，斷續無端，文氣暢達自如而用意宛轉深厚，所以看似平淡散緩而實極天然渾成。

由此可見，作詩以理爲骨固佳，其尤貴者當善於在情中化理。晉宋之交，玄風大熾，一般詩人都能談理。山水詩中的談玄說理成分多爲後人所訾議，而產生於同時的陶淵明田園詩中亦有不少談理之作，却博得了盛譽。原因就在剛剛脫離玄言詩的山水詩多以自然證理，理贅於辭；陶詩則能以情化理，理入於情，不言理亦自有理趣在筆墨之外，明言理而又有眞情融於意象之中。此種意趣後世唯東坡能得之，但蘇軾尚未完全脫略世故，其詩多以理化情，終不能達到陶詩從容自然的至境。

（葛曉音）

癸卯歲始春懷古田舍二首

陶淵明

在昔聞南畝，當年竟未踐，屢空既有人，春興豈自免。夙晨裝吾駕，啟塗情已緬。鳥哢歡新節，泠風送餘善。寒竹被荒蹊，地為罕人遠；是以植杖翁，悠然不復返。即理愧通識，所保詎乃淺。

癸卯歲始春懷古田舍二首

先師有遺訓，憂道不憂貧。瞻望邈難逮，轉欲志長勤。秉耒歡時務，解顔勸農人。平疇交遠風，良苗亦懷新。雖未量歲功，即事多所欣。耕種有時息，行者無問津。日入相與歸，壺漿勞近鄰。長吟掩柴門，聊為隴畝民。

二十世紀三十年代，在關於陶淵明的評價問題上，魯迅先生和朱光潛先生之間曾發生過一場著名的論戰。那場論戰涉及的問題很廣，中心分歧是：朱先生認爲「陶潛渾身靜穆，所以他偉大」，魯迅先生反駁：「陶淵明正因爲并非『渾身靜穆，所以他偉大』，現在之所以往往被尊爲靜穆，是因爲他被選文家和摘句家所縮小了，凌遲了。」并進一步指出陶詩中也還有「金剛怒目」式的作品，證明詩人并不是整天飄飄然。但是，朱先生之所以會得出陶淵明渾身靜穆的結論，應該説并不完全是憑空臆造，其依據恰好是陶淵明確實寫過大量寄情田園的作品；而且，這意見也并非爲朱先生所首創，早在隋朝的王通就在《文中子》中講過：「或問陶元亮，子曰：『放人也。《歸去來》有避地之心焉，《五柳先生傳》則幾於閉關矣。』」宋代的汪藻在其《浮溪集》中則説：「山林之樂，士大夫知其可樂者多矣……至陶淵明……窮探極討，盡山水之趣，納萬境於胸中，凡林霏穹翠之過乎目，泉聲鳥哢之屬乎耳，風雲霧雨，縱横合散於沖融杳靄之間，而有感於吾心者，皆取之以爲詩酒之用。蓋方其自得於言意之表也，雖宇宙之大，終古之遠，其間治亂興廢，是非得失，變幻萬方，日陳於前者，不足以累吾之眞。」而明代的何湛之在《陶韋合集序》中則説得更爲簡明：「晉處士植節於板蕩之秋，遊心於名利之外，其詩沖夷清曠，不染塵俗，無爲而爲，故語皆實際。」

這種評價自然有失於片面。實際上，陶淵明在我國詩歌發展史上，實在是堪稱第一位田園詩人。他以沖淡灑脱的筆觸，爲我們繪製了一幅幅優美靜謐的田園風光圖畫，東籬南山、青松奇園、秋菊佳色、日夕飛鳥、犬吠深巷、鷄鳴樹巔，再伴以主人公那隔絶塵世、耽於詩酒的情愫，它所構築成的藝術境界是那麼高遠幽邃、空靈安謐！不過，細心的讀者不也會從中時時體察到陶淵明在詩中所流露的那種不得已才退居田園、飲酒賦詩，而實際却正未忘懷現實、滿腹憂憤的心情嗎？

癸卯歲始春懷古田舍二首

我們不妨讀讀他的《懷古田舍》。這是詩人用田園風光和懷古遐想所編織成的一幅圖畫。詩分兩首，表現的是同一題材和思想旨趣。第一首以「在昔聞南畝」起句，敍述了勞動經過，描繪了自然界的美景，緬懷古聖先賢，贊頌他們躬耕田畝、潔身自守的高風亮節。但是，作者却意猶未盡，緊接着便以第二首的先師遺訓「憂道不憂貧」之不易實踐，夾敍了田間勞動的歡娛，聯想到古代隱士長沮、桀溺的勞作，而深感憂道之人的難得，最後以掩門長吟「聊爲隴畝民」作結。這兩首詩猶如一闋長調詞的上下片，內容既緊相聯繫，表現上又反覆吟詠，回環跌宕，言深意遠。可整首詩又和諧一致，平淡自然，不假雕飾，眞所謂渾然天成。彷彿詩人站在讀者的面前，敞開自己的心扉，既不假思慮，又不擇言詞，祇是娓娓地將其所做、所感、所想、毫無保留地加以傾吐。這詩，不是作出來的，也不是吟出來的，而是從詩人肺腑中流瀉出來的。明人許學夷在《詩源辯體》中，一則說：「靖節詩句法天成而語意透徹，有似《孟子》一書。謂孟子全無意爲文，不可；謂孟子爲文，琢之使無痕跡，又豈足以知聖賢哉！以此論靖節，尤易曉也。」再則說：「靖節詩直寫己懷，自然成文」，三則說：「靖節詩不可及者，有一等直寫己懷，不事雕飾，故其語圓而氣足；有一等見得道理精明，世事透徹，故其語簡而意盡。」這些，都道出了陶詩獨特的風格和高度的藝術成就。

沖淡自然是一種文學風格，這是一種特殊的文學藝術境界。在這裏，我融於物，會忘我乃至無我；在這裏，神與景接，神遊於物而又神隨景遷。它的極至是悠遠寧謐、一派天籟。就這樣，陶淵明的「鳥哢歡新節，冷風送餘善」，「平疇交遠風，良苗亦懷新」，就成了千古不衰的絕唱。是的，不加雕飾却又勝於雕飾，這是一種藝術的辯證法。不過，這中間確也有詩人艱苦的藝術勞動在，那是一個棄絕雕飾、返樸歸眞的藝術追求過程，沒有一番紮實的苦功是難以達到這種藝術創作境界的。

這首詩寫田野的美景和親身耕耘的喜悅，也還由此抒發作者的緬懷。他遙想和讚美的是貧而好學、不事稼穡的顏回和安貧樂道的孔子，尤其是欽羨古代「耦而耕」的隱士荷蓧翁和長沮、桀溺。雖然，作者也表明顏回和孔子不可效法，偏重於向荷蓧翁和長沮、桀溺學習，似乎是樂於隱居田園的。不過，字裏行間仍透露着對世道的關心和對清平盛世的嚮往。如果再注意一下本詩的寫作年代，這一層思想的矛盾也就看得更清晰了。

丙辰歲八月中於下潠
田舍穫

據《栗里譜》記載：「有《始春懷古田舍》詩，當是自江陵歸柴桑，復適京都宅，憂居家，思諡城，故有《懷古田舍》也。」清人方東樹在《昭昧詹言》卷四中指出：「是年公卅九歲，猶爲鎮軍參軍，故曰懷也。每首中間，正寫田舍數語，末交代出古之兩人，而以己懷緯其事，惟未得歸，故作羨慕詠嘆，所謂懷也。」在寫這首詩後的兩年，作者還去做過八十多天的彭澤令，正是在這時，他才終於對那個黑暗污濁的社會徹底喪失了信心，并表示了最後的決絕，滿懷憤懣地「自免去職」、歸隱田園了。這是陶淵明式的抗爭！如果不深入體會這一點，而過多地苛責於他的逸隱，那就不但是輕易地否定了陶淵明的大半，而且去眞實情況也不啻萬里了。

（魏同賢）

丙辰歲八月中於下潠田舍穫

陶淵明

貧居依稼穡，戮力東林隈。不言春作苦，常恐負所懷。司田眷有秋，寄聲與我諧。饑者歡初飽，束帶候鳴鷄。揚檝越平湖，汎隨清壑迴。鬱鬱荒山裏，猿聲閑且哀。悲風愛靜夜，林鳥喜晨開。曰余作此來，三四星火頹；姿年逝已老，其事未云乖。遙謝荷蓧翁，聊得從君棲。

先從題目看起。「丙辰歲」是晉安帝義熙十二年，詩人五十二歲。從四十一歲歸田，已經過去十一年，

丙辰歲八月中於下潠田舍穫

有了豐富的體驗和深切的感受。「八月中」，正是秋風吹，百穀熟，開鐮收割的好季節。「下潠」指低濕地，「下潠田舍」是詩人一處田舍的名稱。從詩中看，詩人由這兒到耕作的田裏——「東林隈」去，要乘舟越過一段湖面，再沿澗中溪流進入荒山，可見這處田舍正坐落在澗水下洩的低窪的湖畔，故稱「下潠田舍」。「穫」就是指收割了。詩題不僅點明了詩作的內容，還與正文相映發，隱含着詩人居處與勞作的環境，是善於擬題的。這無疑是一首寫秋收的詩了，且看詩人怎樣落筆寫去。

首二句以敘事發端：「貧居依稼穡，戮力東林隈。」因爲貧居，故靠力農爲生。語調舒緩，悠然而起，表現出陶詩特有的那種從容不迫的風度。雖不過是一些樸實淺淡的詞語，却含意豐厚，形景動人。播穀叫「稼」，收穀叫「穡」，農事而言稼穡，便晃動着春種秋收的生動過程。《尚書·無逸》說：「弗知稼穡之艱難，乃逸。」詩人用上這「依稼穡」三字，還顯有不爲安逸遊手的傲意。依靠自己的雙手解決衣食問題，是詩人一向引爲自豪的，《勸農》詩所說：「相彼賢達，猶勤壟畝；矧茲衆庶，曳裾拱手！」正因爲這樣，他的務農不是擺樣子的，所以說「戮力」，也就是盡其力幹活。「東林隈」就是詩人流汗力田的處所了。「隈」是林脚曲折處。「東林」雖亦可說爲地名，却不必指實爲廬山的東林。它與詩人作品中所說的「南山」、「西疇」、「東皋」幷沒什麼兩樣，不過隨意指稱其田地處所而已。但是有了這「東林」二字，便展現出一片密林脚下田地的畫面，迥非一般抽象詞語可比。平平的兩句詩中，已經呈露出一個兀傲的貧居力耕者的形象。

陶淵明生活的時代，隱逸成風，但動機與條件不同，隱居也各式各樣。比詩人略前的謝安，隱於東山時，「出則漁弋山水，入則言詠屬文」，優哉游哉，因爲他有高貴的門閥和雄厚的莊園，是一種富隱。與詩人同時幷一起列名爲「潯陽三隱」的周續之，「身爲處士，時踐王廷」，與朝廷打得火熱，被稱爲「通隱」。另一同時人皇甫希之承受篡晉自立的桓玄的旨意，假意屢徵不起，爲桓玄朝製造一個裝璜門面的「肥遁之士」，被稱爲「充隱」。他們自然也不愁生活來源的。陶淵明不同了，既非世族富家，又非「通隱」、「充隱」之流，而是一個由厭憎官場污濁走向眞隱的寒門士子，當然衹能「貧居依稼穡」了。然而靠勞動爲生，談何容易！歸田以來，生活不斷下降。「躬耕未曾替，寒餒常糟糠」，勞動未嘗休止，却常常落得饑寒交迫，這就是

丙辰歲八月中於下潠田舍穫

詩人眞實而又沉痛的總結。因此，躬耕是否有穫，對詩人來說，就不是無關輕重的了。所以有了次兩句：「不言春作苦，常恐負所懷」不怕付出耕作的辛勞，祇怕沒有收成。這戰戰兢兢的心理中，飽含十多年躬耕的甘苦體驗和寒士持家的酸辛，淺語之下，蘊有深慨，很有點打動人心的力量。

現在，居然收成在望了，怎能不在詩人心中激起一股欣喜的暖流呢？不過詩人并不平直道出，而用一趣筆：「司田眷有秋，寄聲與我諧。」「司」是主其事，「司田」即管理田地的官，「諧」是戲謔。司田也關切收成，寄話來與我打趣了。這一妙筆，不僅把秋收的意味點染得濃足，而且在風趣幽默的筆墨中，詩人那欣喜之情撲面而來。你看，司田都寄話來了，還不趕快去收割麼！這六句自然形成一個段落，好似序言，把詩筆引到「穫」上，下面便轉入興匆匆下田，正面寫「穫」了。

從清曉落筆。「饑者歡初飽」，詩人簞瓢屢空，每日那頓晚餐，大約常是應付一下了事，所以不到早飯時節，早已饑腹雷鳴了。早飯之後，要去勞作，不免有所偏袒，糧食足點。饑腹竟得一飽，自然意愜情怡，所以是「歡初飽」，寫貧窮力耕者的生活情狀，可謂入木三分。可能詩人對於收成過於興奮了，不覺起了個大早，吃罷早點，紮束停當，還不到鷄叫的時候，所以「束帶候鳴鷄」，要等到雄鷄報曉，東方發白，才好啓途登程。詩人對收穫的那種熱切心情和亢奮情緒，都在這一細節中鮮明地體現出來了，見出詩人善於捕捉細微的生活情景以含蓄生動地表情。詩人終於乘一葉扁舟上路了：「揚檝越平湖，汎隨清壑迴」駛越一片湖水，進入曲曲彎彎的澗谷。劃漿而用一「揚」字，舟行而用一「汎」字，很有《歸去來兮辭》中「舟遙遙以輕颺，風飄飄而吹衣」的味道。湖則平滿，壑則清曲，語底筆下，處處給人以景色宜人之感。「鬱鬱荒山裏，猿聲閑且哀」，夾岸草樹茂密，鬱鬱葱葱，在這青裝綠裹的世界裏，不時傳來一聲聲猿啼。對於猿聲，於「哀」之外，偏着一「閑」字，突出其悠然自在之神，大約因爲它生活在沒有人世爭競傾軋的大自然中的緣故吧！晨光初開，夜色未盡，宿風因夜寂而顯，故云「悲風愛靜夜」；但畢竟暗夜將消，天光已曉，林中已是一片晨鳥的噪聲，故云「林鳥喜晨開」。寫晨夜交替之景，刻畫入微。全詩寫「穫」，至此爲止，不僅沒有觸及開鐮，連收割地點也沒有到達，不過寫了晨起登程的一個小片斷。與其說是寫「穫」，還不如說是寫秋穫的興致。通過這

丙辰歲八月中於下潠田舍穫

個富有表現力的片斷，將秋穫的興致寫得意完神足，便戛然而止，不必再去及「穫」了。正像王子猷雪夜山陰訪戴，乘興而行，興盡而返，不必見戴一樣。

詩又不僅衹黏滯於興致，寫興致是爲了引出對這種自得自足生活的評價，因此進入末一段抒感。「曰余作此來，三四星火頽」，「作此」即指躬耕力田，「三四」是十二，「星火」即大火星，二十八宿的心宿，每年秋季黄昏出現在西南的低空上，有似欲落，故云「頽」。十二見心宿西傾，也就是過了十二年。「姿年逝已老，其事未云乖」，容顏雖日漸衰老，力耕却始終沒有丟棄。所以詩人不無自豪地說：「遙謝荷蓧翁，聊得從君棲。」足以步荷蓧翁後塵并與其媲美了。「蓧」是竹製的耘草器。《論語・微子》載子路向一荷蓧丈人詢問孔子的去向，丈人答說：「四體不勤，五穀不分，孰爲夫子！」便扭頭耘田去了。詩人選用這個典故，正是向不事生產的士大夫官僚們投以鄙薄的目光。所以這一段平實的抒感中，實有一種堅持固窮守志、躬耕自給的高風亮節的兀傲之意。

我們看，本是一首秋收詩，却并未於「穫」上落筆，而是着重在秋穫的興致上。又不停步於興致上，而是由「興」引發出「感」，表示對一種生活、一種人生態度的肯定。詩就這樣潛移暗轉，步步昇華。表面看來，不過是秋收的情事，實際上內含皎潔的人格，高尚的人生。陶詩說：「此中有真意，欲辯已忘言。」讀陶詩也要善於得意忘言，透過表面的形與跡識得其中的意與神。穀有成，心有喜，不過是其形其跡；對脫離汚濁官場的力耕的自傲與肯定，才是其意其神。陶詩總是這樣於平淡的語言、尋常的情事中含有「奇趣」、「高趣」。後來寫田園詩者往往摹得其形與跡，而失落了它的意與神，正是在這裏，顯出了陶詩的高處。

（孫　靜）

飲酒（其五）

陶淵明

結廬在人境，而無車馬喧，問君何能爾？心遠地自偏。採菊東籬下，悠然見南山。山氣日夕佳，飛鳥相與還。此中有真意，欲辯已忘言。

《飲酒二十首》是陶淵明最有代表性的組詩，而這《飲酒》其五又是其中一向最爲讀者所喜愛，而在學術界也是爭論最多的一首名篇。

詩人陶淵明不爲五斗米而折腰，棄官還鄉，躬耕於江西潯陽（今九江市）。後來一次不幸遇火，把幾間草屋也燒光了，於是最後定居到南里的南村。這首詩大約是在定居以後六、七年間寫的，時爲晉安帝義熙十三年（四一七），淵明五十三歲。

開篇「結廬」二字，首標居處。我們不妨撮集陶集的有關詩文，來勾畫出這廬舍的輪廓。這仍然是一座茅草結構的房舍，而且又已經是破敝不堪，連風雨的侵襲都難以抵擋了。室內很窄狹，不過是剛能够安下牀席。其四壁蕭然，別無長物。所居既如此，則其生活之艱窘可想而知。這樣的「窮廬」，正是歸耕貧士處境的眞實寫照。這結廬躬耕而自隱——或者可以簡稱之爲「耕隱」，不但與古來多有的自我解嘲式的「朝隱」、「市隱」之間，判若涇渭；就是與當時所流行的官府州將每相招引，頗與相從來往的「通隱」（見李公煥《箋註陶淵明集》引）、以及由權貴給其資用，却又受令裝作不肯接納的「充隱」之間（《晉書·桓玄傳》），也是界限分明的。「結廬」後接以「在人境」一語，初看是很平常的話；可是，如果把這人間之境，和「靈術進朝餐」的「穹谷」「幽人」（陸機《招隱詩》）、「巖穴無結構」的「隱士」（左思《招隱詩》）、以及托身蓬萊的「隱遁」（郭璞《遊仙詩》）等等不食人間煙火者的虛幻之境相比較，耕隱的詩人倒是「未嘗不腳踏實地，不是偶然無所歸宿」（劉熙載《詩概》）的。看來，這在人境的平常話竟也是與衆不同了。再看淵明這人境之廬，座落在廬山之麓、鄱陽湖域的山明水秀之鄉，「平疇交遠風，良苗亦懷新」（《癸卯歲始春懷古田舍·其二》），這樣美好的田園風光令人神往。這當然是人間之境的屬於自然的方面。但詩人更注重的却是在人事的方面。淵明自述：「昔欲居南村，非爲卜其宅，聞多素心人，樂與數晨夕。」這素心人當中，有以「衣食當須紀」爲信條的力耕者，也還有「奇文共欣賞，疑義相與析」的有識之士（《移居二首》）。顧炎武《陶彭澤歸里》詩「因多文義友，相與卜南村」，也是從文章道義的高度來着眼的。這樣，「結廬在人境」，對於耕隱的詩人來說，倒是一個地利、人和兼而得之的理想所在了。

如果說，首句「結廬在人境」是標示其居之所有，是從正面開拓，以實寫入題；那末，次句「而無車馬喧」——意謂得免於受到一伙仕宦者喧囂的困擾——則是明其所無，從反面映襯，由虛處見意了。淵明身處東晉末年，門閥制度日趨腐朽，士風日趨卑下，所謂「選者爲人擇官，宦者爲身擇利；……悠悠風塵，皆奔競之士；列官千百，無讓賢之舉」（干寶《晉紀總論》）。「終日馳車走，不見所問津」（《飲酒》），是詩人對這些不擇手段地追逐利祿之徒的揭露；「蔑彼結駟」（《扇上畫贊》），見出詩人對他們的鄙夷。沈約說「避世不避喧」（《酬謝宣城朓詩》），可見避喧比避世尤難。身居野處未必就能做到避喧，如上述「通隱」、「充隱」一類人物是其明證。但這「在人境」和「無車馬喧」之間一般難以避免的矛盾，在「耕隱」的詩人身上却得到了完美的統一。這一層拗折之意和贊嘆之情，全用一個「而」字輕輕轉出，似未曾着力而實甚得力。施閏章說，此「而」字「偶然入妙」（《蠖齋詩話》）。朱自清先生指出，這也「是從前詩裏不曾有過的句法」（《陶詩的深度》）。陶詩善用虛詞以連句而添意，此亦一例。總而言之，此開端「結廬」二句，是詩人自賦其耕隱居處之美。

但是，對於以「學而優則仕」爲準則的封建社會知識分子來說，能够毅然離棄污濁的仕途，并且眞正做到結廬而歸耕，畢竟是極其罕見的。於是此詩接下去就探求所以致此的原因。第三句「問君何能爾」，以「問」領句，以「君」自指，以問人之口吻而徑行自問之實際。這樣的問法峭勁有力，在此之前是很少用的。爾，作如此、如是解，概指一二兩句。四句「心遠地自偏」，則是緊接上句而自作解答。心遠，謂心境高遠而不溺於近俗；此遙應首句，是對結廬人的精神素質的挖掘。陶詩「遙遙沮溺心，千載乃相關」（《庚戌歲九月中於西田穫早稻》），「先師有遺訓，憂道不憂貧，瞻望邈難逮，轉欲志長勤」（《癸卯歲始春懷古田舍》），可以見其原委。地偏，謂地處僻野而不涉市朝；此遠承次句，是對無喧的處所特徵的概括。陶詩：「野外罕人事，窮巷寡輪鞅；……時復墟曲中，披草共來往；相見無雜言，但道桑麻長。」（《歸園田居》）可藉以想其情景。地偏二字之間着一「自」字黏連，以心之遠而地得以自偏，見出其間因果關聯之緊密而又渾然一體；其自足自信之情亦由之而溢於言表。此自字因勢見情、順理成句，與二句「而」字之盤桓曲折、相反相成者，恰相輝映。這「心遠地自偏」一句又近乎理語，但却是從實踐得來而且還帶有濃重的生活氣息；所以不是東晉流行的理過其辭、淡乎寡味的玄言詩句所可望其項背。白居易說「以淵明之高古，偏放於田園」（《與元九書》），固然是帶着評議的口吻，但也可以看作是「心遠地自偏」這有情有理之句的一種會心的理解。朱熹說：「晉宋人物，雖曰尚清高，然個個要官職，這邊一面清淡，那邊一面招權納貨。陶淵明眞個能不要，此所以高於晉、宋人物。」（《朱子語類》）陶淵明之所以能眞個不要官職，所以能完全區別於那個社會的清談的齷齪之輩，從而成爲了一個時代中獨樹一幟的人物，於「心遠地自偏」一句可得其梗概。

往下五、六「採菊東籬下，悠然見南山」兩句，寫詩人之所爲與所見，於一俯一仰間見其高潔的情致。范成大說：「名勝之士未有不愛菊者，到淵明尤甚愛之。」（《范村菊譜序》）陶愛菊，以致種菊滿園，這是由於秋菊之美麗，所謂「秋菊有佳色」（《飲酒》其七）。但也有出於健康方面的考慮。自遠古至晉，屢有食菊、飲菊水、菊酒以求健身延年的記載。淵明常以菊、酒并舉。他相信：「酒能祛百慮，菊解制頹齡。」（《九日閑居》）赴籬下採菊佐酒以求健身，對這位「躬耕自資，遂抱羸疾」（蕭統《陶淵明傳》）的老詩人來說，倒是一種生活上的需要。再從另外一個角度看，這同時也兼有比興的深意。淵明稱菊與青松幷列，在初辭彭澤令歸來幷以「三徑就荒」爲慨嘆的時候，就曾由於「松菊猶存」而感到了很大的安慰。「芳菊開林耀，青松冠巖列；懷此貞秀姿，卓爲霜下傑」（《和郭主簿》），也就直以自喻其懷抱了。陳偉勳所謂：「其寓情於菊者，正……晚節黃花之意。」（《酌雅詩話》）菊，儼然已成爲詩人高風亮節的象徵。看來，菊之於淵明，猶似蘭之於屈子，梅之於放翁，以及竹之於板橋一般，都有着特殊的機緣。如此說來，這「採菊東籬下」也就還有與其廬園之情以自勵操守的用意了。於是，詩人在滿手把菊，自得自賞之際，舉首而南山入目。南山，指匡廬名勝，爲詩人所常來往者。今夕未曾跋涉攀登而盡歸望中，當然會感到格外的快慰。但這大概也是暗用《詩經・天保》「如南山之壽」的典故，含有希企壽考的聯想。——考慮到詩人對《詩經》的尊崇和《詩經》對陶詩的明顯影響，這也不是沒有可能的。再其次，淵明早年有「延目識南嶺，空嘆將焉如」（《庚子歲五月中從都還阻風於規林》）之句，以其宦遊困頓思歸而寄慨於廬山。《歸園田居》：「少無適俗韻，性本愛丘山；誤落塵網中，一去三十年。」這南山也就是隱然與世網相對立，而藉以暗寓其摒棄市朝鄙俗的高趣。這樣，採菊見山之句，就將田園自然之美的賞悅、健身長壽的願望、勵志持節的省悟三者熔於一爐。這也可以說明，陶詩之兼有多義，而賦兼比興也往往是古代詩自然渾樸風格的一種表現吧。蘇軾評說：「採菊而見山，境與意會，此句最有妙處……古人用意深微。」（《題淵明飲酒詩後》）而其境與意究竟何在，其用意又何以深微，不知從以上的粗淺剖析中能再得到一點消息麼？

可是詩人幷未以此悠然自得之意境爲滿足，接下去又以七八兩句「山氣日夕佳，飛鳥相與還」，進一步發掘望山之所見，寄寓了深切的身世之感。先於七句之首出一山字與六句末重見，使此山由採菊人觀賞之對象蛻換爲飛鳥嚮往的目標，巧妙地運用了修辭的頂針格，關聯緊峭而又暗伏折轉。陶詩：「露凝無遊氛，天高肅景澈；陵岑聳逸峯，遙瞻皆奇絕」（《和郭主簿》），可藉以形容山容之清峻。江淹《登廬山詩》「絳氣下縈溥，白雲上青冥」，可藉以想象山氣之磅礴。日夕，縮用《詩經・君子于役》「日之夕矣」詞句。句末僅用一佳字贊結，不假雕琢而渾然天成。廬山爲南方巨鎮，所稱名代，在此日夕氣佳之中，其美景也必多。而八句

「飛鳥相與還」中却獨出鳥之一象。這是很值得玩味的。按歸鳥之詠，古時已多有之。曹植「歸鳥赴喬林，翩翩厲羽翼」（《贈白馬王彪詩》），劉琨「浮云爲我結，歸鳥爲我旋」（《扶風歌》），都是借鳥象以抒發其蒼涼悲壯的情懷，但衹限於截取其歸回之一節。而淵明這裏却在歸還之鳥之前加了一個飛字，在着眼於其行程終端的同時，又強調了在此之前的整個飛躍的過程。陶集有《歸鳥》四章，就是專寫始飛而終歸之鳥。其初是「翼翼歸鳥，晨去於林」；繼之則「遠之八表」，「載翔載飛」；其間又「和風不洽」，「遇雲頡頏」；終則乘「日夕氣清」，「相鳴而歸」。卒章并以「矰繳奚施，已卷安勞」顯其志。（參見曹道衡《關於陶淵明思想的幾個問題》）再證以陶詩「猛志逸四海，騫翮思遠翥」（《雜詩》），言其少壯濟世之懷抱；「望雲慚高鳥」（《始作鎮軍參軍經曲阿》）、「羈鳥戀舊林」（《歸園田居》）見其倦遊思歸之意趣；「宏羅制而鳥驚」（《感士不遇賦》），明其已察仕途之險惡；「鳥倦飛而知還」（《歸去來辭》），歸結到躬耕隱居之終得如願以遂。而這「山氣日夕佳，飛鳥相與還」，也正是「朝霞開宿霧……遲遲出林翮」（《詠貧士》）的繼續與終結。這樣，如果聯繫到作者的有關作品，并且顧及到作者的全人，如魯迅先生在近半世紀以前所刊《題未定草·七》中所早已指出的，那末，就不難看出：這鳥兒由出而歸的一日飛行的過程和淵明由出仕到耕隱的一生歷程，就好像是構成了一組曲折而又平行的軌跡。這鳥，也並非衹是山林夕照之一物，而同時更是陶詩興象的集中點。這悠然望山之人與翩然來歸之鳥，也並非衹是邂逅相遇的新交，而同時更是多年相從的知己。

鳥，給詩人添加了翺翔的雙翼，或者竟可以說，鳥是詩人的藝術的化身。在這晨去於林而又日夕相與歸還的行列中，隱隱約約地有一個淵明在，詩人之道，也並非那樣絕對地孤獨吧。淵明《讀史述·屈賈》：「候詹寫志，感鵩獻辭。」在這裏，他也和賈誼、屈原二人各有相似，是倩鳥入詩而抒感以至言志的。他自己又說過：「衆鳥欣有託，吾亦愛吾廬。」（《讀山海經》）當此詩人目送歸鳥棲山的時刻，也正是詩人自贊結廬隱居的時刻。既然這鳥可以看作是詩人的化身，那末，那山林不也就可以想象是園廬的射影麼？這樣，是鳥入山，人歸廬；還是人歸山，鳥入廬呢？詩的興象的進程，是由廬到鳥，層層推進；而詩境潛在暗示的過程卻又似由鳥而及廬，首尾回顧。由此形成了一個實虛相生而相成的閉合迴路。眞是山廬交映，人鳥變幻，讀來如撫循環，而令人回味不已。陶詩的結構，看來似是舒緩而平直，實際上卻又是出乎意料的奇特與嚴緊的。——由句中的見山還聯想到一點，所謂淵明常往來廬山，而集中幾乎沒有專門吟詠廬山的詩作（《遊斜川》一首可算是難得的例外）。他寫到山，往往是限於遙瞻所及的輪廓，而並未曾潛入其裏，窮極其貌。在陶詩中，山，以及水，並未曾佔據主要的地位。但它也還是田園的有力的襯托和不可或無的補充。田園詩與山水詩之關聯與區別，於此也可見一斑吧。

綜上所述，此詩首六句結廬、自問、採菊，是描述田園生活一段情事，而山氣、飛鳥二句，是逆補由出仕到歸耕一節。此八句四十字，是以賦比興兼用的高妙手法，基本上塑造出了一個中世紀格外黑暗的封建時期社會的正直之士的追求、碰壁、退守、歸耕而又卓然有以自立的典型形象。而篇末「此中有眞意，欲辯已忘言」兩句，就又在此基礎上加以總括，對由出仕到耕隱的一生作出了可說是屬於哲學、美學範疇的自我評價。以「此中」兩字包攬上文，而逕以「眞意」一詞破的。但當我們急於諦聽「眞意」的傾訴的時候，詩人卻又以欲辯忘言一句喝斷。曲驟止而餘音猶在耳，使人掩卷而躊躇。當然，可以舉出莊子「辯也者，有不辯也，大辯不言」（《齊物論》），「言者所以在意也，得意而忘言」（《外物》）來詮釋欲辯不辯之爲大辯與忘言不言之爲眞意已得，同時也可以有助於說明尊崇儒家的詩人，也受到了老莊明顯的影響。但要比較準確地把握眞意之內涵與欲言不言的矛盾實質，還是得依靠作品的具體的辨析。陶詩：「天豈去此哉，任真無所先」（《連雨獨飲》），把真看成是自然的法則；上古生民「抱樸含眞」（《勸農》），是眞之意包含着對遠古社會的純樸自足的社會理想的嚮往；「自眞風告逝，大僞斯興」（《感士不遇賦》），是眞之意在於對當時的社會僞詐風氣的對立與批判；「養眞衡茅下，庶以善自名」，是眞之意標誌着耕隱者的情志自守和以致於善的要求和願望。——雖然，這裏面也難免存在着退避保守和樂天知命的消極因素。此首飲酒詩，記結廬之事，寫田園之景，抒隱居之情，以事真景真情真而見意之真，以純樸自然不假雕琢的藝術風格，表現了耕隱者生活和性格的主要特徵。在這裏所產生的思想藝術的真實力量，和上述「任真」、「含真」、「真風」、「養真」的含義是完全相一致的。——由此想到，元好問《論詩絕句》評淵明曰：「一語天然萬古新，豪華落盡見真淳。」

飲酒（其五）

郭紹虞先生曾指出此語最爲概括，「故後人視爲定論」（《元好問論詩三十首小箋》）。如果可以允許用一個簡括的詞語，來揭示詩人風格的某些基本特徵的話，那麼，對淵明來說，大概元氏這「真淳」二字是最爲得要了。再進一步說，淵明之真淳，或許竟可與屈子之哀怨，太白之飄逸，少陵之沉鬱，東坡之清雄，劍南之豪放相類比，都可以說是前後接遞，照耀千古了。話再說回來，淵明的真意既然在他的詩文中已經從多方面寫出來，而在此詩中也表現得很成功，那爲什麼又是欲辯而卻終於無言了呢？詩貴含蓄，這可能是給讀者一個思考和回味的餘地。陶詩淳樸自然的風格中也並未排除含蓄暗示的成分。王瑤先生曾舉出《晉書》鍾會問阮籍以時事，「欲因其可否而致之罪，皆以酣醉獲免」之事，又聯繫到《飲酒》詩末章「但恨多謬誤，君當恕醉人」之微意，指出淵明飲酒是爲了退隱和逃避（《陶淵明集·前言》），那麼，這裏的忘言也就類乎一種避禍的遁詞了。白居易「嗚呼陶靖節，生彼晉宋間；心實有所守，口終不能言」（《訪陶公舊宅》），看來對詩人的這層苦衷是早有了覺察的。

或曰：這首《飲酒》其五，怎麼不肯明寫酒事，連一個酒字都不見呢？難道詩人不是要寫飲酒的麼？一者，這祇是一組以飲酒爲題的二十首詩裏的一首，本來是不必每一篇都斟酌杯盞淋漓盡致的；而且所以採菊於東籬之下以爲佐酒之資，不是已經在爲飲酒做準備了麼？是已經關涉到酒了。其實，也不必這樣拘泥。蕭統說：「吾觀其意不在酒，亦寄酒爲跡者也。」（《陶淵明集序》）淵明之嗜酒，的確是包含着排遣內心的憂慮與逃避時勢困擾的動機。「一士常獨醉，一夫終年醒；……規規一何愚，兀傲差若穎。」（《飲酒》其十三）淵明的常醉，倒也是表露自己倔強與聰慧的一種特定方式，從而也就與貌似清醒而實際是固守俗規的愚魯之輩劃清了界限。顯然，田園詩人的獨醉，還沒有到了竹林名士們「縱酒昏酣」的地步。這也許又和詩情之興發有關，所謂「若其嘗寄興於酒者，乃其活潑之懷，藉此抒寫」（陳偉勳《酌雅詩話》）；或者如《五柳先生傳》所自道：「銜觴賦詩，」不過是「以樂其志」、「頗示其志」。那麼，在這首詩裏，其心跡既已明，其志趣既已見，其詩情既已暢，豈不是不待舉杯而酒之香醇已在其中了麼？然而，這終歸是飲酒的詩，淵明曾以秋日有菊無酒爲很大的遺憾，在這親採籬菊和偶有名酒的時機，必定不肯不繼之以痛飲的。如果允許再作一點揣測的話，那這一回可不大會再是《癸卯歲始春懷古田舍》「耕種有時息，行者無問津；日入相與歸，壺漿勞近鄰」的詩句裏所描寫的耕作之餘的同樂聚飲場面，因爲《飲酒》詩序中已明明說是「閑居寡歡，兼比夜已長……顧影獨盡」了。淵明詩：「風來入房戶，夜中枕席冷。氣變悟時易，不眠知夕永。欲言無予和，揮杯勸孤影。日月擲人去，有志不獲騁。念此懷悲悽，終曉不能靜。」（《雜詩》）試以這種處之於時勢壓迫之下的孤獨苦悶和壯志不遂的悲憤，來推想採菊見山之後長夜之飲的景況，倒也許是較爲接近實際的。要是這對客觀地理解此《飲酒》其五詩的基調和氣氛能起到一點補充說明的作用，并且還不至於對詩人的用心產生誤解，那這似乎是題外多餘的話，也就可望得到讀者的寬諒吧。

（李　易）

擬古（其三）

陶淵明

仲春遘時雨，始雷發東隅。衆蟄各潛駭，草木縱橫舒。翩翩新來燕，雙雙入我廬。
先巢故尚在，相將還舊居。自從分別來，門庭日荒蕪。我心固匪石，君情定何如？

晉末宋初，在玄風彌漫、令人窒息的詩壇上，山水田園詩的興起，揭開了中國詩史上新的光輝一頁。提起田園詩，沒有人不首先想到陶淵明這閃閃發光的名字的。

我們卽將賞析的正是陶淵明《擬古》組詩中的第三首。擬古，顧名思義，乃摹擬古人之作。陶集《擬古》九首，成於晉宋易代（四二〇）之後，多寄興亡治亂之慨，而又難以明言，故用「擬古」爲題，以表心跡。這首詩運用委婉含蓄的筆觸、樸素無華的語言，抒寫詩人田園生活中的片斷感受，情思曲折，辭旨纏綿。全詩十二句，四句爲一節，可分三節。但在整體結構上，却又環環緊扣，相輔相成。

第一節用粗線條勾勒仲春二月之景：細雨濛濛，應時而降，雷聲隆隆，自東而來，衆蟄驚起，草木舒展。歲月推移，換了人間，何去何從，萬物面臨新的抉擇。詩人從雷雨着筆，即景生情，渲染出一種籠罩全詩的暗淡氣氛，寄託了他對時局的深沉憂憤。陶淵明避居潯陽（今江西九江）故里，其「東隅」之地，正是指京師建康（今江蘇南京）一帶。詩裏描寫衆蟄草木之附雷雨，與《詠貧士》（其一）詩慨嘆「朝霞開宿霧，衆鳥相與飛」一樣，都是喻朝廷之更新，比諸臣之趨附。此等趨炎附勢之輩，當時確實不乏其人。義熙十四年（四一八）在江州刺史任上與淵明來往頗頻的王弘，不久就蛻變成這種人物。據《宋書》記載，劉裕登基後，在一次宴會上「謂羣公曰：『我布衣，始望不至此。』傅亮之徒并撰辭欲盛稱功德。弘率爾對曰：『此所謂天命，求之不可得，推之不可去。』」這副貢諛獻媚的醜態，詩人自然深惡痛絕，勢必形之於墨，嗤之以鼻。

第二節筆鋒一轉，接入正題，着意描寫新燕臨門之喜：大地回春，燕子來歸，再入吾廬，重返故巢。新燕戀舊，至誠彌足珍貴。當其「眞風告逝，大僞斯興」（《感士不遇賦》）之時，天地間居然還有這種講究信義的伙伴，對詩人來說，眞是不幸中之大幸。這對翩翩陶廬之燕，頓使整個畫面波瀾泛起，妙趣橫生，燕子往來穿梭，竊竊私語，充滿着濃郁醉人的春天的氣息。陶詩多以寫意爲主，篇中景物往往與抒情主人公的形象相表裏。這首詩中燕子的形象正是淵明理想人格的化身，象徵着他蔑視世俗、剛正不阿的倔強性格。

第三節通過問燕之語，託出本懷，堅守節義，毫不動搖，胸襟坦白，光明磊落。詩人道：「燕子啊，久違了，一向可好？這庭院變化可大？而今舊巢雖存，門戶已非。我志已定，君欲何爲？」世道昏暗，時移事易，人情冷暖，變幻莫測，燕雖已來，心未盡知，故詩人感嘆流連之中兼帶深詢詰問，意雖隱而情彌深。讀罷全詩，掩卷沉思，眼前彷佛出現一位兩鬢蒼蒼、憂心忡忡的長者，在冷清空寂的庭院裏，對坐無人，衹有惱人的雨聲、雷聲，陣陣入耳，偶然間擡頭看到一羣燕子迎面飛來，喜出望外，笑逐顏開，他情不自禁地與燕子親

擬古（其三）

切交談起來，是那樣興趣盎然，怡然自得。讀者亦在不知不覺中進入這詩情畫意之中，與詩人一道共同分享春燕歸來的莫大喜悦。

我們欣賞陶詩，要充分注意詩人的內心世界，他的胸襟和人格。他是那樣深沉、剛毅，而又不乏機警、風趣；是那樣沖遠、高超，而又十分平易、篤實，他有着豐富的精神生活，淳眞的思想修養。這首詩的絕妙，正在於它酣暢淋漓地展示了詩人的神采，讀起來簡直感不到面對的是普通的語言文字，而是從詩人肺腑中流瀉出來的富有生命活力的音符，他的好惡，愛憎，理想、希望，差不多都包含在這極平常而又極深刻的詩句裏。從中我們不難看到陶淵明賦詩，絕無一般士大夫的矯揉造作，反而像一個心地純潔的孩童，把一片赤子之心毫無保留地奉獻給讀者。這種眞率自然的風格，恰恰是陶詩最能撥人心絃、最富感染力的關鍵所在。元人陳繹曾讚揚淵明詩「情眞、景眞、事眞、意眞」（《詩譜》），衡之本詩，他是可以當之無愧的。眞，是他做人的準則，也是他作詩的準則，這首詩就達到了眞的極高境界。翻讀此詩，誰能不引起強烈共鳴，陶醉在這純眞和諧的藝術境界之中，從而得到最深厚的美的陶冶、最巨大的美的享受呢？

欣賞詩人晚年作品，經常碰到一個他對晉宋易代的態度問題。自從一千四百多年前沈約首創「恥事二姓」之說以來，不少人因而望風捕影，搜索枯腸，到處發掘忠臣戀主的微言大義，如清邱嘉穗就認爲「陶公獨惓惓晉室，如新燕之戀舊巢，雖門庭荒蕪，而此心不可轉也」（《東山草堂陶詩箋》），顯係牽強附會的主觀臆斷。我們既不能苟同這類曲解，又不能走向另一極端，即根本否認易代之變曾在詩人心靈深處激起過巨大波瀾。由於時代、階級的局限，詩人對劉宋代晉的進步一面當然不可能作出公允的評價。封建文人通常所具有的君臣觀念和儒學教育的影響，都可能使他從思想上厭惡和反對這場變革。對桓玄、對劉裕恐怕都是這副眼光，詩人不必站在忠君立場（他對腐朽的東晉政權早已絕望，與之割斷關係，何忠之有），就是從同情弱者命運的人道主義立場出發，他對劉裕一系列誅殺異己的殘暴行徑也是不能容忍的。這種對劉宋政權的不滿和與之俱來的憤慨，反映在本詩裏，就是對趨附新朝者的冷嘲熱諷和我行我素、不應徵命的抵制行動，這正是全篇的基調，貫穿始終的主線。

擬古（其三）

這首詩在藝術表現上頗富特色。首先是通篇採用比體。「始雷」喻建康的易代之變，「衆蟄」、「草木」比歸順新朝的臣民，「先巢」喻園田故居，燕之戀舊，指堅持操守、不違初衷。全詩不用直說，而借助一系列婉轉而又具體的比喻，使意境深邃，耐人回味，給讀者留有充分想象空間。魏晉之世，士人生命沒有保障，人各懼禍，名士少有全者，加上劉宋初年政治形勢微妙，迫使詩人在抒吐憤懣時，衹能採取比喻這種隱晦曲折的形式，以防不測。

其次是情景巧妙結合。陶淵明的田園詩皆非尋常吟風弄月、流連光景之作，而多直抒胸臆，飽和着強烈感情，跳動着生命脈搏。就本詩而言，取材雖不離田園之景：蟄蟲、草木、新燕、舊巢、寒舍、村居，但它們一經詩人生花之筆的點染，立刻煥發出無限生意，充滿了詩情，收到「語時事則指而可想，論懷抱則曠而且眞」（蕭統《陶淵明集序》）的絕妙效果，透露出動蕩不安時代的影子和詩人未能忘懷世事的胸襟，情與景水乳交融，渾然一體，充分顯示田園自然美和村居生活美，反映出詩人高超的藝術天才。

再次是語言古樸簡練。這首詩不借助任何雕飾與辭采，衹是平白道來，娓娓而談，洗盡鉛華，出以至語，達到「一語天然萬古新，豪華落盡見眞淳」（元好問《論詩三十首》）的藝術極境。詩人惜墨如金，全篇衹用六十字，就生動形象地描繪出一幅聲情并茂、妙趣橫生的農村圖畫，眞是言簡意賅，難以復加。陶詩語言極富表現力，「翩翩」、「雙雙」兩個疊詞句，把燕子歡快飛舞、欣然自得的神態，活活托出，維妙維肖，正如鍾惺所稱許的：「其語言之妙，往往累言說不出處，數字回翔略盡，有一種清和婉約之氣在筆墨外，使人心平累消。」（《古詩歸》）這種傳神入化的卓絕功力，證明詩人不愧爲語言的巨匠。

這首詩的意境、構思與阮籍《詠懷》（其八）頗有相通之處。兩詩皆成於政治大變動之後，作者都心懷憂憤而又不便公開發洩，故志在譏刺而辭多隱避。阮詩云：

灼灼西頹日，餘光照我衣。迴風吹四壁，寒鳥相因依。周周尚銜羽，蛩蛩亦念饑。

如何當路子，磬折忘所歸。豈爲誇譽名，憔悴使心悲。寧與燕雀翔，不隨黃鵠飛。黃鵠游四海，中路將安歸？

阮詩「迴風」比晉武，陶詩「始雷」比宋武，與之相同：阮詩「當路」、「黃鵠」喻知進不知退、趨附唯恐不及的權臣，陶詩「衆蟄」、「草木」喻奔競仕途、歸順劉宋的羣臣，二者亦一脈相承；阮、陶對這些投靠新主、攀高結貴之徒，皆抱鄙夷不取態度。阮詩結尾言己寧肯屈身下位，與燕雀爲伍，亦不願追隨黃鵠，附司馬氏以求富貴；陶詩結尾明己甘居「荒蕪」之地，以爲安身立命之所，亦誓不復出，爲新朝效力，兩者更是聲息相應，殊途同歸。陶淵明《擬古》九首，均未明言所擬何詩，文學批評史上亦多肯定「士衡諸公擬古，皆各有所擬；靖節擬古，何嘗有所擬哉」（許學夷《詩源辯體》）。認爲淵明擬古，衹是借古抒懷，并非實有所擬。但通過上述阮、陶二詩對比，足見前人所論，亦不可盲從。孟子云：「盡信書，則不如無書。」（《孟子·盡心章句下》）誠千古不易的至理名言，願與同仁學子共勉哉！

（鍾優民）

雜詩（其二）

陶淵明

白日淪西阿，素月出東嶺。遙遙萬里輝，蕩蕩空中景。風來入房戶，夜中枕席冷。氣變悟時易，不眠知夕永。欲言無予和，揮杯勸孤影。日月擲人去，有志不獲騁。念此懷悲悽，終曉不能靜。

雜詩（其二）

《雜詩》共十二首，可以分爲兩組：前八首約作於晉安帝義熙十年（四一四），多抒發年光流逝的悲哀感慨；後四首創作年月稍前，約在晉安帝隆安五年（四〇一），多描述行役之事。「白日淪西阿」詩爲第二首。

大陵曰阿；西阿，即是西邊的大山。原來輝煌無比的太陽，此時收斂光芒，沉落到了西山之下；一輪素潔的月亮，漸漸從東邊的羣嶺背後上升了。日西沉，月東升，本是自然界中一個周而復始，極其平常的現象；詩人又并不去渲染眼前夕陽如血的奇美景色，祇是循着漢魏古詩中詩語的慣例，淡淡地稱「白日」。「白日淪西阿，素月出東嶺」，如此一個開端，樸素極了！古人對於詩歌發端的講究向來有兩種：一種如「高臺多悲風，朝日照北林」，「大江流日夜，客心悲未央」，一起首便在情感的最高點上，氣勢磅礴，驚動人心，是工於發端；另一種是起句平淡籠統，并不見透露什麼消息，亦好。《紅樓夢》中蘆雪亭聯詩一節，鳳姐爲頗具雅意的卽雪景聯句挑了個頭，自認是句「粗話」：「一夜北風緊」。不過，精於詩賦的寶黛們却說：「這句雖粗，不見底下的，這正是會做詩的起法，不但好，而且留了寫不盡的多少地步與後人。」陶詩此處發端，正有着這樣的好處。

「遙遙萬里輝，蕩蕩空中景。」上承「月出」句，描繪出滿灑月色的一片天地。起句言「素」言「白」，已在不動聲色之中，暗示了詩歌的氛圍是個潔白的世界；此句又點出「輝」和「景」，強調這種潔白并非蒼白，而是光彩熠熠的。從西阿到東嶺，其間所展開的是何等巨大的一個空間！詩人用了「遙遙」，又用「蕩蕩」，極言這種巨大空間給自己的深刻印象。何況，在這廣袤的天地中，更有潔白的月色！面對這優美而壯觀的景色，詩人也許是靜靜地陶醉了……

然而，一陣風入，攜來了肅殺的秋氣。「夜中枕席冷」，寒意周身，直入肺腑，詩人戰慄而猛省到：「氣變悟時易，不眠知夕永。」暑氣變涼，使人感悟到季節的更迭。四時流轉，是年光消逝最明顯的標誌，很容易喚起人們的無限惆悵，此刻，「氣變」「時易」牽動了陶淵明的心緒，使他輾轉反側，不能成寐，由此感知到眼下自己正在努力捱過的，千眞萬確，已是那日長一日的秋夜了！蕭瑟秋意，至此又平添了一倍！「時易」之「易」，指客觀時間的變易；「夕永」之「永」，是心理時間的無窮。因氣候變遷，而深感時光之易

雜詩（其二）

逝；又因此種感慨而不能平靜入睡，結果卻反而覺得眼前時光之凝滯難捱了！兩句詩，不唯遣詞工整，而且簡潔的詩語中，含數層轉折，曲折委婉，正如前人評說的，陶詩語言之妙，「往往累言說不出處，數字回翔略盡」。

「欲言無予和，揮杯勸孤影。」涼風觸身，長夜難眠，詩人便渴望能談點兒什麼，藉以排遣心中苦悶。但是，并沒有一個能傾聽他和理解他的談話對手。「無予和」，不僅指在這個人皆熟睡的寂靜深夜裏，而且道出了在茫茫人世中也難覓知己的孤寂。前一種苦悶尚未解脫，沉重的孤獨感又襲向詩人，他衹好取酒自斟自酌，還希望能夠自遣了。「揮杯」，見豪放痛飲貌；「孤影」，是詩人自己在月色下輪廓朦朧的身影。「揮杯」而勸「孤影」，兩相映照，寫出詩人曠世無知音的悲涼。陶淵明的好酒十分有名，往往是作爲高人軼事而四處流傳。人們津津樂道，談他的瀟灑風流；詩人自己也總寫到飲酒之樂：「清琴橫牀，濁酒半壺。」「揮茲一觴，陶然自樂。」然而，詩人之信奉濁醪妙理，并非要在醺醉之中表現名士風度；而是想借酒作某種自我安慰，眞可謂「醉翁之意不在酒」了。

眞正愁腸鬱結，卻不是幾杯薄酒所能澆開了的。詩人和酒思愁，思到難思之處，不由得慷慨發聲：「日月擲人去，有志不獲騁。」至此，詩人才翻然醒悟，讀者也立時領會了，詩歌開頭那平凡而動人的日淪月出之景，原來還藏有一層如此無情的意蘊：日與月如時光的一雙巨輪，運行驟馳，把人遠遠拋擲在後，由着他從青春少年變爲鶴髮衰翁！日月擲人去，是中國詩歌所常吟詠的一個古老主題，《古詩十九首》裏，常聽到這類歌聲：「生年不滿百，常懷千歲憂。晝短苦夜長，何不秉燭遊。」「浩浩陰陽移，年命如朝露。」「何不策高足，先據要路津。無爲守窮賤，轗軻長苦辛。」都是衹着眼於人世，抓住自以爲有價值之物，決不存世外的幻想妄念，那種熱愛生命、執著於人間的眞情是坦率得可愛的。陶淵明也要抓住人生一世中的有價值之物，不過，在他，那是志向的實現。看他詠荊軻的「其人雖已沒，千載有餘情」，自詠的「猛志逸四海，騫翮思遠翥」，可知詩人所懷的志向是高大不凡的。一個「騁」字，傳神地道出，如若志向得以實現，詩人將感到何等的生命充實、盡情快意。公元四一四年，詩人正好年滿五十，田居生活的清苦教他「玄髮早已白」。壯年已經過去了，青春歲月中沒有機會得以伸展的志向，在黯淡下去的暮年裏，不止是希望渺茫，而且確乎不可能實現了！兩句詩爲全篇核心。在此之前，詩人盤桓、鋪墊，欲言還咽，直到將結尾處，方纔一語道破。「念此懷悲悽，終曉不能靜。」陶淵明不是單純地懼怕衰老與死亡，讀他的另一詩作：「縱浪大化中，不喜亦不懼。應盡便須盡，無復獨多慮。」可知詩人正是真正參透生死的少數智者之一。日月疾去而有志不騁，這才使骨子裏深受儒家思想影響的詩人感到生命虛度而悲悽不已。從前一日黃昏到第二天白日重新臨照人間，濁醪也終於沒能慰撫詩人的悲哀。

整首詩寫了在一個秋意濃重的月夜裏，詩人觸物生情，一宿心緒起伏，不能排遣。寧謐之景與翻騰之情互相衝突，却正好收到了「昔我往矣，楊柳依依」的效果。詩中情緒由發端的平淡沉靜漸轉漸深，引向高潮，然後戛然而止，餘韻悠悠。前人品評陶淵明，總愛說他是隱逸詩人、清淡之宗。朱熹糾正這一偏頗，特地指出了陶詩的「豪放」一面。而誦讀此詩，人們又可看到陶詩的另一種面貌：它不是清淡的，亦不是豪放的；它是那麼沉重地吐露出一段悲慨之情，由詩人一己的壯志未酬之憾恨和人類永恆的生命短促之悲哀交織而成。

（陳蝶沁）

詠荊軻

陶淵明

燕丹善養士，志在報強嬴。招集百夫良，歲暮得荊卿。君子死知己，提劍出燕京。

詠荊軻

素驥鳴廣陌，慷慨送我行。雄髮指危冠，猛氣衝長纓。飲餞易水上，四座列羣英。漸離擊悲筑，宋意唱高聲。蕭蕭哀風逝，淡淡寒波生。商音更流涕，羽奏壯士驚。心知去不歸，且有後世名。登車何所顧，飛蓋入秦庭。凌厲越萬里，逶迤過千城。圖窮事自至，豪主正怔營。惜哉劍術疏，奇功遂不成！其人雖已沒，千載有餘情。

《詠荊軻》是一首詠史詩。所詠荊軻刺秦王故事，最早見於《戰國策·燕策》。漢代司馬遷作《史記》，採入《刺客列傳》，也別見於《燕召公世家》。比司馬遷稍前，漢淮南王劉安及其門客所著之《淮南子·泰族訓》中，有一節文字涉及易水餞別之事，所記與《戰國策》相近，細節略有參差，當是傳聞異辭。總括文獻所載，其事之大致梗概是：燕太子丹爲抗禦強秦的吞併，厚禮壯士荊軻，派他入秦劫持秦王嬴政。荊軻僞裝爲向秦國奉圖獻土，以燕之督亢地圖卷匕首而往。秦王展圖，圖窮匕見。可惜荊軻擲秦王不中，事敗被殺。本篇即詠其事。

清人陶澍註陶《集》說：「古人詠史，皆是詠懷，未有泛作史論者。」不僅概括了我國詠史詩的優良傳統，也中肯地闡明了本篇的性質。即它并非泛議史事是非，而是藉史抒懷，託古見志。陶淵明後期經歷了晉、宋的易代。古人如宋人湯漢、元人劉履、明人黃文煥直至清人陶澍等，一般都認爲這首詩作於易代之後，針對代晉的劉裕而發，從大的時間背景上說是不錯的；但他們意在闡揚忠於一姓思想，往往單純強調此詩「憤宋武弒奪之變」、「寓報仇之志」，就未免過於偏狹了。從陶淵明的整個思想以及陶詩的形象體系及其特定寓意來看，這首詩決非單純憤弒奪之變，寓報仇之志，表現作者忠晉思想；而是憤暴亂之政，寓除暴之懷，概括了更爲深廣的歷史內容。

陶淵明生活在東晉王朝沒落的年代。自孝武帝時司馬元顯父子專權，統治階級內部矛盾便趨於白熱化。淝水大捷的大好形勢煙消雲散，接踵而起的是叛亂相繼，殺奪不已。先是王恭、殷仲堪起兵，繼而桓玄篡逆，接着劉裕以討桓起家，又步桓之後塵代晉自立。在陶淵明看來，所有這些都是暴亂政治的代表，是使政不清明、世不安寧、民不聊生的根源。他以常被古人視爲暴虐無道的秦喻指這股政治勢力，寄寓自己的憎惡。除本篇外，《桃花源詩》也説：「嬴氏亂天紀，賢者避其世。」如果説《桃花源詩》以秦爲喻，用編織理想社會圖景的方式表示了對暴亂政治的鄙夷不屑的態度，那麽這首詩便是以秦爲喻，用歌詠荆軻刺秦王的故事表現了對暴亂政治的摧鋤鏟滅的感情，突出地反映了作者「金剛怒目」的一面。

從我國詠史詩的發展歷史看，現存最早的東漢班固的《詠史》，衹是隱括本傳，質木無文，還處於幼稚的萌生階段。到了西晉左思的《詠史》，藝術上已十分成熟，取得了相當高的成就。但他往往在一首詩中錯比史事，詠史幾同用典，爲詠史詩别開一格。一詩衹詠一事，又能於史事中具見本懷，而且敍事境界引人，人物氣韻生動，陶淵明的這首可以説是典範。

詠史詩是藉史抒懷，不能不受到史實的限制。但是作者雖不能脱離或更改史實，却有選取和渲染史事不同側面的自由。這首詩的成功處之一，就在於善於組織史事素材，爲表達作者思想服務，意旨顯豁，主題鮮明。在陶淵明之前，以荆軻事跡爲題材的詠史詩有漢末阮瑀的《詠史詩》其二和西晉左思的《詠史》其六。阮詩衹截取易水送别場面，突出表現餞别的悲壯之情；左詩則側重荆軻酣飲燕市、旁若無人的片斷，以寓作者藐視豪右之慨。淵明此詩不同，意在抒發鏟强鋤暴感情，所以取了事件的全過程。從「報强嬴」的行動意圖始，至「劍術疏」的奇功不成止，使除暴之旨像一條主幹縱貫全詩。詩的遣語、結構之妙，往往在不經意中暗呈主旨。如首二句敍事中的「志在報强嬴」，實用其籠罩全詩；因而下文「君子死知己」句，雖知遇圖報的節義思想較濃，但統攝在「報强嬴」之下，便與除暴主旨關合，境界自大不同。又如詩的首部以「强嬴」稱秦國，尾部以「豪主」稱秦王，在不覺之中增添强秦豪横酷暴色彩，加濃了除暴主題。

這首詩尤爲感人之處，是成功地塑造出一個鋤暴勇士形象。詩在首四句敍事中，便用「召集百夫良」，點染出荆軻卓然出衆的英姿。接着通過出京、飲餞、登程、搏擊幾個環節的勾畫，使主人公像浮雕一般鮮明地凸現在讀者面前。「君子」以下六句寫出京，主人公嫉暴如仇、揮劍欲試的神情躍然紙上。「提劍」二字之傳神，足見作者煉字刻畫的功力。「飲餞」以下八句寫易水餞别，悲壯淋漓，可見主人公壯氣衝霄之概。「心知」以下六句寫登程，從登車不顧、淩萬里、越千城的略帶鋪排的筆墨中，濃郁地傳達出主人公視死如歸、勇往直前的氣勢。「圖窮」二句寫搏擊，雖極簡括含蓄，但從「豪主正怔營」中，可以想見荆軻鷙猛淩人之勢。清人康發祥說：「太白於張子房則曰：『報韓雖不成，天地皆震動』；獨不可曰：報燕雖不成，風雲爲之變色乎？」本篇確實能刻畫出鋤暴勇士的氣貫長虹、勇猛無前、足以使風雲變色的神采。

有些漢樂府和漢末古詩是偏重敍故事、寫人物的，突出的如《孔雀東南飛》。它們敍事性強，人物形象往往通過行動細節的描寫和個性化的對話表現。本篇雖然本質上也屬於敍事性質，但它却蹊徑獨闢。詩中完全沒有人物的語言，人物的行動也是大關節、粗綫條的，它主要是通過渲染環境氣氛，以烘托人物之神。環境烘托部分往往是實筆，人物本身則往往是虛筆。如出京一節，六句中除首二句直言荆軻外，以下全從送行者落筆，從送行者的激憤情緒中，烘托出荆軻怒目横眉之神。爲把氣氛寫得濃郁，作者對素材做了精心的抉擇。《戰國策》、《史記》都說荆軻出京時，「太子及賓客知其事者，皆白衣冠送之」。祇言送行者衣白。漢末阮瑀詩說：「素車駕白馬，相送易水津。」有了素車白馬送行之說。作者選取了後者，又棄車留馬，鍛煉成「素驥鳴廣陌」一句，既不失以素色送行之悲壯，而駿馬號鳴更加濃其氣氛。又史載送行時「士皆瞋目，髮盡上指冠」，詩人不直言「瞋目」，而將怒髮衝冠化爲「雄髮指危冠，猛氣衝長纓」兩句。纓是繫冠的帶子，冠振纓揚，更能傳衆士憤怒之態。而從送行者之如此激昂，自可想見行者之慷慨。主人公雖在虛處，却虛得有神。又如飲餞一節，全從餞別時的樂聲上着筆。「漸離」二句寫知己之擊築悲歌。《戰國策》、《史記》均言「高漸離擊築，荆軻和而歌」。《淮南子》則云：「高漸離、宋意爲擊築而歌於易水之上。」詩人選取了後者，將荆軻推至幕後，祇實寫漸離擊築、宋意高歌以創造悲慨氣氛。「蕭蕭」二句以易水之環境加濃別樂的悲涼色調，使易水之「哀風」、「寒波」與哀感動人之別樂相激相發，其意境之濃烈，竟使易水寒氣成爲壯烈精神的象徵。初唐駱賓王《於易水送人》詩句：「昔時人已沒，今日水猶寒。」其中含蘊的力量，未嘗不得力於此詩。「商音」二句從衆士之聞樂激昂進一步渲染別樂之哀厲。商音之悲，使士皆流涕；羽聲之激越，使士皆驚動。六句全寫別樂之悲壯，無一筆具體刻畫主人公，而在此悲壯氣氛中，主人公壯懷激烈之神態畢出，并且留給人

詠荊軻

們豐富的想象餘地，比實寫更耐人尋味咀嚼。吳喬所謂「文章實做則有盡，虛做則無窮」。我國古代繪畫中有寫實、寫意之分，如以繪畫爲喻，《孔雀東南飛》近於寫實派，重在摹形；《詠荊軻》則屬於寫意派，重在傳神。二者各有妙處，而後者往往更富於意境。這是與陶詩重在表意、善於造境、詩多餘味的總的藝術傾向相一致的，但用在人物刻畫上，便爲敍事詩別開一徑。

總体來說，這首詩對秦及秦王突出其強暴，對燕太子丹突出其報嬴之志，對主人公荊軻則突出其勇於鋤強鋤暴精神，三位一體，相互襯托，將鋤暴氣氛塗抹得極濃。而詩人似乎衹是客觀敍述，不動聲色；實際作者已將對暴亂政治的憎惡傾注在秦及秦王身上，將鋤暴之強烈激情傾注在燕丹特別是荊軻身上。因此詠史的過程也就是表達詩人意旨的過程，故全詩顯得形象生動、含蓄蘊藉而鮮明有力。有了如此深厚的基礎，詩末結以對奇功不成的惋惜，對鋤暴勇士的由衷懷念，便成爲畫龍點睛之筆，使詩人鋤暴之情，赫然昂立於紙上了。

朱熹說：「陶淵明詩，人皆說是平淡，據某看他自豪放，但豪放得來不覺耳。其露出本相者，是《詠荊軻》一篇。」是頗有眼力的。陶詩主調是平淡自然，但作者胸有「金剛怒目」之情，故亦有豪放一面，本篇卽典型代表。清末詩人龔自珍《雜詩》其一說：「陶潛詩喜說荊軻，想見《停雲》發浩歌。吟到恩讎心事湧，江湖俠骨恐無多。」深得此詩三昧。但是，陶雖有豪放，却又「豪放得來不覺」，旣不似屈原那樣狷急激切，也不似李白那樣壯浪縱恣，卽以本篇而論，仍是以舒緩之筆寫激憤之情，以平淡之語表剛毅之志，內寓堅剛而外斂鋒芒，與平淡自然有其相通之處，這就是卓然成家有獨特風格的大家的風範，非一般功力所及的。

（孫　靜）

擬挽歌辭三首

陶淵明

一

有生必有死，早終非命促。昨暮同為人，今旦在鬼錄。魂氣散何之，枯形寄空木。嬌兒索父啼，良友撫我哭。得失不復知，是非安能覺。千秋萬歲後，誰知榮與辱。但恨在世時，飲酒不得足。

二

在昔無酒飲，今但湛空觴。春醪生浮蟻，何時更能嘗？肴案盈我前，親舊哭我傍。欲語口無音，欲視眼無光。昔在高堂寢，今宿荒草鄉。荒草無人眠，極視正茫茫。一朝出門去，歸來良未央。

三

荒草何茫茫，白楊亦蕭蕭。嚴霜九月中，送我出遠郊。四面無人居，高墳正嶕嶢。馬為仰天鳴，風為自蕭條。幽室一已閉，千年不復朝。千年不復朝，賢達無奈何。向來相送人，各自還其家。親戚或餘悲，他人亦已歌。死去何所道，託體同山阿。

擬挽歌辭三首

《擬挽歌辭三首》及《自祭文》，一般認爲是陶淵明的絕筆，作於宋文帝元嘉四年（四二七）九月，據朱熹《通鑑綱目》考訂，該年十一月陶淵明卽與世長辭了！

署名任昉的《文章緣起》說，「挽歌」始於曹魏時代的繆襲。後陸機寫過三首《挽歌詩》比較有名。陶淵明這三首擬作，無論思想或藝術都頗多新意，歷來受人賞愛。《文選》錄該詩第三首，題作《挽歌詩》；《樂府詩集》作《挽歌》，但編次與通行的《陶淵明集》不同，卽第一首與第三首位置互換。從詩的內容和結構看，《陶淵明集》的編排順序較爲合理：首篇敍乍死而殮，次篇敍奠而出殯，三篇敍送而葬之；且前篇之尾與後篇之首在措辭上互爲勾接，形成環環緊扣，次序井然的有機整體。足見此詩雖分三首，從詩思的營構上說，實爲不可分割的一篇。

按通常的習俗，唱挽歌是生人對死者的哀悼，爲什麼陶淵明還活着就自歌自挽起來了呢？原來，魏晉時期玄學盛行，人們崇尙自然，標榜曠達，所以史籍中常有生前就爲自己寫祭文、唱挽歌的記載，如袁山松外出遊玩時，喜歡「令左右作挽歌」。據《續晉陽秋》說：「羊曇善唱樂，桓伊能挽歌，及山松以《行路難》繼之，時人謂之『三絕』。」足見當時人們對「挽歌」的特殊愛好了。

不過，陶淵明這三首挽歌，似與當時習尙不盡相同，它幷非撰於閑暇遊宴之時，亦非故意標榜曠達放誕。那時，他已抱病多年，「漸就衰損」，自知「大分」有限，年命將終，於貧病交加的困境中，凄然含恨而寫成此詩。全詩作死者自敍口氣，從死者的視聽上寫他謝世前後的所見、所聞和所感，表達了詩人對生死的看法、態度和感受。歷來說陶詩者，對此詩理解不一，或以爲全然「不落衰境」，句句是曠達；或以爲「幽凄俯仰欲絕」，全屬哀惋之筆。其實，該詩既有曠達的一面，亦有幽凄的一面，偏執一端，就片面了。

詩中的曠達，主要從詩人對「死」的認識和態度上表現出來。東晉時期，階級矛盾和民族矛盾錯綜複雜，門閥士族的統治根基動搖了，他們的命運和前途很不美妙。因此，生死問題成了當時玄學研討的一個重大課題。王羲之《蘭亭集序》說：「修短隨化，終期於盡，古人曰：死生亦大矣。豈不痛哉！」深知死的必然，痛感生死問題的嚴重，正是東晉名士們既清醒又陰暗的心理的反映。他們中的大多數人幷未於清醒中採取積極的態度，而是流露出對生的無限依戀，表現出極端貪婪的利己主義。他們鼓吹及時行樂，縱情肆欲，「盡一生之歡，窮當年之樂」（《列子·楊朱篇》），並把這種貪生之戀美化爲人所共有的自然本性。對於這些貪生畏死的「營營」之輩，陶淵明在《形影神三首》等詩中已有批評。他從正面闡明死的必然，認爲對待死的正確態度應是委運任化，聽其自然。在他看來，人的生死、壽夭，都由自然法則決定，不以人的主觀願望爲轉移，任何人爲努力和個人顧慮都是多餘的。詩人這種清醒的認識，曠達的胸襟，主要來自兩方面的原因：一是從經驗中得知，自古以來沒有長生久視的先例：「自古賢聖，誰能獨免？」（《與子儼等疏》）「世間有松喬，於今定何間？」（《連雨獨飲》）二是詩人能用樸素的辯證觀點看問題，這種觀點，就體現在本詩開頭二句中：「有生必有死，早終非命促。」另外，在《五月旦作和戴主簿》一詩中也說過類似的話：「既來孰不去，人理固有終。」生與死，來與去，都是對立統一的關係，二者互爲依存。若無死，則無所謂生；若無去，來就失去了存在的意義。在《擬挽歌辭三首》中，詩人以「死去何所道，託體同山阿」總鎖全篇，說的正是生死來去之理，點明死的實質就是復歸自然。可見，陶淵明認定人必有一死，對死表現出那樣的清醒認識和曠達胸懷，乃是基於對歷史和現實的深刻觀察，并用樸素的辯證觀點，從感性認識上升到了理性認識的高度的。

該詩流露出來的幽悽之情，主要表現爲對「生」的遺恨。對於詩人來說，倒不因死而失去什麼，在這個世界上，他沒有值得留戀的「豐屋美服」、「厚味姣色」。他在《自祭文》中說：「自余爲人，逢運之貧，簞瓢屢罄，絺綌冬陳。」在《與子儼等疏》中也說「少而窮古，每以家弊，東西遊走」。他一生受過諸種天災人禍的打擊，嘗够了「夏日長抱饑，寒夜無被眠」的滋味，最後幾近「乞食」。總之，一個「貧」字足以概括他一生的悲苦命運。現在要死了，他倒覺得痛快，這種感受，就凝結在這四句詩中：「得失不復知，是非安能覺？千秋萬歲後，誰知榮與辱？」衹有生得凄苦，纔會覺得死的痛快；因爲生時的「得失」、「是非」、「榮辱」所帶來的種種糾纏和煩惱，都可因一死而了卻乾淨，真正獲得徹底的解脫。這種人生的體驗和悲辛，詩人寫得何等平淡，但反覆細品，又覺字字璣珠，饒有深味。

然而，更耐人尋味的還在第一首最後兩句：「但恨在世時，飲酒不得足。」因死而斷決了塵世之累，自然是痛快淋漓；但詩人就沒有值得留戀的東西了麼？有的，那就是酒，此時此刻，使他飲恨終身，至死不忘的，正是生前「飲酒不得足」啊！這平常的一句話，道出了多少人生悲辛！陶淵明一生嗜酒，但大多數情況，尤其在他的後半生，酒實爲詩人超脫塵世的精神麻醉劑；因爲在他看來，人的身形不可能超出現實之外，但酒能使人暫時擺脫精神的煩擾，所謂「遠我遺世情」（《飲酒》之七）、「忘彼千載憂」（《遊斜川》），因此他給了酒一個雅號，叫「忘憂物」。由於經濟上的貧困，他常常因有興無酒而感恨不已，如《九日閑居》、《詠貧士》等詩就把這種心境抒洩得十分悲淒。在這篇絕筆詞中，他更用飽含辛酸的筆墨提到這一點，并引爲終生惟一的憾事。説是生前想飲酒而不可得，現在是有酒無法消受。面對靈前供奉的美酒，色香誘人，也祇能眼巴巴地望着。那種有酒不能品嚐的遺憾和悲慨，儘管紆曲難盡，由於今昔、有無的相互反襯，再加「湛空觴」的「空」字下得精妙，還是被絲絲地抒發了出來。

當然，曠達與幽悽畢竟是兩種不同的東西，前者是對宇宙自然至理的清醒認識，屬於理智的感悟；後者來自現實生活的深刻體驗，是感情的激發。兩者在詩中的關係，構成「理」與「情」的交織。理語入詩常爲詩家所忌，但也不是説詩應該與「理」絕緣。用詩的形式空説抽象的道理，像東晉盛行的玄言詩那樣，早已成爲歷史的教訓。然而，在中外文學史上都曾産生過別具理趣的名篇。陶淵明在這方面的努力是很成功的。他寫了不少極富詩的優美情趣，又含深邃哲理的好詩，這三首挽歌就是一例。詩中的理語之所以不乏詩味，一是道理提煉得精粹，就像格言，諺語一樣；二是理語用得恰當，大有畫龍點睛之妙，既能突出、深化詩的主題，又能啓人遐思，耐人尋味。所以使得這三首挽歌能够詩思一貫，「情」「理」交迸，相映成趣。或恣肆豪宕，或掩抑徘徊，讀來自有餘味無窮之感。正如清人陳祚明所説：「言理極盡，故言哀極深。」（《采菽堂古詩選》卷十四）

（李文初）

閑情賦（並序）

陶淵明

初，張衡作《定情賦》，蔡邕作《靜情賦》，檢逸辭而宗澹泊，始則蕩以思慮，而終歸閑正；將以抑流宕之邪心，諒有助於諷諫。綴文之士，奕代繼作，并因觸類，廣其辭義。余園閭多暇，復染翰為之。雖文妙不足，庶不謬作者之意乎？

夫何瓌逸之令姿，獨曠世以秀羣。表傾城之豔色，期有德於傳聞。佩鳴玉以比潔，齊幽蘭以爭芬；淡柔情於俗內，負雅志於高雲。悲晨曦之易夕，感人生之長勤，同一盡於百年，何歡寡而愁殷。褰朱幃而正坐，泛清瑟以自欣，送纖指之餘好，攘皓袖之繽紛。瞬美目以流眄，含言笑而不分。曲調將半，景落西軒。悲商叩林，白雲依山。仰睇天路，俯促鳴絃。神儀嫵媚，舉止詳妍。激清音以感余，願接膝以交言。欲自往以結誓，懼冒禮之為諐。待鳳鳥以致辭，恐他人之我先，意惶惑而靡寧，魂須臾而九遷。願在衣而為領，承華首之餘芳；悲羅襟之宵離，怨秋夜之未央。願在裳而為帶，束窈窕之纖身；嗟溫涼之異氣，或脫故而服新。願在髮而為澤，刷玄鬢於頹肩；悲佳人之屢沐，從白水以枯煎。願在眉而為黛，隨瞻視以閑揚；悲脂粉之尚鮮，或取毀於華粧。願在莞而為席，安弱體於三秋；悲文茵之代御，方經年而見求。願在絲而為履，附素足以周旋；悲行止之有節，空委棄於牀前。願在晝而為影，常依形而西東；悲高樹之多蔭，慨有時而不同。願在夜而為燭，照玉容於兩楹；悲扶桑之舒光，奄滅景而藏明。願在竹而為扇，含淒飈於柔握；悲白露之晨零，顧襟袖以緬邈。願在木而為桐，作膝上之鳴瑟；悲樂極以哀來，終推我而輟音。考所願而必違，徒契闊以苦心。擁勞情而罔訴，步容與於南林。棲木蘭之遺露，翳青松之餘陰。儻行行之有覿，交欣懼於中襟。竟寂寞而無見，獨悁想以空尋。斂輕裾以復路，瞻夕陽而流嘆。步徙倚以忘趣，色慘悽而矜顏。葉燮燮以去條，氣淒淒而就寒。日負影以偕沒，月媚景於雲端。鳥悽聲以孤歸，獸索偶而不還。悼當年之晚暮，恨茲歲之欲殫。思宵夢以從之，神飄颻而不安。若憑舟之失棹，譬緣崖而無攀。於時畢昴盈軒，北風淒淒。耿耿不寐，衆念徘徊。起攝帶以伺晨，繁霜粲於素階。鷄斂翅而未鳴，笛流遠以清哀，始妙密以閑和，終寥亮而藏摧。意夫人之在茲，託行雲以送懷。行雲逝而無語，時奄冉而就過。徒勤思以自悲，終阻山而滯河。迎清風以袪累，寄弱志於歸波。尤蔓草之為會，誦召南之餘歌。坦萬慮以存誠，憩遙情於八遐。

陶淵明的《閑情賦》，蕭統《陶淵明集序》評：「白璧微瑕，惟在《閑情》一賦，揚雄所謂『勸百而諷一』者，卒無諷諫何是搖其筆端。惜哉，無是可也！」認爲這是陶淵明作品的缺點，因爲賦中描繪的，祇是勸誘人對美人的胡思亂想，并沒有諷諫。最近讀到逯欽立註《陶淵明集》提出新的看法：「賦作於彭澤致仕以後，以追求愛情的失敗表達政治理想的幻滅。」現在試結合原作來看看。

《閑情賦序》：「初，張衡作《定情賦》，蔡邕作《靜情賦》，檢逸辭而宗澹泊。始則蕩以思慮，而終歸閑正；將以抑流宕之邪心，諒有助於諷諫。綴文之士，奕代繼作，并因觸類，廣其辭義。余園閭多暇，復染翰爲之，雖文妙不足，庶不謬作者之意乎？」

閑情賦（並序）

從這篇序看，《閑情賦》是倣照前人同類的作品寫的。這類作品，開始是寫對美人的胡思亂想，最後是抑制邪心，歸向正路，這是以前的作者之意。他這一篇，也是這個意思。從他序裏講的看，沒有什麼愛情的失敗，更沒有什麼政治理想的破滅。這是就序說，光看序不够，還要看他的賦，在看他的賦前，不妨先看前人同類的賦。

張衡《定情賦》（見《藝文類聚》卷十八）：「夫何妖女之淑麗，光華豔而秀容。」寫一位美女。「秋爲期兮時已征，思美人兮愁屏營。」因爲自己已不在青春時，已到秋天，雖然思美人已不合適了，這是定情，不再去追求了。蔡邕《檢逸賦》（即《靜情賦》）：「夫何姝妖之媛女，顏煒燁而含榮。」也寫了一位美女。他怎麼收檢逸想的，因爲這篇賦殘缺，看不出來了（見同上）。又陳琳《止欲賦》：「媛哉逸女，在余東濱，色曜春華，豔過碩人。」寫一位美女。「道攸長而路阻，河廣瀁而無梁。」給河水隔斷，不能去求她。從這些賦看，都是先是見了美女，引起胡思亂想，後來停止追求了，停止的理由可能不同，或者認爲自己的年齡不配，或者有阻礙。

陶淵明的《閑情賦》在這方面都超過前人寫美女，僅寫她的美貌。《閑情賦》裏寫她：「表傾城之豔色，期有德於傳聞。佩鳴玉以比潔，齊幽蘭以爭芬；淡柔情於俗內，負雅志於高雲。」「褰朱幃而正坐，泛清瑟以自欣」。她不僅貌美，還有好的品德，如玉如蘭，有高尚的志趣，如高天的雲；還精於音樂，能够鼓瑟。她對作者的態度又怎樣呢？「瞬美目以流眄，含言笑而不分。」是很多情的，不光是美目流盼，是對他笑，笑裏還有話。還有，「激清音以感余，願接膝以交言」。通過音樂來挑逗他，願他來接膝交言。那他怎麼表示呢？「欲自往以結誓，懼冒禮之爲諐。待鳳鳥以致辭，恐他人之我先。意惶惑而靡寧，魂一夕而九遷。」他也很想去，但怕觸犯禮教。想托鳳鳥作媒，又怕失掉時機，因此不敢前去，夢中產生各種胡思亂想。他的防閑情思，由於遵守禮教，不敢觸犯。後來呢？「迎清風以袪累，寄弱志於歸波。尤蔓草之爲會，誦召南之餘歌。坦萬慮以存誠，憩遙情於八遐。」袪累是排除了各種胡思亂想，歸波是把自己懦弱的情思付之東流。蔓草見《詩經·鄭風·蔓草》，《詩序》認爲指男女私會，他譴責這種私會。召南指《詩經·召南》中的《草蟲》《行

閑情賦（並序）

露》等詩。寫男女無禮私會，他不同意這種私會。他排除萬慮，寄情八方。那末他完全是用禮教來防閑情思的。因此說他追求愛情的失敗，似與賦的內容不合。賦裏是說美女招引他，他不敢去接近，不是他追求愛情，是他遵守禮教不敢去接受這種愛情。從前人同類的作品到他的作品，都不是寫追求愛情的失敗。

陶淵明這樣守禮，在他的作品裏有沒有旁證呢？有，他在寫他的理想境界桃花源的詩裏寫了「秋熟靡王稅」的空想，但還寫「俎豆猶古法」的禮制，卽使在他的理想境界裏還不忘禮教。他在《飲酒》裏讚美孔子：「汲汲魯中叟，彌縫使其淳。鳳鳥雖不至，禮樂暫得新。」也提到禮樂。當然他講的禮，是跟信義節操結合着的。他在《感士不遇賦》裏提到：「夫履信思順，生人之美行；抱樸守靜，君子之篤素。」「懷正志道之士，或潛玉於當年；潔己清操之人，或沒世以徒勤。」他在《閑情賦》裏講的「冒禮爲諐」，跟他主張正道清操是一致的。總之，不是「追求愛情的失敗」，是不敢去接受對方的愛情。

在《閑情賦》裏有沒有「表達政治理想的幻滅呢」？在政治上，有沒有一位政治家像那位美女，有品德可以比玉和蘭，有高超的志趣，對他顧盼含情，要接膝交言呢？沒有。他曾在桓玄和劉裕手下做過官，他們都不是他所想望的人。他在賦裏所寫的美人，是不是他的政治理想呢？也不是。他的政治理想還是「秋熟靡王稅」和「俎豆猶古法」，拋開了理想境界的無王稅，就當時的社會說，他一方面要減輕剝削，使農民生活安定，一方面要講究禮義和節操。因此《閑情賦》裏的美人並不能够代表他的政治理想，這位美人在禮義方面還顯得不够些。因此他的發乎情止乎禮義，也不是表達政治理想的幻滅。《閑情賦》裏寫的美人，也不是他想望的「賢人君子」。他在《擬古》裏云「聞有田子泰，節義爲士雄」，讚美田疇的節義。在《感士不遇賦》說「悼賈傅之秀朗」、「悲董相之淵致」，讚美賈誼和董仲舒。這是他想望的賢人。賦裏的美人不是這樣，不是他所想望的「賢人君子」。

蕭統的批評，說它「『勸百而諷一』，卒無『諷諫』」。所謂「勸百而諷一」是揚雄對漢賦的批評。蕭統在《文選序》裏稱賦「述邑居則有憑虛亡是之作，戒畋遊則有長楊羽獵之製。若其紀一事，詠一物，風雲草木之興，魚蟲禽獸之流，推而廣之，不可勝載矣」。他對賦的「勸百諷一」，沒有貶辭，在《文選》裏還

閑情賦（並序）

選了京都、郊祀、耕籍、畋獵、紀行、遊覽、宮殿、江海、物色、鳥獸、志、哀傷、論文、音樂、情這些賦。在這些賦裏，絕大部分是「勸百諷一」的。他都沒有批評，加以選入。因此，他用「勸百諷一」來批評《閑情賦》，是違背他選文的標準的，是自相矛盾的。再說《閑情賦》是不是「卒無諷諫」呢？它是「蕩以思慮，而終歸閑正。將以抑流宕之邪心」。它是發乎情止乎禮義。它雖寫了胡思亂想，但行動沒有越禮，因此還是有助於諷諫的。用守禮來閑情，在情和禮發生矛盾時，主要是守禮，這是這篇賦的主旨，這個主旨是好的，應該肯定，不應該批判。因此，蕭統的批評是不對的。

陶淵明在序裏自謙地說：「雖文妙不足。」就文妙看，比起前人的同類賦來，《閑情賦》不是文妙不足，而是文妙超越前人。蔡邕《檢逸賦》裏說：「余心悅於淑麗，愛獨結而未并。」愛怎樣獨結沒有寫出來。陳琳《止欲賦》「伊余情之是悅，志荒溢而傾移」，志怎麼荒溢沒有寫出來。阮瑀《止欲賦》裏「懷紆結而不暢兮，魂一夕而九翔」，魂怎麼九翔沒有寫出來。《閑情賦》就不同了：「意惶惑而靡寧，魂須臾而九遷。」它就寫出魂怎樣的九遷來。這就使他這篇賦遠遠超過了前人。魂怎樣九遷呢？

「願在衣而為領，承華首之餘芳；悲羅襟之宵離，怨秋夜之未央。願在裳而為帶，束窈窕之纖身；嗟溫涼之異氣，或脫故而服新。願在髮而為澤，刷玄鬢於頹肩；悲佳人之屢沐，從白水以枯煎。願在眉而為黛，隨瞻視以閑揚；悲脂粉之尚鮮，或取毀於華粧。願在莞而為席，安弱體於三秋；悲文茵之代御，方經年而見求。願在絲而為履，附素足以周旋；悲行止之有節，空委棄於牀前。願在晝而為影，常依形而西東；悲高樹之多蔭，慨有時而不同。願在夜而為燭，照玉容於兩楹；悲扶桑之舒光，奄滅景而藏明。願在竹而為扇，含淒飇於柔握；悲白露之晨零，顧襟袖以緬邈。願在木而為桐，作膝上之鳴琴；悲樂極以哀來，終推我而輟音。考所願而必違，徒契闊以苦心。」

從以上的各種願望來看，也說明這裏不是講什麼政治理想。談到政治理想，使人想起《書·說命上》：「若金，用汝作礪；若濟巨川，用汝作舟楫；若歲大旱，用汝作霖雨。」要變成霖雨、舟楫、礪，才是政治理想。這裏想變的，是適應美人所需要的東西，不是適應國家政治上所需要的一切。假如說，前面寫出了情和禮的矛盾，那是閑情守禮。這裏寫出了情和智的矛盾，願望和實際的矛盾，是抑制情和願望而服從實際。從感情說，想化爲衣領，但衣裳要脫下，不能長期親近她；想化爲帶子，但帶子要換掉，也不能長期親近她，從理智和實際看，都不可能永遠親近她，「所願必違」，所以衹有擺脫這種想望。這段描寫，不僅極爲生動，超過了同類的前人的作品，也表達了他對美人的尊重。他想變成的衹是美人所服用的東西，連一點要占有的意思都沒有，這種思想也是比較高的。像宋玉《神女賦》：「褰余幬而請御兮，願盡心之惓惓。」就比較庸俗了。在這裏，想提出對《閑情賦》的看法，卽不同於蕭統、蘇軾和逯欽立的看法。

（周振甫）

歸去來兮辭（並序）

陶淵明

余家貧，耕植不足以自給。幼稚盈室，缾無儲粟，生生所資，未見其術。親故多勸余為長吏，脫然有懷，求之靡途。會有四方之事，諸侯以惠愛為德，家叔以余貧苦，遂見用於小邑。於時風波未靜，心憚遠役，彭澤去家百里，公田之利，足以為酒，故便求之。及少日，眷然有歸歟之情。何則？質性自然，非矯厲所得。饑凍雖切，違己交病。

歸去來兮辭（並序）

嘗從人事，皆口腹自役。於是悵然慷慨，深愧平生之志。猶望一稔，當斂裳宵逝。尋程氏妹喪於武昌，情在駿奔，自免去職。仲秋至冬，在官八十餘日。因事順心，命篇曰《歸去來兮》。乙巳歲十一月也。

歸去來兮，田園將蕪胡不歸！既自以心為形役，奚惆悵而獨悲。悟已往之不諫，知來者之可追。實迷途其未遠，覺今是而昨非。舟遙遙以輕颺，風飄飄而吹衣。問征夫以前路，恨晨光之熹微。乃瞻衡宇，載欣載奔，僮僕歡迎，稚子候門。三徑就荒，松菊猶存。攜幼入室，有酒盈罇。引壺觴以自酌，眄庭柯以怡顏。倚南窗以寄傲，審容膝之易安。園日涉以成趣，門雖設而常關。策扶老以流憩，時矯首而遐觀。雲無心以出岫，鳥倦飛而知還。景翳翳以將入，撫孤松而盤桓。歸去來兮，請息交以絕游。世與我而相違，復駕言兮焉求！悅親戚之情話，樂琴書以消憂。農人告余以春及，將有事於西疇。或命巾車，或棹孤舟。既窈窕以尋壑，亦崎嶇而經丘。木欣欣以向榮，泉涓涓而始流；善萬物之得時，感吾生之行休！已矣乎，寓形宇內復幾時，曷不委心任去留。胡為遑遑欲何之？富貴非吾願，帝鄉不可期。懷良辰以孤往，或植杖而耘耔。登東皐以舒嘯，臨清流而賦詩。聊乘化以歸盡，樂夫天命復奚疑！

東晉時期的大文學家陶淵明，在詩歌、散文、辭賦的創作上都有突出的成就。他獨具的平淡而自然的藝術風格對後世產生了深遠的影響，在文學發展史上占有重要的地位。

《歸去來兮辭》是陶淵明辭賦的代表作，具體而細緻地表現了作者辭官歸隱的過程和思想活動，是研究陶淵明生平思想的重要資料。

正文之前有一段散文的序言，說明了此賦寫作的緣起。作者直言不諱地說明出來做官是為了養家糊口：「余家貧，耕植不足以自給。幼稚盈室，缾無儲粟，生生所資，未見其術。」陶淵明坦率得驚人。後來擔任了

歸去來兮辭（並序）

彭澤令不久，便「眷然有歸歟之情」。爲什麼呢？陶淵明指出了三點理由。一、「質性自然，非矯厲所得」，也就是說自己本性自然，不會裝模作樣，勉強去做自己根本不願做的事情。二、「饑凍雖切，違己交病」，忍饑挨凍固然情況嚴重，然而違背本願將會身心交病，更有甚於饑寒。三、「程氏妹喪於武昌」，必須趕快離職奔喪。顯而易見，第一條理由是根本的。陶淵明有自己的操守，有所爲也有所不爲。做官既然「深愧平生之志」，那就要獨善其身，走與世俗官場徹底決裂的道路。正史本傳往往說他因恥於爲五斗米折腰而去官，恐怕不是根本原因。

這段序文流暢洗練，用語或直率，或委婉，都給人以親切之感。序文明言本文作於「乙巳歲十一月」，卽東晉安帝義熙元年（四〇五）冬。但辭中又說「農人告余以春及」，那麼《歸去來兮辭》當定稿於歸隱後的第二年，卽義熙二年。

《歸去來兮辭》是陶淵明最後同上層社會分手告別的宣言書，其中描寫了脫離官場的喜悅和田園生活的樂趣，表達了他對官場生活的厭倦和對田園勞動生活的熱愛。我們把全文分成四段。（第二段中間換韻，可以看做兩層。）

第一段（開頭至「恨晨光之熹微」）寫作者棄官歸家的原因和過程。首句「歸去來兮」，既扣緊題目，又總括全文，引起下文。「歸去來」卽歸去之意。「來」是語氣詞，沒有實義。「兮」是《楚辭》最常用的語氣詞。這第一句話表達的是陶淵明在經過多年的仕途經歷之後的一個莊重的決定：快回到家鄉去吧！田園都要荒蕪了，爲什麼還不回去呢？「既自以心爲形役，奚惆悵而獨悲？悟已往之不諫，知來者之可追」，表明了棄官歸家的原因。「心爲形役」，指爲衣食而出外謀官是違背本心的。既然如此，那麼現在辭官歸田也就沒有什麼應該惆悵和悲傷的了。過去令人痛心的官場生活就讓他過去吧，從今以後倒要按照個人的心願好好生活了。「實迷途其未遠，覺今是而昨非」，是對前半生的總結。封建時代的知識分子，「學而優則仕」本是天經地義的事，然而陶淵明高就高在把過去做官視爲誤入迷途，而把今天的辭官歸隱纔看做是正確的歸宿。這兩句在本文至關重要，顯示了陶淵明遺世獨立、潔身自好的高尙人格和與一般讀書人大相徑庭的人生觀。前人曾說本文「通篇以『覺今是而昨非』爲主」。確實如此。這句話充分說明陶淵明的此次歸耕田園，不是一時的感情衝動，而是認眞回顧了做官的沉痛教訓之後對前途的理性抉擇。「迷途」、「今是」、「昨非」，明確地顯示了陶淵明對封建官場認識的深刻程度。這和他同時寫的《歸園田居》一組詩，把做官比做「誤落塵網」、「久在樊籠」一樣，清楚地表明，陶淵明的棄官歸耕是有着堅實的思想基礎的。他晚年寫的《感士不遇賦》裏說：「密網裁而魚駭，宏羅製而驚鳥；彼達人之善覺，乃逃祿而歸耕」，也可以與之印證。很顯然，在他所處的黑暗混亂的時代裏，他衹能通過這種「覺今是而昨非」的自責的形式表達他對封建官場的厭惡。儘管內心活動極其豐富，形諸文字還是相當謹慎的。下文說明歸家的過程。沿途先乘船，後上陸，輕舟搖蕩，颻風吹衣，表現的是一種如釋重負的歡快。往日違心地做官，無異於是身上背着一個沉重的包袱。向征夫問路，恨晨光微弱，都流露出想立刻到家的急迫心情。

第二段（「乃瞻衡宇」至「撫孤松而盤桓」）寫剛剛到家的喜悅。前八句，押一韻，可算一層，寫剛入家門時的場面。「乃瞻衡宇，載欣載奔」，一旦看到自家的簡陋的房屋，就狂喜地飛奔過去，回家至於「欣」而又「奔」，說明陶淵明對自由生活的長期渴望。隨後是看到人：家僮僕人前來迎接，孩子們正守着門等候。再看庭院，雖然已經荒廢，但深可慶幸的是平生喜愛的松、菊却完好保存，這給作者以很大的慰藉。松、菊傲霜耐寒，一向是忠貞堅強的象徵，常常爲騷人、墨客引以自況。陶淵明更是從來以松明志，以菊寄傲的。比如：「青松在東園，衆草沒其姿；凝霜殄異類，卓然見高枝。」（《飲酒》）再如：「芳菊開林耀，青松冠巖列，懷此貞秀姿，卓爲霜下傑。」（《和郭主簿》）都是他有名的詩句，陶淵明的清高人品於中可見。「攜幼入室，有酒盈罇」，舉家歡宴，興高采烈。可以想見陶淵明回家後開懷暢飲的歡快情景。蕭統說，有人疑「陶淵明詩，篇篇有酒」（《陶淵明集序》），未免言過其實，但陶淵明愛飲酒還是眞的，有二十首《飲酒》詩可以作證。下面換韻轉入第二層，寫歸家之後的日常生活。字裏行間洋溢着安逸、閑適、寧靜的情趣，表現了作者對農村平民生活的執著追求，反襯出對官場生活的深惡痛絕。其實，他的生活也普普通通，平平常常；但對「覺今是而昨非」的陶淵明來說，却是自得其樂。他可以任情飲酒，可以倚南窗而寄傲，正好顯示出其傲世獨立之志。在怡然自得之中流露了他的孤高的個性。「審容膝之易安」，說明他對物質生活所求無多，有那麼一塊哪怕是極小的自由天地也就滿足了。由於心情舒暢，一切都感到賞心悅目，即使是每天在園中散散步，也覺得妙趣橫生。「門雖設而常關」，說明他回到農村後就謝絕與上層社會的交往，也就是下文說的「息交以絕游」。在這與外世，實際是與官場斷絕聯繫的庭園之中，可以拄着手杖漫步，或者任情舉首遠望，隨心所欲，想做什麼就做什麼，想看什麼就看什麼。「雲無心以出岫，鳥倦飛而知還」，爲本篇千古名句。字面的意思指上文「遐觀」到的景象：浮雲飄出山角，飛鳥疲倦而歸。但一用「無心」和「知」加以形容，就把雲和鳥都人格化，把無生命的或無感情的雲和鳥寫活了。而且借景抒情，情景相生，形象地反映了作者當時的心境：過去做官本來出自無心；如今歸田恰似一隻倦飛的鳥兒那樣急於返巢。詩情畫意，趣味盎然。宋人葉夢得《避暑錄話》說，「此陶淵明出處大節，非胸中實有此境，不能爲此言也」。這兩句表面寫景，實際在抒情。下文「景翳翳以將入，撫孤松而盤桓」，也有寓意。表面說的是夕陽西下，自己仍在松樹下面徘徊，實際是說社會黑暗動亂，個人也到了遲暮之年，但仍要保持晚節。「撫松」和上文「松菊猶存」一樣寄託深遠，有寓意存焉。「歲寒然後知松柏之後凋也！」（《論語·子罕》）詩人在心曠神怡的境況裏，仍然不忘堅持個人的高潔情操。

第三段（「歸去來兮」至「感吾生之行休」）寫定居後農村生活的樂趣。「歸去來兮」，不是簡單的重複，它呼應開頭，帶起下文，形成了本文自然的段落界限。「請息交以絕游」說的是和世俗官場的決裂，並不是拒絕一切親朋故舊的交往，這在陶詩中有明顯的證據：「時復墟曲中，披草共來往。」（《歸園田居》）「聞多素心人，數與論晨夕。」（《移居》）可見，陶淵明在農村的交往還是相當頻繁的，除田父野老外，還有彼此知心的文人朋友。「世與我而相違，復駕言兮焉求」，說明既然社會同我的本意相違背，我就再沒有什麼可以外出追求的了。進一步表白了歸耕的決心。如今陶淵明最感興趣的是親戚間的互吐衷腸和消憂解愁的彈琴與讀書。春天來到，陶淵明準備參加農業生產。並且，還可以駕車乘舟，恣意遨遊。或探幽尋壑，或坎坷登山，面對的是欣欣向榮的草木和細流涓涓的泉水。「善萬物之得時，感吾生之行休」，是歸家後思想的瞬間活動：我羨慕大自然的得天獨厚、繁榮滋生，可惜自己已經老之將至，興奮之餘不免有幾分晚境淒涼之感。

第四段（「已矣乎」至末尾）是對過去生活的總結和對未來生活的展望。「已矣乎」，猶如屈原《離騷》篇末的「已矣哉」，意爲「算了吧」，表示一種感慨平生的憤激之情，情調偏於低沉。作者感到活在人世的時間沒有多久了。既然如此，何不隨心所欲地生活下去，管什麼生與死的問題呢？爲什麼那樣心神不定，想要到哪裏去呀？意思是還想追求些什麼呢？對此作者明確表態：「富貴非吾願，帝鄉不可期。」既不願得到高官厚祿，也不想尋訪僊境，衹希望個人獨來獨往，間或幹些農活。這樣，登東皋可以仰天長嘯，臨清流可以縱情吟詩。這種尋常而自由的生活才是陶淵明所嚮往的。篇末「聊乘化以歸盡，樂夫天命復奚疑」二句，帶有明顯的老莊思想的色彩。作者想隨生命的自然變化一直到死，樂天安命還有什麼疑慮呢！陶詩中也有這種痕跡：「人生似幻化，終當歸空無。」（《歸園田居》）「縱浪大化中，不喜亦不懼；應盡便須盡，無復獨多慮。」（《形影神》）由此可見，在玄學盛行的時代，進步詩人也難免受其影響。

千百年來，《歸去來兮辭》受到人們的高度評價。北宋文壇領袖歐陽修曾說：「晉無文章，惟陶淵明《歸去來》一篇而已。」（《東坡題跋》卷一引）敬服之情，無以復加。而《歸去來兮辭》確實是在藝術上精心結撰、刻意求工的力作。

「辭」卽「賦」，要求鋪張揚厲，用韻並講求辭藻色彩和駢偶。在這樣多種形式的要求下，陶淵明運筆得心應手，遊刃有餘，形式很好地爲內容服務。本文旨在說明「今是而昨非」，而對「昨非」，一筆帶過，而竭盡全力突出「今是」，對歸耕後的農村生活的描寫則極盡鋪陳之能事。三、四兩段都是描寫「今是」的，包括景物描寫和心理描寫。而且行文注意對仗駢偶：「或命巾車，或櫂孤舟。既窈窕以尋壑，亦崎嶇而經丘。木欣欣以向榮，泉涓涓而始流；善萬物之得時，感吾生之行休！」這裏保持了辭賦的用韻並講求詞采華美的特點，又避免了堆砌辭藻、華而不實的弊病，增強了賦的抒情性和感染力，使辭賦具有了抒情詩的部分功能。

寓情於景，情景交融，感情充沛而強烈。作者有感慨，有追求，有遺憾，有滿足，但這些都不是空發議論，而是借助景物的描寫。感情在景物中自然流露出來，景物亦有人情和個性。「雲無心以出岫，鳥倦飛而知還。景翳翳以將入，撫孤松而盤桓」，就是動人的例證。全辭富於情趣，情眞意厚，沁人心脾。

語言清新典雅，鮮明流暢，音節鏗鏘，和諧悅耳，具有音樂美，可稱是一首散文詩，或是一篇押韻的抒情散文。作者遣詞造句字斟句酌，錘煉推敲，精心選擇一些自《詩經》以來詩人慣用的雙聲詞，如「惆悵」、「崎嶇」、疊韻詞，如「盤桓」、「窈窕」；疊字，如「遙遙」、「欣欣」等，從而增強了語言的節奏感和音樂美，使辭賦兼有詩的藝術魅力。

結構嚴謹而周密。辭賦向來講究章法結構，漢賦甚至形成了公式俗套。本文雖屬抒情小賦，但也很注意結構安排。《歸去來兮辭》的寫作事出有因，不能不交代，但用辭賦說明事情的原委，結構會臃腫不堪，費力不討好。因之作者用散文體的序說明本文寫作的背景和作者當時的情況，而韻文辭賦則全力抒情，使二者各得其所，兩全其美。辭賦的段落安排也十分巧妙。第一段用直接抒情的手法，照應序文，形象地表達他對「今是昨非」的深刻認識。二、三段爲本文中心，借物抒情，山川花木，觸處皆春；飲酒賦詩，其樂無窮。末尾一段帶有總結性質，準備樂天安命了此一生，抒發的是一種知足保和的消極情緒。全文首尾貫通，中心突出，松菊節操，田園情趣，得到充分的展現。

（李景華）

桃花源記

陶淵明

晉太元中，武陵人捕魚為業。緣溪行，忘路之遠近。忽逢桃花林，夾岸數百步，中無雜樹，芳草鮮美，落英繽紛。漁人甚異之。復前行，欲窮其林。

林盡水源，便得一山。山有小口，髣髴若有光。便捨船從口入。初極狹，纔通人。復行數十步，豁然開朗。土地平曠，屋舍儼然。有良田美池桑竹之屬。阡陌交通，雞犬相聞。其中往來種作，男女衣著，悉如外人。黃髮垂髫，並怡然自樂。見漁人，乃大驚，問所從來，具答之。便要還家，設酒殺雞作食。村中聞有此人，咸來問訊。自云先世避秦時亂，率妻子邑人來此絕境，不復出焉，遂與外人間隔。問今是何世，乃不知有漢，無論魏晉。此人一一為具言所聞，皆歎惋。餘人各復延至其家，皆出酒食。停數日，辭去。此中人語云：「不足為外人道也。」

既出，得其船。便扶向路，處處誌之。及郡下，詣太守說如此。太守卽遣人隨其往，尋向所誌，遂迷，不復得路。南陽劉子驥，高尚士也。聞之，欣然規往。未果，尋病終。後遂無問津者。

東晉王朝和劉宋王朝交替的時代，社會動亂，人民受着外族和統治階級的雙重壓迫，生活極端痛苦。看不慣官場黑暗和腐敗現實的陶淵明，終於棄官歸田，和封建的官場決裂。晚年，由於他親自參加了勞動，逐漸接近了人民，了解和同情人民的痛苦，就更加不滿現實，不滿那種殘酷地壓迫人民、剝削人民的封建制度。他幻想着一個沒有剝削、沒有壓迫的理想樂土，《桃花源記》就是在這種思想基礎上產生的一篇具有高度思想意義和社會意義的作品。

這篇文章，可分爲三段：

第一段是寫漁人發現桃花源的時間、經過和沿途所見的奇麗景色。

第二段是全篇文章的中心，寫漁人在桃花源裏的所見所聞，以及和山裏人接觸、交往的情況。這一段寫得十分細膩和逼眞。

這一段的前半段寫的是桃花源的自然環境。武陵漁人在桃林的盡頭，發現一個山口，漁人進入山口，看見了一片平整開闊的土地，整齊的房屋和良田、美池、桑竹等；接下去寫桃花源居民的生活情況和精神面貌，寫他們和漁人的接觸、交往。在和漁人談話當中，交代了他們來到桃花源的時間和原因。還具體地寫了款待漁人的情景。

文章的末段寫漁人出山以後的事。說明了桃花源是一個虛無縹緲、在當時社會根本不可能找到的地方。

陶淵明在這篇衹有三百多字的短文裏，寫出了一個和平、寧靜、平等、安樂，和現實社會完全對立的理想社會。這個社會是沒有戰亂的。桃花源裏的人從秦朝的時候就到這裏來避難，已經五六百年了。在這五六百年的時間裏，世間不知發生了多少次戰爭，人民不知道遭受到多少次災難，而桃花源裏的人連外面的改朝換代都不知道，當然更不知道世間人所遭到的痛苦了。桃花源裏沒有剝削，沒有壓迫，人人勞動，自食其力，過着和平、寧靜的幸福生活。這在當時賦稅極爲繁重的階級社會，眞是農民求之不得的好地方。桃花源裏的風俗也是淳樸的，完全沒有人世間你欺我詐的情形，不要說他們彼此之間的平等相愛，就是來自世間的漁人，他們也把他當作自己人一樣「設酒殺鷄作食」，招待得十分殷勤和周到。這樣一個美好的社會，也正是當時長期戰亂、人剝削人、人和人的關係異常惡劣的現實社會對立面的反映。詩人代表着廣大農民樸素的思想和願望，發出了人民的心聲。當然由於時代的局限，陶淵明還不可能知道怎樣把動亂、黑暗的現實社會改變爲勞動人民的樂園，所以他想象當中的桃花源，還衹不過是建築在虛無縹緲中的「空中樓閣」。但是對於一個出身於士族階級的詩人說來，這已是十分難能可貴的了。

《桃花源記》之所以成爲千古流傳的名篇，還在於它有着強烈的藝術魅力。

陶淵明是一個偉大的詩人，他的詩作造詣很高。《桃花源記》就發揮了豐富的詩的想象力。詩人從和現實相反的方向去想象，虛構了一個現實當中不可能找到的理想境界。詩人有意把桃花源寫得變幻莫測，忽隱忽現。比如把漁人進入桃花源的故事假設在晉孝武帝太元年間，這就使故事具有了傳說的性質，因而無從查考；而且寫漁人也是在不知不覺中踏上桃花源的路的，這就更顯得桃花源是個神奇的地方。此外像「緣溪行，忘路之遠近」的「忘」字，「忽逢桃花林」的「忽」字，也都具有畫龍點睛之妙，不但把這條通往桃花源的路點染得空靈剔透、飄忽不定，而且把漁人進入桃花源的恍惚迷離的精神狀態，也襯托得有聲有色。當漁人走出桃花源，有意再去尋訪的時候，就「遂迷，不復得路」了，瞬息之間，「桃花源」煙消雲散，杳然不知所往。這種來去無蹤，神奇多變的描寫，正好突出了桃花源的不同一般、高於現實的特性。

在這同時，陶淵明也非常注意作品的眞實感和說服力，桃花源雖然是神奇莫測的，但是它也使人覺得親切、實有和可信。詩人把這個理想的境界寫得是那樣逼眞。比如：漁人怎樣踏上通往桃花源的路，怎樣發現了山口進入桃花源，怎樣和山裏人交往，以至後來怎樣出山，怎樣沿途標記等等，寫得非常細緻，而且是通過漁人的觀感來寫，使人感到桃花源這個地方確乎存在。至於寫到桃花源裏邊的情況，就更顯得眞實、親切，令人神往。詩人寫了許多看來似平凡又不平凡的事物，像田地、房屋等，雖然山外也有，但是這裏是「土地平曠，屋舍儼然」，是「良田」、「美池」，和山外荒涼破敗的景象完全不同；這裏是「往來種作，男女衣著，悉如外人」，是「黃髮垂髫，並怡然自樂」，正好和外面處在重稅兵災壓迫下的農民形成了強烈的對比。由此可見，雖然桃花源裏的一切，是那樣平凡，但卻使當時的農民可望而不可即。這種寫法就更加強了作品的令人嚮往和追求的效果。

《桃花源記》的語言也十分準確和精練。文章一開頭，衹用「晉太元中，武陵人捕魚爲業。緣溪行，忘路之遠近」這十九個字，就交代了故事發生的時間、人物和開端。第二段描寫桃花源的景象也衹不過一百多字，就勾畫出了一幅極其動人的場景。從桃花源的土地、屋舍，一直寫到男女老少的衣著以及他們的精神狀態，寫得層層深入，次序井然，沒有一句多餘的話。在這段文章裏，還表現了詩人高超的概括能力，遣詞用語恰到好處。像寫山裏人見到漁人，問他從何而來的時候，詩人沒有重複漁人進入桃花源的經過，衹寫了「具答之」三個字，就概括了漁人的全部答話；漁人見太守說起桃花源的情狀，也衹用「詣太守說如此」的「如此」兩個字，來概括漁人在桃花源裏的一切見聞。

陶淵明的語言風格，是非常樸素、自然的。他寫文章不重詞藻的華麗，不事雕琢，而是盡力做到樸素、自然、接近口語。但是我們讀他的作品，並不覺得單調乏味，而是感到詩意盎然，淳樸渾厚。蘇軾說他的作品「癯而實腴」，就是說他善於用樸素、清淡的外表來表現豐富的內容。而這一點也正是《桃花源記》的語言特色。

（李　華）

五柳先生傳

陶淵明

先生不知何許人也，亦不詳其姓字。宅邊有五柳樹，因以為號焉。閑靜少言，不慕榮利。好讀書，不求甚解；每有會意，便欣然忘食。性嗜酒，家貧不能常得。親舊知其如此，或置酒而招之。造飲輒盡，期在必醉；既醉而退，曾不吝情去留。環堵蕭然，不蔽風日。短褐穿結，簞瓢屢空，晏如也。常著文章自娛，頗示己志。忘懷得失，以此自終。

贊曰：黔婁之妻有言：「不戚戚於貧賤，不汲汲於富貴。」其言，茲若人之儔乎？銜觴賦詩，以樂其志。無懷氏之民歟？葛天氏之民歟？

陶淵明是我國文學史上的大家，詩歌獨開一派，散文造詣也很高。北宋歐陽修便對他很傾倒，曾說：「晉無文章，惟陶淵明《歸去來》一篇而已。」其實不祇《歸去來兮辭》，《桃花源記》以及《五柳先生傳》等，也都是好文章。

年代距陶淵明不算很遠的南朝人沈約和蕭統，都說陶淵明寫《五柳先生傳》是用以「自況」，當時人視爲「實錄」。這話是有道理的。《五柳先生傳》所寫，都可以從史傳和本集有關作者的記事中得到印證。在一定意義上，可以說《五柳先生傳》就是作者的自畫像，這是讀本文首先應該把握的。

陶淵明的一生雖然主要是在田園中度過的，從同時代的人起就把他稱爲「幽居者」，但他却是一個有壯志和用世之心的人物。在《雜詩》裏，他自言「少壯時」，「猛志逸四海」。《飲酒》詩中又說「少年罕人事，游好在六經。行行向不惑，淹留遂無成」。對年近四十仍然功業無成，頗爲感慨。中年幾度出仕，祇使他感到「志意多所恥」，又加上性情耿介，不會圓滑，難免不惹禍患，便毅然歸田。他把田園看做是與腐朽現實對立的一片淨土，在這裏帶着濃厚的浪漫主義情調怡然自得地生活，傲彼濁世。他的可貴處就在於守志安貧，不與世俗同流合污。《五柳先生傳》正是託名五柳先生刻畫出這樣一個具有高風亮節的人物形象。

全文不長，不同版本文字略有出入，但都在一百七、八十字之間。在這樣簡短的篇幅裏勾畫人物，却能作到形象豐滿，性格鮮明，不能不佩服作者的藝術功力。

開篇四句是對人物身分的交代。起得飄忽，也起得風趣。但不要輕輕看過，以爲祇是作者的趣筆，實則其中隱含深意。「許」做「處所」解，「何許人」即「何地人」。古人是重視地望的，姓氏前常要冠以家世籍貫，如琅琊王氏、陳郡謝氏之類，在兩晉門閥制度下尤其如此。而五柳先生却不知何地人，可見他不在流俗觀念之中。古人又是重聲名的，有所謂立德、立功、立言之說，希圖能够聲名不朽，而先生却連姓氏名字也不清楚，竟指宅旁五柳而爲號，可見他又出於流俗觀念之外。這幾筆不僅把隱姓埋名、深藏避世的意思說足，而且突出顯示了五柳先生的不俗，一上來便使「高人」之氣籠罩全篇。語極平淡，味極深醇，這就是蘇東坡評陶詩所說的「癯而實腴」的境界。作者《歸園田居》詩說：「方宅十餘畝，草屋八九間。榆柳蔭後簷，桃李羅堂前。」《傳》文的「宅邊有五柳樹，因以爲號焉」，又隱隱散發出一股田園氣息，映襯出一個田園幽居者的形象，可以說沒有一點閑筆墨。鍾嶸評陶詩說：「文體省淨，殆無長語。」同樣可以移來評他的文。

「閑靜」二句用正敍點出五柳先生最本質的情操。正因爲不爲榮名利祿動心，所以能守志不阿，也因此才高出於流俗之上。朱熹說：「晉宋人物雖曰尙清高，然個個要官職。這邊一面清談，那邊一面招權納貨。陶淵明眞個能不要，此所以高於晉宋人物。」這話是比較能說到點子上的。「閑靜少言」與「不慕榮利」相照應，「閑靜」卽不尙交往，「少言」卽不喜應酬，也就是陶詩中所說「息交游閑業，臥起弄書琴」、「結廬在人境，而無車馬喧」之意，二句前後呼應，互爲補充。

下面集中描寫五柳先生在田園中守志安居的生活情態。分四個方面寫，中心則突出其悠然自得的情調。「好讀書」四句是講讀書。對於「不求甚解」，解法一向很分歧，其實它衹是對下文「會意」而言的。意思是說讀書不求對書的系統的深入的把握，衹重在其中會己心、愜己意者，也就是從中尋找思想上的共鳴和感情上的寄託。作者《贈羊長史》詩說：「愚生三季後，慨然念黃虞。得知千載上，正賴古人書。」是這種讀書態度的最好說明。「性嗜酒」八句是講飲酒。「造」當「到」解，「造飲」卽到那裏飲酒。「不吝情」是「不繫戀」、「不在意」之意。親舊招飲，造飲則醉，却不以去留爲意，見出先生之意在酒而不在人。於酒有情，於人無意，把嗜酒之味寫得更爲濃足。作者《己酉歲九月九日》詩曾說：「何以稱我情，濁酒且自陶。」這幾句便是寫他醉酒陶情的意態。「環堵」五句是寫安貧。「堵」卽「牆」，「環堵蕭然」就是四壁空空。「短褐穿結」是說穿的粗布短衣還破着窟窿，打着補丁。「簞瓢」分別是盛飯和盛水器，「簞瓢屢空」即飲食不繼。「晏如」是安然的樣子。吃穿住沒有一樣不困弊不堪，却處之坦然。不因貧奪志，也不因貧敗意，見出先生的高處。魯迅先生在談到陶淵明平和的一面時說，他「是個非常和平的田園詩人。他的態度是不容易學的，他非常之窮，而心裏很平靜。家常無米，就去向人家門口求乞」，「他窮到衣服也破爛不堪，而還在東籬下採菊，偶然擡起頭來，悠然的見了南山，這是何等自然」。可以幫助我們體會這裏所寫的境界。「常著」四句是寫著文，他吟詩作文，用意也是在示志娛情。示什麼志，娛什麼情呢？就是本篇傳記中所寫的高志奇情：憎惡世俗，守志於田園，甚至是陶醉於田園。他藉文章「導達意氣」，自樂其志，所以忘懷於世俗的得失，以此自終。四個方面概括起來就是：讀書適意，醉酒陶情，安貧樂道，著文娛志。通過這幾個方面的勾畫，一個堅守節操、不隨流俗的「高人」形象便立起來了，活起來了。選材極精，造語極簡，意足筆止，風神宛然。古人說文章作到好處，增之一分則太長，減之一分則太短，陶文够得上這樣的標準。

文章最後還有一段「贊」。「贊」是歷史傳記的一種體式，綴於傳文之末。《文心雕龍》說：「贊者，明也，助也。」據鄭振鐸先生的解釋，傳文中記事有未完備之處，在「贊」中補足，即所謂「助」之義；傳文中褒貶之意沒有說盡，在「贊」中講透，即所謂「明」之義。所以「贊」不是讚美，而是對史傳正文的記事和褒貶做進一步的補充和闡發。本文利用這一體式，進一步揭示五柳先生的精神和展拓文章的境界。「黔婁」見於《高士傳》，是齊國一個不受卿相之聘的高人。黔婁之妻的話見於《列女傳》。「戚戚」是憂愁的樣子，「汲汲」是熱中追求之意。「其言」句意思是，黔婁之妻的話所說的，是五柳先生一類人吧。「茲」是連詞，起承接作用，有「則」、「斯」之意。「若人」，這個人，指五柳先生。如果我們把《傳》文中五柳先生的形象予以概括，那麼也就是「不戚戚於貧賤，不汲汲於富貴」，「銜觴賦詩，以樂其志」。「贊」中這幾句話成爲畫龍點睛之筆，把五柳先生的精神闡發得更爲明晰，可以說是「贊」體的「明」的作用。「無懷氏」見《莊子》，「葛天氏」見《呂氏春秋》，都是傳說中的遠古帝王。陶淵明常用古史傳說指稱自己的理想時代、理想社會。《時運》詩說：「黃唐莫逮，慨獨在余。」「黃唐」即指傳說中的黃帝、唐堯時代。《飲酒》詩說：

「羲農去我久，舉世少復眞。」「羲農」卽指傳說中的伏羲氏、神農氏時代。贊賞五柳先生簡直是無懷氏、葛天氏時代的老百姓，等於說五柳先生的生活是理想社會中的人們的生活，文章的境界更高了，文章的思想也進一步昇華了，可以說是「贊」體的「助」的作用。作者的《與子儼等疏》說：「常言五六月中，北窗下臥，遇涼風暫至，自謂是羲皇上人。」這裏寫的顯然是這種生活的折射。

《五柳先生傳》在寫作上的特色，還有以下幾點値得一提。

我國史書比較發達，傳記一類文字也出現較早。《史記》、《漢書》都包括大量人物傳記。但是這些都是史傳，本質上屬於歷史。所以，儘管它們也具有文學性，甚至被稱爲「傳記文學」，對材料也有重要的剪裁和取捨，但總要比較全面地反映人物的生平事跡。《五柳先生傳》不同，它是純文學性傳記，不等於人物的紀實。說《五柳先生傳》是作者的「自況」，也祇是在一定意義上講，如果以爲這就是陶淵明的全部眞實，便未必妥當了。比如「閑靜少言」四個字就很値得推敲。在對世俗一面來說，陶淵明是「閑靜少言」的，所謂「窮巷隔深轍，頗回故人車」。可是在另一個生活圈子裏，他旣不「閑靜」，也不「少言」。他和田園中的農戶「時復墟曲中，披草共來往」，和志同道合的佳鄰好友「過門更相呼，有酒斟酌之」，都是「農務各自歸，閑暇輒相思；相思則披衣，言笑無厭時」的。另外，他在實際生活中也不是整天那樣悠然。由於他是「欲有爲而不能者」，心情並不能完全平靜。五十歲時寫的《雜詩》還在說：「日月擲人去，有志不獲騁。念此懷悲淒，終曉不能靜。」對壯志未伸、年華虛度竟然焦灼到整夜不得安眠，哪裏悠然呢！他的生活不斷下降，「夏日抱長饑，寒冬無被眠。造夕思鷄鳴，及晨願烏遷」。有時更「饑來驅我去，不知竟何之。行行至斯裏，叩門拙言辭」，向人乞討去了，也是無法一味「晏如」的。他還寫了《述酒》、《詠荆軻》、《讀山海經》等詩，寫出「刑天舞干戚，猛志固長在」那樣的詩句，對時事的激烈情緒溢於言表，可見也沒有完全遺世，成爲無懷氏、葛天氏王國裏的公民。所以《五柳先生傳》雖是自況，卻不等於全面紀實，而是創作。它不拘人物之跡而傳人物之神。對於陶淵明來說，雖然並不符合全部實跡，卻比任何史傳的記載更能表現出陶淵明的風貌。它着重刻畫出一種人物精神，我們甚至可以把它稱爲「陶淵明精神」，這是作者理想的、衷心傾慕的、在詩文作品中竭力表現的精神，也是作者千百年來給人印象最深、影響最大的精神。這就是藝術和典型的力量。《五柳先生傳》是我國文學史上第一篇文學傳記，開創了文學傳記體，隋末唐初人王績作《五斗先生傳》，卽承其流。這是一。

第二，如果我們稍微細心一點，便會發現，本文對人物的描寫，大半都是總結性語言。從性情品格到讀書、飲酒、處貧、著文各方面生活，無一不是概括性的結論。好像作者在給五柳先生做鑒定。沒有寫一件具體事實，但每一項中都包含大量的事實，所以，簡約的語句中含有豐富的內容，高度凝練。這是本文的一大特點。但是特點並不就是優點，用總結性的語言刻畫人物，也可以寫得乾枯，而且很容易流於抽象、概念。本文的妙處在於，雖然使用結論式的語句，却絕不抽象化、概念化。每一條都含有豐滿的生活意境；逐條敍來，又具有詩一般的韻味。這是因爲作者提煉出來的結語，已經充分生活情態化、形象化、詩化了，顯示了作者概括生活、表現生活的巨大能力。兩晉時期玄風盛行、清談玄言崇尚用簡約的語言表述深奧的意藴，那時連品題人物也講究雋語傳神，我們可以在《世說新語》中看到這方面的具體描寫。影響及於文風，便取精約明净，簡語傳神。陶文的這一寫法可能與這種風氣有關。

第三，作者寫《五柳先生傳》，着重刻畫五柳先生的精神，不是無謂的。顯然是頌揚這種精神和這樣的生活態度，也顯然是以這種精神和態度睥睨世俗。所以《五柳先生傳》不僅是自況，還是自許、自讚。但是這讚許之意，並不直接訴諸文字，而是寓於字裏行間。於敍事中見頌揚，於頌揚中見兀傲。粗粗讀來；作者衹是不動聲色的勾勒人物形象，轉一體味，揚己傲世之意盡在其中。「每有會意，便欣然忘食」，「簞瓢屢空，晏如也」，「忘懷得失，以此自終」，這些平平淡淡的似乎完全是客觀敍述的語句中，包含多少頌揚與自我肯定！「無懷氏之民歟？葛天氏之民歟？」不言傲世，傲世之意自在言外。這是很高的寫作本領，壓抑着滿懷激情不使流洩，結果筆端飽含感情，表現得更爲含蓄，也更有感人力量。

第四，文字的特色也值得注意。朱熹評陶淵明的詩說：「平淡出於自然。」陶文也是如此。他的文字非常樸素質實，決不選聲設色，講究詞藻色彩的華美。有柳有宅已足够了，便無取乎綠柳黃牆。《歸園田居》詩說「榆柳蔭後簷，桃李羅堂前」，也祇取桃柳繞屋，而不講桃紅柳綠。作者在這一點上，與在他之前的郭璞、之後的鮑照、同時的顏延之，都大異其趣。他的表現方式則純取白描，祇是用平淡的語言直敍情事，摹狀物象，使人好像透過玻璃觀物，不覺其有語言文字，而直觸到其中的事、物、情。作者的文筆又極其自然，如清溪流水，隨物曲折，如白雲浮天，舒捲自如，讀起來絲毫沒有吃力之感。宋人楊時說，陶淵明「沖澹深粹出於自然，若曾用力學，然後知淵明詩非着力之所能成」。話是不錯的，用力學便不免做作，做作也便無法自然。必須是「不待安排，胸中自然流出」，方能造自然之境，自然與「率意任眞」分不開。但就文字表現上來說，平淡自然又不是率爾操觚所能辦到的。文字要運用到十分圓熟的地步，才能達到平淡自然的境界，所以它是文字的高境。這裏不是說祇有平淡自然的文章才好，而是說平淡自然是文字的高格之一，是文藝百花園中獨具風韻的一朵奇葩。

（孫　靜）

世說新語·王子猷居山陰

劉義慶

王子猷居山陰，夜大雪，眠覺，開室，命酌酒。四望皎然，因起彷徨，詠左思《招隱詩》。忽憶戴安道，時戴在剡，即便夜乘小船就之。經宿方至，造門不前而返。人問其故，王曰：「吾本乘興而行，興盡而返，何必見戴？」

世說新語・王子猷居山陰

王子猷，是東晉著名書法家王羲之的第五子。他欣羡司馬長卿式的「慢世」，有意地追求任性放達的名聲。由於他放肆聲色頗爲過度，使時人欽其才而穢其行。不過，由他的卓犖之才與不羈之行的結合中，也產生了衆多有滋味的故事，諸如此一則「雪夜訪戴」。

故事見於《世說新語》的《任誕》篇。首曰：「王子猷居山陰，夜大雪，」開門見山，點出了故事發生的地點與時間。當時王子猷正棄官東歸，居於山陰（今浙江省紹興市）。山陰地方，風光明秀。王子猷弟子敬（羲之第七子）有言，「山水之美，使人應接不暇」，「若秋冬之際，尤難爲懷」。時正值冬季，晚間下了一場大雪。王子猷睡中醒來，開開門戶，命僮僕斟上酒來，且飲且觀賞這夜雪之景。兩晉間人，對於自然的審美意識已經相當發達，節物風光的變化，每每能引起他們或喜或悲的強烈的感情反響，何況是這位聰明出衆的王家子弟！面對着「四望皎然」，在深沉夜幕之下確乎顯得異而美的景色，他興奮不已，再也靜坐不住，起來彷徨逍遙，一面又將西晉詩人左思的著名詩篇《招隱詩》曼聲高詠起來。詩曰：「杖策招隱士，荒塗橫古今。巖穴無結構，丘中有鳴琴。白雪停陰崗，丹葩曜陽林。石泉漱瓊瑤，纖鱗或浮沉。非必絲與竹，山水有清音，何事待嘯歌，草木自悲吟。秋菊兼餱糧，幽蘭佩重襟。躊躇足力煩，聊欲投吾簪。」是敍本欲招隱士回到人間，結果反爲隱居之情趣魅力感召了去的一個過程。隱居的情趣魅力之所在便是山水的清幽絶美，其色其聲，非人間所能比擬。王子猷當然是由眼前景色和自身的當時境遇聯想到左思這一首詩的。

以上一段是爲賞雪。看他眠覺、開室、命酌酒、四望、因起彷徨、詠詩一連串的動態描寫，不祇寫出了佳興之起而漸濃，而且爲人物的風度性情傳神；雖然無一語直接刻畫王子猷，却能使一個「欲爲傲達」的名士形象躍然於字裏行間。

既然已將佳興的生發表現得十分飽滿，文章便有一轉折，由賞雪轉入訪戴，由背景鋪墊轉入正文：「忽憶戴安道，時戴在剡，卽便夜乘小船就之。」王子猷既高詠着左思的《招隱詩》，很自然地便由此又聯想起現實生活中的一位隱者，當時正居於山陰附近剡縣（今浙江省嵊縣西南）的戴安道來。其人有清操雅量，才能多方，琴書詩畫俱爲擅長，談者許以爲「通隱」，是傲岸的王子猷願意青眼相加的極少數人物中的一位。如若處此清絕之夜，復能對此清絕之人，侃侃而談，眞可算一大樂事！王子猷一萌此念，便迫不及待，立即乘一條小船，冒雪連夜沿剡溪而去，尋訪戴家。然而，「經宿方至，造門不前而返」。剡縣距山陰雖不遠亦不近，水程一宿方能到達。王子猷用了一宿的時間趕路，到了戴家門前，竟又不叩門相見，却掉轉小船逕直歸去了！這個怪誕的舉動，令旁人疑惑不解而叩問其中緣故，王子猷便作了在歷史上極爲有名的那個灑脫的回答：「吾本乘興而行，興盡而返，何必見戴？」經一宿而到剡縣，已經是在明朗的白晝裏了。時過景遷，興味索然，如果仍然堅持去見戴安道，就失却了原來的意義和情趣，而成爲畫蛇添足之舉。王子猷決計不幹這樣的蠢事。

王子猷的回答之所以著稱於世，不僅在於它灑脫，更因爲他以「乘興而行，興盡而返」簡潔的八字，非常醒目地提出了一種理想的生活態度，不僅在當時士人中很有典型意義，而且六朝之後依然深得士大夫們的賞識首肯。唐代詩人王維自詠其隱逸生活：「興來每獨往，勝事空自知。行到水窮處，坐看雲起時。」與這一生活態度精神上完全相通。這種生活態度不存任何功利的算計，也沒有事先規定下的步驟，衹憑一時高興，忽來倏去，如同野鶴閑雲一樣地自由。「乘興」、「興盡」兩句，反映了傳統知識分子處在精神與肉體上的多重羈牽之下，對於自由自在的美的生活的普遍渴望，因此它常爲人們引用譬喻，成爲詩文中的著名典故。而剡溪也因爲與這個「雪夜訪戴」的瀟灑別致的傳說有關，另外得到了一個「戴溪」的美稱。

《世說新語》是專門搜集、記錄漢末至魏晉間人物的言辭行爲的一部小說。它不但「記言則玄遠冷峻，記行則高簡瑰奇，下至繆惑，亦資一笑」（魯迅語），內容十分引人，而且筆緻自如，文體極省淨而意思常雋永，藝術風格尤其出色。嘗鼎一臠，可識至味，讀「雪夜訪戴」故事，敍事多用動詞、名詞，絕少修飾之辭。下字準確、乾淨，富於表現力：「四望皎然」，四字見出潔白晶瑩的一片天地；「忽憶戴安道」之「忽」，既寫出了聯想杳來的自由無拘、突兀偶然，又於圓暢的行文之中，造成陡然的轉折，使平淡樸素之文又具奇氣。文章的多短句、多動態描寫，使節奏明快有力。全文可劃爲兩半，前半言賞雪，層層深入，逼成乘興夜訪的高潮；後半言訪戴，步步轉折，轉出篇中精粹之所在：王子猷的回答。敍事行文中，疏略處極疏略，細密處又極細密，也頗有「乘興而行」的意思。而曲折多層次的內容，總共衹用了七十七字，便敍述得明白曉暢，達到了

前人所謂的「文章至境」。（陳蝶沁）

世說新語·石崇要客燕集

劉義慶

石崇每要客燕集，常令美人行酒。客飲酒不盡者，使黃門交斬美人。王丞相素與大將軍嘗共詣崇。丞相不能飲，輒自勉彊，至於沈醉。每至大將軍，固不飲以觀其變，已斬三人，顏色如故，尚不肯飲。丞相讓之，大將軍曰：「自殺伊家人，何預卿事！」

《石崇要客燕集》，選自《世說新語·汰侈》篇。《世說新語》係南朝宋臨川王劉義慶撰。主要記載漢末、三國、兩晉士族階層的遺聞軼事，尤其擅長記述魏晉名流的言行。全書按內容分成「德行」、「政事」、「文學」、「汰侈」等三十六門類，專寫現實的人和事，生動傳神地反映出那個時代上流社會的精神風貌，成爲軼事小說的代表作。《世說新語》的藝術成就很高，作者善於用素描式的筆法，通過生活中的一兩個眞實細節，勾勒出人物形象，突現人物的個性特徵。由於採用筆記體，篇幅大多短小精悍，文筆質樸自然，靈活自如，較少考究。特別是常常用生動傳神的人物口語入文，更增添了故事的機趣和幽默感。

石崇，字季倫，是西晉有名的大官僚、大富商。據《晉書》載，石崇「少敏惠，勇而有謀」。他的父親石苞臨死的時候，把財產分給兒子們，却惟獨不分給石崇。石苞對妻子說：「此兒雖小，後自能得。」可見，

世說新語・石崇要客燕集

他的父親對他是早有了解的。石崇長大以後，果然「任俠無行檢，在荆州，劫遠使商客，致富不貲」，生活上竟然達到「絲竹盡當時之選，庖膳窮水陸之珍」，「與貴戚王愷、羊琇之徒以奢靡相尙」。在《世說新語》裏，他的劣跡主要記載在《汰侈》篇中。

《石崇要客燕集》主要是寫他宴會賓客時的逞富爭豪和殘暴兇狠。文章開篇便說：「石崇每要客燕集，常令美人行酒。客飲酒不盡者，使黄門交斬美人。」宴客本是高高興興的事，席間讓美女行酒助興，也應是主人的美意。但飲酒非比其他，有能飲與不能飲、能豪飲與不能豪飲之別，應隨自便。石崇不然，遇到客人中有不善飲而不能將酒喝盡的，就把勸酒的美女殺掉。美女何罪之有？眞是咄咄怪事！細考有關記載，石崇這樣殺人的用意，無非有兩個，一是在客人面前顯示威風，在心理上給人以震懾，以此來滿足自己的那種變態心理；二是來表示權勢和富有，用擁有殺不盡用不完的奴婢來鬥富爭豪。僅僅爲了抖抖威風，表示一下富有，就拿人命當兒戲，這種禽獸一般的兇殘，確實令人髮指。接下去，作者記述了一件實事。一天，丞相王導和大將軍王敦到石崇家赴宴，對石崇濫殺勸酒侍女之事，二人早有所聞。席間，王導雖然平日裏不能飲酒，但還是勉強往下喝，終於灌得酩酊大醉。大將軍王敦呢，他平時很有酒量，但此刻却有意不喝，無論侍女如何相勸，他也毫不動心。爲此，石崇接連殺了三名美女，王敦坐在席上，「顏色如故」，無動於衷，而且依然不肯喝。可想而知，這種宴席籠罩着一種多麼可怕的氣氛。連丞相王導也忍不住悄悄責備王敦，王敦却不理會地說：「他殺他自己家裏的人，礙着你什麼事啊！」全文到此爲止。至於這場宴席如何終了，作者沒有寫，可能是過於慘絕人寰的殺戮，作者不忍寫下去，也可能是兩個豪門貴族終有一方被折服，但這些都無關緊要了。石崇和王敦這兩個滅絕人性、嗜殺成性的家伙已經活生生地再現在讀者面前。那個黑暗、腐朽的封建等級制度的深重罪惡也被淋漓盡致地揭露了出來。全篇文章不過九十二個字，描繪的也僅僅好像是幾個抓拍的特寫鏡頭，然而它已經強烈地震撼了讀者的心，激起人們對那些權貴和那個社會的無限憤慨。

這篇短短的記事文，之所以能有很強的藝術感染力，同作者採用對比的手法來寫是分不開的。先是石崇與王敦之比。作者開始敍述石崇宴客斬殺侍女的事，雖令人震驚，但屬於平鋪直敍，還不能說很生動。繼而作者舉出石崇殺人，王敦坐視，却又視而不見的具體實事，使讀者的感覺就大不一樣了。石崇同王敦視人命如兒戲的兇狠殘忍竟如此相同，而王敦比之石崇，則更加陰險毒辣。這樣一比，也就把石崇視奴婢如草芥這個乍看似是特殊的現象一躍上升爲那個社會的普遍現象，從而大大加強了作品的深度。再一個是丞相王導和大將軍王敦之比。兩人都是去作客，身分地位也相差無幾。丞相不能飲而強飲，大將軍能飲而不飲，衹此一比，兩人的個性就相對而出了。丞相強飲是不願讓侍女被殺，不管出於什麼樣的心理因素，對於可憐的侍女來說，總算是善舉了。大將軍有意不飲，是故意讓石崇殺人，是一種醜惡心理的表現。這兩個人的對比，實質上是善與惡的對比。同時，有了丞相這個托襯人物，不但使這篇短文跌宕起伏，更加生動，而且，也增強了對對立面人物深刻揭露的效果。

此文中的最後，作者畫龍點睛地引了王敦的一句話：「自殺伊家人，何預卿事！」這句話在當時那種氣氛下說出，有其獨到的藝術功效。就事態發展來說，石崇處在被動地位，一句話，表示出王敦並無收場的意思，他抱着這種看熱鬧的態度，眞不知要殺到幾時方能收場呢？給讀者留下懸念。就刻畫人物來說，這句話，再明白不過地道出了王敦故意不飲酒的最本質的心理狀態，使作品對他的人物的內心揭示得以完滿結束。

這篇文章很短，但在思想上和藝術上都取得了很大成功，值得我們學習借鑒。（常振國　絳　雲）

登池上樓

登池上樓

謝靈運

潛虬媚幽姿，飛鴻響遠音。薄霄愧雲浮，棲川怍淵沈。進德智所拙，退耕力不任。徇祿及窮海，臥痾對空林。衾枕昧節候，褰開暫窺臨。傾耳聆波瀾，舉目眺嶇嶔。初景革緒風，新陽改故陰。池塘生春草，園柳變鳴禽。祁祁傷豳歌，萋萋感楚吟。索居易永久，離羣難處心。持操豈獨古，無悶徵在今。

宋武帝永初三年（四二二）七月，謝靈運由於受到司徒徐羨等權臣的排擠，出爲永嘉郡（今浙江溫州）太守。他心中憤懣，不久便「稱疾去職」，寄情山水隱逸了。少帝景平元年（四二三）春，他臥病起初，登臨池上樓，寫下了這首詩。

「潛虬媚幽姿，飛鴻響遠音。」詩人扶欄顧盼，水中魚兒還有想象的小龍隱約逍遙的身影，天際傳來的陣陣北飛鴻雁的啼聲，不由得聯想到《易經》裏以潛龍配隱士、以飛鴻配仕宦的比喻，引起深衷的慨嘆：「薄霄愧雲浮，棲川怍淵沈」。目接重霄，自傷不能像翱翔雲上的大雁盡展平生之志；駐足川上，復愧不如逍遙深水的虬龍出俗遺世。他「進德智所拙，退耕力不任」，進仕濟時無奈智慧不够，歸隱田園却又無力耕耘，進退維谷。於是衹好「徇祿反窮海，臥痾對空林」，做永嘉太守，來到僻遠的海濱，對着枯禿蕭索的荒林養病。實際上這衹是詩人「自謂才能宜參機要」，却仕途舛蹇的激忿之辭。這八句詩，即景生情，從景物形象的聯類，引發感慨，再由情緒的脈絡牽出身世遭逢的倒敍，步步環扣，而在據懷縱筆的直排中，由虛入實，巧妙地將筆宕開。這不僅以登樓伊始之情爲繼續抒情描寫提供了背景式的鋪襯，而且通過自然風物之美和身世感慨的鬱悶所形成的鮮明對比，揭示出詩人主觀與自然客觀間的心理情感勢差，構成詩中情緒發展的內在動力和邏輯，也生動含蓄地表露了詩人追求山水之美的原因——向自然中尋求精神上的解脱。同時，使情感的抒寫和景物形象落筆伊始就緊密地結合在一起。

「衾枕昧節候，褰開暫窺臨。」長期躺在牀上對季節的變遷很不清楚。前一句緊承「臥痾」而來，却把思緒由往事追憶引回到現實，關闔上文時又暗帶宛折迂曲。那麼姑且揭開帷簾看看吧。後一句與開始兩句寫景遙相呼應，使詩的意脈形成迴環，結構上騰挪跌宕，而更把情感由現實推向未來，開啓下文。這兩句寓曲於直的轉折，表現出詩人的情感活動由強烈漸趨平靜，使詩的意脈起伏，氣勢節奏增添了緊健平舒變化的藝術美感。

詩人帶着一懷憂緒以及由它而產生的對山水佳境探求的慾望，開始觀望。「傾耳聆波瀾，舉目眺嶇嶔。初景革緒風，新陽改故陰。池塘生春草，園柳變鳴禽。」側耳悄聽冰澌溶解的水聲，放眼遙矚起伏峻峭的山巒。四望中但見新年明媚的陽光拂却冬秋餘風的殘寒，早春的溫暖取代了舊歲的蕭瑟。池塘上鵝黃嫩草一片蓊鬱，園內柳煙朦中傳來鳥兒的新歌。詩人由遠及近，由粗勾到細繪，層層暈染，尋光捉影，攝取萬物勃勃的生命精神，以動態的形象寫入詩中，摹畫出一幅空明氤氳的春意圖。其中「池塘生春草，園柳變鳴禽」，是歷來被人賞嘆不絕的名句。然而怎樣理解這兩句詩和全部的景語，却存在着不同的看法。

《吟窗雜錄》云：

康樂坐此詩得罪。「池塘」二句，因託阿連夢中授此語。客有請於舒王曰：不知此詩何以得名於後世，何以得罪於當時？……王謂其略曰：池塘者，泉川瀦溉之地，今生春草，是王澤竭也。《豳風》所記，一蟲鳴則一候變。今「變鳴禽」者，候將變也。由舒王此意觀之，則於鳴禽之下即接「祁祁」句，是嘆周公之不作也。「萋萋」句以莊舄自喻，謂外補遠郡無異羈囚也。

《石林詩話》云：

世多不解此語為工，蓋欲以奇求之耳。此語之工，在無所用意，猝然與景相遇，備以成章，不假繩削。

前一種說法直是把詩當作政治讖語，顯然是違反客觀實際和詩歌美學原理的穿鑿附會。比較來看，詩頭兩句寫景，是詩人以情觀景，把強烈的主觀情緒借助典故的聯類，附着於景物外在的形態上，從而生嘆。後六句寫景則是在情感平靜後的「遺情舍塵物，貞觀丘壑美」，是「以物觀物」，物感而得喻。觀照方式的改變，正象徵着詩人登樓臨觀中心理情緒活動發展的不同層次特徵。因此，後一種說法，即由外觀不假繩削而說內在無所用意，就膚淺無識了。

這一段景物描寫有這樣一個特徵：形象上不再有譬類比喻，更沒有禮法的附會。景物以其自在的形式呈露着。不管是波瀾、嶇嶔，還是初景、新陽、春草、鳴禽和緒風、故陰、池塘、園柳，它們之間的革蛻替代，並沒有因果的關係。它們形態萬殊，在生生滅滅的變化中，以所展現的永恒生命律動透射的哲學意味，形成至極不變的齊一。寒冰化爲春波，草色湮滅了池塘昔日的波影，鳥兒也不是前年之鳥，陰退寒銷。昔日之生者俱已冥滅，今日之生者亦必將成爲逝者。生與滅構成一種無差別境界；生是有限的，衹有滅才是永恆的。在這個意義上，今日之生者與昨日之生者都是虛幻的「惑識」，而對滅者的執著、對生者的迷戀更是如此。這顯然是大乘佛學萬物萬化同一寂滅的哲學觀念。《大般涅槃經》說，「理者是佛」，是佛的「法身」；「法身無形，普入一切」。通過自然觀照，體會了這種唯心主義的哲學，「證得理體」，也就是圓常大覺的參悟。由此觀

登池上樓

之，詩人這六句寫景，正是以形象的傳摹來「照寂」達理，以此虛無之理消除胸中的塊壘。他以參禪時「智慧情能了，明觀一切有」的方法，控制自己強烈的鬱悶之情，「即萬有而自彼」，平靜客觀的繪色寫形，使景物形象清麗自然，狀溢目前，毫無斧鑿之跡。同時，這種描寫又使自在的形象具含了哲學的意味，虛靈化，產生出更加深邃的表情空間。

景中有理，景與理相應而蘊成自然山水靈奧之趣。而景的觀照、理的體證、趣的感會，又通過否定詩人起初的人生態度，消弭了憂煩，融匯成他釋然開朗大明洞照的心境。情、理、趣混涵於景物形象之中，形象顯出自然清新而空靈深蘊的美。所以清代著名詩學家王夫之說它「亦理亦情亦趣，逶迤而下，多取象外，不失寰中。」雖然這六句寫景所表現的祇是詩人在登樓臨觀時情感活動的某一時間片段，但景是靈景，理是至理眞諦，情是詩人追求的極致，趣是妙趣，像外寰中，詩人主觀與山水客觀由對立變成同一，景物的形與神由外在的聯繫變成內在的統一，情理物我混爲一體，從而創化出有限時間上的空間無限的藝術境界。

「池塘生春草，園柳變鳴禽」之句，正是這藝術眞與靈之美的集中體現。

然而，詩人接下去並沒有淺直地說出景中的情理和意趣，又是扣住春草的形象掉開筆鋒：「祁祁傷豳歌，萋萋感楚吟。索居易永久，離羣難處心。」也是春草葳蕤，曾引起《詩經·豳風·採繁》的作者的慨喟，也曾在淮南小山的《楚辭·招隱士》中傷懷微吟。「採繁祁祁，女心傷悲，殆及公子同歸。」「王孫游兮不歸，春草生兮萋萋。」欲歸未歸，何日其歸？人在離羣索居的時候，總是會感到時光變得滯慢難耐，也很難排釋心中的憂愁鬱悶。這是亘古以來人們普遍的心理規律。寫到此處，詩人陡然一轉，以頓挫有力的兩句，寫出自己一反常人的情感：「持操豈獨古，無悶徵在今」。面對這般春色，難道祇有古人那種惆悵哀傷的歌吟？我卻於此印證了《易經·乾卦》所說的「龍德而隱者也，不易乎世，不成乎名，遁世無悶」的精神。如何驗證的呢？正是以景物形象所寓含的虛無哲理來驗證的。而這兩句詩以對前四句所反映的一般人通常心理情感的否定，深沉地表現出詩人觀景得理，以理的會悟消除了鬱瀗憂悶後超然、愉悅的心情。

從「傾耳」句到結束，即詩人由觀景到感悟，進入恬淡達觀的境界，正是佛教毗曇學的「理智恚釋」——

「明觀一切有」湊泊悟理——「返照」己身顯現「佛性我」的「禪數」邏輯過程。然而詩人並不抽象說理，而是把理寓於自然形象之中。情中有理，理總關情；理的滲透使情景相涵相映，互藏其宅。理之所得，心之所感，皆在於景，山水之趣盎然其中。

至此，可以看出，詩的前十句反覆申抒詩人的鬱忿之情，正是爲後面表現詩人擺脫這種情緒的糾纏，遺情去累的心境，表現他「眞知者照寂」的「佛慧」和山水之趣張本。在這一總的鋪襯後，「祁祁」句到「離羣」句，再一次設的。這兩個層次的鋪襯，使詩的抒情結構錯落宛折，矯夭多姿。而結構上的開闔跌宕錯落宛折，又使鋪排的每一筆都跳躍着詩人情感發展的節奏。

詩以詩人以病弱之身和一懷悲慨而登樓觀望山水始，順着「薄霄愧雲浮，棲川怍淵沈」的聯類回憶而「褰開暫窺臨」，由觀景而覺悟，在虛無義理的啓示下，終於以「歸於自然」，否定常理也否定初時的自我，「無悶」逍遙而結束，構成一個大明蘊照的華嚴境界。詩人的情感抒發展示爲流動的心理過程，往來出入於景物形象中，縹緲於似有似無之間，氣韻生動，給人以親切眞實之感。故王夫之謂曰：「矯夭宛折，殆眞龍，非畫龍也。」

（張國星）

入彭蠡湖口

謝靈運

客游倦水宿，風潮難具論。洲島驟迴合，圻岸屢崩奔。乘月聽哀狖，浥露馥芳蓀。

入彭蠡湖口

春晚綠野秀，巖高白雲屯。千念集日夜，萬感盈朝昏。攀崖照石鏡，牽葉入松門。三江事多往，九派理空存。靈物郄珍怪，異人秘精魂。金膏滅明光，水碧輟流溫。徒作千里曲，絃絕念彌敦。

彭蠡湖，即今江西省鄱陽湖，湖口在江西九江附近，是湖與長江交接處。這首詩大約是劉宋文帝元嘉八年（四三一）作者出任臨川內史途中自長江入彭蠡湖口所作。詩人以自然生動的筆調眞切地描述了沿途所見的自然風光、尋幽訪古的經過，以及登山臨水的感受。耐人尋味的是，一向熱衷於搜奇剔勝、以「清暉能娛人，遊子澹忘歸」爲樂的詩人，在以往的山水詩中雖常有窮通無常的慨嘆和隱逸避世的消極情緒，但像這首詩裏所流露出的如此厭倦抑鬱的情懷却是不多見的。

詩一起便直言不諱地宣稱：「客遊倦水宿」，明白表露了對日夜行舟水上的厭倦。接着便以「風潮難具論」申明了「倦」的原因是在於江上那難於一一言說的風濤的險惡。史載謝靈運素好山水，「尋山陟嶺，必造幽峻，巖嶂千重，莫不備盡登躡。」這樣一位喜歡探險的人怎麼會一反常態地對「風潮」感到厭倦了呢？其中顯然有着某種難言之隱。接下去作者緊承「風潮」，繪聲繪色地展開了驚心動魄的江行圖畫：「洲島驟迴合，圻岸屢崩奔。」在作者筆下，洶湧的浪潮來勢迅猛，奔湧向前，遇到洲島便急遽地從兩邊分流而過，然後又迅速地匯合在一起。浪濤拍打在險峻的江岸上，一次次逆折而回，奔流直下。兩句詩雖未直接描寫行船，但一葉小舟在激流中不斷上下顛簸、江間島嶼一個個從身旁飛快閃過的情景已使人歷歷如見。這極易使讀者聯想起蘇軾在《赤壁懷古》中所描繪的「驚濤拍岸，捲起千堆雪」的壯觀場景。

行旅中自然不僅有令人心悸的「風潮」，也會有美妙動人的景象。當詩人乘着皎潔的月光諦聽岸邊傳來的猿狖的哀鳴，或者登上江岸踏着晶瑩的露珠賞玩那芬芳馥鬱的香草；當他眼前展現出綠野秀麗、山巖巍峨、白雲舒捲的優美圖畫……詩人不禁陶醉於這生氣勃勃的自然景象之中，一時竟忘却了一切不快與煩惱。這裏，由「乘月聽哀狖，浥露馥芳蓀。春晚綠野秀，巖高白雲屯」四句所組成的暮春圖畫有聲有色、清新明朗，不僅

入彭蠡湖口

表現了作者高雅的審美情趣，而且顯示了他設色奇麗、鋪排有序的高超技巧。

眼前景色固然使人賞心悅目，無奈詩人此行是去赴任，並非專爲遊山玩水而來。一想到自己眼下無異於遭讒見逐的處境，進而瞻念吉兇未卜的前途，禁不住憂從中來，由對眼前景色的癡迷嘆賞重新墮入沉重的現實，發出深沉的嗟嘆。「千念集日夜，萬感盈朝昏。」這兩句是說：一路上各種憂念千頭萬緒，紛至沓來，從早到晚折磨着人的心靈，沒有片刻的安寧。這裏的「千念」、「萬感」與首句的「倦」相呼應，雖然同樣沒有說明其具體內容，但讀者衹要了解了作者身處晉宋之交爲劉宋王朝所排斥的處境，便不難明白「倦」的原因和「千念」、「萬感」的內涵。

「攀崖照石鏡，牽葉入松門。」寫詩人棄舟登岸入彭蠡湖口以後的遊蹤。「石鏡」，山名，相傳在廬山東，是入湖以後的第一個名勝。《水經注·廬江水》載：廬山東「有一圓石，懸崖明淨，照見人影，晨光初散，則延耀入石，毫細必察」。石鏡山卽因此而得名。「松門」，亦爲山名，約在今江西省都昌縣南。《文選》李善註引顧野王《輿地志》云：「自入湖三百三十里，窮於松門，東西四十里，青松遍於兩岸。」從湖口石鏡山到松門山，行程約三百里，作者以「攀崖」、「牽葉」兩句一帶而過，筆墨何等洗練！同時說明自己在憂思的侵襲中仍舊強自振作，不廢登陟。在登覽之中，作者滿懷興味去尋找典籍上記載的那些古跡，不料却發出失望的感嘆：「三江事多往，九派理空存。」這是因爲古代典籍上所記載的那些有關「三江」、「九派」的地理資料，都同實際地望不符，已是空存其說而難於證實了。不僅歷史傳說無從證實，江湖中的靈怪神異也都秘而不見，接下去的「靈物恡珍怪，異人秘精魂。金膏滅明光，水碧輟流溫」四句正是描繪了這樣一種情形。靈物珍惜其珍怪之相而不出，僊人秘藏其精神魂魄而不見，傳說中的僊藥——金膏已不再發光，使水流溫暖的寶玉——水碧也不再出現。詩人本欲藉登覽弔古排遣愁懷，眼前的情景却不僅招致了事往言存的空虛，而且使他感到了「天地閉，賢人隱」的痛苦。進而聯想到江湖滿目，自己一身如梗，不覺百感交集，悵惘失意，衹好促管撫絃，藉樂曲來解憂，誰知一曲歌罷，憂思更深。結末「徒作千里曲，絃絕念彌敦，」表達的便是這樣一種心情。「千里曲」，曲名。《文選》嵇康《琴賦》李善註引蔡邕《琴操》說：商陵牧子娶妻五年，無子，父兄要他改娶，他就彈琴詠嘆別鶴以發抒心中不滿，曲名「別鶴操」，因爲鶴一舉千里，故又稱「千里別鶴」。「絃絕」，卽曲終；「念彌敦」，是說思鄉之念更加濃重。「徒」、「彌」兩個虛詞在句中不僅使文氣紆徐舒緩，給人以蕩氣迴腸之感，而且格外有力地抒發了詩人抑鬱難申的悲痛。

這首詩着重描寫行旅情景，雖不着一個「愁」字，却處處使人感到詩人的滿懷愁緒。原來，詩人在按照時間順序描寫旅程蹤跡的同時，便層層深入而又不着痕跡地流露了內心沉重的憂慮。詩裏所表現的對水上生活的厭倦固然是如此，其他卽如攀崖牽葉的登覽，或是強作歡顏的促管撫絃，都莫不是詩人用以排遣愁懷的手段。至於他爲什麼有如此深重的憂慮，這衹要了解了在出任臨川內史之前，他早已被劉宋王朝排擠，而此後不久他卽以「謀反」之罪被捕、終至被誅的遭際，便不難明白作此詩時他早已預感到超然物外並不能使之遠禍全身，清楚地意識到自己將不可避免地成爲統治集團內部矛盾的犧牲品，這一可悲的現實使他片刻也不能釋然於心，而這一切又怎麼能不在作爲心聲的詩中有所表露呢？

（張明非）

登大雷岸與妹書

鮑　照

吾自發寒雨，全行日少，加秋潦浩汗，山溪猥至，渡泝無邊，險徑游歷。棧石星飯，結荷水宿。旅客貧辛，波路壯闊，始以今日食時，僅及大雷。塗登千里，日逾十晨。嚴霜慘節，悲風斷肌。去親為客，如何如何！

登大雷岸與妹書

向因涉頓，憑觀川陸；遨神清渚，流睇方曛。東顧五洲之隔，西眺九派之分；窺地門之絕景，望天際之孤雲。長圖大念，隱心者久矣！

南則積山萬狀，負氣爭高，含霞飲景，參差代雄，淩跨長隴，前後相屬，帶天有匝，橫地無窮。東則砥原遠隰，亡端靡際，寒蓬夕捲，古樹雲平，旋風四起，思鳥羣歸，靜聽無聞，極視不見。北則陂池潛演，湖脈通連，苧蒿攸積，菰蘆所繁，棲波之鳥，水化之蟲，智吞愚，彊捕小，號噪驚聒，紛乎其中。西則迴江永指，長波天合，滔滔何窮，漫漫安竭？創古迄今，舳艫相接。思盡波濤，悲滿潭壑。煙歸八表，終為野塵。而是注集，長寫不測，脩靈浩蕩，知其何故哉？

西南望廬山，又特驚異。基壓江潮，峯與辰漢相接。上常積雲霞，雕錦縟。若華夕曜，巖澤氣通，傳明散綵，赫似絳天。左右青靄，表裏紫霄。從嶺而上，氣盡金光，半山以下，純為黛色。信可以神居帝郊，鎮控湘漢者也。

若潨洞所積，溪壑所射，鼓怒之所豗擊，湧澓之所宕滌，則上窮荻浦，下至狶洲，南薄鷰𠂢，北極雷澱，削長埤短，可數百里。其中騰波觸天，高浪灌日，吞吐百川，寫泄萬壑。輕煙不流，華鼎振涾。弱草朱靡，洪漣隴蹙。散渙長驚，電透箭疾。穹溘崩聚，坻飛嶺覆。回沫冠山，奔濤空谷，碪石為之摧碎，碕岸為之齏落。仰視大火，俯聽波聲，愁魄脅息，心驚慓矣！

至於繁化殊育，詭質怪章，則有江鵝、海鴨、魚鮫、水虎之類，豚首、象鼻、芒鬚、針尾之族，石蟹、土蚌、燕箕、雀蛤之儔，折甲、曲牙、逆鱗、返舌之屬，掩沙漲，被草渚，浴雨排風，吹澇弄翮。

夕景欲沉，曉霧將合，孤鶴寒嘯，游鴻遠吟，樵蘇一嘆，舟子再泣。誠足悲憂，不可說也。風吹雷飆，夜戒前路。下弦內外，望達所屆。

寒暑難適，汝專自慎。夙夜戒護，勿我為念。恐欲知之，聊書所覩。臨塗草蹙，辭意不周。

鮑照是劉宋時代一位才華橫溢、卓然不羣的傑出詩人。他出身貧賤，但從小胸懷壯志，不僅勤攻文學，而且也崇尚武略，很想做一番事業。由於南朝是一個門閥森嚴的社會，鮑照受盡了歧視與排擠，抱負始終不得施展，僅做過縣令一類的小官。最後一次任爲臨海王劉子頊的參軍，因此又稱「鮑參軍」，後來劉子頊謀反失敗被賜死。鮑照當時在荊州，竟枉死於亂軍之中。

爲了謀求出路，鮑照早年曾向被稱爲「宗室之表」的臨川王劉義慶獻過詩。劉義慶賞識鮑照的才華，賜給他帛二十匹，並提拔他作國侍郎。宋文帝元嘉十六年（公元四三九）四月，劉義慶出鎮江州（今江西九江）。同年秋天，鮑照從京城建康（今南京）赴江州就職，途中登上大雷岸，遠眺四野，即景抒情，揮毫寫下了《登大雷岸與妹書》。「大雷」是古地名，在今安徽省望江縣境內。當時鮑照才二十六歲，正年輕氣盛，對前程充滿了幻想與自信。但人微職卑的經歷，使他對仕途的艱辛也已經有了一定的體驗與認識。

鮑照的妹妹鮑令暉是一位才女。在這封信中，鮑照以生花妙筆，潑墨山水，淋漓盡致地描繪了途中所見景物的神奇風貌。使一封普通的家書，成了南朝山水文學中的一篇奇文。

《登大雷岸與妹書》可分爲三大段。第一段敍述離家遠遊，備嘗旅途艱辛的情形。大意是：我冒着寒冷的秋雨啓程，能整天趕路的日子很少。更加上秋雨滂沱，山溪橫流，在水深浪闊的江上行舟，歷盡艱險。有時跋涉在峻險的山道，藉着星光進餐；有時與荷花結伴，投宿在江畔澤邊。旅途遙遙，風塵僕僕，備嘗困頓艱辛，直到今日中午，才僅僅到達大雷岸。走了上千里，過了十多天，凜冽的寒霜冷徹骨節，悲涼的秋風撕人肌膚。遠離親人，客遊他鄉，心境是何等的凄涼！這是鮑照第一次離家遠遊，雖說是去江州就職的，但對妹妹却依依不捨。旅途的艱辛勞頓，更增加了他對親人的懷念。「寒雨」、「嚴霜」、「悲風」不祇點明這次啓程時在秋季，而且通過這些具體的蕭瑟景物表現了他初次離家的愁思。但第一段並不是借景抒情的，它祇是全文的一個

登大雷岸與妹書

楔子。鮑照從京城建康出發，沿長江跋山涉水，餐風宿露，到大雷岸已「塗登千里，日逾十晨」。千里之行，十日所見，才是鮑照要告訴妹妹的主要內容。第一段敍述的「旅客貧辛，波路壯闊」，也就爲下一步展開壯麗的長江風光作好了張本。

從「向因涉頓」到「吹澇弄翮」爲第二段，這是全文的主體。鮑照繪聲繪色地描寫了登上大雷岸所見的景物。高山巨川，雲煙魚蟲，盡收筆底，構成了一幅雄偉挺拔而又幽峭秀美的畫圖。鮑照在描繪這些景物時，不禁塗上了自己的感情色彩，使這一幀壯美的山河長軸，充滿了濃郁的抒情氣氛。

這一段有四個層次。第一層沒有對山川景物作具體的描寫，而是以提頓蓄勢的筆法，極其凝煉的文字，回顧了來路。大意爲：前些日子，我跋山涉水，眺望河流平川，心神遨遊於水中清明的小洲，又放眼飽覽剛剛降臨的暮色。東望來徑，與家人遙隔五洲；西眺前路，目的地江州正在九道水分流之處。脚下是關山絕景，頭上是天際孤雲，眺望着如此壯麗開闊的景象，我埋藏在胸中的宏圖大志早就被激發起來了！

重要的是最後一句：「長圖大念，隱心者久矣！」鮑照雖然出身低微，處處受人壓抑，但他並不甘心寂寞，有着強烈的施展抱負的渴望。在他向臨川王劉義慶獻詩述志時，就有人因爲他地位卑微而加以勸止。鮑照勃然大怒道：「大丈夫豈可終日碌碌與燕雀相隨乎！」劉義慶對他的賞識，使他獲得了一次實現壯志的機會。因此，赴任途中，鮑照曠觀川陸，周流絕景，便覺得天廣地闊，一腔久藏心中的壯志豪情，不禁噴薄而出。這種慷慨激昂、高亢奔放的感情，也就構成了整篇文章描繪山川景物的基調。

如果說第一層是千里長軸的一個遠景，那麼以下三個層次則是中景或近景了。鏡頭慢慢推近，從不同角度攝下了一幅幅生動的畫面。第二層次就是一幅風格雄奇、氣勢宏偉的長江風光圖。

鮑照從南、東、北、西四個方向分別描寫了途中所見的高山、平原、湖澤、江河。南邊的「積山萬狀」，是說重疊的山巒，千姿百態，崢嶸奇特。羣峯「負氣爭高」是擬人化的寫法。因爲鮑照的壯志豪情在胸中激盪，所以在他看來，羣峯也有了生命，也能使氣競勝，試比高低。「含霞飲景」的「景」，就是陽光，「飲景」就是吸引陽光。凡高峻的山峯映照在雲霞陽光中的，便稱爲雄長。「參差代雄」就是隨着時間的推移，羣峯交替逞雄稱霸。這二句也是擬人手法，生動地描出了重巒疊嶂在紫霞白雲間明滅莫測的景象。最後四小句是一個比喻，形容綿延不斷的羣山淩空飛起，前後相連，猶如高出田中的一道長隴，圍繞天邊，兜圈有餘；橫亘大地，不見盡頭。在這一節裏，鮑照賦予高山峻嶺以飛動的氣勢，它們充塞於天地之間，而又怒起競勝，向你迎面撲來，這是何等的威武雄壯啊！

寫東面的平原與北面的湖澤，則是用白描手法：衹見一川平原，越遠越低，無邊無際。蓬草在黃昏的寒風中拔地捲起，蒼勁的古樹高聳雲霄。旋轉的晚風從四野襲來，思戀故巢的鳥兒一羣羣地飛歸山林，側耳靜聽，却寂然不聞風聲；縱目遠望，却不見羣鳥蹤影。鮑照以寥寥幾筆淡墨，勾出了一川秋野的廣袤，特別點染了暮色降臨時的肅殺與靜謐。這恰與下面湖澤中的熱鬧喧囂形成了鮮明的對照。

「北則陂池潛演」的「陂池」就是水澤。「潛演」是指地下水脈。「棲波之鳥」是水鳥；「水化之蟲」卽游魚。《說文》：「魚，水蟲也。」這一節的大意是：北面大小湖澤之間水脈相通，這兒是苧麻青蒿生長積聚、菰瓜蘆葦生息繁衍的富庶之地。水鳥游魚在水波中弱肉強食，追逐鼓噪，顯得紛亂而喧鬧。這一節，寫法雖然也是白描，但在意境上却與上面平原一節迥然不同。「寒蓬夕卷，古樹雲平」突出的是秋野的蕭條空疏，而「苧蒿攸積，菰蘆所繁」突出的是湖澤的繁盛茂密；「旋風四起」、「靜聽無聞」突出的是原野的沉寂寧靜，而「號噪驚聒，紛牣其中」突出的是湖澤的喧囂嘈雜；「思鳥羣歸」、「極視不見」的視野是如此開闊，而「水化之蟲」、以「彊捕小」的觀察又是如此細微。這種強烈的對比，構成了兩幅各具風貌的畫面，鮮明地表現了秋色中原野與湖澤的不同特色。

「西則迴江永指」的「指」同「詣」字，是往的意思。「倏靈」就是神，這兒是指河神，出自《離騷》「怨靈脩之浩蕩兮」一語。這一節是說：西面，迂迴曲折的大江奔騰遠去，與天相銜。波浪滔滔，江流漫漫，怎會窮盡枯竭？自古迄今，江上舟隻往來，絡繹不絕。洶湧的波濤，驚險的潭壑，惹人愁思。江上煙雲蒸騰，瀰漫八方，最終還是化爲浮塵游埃。衹有這江水的匯集流瀉，才是變幻莫測的。大江浩蕩地奔流向前，有誰知道它究竟是什麼緣故呢？

登大雷岸與妹書

對着洶湧激盪的大江，鮑照興起了古今人事代謝的感嘆。臨川王劉義慶可以欣賞他的才華，却不能從根本上改變他受壓抑的地位。「思盡波濤，悲滿潭壑」正寫出了他處處受人掣肘的痛苦。他藉眼前「煙歸八表，終爲野塵」的自然景象，發洩了對世族豪門的不滿與蔑視。鮑照在門閥制度重壓下的痛苦、迷惘與反抗，藉着變幻無窮、奔騰而去的江水得到了形象化的表現。

從大雷岸遠眺四方，高山、平原、湖澤、江河的方位是虛構的，並不是實際上的地理位置。但第三層次描繪的廬山，却是一個令人神往的實景，它是那樣絢麗、神奇。

「上常積雲霞，雕錦縟」中的「縟」，《說文》解爲：「繁采飾也」。「錦縟」是形容廬山雲霞的鮮豔濃麗。這是平時的景色。但廬山的色彩是隨着時間的推移不斷變化的。「若華」卽若木之花，語出《淮南子》，說的是霞光；從「若木夕曜」句看，指的是晚霞。「傳明散彩，赫似絳天」描寫的就是晚霞放出的光亮與色彩，或赫或絳，赫是火紅色，絳是深紅色，兩者還有細微的差別，反映了色彩層次的豐富與多變。「左右青靄，表裏紫霄」的「青」與「紫」也造成色彩上的鮮明對照。而當暮色籠罩，廬山峯頂衹剩下最後一縷「金光」時，「半山以下，純爲黛色」。「黛色」，卽深青色。一明一暗，對比是如此的強烈。鮑照的廬山圖，是一幅水彩畫。一座廬山就浸在絢麗的色彩中了。這色彩，是陽光給的，雲霞給的，霧氣給的，所以廬山不僅嬌美鮮豔，風采斐然，而且在煙雲夕照的變幻中氣象萬千，顯示出它的雄偉壯麗，氣概非凡。最末二句「信可以神居帝郊，鎭控湘漢者也」，旣是對廬山奇麗景象與雄武形勢的讚美，也是對這一鮮明形象的高度概括，顯得準確而有力。

第二大段的最後一個層次衹寫一個「水」字，讀來却叫人驚心動魄：「若潨洞所積，溪壑所射，鼓怒之所豗擊，湧澓之所宕滌」一口氣就寫了四種不同的水流：細流急疾地匯成巨川，山溪汩汩地噴射不息，疾風鼓起的水浪發怒似地相互撞擊，洶湧曲折的江水激盪無前。「潨」是小水匯大水的意思。「洞」是急速的樣子。「豗」是碰撞。「湧澓」的「澓」就是曲水迴流。這些水流雖有大小巨細之分，但都爭先恐後地奔騰向前，銳不可擋：「則上窮荻浦，下至狶洲，南薄鷰厎，北極雷澱」，到達的地域，如此廣遠。「削長埤短，可數百里」是說，如果把這些從四面八方來的流水斷長補短，合在一起，可有數百里方圓。你看，鮑照要任意剪裁流水，這想象是多麽神奇！接着，他以更加峻峭飄忽的筆勢，接連不斷地拓開了一幅又一幅突兀奇險的畫圖。「其中騰波觸天，高浪灌日，吞吐百川，寫泄萬壑」，描寫那翻騰咆哮的巨浪，上能滔天蔽日，下則侵吞萬水千山，這是何等的壯觀。「輕煙不流，華鼎振涾」是一個比喻。「華鼎」就是金鼎。「振涾」是水珠滚動的樣子。這個比喻眞是太别緻了。接下去，鮑照加快了描寫的節奏，幾乎都是二句一景，猶如一個個特寫鏡頭，展現在我們眼前。「弱草朱靡，洪漣隴蹙」是說洪波沖倒了岸邊的細草，又向田隴逼近。「朱」在這兒解釋爲草莖。「蹙」是逼迫的意思，生動地刻畫出洪波兇猛的來勢。「散渙長驚，電透箭疾」是說波浪突然崩碎飛散，如閃電快箭，令人驚嘆。「散渙」是指浪花崩散。浪花之美，就在它的突如其來，瞬息萬變。人受其「驚」，這一聲驚嘆包含着多少讚美！「穹溘崩聚，坻飛嶺覆」二句是說一座座巨浪，一會兒抱成一團，一會兒又跌得粉碎，簡直可以把河岸沖走，叫山嶺傾覆。「穹」是高，「溘」是水，「穹溘」就是大浪。「坻」是水中高地。大河激浪的排山倒海之勢，雷霆萬鈞之力，就生動地體現在「坻飛嶺覆」的畫面之中。寫「勢」、寫「力」，容易流於空疏，而一「飛」一「覆」之間，則把這「勢」與「力」形象化了。「回沫冠山，奔濤空谷，碪石爲之摧碎，碕岸爲之韲落」四句是說，撞擊退回的水沫蓋滿了山頂，呼嘯奔騰的波濤洗空了山谷。激浪撞來，把堅硬的山石與彎曲的河岸都沖擊得粉碎。「碪石」就是河邊擣衣石。「碕岸」就是曲岸。「韲」是碎末。鮑照對驚濤駭浪的描寫是層層推進的。上面寫到「洪漣隴蹙」，是說洪波緊逼田隴，具有威脅性；接着描寫「坻飛嶺覆」，說巨浪終於把河岸沖走了，使山嶺傾覆了，但這樣的描寫還是從大處着墨的。現在是「碪石爲之摧碎，碕岸爲之韲落」，這「摧碎」、「韲落」顯然比「飛」與「覆」的沖擊力更加巨大，有力地突出了大江激浪恣肆汪洋的氣勢。鮑照以他雄健的筆力，摹繪了一幅幅變幻莫測的大江激浪圖。我們讀來，宛如身臨其境，勝景過眼，應接不暇。這一節的最後四句「仰視大火，俯聽波聲，愁魄脅息，心驚慓矣」是說：遙望火星，側耳江濤，不禁令人氣息屏止，神魂戰慓。「大火」是火星名。「脅息」就是屏住呼吸。鮑照之所以把「俯聽波聲」與「仰視大火」對聯起來，是因爲他描繪的驚濤駭浪，翻騰於天空與江面的整個空間，

登大雷岸與妹書

這種驚心動魄的壯觀景象，不祇使鮑照，也使讀者都感到「脅息」、「心驚」了。

在這一節對「水」的描繪中，鮑照特別注意對名詞與動詞的錘煉。遣用名詞，尤爲豐富多彩。比如，描寫「波浪」，就鑄造了「騰波」、「高浪」、「洪漣」、「奔濤」等詞，不僅極其凝煉，而且形象生動逼眞，表現了高超的藝術概括力。形容水浪動態的，如「坻飛嶺覆」固然千錘百煉，頗具匠心，而像「鼓怒」、「觸天」、「灌日」則更是吐奇脫俗，一鳴驚人。這裏的動詞描出了波浪挺舉飆發、恢宏壯闊的氣勢，賦予波浪以鮮明的性格，表現了鮑照奇崛豐富的想象。

在淋漓盡緻地描繪了驚濤駭浪之後，鮑照突然把筆鋒一轉，悠然自得地描寫起水中的魚蟲鳥獸。如果說驚濤駭浪令人氣息屏止，那麼這些水族珍奇實在叫人賞心悅目。

「至於繁化殊育，詭質怪章」是說這兒生息着品種繁多、千奇百怪的生物，它們有着怪異的身軀和奇特的花紋。「掩沙漲，被草渚，浴雨排風，吹澇弄翮」的大意是：這些奇異的魚蟲鳥獸出沒在沙丘草洲之間，櫛風浴雨，吐沫弄翅，逍遙自在，活躍異常。「類」、「族」、「儔」、「屬」都是類別的意思。這一節中，最引人興味的是一口氣列舉的十六種奇禽異獸。這些水族，見所未見，聞所未聞。有的實有其物，有的僅僅來自神話傳說，有的還可能是鮑照信手拈來，臨時起的名稱。但就這些光怪陸離的名字而言，已經够人神往的了。「吹澇弄翮」這種悠然自得的神態更是惹人喜愛。山水文學不僅要「美」，而且要「奇」，才能富有魅力。對水族珍奇的描繪，眞爲整幅洶湧澎湃的水景畫圖增添了別一番閑逸優雅的情趣。

至此，鮑照戛然而止，把潑墨長江風光的飽筆輕輕提起。然後，淡淡地點染了幾筆眼前的景色，託孤鶴遊鴻給妹妹寄出了無限的情思：即全文的第三大段。此段又分爲三個層次。前一個層次的大意是：在晨昏交替之際，遙望孤鶴遊鴻在寒風中長嘯遠去，樵夫船翁也不禁嘆息涕下，這種悲哀憂愁，眞是難以用語言表達。風狂雨驟，無法夜行，大約在本月二十三日左右，我可望到達目的地江州。這一節，開頭六小句中「夕景」、「曉霧」、「孤鶴」、「遊鴻」、「樵蘇」、「舟子」的藝術形象，共同構成了一幅枯寂蕭疏的畫面。鮑照移情於景，寫得楚楚動人。尤其是一「嘯」、一「吟」、一「嘆」、一「泣」，聲微情哀，傳響在夜深人靜時候，更增添了森冷悲涼的氣氛。

這一段的第二層次表達了鮑照對妹妹的關懷與愛護。大意是說，天氣冷熱，很難適應，你要小心謹慎，早晚自己保重，不要把我牽掛在心。我怕你爲我擔心，姑且寫上我所看到的一切。途中匆匆揮筆，文意並不詳盡。這一節抒寫兄妹之情，眞是娓娓動人。鮑照爲人一向粗率豪放。但信中對妹妹的聲聲叮囑，却是如此關懷備至，體貼入微。看來，慷慨激昂之士也不乏綿綿柔腸，脈脈溫情。陳祚明說鮑照「旣懷雄渾之姿，復挾沈摯之性」正道中了鮑照的性格特徵。

《登大雷岸與妹書》藝術上最顯著的特色是富有濃厚的浪漫主義色彩。全文感情雄肆奔放，想象瑰麗奇特，潑墨淋漓盡致。杜甫曾以「俊逸鮑參軍」的詩句來比讚李白，可見瀟灑自如、俊峭飄逸是鮑照、李白這兩位浪漫主義詩人共同的藝術風格。鮑照從不拘泥於山川景物的準確方位，而是憑藉想象的力量，描繪了一幅不受時間與空間制約的長江風光圖。他能一會兒雄視「凌跨長隴」，一會兒細察「水化之蟲」，一會兒遠眺廬山的「金光」，一會兒近觀礁石的「摧碎」。筆之所至，着墨飽酣，揮灑隨意。鮑照豐富多彩的想象是對現實景物的一種高度的藝術概括，因而，具有驚人的魅力。比如，他手握彩筆，爲可望而不可卽的廬山淡妝濃抹；他拿起剪刀，要爲奔騰匯聚的水流斷長補短；他把「輕煙不流」的江面，比作一尊沸騰的金鼎。這些奇峭的想象，爲全文增添了瑰麗的浪漫主義色彩。敖器之說鮑照「如饑鷹獨出，奇矯無前」，讚賞的正是這種獨特的藝術風格。

鮑照具有極強的審美能力。他不僅善於發現並捕捉自然景物中的美，更擅長於創造並表現這種美。山水文學的美學要求，不是機械的「模景」，而是進行藝術的再創造。鮑照把長江沿途的山川景物，完全置於自己的感受之中，體物寫貌，不僅力求形似，更着意追求神肖。他賦予山川景物以靈魂，使它們成爲有生命、有活力、有感情、有個性的藝術形象。鮑照自己負才任氣，慨慷激昂，所以他筆下的高山才能「負氣爭高」、「參差代雄」。當他自己的感情洪流與奔騰無前的大江合流時，大江才會「鼓怒㕒擊」「吞吐百川」。鮑照心境中的廬山，更像一位才貌出衆的俠女，她不僅有飄飄欲仙的嫵媚姿色，還有鎭控湘漢的神奇威力。我們側身於這些性格鮮明、神態逼眞的山水形象之中，遨遊經過鮑照藝術再創造的長江風光圖，怎會不感到是一種美的享受呢？

在《登大雷岸與妹書》中，鮑照以如此激越奔放的感情，峻健驚挺的筆勢，飽蘸濃墨重彩，點染雲煙，着意山水，酣暢淋漓地極盡自然景物的雄姿妍態，這在當時是一個前所未有的創舉。吳汝綸在評論這篇佳作時說：「奇崛驚絕，前無此體，明遠創爲之。」正確地指出了鮑照對我國山水文學發展的創造性貢獻。因此，《登大雷岸與妹書》並不衹是一封普通的家書，它實在是一篇在我國山水文學史上占有重要地位的傑作。

（黃昌年）

代出自薊北門行

鮑　照

羽檄起邊亭，烽火入咸陽。徵騎屯廣武，分兵救朔方。嚴秋筋竿勁，虜陣精且彊。天子按劍怒，使者遙相望。雁行緣石徑，魚貫度飛梁。簫鼓流漢思，旌甲被胡霜。疾風衝塞起，沙礫自飄揚。馬毛縮如蝟，角弓不可張。時危見臣節，世亂識忠良。投軀報明主，身死為國殤。

郭茂倩《樂府詩集》收此詩入「雜曲歌辭」，於題下引曹植《豔歌行》：「出自薊北門，遙望湖池桑。

代出自薊北門行

枝枝自相值，葉葉自相當。」可知鮑照這首《代出自薊北門行》是模擬曹植《豔歌行》的。「代」，就是擬的意思。從《豔歌行》僅存的這幾句看來，它的內容本來跟征戍無關，而鮑照寫《代出自薊北門行》時，賦予這樂府舊題以新的意義，寫成了一首出色的邊塞詩。擬古而不泥於古，表現了鮑照的創新精神。

這首詩的內容是寫邊境報警，天子派兵救援，邊塞的苦寒，戰鬥的艱苦，以及將士們誓死以報明主的決心。鮑照是南朝宋代的詩人，一生從未涉足於北方，更沒有邊塞生活的經驗，這首詩可以說完全是憑想象寫成的。但是由於他善於參考和融化前人關於邊塞風物和戰鬥生活的記載與描述，所以這首詩倒也寫得相當眞切。《史記》、《漢書》等書中有關的敍述，曹操的《苦寒行》，曹植的《白馬篇》，陸機的《從軍行》、《飲馬長城窟行》，大概都曾給他以啓發。

這首詩的節奏自始至終十分急促。詩人無暇一唱三嘆，他不斷地變換角度，造成情節的跳躍。詩人不僅寫到我方也寫到敵方，不僅寫到邊疆也寫到朝廷，不僅寫到氣候風物也寫到將士的心理活動，畫面不斷地移動着，讀來頗有目不暇接之感。

「羽檄起邊亭，烽火入咸陽。」起調就很挺急。「檄」是一種木簡，長一尺二寸，用於徵召。遇到緊急情況，就插上一根鳥羽，表示是急件。後來鷄毛信的用意大概就類似「羽檄」。「烽火」是古代邊防報警的信號，用桔槔置薪，敵人侵犯時，白天放煙（叫烽），夜間舉火（叫燧）。《風俗通》曰：「文帝時，匈奴犯塞，侯騎至甘泉，烽火通長安。」「烽火入咸陽」就是取意於此。這兩句互文見義，意思是說：敵人入侵了，告急的文書和烽火從邊防哨所傳到了京城。

下面接着寫朝廷接到警報以後的處置：「徵騎屯廣武，分兵救朔方。」一方面徵調騎兵駐守廣武，另一方面又分出部隊救援朔方。「廣武」，縣名，故城在今山西代縣西。「朔方」，郡名，轄境相當今內蒙古自治區河套西北部及後套地區。

「嚴秋筋竿勁，虜陣精且彊。」這兩句掉轉筆鋒寫敵軍裝備精良、陣容強大。「筋」指弓。「竿」指箭。因爲敵軍強大，戰事一時難以取勝，所以引起天子的震怒：「天子按劍怒，使者遙相望。」「遙相望」，是說使者一個接一個，絡繹不絕，遙遙相望。《史記·大宛傳》載：「貳師將軍請罷兵，天子大怒，使使遮玉門曰：『軍有敢入，輒斬之。』」這兩句用這個典故，意思是說朝廷向邊疆發佈命令，督促將士加緊防守，不得後退。

接下去寫將士們在使者的督促下進軍迎戰敵人的情形：「雁行緣石徑，魚貫度飛梁。」「雁行」和「魚貫」都是形容隊伍的行列整齊而有陣勢。「飛梁」是高架的橋樑。這兩句一方面寫出了行軍途中的艱險，另一方面也寫出戰士的勇敢頑強。「簫鼓流漢思，旌甲被胡霜。」軍中演奏的樂曲流露出對漢土的思戀，而旌旗和鎧甲都蒙上了胡霜。將士們愈是遠離家鄉，便愈加懷念故土。這兩句是詩中的傳神之筆，寫得眞切、感人。

「疾風衝塞起，沙礫自飄揚。馬毛縮如蝟，角弓不可張。」這幾句通過邊塞的環境氣候，進一步表現戰士的艱辛。在疾風嚴寒之中，沙石飛上了天，馬的身體蜷縮着，它的毛豎起來像刺猬一樣，角弓也硬得拉不動了。這幾句使我們想起唐代詩人岑參的《走馬川行》，那首詩裏說：「輪臺九月風夜吼，一川碎石大如斗，隨風滿地石亂走。」岑參的《白雪歌》說：「將軍角弓不得控，都護鐵衣冷難着。」岑參親身到過西北邊疆，所以寫得眞切動人。鮑照衹是憑想象，却也寫得有聲有色，是很難得的。

最後四句：「時危見臣節，世亂識忠良。投軀報明主，身死爲國殤。」用屈原《九歌·國殤》的典故，意思是說：在時局危險的時候才能看出臣子的氣節，在世事混亂之中才能識別忠良。投軀獻身報效明君，即使陣亡身爲國殤也心甘情願。結合鮑照一生懷才不遇的經歷來看，我認爲這幾句不僅表達了將士們誓死苦戰的決心，還寄寓着詩人自己的慷慨不平。言外似乎有這樣的意思：平日君主不善於識別和重用忠良，現在國難當頭，誰有氣節，誰是忠良，到戰場上看吧。吳伯其曰：「是當時政令躁急，臣下有不任者，故藉此以寓意。言平日無謀慮，邊隙一啓，曰征騎、曰分兵，皆臨時周章，以敵陣之精強故也。天子之怒，固是怒敵，亦是怒將士之不滅此朝食。故從戰之士相望於道。當斯時也，雖有李牧輩爲將，亦不暇謀矣。死爲國殤，何益於國哉！」（黃節《鮑參軍詩註》引）就未免引申過分了。

鮑照的詩歌有一類學習晉宋以來的江南民歌，如《吳歌三首》、《採菱歌七首》。他的《代白紵舞歌詞四首》、《代白紵曲二首》、《擬行路難十八首》其一、其三等，脫胎於江南民歌對婦女的描寫，專以濃詞豔句描寫貴婦，也屬於這一類。這類詩發展下去，就成為「雕藻淫豔，傾炫心魂」的齊梁詩體（見《南齊書·文學傳論》）。鮑照的另一類詩歌學習漢魏樂府和漢魏古詩，如《代東門行》、《代放歌行》、《代白頭吟》、《詠史》、《擬古》。這些詩寫得遒勁剛健。鍾嶸《詩品》說他「骨節強於謝混，驅邁疾於顏延。」敖器之《敖陶孫詩評》說他「如饑鷹獨出，奇矯無前。」應該是指這類作品而言。而《代出自薊北門行》便是這類詩裏比較突出的一首。這首詩沒有南朝詩歌綺靡柔麗的作風，音節之高亢，氣勢之淩厲，風力之遒勁剛健，頗能見出建安時代的風格，在南朝實在是難得的佳作。

（袁行霈）

擬行路難（其三）

鮑照

璇閨玉墀上椒閣，文窗繡戶垂羅幕。中有一人字金蘭，被服纖羅采芳藿。春燕參差風散梅，開幃對景弄春爵。含歌攬涕恒抱愁，人生幾時得為樂！寧作野中之雙鳧，不願雲間之別鶴。

《擬行路難》十八首是鮑照的代表作。它多角度、多層次地反映了複雜紛紜的現實生活。或對黑暗現實傾吐強烈的不滿，或對門閥特權表示極度的憎惡，或對征夫思婦寄予無限的同情。其中有五首是描寫婦女愛情

擬行路難（其三）

婚姻生活的，「璇閨玉墀上淑閣」，便是很有特色的一首。

這是一首閨怨詩。起筆兩句：「璇閨玉墀上椒閣，文窗繡戶垂羅幕。」就引我們來到一座富麗堂皇的閨閣繡樓面前。它是用「璇」修砌起來的。「璇」是一種僅次於玉的美石。閨閣的臺階——「墀」又是用玉鋪成的。而閣內的四壁，還像古代后妃貴婦的居室那樣，塗抹着具有芳香氣味的花椒摻和的泥土。門窗上雕刻着「文」、「繡」的花紋，上面垂掛着絲織的綺羅簾帳。詩人從閨房的整體到局部，做了細緻入微的描畫。詩人精選了「璇」、「玉」、「椒」、「文」、「繡」、「羅」等修飾性的詞語，着意渲染烘托出這座閨閣的豪華富貴。看來，這閨閣屬於貴族之家。裏邊住的是什麼人呢？三、四兩句：「中有一人字金蘭，被服纖羅采芳藿。」上句交代她的名字，下句描繪她的服飾。這種寫法，不禁令我們聯想起漢樂府詩《陌上桑》開頭的幾句詩來。鮑照顯然是借鑒了《陌上桑》詩的筆法和技巧。女主人公取名「金蘭」，是用《周易》中「二人同心，其利斷金；同心之言，其臭如蘭」之意，以暗喻此女子是一位熱烈地追求着忠貞愛情的婦女。「被服纖羅」，通過服飾的美麗襯托她的美，這在古詩中是常見的藝術手法。《陌上桑》在描畫美女秦羅敷時，就沒有正面去勾畫她的容貌，而是採用了一系列的襯托手法，其中就有「湘綺爲下裙，紫綺爲上襦」的服飾描寫。「采芳藿」的「采」字，《玉臺新詠》作「蘊」，積聚的意思。根據詩的意脈，以及女主人公的身分和她所處的環境推斷，當以「蘊」字爲好。「藿」，芳草名，又稱「藿香」，其莖也有香味，故稱「芳藿」。

「春燕參差風散梅，開幃對景弄春爵。」上一句描繪春景，下一句寫女主人公的春愁。「幃」，即簾帳。「景」，又作「影」，指日光。「爵」酒器。以上兩句描繪了女主人公金蘭百無聊賴，獨倚閨閣的惆悵情狀。春燕雙飛，梅花墜落，勾起她的傷春之情。她的重重心事向誰傾吐呢？祇能借酒解悶而已。

「含歌攬涕恆抱愁，人生幾時得爲樂！」進一步刻畫女主人公愁苦難奈的景況。正因爲她「含歌攬涕」，不能抒發出愁悶之情，所以更加痛苦。難怪她感慨萬端地發問：「人生幾時得爲樂」？

那末，女主人公所「愁」爲何？所「樂」爲何呢？詩的結尾：「寧作野中之雙鳧，不願雲間之別鶴。」她渴望着與所相愛的人常聚一處。爲此，她寧可拋掉「玉墀」、「椒閣」，去作雙飛雙棲、形影不離的野鳥；

也不願貪戀富貴，獨守「文窗」、「繡戶」，做一隻失去情侶，孤苦無依的雲鶴。這兩句藉鳥喻人，一正一反，十分恰切。

這首詩塑造了女主人公金蘭的生動形象，成功地表達了她獨守閨房的怨情和對美滿夫妻生活的憧憬。詩人吸取民歌的表現手法來刻畫人物，並用景物的烘托和生動的比喻，表現了人物的心理活動。這樣，便使人物形神兼備，呼之欲出了。至於金蘭是什麼人，她所思念的愛人又當是誰？論者見解，並不一致。余冠英先生說：「這詩所詠女子，似是小家碧玉，嫁在富貴之家，但不忘舊日之愛人。」又引古詩《西北有高樓》說：「樓上絃歌的女子，有人猜測就是梁冀西第中的婢妾。這詩淑閣上的金蘭，大約也是同樣遭遇的人。」還引《宋書》說：「南郡王義宣後房千餘，和東漢梁冀正不相上下，當時被豪貴之家當籠鳥養着的女子，正不知有多少。這詩如非別有寄託，很可能就是爲這類女子訴苦。」這都很有見地，足資參考。不過筆者以爲，金蘭當是一位貴婦，她所思念之人，似是追求功名，宦遊在外的丈夫。唐代詩人王昌齡有《閨怨》詩寫道：「閨中少婦不知愁，春日凝妝上翠樓。忽見陌頭楊柳色，悔教夫婿覓封侯。」這詩當是上述鮑照詩之遺意，無論題材、主題、人物、感情，都相類似，可以說是相互媲美，先後輝映的。

（馮　宇）

擬行路難（其六）

鮑　照

對案不能食，拔劍擊柱長歎息。丈夫生世會幾時，安能蹀躞垂羽翼？棄置罷官去，還家自休息。朝出與親辭，暮還在親側。弄兒牀前戲，看婦機中織。自古聖賢盡貧賤，

擬行路難（其六）

何況我輩孤且直！

這是鮑照《擬行路難》中的第六首。鮑照是一個才高氣盛的人。他年輕時曾說：「千載上有英才異士，沉沒而不聞者，安可數哉！大丈夫豈可遂蘊智能，使蘭艾不辨，終日碌碌與燕雀相隨乎？」可見他對自己的才能充滿了自信。然而，出衆的才華並沒有給他帶來好運，反而險招災禍。史載，他爲中書舍人時，宋文帝「好文章，自謂人莫能及」。鮑照怕招致皇帝的忌恨，不得不寫些「多鄙言累句」的文章，以示「才盡」。明明是才華橫溢，却要讓人以爲自己才思枯竭，這是多麼屈辱的事啊！儘管我們無法考證鮑照寫這首詩時的具體背景，但從這件事上我們也就可以體會到他寫這首詩時的痛苦心情。他用雄渾的歌聲，唱出了內心沉鬱的感情。

詩歌的開頭兩句生動地刻畫出壯士落寞的情懷。對酒高歌，當是人生快事，詩人却「對案不能食」；拔劍起舞，自是豪邁之舉，詩人却「拔劍擊柱長嘆息」。不言愁，不言悲，悲愁之態却宛然在目。作者通過一連串的動作來宣洩內心的苦悶煩惱。讀着這兩句詩，我們彷彿看到詩人停杯投箸，推案而起；繼而若有所思地拔出寶劍，却又悵然若失地以劍擊柱，仰天長嘆。這裏的每一個動作都有着特定的心理活動爲依據，包蘊着豐富的「潛臺詞」：詩人不甘碌碌無爲，虛度年華，嚮往着建功立業，有所作爲，故而心潮澎湃，不由得豪情頓生，「拔劍」相看——這就是阮籍「揮袂撫長劍」和辛棄疾「把吳鈎看了」的用心；然而轉念一想，人賤位卑，不得重用，寶刀縱好，何處是用武之地呢？在「拔劍四顧心茫然」的悵惘之中，祇得以劍恨恨「擊柱」，喟然「長嘆」了！這兩句詩情調低沉，如淒風苦雨迎面襲來，造成一種緊迫壓抑的氣氛，使讀者的心一下子緊縮起來、沉重起來，很快地進入了詩歌的特定意境，和詩人一起承受着懷才不遇的精神痛苦。

如果說「拔劍擊柱」時，詩人的激情尚在積聚，引而未發，那麼接下去的兩句：「丈夫生世會幾時，安能蹀躞垂羽翼」，就如同早已積蓄着能量的濃雲中終於爆發出雷電，將久已壓抑的情感無遮無擋地釋放出來。「蹀躞」形容小步行走。詩人爲了避禍全身，不得不「蹀躞」而行，不得不垂下自尊的「羽翼」。歧視、輕侮像無形的利齒啃嚙着詩人高傲的心。因此，這兩句中既有着當年不肯與「燕雀相隨」的豪言的餘音，更有着如同陶淵明那樣「豈能爲五斗米折腰向鄉里小兒」的傲氣。一個「幾時」，一個「安能」，語調分外沉痛，分外激憤。我們彷彿聽到詩人流血的心在吶喊：大丈夫在世，當揚眉挺胸，難道能惟惟諾諾，窩窩囊囊地了此一生嗎？備受屈辱的官場生活不能再忍受了！

緊接着的兩句：「棄置罷官去，還家自休息」，音調短促有力，很恰當地表現了詩人憤然拂衣、高邁而去的神態。「棄置」一詞下得乾脆利落，在憤憤不平中又添上冷峻、嘲弄的語調。「還家自休息」一句，來得灑脫自如，尤其是那個「自」字，悠然的情態中隱藏着錚錚傲骨，很能表現詩人的孤介性格。從詩勢上看，「還家」句是一個轉折，就像奔騰的急流衝出峽谷，注入一片寧靜的小湖，我們也隨着詩人情感的流動而進入一個新的境界。詩人以親切的語調描述了「還家自休息」的情景：「朝出與親辭，暮還在親側；弄兒牀前戲，看婦機中織。」這四句中包括兩組對偶句式，結構相似，內容重複。詩人用這種綿密的筆法表現內心的渴求：備受冷落和歧視的詩人多麼需要在親人的溫情中尋求慰藉啊！多麼想與親人朝夕廝守、共享天倫之樂啊！如果將這裏的描寫與陶淵明的《和郭主簿》「藹藹堂前林」比較一下，就可以看出鮑照雖然抒寫了自己對閑居生活的嚮往，但他沒有那種「復得返自然」之後的悠然心境。相反，就像寧靜的湖面下仍有着暗流一樣，鮑照那貌似閑在的筆觸中仍然依稀透露出傷感憤世的心緒。

最後兩句與詩的開首呼應，點破詩人鬱憤不平的眞實心情。詩人由古代聖賢的厄運，聯想到自身的不幸，不禁憤然長嘆：「自古聖賢皆貧賤，何況我輩孤且直！」顯然，無論是勉力從仕，還是賦閑家居，他的滿腹牢騷和憤慨都是無法排解的，親人的溫情並不能驅除嚴酷的社會現實在「孤且直」的心靈中投下的陰影。結尾這兩句，激憤中又帶着幾分無可奈何的悵恨，異常沉痛。

這首詩的情緒起伏跌宕，富於變化，時而壓抑，時而奔放，時而悠閑，時而悲愴，細緻完整地表現了詩人曲折委婉的內心活動。儘管詩人發洩了滿腔的牢騷苦悶，對自身的不幸也曾有過無可奈何的長嘆；但從全詩的格調看，悲哀而不頹唐，失望而不消沉，沉鬱中不失灑脫之韻，悠閑中透出不平之氣，自有一種雄逸豪放的

擬行路難（其六）

風格，恰到好處地表現了詩人自尊而孤傲的精神狀態。

鮑照很注意從音律上來加強詩歌的表現力。這首詩一韻到底，長氣貫注，如同黃河之水奔瀉而下，將詩人的情感表現得那樣奔放。這首詩還句句押韻，每一句的尾音就像一個接一個的浪頭，前推後湧而去，由此造成一種貫穿全詩的節奏感。但是另一方面，一韻到底、句句押韻，不免使詩歌的旋律有些單調。爲了彌補這一不足，詩人採用雜言句式，使得音節變化，錯落有致。詩中，五言與七言交替使用，節拍忽快忽慢，旋律忽促忽緩，與詩歌的情緒起伏交錯爲補，交迭成趣。句式的變化，使詩篇更準確地表現了詩人百感俱生的情懷。一讀之下，莫不爲之愀然動容！

鮑照的這首詩語言極爲質樸，尤其像「棄置罷官去」那六句五言，句式及章法都頗似民歌，讀起來淳樸感人。這種毫無雕琢的語言從詩人心底噴湧出來，是那麼率眞自然，以至於情感與語言的距離消失了，二者達到高度的和諧。我們彷彿不是在讀詩，而是直接傾聽這位一千多年前的詩人發自肺腑的心聲，眞切地體會到他的悲憤愁苦。

李白對鮑照的這首詩頗爲欣賞，曾在《行路難》中襲用此詩的詩意，寫道：「金樽清酒斗十千，玉盤珍饈値萬錢；停杯投筯不能食，拔劍四顧心茫然。」那雄肆的風格也頗似鮑照。杜甫用「俊逸鮑參軍」來稱讚李白，是很有道理的。

（韋鳳娟）

玉階怨

謝　朓

夕殿下珠簾，流螢飛復息。長夜縫羅衣，思君此何極？

《玉階怨》，屬樂府《相和歌辭·楚調曲》。漢成帝時宮女班婕妤失寵退居長信宮，作《自悼賦》，有「華殿塵兮玉階苔」之句，謝朓取作《玉階怨》，用來表現深宮女子的怨情。

詩一起並不對宮女作直接描述，而是首先描繪了她所處的客觀環境。「夕殿下珠簾，流螢飛復息」兩句展現出一幅沉靜寂寥的清夜圖景：殿門垂下了珠簾，一片靜謐。夜色裏衹有螢火蟲悄無聲息地飛飛停停，穿來穿去，給籠罩在夜幕中的宮殿點染了單調寂寞的色彩。寥寥十字，有着豐富的內涵。詩人選取了「夕殿」、「珠簾」、「流螢」這些富有特徵的景物來寫，不僅交代了時間、地點，暗示出人物身分，勾勒出人物的典型環境，而且爲人物的出場烘托了濃鬱的氣氛。

接下去是對人物形象的刻畫，作者着墨不多，衹以一個外部動作來展示宮女內心的感情活動。「長夜縫羅衣」，既是宮女對苦悶煩愁心情的掩飾，也是對長夜漫漫百無聊賴的排遣，至於她爲什麼長夜不寐，這從詩的最後一句「思君此何極」可以知道，是相思和幽怨正折磨着她的心靈。此時此刻，此情此景，使得她不論是追憶往昔的歡樂還是感慨今日的孤寂，或者是沉浸在希望與失望交織的期待之中，所感受到的都是深沉的痛苦和哀怨。「縫羅衣」一筆，將人物的情思融匯在生動具體的藝術形象之中，不言怨而怨自深，同時啓發讀者的想象，極富包孕。漫漫長夜，終有盡頭，綿綿相思，却無窮無盡。詩以「思君此何極」的無限感慨作結，讀完它，人們彷彿看到了這位宮女幽怨痛苦的面容，聽到了她沉重的嘆息聲。

這首詩剪取的衹是宮女的一個不眠之夜，但透過她生活圖畫中的這一個片斷場景，人們不難想象她所捱過的許許多多不眠之夜以及她悲慘的一生，並進而聯想到無數同她一樣幽囚宮中的女子的不幸命運，從而產生對她們的同情和關切，對罪惡的封建制度的憎恨。這正是此詩思想意義之所在。

這首詩以清麗精練的語言、委婉深曲的構思，塑造了一位感情豐富眞摯的宮女形象，具有很大的藝術魅力，在題材內容和藝術技巧兩方面都對後人產生了較大的影響。它不僅開唐代詩人以五、七言絶句寫宮怨的先聲，而且在含蓄蘊藉、情味雋永方面給唐人以啓示。大詩人李白有同名擬作即是一個有力的例證。當然，李白終不愧是大家，儘管謝詩已可謂工於言情、含蓄不盡，他卻有本事更勝一籌。譬如謝詩用「思君此何極」點明主題，他卻背面敷粉，不肯直說，衹用下簾望月隱含懷人之意；謝詩的思君，從長夜縫衣中顯出，他卻從下水精簾望玲瓏秋月中透露。這樣寫，意境自然更加優美，更富有情韻。然而，謝朓對李白的影響是顯而易見的，他的開創之功也是不可磨滅的，他和李白寫作的兩首《玉階怨》都是我國古典文學寶庫中的藝術珍品，永遠給人以美的享受。

（張明非）

晚登三山還望京邑

謝朓

灞涘望長安，河陽視京縣。白日麗飛甍，參差皆可見。餘霞散成綺，澄江靜如練。喧鳥覆春洲，雜英滿芳甸。去矣方滯淫，懷哉罷歡宴。佳期悵何許，淚下如流霰。有情知望鄉，誰能鬒不變？

謝朓，字玄暉，南齊陳郡陽春（今河南太康附近）人。因他做過宣城太守，所以人們稱他爲謝宣城；又因他是謝靈運的族子，同是以寫山水詩著名，故謝靈運被稱爲「大謝」，而他又被稱爲「小謝」。他的山水詩，在刻畫自然景物方面，深受謝靈運的影響，但又不像謝靈運那樣雕琢堆砌、晦澀呆板，而是詞意清新工麗，簡淡而有情趣，並富有鮮明的形象性與和諧的音樂美。這種清麗和美的風格，也表現在這首詩中。

這首詩大約是齊明帝建武二年（四九五），謝朓出任宣城太守時寫的。它主要是寫作者踏上征途後，登臨三山，還望京都時所見到的宮室山川的壯麗景色，引起他對往昔歡會的留戀和去國懷鄉、歸期渺茫的惆悵之情。詩的開頭是：「灞涘望長安，河陽視京縣。」用前人的詩句發端。上句用漢末王粲《七哀詩》：「南登灞陵岸，回首望長安。」下句用西晉潘岳《河陽縣作》：「引領望京室，南路在伐柯。」這裏「灞」，指灞水。源出陝西的藍田，流經長安，過灞橋。河陽，縣名，在今河南孟縣西南。京縣，指京城洛陽。作者不直接寫自己登三山，望建業，而是化用王、潘的詩句來表達，以古譬今，將人擬己，委婉含蘊，耐人尋味。王粲生活在東漢末的動亂社會，避難中顛沛流離，很不安適；潘岳仕途多難，負才不遇。作者用這兩個典故以喻己，無疑是寄寓着自己的情思和感慨的。這是一個很好的開端。怪不得鍾嶸說他「善自發詩端」（《詩品》）；陳祚明也稱讚他「發端結響，每獲驪珠」（《采菽堂古詩選》卷二十）。

那麼，作者回首眺望京城，看到了什麼呢？下面六句就一一加以描述了：「白日麗飛甍，參差皆可見。」這兩句是說：在絢麗璀璨的陽光照耀下，高聳如飛的屋脊皆歷歷在目。首先看到的是宮殿樓宇。「麗」、「皆」二字，生動地顯示出光澤感和能見度，清晰明朗。這兩句語似平淡，却如實地反映了宮室豔麗而高低起伏之狀。

隨着作者視線的移轉和開拓，渺遠的江流和天上的晚霞展現了：「餘霞散成綺，澄江靜如練。」仰望長空，美麗的晚霞鋪展開去，像是一匹色彩斑斕的錦緞；俯視大江，清澈的江水靜靜地流着，像是一條銀光閃爍的白練。看，設喻是多麼的奇妙貼切呀！把散開的晚霞比作織錦，澄澈的江水比作素絹；天光水色，濃淡相映，構成了一個引人入勝的優美意境，甚得後人的讚賞。李白的「解道澄江靜如練，令人長憶謝玄暉」，即出於此。

這是寫遠景，近景又如之何？「喧鳥覆春洲，雜英滿芳甸。」啼聲嘈雜的鳥羣，覆蓋了春色漾溢的水中小洲。各色各樣的花叢，布滿了芬芳迷人的郊野。這裏，「覆」字，顯示出鳥的衆多；「滿」字，形容花的盛開，展現出一片生機。遣詞用字，明晰而工致，「豐縟而不華靡」。

以上六句，寥寥三十個字，却勾畫出一幅鮮明生動而又層次井然的圖畫。它充滿了春天的色彩、音響和氣息。其所以如此，就由於作者長期陶冶在山光水色之中，對大自然有敏銳和細緻的觀察力，以及具有高超的藝術造詣，因此，能夠準確而生動地抓住客觀景物的鮮明特徵，加以描繪，安排得錯落有致，織成一幅有機的圖畫。遠景與近景，動態與靜態，聲音與色彩，配合得協調和諧，濃淡清淺相映成趣，創造了一個生動的藝術境界。

值得注意的是，謝朓並不是爲寫景而寫景，而是融景入情，抒發自己的感慨。他所生活的時代，統治集團內部的紛爭非常激烈。他在宦海浮沉中，目睹當時政治黑暗，心中常懷憂懼，惟恐仕途遭受禍害的憂慮心情常常流露在他的詩作中。這首詩也是如此。被山河的壯美所勾起的，竟是那種還鄉無期的惆悵：「去矣方滯淫，懷哉罷歡宴。」滯淫，是長久停留的意思。歡宴，是指故鄉舊館歡樂的宴遊。這兩句是說，要走了，我將要離開這美好的京城，長久地滯留在遙遠的他鄉；眞想念啊！那已散席的家鄉舊館的歡宴！還懷念難忘的往事，他使不能不想起何時得歸還：「佳期悵何許，淚下如流霰。」何年何月才能回鄉呢？滿懷惆悵，思緒萬千，眼淚像紛飛的雪珠一般滾滾而下。佳期，指還鄉的日期，霰是雪珠。這裏作者從離家進而想到還鄉無期，潸然淚下，思鄉之情又進了一層。最後又寫道：「有情知望鄉，誰能鬒不變？」有深厚感情的人，最懂得懷念家鄉，誰不因此而愁得黑髮變白呢？鬒，黑髮。作者由切身感受，推及人們共有的懷鄉心情，以設問作結，更增添了詩的動人心魄的藝術力量。

以上六句共有三個層次，每兩句形成一層感情的波瀾。層層推進，步步深入。這一部分抒情和前一部分寫景互相交融，構成了這首詩的不可分割的藝術整體。

這首詩，既是寫景，又是抒情，是一篇情景交融的佳作。全詩由三個部分組成，頭兩句在敍事中抒情，中間六句寫景，最後六句抒情，它們像一條線貫串着，有着緊密的內在聯繫。作者帶着去國懷鄉的愁思，晚登三山回頭眺望京城，聯想到王粲、潘岳不幸的命運，心中無限感慨。懷着這種情緒看山河，山河又是這樣明麗多姿，更增添其回鄉無期的惆悵。這裏，情和景有機地結合在一起，互爲補充，情因景而愈深，景因情而益顯，極盡情景融洽之妙。

這首詩，在韻律的運用上，不僅注意了平仄互換，以求音調的抑揚頓挫，而且講究對仗，如首聯、三聯、四聯，都對得相當工整，詩句俊美流暢，讀來順口悅耳。在用韻方面，每兩句押韻，全詩押仄聲韻：縣、見、練、甸、霰、變，聲音短促，恰切地表達了作者那淒婉、蒼涼的情調。

鍾嶸評謝朓的詩說：「善自發端，而末篇多躓，」「意銳而才弱。」（《詩品》卷中）何焯也認爲：「玄暉俊句爲多，然求其一篇盡善，蓋不易得。」（《義門讀書記》）這首詩也是如此。詩的結尾，雖情摯意切，淒婉感人，但格調畢竟低沉牢落，失之平弱。其所以如此，主要由於作者缺乏積極的政治態度，追求清靜的生活情趣，因而思想境界不高，缺少遠大的抱負和恢廓的氣度之所使然。儘管如此，但全詩語言明晰流暢，寫景逼真，情味雋永，「名句絡繹，清麗居宗」（施補華《峴傭說詩》），使全詩呈現出一種清新自然美，具有強烈的藝術魅力，吸引讀者。（鄭孟彤）

之宣城郡出新林浦向板橋

謝朓

江路西南永，歸流東北騖。天際識歸舟，雲中辨江樹。旅思倦搖搖，孤游昔已屢。既歡懷祿情，復協滄洲趣。囂塵自茲隔，賞心於此遇。雖無玄豹姿，終隱南山霧。

南齊王朝只有二十三年，卻經歷了七個皇帝，尤其是齊武帝蕭賾死後，統治集團內部連續發生爭權奪利的鬥爭。僅在公元四九四年這一年，輔政的蕭鸞殺了剛嗣位的鬱林王蕭昭業，擅立昭業之弟恭王蕭昭文，不久又殺昭文自立爲齊明帝。王朝的不斷更迭，宗室的互相殘殺，造成了很大混亂。出身於門閥世族的謝朓，自荆州遭謗被召回京，心靈就蒙上了憂懼的陰影；面臨這種紛亂憂攘的局勢，他更加感到仕途的險惡，隨時可能被捲入傾軋的漩渦，召來殺身之禍。正在憂心忡忡，苦悶不安的時候，公元四九五年，謝朓喜得外任，出爲宣城太守。他對於能够離開這個腥風血雨的政治中心，可以遠禍避害，確實感到欣慰；但對於放棄都城生活，離親

之宣城郡出新林浦向板橋

別友，他又依依不捨。「徘徊戀京邑，躑躅躧曾阿」（《將發石頭上烽火樓》）。他又一次懷着矛盾的心情出發了，在途中寫下了上面這首詩。

此詩雖屬行旅之作，並未對江路風光作瑣細的摹寫，只是攝取了帶有特徵性的景物作爲襯托，着重抒發了詩人的情懷，從一個側面，反映了那個時代士族文人的複雜的心理狀態。

「江路」兩句，似乎只是泛泛地平敍詩人乘舟啓程，溯江西南而上。但用一個「永」字，透露了「行矣倦路長」的心曲。「歸流」說明舟行逆水，則又暗示出「江猶歸海，人却離鄉」的感情，含蓄地表達了詩人依依惜別的衷情。

「天際」一聯，清麗動人。詩人以逆江而上的行舟爲立足點，極目眺望疏淡的歸帆和迷茫的江樹，展現了天的高遠明淨和江的開闊浩渺。歸帆和江樹，這些人們常見的景物，在謝朓的筆下，形象鮮明而有情致。鍾嶸指出：「觀古今勝語，多非補假，皆由直尋。」（《詩品·總論》）「直尋」即是直接的觀察和實際的體驗。從眞實的感受出發，寫景才能體物之妙，言情才能感人肺腑。「天際歸舟」着一「識」字，「雲中江樹」著一「辨」字，使自然景物染上了感情色彩，產生了耐人尋味的意趣。這只有通過親身的生活體驗，才能刻畫出如此形象鮮明、情趣盎然的境界。所以清代學者王夫之說：「『天際識歸舟，雲間辨江樹』，隱然一含情凝眺之人呼之欲出。從此寫景，乃爲活景。故人胸中無丘壑，眼底無性情，雖讀盡天下書，不能道一句。」（《古詩評選》卷三）

「旅思」以下，作者聯繫個人的身世遭遇，表述了自己明哲保身的處世哲學，微微流露出詩人有志未遂，內心深沉的憂憤，曲折地反映了對那個時代的不滿。

謝朓早年曾在丹陽任職，後又從隨王蕭子隆到荆州，像這樣孤身行役，過着動蕩的遊宦生活，實在有些厭倦。辭官不做，學陶淵明歸居園田，去過懷安止足的淳樸生活吧！可是優越的生活條件限制了他，士族文人的生活情趣也使他越不出門閥的界限。當然，他更認識不到統治階級內部矛盾、互相傾軋的社會根源，轉身向下，靠攏人民了。在那個不景氣的時代，變化莫測的政治氣候孕育出一種「朝隱」的風尙。衡陽王鈞答孔珪

板橋
之宣城郡出新林浦向

說：「身處朱門而情遊江海，形入紫闥而意在青雲。」（《南史·齊宗室傳》）這是一面當官求祿，一面遁身大自然的最好寫照。在現實矛盾中感到苦悶和不滿，又不願放棄優裕生活的士族文人，「朝隱」是一條自我寬慰的出路。

謝朓在這次「孤遊」的旅途上，雖然「中心搖搖」心緒不寧，但是他的矛盾心情終於在大自然的和諧、恬靜裏得到了解脫，他的苦惱和迷惘也被清麗的山水之美溶化了。他從而領悟到「朝隱」的意趣，陶醉在「既歡懷祿情，復協滄洲趣」的憧憬之中。滄洲指隱居，傳說堯舜時的賢人支伯隱居在滄洲，所以後人多以滄洲代稱隱士的住處或隱居生活。阮籍《爲鄭沖勸晉王牋》：「然後臨滄洲而謝支伯，登箕山以揖子由。」謝靈運《富春渚》詩中有「既露干祿情，始果遠遊諾」之句，謝朓用其調而新其意。謝靈運是「出守既不得志，遂肆意遊遨，遍歷諸縣」（《宋書·本傳》），藉隱逸以平內心之憤，並用作詩爲自己擴大影響，致使「遠近欽慕，名動京師」，以圖再起。謝朓則不汲汲於建立功業，爲了避禍遠害和克服內心的矛盾，他想把山水和都邑，仕與隱統一起來，藉山水的靈氣滌蕩心頭的鬱結。這是他比謝靈運高潔的地方。「既歡」兩句，直抒胸臆，有坦率明暢之風。用事達意，理明句順，亦不覺枯澀。且蕭然自得之趣，躍然紙上，更見其熔煉剪裁之功力。

亦仕亦隱，左右兩得。「囂塵自茲隔，賞心於此遇」，謝朓以爲從此可以遠離嘈雜紛亂的塵世，過着優哉遊哉的閑散生活了。他到了宣城，確實和「囂塵」的京邑遠隔了，過了一段「賞心」的快樂日子。宣城境中的佳山勝水，他都遊覽殆遍。「我行雖紆組，兼得尋幽蹊」（《游敬亭山》），盡情地領略了高蹈棲遁的逸情雅趣。他在宣城太守任內，不爲嚴政，但事吟詠，兩年之間寫的詩文，佔他的作品總數將近四分之一。可是，與統治集團有着千絲萬縷聯繫的謝朓，終究不能遺世而獨立，只當了兩年宣城太守，就「以選復爲中書郎」，於公元四九七年返回了充滿囂塵的京師。

陳祚明論謝朓詩說：「夫宦轍言情，旨投思遁；賦詩見志，固應歸宿是懷。」（《採菽堂詩選》卷二十）謝朓所嚮往的歸宿在何處呢？「卒章顯其志」，即：「雖無玄豹志，終隱南山霧。」這兩句來自一個故事。荅子治理陶國，國貧家富，名聲不好，他的妻子認爲是敗亡的徵兆，抱子哭泣，她對荅子的母親說：「妾聞南山有玄豹，霧雨七日而不下食者，何也？欲以澤其毛而成文章也，故藏而遠害。」（《列女傳·陶荅子妻》）寫詩，特別是抒情詩，幾句話不容易說清楚的感懷，通過借用典故，用比喻的藝術手法加以表達，確是一種可取的寫作手段。謝脁在此借用《列女傳》的故實，使議論和形象描繪相結合，寥寥數字，就宣洩了「幽居山林，避害全身」的情志。而且詩意濃郁，「情」、「理」相兼相融，意境蘊藉微遠；可以引起人們反覆吟味，喚起廣泛的聯想。正如楊萬里所說，「詩已盡而味方永，乃善之善也」（《誠齋詩話》）。

詩人想到宣城去「終隱南山霧」的美好願望，被殘酷的現實粉碎了。「逢昏屬亂，先蹈禍機」（《南齊書·本傳》）。在從宣城回京不過兩年，公元四九九年，就被人誣告，下獄而死。這種悲劇性的結局，一向希求明哲保身，遠禍避害的詩人，是不是早有不祥的預感呢？

「一生低首謝宣城」的唐代詩人李白，在兩百多年之後，經過謝脁當年吟誦這首詩的地方時，不勝悵惘地慨嘆道：「明發新林浦，空吟謝公詩。」（《新林浦阻風寄友人》）這位仕途坎坷，潦倒終生的大詩人，在思慕謝脁的同時，大約也痛感仕與隱相統一的道路走不通吧！

（李　敏）

北山移文

孔稚圭

鍾山之英，草堂之靈。馳煙驛霧，（「霧」，原作「路」，依《太平御覽》四十一

北山移文

引《金陵地記》引《北山移文》改。）勒移山庭。

夫以耿介拔俗之標，瀟灑出塵之想；度白雪以方潔，干青雲而直上，吾方知之矣。若其亭亭物表，皎皎霞外；芥千金而不盼，（「盼」，原作「眄」，依丁福保《全齊文》改）屣萬乘其如脫，聞鳳吹於洛浦，值薪歌於延瀨，固亦有焉。豈期終始參差，蒼黃翻復；淚翟子之悲，慟朱公之哭。乍回跡以心染，或先貞而後黷，何其謬哉？嗚呼！尚生不存，仲氏既往，山阿寂寥，千載誰賞？

世有周子，儁俗之士，既文既博，亦玄亦史。然而學遁東魯，習隱南郭；偶吹草堂，濫巾北嶽；誘我松桂，欺我雲壑；雖假容於江皋，乃纓情於好爵。其始至也，將欲排巢父，拉許由，傲百氏，蔑王侯，風情張日，霜氣橫秋；或歎幽人長往，或怨王孫不游。談空空於釋部，覈玄玄於道流，務光何足比，涓子不能儔。及其鳴騶入谷，鶴書赴隴，形馳魄散，志變神動。爾乃眉軒席次，袂聳筵上，焚芰製而裂荷衣，抗塵容而走俗狀。風雲悽其帶憤，石泉咽而下愴。望林巒而有失，顧草木而如喪！

至其紐金章，綰墨綬，跨屬城之雄，冠百里之首；張英風於海甸，馳妙譽於浙右。道帙長殯，法筵久埋，敲撲喧囂犯其慮，牒訴倥傯裝其懷：琴歌既斷，酒賦無續。常綢繆於結課，每紛綸於折獄。籠張、趙於往圖，架卓、魯於前錄。希蹤三輔豪，馳聲九州牧。

使我高霞孤映，明月獨舉，青松落蔭，白雲誰侶？澗（原作「礀」，古通「澗」。）戶摧絕無與歸，石逕荒涼徒延佇。至於還飆入幕，寫霧出楹，蕙帳空兮夜鶴怨，山人去兮曉猨驚。昔聞投簪逸海岸，今見解蘭縛塵纓！

於是南嶽獻嘲，北隴騰笑；列壑爭譏，攢峯竦誚。慨游子之我欺，悲無人以赴弔。故其林慚無盡，澗愧不歇，秋桂遣風，春蘿罷月。騁西山之逸議，馳東皋之素謁。

今又促裝下邑，浪拽上京，雖情投於魏闕，或假步於山扃。豈可使芳杜厚顏，薜荔蒙恥。碧嶺再辱，丹崖重滓，塵游躅於蕙路，汙淥池以洗耳？宜扃岫幌，掩雲關，斂輕霧，藏鳴湍，截來轅於谷口，杜妄轡於郊端。於是叢條瞋膽，疊穎怒魄，或飛柯以折輪，乍低枝而掃跡。請迴俗士駕，爲君謝逋客。（據胡刻《昭明文選》加以必要的校改。請閱《昭明文選》註）

本文是一篇用「六朝文體」寫的諷刺作品。

它前四句點明這篇「移文」是代替鍾山（今南京市紫金山，亦稱「北山」）的山神所寫，用來驅逐假隱士周子之流，卽那些做了官，欺騙了山神的逃亡者們，不讓他再來進行欺騙的勾當。文中的「英」、「靈」，都是指的山神，這四句總的意思是，山神乘雲駕霧，把「移文」銘刻在鍾山的崖壁上。篇中的「我」字，都是山神自稱；篇中的「君」字，則是山中草、木、石、澗等自然物對山神的尊稱。

這篇「移文」主要的特點是：

第一，通過對比的手法，揭示和嘲弄了假隱士周子之流的虛僞性格。文章說：「乍回跡以心染，或先貞而後黷。何其謬哉！」「乍」，暫時；「回跡」，隱避山林，心染利祿；「貞」，高潔，正直；「黷」，污穢、齷齪。本篇下文，卽承「先貞」和「後黷」，作了先後的對比。這些僞君子的共同之點，是「終始參差，蒼黃反覆」，而不是始終如一的。

下文就說到具體的假隱士周子（一說卽南齊的周顒，而另一說不是這個人，因爲，在歷史記載上並沒有周顒離開隱居生活，到會稽去做官的事情。我們認爲不管是否周顒，在當時假隱士是有的，而且他們歸隱的目的，就是爲了謀取高官厚祿）。文章中先說他的優點：「世有周子，儁俗之士。旣文旣博，亦玄亦史。」下面來了一個「然而」。接着就揭露和嘲諷了他的虛僞：「學遁東魯，習隱南郭，偶吹草堂，濫巾北嶽。誘我松桂，欺我雲壑，雖假容於江皋，乃纓情於好爵。」這幾句的意思是：模倣春秋時代的隱士顏闔，假作逃名；

僞裝南郭子綦的常常仰天長嘆，裝腔作勢；濫竽充數於草堂，在北嶽，偶然戴着「隱士」的頭巾（後兩句，原應作「濫吹」和「偶巾」，「巾」字作動詞用，作者有意把「濫」、「偶」兩字互易）。這分明是「假容」而「好爵」。

作者又把他歸隱之時的態度與出世之後的態度（「先貞而後黷」）作了對比，通過這樣的對比，揭示其虛僞性：如敍述他的初歸隱時的生活與態度道：「其始至也，將欲排巢父，拉許由，傲百氏，蔑王侯。風情張日，霜氣橫秋。」「談空空於釋部，覈玄玄於道流。」高談伸道，刺刺不休。接着，說他得到皇帝的詔書，便在山鳴鑼開道，「形馳魄散，志變神動」。到職時，「眉軒席次，袂聳筵上」，說他「焚芰製而裂荷衣，抗塵容而走俗狀」。丟掉隱居時的衣服，走上了名利之場。

這些人做起官來，不再如以前隱居時那樣高談佛、道，而是「道帙長殯，法筵久埋」。把佛、道的書本上的道理都丟棄了，專門「敲撲喧囂」（敲打人民）、「牒訟倥偬」（忙於訴訟）。把「考課」工作代替了昔日隱居時的「琴書」生活，把「審獄」工作代替了往昔的「酒賦」生涯——作者用了犀利的筆觸勾勒出那些假隱士「先貞後黷」的本性，把他們的虛僞本質面貌刻畫得入木三分。

第二，把自然物擬人化，以增加全文神話的色彩和浪漫主義的情調，使篇中的「山神」性格，更爲形象化。篇中「擬人化」的程度，隨着情節的展開而逐步加深。例如，一開始說假隱士的僞裝，「誘我松桂、欺我雲壑」，接着說：「風雲悽其帶憤，石泉咽而下愴。」又說：「使我高霞孤映，明月獨舉，青松落蔭，白雲誰侶？」宋代王安石愛讀《北山移文》，讀至此四句，尤嘆爲奇絕。這四句，不但三、四兩句語句組織上有變化；而且用了「孤」、「獨」、「落」、「侶」等字，把自然物當作人來看待。這是用「山神」的口吻來說話的。因此也增加了「山神」性格的形象性。文章接着說，「於是南嶽獻嘲，北隴騰笑，列壑爭譏，攢峯竦誚，慨遊子（指出仕的假隱士）之我欺，悲無人以赴弔。故其林慚無盡，澗愧不歇，秋桂遺風，春蘿罷月……」簡直把自然物寫成會對山神以前的收留假隱士的行爲，提出諷刺和嘲笑，連「秋桂」、「春蘿」，受了假隱士的欺騙而心情抑鬱，因而不願受「風」的慰撫，「月」的照拂。最後，「豈可使芳杜厚顏，薜荔蒙恥，碧嶺再辱，丹崖重滓」。「於是叢條瞋膽，疊穎怒魄，或飛柯以折輪，乍低枝而掃跡。請迴俗士駕，爲君謝逋客」。其中的「厚顏」、「蒙恥」、「再辱」、「重滓」（「滓」，是受污濁之意）「瞋膽」、「怒魄」，都不是自然物可能有的，而「叢條」「疊穎」（「疊穎」，重重疊疊的草穗。）竟如人類一樣的能有意識地「飛柯以折輪」。（折假隱士重來的車輪）「低枝而掃跡」（掃假隱士的車馬的脚印），會告訴假隱士「請你回駕」，會替山神謝絕逃亡者的重來——「擬人」的程度，至此已是登峯造極的境界！

在這裏，我們可以看到這篇文章的作者，還是把握住「擬人化」的原則的，沒有超越被擬對象本身的可能限度，例如：文中的「叢條」（大樹的枝幹）只能做到「飛柯」；文中的「疊穎」（許多花草）只能做到「低枝」。前者只能起「折輪」的作用，而後者則只能起「掃跡」的作用。

這樣寫，是受《楚辭》的影響，特別是受《九歌》等作品的影響的。本篇上繼《楚辭》，充滿着浪漫主義的情調。因爲它是揭露、嘲弄了人世間應該受揭露和嘲弄的事物的，因此，是屬於積極浪漫主義範疇的。我們讀了這篇諷刺文章以後，會產生「人」（假隱士如周子之流）不如「物」（富有正義感的山中的草木，和天上的雲霞）的感受，這就是此文的感染力所致。

第三，這篇文章是用「六朝文」（駢體文的一種）撰寫的「移文」。唐代柳宗元在他的《乞巧文》中說：「駢四儷六，錦心繡口。」非常稱道這種文體的美。《六朝文絜》中批《北山移文》道：「此六朝中極雕繪之作，煉格煉詞，語語精闢。其妙處尤在數虛字旋轉得法。」如文中的一節：「夫以耿介拔俗之標，瀟灑出塵之想，度白雪以方潔，干青雲而直上，吾方知之矣。若其亭亭物表，皎皎霞外，芥千金而不盼，屣萬乘其如脫，聞風吹於洛浦，值薪歌於延瀨。固亦有焉。豈期終始參差，蒼黃翻覆，淚翟子之悲，慟朱公之哭。乍回跡以心染，或先貞而後黷。何其謬哉！嗚呼！尚生不存，仲氏既往，山阿寂寥，千載誰賞？」其中讀起來，有節奏感，因爲，句中平仄諧和，隔句用韻。其中以四字句和六字句爲最多。（唐宋公文全用四字六字爲句，稱爲「四六文」，李商隱有文集《樊南四六》，是以「四六」作爲一種文體名稱之始。）還有每句幾乎都有典故。如「淚翟子之悲，慟朱公之哭。」「淚」，作動詞用，「下淚」之意。翟子，即墨翟。此事見《墨子·所染篇》：「墨子見染絲而嘆曰：染於蒼則蒼，染於黃則黃。」及《呂覽・當染篇》、《淮南子・說林篇》。朱公，卽楊朱，此事見於《列子・說符篇》：「楊子之鄰亡羊，既率其黨，又請楊子之豎追之。楊子曰：嘻！亡一羊，何追者之衆？鄰人曰：多歧路。既反，問：獲羊乎？曰：歧路之中，又有歧焉。吾不知所之，所以反也！楊子蹙然變色，不言移時，不笑終日。」及《荀子・王霸篇》、《淮南子・說林篇》。以上墨翟泣染絲、楊朱哭歧路兩典，還比較常見。如文中的「值薪歌於延瀨」一句所用之典，便屬於生僻一類，《昭明文選・呂向註》以爲「蘇門先生」事，不詳所出。疑爲王充《論衡・書虛篇》的延陵季子取遺金事，所謂「披裘而薪」與此合。總之，這典故用得生僻，叫人難以理解。全文中諸如此類的很多，駢文因爲字數有規定，又要求用韻，再加上要對偶，所以經常用典，典故用得太多，再加上生僻，這樣就叫人看了費解，這是駢文的局限，也是此篇的缺點。

又，齊、梁駢文的作者，爲了追求新奇，在行文上常常愛把上下兩句中的某一字互易位置，如本篇中的「偶吹草堂、濫巾北嶽。」梁代江淹在他的《恨賦》中也採取同樣的方法，在「孤臣危涕，孽子墮心」兩句裏，把「涕」字和「心」字換了位置。爲了追求新奇而造成費解。其他如本篇中的「屣萬乘其如脫」，將《淮南子》中「猶却行而脫屣也。」又把「視帝位如敝屣」合成此句，把「屣」字和「如脫」位置這樣安排，這和我國古代語法傳統有所未合。這也是駢文的另一局限。此篇中也有這情況。

「移文」（或稱「移」）是古代文體之一。《文心雕龍》文體論部分中《檄移篇》說：「移者，易也；移風易俗，令往而民隨者也。」這篇移文是諷刺文；南齊卞彬也有許多諷刺作品如《虱賦》、《蚤賦》、《鷄九錫文》等。在封建社會裏，揭露和嘲笑社會上某些不正之風是犯忌的，作者出以遊戲筆墨是不得已，我們不能對作者們有所苛求。

（蔣祖怡）

臨江王節士歌

陸厥

木葉下，江波連，秋月照浦雲歇山。秋思不可裁，復帶秋風來。秋風來已寒，白露驚羅紈。節士慷慨髮衝冠，彎弓掛若木，長劍竦雲端。

這是一首古題樂府詩，題是由古代傳下來的，作者依據古題原意，描寫一位節烈之士志在報國的壯慨。

陸厥（四七二——四九九）字韓卿，南齊時任過主簿、參軍等微官，曾與沈約以書札往來，討論文字宮商清濁的發明問題，認爲古人並非「此秘未睹」。這封信是有關我國語音史的一篇重要文獻。

本詩發端從自然景象上着筆，以秋江月夜作襯景，把人物納入這樣的境地，使之從而激發出平生志氣，呈現出一個氣概不可一世的英雄形象。

開始三句展出一幅清美的秋江月夜景色。「木葉下，江波連」乃從《九歌·湘夫人》「嫋嫋兮秋風，洞庭波兮木葉下」化出，木葉下飄，江波相連，自然會感到秋風嫋嫋。下面繼以「秋月」句，使整片境界歸於靜謐，葉下波連只是大幅靜境中的輕微動象。「雲歇山」卽雲已收斂到山林。雲斂天清，明月照水，景色多麼幽美！這樣幽靜的良宵美景，最易啓人深思，故以下接着敍寫人物感觸激發的思想活動。

「秋思」爲人有感於秋而產生的思想活動。古人曾說「木葉落，長年悲」，因爲秋季氣候變化，草木由

臨江王節士歌

盛轉衰，年歲老大的人隨而觸發出人生種種感慨，所以宋玉《九辯》篇首即說「悲哉秋之爲氣也」，表達了一般人的共同感覺。這句意謂感於秋而產生的思想活動不可斷。「復帶」句緊承上句，言當秋思不斷時，又感到秋風的吹拂。「秋風來已寒」二句準確地表明時序，風寒露白當是深秋季節。「驚」字下得有力，深秋風寒於是露白，看到白露乃驚覺時序已深，而感覺羅紈之單薄。羅、紈俱爲絲織品，因質輕滑對寒冷極敏感。從「秋思」至此四句敍說對秋的感覺逐句深入，乃逼出「節士」句所表現出的激烈感情。節士何以竟因感覺時節的變易而慷慨至怒髮衝冠？這句既表達了節士的生平志氣，也透露出其所處境地或時勢之艱難。所謂節士，必是生平以忠義自許的俠烈之士，其人生理想爲捨身報國，縱死俠骨猶香；然亦往往投效無門，用武無地，甚至因君門九重、虎豹當關，遂至老死櫪下，不獲騁力長途。所以當此時序變易之際，感念生平，不禁怒髮衝冠。「節士」句看來似覺突然，與上文不貫，而實則在感情上是緊相轉接的。末二句以武器的壯觀，襯托出節士的偉大形象。這二句本於阮籍《詠懷》三十七之「彎弓掛扶桑，長劍倚天外」，而詞語略有變更。「若木」傳說在崑崙山的西極，《離騷》有句云：「折若木以拂日兮。」「扶桑」傳說爲日所拂木，長於日出處。若木、扶桑俱爲高處神木，彎弓掛其上，則其人之壯偉可知。阮詩「長劍」句本於宋玉的《大言賦》「長劍耿介倚天外」，劍倚天外成雲端，用意亦與弓掛扶桑或若木相同，俱以形容其人的雄傑。本詩末二句除了作爲人物的襯映，更有一層意義：怒髮衝冠之餘，但有「弓掛若木」、「劍竦雲端」，如此偉器，竟無所用之，至足令人感到不平，這就豐富了節士形象的內涵，增添了感人的藝術力量。其藝術手法不同於一般情語之後結以景語，寓情景中，更覺情溢景外。

這首樂府古題後來曾爲李白擬作，其發端起興及詩的中心意義與此首大體相同，衹是取材稍有異處，立意抒情遜於本詩的含蓄，而較爲發越，自具李詩的個性特色。

（胡國瑞）

別范安成

沈約

生平少年日，分手易前期。及爾同衰暮，非復別離時。勿言一樽酒，明日難重持。
夢中不識路，何以慰相思！

這是一首極爲深摯的抒寫朋友離情的詩。

沈約（四四〇——五一三）字休文，曾歷仕於南朝的宋、齊以至梁初，官位通顯，詩文並傑於當時，與以「筆」名世的任昉齊名，有「任筆沈詩」之稱，或云「約兼詩筆」。范安成（四三九——五一四），名岫字懋賓，曾爲齊朝安成王蕭嵩的內史，「范安成」乃是依據官職對范岫的稱謂。沈約與范岫爲好友，曾稱讚范的學識「該博」，這首詩卽寫於與范同在齊朝時，這時二人年齡當已在五十至六十歲間。

整首詩從朋友的別易會難致慨，表達出臨別的無限依戀之情。詩的開始二句從一般人的常情說起，「生平」卽人生平常之時，「易」爲輕易，「前期」卽人生前途會晤之期。這二句意謂少年時處世經歷淺，對人生過分樂觀，當分手時把將來的會晤看得輕易，以爲隨時可得，故不以離別爲意。三、四兩句由前二句的追溯過去，轉回到當前現實。「爾」爲近意，「及爾」卽到了近日，與首句「少年日」恰相對應，下面繼以「同衰暮」，今昔之感更爲明切。「非復別離時」意謂今天彼此一切不再是當初分手時的樣子。這一句包含了今昔對照下無限的生活內容，其中有面容的美醜，身體的強弱，情緒的抑揚，以及人情世道的憂樂得失，總之是一言難盡的。以上四句乃就回顧既往而言，過去如此，則將來又當如何？是不能不感觸到的。

詩的後四句說到今後的別情。「勿言」二句從當前推到明天，點明題意，惜別之情，溢自肺腑。「一樽酒」即別酒，暗含傳爲蘇武詩的「我有一樽酒，欲以贈遠人」的情意。「一樽酒」爲物自輕，然因「明日難重持」，則其寄寓的情分又多麼深重！這二句意思說，莫要說一杯酒算不得什麼，明天就難得舉起共飲了，人們歷來欣賞「勸君更進一杯酒，西出陽關無故人」爲千古絕唱，這二句在表現友情的深厚上可謂與之異曲同工，而其意緒尤覺迫促。末二句預言別後相思的味況，把友情抒發得極爲深摯。別後相思，自不待言，思極則夢，也是人生常情，相思不可得見，即暫晤夢中，亦可聊以自慰，這種合情合理的想法，自然會形之歌詠，把願望表現於夢中，如「獨宿累長夜，夢想見容輝。良人惟古懽，枉駕惠前綏」（《古詩十九首》「凜凜歲飛暮」）所寫。後來杜甫思念流放中的李白而寫的《夢李白》二首，也是以寫夢表現友情的名篇。而這裏更進一層，慮到夢見亦難得，因爲「夢中不識路」，則相思終將無可慰解。本來夢境是虛幻的，不存在識不識路的問題，杜甫夢見李白，便疑問着「君今在羅網，何以有羽翼」；但也傳說有夢中迷路之事，如「張敏與高惠二人爲友，每相思不能得見，敏便於夢中往尋，但行至半途即迷，不知路遂回，如此者三」（見《文選》本詩李善註引）。本詩以「夢中不識路」概括了這個故事內容，以表明他日相思時夢亦難尋而將產生的精神痛苦，顯示出彼此友情深厚的程度。求於夢中暫慰相思之情亦不可得，則相思將無了時，把眞摯的友情寫得如此纏綿悱惻，讀來自覺餘音裊裊，悠然無盡。

本詩通首貫注着題上的「別」意，申敘朋友間的別情。上半從往日落到今天，下半又從當前推想到將來，思緒非常明晰。詩的語言極爲明白自然，尋常情事，以尋常語言寫來，無所矯飾，眞摯之情，溢於言表，而深中讀者之心，其風貌直可比擬《古詩十九首》及傳爲蘇武、李陵的諸作，令人玩味無厭。（胡國瑞）

別賦

江淹

黯然銷魂者，唯別而已矣！況秦、吳兮絕國，復燕、宋兮千里。或春苔兮始生，乍秋風兮暫起。是以行子腸斷，百感悽惻。風蕭蕭而異響，雲漫漫而奇色。舟凝滯於水濱，車逶遲於山側。櫂容與而詎前，馬寒鳴而不息。掩金觴而誰御？橫玉柱而霑軾。居人愁臥，怳若有亡。日下壁而沈彩，月上軒而飛光。見紅蘭之受露，望青楸之離霜。巡層楹而空掩，撫錦幕而虛涼。知離夢之躑躅，意別魂之飛揚。

故別雖一緒，事乃萬族。至若龍馬銀鞍，朱軒繡軸，帳飲東都，送客金谷。琴羽張兮蕭鼓陳，燕、趙歌兮傷美人。珠與玉兮豔暮秋，羅與綺兮嬌上春。驚駟馬之仰秣，聳淵魚之赤鱗。造分手而銜涕，感寂寞而傷神。

乃有劍客慚恩，少年報士，韓國趙廁，吳宮燕市；割慈忍愛，離邦去里。瀝泣共訣，抆血相視。驅征馬而不顧，見行塵之時起。方銜感於一劍，非買價於泉裏。金石震而色變，骨肉悲而心死。

或乃邊郡未和，負羽從軍。遼水無極，雁山參雲。閨中風暖，陌上草薰。日出天而曜景，露下地而騰文。鏡朱塵之照爛，襲青氣之煙熅。攀桃李兮不忍別，送愛子兮霑羅裙。

別賦

至如一赴絕國，詎相見期？視喬木兮故里，決北梁兮永辭。左右兮魂動，親賓兮淚滋。可班荊兮贈恨，唯尊酒兮敘悲。值秋雁兮飛日，當白露兮下時。怨復怨兮遠山曲，去復去兮長河湄。

又若君居淄右，妾家河陽。同瓊珮之晨照，共金爐之夕香。君結綬兮千里，惜瑤草之徒芳。慙幽閨之琴瑟，晦高臺之流黃。春宮閟此青苔色，秋帳含茲明月光。夏簟清兮晝不暮，冬釭凝兮夜何長！織錦曲兮泣已盡，迴文詩兮影獨傷。

儻若華陰上士，服食還山。術既妙而猶學，道已寂而未傳。守丹竈而不顧，煉金鼎而方堅。駕鶴上漢，驂鸞騰天。蹔游萬里，少別千年。惟世間兮重別，謝主人兮依然。

下有芍藥之詩，佳人之歌。桑中衛女，上宮陳娥。春草碧色，春水淥波。送君南浦，傷如之何！至乃秋露如珠，秋月如珪。明月白露，光陰往來。與子之別，思心徘徊。

是以別方不定，別理千名。有別必怨，有怨必盈。使人意奪神駭，心折骨驚。雖淵、雲之墨妙，嚴、樂之筆精，金閨之諸彥，蘭臺之羣英。賦有凌雲之稱，辯有雕龍之聲，誰能摹暫離之狀，寫永訣之情者乎？

古往今來，抒寫人間離情別意的佳作何止千萬！杜甫「三別」詩泣訴了戰亂帶給人民的悲痛怨憤，李白送別詩傾吐了對友人對知己的一片深情，而柳永、王實甫等人又在詞、曲中細緻入微地描摹了戀人們分別時的種種纏綿悱惻，這一切都深深地打動着人們的心。然而，在這些作品產生之前，就出現了一篇描繪多種離別狀況、集中抒發哀怨之情的作品。這就是江淹的《別賦》。

《別賦》一開始，就慨然長嘆：「黯然銷魂者，唯別而已矣！」言語間充滿了辛酸悲愴。「黯然銷魂」

別賦

四字，高度概括了整篇作品所要表達的種種感受，一上來就緊緊攝住了讀者的心。在點明題意和先聲奪人方面，後來李白《蜀道難》「噫吁嚱！危乎高哉，蜀道上難，難於上青天」的感嘆，或可和它相比。在一種蒼涼哀惋的氣氛中，作者用一個「況」字作了進層連接，從地理和時間上，極言離別距離的遙遠和景物的惱人，從而爲後文的抒情創造了一個典型的環境。

對離別的感受總是雙方的。因此，作者首先就對行子和居人的離愁別恨，作了總的鏤心刻骨的描寫。他抓住行子在將行未行時的反常感覺、矛盾心理和痛苦狀況，極有層次地表現了人物的百感悽惻。風聲蕭蕭，雲色漫漫，在出門人的耳目中，似乎都與往常不同。這種對外界事物產生的異樣感覺，正是人物内心籠罩着巨大陰影的反映。風聲雲色在這裏既是自然之物，是觸發和增添人物傷感的外界因素；但同時又是有情之物，它融入並體現了人物内心的哀傷。然後，作者又從事物在瞬間呈現出的微妙狀態的刻畫中，形象地揭示出人物複雜的心理。「舟凝滯」、「車逶遲」、「櫂容與」，表面寫物，寫物的某種暫時狀況，但它恰到好處地展示了人物内心那種欲止不可、欲行不能的矛盾狀態。在近乎凝滯的靜止場面中，「馬寒鳴而不息」，似乎是連馬也不願離開故鄉和居人，又似乎是在提醒行子：上路的時間到了，催促主人啓程。它把一陣陣悽涼和悲戚傳給行子和居人。同時也傳給讀者。最後，作者由側面暗示人物内心轉而爲直接描寫人物行動：行子掩了金樽，擱了琴瑟，這時馬已啓步，他不覺一陣陣辛酸，點點淚珠滾落下來，沾濕了車前的横木，其狀痛苦欲絕。與此不同，作者刻畫居人的獨處，着重表現出人物内心「悅若有亡」的惆悵。在爲主人公安排了一個日影西沉、月華初上的黄昏景況，以景托情，暗示人物從早到晚的苦苦思念之後，主要寫了人物「見紅蘭」、「望青楸」、「巡層楹」、「撫錦幕」等一系列行動和由此而來的感受，這就將人物心中的愁思和感物悲時的怨情和盤托出。不但如此，這縷縷哀思和綿綿怨情，還在清苦的夢境中，驅使他去追隨行子的遊蹤，去關心旅途的勞頓。讀着這些描寫，我們怎麼能不爲主人公眞摯深沉的感情和不幸的遭遇所感動，甚而獻上一掬同情之淚呢！

接着，作者像一位高明的畫師，運用他那奇妙的彩筆，爲我們繪製了一幅幅色彩斑斕、形態逼眞的離別圖景：

別賦

達官貴人的離別場面豪華熱鬧。人們乘坐華麗的車馬，從四處趕來參加筵別。筵席上賓朋如雲，輕歌曼舞伴着飛觥投觴。「珠與玉兮豔暮秋，羅與綺兮嬌上春」，人物的服飾姿容竟使自然景色爲之添彩，其豔麗華美可以想見。「驚駟馬之仰秣，聳淵魚之赤鱗」，從動物凝神屏息的神態中，我們彷彿聽到了悠揚動人的樂聲。

義俠壯士的訣別場面悲壯，氣氛激烈：「割慈忍愛，離邦去里。瀝泣共訣，抆血相視。」幾筆勾勒，就把恩主萬不得已和壯士義無反顧的音容聲貌，刻畫得淋漓盡致，動人心魄。

老人送子從軍的景象十分悽慘：孩子還沒成年，就被征赴邊，要離開春光明媚的故鄉，告別年已花甲的雙親，去遙遠荒涼的邊塞，投入到殘酷的戰爭中去了。白髮蒼蒼的老人將他送了一程又一程，「攀桃李兮不忍別，送愛子兮霑羅裙」，一個特寫，攝下了這個生死未卜的骨肉分離的悲慘鏡頭，那巍顫顫的手，亮閃閃的淚，又何嘗不是流淌在老人心中的血，燃燒在少年眼裏的火！

宦者羈臣離鄉去國時的境況悲涼、悽清。北雁南飛，白露變霜，那個遠赴他方的人，站在尚能望到故鄉喬木的橋上，與送別的家人親友作最後的辭別，「左右兮魂動，親賓兮淚滋」，前人稱它「摹想尊酒泣別情狀，百般嗚咽，歷歷如繪」（見《六朝文絜箋註》許槤評語）。作者在這裏沒有直接從去國者下筆，而是極力渲染送行人的悲痛，這種烘雲托月的手法取得了比直接描寫更好的藝術效果，它讓我們借助旁人的想象，去更深刻地構思主人公的愁苦之狀。「怨復怨兮遠山曲，去復去兮長河湄」，它使我們看到了人物心中不斷擴展和延伸的無限哀怨。

獨守閨房的少婦思夫與熱戀中男女雙方的彼此繾綣不無相似之處。「同瓊珮之晨照，共金爐之夕香」，點綴出一幅共同生活時的恬美情景；而琴瑟蒙塵，帷幕闇然，空對着春苔秋月，苦熬着夏晝冬夜，又是冷酷的現實畫面，形成強烈的對比。同樣，「春草碧色，春水淥波」，它不僅是自然景色的描繪，同時也是男女青年一見傾心，贈詩互答的記錄。而分別後的秋露秋月，又使他們在天各一方的情況下，悵然傷懷，遙寄心曲。

道士騎着仙鶴，駕着青鳳，在縹緲的雲端與家人拱手言別，景象神幻而奇特。它與道士在修道時「守丹灶而不顧，煉金鼎而方堅」的形象，恰成鮮明的對照。

劉熙載認爲「賦中宜有畫」。江淹的《別賦》不獨發揚了賦這種文體擅於狀物和鋪寫的傳統，表現出精湛的多面的摹寫技藝，而且十分成功地融入了《詩經》的抒情特點，使所賦的景物無不帶有濃厚的感情色彩，讀來令人「黯然銷魂」。袁枚在《隨園詩話》中指出「情景有在心在物之分，而景生情，情生景」，這段話正好道出了《別賦》在藝術上的最大特點。在這篇作品中，作者把精湛的狀物技巧與高超的抒情手法完美地糅合在一起，運用多變的景物描寫，通過從反面映襯或由正面烘托，極有層次地抒發了人物的感情。作品用大量筆墨對富人離別場面的豪華和熱鬧作了渲染，目的全在於映襯人物最後的「造分手而銜涕，感寂寞而傷神」。很明顯，送別的場面越氣派，氣氛越熱烈，長宴散後的冷落和孤獨也就越突出，人物內心的空虛和感傷也就越強烈。「從軍別」中對故鄉的春景作了刻意描繪：「閨中風暖，陌上草薰；日出天而曜景，露下地而騰文；鏡朱塵之照爛，襲青氣之煙熅」，這正從反面映襯出人物對家鄉眷戀的執拗和離鄉背井痛苦的深沉。人們往往有這樣的經驗：一件東西，在我們將要失去它時，才會突然發覺它的眞正價值，才會認認眞眞地去觀察它，珍惜它。作者這段描寫，無疑正符合這種心理，因此它在表達人物感情方面有着特殊的作用。至於道士修道時的堅決與仙去時的最終不能忘情，也進一步抒發了離別給人以愁苦的人之常情，即使像道士這類人，也不能完全割棄。

在用與人物心情相反的景物來反襯人物的感情的同時，作者還用符合人物心情的景物從正面來烘托人物的感情。作者把宦者的去國，放在秋天的自然環境中，那是由於蕭瑟的秋景最能體現出這類人悲涼悽楚的心情，萬物的凋殘恰恰是人物在精神上遭受摧殘和折磨的象徵。作者對「春草碧色，春水綠波」的描寫，自然也最能將男女青年談情說愛的歡樂蘊含其間和誘導出來；而「秋露如珠，秋月如珪」的景色，又最宜於曲折有致地表達人物空對「良辰美景」的深憾長恨。在這種用洗練的語言和近乎白描的表現手法造成的優美的詩境裏，我們可以盡情地馳騁想象，在美的享受中創造出更美的世界。所以有人稱這段描寫「有淵涵不盡之致」（見《六朝文絜箋註》許槤評語），就是這個原因。再如幽閨琴瑟、高臺流黃、春苔秋月、夏簟冬釭等景物，對少婦思夫那種「才下眉頭，却上心頭」的慵態，以及一年四季綿綿的相思之苦，作了有力的烘托，讀來撼人心扉。這些都表現出作者獨到的藝術匠心和出衆的藝術才能，它對後世許多優秀的抒情作品產生了積極的影響。

如果說這篇作品的開頭像是陡起的洪峯，中間的逐層描繪是臨坻注壑的激流，那麼結尾一段議論，便將這些激流引入了茫茫無際的大海。作者一方面以「有別必怨，有怨必盈，使人意奪神駭，心折骨驚」總結前文，再次點出題旨，與開頭「黯然銷魂者，唯別而已矣」相互發明、相互呼應，一方面又極稱司馬相如、揚雄等才學之士，提出「誰能摹暫離之狀，寫永訣之情者乎」的疑問用以作結。不僅行文「一氣呵成，有天驥下峻阪之勢」（同上），而且含無限深意於言外，給人以回味、想象的廣闊天地。

應該看到，如果脫離了當時的歷史環境，《別賦》所表現的思想情緒在今天看來是消極的、傷感的。但在歷史上，它卻有一定的進步意義。作品取材於社會現實，並對當時大量的生離死別，作了高度集中的典型概括，通過對富人傷神、俠士慷慨、從軍悽慘、去國悲苦、少婦嗚咽、戀人哀怨等極富個性的描寫，集中而強烈地表現了離別令人「黯然銷魂」的共性。因而它在很大程度上表現了那個時代的動亂的總特點，反映了當時人民普遍怨恨離亂的思想情緒，以及他們熱愛祖國、熱愛家鄉、熱愛人生、嚮往安定的美好願望。作者本人的複雜經歷在這裏很有關係。江淹字文通，濟陽考城（今屬河南）人，歷仕宋、齊、梁三代。《梁書》、《南史》稱他「少以文章顯」，「少孤貧，……不事章句之學，留情於文章」。作爲北方人，他長期流落南方。在對他文學創作頗有影響的早期，他曾進過監獄，並且不久又被貶官流徙。這就不能不使他在作品中將自己的親身感受抒發出來。正因爲這樣，作爲他代表作之一的《別賦》，才能自立於名作之林，受到歷代人的激賞。

（曹明綱）

與陳伯之書

丘　遲

遲頓首陳將軍足下：無恙，幸甚幸甚！將軍勇冠三軍，才為世出，棄燕雀之小志，慕鴻鵠以高翔。昔因機變化，遭遇明主，立功立事，開國稱孤，朱輪華轂，擁旄萬里，何其壯也！如何一旦為奔亡之虜，聞鳴鏑而股戰，對穹廬以屈膝，又何劣邪！尋君去就之際，非有他故，直以不能內審諸己，外受流言，沈迷猖獗，以至於此。

聖朝赦罪責功，棄瑕錄用，推赤心於天下，安反側於萬物，將軍之所知，不假僕一二談也。朱鮪涉血於友于，張繡剸刃於愛子，漢主不以為疑，魏君待之若舊。況將軍無昔人之罪，而勳重於當世！夫迷途知返，往哲是與；不遠而復，先典攸高。主上屈法申恩，吞舟是漏；將軍松柏不翦，親戚安居，高臺未傾，愛妾尚在，悠悠爾心，亦何可言！今功臣名將，雁行有序，佩紫懷黃，贊帷幄之謀，乘軺建節，奉疆埸之任。並刑馬作誓，傳之子孫。將軍獨靦顏借命，驅馳氈裘之長，寧不哀哉！

夫以慕容超之強，身送東市；姚泓之盛，面縛西都。故知霜露所均，不育異類；姬漢舊邦，無取雜種。北虜僭盜中原，多歷年所，惡積禍盈，理至燋爛。況偽孽昏狡，自相夷戮，部落攜離，酋豪猜貳。方當繫頸蠻邸，懸首藁街。而將軍魚游於沸鼎之中，燕巢於飛幕之上，不亦惑乎！

暮春三月，江南草長，雜花生樹，羣鶯亂飛，見故國之旗鼓，感平生於疇日，撫弦登陴，豈不愴悢！所以廉公之思趙將，吳子之泣西河，人之情也，將軍獨無情哉！想早勵良規，自求多福。

當今皇帝盛明，天下安樂。白環西獻，楛矢東來；夜郎滇池，解辮請職；朝鮮昌海，蹶角受化。唯北狄野心，掘強沙塞之間，欲延歲月之命耳。中軍臨川殿下，明德茂親，總茲戎重，弔民洛汭，伐罪秦中。若遂不改，方思僕言。聊布往懷，君其詳之。丘遲頓首。

「暮春三月，江南草長，雜花生樹，羣鶯亂飛。見故國之旗鼓，感平生於疇日，撫弦登陴，豈不愴悢！」這一段形象生動地描寫暮春季節的江南景色、滲透着愛國感情的話，出自我國南朝梁代著名文人丘遲的《與陳伯之書》。

丘遲（四六四——五〇八），字希範，吳興烏程（今浙江吳興）人，曾在齊爲官，後仕梁，官至司空從事中郎，頗以文才見賞。

陳伯之，睢陵（今江蘇睢寧）人，齊末爲江州（治所在今江西九江市）刺史。蕭衍（梁武帝）起兵攻齊，招降了他，命他爲鎮南將軍、江州刺史、封豐城縣公。公元五〇二年，他聽信部下鄧繕等人的挑唆，起兵反梁，兵敗後投奔北魏（鮮卑族拓跋氏建立的政權），爲平南將軍。公元五〇五年，梁武帝命他的弟弟臨川王蕭宏率軍北伐，陳伯之率兵相拒。丘遲當時隨蕭宏軍爲記室，蕭宏令他寫這封信，勸陳伯之歸降。公元五〇六年三月，陳伯之乃於壽陽（今安徽省壽縣附近）擁衆八千歸梁。

丘遲《與陳伯之書》寫得委曲婉轉、淋漓盡致，是一篇一直爲人們所傳誦的駢體書信。

這篇書信的第一段，丘遲就陳伯之當年歸附梁朝、三年前反梁投魏的經歷來進行褒貶：誇獎他的「勇冠三軍，才爲世出，棄燕雀之小志，慕鴻鵠以高翔」，在齊梁易代之際，應順時機，建立功勳，得到梁武帝的恩遇，處於顯赫的地位。批評他不該反梁投魏，屈身事敵。對他「聞而鳴鏑股戰，對穹廬以屈膝」的卑劣表現，表示非常惋惜。這是促使陳伯之對昔日的威風和今日的狠狽作回憶對比，激發他對梁朝的感情和對當前處境的不滿，挑動他背魏歸梁的念頭。

緊接着，丘遲在本文的第二段一開始推尋陳伯之反梁投魏的時候並沒有什麼重大原因，祇不過因爲沒有好好審察自己的情況，又受了流言的煽動。一時迷惑狂錯，以至於投降了敵人。這裏，他不說陳伯之有什麼罪，只指出他走錯了路，又不加深責，使他明白梁朝對他的「失足」問題，幷不看得很嚴重。這一層的用意是消除陳伯之內心的疑慮。繼而又對陳伯之說，朱鮪曾參與殺害劉秀的哥哥，後來劉秀並不疑忌他，反而誠心招降他。張繡雖然殺死了曹操的愛子，但他歸降以後，曹操待之若舊。何況你既無朱、張之罪，而功績又重於當代呢！迷途不遠而知復返，這是以往聖賢所贊同、古代典籍所嘉許的。這一層是爲陳伯之受寬大待遇找先例、覓根據，進一步勸他對走歸梁的道路不要有任何顧慮了。然後作者向陳伯之說了「……將軍松柏不翦，親戚安居。高臺未傾，愛妾尚在。悠悠爾心，亦何可言！」一段話，這是用實際事例說明梁朝對陳伯之早就實行了寬大的政策。他告訴陳伯之：梁朝是寬大爲懷的，你先人的墳墓沒有被損毁，你的親族照常安居，你的府第完好，你的愛妾還在等待着你。你好好想想吧，這還有什麼可說的呢！祖墳、親族、府第、愛妾這四者，正是作爲封建階級的人物的陳伯之在反梁奔魏以後一直放心不下的。如今經丘遲這麼一說，他心裏的一塊石頭落了地，更切身體會到梁朝對他的恩情是一貫的。這一層主要講梁朝對陳伯之的家室的禮遇，來感化他。整個第二段具體細緻地向陳伯之闡明梁朝的寬大政策和對陳伯之的態度，以堅定陳伯之歸梁的信念。

第三段主要向陳伯之講形勢，陳利害，勸他及早歸梁。這段一開始大力宣揚在梁朝的功臣名將都有很高的地位、待遇，不但自身榮華富貴，而且還能傳之子孫。並隨即對陳伯之說：獨有你厚顏偷生，在北方爲異族統治者奔走效勞，這難道不值得哀痛嗎？這麼一對比，自然引起陳伯之更對自己當前處境的不滿。同時這段話還向陳伯之示意：只要歸梁，他與所有功臣名將一樣能受到禮遇和封賞。陳伯之這個人是追求功名利祿的，丘遲極力宣揚梁朝對功臣名將的寬容，正好把話說到他的心坎裏去了。

本來寫到這裏，全文已接近結束。但作者却又別開生面地寫了第四段。

第四段專以江南景色、故國之思來激發陳伯之。他用詩的語言描寫了江南故國景物的秀美。緊接着又對陳伯之說：你如今見到故國軍隊的旗鼓，回憶往日榮耀的生活，想想此刻持弓登城的處境，豈不傷心！一個人對自己長期生活過的地方是有感情的。陳伯之曾在南朝齊、梁兩代當官，如今受北魏的驅使與梁軍對壘，他是難免要動故土之情的。上面這些話正好點破了他的內心活動。丘遲犀利的筆鋒並不到此停頓，他乘勢緊跟着寫了一句，從前廉頗、吳起不忘故國，那是「人之情也」，獨有你是無情的嗎？這裏隨着陳伯之的內心波瀾，進一步激發他懷念故土的思想感情。正是在陳伯之的故國之思達到高潮的時候，丘遲又勸告他，爲了尋求自己的幸福，希望你早日作出妥善的計劃。這一段就這樣一步深入一步地寫來，仍然以勸陳伯之歸梁作結語。

最後一段，作者極力炫耀梁朝的強大威勢，歸結到當前的北伐，說明北魏政權已面臨窮途末路，再次指出陳伯之的出路祇有背魏歸梁。最後說：我姑且以這封信來表達往日的情誼，希望你詳加考慮。感情很濃厚，結尾很有力。

這一篇丘遲在戎馬倥偬中寫就的書啓，在當年是收到了預期的效果的。據史書記載，梁軍這一次北伐因主帥蕭宏的懦怯無能是以失敗告終的。而丘遲寫的這篇書啓却使陳伯之擁衆八千歸梁。文學作品是講效果的。從當年的實際效果看，這篇文章是成功的。更難得的是爲作者始料所不及，它竟然成爲流傳千古的名篇，至今仍沒喪失它的感人力量。這篇文章是漢末建安以來言情的書札的繼承和發展，它的藝術成就是高的，值得我們學習和借鑒的地方是不少的。

我們寫文章是給讀者看的，因而必須盡可能地熟悉讀者。丘遲這篇書啓是寫給陳伯之看的，他對陳伯之的生活經歷，內心世界，他的反梁投魏的經過，他在魏的處境，他在梁軍北伐時的思想情況，他接到這篇書啓後將有哪些心理變化等等，都有較清楚的了解或較準確的推測。因而文章具體眞切，針對性很強。沒有泛泛的說教，也沒有無的放矢的言談。他知道陳伯之是個武人，又是個頭面人物，並掌握一定的軍事力量。向這樣的人招降，不能對他採取輕蔑態度。在書信中，很注意給他留面子。對他反梁投魏的問題，說得很有分寸，還儘量說得含蓄一些，給他以回頭的機會。他的批評是嚴肅的，却沒說一句咄咄逼人的話，毫無強人所難的味道。這樣就使陳伯之感到丘遲是在誠心實意幫助他，處處爲他着想，而心悅誠服地接受勸導。總觀全篇，給人的印象是：丘遲的筆頭從精神上駕馭了陳伯之這位武將。他的筆頭順着陳伯之的思想作引導，又使陳伯之的思想緊隨着他的筆頭而轉動。這是本文最大的成功之處。

寫文章必須有感情，劉勰在《文心雕龍·情采》中提出「爲情而造文」的看法是有道理的。丘遲是梁朝的一位愛國文人，他對祖國的大好河山有深厚的感情，他與陳伯之是有友情的。他既看清陳伯之的嚴重缺點，惋惜其走錯了路，又愛惜他的勇敢和才能，渴望他及早立功補過。他的對祖國對故人這兩方面的眞摯感情在文中是交織在一起而滲透在字裏行間的。他站在愛國的立場上，帶着挽救陳伯之的熱烈願望來寫這篇文章。從而使全文具有濃厚的抒情氣氛，使讀者受到感染。

這是一篇駢文。駢文是一種講求對偶、詞藻、典故、聲調，而以駢字偶句爲其主要特徵的文體。駢文盛行於南朝。南朝的駢文大都形式華美，內容空虛。但是形式華美的東西並不全是要不得的。優秀的駢文能給讀者以很高的美的感受。丘遲的《與陳伯之書》就是一篇既文情並茂，又明白如話的駢文。它對偶工整自然，駢散雜用，轉折和總結處以散文句法行文，全文很少用典，有些典故也用得非常貼切，全文顯得活潑自然，通俗易懂。這樣的駢文在梁朝是少見的。這是因爲作者考慮到陳伯之是武人，文學修養不高，就力求寫得具體實際，明白曉暢。他這樣做的結果，不僅無損於作品的思想光輝，反而使它具有獨有的藝術特色。這種爲讀者着想，敢於超越當時的文風，敢於打破駢文形式的束縛的革新精神，對我們今天的文學創作也是有借鑑作用的。

（方永耀）

與宋元思書

吳　均

風煙俱淨，天山共色，從流飄蕩，任意東西。自富陽至桐廬一百許里，奇山異水，天下獨絕。水皆縹碧，千丈見底；游魚細石，直視無礙。急湍甚箭，猛浪若奔。夾岸高山，皆生寒樹。負勢競上，互相軒邈。爭高直指，千百成峯。泉水激石，泠泠作響，好鳥相鳴，嚶嚶成韻。蟬則千轉不窮，猿則百叫無絕。鳶飛戾天者，望峯息心；經綸世務者，窺谷忘反。横柯上蔽，在晝猶昏；疏條交映，有時見日。

梁陳之際的吳均以寫景小品文在當時文壇上獨樹一幟。《梁書》本傳說他：「文體清拔有古氣，好事者或效之，謂之吳均體。」《與宋元思書》就是其代表作。

這篇文章是作者寫給友人的信，可是却突破了一般書信的格式，非通常事務的敍述，亦無客套的絮語，而是奇山異水的描繪。「風煙俱淨，天山共色，從流飄蕩，任意東西。」開篇別開生面，新闢奇境，節奏明快，如陡板走丸，精彩奪人。作者泛舟於浩浩江面之上，飽覽着沿途悅目賞心的綺麗風光。「風煙俱浄」，寫其天空之高爽明浄。作者從大處着眼，爲下文的工筆描摹，勾勒出一幅背景。同時，它又成爲「天山共色」的陪襯。「天山共色」，峻山聳入九天，挺拔秀勁。仰視之時，天山相連，萬里無雲，共呈一色。此乃「奇」之隱喻。「從流飄蕩，任意東西。」一葉扁舟於江水之上，不得不隨波逐流。這兩句寫水之自然奔流，舟之任意東西，已暗示此水之「異」，並隱喻了作者由此而產生的飄逸之情。

「自富陽至桐廬，一百許里，奇山異水，天下獨絕。」作者承上文揚起的文勢一宕，要言不繁，交代出地點、距離，以及其特點——「奇山異水，天下獨絕」。至此，文章雖是簡筆淡墨，然而，山水之形貌已初步顯現出來。緊接着，作者將文筆一揮，崛起描寫之文字。

「異水」——「水皆縹碧，千丈見底；游魚細石，直視無礙。急湍甚箭，猛浪若奔。」作者在此分兩層寫。一是用誇張的手法寫其秀美。碧波蕩漾，澄澈透明：魚羣穿梭，爭與人樂；逗人遊興；細石壘壘，怪形異狀，以奇引人。魚之動，使得山水別饒生趣；石之靜，襯得魚之娓娓可愛。兩者相映成趣，逼眞欲現，給人以清美秀麗之感。一是用比喻的手法寫其壯美。山高嶺連，自然水之落差極大，成滔滔汩汩之勢。波光粼粼，水聲轟鳴，置身於此山此水，怎不心胸壯闊，感情激越！

「奇山」——「夾岸高山，皆生寒樹。負勢競上，互相軒邈。爭高直指，千百成峯。」這裏沒有鋪寫重巖疊嶂，奇壁陡削之狀，而其遮天蔽日，橫雲割霧之形依然可見。究其實，是作者巧妙地通過一個「寒」字體現出來的：「寒樹」緣無陽光溫暖而來，無陽光是因爲山之高。「負勢競上，互相軒邈」。寒樹不畏天高氣寒，頑強地生長，互比高低，給山增加了無限生機。「爭高直指，千百成峯」。寒樹直指蒼穹，參差起伏，蜿蜒連綿，宛若山峯。作者在此通過樹的特點：適寒、競長、繁多的描寫，突出了樹之奇，也就顯示了山之奇。眞可謂慘淡經營，別出心裁。

「泉水激石，泠泠作響。」遊覽在江水之上，眼看水石相激，濺起朵朵浪花，耳聞泠泠泉聲，諧婉動聽。這兩句是文章之樞紐，由繪形寫貌，過渡到摹聲錄音。作者步步寫來，層層墨染，境界遞現。畫面轉換，妙造自然。「好鳥相鳴，嚶嚶成韻。蟬則千轉不窮，猿則百叫無絕。」由奇山異水，引出鳥禽的奇聲異音。鳥之鳴，婉轉流麗，晶瑩潤暢，富有音韻之美，悅耳動聽。蟬、猿之聲，在空谷傳響，裊裊不盡，從側面突出了山之拔地參天，連綿不斷。

有奇山異水，有奇聲異音，必有人之奇形異跡。順理成章，過渡自然；筆墨有序，環環相扣。「鳶飛戾天者，望峯息心；經綸世務者，窺谷忘反。」具有一飛衝天雄心的人，看見這樣的高峯，也能沉迷山景而不作非分之想；爲世俗之事所纏繞的人，望見這樣的山谷也要流連忘返，寧願遯跡山林，不作凡夫俗子。如果說文章前面是正面落墨，那麼這裏就是側面着筆，通過襯托的手法，強化了山水誘人的力量。

文章至此似乎可以結束，然而作者又寫出這樣四句：「横柯上蔽，在晝猶昏；疏條交映，有時見日。」讀者仔細咀嚼，方覺其妙。一是起了反覆渲染的作用。寫樹木遮空，晝夜不分，既照應前面對寒樹的描寫，又給山水增加奇色異彩。二是使結構更加嚴謹完美。全文猶如作者放出的千里之線，這裏又收回手中，綰接文章開頭四句，總攬經緯，悠然而止。

《與宋元思書》在藝術上很有特色。

別具一格的構思。文章沒有出現人物，但又字字不離人物。它給讀者設計的環境和氣氛是：一隻小船在富春江上隨流而下，作者於船上飽賞着滿目風光。崢嶸的山石，浩蕩的江水，挺拔的寒樹，清厲的猿叫，給人以秀拔勁峭之感；漾漾的碧波，娓娓的游魚，泠泠的泉聲，嚶嚶的鳥語，久久的蟬鳴，顯得清麗雋潔，令人讀後如入詩畫。

渾然一體的結構。這可分爲三方面來說。

形聲兼備，這篇文章時而山水之形顯露畫面，時而鳥禽之聲喧於卷幅，做到形聲兼備，意舒情暢。「急湍甚箭，猛浪若奔。」狀波翻浪滚之形，聞震聾發聵之聲；「好鳥相鳴，嚶嚶成韻。」摹鳥語串串之聲，宛見羣鳥交歡之景。文章就是這樣寫形寫聲，形中間聲，聲中有形，臻入形聲相融的意境。

虛實相間。如果說「鳶飛戾天者，望峯息心；經綸世務者，窺谷忘反」是虛寫，那麼前面則是實寫。實寫一方面給人以具體的感受，又爲虛寫提供了依據；虛寫進一步突出實寫。兩者共同表現「奇山異水，天下獨絕」。同時文章又實中有虛，虛中見實。具體描寫時，給人廣闊的想象天地，使其具有意境上簡筆勾勒的美感；側面虛寫中含有形象，且從眞實性角度看，又覺合情合理。

動靜互見。「蟬則千轉不窮，猿則百叫無絕。」表面看來似乎是寫鳥禽聲音，實質是以聲音來反襯山林之寂靜。這是以動寫靜，寓視於聽的手法。「橫柯上蔽，在晝猶昏。疏條交映，有時見日。」光線隨枝條疏密而明暗，是因爲人在船中，船隨水行。這是以靜寫動，寓動於靜的手法。

駢散相間。文章雖用駢體，但有散行句穿插其中，別具一番參差錯落的韻致。駢體文源於兩漢辭賦，到了南北朝畸形發展，文風上綺麗浮靡。但是，《與宋元思書》既不艱深晦澀，又不華辭麗藻，在重視形式美的同時，做到清新雋逸，疏暢諧婉。這在當時形式主義泛濫的文壇上，確是難能可貴的。

這篇文章對祖國大好河山的描繪，給人以美的享受，藝術上的造詣，也是值得我們借鑒的。

（丁長河）

相送

何遜

客心已百念，孤游重千里。江暗雨欲來，浪白風初起。

何遜字仲言，東海郯（今山東郯城縣西）人。生年不詳，卒於梁武帝天監十七年（五一八）。他「弱冠州舉秀才」，年輕時就享有盛譽，以才華出衆深得前輩作家的推重。如范雲「見其對策，大相稱賞，因結忘年交，謂所親曰：『頃觀文人，質則過儒，麗則傷俗，其能含清濁中，今古見之，何生矣！』」沈約也很讚賞他，曾對他說：「吾每讀卿詩，一日三復，猶不能已。」（以上引文均見《南史·何遜傳》）他的文章與劉孝

何遜

相送

綽齊名，並稱何劉；詩歌則與陰鏗齊名，并稱陰何。何遜的詩以寫景抒情見長，文辭秀美，音調和諧，風格接近謝脁。

《相送》是何遜留贈送別者的一首小詩。

「客心已百念，孤游重千里。」詩的開頭兩句首先刻畫了與友人分別時自己的主觀感受，表達了詩人心潮起伏思緒萬千、極端愁苦的心情。這種愁思重重疊疊，錯綜複雜，可激發讀者一連串的想象；異鄉作客，思家心切，一愁；世事縈懷，百感交集，二愁；何況此次浪跡天涯僅有自己孤單一人，三愁；更加路途遠隔千里，相見遙遙無期，四愁；此次遠行，前途吉兇未卜，使人悵惘難言，五愁。短短的兩句詩十個字，看起來十分尋常，但細細品味，卻又含蓄蘊藉，餘味無窮。詩人的心情何以如此愁苦？《南史·何遜傳》記載：何遜早年受過南平王的賞識，南平王「後薦之武帝，與吳均俱進倖。後稍失意，帝曰：『吳均不均，何遜不遜，未若吾有朱異，信則異矣。』自是疏隔，希復得見。」說明何遜在仕途上有過從得意到失意的坎坷過程，他的愁苦可以肯定蘊含着種種辛酸的追憶。杜甫晚年在夔州寫過一首被譽爲「古今七言律第一」（胡應麟《詩藪·內編》）的《登高》，其中有「萬里悲秋常作客，百年多病獨登臺」兩句。據前人分析，這兩句詩衹有十四個字，却包含了九層可悲的意思：他鄉作客，一可悲；經常作客，二可悲；萬里作客，三可悲；又當蕭瑟的秋天，四可悲；重九佳節，樂事全無，五可悲；親朋離散凋謝，衹有詩人自己孤獨登臺，六可悲；身體健壯也還罷了，却又是扶病登臺，七可悲；而詩人的病又是經常性的「多病」，八可悲；詩人這時已經年過半百（當時杜甫五十六歲），衹落得這般光景，九可悲。眞是無限沉痛，萬端感慨！這些沉痛和感慨，詩人衹用了十四個字，就都概括進去了。何遜是杜甫生平非常傾慕的一個六朝詩人，「少陵於仲言之作，甚相愛慕，集中警句，每見規模；風格相承，脈絡有本」（陳祚明《採菽堂古詩選》卷二十六）。杜甫自己也承認：「頗學陰（鏗）何（遜）苦用心。」（《解悶十二首》其七）他的「萬里悲秋常作客，百年多病獨登臺」在構思上受了何遜「客心已百念，孤游重千里」的啓發和影響，這並不是沒有可能的。

三、四兩句「江暗雨欲來，浪白風初起」，從表現作者的主觀感受過渡到對客觀環境的描述。詩人首先

相送

用「江」和「浪」點明與友人分別的地點是在江邊，指出此行不是陸路而是水程。友人相送到這裏卽將分手了。這時候天色突然昏暗起來，江邊涼風陣陣，江面白浪翻滾，預示着一場暴風驟雨頃刻之間就要到來。客觀環境的倏忽變化，使得原本就思緒萬千的遊子更增添了旅途的憂慮和離別的惆悵，正如杜甫在《夢李白》中所寫的那樣：「江湖多風波，舟檝恐失墜。」三、四兩句寫的雖是大雨將至的自然景色，但也包含着詩人對人世間的險惡風波難以預測的深沉感慨，所謂「天有不測之風雲，人有旦夕之禍福。」

《相送》全詩脈絡清晰，層次分明。「客心已百念」，用一個「已」字表明追憶以往。「孤游重千里」則敍寫現在，特別突出送別這一主題。「江暗雨吹來，浪白風初起」却是通過眼前景物的細緻刻畫來隱喻未來，指出人生的旅途不可能風平浪靜，一帆風順，對前程的艱難險阻應作出充分的估計，要有足够的思想準備。在表現手法上，這首詩打破了先寫景後抒情的一般傳統寫法，先抒情後寫景，移情入景，以景襯情，旣有前後照應，而又渾然一體。

這首詩篇幅短小，衹有五言四句，正是當時南方民歌（吳聲、西曲）廣泛流行的一種形式。它對文人的詩歌創作影響很大，不少作家包括貴族甚至帝王都模倣過這種詩體，如謝靈運的《東陽谿中贈答》（見《玉臺新詠》卷十）、陳叔寶（後主）的《估客樂》（見《樂府詩集》卷四十八）等。這種詩體發展到唐代，就成了講究格律的近體詩五言絕句。何遜的《相送》已初具五絕的規模，可以看作唐代五絕的先聲。所以清人沈德潛曾指出：「水部（指何遜，因他作過尚書水部郎）名句極多，然漸入近體。」（《古詩源》卷十三）這首詩雖然只有四句二十個字，但卻寫得自然流暢，委婉含蓄，讀之使人感到格調清新，情味雋永，充分顯示出作者深厚的藝術功力。

（吳珮珠）

答謝中書書

陶弘景

山川之美，古來共談。高峯入雲，清流見底。兩岸石壁，五色交輝。青林翠竹，四時俱備。曉霧將歇，猿鳥亂鳴；夕日欲頹，沉鱗競躍。實是慾界之仙都。自康樂以來，未復有能與其奇者。

《答謝中書書》是陶弘景給謝徵的一封回信。

陶弘景（四五二——五三六）字通明，南朝梁時丹徒秣陵（今江蘇江寧縣）人。他曾經擔任諸王的侍讀，因看透了混濁的人世，「雖在朱門，閉影不交外物，唯以披閱爲務」（《南史》）。後隱居句曲山，可是「國家每有吉凶征討大事，無不前以咨詢，月中常有數信，時人謂爲『山中宰相』」。謝中書即謝徵（或作微），字元度，陳郡陽夏人，曾作中書鴻臚，所以稱之爲謝中書。陶弘景給謝徵的這封回信，稱道江南山水之美，筆籠山川。紙納四時，文辭清麗，爲六朝山水小品之名作。

這篇山水小品，僅用了六十八個字，就概括了古今，包羅了四時，兼顧了晨昏，山川草木，飛禽走獸，抒情議論，各類皆備，可謂尺幅能容千里，片言可役百意。本文的成功，主要表現在如下三方面。

優美的意境。自然景物的綺麗風光，本身就構成優美的意境，作家以自己獨特的藝術感受，以飽含着感情的語言再現它，激起讀者審美的興致，從而形成文學作品的意境。本文作者從如下幾方面濡墨染彩、熔裁營構，使文章清幽雋雅，像詩一般優美動人。其一，山水相映之美。有山無水則無趣，有水無山又乏味。山水相伴相映，則神采煥然，情味盎然。這裏是「高峯入雲」。峯，其形峻峭；入雲，高入天際。山下是「清流見底」。水流迤邐，清明澄澈。峯高水清，水的動勢給山增加了活力，山的倒影給水鋪上了異彩，相映成趣。其二，色彩配合之美。山青水綠固然清幽雅靜，但色調單一却使人感到冷寂。這裏「兩岸石壁，五色交輝」，還有「青林翠竹，四時俱備」。石巖壁立千仞，五色爭輝，衆彩紛呈，熠熠耀光，加之又有青林翠竹間雜其中，就如五彩錦緞上綴以碧玉翡翠，頓成奇觀。兩岸猶如懸着兩幅錦幛，上有藍天作背景，下有流水爲襯托，且倒影入清流，景象則更爲絢麗動人。其三，晨昏變化之美。前面寫了四時俱備的常景，而四季之中，每天的早晚又不相同。早晨，先是白霧繚繞，繼而是如絮如帶，再而是似煙似縷，最後不見霧紗，衹見晨曦，猿啼鳥鳴，衆音齊會，生機勃勃。傍晚，紅日西沉，暮靄罩山，飛鳥歸林，猿猴息樹，山色蒼茫，這時原來潛游水底的魚飛躍而出，靜中見動，寂中現響，別具意趣。作者觀察極細，筆緻極纖，把握了事物特徵，描摹山水情態，使人目隨筆轉，情偕意遷，晨景熱烈歡躍，暮象清靜幽寂，給人以不同的美的感受。其四，動靜相襯之美。客觀景物不會單調劃一，散文寫法也切忌呆板凝滯。作者很注意動與靜的變幻與配搭。一是形體的動與靜；高峯爲靜，流水爲動；二是光色的動與靜：林青竹翠爲靜，五色交輝爲動；三是聲響的動與靜：日出霧歇爲靜，猿鳥亂鳴爲動；日落山暝爲靜，游魚躍水爲動。以上各種景物，交相作用，互爲影響，構成了一幅怡神悅性的山水畫軸。

縝密的結構。本文雖屬小品，可是作者仍精心結撰，全文分三部分。「山川之美，古來共談」總領全文，從古至今，以「共談」概說人人皆愛，以「美」點明全文中心。當中部分則具體敍寫山川之美。最後殿以「實是欲界之仙都，自康樂以來，未復有能與其奇者」，先以感嘆總括前文，復以名人證實此說。這樣，首尾呼應，議敍結合，使文章主體部分更爲鮮明突出。文中的寫景部分，先仰視「高峯入雲」，再俯瞰「清流見底」，復平看「兩岸石壁」、「青林翠竹」，最後又分「曉」與「夕」兩層來寫，一句一景，一景一意，次第井然，結構得如此經緯分明，脈絡貫通，十分難得。

凝煉的語言。這篇小品語言極富特色，言簡意賅，無一句之虛，無一字之冗。先言「高峯」給人以印象，再以「入雲」給人以具象。同樣，先以「清流」使人初感，「見底」則給人以實感。「五色交輝」、「猿鳥亂鳴」、「沉鱗競躍」，「交」、「亂」、「競」幾個副詞的運用，使顏色、聲音、動作的狀態表露無遺。本文以四言句爲主，很是整飭，最後兩句一是七言，一是五言，一是八言，以長句收束，猶如滔滔急流，瀉入大海。

《答謝中書書》反映了作者陶弘景娛情山水的思想。南北朝時，因政局動蕩，矛盾尖鋭，不少文人往往遯跡山林，從自然美中尋求精神上的解脱。因而他們在書信中常常描山畫水，表明自己所好，並作爲對友人的安慰，如吳均的《與顧章書》、《與宋元思書》，都屬此類。這類作品雖沒有表現積極進步的政治觀點，卻以其高超的藝術筆力，創作了具有相當美學價值的精品，具有較大的鑒賞意義。

（徐應佩　周溶泉）

江津送劉光祿不及

陰　鏗

依然臨江渚，長望倚河津。鼓聲隨聽絶，帆勢與雲鄰。泊處空餘鳥，離亭已散人。林寒正下葉，釣晚欲收綸。如何相背遠，江漢與城闉。

「黯然銷魂者，唯別而已矣！」南朝詩人江淹在《別賦》中反覆詠唱的這一主題，基本上概括出南朝送

江津送劉光祿不及

別詩的基調。

陰鏗這首送別詩融情入景，雖別情依依而不過分頹傷，是南朝送別詩中一首別開生面的佳作。

詩題中的劉光祿，指劉孺，曾爲湘東王長史，後爲王府記室、散騎侍郎、兼光祿卿，當是陰鏗在湘東王府任職時的幕友。詩人爲送別劉光祿趕到江邊渡口，可惜友人已乘船離去。按照人們通常的感情體驗，面對面地話別飲餞，執手相送，已叫人別意纏綿、凄傷。王維在《渭城曲》中詠唱：「勸君更盡一杯酒，西出陽關無故人！」李後主在〔烏夜啼〕詞中傾訴：「剪不斷，理還亂，是離愁，別是一般滋味在心頭！」這些詠唱，都是對人生離愁別緒的眞實傾訴。而詩人陰鏗卻連執手話別的一刹那也錯過了！這樣，迴盪在他心海中的惜別、遺憾之情，當是格外強烈的啊！這首詩就從送友不及的感受落筆，抒寫不勝惆悵的離情。

詩一開始，「依然臨江渚，長望倚江津」。從「依然」、「長望」狀依依不捨、不忍離去，佇立遠望、思隨流水伴友行的情意，可謂開門見山，爲相送不及「補過」，聊慰心頭的負咎與不安。中間六句三聯，着力渲染凄清的意境。「鼓聲隨聽絕，帆勢與雲鄰」，寫視聽感受的極限。古代開船以打鼓作爲信號。詩人佇立江邊，眼看友人的征帆已漸去漸遠，終於連鼓聲也聽不到了，望中祇見浩浩江流送行舟，孤帆遠影映雲天，終於沒入水天相接的地方。到了連遠去的帆影也捕捉不到的時候，詩人凄然的心情不言而喻。怎麼辦？還佇立下去？這時江邊渡口一帶，祇見黄昏時歸鳥匆匆飛回，寒林落葉蕭蕭，長亭送別的人們早已四散，江邊垂釣的漁者也已收起釣絲，準備回家。在這幅飛鳥、寒林、離亭、晚釣等景物組成的畫面上，交織着詩人秋意滿懷、臨風感喟的凄然心緒，眞是情景交融的妙句。古代詩論家所樂於稱道的處處是景語，而又處處是情語的藝術境界，此是一例。詩末兩句，承前而來。天色已晚，秋江冷清，詩人再不能依然佇立江津渡口，祇好獨自回到城裏。在無可奈何的感嘆聲中，詩人感到和遠去江漢的友人在空間距離越遠，縈繞在他心頭的一懷惦念友人的愁思，像一股暗流，依然迴盪在心底；又像空谷餘音，不絕如縷。

南朝齊代永明年間（四八三——四九三），隨着漢字平上去入四聲的發現，沈約、謝朓諸人將四聲運用於詩歌創作，對聲律提出嚴格的要求，結合晉宋以來普遍講究的對偶形式，形成了一種有別於漢魏古詩的新體詩——「永明體」。這種偏重形式美的詩體，在當時得到了普遍的發展。陰鏗就是一位致力於新體詩創作的詩人。他在創作實踐中注意斟音酌句，力求辭意精切，音律優美，屬對工整。《江津送劉光祿不及》一詩語言清新流麗，意境生動、自然。尤其中間六句，音律十分和諧，對仗極其精工，把結構相同、意義相對的兩個語句對稱地排在一起，給人以形式整齊、聲音優美、意義鮮明的感受，從遠與近、人與物、高與低等角度渲染意境，顯示出聲律、對仗等技巧的成熟，在景物描寫、章法結構上具有五言律詩的風神韻致，與漢魏古詩質樸渾然、一氣呵成的氣勢迥異，見出六朝詩歌由古體向新體進而向近體演進的趨勢。清人陳祚明指出：「陰子堅（鏗）詩聲調既亮，無齊梁晦澀之習，而琢句抽思，務極新雋；尋常景物，亦必搖曳出之，務使窮態極妍，不肯直率。」（《採菽堂古詩選》）清人沈德潛指出：「五言律，陰鏗、何遜、庾信、徐陵已開其體，唐人研揣聲音，順穩體勢，其製乃備。」（《說詩晬語》）前者概括了陰鏗詩歌在藝術上的創新之處，後者肯定了陰鏗詩歌在詩史上的地位，以《江津送劉光祿不及》一詩證之，誠然。

（林家英）

關山月

徐　陵

關山三五月，客子憶秦川。思婦高樓上，當窗應未眠。星旗映疏勒，雲陣上祁連。戰氣今如此，從軍復幾年！

關山月

南朝宋、齊、梁、陳各代；陳朝略短，作家寥寥，徐陵堪稱其首。據《陳書》本傳記載，有陳一代文檄軍書及受禪詔策，皆陵所製，每一文出，好事者必傳寫成誦，以致遠播北朝周、齊。又據《梁書·庾信傳》，早在梁代，陵與信并爲抄撰學士，所作詩綺豔巧密，世號「徐、庾體」，當時後進，競相模範。可見徐陵的詩文在梁、陳兩代都有廣泛的影響，其文名尤高於詩名。

徐陵寫作《關山月》的年代，史無明文。考宋郭茂倩《樂府詩集》卷二十三《關山月》題下，臚列南北朝九人十一首作品，首爲梁元帝，次爲陳後主，復次爲陸瓊、張正見、徐陵、賀力牧、阮卓、江總、王褒。梁、陳時代，君臣倡酬之風頗盛。此九人作品當亦有些瓜葛。按張正見卒於陳後主卽位之前，徐陵卒於陳後主卽位之初，其餘作者雖則係於陳朝與北周，但在梁元帝時都已入仕。因此說徐陵的《關山月》作於梁而非作於陳，可能更接近於事實。

《關山月》是漢樂府舊題。據《樂府解題》，屬漢橫吹曲。橫吹曲是軍中馬上的鼓吹樂曲，而《關山月》則專以抒寫征人思婦的別離之情。從《樂府詩集》所載南北朝以至唐人的篇章，均可感受到《關山月》沉著悲慨的風調。其思想情感，四句話可以盡之：「凄凄還切切，戍客多離別。何處最傷心，關山見秋月。」（唐長孫左輔《關山月》）

徐陵此篇旣是擬樂府舊題而作，詩中全用漢代故事自不足爲奇。倘我們以爲作者乃爲梁、陳邊事而發，並以其出使魏、齊爲證，則有拔高古人之嫌。其實這首詩較兩漢樂府民歌，在思想上毫無新意，祇不過在謀篇構思上更加圓熟，在格律聲韻上更加嚴整而已。這是我們賞析和借鑒這篇作品的一個前提。

古人作詩，有起承轉合之處，賓主呼應之法，卽使六朝古詩，其佳作也已有此種種藝術技巧。我們進行分析賞鑒時，唯有循跡往求，方有可能探驪得珠，悟破奧者。本篇的發端，開門見山，就題寫入。上句對景起興，地點時令，皆在其中。「三五」指月圓，當由《古詩十九首》「愁多知夜長，仰觀衆星列。三五明月滿，四五蟾兔缺」句化出。清張庚評《古詩》云：「三五云云，是因見衆星列而追數從前之月圓月缺，不知經歷多少孤淒之夜矣。」（《古詩十九首解》）這裏所謂「關山三五月」，明言月圓，實亦兼指月缺，總稱在邊關的

關山月

日日夜夜。下句「客子憶秦川」，點明人物，刻畫氣氛，爲下文的鋪敘、開合闊佔地步。「客子」指戍客，就是從軍在外、戍守邊關的人。他身在邊城，睹月傷情，引發了思鄉的念頭。「秦川」即今陝西關中一帶，在漢朝是京畿地區。作者以「秦川」對應「關山」，正見出客子「相思在萬里」的孤淒心境。總觀前兩句，「憶」字最是關鍵，既能點醒客子的鄉愁，又能啓下思婦之詞，可謂一語雙關的妙筆。

第三、四兩句，承上「憶」字而來，全屬客子的想象。他想到遠在家鄉的妻子，此時也在望月興嘆，中宵不能安寐，心情愈發沉重。詩法講賓主，在這裏客子爲主，思婦則爲賓，賓主互爲映襯，熔合爲一體，使得詩人所要表達的思鄉情感，呈現出多個層次，更顯得厚重而深切。單就字面上來看，三、四兩句出語平淡，作者似不甚經意，其實它們也是從漢代古詩錘煉而來。按《古詩十九首》「青青河畔草」詩有句云：「盈盈樓上女，皎皎當窗牖。」此便是徐詩的直接出典。至於「當窗應未眠」的豐富蘊含，也可以藉《古詩》「明月何皎皎」詩作爲脚註，詩云：「明月何皎皎，照我羅牀幃。憂愁不能寐，攬衣起徘徊。客行雖云樂，不如早旋歸。出戶獨彷徨，愁思當告誰？引領還入房，淚下霑裳衣。」

接下去五、六兩句，收束思緒，筆鋒轉而描寫客子的眼前景象。上句「星旗」指旗星，《史記·天官書》說房心二宿東北角的十二顆星叫旗星。古人以爲旗星是天宮的鼓旗標誌，主兵象。疏勒在漢是西域諸國之一，疏勒城在今新疆疏勒縣。旗星映照疏勒，說明這一帶將有戰事。下句「雲陣」即陣雲，《史記·天官書》：「陣雲如立垣。」也是指兵象。「祁連」即今新疆境內的天山，漢時匈奴呼「天」爲「祁連」。陣雲籠罩着祁連，無疑是大戰在即的濃重氣氛。這裏寫的是客子的所見，但讀者由此可推及客子的內心感受。如果說平日戍守已然鄉思綿綿，那麼大戰之前豈不更加濃烈？同樣是抒發對家鄉的懷念，「思婦」二句書事，此二句則寫景，兩者的意思既相應又相避。這種敍事角度和描寫手法上的變化，爲全詩平添了波瀾，增強了藝術感染力。

最末兩句，以反詰語作結，凝重、老辣，尤爲警策。上句「戰氣今如此」，總括五、六句的寓意，再進一層寫明了邊關局勢的嚴峻。這其中不能說分毫沒有對國家安危的關切，但感情聚結的中心仍在於一己之命運。下句不言赴難報國，唯盼早離軍伍，就是一個證明。「從軍復幾年」這句話，不是客子的捫心自問，也不是向人探詢，我以爲倒像是客子指問蒼天，在憤懣中又夾雜着無可奈何，其悲痛欲絕的神態躍然紙上。全詩首言「客子憶秦川」，末言「從軍復幾年」，因爲有憶，故有所問，首尾遙相關合，一筆不漏。

徐陵這首詩，藉樂府舊題寫漢代故事，雖然含有非戰的意義，思想境界却不高。但論其藝術成就，全詩造語平淺質樸，抒情曲折細微，與漢魏古詩有同一風味；加以音律和諧，也爲近體詩的形成開創了條件。所以清王夫之稱其詩云：「納之古詩中，則如落日餘光；置之近體中，則如春晴始旦。」（《古詩評選》卷六）可謂深得要領。

（許逸民）

渡河北

王　褒

秋風吹木葉，還似洞庭波。常山臨代郡，亭障繞黃河。心悲異方樂，腸斷《隴難歌》。薄暮臨征馬，失道北山阿。

「河」指黃河，「渡河」作爲詩題，語意完整而明晰。復加「北」字，反而有類蛇足，或強解作「渡黃河北上」，於古詩句法也嫌生澀。明楊慎《升庵詩話》卷二逕引作「王褒《渡河》」，說明他已經感到詩題有不通處。

此詩首見於《初學記》卷五地理部恆山條下，題稱《渡河北》。又兩見於《文苑英華》，卷一六三地部作《渡河北》，卷二八九行邁部作《渡北河》。按南北朝時，北河約當今內蒙烏加河，當時是黃河正流。王詩所寫乃今河北、山西交界處，與北河不相干涉。《渡北河》之說也難成立。

又，《初學記》卷六地理部河條下，載有隋薛道衡《渡北河》詩，今人多信而不疑。殊不知薛道衡雖曾跟隨楊弘（河間王）北拒突厥，但並不曾涉足北河，史傳隻字未及此事可以爲證。薛詩亦載《文苑英華》卷一六三王褒詩後，題目則寫作《渡河北》。據此推論，頗疑王褒詩在《初學記》中曾誤作《渡北河》，後人不曉其義，妄加竄改，遂一變而成《渡河北》，《文苑英華》證明薛詩也遭到同樣的厄運。其實《渡北河》不過是《渡黃河》的形訛，「黃」字殘損，唯留上部，後人竟以爲「北」字。

《渡黃河》一名《濟黃河》，是南朝蕭梁時所創擬樂府曲。宋郭茂倩《樂府詩集》卷七十四《雜曲歌辭》有梁謝微、陳江總、北齊蕭慤的《濟黃河》各一首。江總詩在《文苑英華》卷一六三作《渡黃河》。又《文苑英華》同卷還有梁范雲的《渡黃河》一首。要之，作《渡黃河》詩者凡六人，其中范雲、謝微卒於梁，江總、王褒、蕭慤皆嘗仕於梁，先後經歷梁武帝至元帝時期，五人所作或同屬於梁代。此種說法如合乎事實，則王褒詩當作於南朝，題目應是《渡黃河》才對。

如上所述，唐人類書衹把王詩劃歸地理部，至宋人總集始編入行邁類，從此便脫盡樂府詩的外衣，成了一首行旅紀感詩。更有甚者，清張玉穀撰《古詩賞析》，添字解經，無端增入「羈旅之愁」的字樣。於是《渡河北》聲價陡起，成爲王褒入北後的代表作品，當今選家無不稱引贊頌。如《漢魏六朝詩選》說：「本篇寫北渡黃河所見景色和羈旅之感。」《魏晉南北朝文學史參考資料》說：「本篇寫北渡黃河，因見秋天的景色而引起羈旅之悲和思鄉之情。」鑒於張玉穀說流傳已二百年，影響巨大，而筆者的見解尚需檢驗，故在解析王褒詩時，大抵仍沿襲舊說，唯遇舊說不能自圓處，間亦提出疑問，總爲啓發讀者思考，非敢用一己管見而定千古之是非。

全詩共八句，每兩句自爲一層意思。發端二句「秋風吹木葉，還似洞庭波」，上句點醒渡河時令，下句借喻河中急流，字面不著「渡」字，而舟行河上之意自見，與詩的題目切合。因爲語涉洞庭，舊說乃以爲寫渡河時風景有似故鄉，引申出懷念江南故國之情。實際上王褒在這裏不過是掉書袋，詞藻與意境全由《楚辭》脫胎而來。《九歌·湘夫人》云：「嫋嫋兮秋風，洞庭波兮木葉下。」言秋風一起，洞庭湖起了波濤，樹葉子也被吹落了。所描寫的境界十分闊大，極蒼蒼莽莽之致。王褒使用典故貼切自然，不僅句子更加凝煉，而且保留原有的意境，所以深獲明清詩評家推獎，譽爲「警絕」。我體會王褒起句的本意，無非爲渡河製造悲涼的氣氛而已。

接下來兩句「常山臨代郡，亭障繞黃河」，這又是引用漢代的故實。《後漢書·王霸（元伯）傳》云：「詔霸將弛刑徒六千餘人，與杜茂治飛狐道，堆石佈土，築起亭障，自代至平城三百餘里。」（卷二十）按飛狐谷道在代城（今河北蔚縣東）南，延伸至平城（今山西大同），北趨邊部。其地西距黃河甚遠，王褒即令親歷其地，無論如何也不會看到「亭障繞黃河」。有人解釋說：「這二句是說，渡過黃河，看到亭障不絕，令人想起更遠時漢代最北部邊塞。言外有故國之慨。」還有人說：「漢代的邊關在黃河北面很遠的代郡那邊，可是現在沿着黃河却是北朝異族修築的工事。」強作解事，總覺過於穿鑿。據《周書》、《北史》王褒本傳考之，褒入北以後，倍荷恩眄，出入恆在周帝左右，未嘗遠放外郡，及其晚年始出爲宜州（今陝西耀縣）刺史，卒於位。詩中所言「常山」（恆山）、「代郡」，當時屬北齊版圖，史傳未見王褒有聘齊之事，焉能更有渡河經行其地之理？上面所引的兩種說法爲避開這一漏洞，就用作者的聯想進行彌補。但是作者親臨黃河時可以聯想，難道不到河邊就不能浮想聯翩麼？當年在南朝作《燕歌行》，極言邊塞苦寒，就是王褒因襲前代作品，發揮想象的一個證明。宋郭茂倩在《雜曲歌辭》題解中說：「雜曲者，歷代有之，或心志之所存，或情思之所感，或宴遊歡樂之所發，或憂愁憤怨之所興，或敍離別悲傷之懷，或言征戰行役之苦，或緣於佛老，或出自夷虜，兼收備載，故總謂之雜曲。」又說，「復有不見古辭，而後人繼有擬述」，「或因意命題，或學古敍事」，「其名甚多」。（《樂府詩集》卷六十一）《渡黃河》（《濟黃河》）作爲一首擬樂府詩，模倣漢樂府體式，徵引漢代典故，本不足怪。就樂府詩的作者而言，他們這樣做衹不過是要藉以刻畫氣氛，抒發感情，至於山川方位上的淆亂是在所不計的。譬如王褒的另一名作《燕歌行》，史家詡爲「妙盡塞北寒苦之狀」，但要問確指何處關山，孰能作答。因此，從《渡河北》前四句的用事手法上看，說它是一首樂府詩較爲恰當。這樣一來，題目與詩句的衝突，詩句與作者行實的矛盾，都可以迎刃而解了。

詩的前四句完全是自然景物描寫，至第五、六兩句即景生情，轉入心理描寫。景實而情虛，正是詩法所謂虛實相生的技巧。上句「異方樂」即異國的音樂，南朝與北朝互稱異國。王褒《燕歌行》有云：「遙聞陌上採桑曲，猶勝邊地胡笳聲。胡笳向暮使人泣，長望閨中空佇立。」「異方樂」就是指這種「邊地胡笳聲」。下句《隴頭歌》屬《梁鼓角橫吹曲》，《樂府詩集》載歌辭三章，其三云：「隴頭流水，鳴聲幽咽。遙望秦川，心肝斷絕。」歌辭質樸雅正，很可能是漢魏古辭。《隴頭歌》極寫行役之苦，思鄉之悲，頗深婉動人，且具典型性的意義，故南北朝文人多喜熔入詩篇，用增聲色。如梁元帝《賦得登山馬》：「何殊隴頭望，遙識祁連東。」梁戴暠《度關山》：「昔聽《隴頭吟》，平居已流涕。」王褒於此處點化入詩，言外確有行役之感。在這兩句中，先言「心悲」，繼言「腸斷」，情感的波瀾一層翻行一層，步步逼迫，令人倍感壓抑。人謂王褒詩麗密處不讓庾信，由此可見一斑。

最末兩句，以日暮途遙，欲歸不得作結。上句「薄暮臨征馬」，是說暮色已臨，還在馬上趕路，可見行程十分緊迫。這一句呼應首句渡河，水陸兼程，顯然不是指一般的行人估客，很像是從軍者，一切都因爲軍情火急。下句「失道北山阿」，是說在山間迷了路。這一句近接「薄暮」，遠承「心悲」、「腸斷」，一則暮色蒼茫，二則心緒惡劣，所以連道路也分辨不清了。詩題爲渡河，而結句卻寫山行，首尾似乎脫節，但若視渡河的主人公爲從軍行役者，則草蛇灰線自清晰可見。清沈德潛講到古詩做法時說：「歌行起步，宜高唱而入，有『黃河落天走東海』之勢。以下隨手波折，隨步換形，蒼蒼茫茫中，自有灰線蛇蹤，蛛絲馬跡，使人眩其奇變，仍服其警嚴。至收結處，紆徐來者，防其平衍，須作鬥健語以止之；一往峭折者，防其氣促，不妨作悠揚搖曳語以送之，不可以一格論。」（《說詩晬語》）王褒這首詩起調甚高，中間「常山」二句寫景，「心悲」二句寫情，虛實換形，跌宕多姿，卻總不離行役所見所感。至收束處，再放開一步，由渡河轉入山行，征途迢迢，生死莫測，恰是所謂「悠揚遙曳語以送之」。沈氏所論，可謂盡得古詩三昧，而王褒此作亦可稱典則，無愧爲大手筆。

《周書·王褒傳》說：「褒曾作《燕歌行》，妙盡關塞寒苦之狀，（梁）元帝及諸文士並和之，而競爲淒切之詞。」（卷四十一）我們以《渡河北》與《燕歌行》相比較，二者立意、手法乃至詞藻無不近在咫尺之間。即如「常山」、「心悲」兩聯，儼然就是《燕歌行》「自從昔別春燕分，經年一去不相聞。無復漢地關山月，唯有漠北薊城雲」，「充國行軍屢築營，陽史討虜陷平城」，「屬國小婦猶年少，羽林輕騎數征行」，「胡笳向暮使人泣，長望閨中空佇立」，「試爲來看上林雁，應有遙寄隴頭書」等語的翻版。「心悲」、「腸斷」的行役者，不是那些數被征行的羽林輕騎，又能是誰呢？再看梁元帝及庾信的兩首和《燕歌行》詩，前者云：「如何此時別夫婿，金羈翠眊往交河。還聞入漢去燕營，怨妾愁心百恨生。」後者云：「代北雲氣晝昏昏，千里飛蓬無復根。寒雁嗈嗈渡遼水，桑葉紛紛落薊門。」或代怨婦立言，或直寫征役之苦，格調、情懷也與《渡河北》毫無二致。因此我們說《渡河北》很可能就是樂府詩《渡黃河》，大抵作於蕭梁末年，主要是寫征戍之苦，恐怕是合乎事實的吧。

（許逸民）

小園賦

庾　信

若夫一枝之上，巢父得安巢之所；一壺之中，壺公有容身之地。況乎管寧藜牀，雖穿而可坐；嵇康鍛竈，既煖而堪眠。豈必連闥洞房，南陽樊重之第？赤墀青瑣，西漢王

小園賦

根之宅？余有數畝敝廬，寂寞人外，聊以擬伏臘，聊以避風霜。雖復晏嬰近市，不求朝夕之利；潘岳面城，且適閑居之樂。況乃黃鶴戒露，非有意於輪軒；爰居避風，本無情於鍾鼓。陸機則兄弟同居，韓康則舅甥不別。蝸角蚊睫，又足相容者也。

爾乃窟室徘徊，聊同鑿坏。桐間露落，柳下風來。琴號珠柱，書名《玉杯》。有棠梨而無館，足酸棗而非臺。猶得敧側八九丈，縱橫數十步，榆柳三兩行，梨桃百餘樹。撥蒙密兮見窻，行敧斜兮得路。蟬有翳兮不驚，雉無羅兮何懼。草樹混淆，枝格相交。山為簣覆，地有堂坳。藏狸並窟，乳鵲重巢。連珠細菌，長柄寒匏。可以療饑，可以棲遲。敧嶇兮狹室，穿漏兮茅茨。簷直倚而妨帽，戶平行而礙眉。坐帳無鶴，支牀有龜。鳥多閑暇，花隨四時。心則歷陵枯木，髮則睢陽亂絲。非夏日而可畏，異秋天而可悲。

一寸二寸之魚，三竿兩竿之竹。雲氣蔭於叢著，金精養於秋菊。棗酸梨酢，桃榹李薁，落葉半牀，狂花滿屋。名為野人之家，是謂愚公之谷。試偃息於茂林，迺久羨於抽簪。雖有門而長閉，實無水而恒沉。三春負鋤相識，五月披裘見尋。問葛洪之藥性，訪京房之卜林。草無忘憂之意，花無長樂之心。鳥何事而逐酒？魚何情而聽琴？

加以寒暑異令，乖違德性，崔駰以不樂損年，吳質以長愁養病。鎮宅神以薶石，厭山精而照鏡。屢動莊舄之吟，幾行魏顆之命。薄晚閑閨，老幼相攜，蓬頭王霸之子，椎髻梁鴻之妻。燋麥兩甕，寒菜一畦。風騷騷而樹急，天慘慘而雲低。聚空倉而雀噪，驚懶婦而蟬嘶。

昔草濫於吹噓，籍《文言》之慶餘。門有通德，家承賜書。或陪玄武之觀，時參鳳凰之墟。觀受釐於宣室，賦長楊於直廬。遂乃山崩川竭，冰碎瓦裂，大盜潛移，長離永滅。摧直轡於三危，碎平途於九折。荆軻有寒水之悲，蘇武有秋風之別。關山則風月悽愴，隴水則肝腸斷絕。龜言此地之寒，鶴訝今年之雪。百靈兮倏忽，光華兮已晚。不雪鴈門之踦，先念鴻陸之遠。非淮海兮可變，非金丹兮能轉。不暴骨於龍門，終低頭於馬坂。諒天造兮昧昧，嗟生民兮渾渾。

梁元帝承聖三年（五五四），庾信奉命出使西魏，正值西魏南討。十二月，江陵陷落，梁元帝被害，庾信也被執於長安，「三日哭於都亭，三年囚於別館」（《哀江南賦》）。這篇賦題名「小園」，即通過對所居小園景物的描寫，傷懷故國身世，文詞危苦，感情哀怨，千載之下，讀來仍然惻愴動人。

全文一共五段。

第一段「首引情本」，寫自己願以小園閑居避禍的志趣，可分三層。開篇六句托古發義，通過一正一反的虛實鋪寫，表現自己祇求一枝一壺的容身之地，無意於高樓大廈的居室之美。接着用四個散句點題，「數畝敝廬」，言小園之小，祇堪容身，承上六句；「寂寞人外」，明小園之僻，適足閑居避害，逆接下文。這四句既是本段中承上啓下的關鈕，又是全文的主腦。在表現手法上，既不用典，又不用對，而以清新自然的散句出之，文勢的跌宕變化突出了它的地位。以下第三層。「雖復」兩組對句互文見義，說明「閑居」之意。「況乃」四句遞進一層，申述避害之旨。最後四句說自己羈旅北朝，處境有如陸機入洛，失意情同殷浩兵敗徙居東陽，因此應知止足之分，蝸角、蚊睫也能容身，用筆深典，比喻切至。

第二、三、四段，狀小園之物，寫隱居之志。

「爾乃」一段，寫小園的簡陋和自己的憂愁幽思。前六句說，園中小屋，形同地窖，置身其中，有如隱士的「鑿坯而遯」，是本段的總起。以下分寫園中景物，或即景傷情，或移情於物。作者先從園中樹木落筆，「八九丈」、「數十步」、「三兩行」、「百餘樹」九個數量詞盡其單調之態。「蟬有翳兮不驚，雉無羅兮何懼」，既是景語，也是情語，作者身爲羈臣，憂生畏禍的心情躍然紙上。繼寫草木混雜，枝幹相交，山小地窪，野猫鵲巢布滿其中，凄涼之狀如在目前。「可以療饑，可以棲遲」是賦詩言志，表示自己要像《詩經》

中的隱士那样安貧樂道。「攲嶇」四句寫小園中的居室也極爲狹陋，「攲嶇」（室內地面高低不平）、「穿漏」，言居室之陋；「妨帽」、「礙眉」，狀居室之狹，而極誇張之能事。「坐帳無鶴」，言無仙術可回故國；「支牀有龜」，謂將羈旅長安，老死於這小園之中。連下二句，是說自己無所事事，唯與鳥獸送閑暇，同花草度日月。因此每念及此，不覺悲從中來，以至於心同枯木，髮如亂絲。

「一寸二寸之魚」一段，寫自己願隱居小園的志趣和憂傷之情。前十句一韻，寫小園的環境足堪隱居。隱士安貧，達人知命。小園中有魚有竹，有蓍有菊，又有酸棗酸梨，山桃山李，落葉狂花。魚竹花草具自然之性，棗梨桃李可供食用，蓍草用於卜筮，金菊足以延年。這些表面上是寫園中之景，實則爲設想之詞，是作者的自嘲。「試偃息於茂林」以下十二句一韻，又有兩層。先寫自己將隱於小園，棄絕人事，祇與高賢隱者往來，日事採藥問卜。最後四句用花草懷憂，魚鳥失所，比喻自己羈留長安，屈仕北朝的憂傷心情。

「加以寒暑異令」一段，通過南北節令相異和小園生活的寒苦，進一層抒寫內心的痛苦。「春秋代序，陰陽慘舒，物色之動，心亦搖焉。」（《文心雕龍·物色》）季節物色的變化本來就易招惹起人們情緒的波蕩，何況北方和南方的氣候、節令如此相異！對於自己這個南國之人，實在與本性太相違背！因此自己鬱鬱不樂，憂愁成病，以至於昏亂得像魏武子那樣地說胡話，然而自己仍然像越人莊舄那樣思念着故國。以上八句一層，以節令之變起興，引典抒發愁懷。「薄晚」以下十句換韻，寫小園生活的寒苦，主要體物言情。「老幼相攜」，言全家老少皆在長安。《庾子山集》滕王逌序：「自攜老入關，亟移灰琯。烝烝色養，勤同扇席。」可知這兩句是寫實。「蓬頭」「椎髻」二句用東漢王霸、梁鴻之典，比喻貧居無僕，妻子不免饑寒和薪水之勞。「燋麥」（「燋」同「焦」）「寒菜」，誇言食用之乏。「風騷騷」四語窮小園蕭瑟之狀，寫心中的悲涼，是託物言情，情與景會，境界全出。

第五段，追懷仕梁情事，抒發鄉關之思。

庾信先世累代顯貴，父子仕梁，「出入禁闥，恩禮莫與比隆」（《北史》本傳）。而今國破家亡，流落關中，身爲羈臣。今昔對比，不只天壤。因此眼前蟄居敝廬、寄人籬下的境遇，使他很自然地想起「世德」「家風」，緬懷起仕梁時所受到的禮遇、痛惜王室的「永滅」來。「玄武」「鳳凰」皆漢宮室名，「觀受釐於宣室，賦長楊於直廬」，分用漢文帝詔見賈誼和揚雄作《長楊賦》典故。這四句以漢代京都事物比喻自己在梁朝宮廷時的恩禮之隆。「遂乃」六句寫梁政權在侯景發難之下土崩瓦解，音節急促，有如急管繁絃，生動地描繪了梁朝迅速滅亡之勢。「摧直轡」以下四組對句，寫自己奉命出使西魏，辭親別友，飽嘗風霜之苦，詞涉危苦，哀情可掬。結尾十句一氣相貫，集中抒發自己羈留北朝，想回故國而不可得的憂愁。人生匆匆、年華已晚，自己不再企求立功贖罪，一心祇想回到故園。但人終究不能像傳說中的雀雉那樣入淮海可變，像金丹處煉爐而能轉動，因此自己的命運將無法改變，必定老死在這異國他鄉。「不暴骨」二句與第二段中的「坐帳無鶴，支牀有龜」相呼應，一唱三嘆地抒發自己欲回故國而不可得的愁腸。結尾二句，寫天昏地暗，人生難測，發爲哀怨，亦卽司馬遷所謂「人窮則反本，故勞苦倦極，未嘗不呼天也；疾痛慘怛，未嘗不呼父母」之意。

劉勰說：「賦者，鋪也，鋪採摛文，體物寫志也。情以物興，故義必明雅；物以情觀，故詞必巧麗。麗詞雅義，符采相勝，如組織之品朱紫，畫繪之著玄黃，文雖新而有質，色雖糅而有本：此立賦之大體也。」（《文心雕龍．詮賦》）庾信的這篇賦，並不像兩漢的散體大賦那樣，馳騁才華，窮極聲色之麗。題名「小園」，祇是託小園之物，寫身世之感，鄉關之思。表面是寫景賦物，實則自悲身世。言情體物，密合無間，極其工巧。從體物一面說，辭采固然巧麗，但辭不掩義，華不損枝。體物而情滿於物，景語亦卽情語。「桐間露落，柳下風來」，「榆柳三兩行，梨桃百餘樹」，「鳥多閑暇，花隨四時」等等景語，清新可愛，頗得陶詩平淡自然之趣。從言情一面說，首先是作者的感情真摯而又飽滿，深沉而又鮮明。一景一物，無不著染哀愁；字裏行間，隨處可見血淚。因此它的感染力極強。其次，在言情的手法上，或卽景傷情，或借典取義，或直抒胸臆，迴環往復，一唱三嘆，淋漓盡致。

庾信早年作品，傷於華豔，入關以後，一變蒼勁沉鬱，鋪排典故是其一大特點。這篇小賦，用典達數十處之多，因此有晦澀繁蕪之累。但其中也有不少用得自然，不露痕跡，使人不覺其爲用典；有的用得非常貼切，曲折盡情地表達了作者深沉的故國之思和身世之痛，這也是形成這篇小賦蒼勁沉鬱風格的一個重要原因。

（鄧安生）

俠客行

庾信

俠客重連鑣，金鞍被桂條。細塵鄣路起，驚花亂眼飄。酒醺人半醉，汗濕馬全驕。
歸鞍畏日晚，爭路上河橋。

《藝文類聚》卷三十三人部「游俠」條下首載此詩，止稱「周庾信詩」。《文苑英華》卷一九六錄入樂府類，題作《俠客行》。明以後人輯集庾信詩，或以爲樂府詩，或蘭入《詠畫屏詩二十五首》。清倪璠《庾子山集註》折衷之，「附錄四卷詩末，五卷樂府之前」。據《類聚》所載，此詩前接周王褒《游俠篇》（王詩見《樂府詩集》卷六十七），則庾信詩恐亦當作《游俠篇》。《英華》，採王、庾詩並作《俠客行》，是《游俠篇》卽《俠客行》。今從《英華》作爲一首樂府詩來加以賞析。

庾信現存的樂府詩，有作於南朝者，如《燕歌行》；有作於北朝者，如《對酒歌》（「牽馬向渭橋」句可證）。這首《俠客行》也應該是入北後的作品，論據就在於詩的結尾。按《周書·庾信傳》：「孝閔帝踐

俠客行

阼，封臨清縣子，邑五百戶，除司水下大夫。」信有《忝在司水看治渭橋》詩云：「大夫參下位，司職渭之陽。富平移鐵鎖，甘泉運石梁。跨虹連絕岸，浮黿續斷航。春洲鸚鵡色，流水桃花香。星精逢漢帝，釣叟值周王。平堤石岸直，高堰柳陰長。羨言杜元凱，河橋獨舉觴。」「河橋」是借用西晉杜預「建河橋於富平津」的典故，但在這裏無疑是指渭河橋。《俠客行》結句說「爭路上河橋」，所指自應是渭橋。如果再聯繫到王褒的《俠客行》（《游俠篇》），認爲與信詩作於同時，那麼「京洛出名謳，豪俠竟交游。河南期四姓，關西謁五侯」云云，正可引爲旁證。據此推斷，庾信的《俠客行》約寫在北周初年，大抵是公元五五七年前後，作者當時四十五歲，羈留北地未久。

樂府詩以游俠名篇者，始於西晉的張華，而後代有擬作。蕭梁時，王筠的《俠客篇》、梁元帝的《劉生》等，都屬於此類擬樂府詩。這類擬樂府詩大多借古題詠古意，也就是說襲用前人原意，敷衍成篇。如王筠《俠客篇》（《英華》卷一九六作《俠客行》）云：「俠客趨名利，劍氣坐相矜。黃金塗鞘尾，白玉飾鉤膺。晨馳逸廣陌，日暮返平陵。舉鞭向趙李，與君方代興。」與張華《游俠篇》、《博陵王宮俠曲》無大差異。庾信、王褒所作又與王筠類同，只不過描寫北地景色更爲具體，格調更加雄健罷了。因此，庾信這首《俠客行》的思想意義并不高，惟在創作手法上有其可取之處。

全詩八句，前半主要寫馬，是俠客的外觀形象；後半主要寫人，重在刻畫俠客的內心世界。「俠客重連鑣，金鞍被桂條」二句，言一行數騎聯袂而至。「鑣」的本意是馬銜，此處代指乘騎。「連鑣」謂乘騎結爲一伙，并駕齊驅。再用一「重」字，點醒俠客輕生死、好結交的豪氣。由題目直接切入，簡潔明瞭，一下子便揭示出俠客的特徵，這樣的開頭具有籠罩全篇的作用。「桂條」，一詞在古詩文中殊少見，梁元帝《答齊國雙馬書》有「名重桂條」語，後二十二句，句句言馬，可知「桂條」亦良馬。良馬配以金鞍，極言游俠之士衣輕乘肥，英姿煥發的形貌。梁何遜《長安少年行》云：「長安美少年，羽騎暮連翩。玉羈瑪瑙勒，金絡珊瑚鞭。」沈炯（由梁入陳）《長安少年行》亦云：「長安好少年，驄馬鐵連線。陳王裝瑙勒，晉后鑄金鞭。步搖如飛燕，寶劍似舒蓮。去來新市側，遨遊大道邊。」二詩所寫正與此相同，說明在蕭梁時代以貴遊公子的生活寫俠客，已經成爲一時風尚，庾信此作仍未擺脱南朝風氣的影響。

「細塵鄣路起，驚花亂眼飄」二句，寫俠客們任情馳逐，放僻不羈。「鄣」通「障」，遮掩的意思。俠客們的馬隊好似狂飈天落，亂蹄騰起黄塵，遮蔽了路旁的一切。這一句着重描寫俠客自身的景象：人馬雜沓，招搖過市。「驚花」卽飛花，飄墜的花瓣。奔馬掠過花間籬畔，攪得落英繽紛，讓人目眩心迷。這後一句意在突出路人的觀感。如果説「俠客重連鑣，金鞍被桂條」還是一幅靜止的畫面，那麽「細塵」二句則産生了迅猛運動的藝術效果，從而使俠客們以活生生的面貌出現在讀者的眼前。

詩的後半寫人，四句中也有着象形與傳神、由淺近而深入的變化。「酒醺人半醉」是俠客面部的特寫，雖然醉眼惺忪，但分明滿臉豪氣。這一細節的刻畫，使人很容易想起晉代山簡（季倫）的故事。《世説新語·任誕篇》：「山季倫爲荆州，時出酣暢，人爲之歌曰：『山公時一醉，徑造高陽池。日暮倒載歸，茗艼無所知。復能乘駿馬，倒著白接籬。舉手問葛強，何如并州兒？』高陽池在襄陽，強是其愛將，并州人也。」山簡醉酒猶能乘駿馬，這裏的俠客亦然，適足見其任俠放誕的性格。「汗濕馬全驕」，這又是一個馬的特寫：馬因爲疾馳而汗濕，卻依然是一副驕恣不馴的樣子。馬的暴烈正反襯出人（俠客）的強悍。「人半醉」與「馬全驕」交相輝映，使得俠客的形象愈加鮮明，愈加富有朝氣。

俠客們一路奔逐喧囂，好不威風，但究竟何所來又何所去，就不甚分明了。王褒《游俠篇》云：「鬥鷄横大道，走馬出長楸。桑陰徒將夕，槐路轉淹留。」隋陳良《游俠篇》云：「東郊鬥鷄罷，南坡射雉歸。日暮河橋上，揚鞭惜晚暉。」（《樂府詩集》卷六十七）我們也可以設想庾信筆下的俠客們，也是鬥鷄走馬、射獵宴飲之徒，他們正帶着遊宴的餘興歸來。所以全詩的最後兩句落在歸途競馳上。單從字面上説，「爭路」只是「畏日晚」，實際上所爭乃在於誰是強者。惟有從這一角度理解才符合俠客們的性格，才與上文的種種描寫一脈貫穿。如果説「酒醺」二句主要是追求形似的話，那麽「歸鞍」二句就主要是傳其神髓了。

清劉熙載《藝概》説：「庾子山《燕歌行》開唐初七古，《烏夜啼》開唐七律。其他作爲唐五絶、五律、五排所本者，尤不可勝舉。」（《詩概》）這首《俠客行》對仗精工，韻律諧暢，實開唐五律之先河。

（許逸民）

擬詠懷（其十八）

庾信

尋思萬戶侯，中夜忽然愁。琴聲遍屋裏，書卷滿牀頭。雖言夢蝴蝶，定自非莊周。殘月如初月，新秋似舊秋。露泣連珠下，螢飄碎火流。樂天乃知命，何時能不憂？

今本《庾信集》有《擬詠懷二十七首》，清倪璠云：「昔阮步兵《詠懷》詩十七首，顏延年以爲在晉代慮禍而發。子山擬斯而作二十七篇，皆在周鄉關之思，其辭旨與《哀江南賦》同矣。」（《庾子山集註》卷三）這裏說二十七首「皆在周鄉關之思」，無疑是正確的，但又以爲二十七首幷擬作於一時，則顯然失於稽考。按《藝文類聚》卷二十六《言志》載其一（「步兵未飲酒」）、其六（「疇昔國士遇」）、其十二（「周王逢鄭忿」）、其二十四（「無悶無不悶」）、其二十六（「蕭條亭障遠」）共五首，統題作「周庾信《詠懷》詩，次第與今本不同，說明二十七首不一定是爲擬阮而作，當時很可能斷續寫出，各自獨立成篇，後人以其題同情近，始爲結集爲組詩。正如清陳沆所說：「《藝文類聚》但稱庾信《詠懷》詩，不云擬也。《詩紀》強增爲《擬詠懷》，亦如增文通爲《效阮》，豈知自家塊壘，無俟他人酒懷乎？」（《詩比興箋》卷二）現在

擬詠懷（其十八）

的《擬詠懷二十七首》「情繁無序」各篇之間「詞亂不倫」，也可以說是一個明證。

我們這裏選錄的「尋思萬戶侯」篇，在組詩中列第十八首。關於本篇的旨趣大意，倪璠有精闢的解析，他說此詩「言己功業都捐，琴書何益，光華已晚，瞬息衰秋，思之甚爲可憂也」。這就是說本篇乃庾信晚年所作，是晚年那種危苦悲哀心境的真實寫照，其情調蒼涼沉痛，與《哀江南賦》所謂「提挈老幼，關河累年。死生契闊，不可問天。況復零落將盡，靈光巋然。日窮於紀，歲將復始。逼迫危慮，端憂暮齒」句意正同。陳沆箋釋《詠懷》詩，歷引《哀江南賦》爲徵，喻二者爲「表裏」，并謂「彼（指賦）兼述臺城之禍，此（指詩）專悼江陵之覆，蓋絕望以後，其痛尤深」，亦堪稱庾信的知音。

這首詩共有十二句，大體上可分兩個層次，前六句感傷功業無成，逝者如斯，後六句更進一層，翻跌出人生短暫的慨嘆。首二句從今日愁懷寫入，中夜不寐，說明鬱結已深。問愁從何來？答曰：「尋思萬戶侯。」漢代有大功勳者封萬戶侯（即食邑萬戶）。李廣早年從軍擊胡，勇敢善戰，漢文帝曰：「惜廣不逢時，令當高祖世，萬戶侯豈足道哉！」（《漢書·李廣傳》）庾信在這裏特爲拈出「萬戶侯」一語，恐是化用《漢書》典故，自嘆在梁之日未能建立功勳。「尋思」是說不斷地思索，念念不忘於懷的意思。按庾信三十歲時，出任郢州（今湖北武昌）別駕，曾受梁武帝命與湘東王蕭繹（即後來的梁元帝）討論中流水戰事，江路水賊聞之驚散。三十四歲時，又爲東宮領直，春宮兵馬并受節度。（以上二事均見宇文逌《庾開府集序》）所以他在《哀江南賦》中寫道：「侍戎韜於武帳，聽雅曲於文絃。乃解懸而通籍，遂崇文而會武。居笠轂而掌兵，出蘭池而典午。論兵於江漢之君，拭玉於西河之主。」對自己的文韜武略頗爲自詡，躍躍然欲有大建樹。只可惜他雖然「身長八尺，腰帶十圍」（《周書》本傳），畢竟是一介書生，及至侯景作亂，他率兵千餘人拒守朱雀航，見賊軍皆著鐵面，遂棄軍而走，成了一個只會紙上談兵的角色。不過「尋思萬戶侯」句表明庾信當年還是有些抱負的。

三、四兩句，承上「愁」字，實寫愁苦的容狀。陶淵明《歸去來兮辭》云：「悅親戚之情話，樂琴書以消憂。」庾信每日裏撫琴讀書，致使「琴聲遍屋裏，書卷滿牀頭」，亦無非爲了消解愁腸。但是他此時生活在

擬詠懷（其十八）

「倡家遭強聘，質子值仍留」（《擬詠懷》之三）的環境裏，到了「自憐才智盡，空傷年鬢秋」（同上）的時候，寸斷的愁腸又如何消解得了？只能是「舉杯消愁愁更愁」而已。這兩句儘管作者寫的是琴書自遣的事，而讀者所看到的，恰恰是他「閉門欲驅愁，愁終不肯去」（《秋賦》）的悒怏窘態。

五、六兩句，由愁苦心境推開一步，試圖從先賢哲理中尋求開脱。「夢蝴蝶」，典出《莊子·齊物論》。莊子認爲一切都是道的「物化」現象，即如莊周夢爲蝴蝶，蝴蝶夢爲莊周，表面看來各不相同，本體上却是一致的，因而他主張放棄夢與覺、是與非的對立，任其自然，隨之變化，做到無知無覺，無見無識。庾信說自己「雖言夢蝴蝶，定自非莊周」，顯然是說在大是與大非、夢想與現實面前，他還不能像莊子那樣豁達適志，隨遇而安。聯繫到前面「萬户侯」的話頭，我們不難想象到在庾信的内心深處，對於故國衰亡、壯志難酬該是何等的悲痛。這種悲痛正是一種可貴的愛國意識，連老莊的哲學也不能把它抹煞淨盡，可見庾信晚年的思想中的確還有些值得肯定的東西。

詩的後面六句，前四寫眼前景物，託物起興，引出對人生的感慨；後二以議論結出作詩本意。「殘月如初月，新秋似舊秋」二句，點醒本詩寫於新秋月殘之時，疊用「月」字「秋」字，互用「如」字「似」字，意在強調變中有不變、變亦如不變的主觀感受。時光年復一年地流逝，而己身「遭強聘」、「餐周粟」的處境沒有絲毫的改變，怎能不使他於無可奈何之中又有些憤憤然呢！這種隱忍着的不適意的情緒，不就是「定自非莊周」的一個例證嗎？從這裏也可以發現連接前六與後六兩個段落的線索。「露泣連珠下，螢飄碎火流」二句，摹狀秋夜景色，露滴螢飛，逼眞如畫。不過我們讀這兩句時，僅停留在景物描寫上是不够的，還應該體味作者寄寓的深意。晨露易晞，草螢早死，存留時間都是極短暫的。由此聯想到人生，聯想到自己才智已盡，垂垂老矣，庾信焉能不感慨繫之！這兩句在全詩的結構上，不僅是「新秋」的細部刻畫，而且回應開頭的「中夜」二字，使上下貫穿如連珠，成爲一個整體。另外，其中所含的深意也爲結末的議論予作渲染。眞可謂一石三鳥，妙用無窮。

「樂天乃知命，何時能不憂」二句，反用經典以爲結語，意味頗爲深長。《易·繫辭》說：「樂天乃知命，故不憂。」庾信却說，卽使把國家的興亡，個人的遭際，統歸之於「天命」，又怎麼能化解心頭的憂愁呢？庾信羈留北地以來，不斷進行着自省和自責，這裏更對「天命」抱有朦朧的懷疑（當然不是否定），不能不說是他思想上的一種昇華。由此反觀全詩，我們也不能不對庾信鮮明的感情傾向，執着追求的精神感到驚異。在《擬詠懷》第五首中，庾信剛剛說過「一朝人事盡，身名不足親」、「壯情已消歇，雄圖不復申」的話，而這裏又說「尋思萬戶侯，中夜忽然愁」，可見他的鄉關故國之思從不曾眞正「消歇」。他在北朝的作品，時而自我解嘲，時而直抒憂愁，但一切皆根源於亡國失節的悲痛，這一點則是我們通解庾詩的關鍵。「尋思萬戶侯」這首詩，以「愁」字領起，以「憂」字結束，句句寫愁眼所見，字字寫憂心所繫，不著梁室一語，而懷念故國之情自見，確實是一篇情眞意切、筆墨脫俗的好文字。

（許逸民）

擬詠懷（其二十六）

庾信

蕭條亭障遠，悽慘風塵多。關門臨白狄，城影入黄河。秋風別蘇武，寒水送荆軻。
誰言氣蓋世，晨起帳中歌。

庾信在北朝的作品，幾乎篇篇敍及身世之慨與鄉關之思，對於播遷異域，尤多悽恨之詞。如《擬連珠》四十四首，其二十四云：「蓋聞遷移白羽，流徙房陵，離家析里，悽恨撫膺。是以吳起之去西河，潸然出涕；

擬詠懷（其二十六）

荆軻之別燕市，悲不自勝。」又四十四云：「蓋聞三關頓足，長城垂翅，既羈既旅，非才非智。是以烏江艤楫，知無路可歸；白雁抱書，定無家可寄。」極言故國都非，己身棲止無依的悲苦，情摯意切，感人泣下。《擬連珠》中有「五十之年，壯情久歇」的話，知爲年近五十時所作。這一首詠懷詩，使事述感與《連珠》悉同，認爲它們是同一時期的作品，庶幾近乎事實。據考，庾信五十一歲（五六三年）時「出爲弘農郡守」，弘農卽今河南陝縣，其地理環境與此詩中的「城影入黃河」句正合。又《左傳》杜注云：「白狄，狄別種也。故西河郡有白部胡。」西河卽今山西夏縣一帶，與陝縣毗鄰，故亦得言「關門臨白狄」。由此推斷這首詠懷詩卽作於弘農任上。

庾信寫作《詠懷》詩的時代及思想背景既是如此，那麽本篇的微言宏旨亦不難撮述。清倪璠說：「言己入長安以後，卽景傷情，若李陵之長絕，荆卿之不還。又傷江陵之亡同於垓下也。」「長絕」、「不還」云云，可謂切中詩人竅要。惟以爲末句「傷江陵之亡」，過於穿鑿附會，不可全信。

本篇的藝術構思，「卽景傷懷」四字已可盡之。具體說來，前四句寫景，後四句抒情，結構說不上新巧。但是情語於景語之間，句斷意連，若離實合，加以情由景生，景與心會，也自有其幻化入妙之處。

「蕭條亭障遠，悽慘風塵多」二句，純是北方長天大野、塵飛沙揚的景象，氣勢磅礴，卻又帶有蒼涼空闊、晦黯沉鬱的色彩。作者所以用此種景語發端，一是要點出寫作地在北方，并藉眼前景物起興，二是要爲全篇製造悲劇氛圍，使自己的情感有所憑藉。在這兩句中，「亭障」是古時伺敵守禦堡壘，「風塵」當由戎馬馳驟而起（《送衛王南征》「風塵馬足起」句可證），二者均與戰事相關，「遠」和「多」字則意味着戰爭的嚴酷和頻仍。觸目皆是戰爭遺跡，豈能不勾起詩人心中的亡國之痛？「蕭條」、「悽慘」，不僅是他會景而生的霎時間的感受，而且是他流寓北方以後，面熱心灰，日漸鬱結於胸中的一段眞情的流露。

「關門臨白狄，城影入黃河」二句，如前所說，直寫陝州弘農郡地理風貌。值得注意的是，「白狄」的出典在《左傳》，而《左傳》是最講「華夷之辨」的，庾信既精於《春秋左傳》之學（見《周書》本傳），此又特意拈出「白狄」二字，莫不有代指今日異族之意麽？須知在庾信說來，羈留北方無異於陷身異國，等於

擬詠懷（其二十六）

是遠在絕域，故開口便是「移住華陰下，終是關外人」（《擬詠懷》之五），要麽便是「秦關望楚路，灞岸想江潭」（《和侃法師》），始終不忘曾經生長、仕宦過的江南故國。這種強烈的民族觀念，或許正是受了《左傳》的影響吧。以上四句全是景語，但「蕭條」二句是從大處着眼，莽莽蒼蒼，四望無垠的是大景、遠景；「關門」二句則從小處落墨，一城一地，宛在目前，亦得小景、近景之眞味。遠近大小，重疊映襯，構成了多層次、富有立體感的畫面。而畫面上塗飾的悲淒色調，又爲下面的抒情作了充分的鋪墊。

「秋風別蘇武，寒水送荆軻」二句，一句一典，蘇武事見《漢書》，荆軻事見《戰國策》。李陵、荆軻的事跡各不相同，但他們一個留在了匈奴，一個離開了燕國，都有永無歸期之嘆。這一點極似庾信此時此地的情懷，因而他喜歡引軻、陵爲同調，在自己的詩文中不時綴入河梁送行、易水餞別的故事。例如《小園賦》云：「荆軻有寒水之悲，蘇武有秋風之別。」《哀江南賦》云：「李陵之雙鳧永去，蘇武之一雁空飛。」《擬詠懷》之十云：「悲歌度遼水，弭節出陽關。李陵從此去，荆軻不復還。故人形影滅，音書兩俱絕。遙看塞北雲，懸想關山雪。遊子河梁上，應將蘇武別。」每當送人南旋之際，庾信心中的陵、軻之悲，尤其無法掩抑。讀他的《別周尙書弘正》、《別張洗馬樞》等篇，都可感受到那種痛徹肺腑的哀怨。

「誰言氣蓋世，晨起帳中歌」二句，引項羽被圍垓下的故事，表達無可奈何的心境。倪璠以爲庾信引此事以「傷江陵之亡」，蓋以「氣蓋世」三字影射蕭梁，以歌辭中「奈若何」喻元帝之死，其實非是。按《擬詠懷》之八云：「的盧從此去，虞兮奈若何！」倪璠註：「虞兮，自傷也。」又《擬連珠》之十八云：「帳裏悲歌，而虞姬永別。」亦傷悼永別之意。語意最醒豁的，莫如《擬連珠》之四十四：「是以烏江艤檝，知無路可歸；白雁抱書，定無家可寄。」倪璠註：「此章喻己思歸雖切，而故國都非，梁元帝楚國已亡，江陵絕無歸路。」由此可見，「誰言」二句雖由梁的傾覆引發，但畢竟不是梁元帝的挽歌，仍是一種己身欲歸無路的喟感。如此方能與五、六句語氣貫連，并申說「別蘇武」、「送荆軻」蘊含的有餘不盡之意。

清王夫之說：「情、景名爲二，而實不可離。神於詩者，妙合無垠。巧者則有情中景，景中情。」（《薑齋詩話》卷下）我們這裏分前四爲景語，後四爲情語，實際景中亦有情，情中亦有景。譬如「亭障遠」、「風塵多」是景，而「蕭條」、「悽慘」不正直抒胸臆麼？「關門」、「城近」、「黃河」自然也是景，而「白狄」不也含有民族情緒麼？再如後半，送別、悲歌固然是情，而「秋風」中送行，「寒水」上餞別，「晨起帳中歌」，其人其景，不也歷歷如在眼前麼？庾信寫來有情有景，情與景會，前後連珠互映，句轉而意不轉，筆力所到，有迴腸九折之勢，誠可以詩家之「巧者」當之。

前人論及庾信詩法，有「造句能新，使事無跡」（清沈德潛《古詩源》）之譽。所謂「使事無跡」，如本篇用蘇武、荊軻、項羽事，抒發南歸無望的悵恨，貼切自然，了無罣礙。所謂「造句能新」，恐怕不單指舊語翻出新意，或者於陳、隋靡靡之日，而能遒逸兼之，我以爲還應包括結語精巧，講究格律聲韻在內。如這一首，對仗工穩，平仄諧暢，儼然是一首唐人五律。全詩八句中，前六句兩兩對偶，實字對實字，虛字對虛字，落筆十分工細。其中「白狄」對「黃河」，渾然天成，簡直是妙手偶得。又「秋風」對「寒水」，非直接取自原始出處，也有錘煉點化的功夫。清賀貽孫說：「若子山五言詩，竟是唐人近體佳手矣。」（《詩筏》）讀過庾信此詩，深嘆賀氏先得我心。

（許逸民）

閨怨篇

江　總

寂寂青樓大道邊，紛紛白雪綺窗前。池上鴛鴦不獨自，帳中蘇合還空然。屏風有意障明月，燈火無情照獨眠。遼西水凍春應少，薊北鴻來路幾千。願君關山及早度，念妾

江總

閨怨篇

桃李片時妍。

江總（五一九——五九四），字總持，濟陽考城（今河南蘭考）人，歷仕南朝梁、陳及隋三代。在中國古代無行文人中，他算是很突出的一個了。陳後主時，江總任尚書令，不理政務，日與後主遊宴後庭，同陳暄、孔范、王瑗等十餘人，競製豔詩，當時號稱「狎客」。由於君臣昏亂，國政日頹，終於導致陳朝迅速覆滅。所以在一般人的眼裏，江總不僅是南朝宮體詩的代表人物之一，而且還是一個身居高位、不思國事、一味以詩文爲淫樂助興的執政大臣的卑鄙典型。江總的人品是不足一道的。但如不因人廢言，我們也應注意，在他大量的浮豔輕薄的詩作之外，尚有一些較爲清新自然的篇章，特別是他的七言詩。江總共有七言詩十七首，有的長篇巨製，縱橫開合，已類似唐人七古（如《宛轉歌》）；有的短小整齊，玲瓏可愛，逼近唐代七絕（如《怨詩》）。這首《閨怨篇》，則實開唐人排律之先河。

作者爲我們描繪了一幅寒閨思婦圖。寂寂的青樓聳立在路邊，飄飄的雪花飛舞在窗前。外景勾勒極爲簡潔，已使我們窺見佇立窗前的含情凝睇之人。漫天的風雪，滿腔的思念。賦中見興，景中寓情，渲染出籠罩全詩的悲涼色調。接下去通過鋪設臥具，點燃蘇合香，暗示女主人公在失望中挨過了整整一下午，那「守着窗兒，獨自怎生得黑」的痛苦煎熬，讀者自能於言外體味。往昔，就在這幽香彌漫的閨房裏，她和他歡度過一個又一個良宵，而今香氣依然，伊人何在？縷縷幽香引起她對往日溫馨的回憶，更使她悵惘、憂傷不能自已。這一切全從一「空」字曲曲傳出。夜漸漸深了，雪早已停止，透過窗櫺，可以看見一彎清冷的月牙，但屏風却遮住了月光，似乎怕月光更惹起她的愁思，而燈影搖曳，偏偏照出她孤單的身影。屏風、燈火，本無生命，却說一個「無情」，一個「有意」，移情及物，就景寫意，不僅繪出煢煢獨立、形影相弔之景，且傳出惟與冷月清燈爲伴、孤寂難訴之苦。思婦於漫漫長夜中輾轉反側之態、夢魂縈繞之情，讀者自是不難想象。極度的思念使她神馳千里之外。邊地苦寒，春色來遲，時當冰封雪飄的嚴冬，征人那堪忍受？而邊地又是那樣遙遠，卽使託鴻雁傳書也是難上加難！愈想愈情不可遏，於是直抒胸臆，從心底發出深情的呼喚：夫君啊，希望你早日越過莽莽關山回到家園，要知道，我美好的青春是非常短暫的啊！

征戍別離之事，行子思婦之情，是古典詩歌的傳統題材之一，而最能深切感受離別相思之苦的莫過於深閨中的少婦，故而歷代詩家在抒寫這類內容時往往托之於女性之口。翻開古典詩歌史，《閨怨》一題，異彩紛呈，佳作競傳。此篇主旨不外「君子從遠役，佳人守煢獨」之意，取材命意幷不新鮮，但它却顯示了從六朝七古到唐初排律的發展軌跡，自有其獨特之處。

通篇對偶，既精嚴工整，又氣脈流動，是此詩的顯著特色。七言古詩自曹丕《燕歌行》「開千古妙境」，中經鮑照開拓，推動了這一詩體的發展。齊梁時的七言詩多爲四句民歌體，局勢無從開展。至王襃、庾信《燕歌行》諸作，篇幅擴大，章法嚴密，技巧純熟，已爲唐代七言歌行之先聲。王、庾之作，雖間有平仄相協、對偶工整之處，但幷非通體勻稱，走的不是律體一路。江總此詩十句全對，於排律更爲接近。排律一體，本不要求首聯與末聯對偶，但這首《閨怨篇》首聯對仗精密，這正是初期律體的面貌。初唐的五、七言律詩乃至排律，大都首聯對仗，七絕則往往以偶對收結，顯示出由散體的古詩向嚴謹的律體過渡的趨勢。此詩末聯「願君關山及早度，念妾桃李片時妍」，兩句一意貫串，形成自然對仗而毫不着力，使這首句句偶對的詩章頓然婉美流宕，語勢飛動。這就是後來唐人屢屢運用的「流水對」。九、十兩句，以「千」對「少」，似不工；但「千」可理解爲「多」，意義上仍與「少」構成對偶。全詩以正對爲主，間用反對（三、四句，五、六句），相互烘托，錯落參差，這也是通篇屬對而不傷於板滯的原因之一。其他有色彩相對（青樓、白雪），多組方位詞相對（邊、前，上、中，西、北），又多用雙聲（大道、綺窗、帳中、有意）、疊韻（關山、不獨）、疊字（寂寂、紛紛）等等，都見出變化豐富，技巧嫻熟，盡管還有不甚工整所謂「差半個字」處，但唐初上官儀的「六對」、「八對」之說，正是在總結包括江總在內的六朝詩人創作經驗的基礎上形成的。

語言清淺自然，語調流暢婉轉，是值得我們注意的另一重要方面。魏晉以後，詩中開始大量運用對偶，但自西晉到劉宋，因襲以典正爲上的藝術觀，不同程度地存在着生典重澀的共同缺點。齊梁文人將晉宋以來講究排偶對仗的形式與淺顯的口語相結合，使語言日漸由艱澀深奧變爲清新流利。此篇正表現了這一特色。全詩沒有濃詞豔藻，沒有難句澀調，更沒有用典用事、追求典正，詩中偶句押平聲韻，句中平仄已暗合律體要求，這使詩作顯得抑揚頓挫，滋潤婉切，聯繫王褒、庾信等人詩作來看，可知鮑照以來隔句用韻的規律在梁陳詩人手中已固定化了。此外，作者還以「不」、「還」、「應」等虛字勾連呼應，對於加強唱嘆之情亦有點染之功。江總把明白易懂的口語和工整的對仗、諧和的聲韻融合爲一，顯示了可貴的探索精神，反映了蕭梁文人對晉宋詩風變革的成果，值得重視。

最後，還應談談此詩自然中見工巧的結構。排律的結構極需精心安排，「蓋七字爲句，束以聲偶，氣力已盡矣，又欲衍之使長，調高則難續而傷篇，調卑則易冗而傷句。合璧猶可，貫珠益艱」（《唐音癸籤》引王世貞語）。江總此篇開頭景物描寫點時點地，接着筆觸由外而內，以鴛鴦雙棲反襯空房獨宿，進而深入到女子內心活動。五六句明見屏風、燈火二物，實藏思婦深情，藏見參差，情致婉曲。「獨眠」與「空然」伏應緊密，顧盼自如。七八句運實入虛，設想邊地景象，實爲神來之筆。見出「心已神馳到彼」，因而「詩從對面飛來」，不僅詩筆跌宕變化，搖曳生姿，思婦鏤心刻骨的相思之情也被表現得更加細膩深刻、淋漓盡致。可謂「其貫珠也，如夜光走盤，而不失回旋曲折之妙」（《詩藪》近體中）。末聯把盼征人早歸的願望托出，就彼邊收合己邊，以「片時妍」的「危竦」之言收結全篇，不「衍之使長」而饒有餘味。全詩氣格雖不高卻能免於「易冗而傷句」，境界雖庸常而不乏意蘊情致；雖說不上縱橫開合，窮極筆力，而轉接伏應，自有法度。

清人張玉穀在評論這首詩時引用他友人卞近村的話：「此種七言，專工對仗，已開唐人排律之體。」從以上幾個方面來看，這一論斷確是很有見地的。

（徐定祥）

水經註・江水註（節錄）

酈道元

自三峽七百里中，兩岸連山，略無闕處。重巖疊嶂，隱天蔽日，自非停午夜分，不見曦月。至於夏水襄陵，沿泝阻絕。或王命急宣，有時朝發白帝，暮到江陵，其間千二百里，雖乘奔御風，不以疾也。春冬之時，則素湍綠潭，迴清倒影。絕巘多生怪柏。懸泉瀑布，飛漱其間。清榮峻茂，良多趣味。每至晴初霜旦，林寒澗肅，常有高猿長嘯，屬引淒異，空谷傳響，哀轉久絕。故漁者歌曰：「巴東三峽巫峽長，猿鳴三聲淚霑裳！」

……

江水又東逕西陵峽。《宜都記》曰：「自黃牛灘東入西陵界至峽口百許里，山水紆曲，而兩岸高山重嶂，非日中夜半，不見日月。絕壁或千許丈，其石，彩色形容，多所像類，林木高茂，略盡冬春。猿鳴至清，山谷傳響，泠泠不絕，所謂三峽，此其一也。」山松言：「常聞峽中水疾，書記及口傳，悉以臨懼相戒，曾無稱有山水之美也。及余來踐躋此境，既至忻然，始信耳聞之不如親見矣。其疊崿秀峯，奇構異形，固難以辭敘。林木蕭森，離離蔚蔚，乃在霞氣之表，仰矚俯映，彌習彌佳。流連信宿，不覺忘返。目所履歷，未嘗有也。既自欣得此奇觀，山水有靈，亦當驚知己於千古矣。」

水經註・江水註（節錄）

「好書不厭百回讀，熟讀深思子自知。」此古來善讀書者之經驗名言。既曰好書，當然欣賞之。熟讀必然不厭百回，加以深思，所以賞而當析。此文我在中學讀過，大學讀過，大學中文系的講壇講過。熟讀深思，正是賞析一辭的註脚。這《三峽》一篇，確是酈道元的山水文傑作。與酈道元所在的北朝對峙的南朝有一位文論名家劉彥和，在其《文心雕龍・物色》篇所論是文學的藝術美。他說：「若乃山林皋壤，實神思之奧府，……然屈原所以能洞監風騷之情者，抑亦江山之助乎？」說出了文生於情與江山之助關係。山水美文早起於《詩三百》與《楚辭》，同樣是文生於情。祖國山川的壯麗與優美喚起了詩人辭人的熱愛。河水清漣，坎坎伐檀，引起詩人素餐素食之嘆，不忘民瘼，情文兼至，是詩人愛民本質的表現。辭人尤多美文：「覽冀州兮有餘，橫四海兮焉窮。」（《雲中君》）「表獨立兮山之上，雲容容兮而在下。」（《山鬼》）沈雄悲壯，高唱入雲，情生於愛國懷鄉。《橘頌》之「受命不遷，生南國兮」，「年歲雖少，可師長兮」，比興與頌兼行，兼三長而爲一。物色之美，眞得江山之助。

《水經注》是有嚴謹體系的書，其體系的完成在於結構。《三峽》的好處亦在結構。三峽七百餘里是其整體，其間有峽有水有灘，一一說來分三大組。水是全文重點，精細描繪。道元開創了順水道的流向行文寫自然景色的寫法。同中有異，寫出了不少駢文對句；以散文運駢文，美在精雕細琢。結構要整，於是以對稱顯示其美。大處落墨，又顯示其文章之局部美。古代散文中記戰事最難，難在材料複雜。《左傳》寫千軍萬馬，整整有條。欒鍼說得好，晉軍好在「好整以暇」。道元寫山水亦有這樣的妙處。三峽中山水爭妍鬥麗，各見特色。道元寫山就說抗峯岷峨，辨其優劣，可謂情見乎辭。我卻想借用原文的「清榮峻茂」一語評三峽整體之美。文章寫山水，山水即文章，「言之無文，行而不遠」，所以說：「山水有靈，亦當驚知己於千古。」下面談談此篇之結構。

「自三峽七百里中」至「猿鳴三聲淚霑裳」凡百四十一字，是《三峽》文最美處。而西陵峽首引《宜都記》語百七十二字。其中有「所謂三峽，此其一也」是勾勒字。出《宜都記》，明是引文；加勾勒字，則出

水經註・江水註（節錄）

於道元。「自三峽七百里中」一段，與此文字風格不同，則不出於盛弘之《宜都記》可信。道元大家之大在此，所謂集錦。全文引昔人詩句賦句為證不少，納入文中就同組錦。李白之「朝辭白帝彩雲間，千里江陵一日還。兩岸猿聲啼不住，輕舟已過萬重山」，詩仙之豪，特長概括。杜甫之「買薪猶白帝，鳴櫓已沙頭」（《送五十六判官》），卻不如道元有仙氣。

仁者樂山，智者樂水。知之者不如好之者，好之者不如樂之者。道元兒時所居家鄉就有良好的環境。少長青齊，環境之美也培養了他的性情。主客觀的統一是成為山水散文大家的重要條件。袁山松所謂「彌習彌佳」，確是妙語。道元雖是北人，他寫山似不如寫水。但寫山必兼寫水，寫水亦必寫山。《三峽》這篇奇文，將山水之妙處加以捕捉，再佈以飛瀑猿啼之聲，使山容水色與飛瀑猿啼合成整體。

談到手法，我愛「重巖疊嶂，隱天蔽日，自非停午夜分，不見曦月」數語。寫山川與日月，有人愛用宏觀，屈原愛寫雲：「覽冀州兮有餘，橫四海兮焉窮。」「表獨立兮山之上，雲容容而在下。」蘇東坡寫赤壁說：「山高月小，水落石出。」小中見大，大中見小。酈道元反之。他看停午中天的太陽，不用宏觀，卻從隱天蔽日看，寫高高的月色，却於重巖疊嶂底下，幽暗的夜分時，從最狹處看月，襯托得特別。愈狹隘處愈見其高，巧妙令人叫絕。宏觀微觀的變化使用，眞是「文章本天成，妙手自得之」。道元生活於五世紀，距今千四百六十年，寫山水有此想象力。寫實之文中存在着浪漫主義，可謂華實丼茂，因此，我借用酈道元本文的話評之曰：「清榮峻茂，良多趣味。」

（段熙仲）

南朝民歌·西洲曲

憶梅下西洲，折梅寄江北。單衫杏子紅，雙鬢鴉雛色。西洲在何處？兩槳橋頭渡。日暮伯勞飛，風吹烏臼樹。樹下卽門前，門中露翠鈿。開門郎不至，出門採紅蓮。採蓮南塘秋，蓮花過人頭。低頭弄蓮子，蓮子清如水。置蓮懷袖中，蓮心徹底紅。憶郎郎不至，仰首望飛鴻。鴻飛滿西洲，望郎上青樓。樓高望不見，盡日欄杆頭。欄杆十二曲，垂手明如玉。卷簾天自高，海水搖空綠。海水夢悠悠，君愁我亦愁。南風知我意，吹夢到西洲。

這首南朝樂府詩在藝術上贏得古今讀者普遍的愛好。明鍾惺選《古詩歸》，說它「聲情搖曳而紆迴」，清沈德潛選《古詩源》說它「搖曳無窮，情味愈出」。我手頭的幾部文學史在介紹南朝樂府民歌時，有的說它「是『吳歌』『西曲』最成熟最精緻階段的作品」，有的說它「標誌着南朝民歌在藝術發展上的最高成就」。可是對它的思想意義普遍不敢肯定，有的古典詩歌選本還說它「情調感傷，意義不大」。

爲什麼一首思想意義難於肯定的詩，在藝術上却贏得古今讀者的高度讚賞？是不是一首情調感傷的詩就不可能有較大的思想意義？我們今天應該怎樣聯繫這首詩的思想內容看它的藝術成就？要回答這個問題，我想得從解放前夕北京大學和清華大學幾位古典文學研究工作者對《西洲曲》的爭論談起。

一九四八年上半年，在《申報·文史副刊》上展開一場關於《西洲曲》的爭論。爭論先在游國恩、葉玉華二先生之間展開，後來余冠英先生也參加了。游先生說西洲在江南，是詩中女方的住處，葉先生說西洲在江北，是詩中男方的住處；游先生說從開頭到「海水搖空綠」都是男子的口氣，葉先生說全詩都是女子的口吻；游先生說「憶梅下西洲」的梅，可能是女子的名或姓，葉先生說它是指梅花開的季節，這是他們之間明顯的三點分歧。

余先生看了游、葉兩先生的文章後，又提出另一種看法。他說：「『憶梅下西洲』的『下』字，是『洞庭波兮木葉下』的『下』，就是落。它屬梅不屬人。西洲必是詩中男女共同紀念的地方，落梅時節必是他們共同紀念的時節。這兩句詩是說一個女子憶起梅落西洲那一値得紀念的時節，便折一枝梅花寄給現居江北的情人，來喚起他相同的記憶。句中省略了主詞，主詞不是『我』而是『她』，這兩句不是男子或女子自己的口氣，而是作者或歌者敍述的口氣。」又說篇末四句是女子的口氣，是從第三者敍述忽然變爲詩中人物說話；西洲不在江南，也不在江北，是名副其實的江中洲。後來余先生在《漢魏樂府詩選》裏又對《西洲曲》的內容作了更爲簡要的說明：

> 這首詩寫一個女子對所歡的思和憶。開頭說她憶起梅落西洲那可紀念的情景，便寄一枝梅花給現在江北的所歡，來喚起他相同的回憶。以下便寫她從春到秋、從早到晚的相思。

「詩無達詁」，對同一首詩的不同理解是常見的。提出不同的看法，展開爭論，有利於問題的解決。可惜解放後這爭論沒有繼續下去，余先生的說法就成爲定論，爲解放後各種文學史所採用。今天看來，余先生的看法仍有可商量的地方，這得從《西洲曲》的第一句說起。這句詩我同意游先生的說法，寫男方正在懷念着梅而想到西洲去。不過這梅是象徵性的、暗示性的，跟下文女方拿蓮來象徵她所愛的男子一樣，不一定是她的

南朝民歌·西洲曲

名或姓。余先生引「洞庭波兮木葉下」作根據，以爲梅下就是梅落。從南朝民歌的「梅花落已盡」、「梅花落滿道」、「梅花已落枝」等句看，從來沒有說梅花落作「梅下」的。而另一方面，凡是連在地名上用的「下」字，如南朝民歌的「聞歡下揚州」，唐人詩的「思君下巴陵」、「昨日下西洲」，都是作「到」或「去」用的。因此我沒有採取余先生的說法。

西洲究竟在哪裏？根據溫庭筠的一篇同題作品「悠悠復悠悠，昨日下西洲；西洲風色好，遙見武昌樓」看，應在武昌附近。有人說是武昌的東湖，我看却不像。《西洲曲》開頭說「憶梅下西洲，折梅寄江北」，結尾說「南風知我意，吹夢到西洲」，西洲當然在江北，而東湖則在江南。從詩中「開門郎不至，出門採紅蓮」到「鴻飛滿西洲，望郎上青樓」的大段描寫看，西洲當是女方生活的地方。這樣，詩中人物活動的地點問題可以確定下來。有待解決的還有詩中人物活動的時間問題。

余先生認爲「梅是冬春的花」，「單衫是春夏之交的服裝」，杏子也「在春夏之交紅熟」，而「南塘秋」是初秋，「鴻飛滿西洲」是深秋。因此，他採取游先生的說法，認爲《西洲曲》是寫「四季相思」。我以爲憶梅的梅既不是梅花，折梅的梅也不是寫實，而是用典，是寫意，像前人用「魚書」、「來鴻」表示寄信之意。陸凱贈范曄詩：「折梅逢驛使，寄與隴頭人。」是南朝名篇。民間不一定流傳，加工的詩人不會不知道。至於「單衫杏子紅，雙鬢鴉雛色」，以自然景色襯托女方的天眞、美好，它表現男方對女方的印象記憶猶深，也是詩人爲他詩中主人公的着意設色，不能把它看得太實了。正如唐人詩的「雙眸翦秋水，一笑開芙蓉」，「裙拖六幅湘江水，髻挽巫山一段雲」，如果都當作寫實，不僅格捍難通，也覺毫無意味。

這首節四句是一意，它寫男方對梅的深沉懷念，并隱約透露要到西洲去會面的信息。首二句點出人和地，三四兩句緊接着渲染梅的衣衫、鬢髮。一點一染，是五言詩首節常用的手法。余先生把它分成兩截：上二句一截，寫寄梅的時候是冬春之交；下二句一截，寫杏子紅、鴉雛出的春夏之交。因而得出「表示自春徂夏的時節變遷」的結論。把這個論點跟下文「採蓮南塘秋」的描寫聯繫起來看，就把全詩看成了一首南朝的「四季相思調」。我們對首節詩作了如上的理解，時間的問題就連帶可以解決了。它寫的是江南一帶農村婦女採蓮的大好季節，也是青年男女高唱蓮歌、此起彼和、表達雙方情意的大好時機。「乘月種芙蓉，夜夜得蓮子」，「處處種芙蓉，婉轉得蓮子」，當時吳聲歌曲還爲我們留下他們的歌聲。

「西洲在何處，兩槳橋頭渡」，被女方稱作蓮的男子是知道梅的住處，并乘採蓮的大好季節來約會她的。「日暮伯勞飛，風吹烏臼樹」是一種含蓄的寫法，寫他徘徊至暮，只見鳥飛樹動，始終沒有見到她。《楚辭・湘君》寫湘君對湘夫人的追求：「朝騁騖兮江皋，夕弭節（按轡徐步）兮北渚；鳥次兮屋上，水周兮堂下。」鳥還停在屋上，水還流在堂下，但是人到哪裏去了呢？是同樣的寫法。

以下五節二十句轉入女方的梅對男方的蓮的懷念、追求，以至失望。寫得情致纏綿，姿態搖曳，達到思想與藝術的高度統一，是全篇的精華所在。「樹下卽門前」四句說明一個問題，原來蓮曾約好了到西洲看梅，梅也在家裏等着蓮來（「門中露翠鈿」表明了這一點），爲什麼搖了雙槳來，到了梅門前的烏臼樹下卻看不到梅呢？因爲梅「出門採紅蓮」去了。在封建社會，梅不可能像今天的女青年一樣，在門上寫了幾個字：「蓮，我去採蓮去了！」蓮也不可能像今天的男青年一樣，向左右鄰舍打聽梅的下落。這樣，他們雙方就各自懷着焦急的心情，在不同的場合，作無望的期待和追求。

「採蓮南塘秋」以下四節，寫梅在採蓮時怎樣「低頭弄蓮子」，想起蓮的清白；「置蓮懷袖中」，想起蓮的熱情；又怎樣登樓遠望，直至「海水搖空綠」，都見不到蓮的影子。這樣，一個天真而熱烈地追求美好愛情的少女形象，就愈來愈鮮明地展現在讀者的眼前。這在舊社會，可能會被認爲淫蕩、可恥，對今天的青年讀者來說，她對愛情的熱烈、專一，值得我們讚許，她的癡心、失望，應引起我們的同情。至於對戀愛婚姻的問題，我們應有更高一層的理解，這是不言自喻的。

這裏的「海水搖空綠」，頗爲費解，因爲在武昌附近的西洲不可能看到海水。我想這可能是誇張的寫法，把武漢一帶遼闊的江面說成海；或者是南方特殊用語，像今天廣州人稱珠江作珠海，稱渡江作渡海一樣。西洲在江北，蓮在江南，梅登樓南望，自然只見搖空的茫茫江水。

最後一節與首二節相應，又改爲蓮的口氣，意謂：當你對着悠悠的江水，魂夢飛馳的時候，我也跟你一樣對着悠悠江水發愁。這就是「海水夢悠悠，君愁我亦愁」的含意。向來讀者以爲「君」字是對男方的稱呼，把這四句看作女方的口氣，不知上文女方稱男方作「郎」，此處改「君」，這稱呼的改變，正表明人物的屬性的不同。況且男方稱女方作君，古代并不少見。東方朔稱妻作「細君」，白居易《贈內》詩：「生爲同室親，死爲同穴塵；他人尙相勉，而況我與君。」都是明顯的例子。最後說幸而還有南風知道我的心意，把我的夢魂吹到西洲去。這表現他們在現實裏所不能達到的願望，仍將在夢想中實現，賦予詩中主人公以一往深情的品格，又給讀者以「餘音裊裊、不絕如縷」的感覺，是結束得再好沒有了。就全詩說，我同意余先生的意見，是敍述人的口氣，但他先敍什麼，後敍什麼，仍得弄清楚。我看是先敍蓮對梅的約會，接着敍梅對蓮的懷念，最後以「君愁我亦愁」雙收。初看好像似斷非斷，似續非續；認眞體會，才覺得層次分明，首尾相應，章法也無懈可擊。

在對這首詩的人、地、時等內容弄清楚後，對它所抒發的感情的評價和藝術上有什麼成功經驗，大半可以連帶解決。現在總括起來提幾點供大家參考。

一、詩中描寫的江南水鄉青年在採蓮季節所表達的思想感情，不同於後來描寫書生、小姐私訂終身的作品那樣帶有封建文人的酸溜溜氣和貴族小姐的過分矜持。當然，它也不能跟我們今天進步青年的愛情相比，因爲後者反映了我們時代的社會生活和先進思想。但我們今天吟誦時仍覺得它的天眞可愛，正像我們面對童年時期的照片，雖然十分稚氣，始終覺得逗人一樣。

二、詩中寫梅蓮雙方，彼此互愛，一往情深，帶有自由戀愛的性質，是雙方自願結合的美好婚姻的基礎，但在當時不但不可能實現，連見一次面都困難重重。在這種情況下，詩中的主人公不能不感傷。吳歌、西曲唱出了他們的感傷，表現人民對這種現實的不滿；詩中寫出了他們的感傷，表現對他們處境的同情。放在封建社會來看，有它的進步意義。卽在今天，比起殘留在我們社會的封建買賣婚姻和變相的門當戶對觀念，也高尙得多。當然，它不能跟《天雲山傳奇》中的馮晴嵐對羅羣、《第二次握手》中丁潔瓊對蘇冠蘭的愛情相比，因爲它帶有「未來性愛」的性質，屬於更高一層的思想境界。

三、這樣一對彼此相愛、一往情深的青年爲什麼要見一次面都如此困難，而只能寄希望於夢中的一次歡會？這不能不引起讀者的深思。我國一些優秀的愛情文學作品，總是在溫馨旖旎的風光中反映出嚴肅的重大的社會問題。《西洲曲》也是如此。當然，當時的民間歌手或進步詩人，都不可能像今天的進步作家一樣，給青年指出一條既從現實出發又帶有理想色彩的道路，這是他們不可逾越的歷史局限。

從藝術上的成功經驗來說，它是多方面結合的，初步想到的有下列幾點：

一、以長江中游明麗的自然風光，襯托水鄉青年在採蓮季節的生活和情思。這詩估計產生在齊梁時期，離開我們已一千幾百年，可是在我們吟誦到「日暮伯勞飛，風吹烏臼樹」，「採蓮南塘秋，蓮花過人頭」等詩節時，祖國南方明麗的秋光就清晰地在我們眼前浮現。

二、以富有暗示性的詩句和欲斷還連的詩節，表現詩中主人公一往情深而又欲言難言的內心活動。「霧露隱芙蓉，見蓮不分明」，「果得一蓮時，流離嬰辛苦」，「乘月採芙蓉，夜夜得蓮子」，當時吳歌、西曲有不少類似的例子。它表現當時水鄉青年、民間歌手在語言運用上的靈活和巧思。

三、迴環宛轉，搖曳生姿，充分體現詩歌音節上的美。具體分析，有三點值得我們注意：

（一）在古體詩中運用近體詩的聲律，如「樹下即門前」一聯，「憶郎郎不至」一聯，「海水夢悠悠」一節，都是近體詩的聲律，跟一些古體詩的句調如「憶梅下西洲」一聯，「開門郎不至」一聯結合起來念，特別好聽。它是從古體詩向近體詩過渡時期的產物。因此能這樣自然地把兩種詩聲律結合起來運用。

（二）四句或兩句一換韻，韻隨意轉，聲情密切結合。後來《春江花月夜》、《長恨歌》、《圓圓曲》等長篇七言詩都繼承這傳統發展。

（三）多用聯珠合璧或頂針續麻句法，上下鈎聯，迴環婉轉，恰好表現詩中主人公纏綿不斷的情思。後來李白、張潮的《長干行》主要是從這些地方吸取它的藝術成就。

（王季思）

北朝民歌・木蘭詩

喞喞復喞喞，木蘭當戶織。不聞機杼聲，唯聞女嘆息。問女何所思？問女何所憶？女亦無所思，女亦無所憶。昨夜見軍帖，可汗大點兵。軍書十二卷，卷卷有爺名。阿爺無大兒，木蘭無長兄。願爲市鞍馬，從此替爺征。東市買駿馬，西市買鞍韉，南市買轡頭，北市買長鞭。朝辭爺娘去，暮宿黃河邊。不聞爺娘喚女聲，但聞黃河流水鳴濺濺。旦辭黃河去，暮至黑山頭。不聞爺娘喚女聲，但聞燕山胡騎聲啾啾。萬里赴戎機，關山度若飛。朔氣傳金柝，寒光照鐵衣。將軍百戰死，壯士十年歸。歸來見天子，天子坐明堂。策勳十二轉，賞賜百千強。可汗問所欲，「木蘭不用尚書郎，願借明駝千里足，送兒還故鄉。」爺娘聞女來，出郭相扶將。阿姊聞妹來，當戶理紅妝。小弟聞姊來，磨刀霍霍向豬羊。開我東閣門，坐我西閣牀。脫我戰時袍，著我舊時裳。當窗理雲鬢，對鏡帖花黃。出門看火伴，火伴皆驚惶。「同行十二年，不知木蘭是女郎。」雄兔腳撲朔，雌兔眼迷離。雙兔傍地走，安能辨我是雄雌？

讀古詩的人大概都讀過《木蘭詩》。談論古代婦女的英雄人物也總漏不了木蘭。木蘭活在人們的心裏、口頭已經一兩千年。白居易題木蘭花說：「怪得獨饒脂粉態，木蘭曾作女郎來。」杜牧題木蘭廟說：「彎弓征戰作男兒，夢裏曾經與畫眉；幾度思歸還把酒，拂雲堆上祝明妃。」證明過去是常常有人談到木蘭的。就是現在，畫面上有木蘭的馬上英姿，舞臺上有木蘭的俊美形象。木蘭，木蘭，處處都聽得到這樣熟悉悅耳的響亮聲音。說木蘭現在還依舊活在人間，也不算十分妄誕吧。

木蘭是誰，歷史上沒有她的傳記，其他古書上也沒有準確詳細的記載。她生的時代（可是南北朝時北魏？）地點（是我國西北或鄂東什麽地方？）到現在似乎還沒有定論。就是她姓什麽（姓花？）考證的人也說法不一。可是，只要提起木蘭這個名字，人們立刻就有一個美好的印象；都彷彿在哪裏看見過她，跟她似曾相識。會畫的人畫木蘭，大概都會畫得英武驕健；能說的人說木蘭，也一定能繪聲繪影，把木蘭說得栩栩如生。誰能在哪裏見過木蘭呢？畫木蘭，說木蘭的藍本是什麽呢？那就是「木蘭詩」。從「木蘭詩」的根幹上生長着茂密的枝葉，開放着瑰麗的花朵啊。

同樣是女子的形象，穆桂英在人們的印象裏，有英武、天眞和果敢的年輕時候，也有成熟、沉着和「虎老雄心在」的中年時候；而木蘭在人們的印象裏却永遠像朝陽浴海、鮮花着露那樣清新年輕。那是因爲小說裏、舞臺上有「穆柯寨」裏的穆桂英，也有「掛帥」裏的穆桂英，而木蘭卻只有「木蘭詩」裏的木蘭啊！「木蘭詩」寫木蘭，像有人說的「乃女子代父征戍，十年而歸，不受爵賞，人爲作詩」，詩裏寫了十年裏一個年輕女子花一樣的年華，火一樣的生活。寫得那樣完整，那樣精練，那樣光芒四射，木蘭便被塑造定型了。詩反映了現實，現實因詩而源遠流長；詩塑造了人物，人物因詩而萬古長青。這是「木蘭詩」的成功處。

「木蘭詩」是一篇敍事詩。我國古代的敍事詩中，除了「孔雀東南飛」，「木蘭詩」算是比較長的。它比「陌上桑」、「羽林郎」更要膾炙人口。因爲它寫的故事比「陌上桑」「羽林郎」更完整。它比「孔雀東南飛」情調也較健康，更富於樂觀主義精神。詩對木蘭的外貌和性格，沒有任何描寫，寫的只是木蘭的行動和事跡，但是從木蘭的行動和事跡裏，人們却能看得出木蘭的鮮明形象和崇高品德。

「當戶織」三個字，點明了木蘭是勞動者。它給人的印象不會是嬌羞婉約，而只能是純樸康健。「願爲市鞍馬，從此替爺征」，寫木蘭的決心是果斷堅定的。這決心下得有理由：「軍帖」頒下，父親應當應征，可是父親老了，弟弟還小，都不適宜打仗。怎麼辦呢？代父從軍吧，自己是個女子；不去吧，又沒有成年的兄長代替父親。思量啊，嘆息啊，「唧唧復唧唧」，最後毅然決定：改扮男裝，「從此替爺征」。

籌備工作做得眞緊張啊：「東市買駿馬，西市買鞍韉，南市買轡頭，北市買長鞭」。難道不能在一個市上把出征的行裝都置備齊全麼？不，應征人要自備鞍馬，事實就是需要這樣忙碌啊。這同「江南」古辭裏所寫的情調是完全不同的，雖然寫法有些近似：「……魚戲蓮葉間。魚戲蓮葉東，魚戲蓮葉西，魚戲蓮葉南，魚戲蓮葉北。」那是趁芳辰麗景，得時嬉游；這裏卻是在緊迫準備，離家遠征。忙啊，怎麼能不忙呢？東市，西市，南市，北市，讀者讀着彷彿也跟着跑來跑去地忙起來了。東西南北市上一派喧囂熱鬧的情況，也躍然紙上。

行裝剛剛準備好，隊伍就出發了。

朝辭爺娘去，暮宿黃河邊；
不聞爺娘喚女聲，但聞黃河流水鳴濺濺。
旦辭黃河去，暮至黑山頭；
不聞爺娘喚女聲，但聞燕山胡騎聲啾啾。

兩排八句寫出了征人旅途的辛苦和對父母的深切懷念。旦辭……暮宿……旦辭……暮宿……反覆地吟哦，反覆地思念。一霎「黃河流水鳴濺濺」，一霎「燕山胡騎聲啾啾」。像聽到了聲音，看到了行蹤一樣，讀者心上也展開一條崎嶇漫長的道路。馬跑得好急，路走得好快呀！眞是「萬里赴戎機，關山度若飛」。

在路的盡頭，就是戰鬥。

「朔氣傳金柝，寒光照鐵衣。將軍百戰死，壯士十年歸。」在塞北的深夜裏守衛陣地，颼颼的寒風傳來更聲，冷冷的月光照着鎧甲。生活是艱苦的，戰鬥是激烈的。這艱苦激烈的戰鬥生活，血和汗交流着，一晃就是十年。這裏邊有壯烈的犧牲，也有光榮的勝利，英勇堅強的戰士經過長久而艱苦的激烈戰鬥，最後凱旋了。一個「歸」字滿涵了用鮮血換來的勝利和光榮。

勝利歸來，壯士本是替父出征，并不稀罕爵賞，也不企慕榮祿。唯一的願望是「願馳千里足，送兒還故鄉」。這一方面表現了木蘭對故鄉（也就是祖國）的深厚感情，一方面也表現了木蘭的高潔志趣：榮位麼，讓別人去享受吧；至於我，更好是解甲歸田，過和平的生活。

木蘭回家，爺娘姊弟歡欣鼓舞。爲了歡迎她，都忙這忙那。有的「出郭相扶將」，有的「當戶理紅妝」，有的「磨刀霍霍向豬羊」。勞動人民的骨肉感情，在這裏充分地表現出來了。木蘭回到家裏，并沒有因爲立了汗馬功勞而以英雄自居，她很快就脫下戰袍，穿上舊日的衣裳，恢復了女子的本來面目。走出門外，伙伴才知道她是女子，頓時感到了驚訝和迷惑。十年，女扮男裝，這是何等的聰明，堅貞。古往今來，木蘭怕是第一個（同樣的際遇和經歷當然不會有第二個）吧。木蘭被千百萬人讚頌謳歌，不是沒有道理的。

《木蘭詩》所寫的時代早已過去了。我們現在是生活在一個完全新的時代。婦女解放了，勞動，工作，生活，學習，男女處在同樣的地位。女兵、女將、女英雄活躍在各條戰線上、各個戰場上，再不必女扮男裝了。在生產和戰鬥中創造奇蹟，男女也是并駕齊驅的。我們有千千萬萬個新木蘭，願我們也有萬萬千千篇新木蘭詩。

（吳伯簫）

北朝民歌・敕勒歌

敕勒川，陰山下。天似穹廬，籠蓋四野。天蒼蒼，野茫茫，風吹草低見牛羊。

《敕勒歌》是我國南北朝時期一首著名的民歌。這首詩描繪了蒼莽遼闊的北方草原，歌唱了大草原的豐美。濃鬱的詩意，如畫的境界，令人賞心悅目。

讀這首詩，彷彿走進了繁花似錦、無邊無際的大草原，飽覽了草原迷人的風光。詩一開始，便點明了草原所在的位置。敕勒川是古代地名，不過現在已不容易準確說明它在什麼地方，大約是在當時敕勒族居住的草原上，在陰山山脈一帶。接下來，「天似穹廬，籠蓋四野」兩句，寫出草原天地的特點。大草原坦蕩無垠，從四周沿地平線望去，只見天地邊緣相接，彷彿穹廬即巨大而圓的蒙古包籠罩着大地一樣。這樣描寫是很有草原特色的。只有在廣袤的草原上生活和觀察過，纔有可能產生這樣真切而獨特的感受。之後兩句「天蒼蒼，野茫茫」，是表現天地空闊遼遠的佳句，天高而藍，因而有「蒼蒼」之感；牧野廣漠無邊，於是呈現「茫茫」的色彩。然而，詩的最精彩之筆是結句。它沒有把草原上多少牛羊全部寫出，但讀者從草浪起伏的畫面中，從隱約處，細微處，卻彷彿看見遍布在草原上星星點點數不清的牛羊。這句詩的構思是非常別緻新巧的。整首詩獨到的構思，也落腳在這裏。茂草豐美的草原，加上牛羊的點綴，畫面更加生動，更具風姿和詩情。

從藝術表現來說，「風吹草低見牛羊」的描寫，是採用欲露故藏的手法。藝術表現上的藏與露，這是藝術的辯證法。掌握和運用這個辯證法，在藝術表現上就能達到以小見大，以有限見無限的效果。所謂「景愈藏，境愈大」，就是這個道理。這是藝術表現的客觀規律。就這首詩來說，如果把結尾一句換成「無數的牛羊密布在草原上」，這樣的意思雖相同，但失之太露，缺乏風致和神采，形象也大爲遜色了。所以，藝術表現要善於「藏」，要藏之深。同時也要善於「露」，不然，藝術形象及其思想內藴就難以捉摸。不僅詩歌藝術如此，其它藝術也是如此。「善露者未始不藏，善藏者未始不露，……若主露而不藏便淺而薄。」（唐志契《繪事微言》）《敕勒歌》這首詩，就妙在很好地處理了表現上「藏」與「露」的關係。風吹草浪起伏時，隱約可見牛羊，這無疑是「露」。但茂密的牧草必然遮掩着許許多多牛羊。雖然詩中没有直接説出，但按照詩的藝術邏輯是不難體味到這種「藏」的內容的。這裏「藏」是爲了「露」，「露」則更加深了「藏」，因而使這首詩境界宏闊，味外有味，耐人咀嚼。

《敕勒歌》是首抒情短詩，氣勢豪宕，激越奔放。七行詩中，句式略有參差，三言、四言、七言，錯雜相間，形成明快、雄健、跳蕩的節奏。就一二、三四、五六三組詩句來看，各自又是整齊的。尤其「天蒼蒼，野茫茫」兩句，疊字疊韻，對偶工整，音韻悠揚、粗獷，韻味深長。千百年來，這首詩博得讀者的喜愛和傳頌。金代詩人元好問寫道：「慷慨歌謠絶不傳，穹廬一曲本天然。中州萬古英雄氣，也到陰山敕勒川。」對《敕勒歌》可謂備極稱讚。今天，它仍能給人以美的享受，對詩歌創作也還有積極的借鑒意義。（伍夫楹）

從軍行

盧思道

朔方烽火照甘泉，長安飛將出祁連。犀渠玉劍良家子，白馬金羈俠少年。
平明偃月屯右地，薄暮魚麗逐左賢。谷中石虎經銜箭，山上金人曾祭天。
天涯一去無窮已，薊門迢遞三千里。朝見馬嶺黃沙合，夕望龍城陣雲起。
庭中奇樹已堪攀，塞外征人殊未還。白雪初下天山外，浮雲直上五原間。
關山萬里不可越，誰能坐對芳菲月？流水本自斷人腸，堅冰舊來傷馬骨。
邊庭節物與華異，冬霰秋霜春不歇。長風蕭蕭渡水來，歸雁連連映天沒。
從軍行，軍行萬里出龍庭。單于渭橋今已拜，將軍何處覓功名？

詩歌史上有這樣一種現象：當某類題材受到一代詩人的普遍關注時，必然會在大量內容相近的詩歌中，出現若干首代表作，標誌着這類題材在這一時期所能達到的最高水平。盧思道《從軍行》的產生即是一例。這首詩中所表現的將士遠征邊塞的思鄉之情，在南北朝詩歌中較爲常見。征人鄉思和思婦閨怨是我國古詩的傳統題材，早在詩經和漢魏樂府中就已出現，但直到梁代，才有人將這兩類内容融合在以邊塞戰爭爲背景的長篇歌行中。北朝詩人王褒早年在梁朝作《燕歌行》，庾信和梁帝君臣均有合作。王褒以邊地苦寒和閨中傷春對照描寫，來回轉換，失於煩冗。庾信詩則前半首寫漠北風塵，後半首寫思婦離情，加起來合成一章，又稍嫌生硬。

從軍行

此後梁陳之際還有不少詩人試圖把閨怨詩和邊塞詩結合起來，祇是其目的在表現豔情和悲思，對邊塞生活又缺乏實際體驗，所以風格多偏於綺麗輕冶，成功的詩作很少。雖則如此，大量的創作實踐畢竟使征人思婦一類題材的內容逐漸豐富，同時也在藝術表現方面積累了一些有益的經驗。盧思道是個土生土長的北朝人，但他在北齊受到當時普遍好尚綺豔詩風的影響，寫過不少模擬南朝樂府的豔詩。以其深厚的南朝文學修養和久居北方的生活積累，來集中地表現這類題材的基本內容，用北歌質樸剛健的氣質洗盡梁陳歌行的香豔氣息，必然能在同類內容的詩歌中超出一格。

《從軍行》是漢樂府古題，「皆軍旅苦辛之辭」（《樂府解題》）。現存南朝以前詩人所作《從軍行》均爲五言，僅北周宇文招的一首是七言四句。變爲七言歌行，始見於盧思道此詩。全詩借用漢代故事詠古嘆今。一開篇就點出北方告警，軍情緊急，說明將士出征的原因是爲抵抗侵犯邊境的敵人。漢文帝時，爲防禦匈奴，分別派將軍駐守北地要塞和長安附近，一有敵情，「烽火通於甘泉、長安」（《漢書·匈奴傳》）。甘泉離長安二百里，可望見長安城，本是秦離宮，築於甘泉山。武帝增廣宮室，在此祭祀和避暑。首句用一「照」字形容烽火傳到甘泉的情景，頓時縮短了朔方和長安之間遙遠的空間距離，造成甘泉正映照在漫天烽火之中的直覺印象。緊接着長安的將士已飛馳而去，出了祁連。從邊塞報警到京城遣將的敍述過程在快速的節奏中完成，正與氣氛的緊急和軍行的神速相應。以下寫征人們佩帶着犀牛皮做的甲胄和用玉鑲柄的寶劍，騎着黃金絡頭的白馬，個個都是良家子弟，豪俠少年。借用曹植《白馬篇》中「白馬飾金羈，連翩西北馳」句意，誇耀將士裝束的華麗和軒昂的英姿，既是長篇歌行所需要的藻飾，同時也爲詩中主人公增添了浪漫的情調。軍隊在天明時屯駐西北邊境，擺開半月形的陣勢，薄暮時便以魚貫而進的戰陣驅逐了匈奴的左賢王。「平明」和「薄暮」相對，乃是誇張漢軍獲勝的輕而易舉。「偃月」和「魚麗」爲戰陣名稱，分別與「平明」、「薄暮」相連，其字面意象又能使人聯想到黎明時漸落的一彎殘月和薄暮時天空的魚尾赤色。匈奴在行政上劃爲三部，中部由單于直接統治，東西兩部設左右賢王分治，所以「右地」和「左賢」對仗，亦卽以右賢和左賢兩部對舉。由此可悟詩歌用字儷對之法。

漢軍不但迅速擊潰了來犯的敵人，而且深入敵後，攻佔了匈奴祭天的地方。這要歸功於像李廣、霍去病那樣的將軍。「谷中石虎」句用李廣射虎誤中石塊、箭桿沒入石中的故事，讚美將軍神勇過人；「山上金人」句用霍去病直搗皋蘭山，收取匈奴祭天金人的故事，頌揚將軍遠征之功。但此處用典卻從指點出當初銜箭的谷中石虎和曾經祭天的山上遺跡入手，用少數民族的習俗對邊地風光稍加點綴，便輕巧自然地從寫人過渡到寫景，從西北已經結束的戰事轉到東北新的遠征：一去天涯無窮無盡，直到薊門三千里外，並不是藝術的誇張。漢時匈奴佔領了西至貝加爾湖、東至內興安嶺遼河上游的廣大地區。公元前一二一年，霍去病自隴西兩次出擊，一次逾焉支山，一次逾祁連山，斬獲匈奴四萬餘人，渾邪王率衆來降，西部地區的匈奴從此絕跡。這就是「山上金人曾祭天」句中用「曾」字的原因。前一一九年，霍去病又出代郡塞外二千餘里，大敗匈奴東部兵，斬獲七萬餘人。代郡在薊門（今北京市）西北方向，兩地相距很近，詩歌中常並舉以指燕山一帶。徐陵《出自薊北門行》中有「薊北聊長望」、「代郡隱城樓」句，卽爲例證。可見軍隊再度遠征到薊門以外三千里的天涯，是爲了在大漠的東部地區開闢新的戰場。馬嶺關是要塞，位於今山西太谷縣東南七十里，在長安東北方向。龍城是匈奴祭祀天地祖先神鬼之處，位於蒙古烏蘭巴托西南方向。「馬嶺」與「龍城」一南一北相距幾千里，所以「朝見」、「夕望」兩句是以超越時空的跨度描繪漢軍在漠北縱橫馳驅所揚起的戰爭煙塵。如果說首六句以行軍列陣的雄壯場面寫出了漢家將士在西北戰場高昂的鬥志；那麼後六句則從征人眼裏所見黃沙朝合、陣雲暮起的景象，暗示了他們在東征中因路途遙遠、轉戰不已而引起的厭倦情緒。下面過渡到對故鄉的思念，就十分自然了。

前半首運用北方一連串有代表性的地名如朔方、祁連、馬嶺、薊門、龍城等，構成整齊的排偶，以大幅度的跳躍展開了從西到東千里漢北的廣大地域，渲染出烽火不息、塵沙彌漫的戰爭氣氛。後半首在此背景上往復對比塞外與關內節候的差異，通過來回數叨四時的更遞，深入描繪征人思婦的心理，哀惋他們在久別中耗盡的青春：庭中的嘉樹已經可以攀折，卻還不見塞外征人歸來。古詩說：「庭中有奇樹，綠葉發華滋。攀條折其榮，將以遺所思。」（《古詩十九首》）攀樹折花是爲了贈給所思之人，然而伊人現在何方？天山的白雪剛剛降落，便似乎有浮雲飄上長安五原的上空，給閨中的親人帶來寒意，可見兩地雖然音問不通，心意却是相關的。那浮雲猶如思婦心頭的陰雲，又如遊子飄忽的蹤跡。但浮雲能自由地飄回故鄉，征人却難以越過萬里關山。誰能坐對盛開的繁花芳草任青春美景白白消逝呢？此處化用梁朝詩人庾肩吾《賦得有所思》中「佳期竟不歸，春日坐芳菲」句意，感嘆女子在長久的等待中青春蹉跎、芳顔凋零，而出之以反問，語氣更爲強烈。漢古詩說：「傷彼蘭蕙花，含英揚光輝。過時而不採，將隨秋草萎。」齊代詩人謝朓用此意，寫成一首著名的小詩《王孫游》：「綠草蔓如絲，雜樹紅英發。無論君不歸，君歸芳已歇。」這些前人之作都可爲「坐對芳菲月」中包含的怨悵之意作註釋。

自「庭中奇樹」至「芳菲月」六句，是處身關內以設想關外，以長安陽春襯托天山苦寒，與前半首西征的情景相照應，同時構成一個自春至冬復至春的迴環。以下六句又轉到立足塞外以對照關內：流水本來就使人斷腸，是因爲它發自征人心底的嗚咽，流不盡對故鄉的思念；塞外冰堅水寒，所以從秦代修築長城以來，戍人征發到此都難免凍傷馬骨。這裏用《隴頭歌辭》「隴頭流水，鳴聲嗚咽。遙望秦川，心肝斷絕」，以及陳琳「飲馬長城窟，水寒傷馬骨」詩意，正切合實景。句意着重在「本自」和「舊來」，又將征人眼前的苦寒與秦漢以來人民備受征發之苦的歷史相聯繫，從而擴大了詩歌的容量。「堅冰傷馬骨」用「飲馬長城窟」的典故暗扣薊北，所以下面再次詠嘆東北邊庭的節物亦與華夏不同，雖是春天，冬天的雪霰和秋霜依然不歇，算來衹有從故鄉吹來的長風和年年歸去的大雁是兩地都熟悉的景物。這就又與前半首東征的情景相照應，強調薊北與天山同樣是終年沒有春天，所見惟有「處所多霜雪，胡風春夏起」（蔡琰《悲憤詩》）的荒寒景象。兩次重複邊荒的春夏與秋冬無異，角度和句式不同，便照顧到全篇結構的交錯對稱之美。長篇歌行正須如此迴環往復，方覺婉暢淋漓，唱嘆不盡。後半首全在苦寒中寫出厭戰之意，最後藉穿山渡水而來的長風和隱沒在天邊的歸雁牽引「關山萬里不可越」的兩地相思，對照篇末來看，尤有遠韻：戰爭已經結束，而征人仍在空自望鄉，可見歸去尚遙遙無期。這就難怪結尾感嘆：從軍出征，軍行萬里，如今已出龍庭，單于也在長安城外的渭橋拜見了漢帝，將軍再到哪裏去尋求功名呢？龍庭是單于駐在地。漢武帝時，衛青、霍去病分道深入漠北，捕捉匈奴主力，使之不敢再在漠南立王廷。漢宣帝時，匈奴統治階級發生內部紛爭，公元前五二年，呼韓邪單于降漢，願爲漢朝防守陰山，宣帝在渭橋接見。前三六年，郅支單于被漢軍擊殺，呼韓邪復得匈奴全部土地，從此匈奴親漢，六七十年間，北部邊境出現了一派和平氣象。結尾固然有稱頌河清海晏之意，但由一「覓」字，又不難體味出其中還微含着對將軍貪功好戰的委婉諷意。

七言歌行起源於曹丕《燕歌行》，自魏晉至宋齊一直沒有得到發展。即使有《白紵歌》、《行路難》等寥寥數篇，亦祇是短章。梁時方有《燕歌行》、《搗衣曲》等大篇出現，但內容主要是藉邊塞題材寫男女相思，大多空疏浮豔，節奏音韻尚未諧調，章法又缺乏轉換變化。盧思道這首《從軍行》則以西漢與匈奴交戰的史實爲依據，結合自己在北方的生活實感，大氣磅礴地勾勒出北部中國長年征戰不斷的遼闊背景，反映了廣大將士抵禦侵略、保衛邊境的熱情，人民對無休止的戰爭的厭倦，以及要求和平安定生活的願望，使雄壯肅殺的戰爭氣氛、蒼茫遼闊的邊塞景色和纏綿哀婉的閨怨鄉思渾然融爲一體。全詩吸取南朝詩大量運用排偶和化用典故及前人詩句的手法，一氣運行而又轉折多姿，詞意蒼涼而又深情綿邈，雖無豔語，却自有一種柔婉的情調隱含在剛健勁逸的氣勢之中。詩中三次換韻，平仄互用，又突破了當時歌行祇用平韻的單調韻律，因而「音響格調，咸自停勻，體氣豐神，尤爲煥發」（胡應麟《詩藪》）。不僅成功地融匯了南北詩風，而且從基本內容到藝術表現，都具備了初唐歌行的規模，在隋唐邊塞詩的發展中有其不可低估的開拓之功。

（葛曉音）

出塞・和楊素（其二）

虞世基

上將三略遠，元戎九命尊。緬懷古人節，思酬明主恩。山西多勇氣，塞北有游魂。揚桴度隴坂，勒騎上平原。誓將絕沙漠，悠然去玉門。輕齎不遑舍，驚策騖戎軒。懔懔邊風急，蕭蕭征馬煩。雪暗天山道，冰塞交河源。霧烽黯無色，霜旗凍不翻。耿介倚長劍，日落風塵昏。

虞世基是隋代的重要詩人。他的詩歌現存十八首，大都風格清綺，齊梁積習頗深。但其中也有一些詩篇詞義貞剛、重乎氣質，顯示了一種新的風氣。這首《出塞》便是體現這種新風氣的佳作。

虞世基的《出塞》共二首，係和楊素之作。楊素是隋代的一員大將，也是一位詩人，曾多次帥軍出塞同突厥作戰，所作《出塞》二首質樸有力，當時許多著名詩人都有酬和。虞世基就是其中的一個。這裏選錄的是其和作的第二首。

詩人以對楊素的頌揚爲開端。「上將三略遠，元戎九命尊。緬懷古人節，思酬明主恩。」「上將」指楊素。「三略」是古兵書，舊題漢黃石公撰，已佚。隋文帝曾稱贊楊素「識達古今，經謀遠長」（《隋書・楊素傳》），「三略遠」正是這個意思。「元戎」即主帥，與「上將」都是指楊素。「九命」是官秩的等級，周代的官爵分爲九個等級，稱九命。楊素時官上柱國、尚書左僕射，封越國公，其「入處朝端，出總戎律，受文武之任，預帷幄之謀。」（《隋書·楊素傳》）所以詩一開頭就說他高位重爵，榮顯一時，爲人敬重。詩人接着又深入一層，歌頌他的政治理想和抱負，那就是「緬懷古人節，思酬明主恩」。「明主」，賢聖的君主。在封建社會裏，君主就是國家的象徵。這裏所說的酬「明主」，也可理解爲報效國家。楊素在他的《出塞》中曾這樣寫道：「漢虜未和親，憂國不憂身。握手河梁上，窮涯北海濱。據鞍獨懷古，慷慨感良臣。」由此可以看出楊素所追尋的正是古代忠良之臣的氣節和捨身報國的精神。這對古人來說，已是很高的境界了。正因爲如此，詩人才爲之感動而益增仰慕之情。

下兩句「山西多勇氣，塞北有遊魂。」「山西」，戰國、秦、漢時稱崤山或華山以西爲山西，即關西。《漢書·趙充國傳》「贊」曰：「秦漢已來，山東出相，山西出將。」這是說由於山西處勢迫近羌胡，民俗修習戰備，崇尚勇力鞍馬騎射，因此自秦漢以來，這一帶出了許多著名將領，如白起、甘延壽、李廣、蘇武、趙充國等。而楊素當時同突厥作戰，統領的正是山西的軍隊。所以詩人說「多勇氣」，就是讚美山西將士無畏的氣概。「勇氣」，《文苑英華》誤作「虜氣」。「遊魂」，《易·繫辭上》：「遊魂爲變。」《註》：「精氣煙熅，聚而成物，聚極則散，而遊魂爲變也。遊魂，言其遊散。」也比喻苟延殘喘，不能久存。《文選》晉孫子荆（楚）《爲石仲容與孫皓書》云：「吳之先主，起自荆州……劉備震懼，亦逃巴岷。遂依丘陵積石之固，三江五湖，浩汗無涯，假氣遊魂，迄於四紀。」《註》：「魏明帝《善哉行》曰：『權實豎子，備則亡虜，假氣遊魂，鳥魚爲伍。』」詩人這裏所說的「遊魂」，當是用來指突厥。在詩人眼裏，盤踞北方的突厥，比起統一而強大的隋朝來，自然要算是「假氣遊魂，鳥魚爲伍」了。

以下是描寫出師塞外的情形。「揚桴度隴坂，勒騎上平原。」「桴」即鼓槌，揚桴就是擂鼓的意思。「隴坂」即隴山，在今陝西隴縣至甘肅平涼一帶，山勢險峻，爲陝甘要隘。這兩句互文見義，展現了將士越過隴山，跨過平原，直驅塞北的磅礴氣勢。「誓將絕沙漠，悠然去玉門」兩句，進一步表現將士的英勇氣概。「沙漠」也作「沙幕」，是當時北方夷狄居住的地區。《漢書·蘇武傳》：「（李）陵起舞曰：『徑萬里兮度沙幕，爲君將兮奮匈奴。』」又《三國志·魏志·任城王彰傳》：「丈夫一爲衛霍，將十萬騎馳沙漠，驅戎狄，立功建號耳，何能作博士邪！」「誓將絕沙漠」一句即表示將士立誓出塞殺敵的決心。「玉門」即玉門關，在今甘肅敦煌西，是當時涼州的最西境，爲通西域之要道。後漢班超在西域三十一年求歸上疏稱「臣不敢望到酒泉郡，但願生入玉門關」（《後漢書·班超傳》）。可見玉門關在當時已被人們用來寄託思戀故國的沉痛感情了。隋唐以後，玉門關作爲詩歌意象，也往往與離思有關，重在表現哀怨淒楚之情。然而，我們從虞世基這句詩中感受到的則是邊關將士保家衛國的壯志豪情。「悠然」二字，不但形容玉門關的遙遠，更是把將士離開玉門關奔赴戰場時的從容不迫的心境充分表現出來。這一意象在詩歌史上確是獨具特色的。接着詩人筆鋒一轉，以「輕齎不遑捨，驚策騖戎軒」兩句，描寫部隊出擊時的緊張狀態：將士們來不及放下行裝，便策馬驅車飛速而去。「不遑」、「驚」、「騖」都是形容動作的迅速。詩人在短短兩句詩中一連用了三個表示急切的詞語，意在渲染一種緊迫的氣氛，與前面「悠然」二字形成強烈的對照，因而使全詩有張有弛，跌宕起伏，更具藝術感染力。下兩句「懍懍邊風急，蕭蕭征馬煩」則寫出了典型的塞外戰鬥場景。邊風呼嘯，戰馬嘶鳴。一個「煩」字，生動地刻畫出戰馬紛亂糾纏、爭先恐後的態勢，而人們似乎也從中感受到馬背上的將士那建功邊塞的迫切心情，故馬「煩」亦是人「煩」。楊詩也有「北風嘶朔馬」句，但顯得呆滯平板，缺乏動感，不如虞詩好。

「雪暗天山道，冰塞交河源。霧烽黯無色，霜旗凍不翻。」這四句寫塞外雪景。「天山」即祁連山。「交河」，《漢書·西域傳》云：「車師前國，王治交河城。河水分流繞城下，故號交河。」其地在今新疆吐魯番縣西北的雅爾和屯。在這裏，詩人把人們帶進了一個冰天雪地的奇妙世界。你看，那冰雪之大，覆蓋了山道，堵塞了河源，就連熊熊燃燒的烽火也在雪霧的籠罩下而暗淡無光，轅門外的紅旗更是被冰霜凍住而不能翻捲。同是雪景，前兩句實，後兩句虛，實虛並寫，意象互異，俱臻佳妙。然而詩人的奇特之筆還要算是「霜旗凍不翻」一句。那不翻的旗與飛舞的雪，一靜一動，互相映襯；而旗的紅與雪的白，色彩對比又是何等鮮明，何等強烈。它們構成一幅瑰麗而生動的畫面，這畫面給人帶來了美好的藝術享受。應當說，詩人描寫邊塞雪景是具有獨創性的。人們常常稱讚唐代詩人岑參的「紛紛暮雪下轅門，風掣紅旗凍不翻」（《白雪歌送武判官歸京》）是千古之絕唱，殊不知是從虞詩中脫化而來的。

末兩句「耿介倚長劍，日落風塵昏」。「耿介」，是形容長劍的明亮，亦引申有「剛勇」之義。晉裴景聲《文身劍銘》曰：「器以利顯，實以名舉。長劍耿介，體文經武。陸斷玄犀，水截輕羽。九功是像，七德是輔。」《楚辭·九辨》：「既驕美而伐武兮，負左右之耿介。」王逸註：「恃怙衆士被甲兵也。」此處「耿介倚長劍」卽形容將士的剛勇。後一句寫塞外奇景更具有典型性。由於塞北氣候惡劣，風力極強，特別是到了傍晚，大風刮起，飛沙走石，天昏地暗。因此詩人用「昏」字來概括邊塞黄昏時的景象，就顯得十分準確和形象。唐代詩人王昌齡《從軍行》之「大漠風塵日色昏」卽從此處化出。詩人以昏昏之天地烘托剛勇之將士，便有了一種雄渾蒼茫的意境。

邊塞詩到了隋代已逐漸增多，並且以它獨特的內容和風格在詩壇上佔據着重要地位。虞世基的這首《出塞》，可以說是隋代邊塞詩的一篇代表作。這首詩雖然仍留有宫廷文學的痕跡，旨在炫耀隋朝輝赫的武功，寫法上講求對偶和詞藻，但比起當時那種「遺理存異，尋虛逐微，競一韻之奇，爭一字之巧。連篇累牘，不出月露之形；積案盈箱，惟是風雲之狀」（《隋書·李諤傳》）的綺靡詩風，却要好得多。詩中那宏偉的戰鬥場面，奇異的邊塞風光；那獨特的想象，典型的描寫，無不體現出詩人的激情和敏感。我們從唐代王昌齡、高適、岑參等人的邊塞詩中，不也能够體察到這種激情和敏感嗎？虞世基的這首詩不妨看作唐代邊塞詩的先聲。

（趙爲民）

人日思歸

薛道衡

入春纔七日，離家已二年。人歸落雁後，思發在花前。

作者薛道衡（五四〇——六〇九），字玄卿，河東汾陰（今山西萬榮縣）人。歷仕北齊、北周。入隋後官至內史侍郎。後因得罪煬帝而被害。薛道衡以才學著稱，一向被人推爲隋代藝術成就最高的詩人。他的詩作雖然也沒有跳出齊梁文風的窠臼，但有些詩寫得比較清新。如代表作《昔昔鹽》，其中就有最爲時人傳誦的名句「暗牖懸蛛網，空梁落燕泥」。上面這首《人日思歸》，也是他一首著名的小詩。

這是隋文帝開皇四年（五八四）歲末作者出使南方、次年年初時所作的一首思歸詩。題中「人日」，指農曆正月初七。古時習俗以爲歲首七日依次爲一鷄日、二狗日、三猪日、四羊日、五牛日、六馬日、七人日（見《北史·魏收傳》引晉議郎董勳《答問禮俗說》）。客居他鄉，人日思人，思人而盼歸；思人盼歸之情，沛然從心中流出，凝結成這情致藴藉的四句五言小詩。

首兩句：「入春纔七日，離家已二年」，從屈指計算離家時日的簡單數字中，透露出思歸的細微的內心活動。自歲末到人日，實際上離家時日很短，但這期間經歷了舊歲和新年，算年頭已是兩年了。後兩句：「人歸落雁後，思發在花前。」去年秋天由北方南來的大雁，如今又開始北歸了，而詩人却滯留於南方；雁歸人未歸，故云「落雁後」。初春人日，春花還沒有開放，而詩人思歸之情却已萌發，故云「在花前」。詩人使命在身，欲歸不能；然而心却早在春花怒放之前，就馳回故國了。詩人以物候變化作爲反襯，委婉含蓄而又十分巧妙地表達了自己思家盼歸的急切心情。

據唐人劉餗《隋唐嘉話》載：「薛道衡聘陳，爲《人日詩》云：『入春纔七日，離家已二年。』南人嗤之曰：『是底言？誰謂此虜解作詩！』及云：『人歸落雁後，思發在花前。』乃喜曰：『名下固無虛士。』」其實，後兩句固佳，前兩句也不弱。「纔七日」、「已二年」，數字的對舉頗見匠心。

總之，這首詩雖不算卓異之作，但在齊梁餘風浸延的隋代詩壇上，仍以其清遠的意境、曉暢的語言使人耳目一新。從中隱隱透出一種新的趨勢，新的氣息。

（程郁綴）

野望

王績

東皋薄暮望，徙倚欲何依。樹樹皆秋色，山山唯落暉。牧人驅犢返，獵馬帶禽歸。
相顧無相識，長歌懷采薇。

《野望》寫的是山野秋景，在閑逸的情調中，帶幾分彷徨和苦悶，是王績的代表作。

「東皋薄暮望，徙倚欲何依。」皋是水邊地。東皋，指他家鄉絳州龍門的一個地方。他歸隱後常遊北山、東皋，自號「東皋子」。「徙倚」是徘徊的意思。「欲何依」，化用曹操《短歌行》中「月明星稀，烏鵲南飛，繞樹三匝，何枝可依」的意思，表現了百無聊賴的彷徨心情。

下面四句寫薄暮中所見景物：「樹樹皆秋色，山山唯落暉。牧人驅犢返，獵馬帶禽歸。」舉目四望，到處是一片秋色，在夕陽的餘暉中越發顯得蕭瑟。在這靜謐的背景之上，牧人與獵馬的特寫，帶着牧歌式的田園氣氛，使整個畫面活動了起來。這四句詩宛如一幅山家秋晚圖，光與色，遠景與近景，靜態與動態，搭配得恰到好處。

然而，王績並不能像陶淵明那樣從田園中找到慰藉，所以最後說：「相顧無相識，長歌懷采薇。」說自己在現實中孤獨無依，衹好追懷古代的隱士，和伯夷、叔齊那樣的人交朋友了。

讀熟了唐詩的人，也許並不覺得這首詩有什麽特別的好處。可是，如果沿着詩歌史的順序，從南朝的宋、齊、梁、陳一路讀下來，忽然讀到這首《野望》，便會爲它的樸素而叫好。南朝詩風大多華靡豔麗，好像渾身裹着綢緞的珠光寶氣的貴婦。從貴婦堆裏走出來，忽然遇見一位荆釵布裙的村姑，她那不施脂粉的樸素美就會産生特別的魅力。王績的《野望》便有這樣一種樸素的好處。

這首詩的體裁是五言律詩。自從南朝齊永明年間，沈約等人將聲律的知識運用到詩歌創作當中，律詩這種新的體裁就已醞釀着了。到初唐的沈佺期、宋之問手裏，律詩遂定型化，成爲一種重要的詩歌體裁。而早於沈、宋六十餘年的王績，已經能寫出《野望》這樣成熟的律詩，說明他是一個勇於嘗試新形式的人。這首詩首尾兩聯抒情言事，中間兩聯寫景，經過情——景——情這一反覆，詩的意思更深化了一層。這正符合律詩的一種基本章法。

（袁行霈）

吾富有錢時

王梵志

吾富有錢時，婦兒看我好。吾若脫衣裳，與吾疊袍襖。吾出經求去，送吾即上道。將錢入舍來，見吾滿面笑。繞吾白鴿旋，恰似鸚鵡鳥。邂逅暫時貧，看吾即貌誚。人有七貧時，七富還相報。圖財不顧人，且看來時道。

王梵志是唐初的一位白話詩人。

這是一首慨嘆人情冷暖的詩作。乍讀起來，全篇既沒有精彩的警句，也很少環境氛圍的藝術描繪，似乎是平平淡淡、語不驚人：實際上它以「直說」見長，指事狀物，淺切形象；信口信手，率然成章；言近旨遠，發人深省，別具一種淡而有味的詩趣。

全詩結構緊湊，層次分明，步步圍繞主題，寫得頗有情致。首段六句，作者以概述的筆調，指出妻室兒女態度好壞的關鍵在於一個「錢」字。擁有錢財時，一切都好，妻室兒女也顯得十分殷勤。假如要脫衣服，很快就會有人把脫下的袍襖折疊得整整齊齊；假如離家出外經商，還要一直送到大路旁邊。詩人在這裏選取習見的生活現象，以凝煉的筆觸，不加修飾地敘寫出各種場景，給人以平凡之中寓不平凡的感覺。

接着，作者利用貼切的比喻，進一步刻畫出金錢引出的種種媚態：「將錢入舍來，見吾滿面笑。繞吾白鴿旋，恰似鸚鵡鳥。」當攜帶金錢回到家中時，一個個笑臉相迎，像白鴿那樣盤旋在你的周圍，又好似學舌的鸚鵡在你耳邊喋喋不休。人們向來把鴿子當成嫌貧愛富的鳥類，而鸚鵡則被視作多嘴饒舌、獻媚逢迎的形象。因此詩人用「白鴿」、「鸚鵡」來形容見錢眼開的貪財者。

最後六句，概括全篇主旨，也是王梵志對世情險薄的憤激之語。句中的「邂逅」，不期而至的意思；「貌誚」，即「面嘲」；皆爲唐人口語。這幾句詩說的是：當我偶然陷入貧窮之時，你們看我時爲何要無情地嘲弄，要知道人在最窮的時候，也可能會有極富的機會。他直率地警告那些庸俗的貪財者，如果衹爲貪圖錢財，而毫不顧及人的情義，那就看看來時的報應吧！這裏，詩人生動地寫下了他的憤激之情。

這首詩在藝術表現上明顯的特點是：以鋭敏的觀察力捕捉生活中某些不大爲人重視的動作和事理，運用通俗凝煉的語言，設想奇巧的對比描寫，雖着墨不多，無意於渲染，但是那種貪錢者的醜態便躍然紙上。與此同時，詩人的不平之氣也豁然而出。作者利用比較嫻熟的駕馭民間語言的能力，出語自然，質直素樸，從而開創唐代以俗語俚詞入詩的通俗詩派，爲唐詩的發展作出了貢獻。

（張錫厚）

長安古意

盧照鄰

長安大道連狹斜，青牛白馬七香車。玉輦縱横過主第，金鞭絡繹向侯家。
龍銜寶蓋承朝日，鳳吐流蘇帶晚霞。百尺游絲爭繞樹，一羣嬌鳥共啼花。
啼花戲蝶千門側，碧樹銀臺萬種色。複道交窗作合歡，雙闕連甍垂鳳翼。

長安古意

梁家畫閣天中起，漢帝金莖雲外直。樓前相望不相知，陌上相逢詎相識？
借問吹簫向紫煙，曾經學舞度芳年。得成比目何辭死，願作鴛鴦不羨仙。
比目鴛鴦真可羨，雙去雙來君不見？生憎帳額繡孤鸞，好取門簾帖雙燕。
雙燕雙飛繞畫梁，羅幃翠被鬱金香。片片行雲著蟬鬢，纖纖初月上鴉黃。
鴉黃粉白車中出，含嬌含態情非一。妖童寶馬鐵連錢，娼婦盤龍金屈膝。
御史府中烏夜啼，廷尉門前雀欲棲。隱隱朱城臨玉道，遙遙翠幰沒金堤。
挾彈飛鷹杜陵北，探丸借客渭橋西。俱邀俠客芙蓉劍，共宿娼家桃李蹊。
娼家日暮紫羅裙，清歌一囀口氛氳。北堂夜夜人如月，南陌朝朝騎似雲。
南陌北堂連北里，五劇三條控三市。弱柳青槐拂地垂，佳氣紅塵暗天起。
漢代金吾千騎來，翡翠屠蘇鸚鵡杯。羅襦寶帶爲君解，燕歌趙舞爲君開。
別有豪華稱將相，轉日迴天不相讓。意氣由來排灌夫，專權判不容蕭相。
專權意氣本豪雄，青虬紫燕坐春風。自言歌舞長千載，自謂驕奢凌五公。
節物風光不相待，桑田碧海須臾改。昔時金階白玉堂，即今唯見青松在。
寂寂寥寥揚子居，年年歲歲一牀書。獨有南山桂花發，飛來飛去襲人裾。

在唐初詩風由梁、陳宮體詩蛻變的過程中，「四傑」之一盧照鄰的七言歌行《長安古意》，是一篇體現革新變化、給詩壇帶來轉機的具有代表性的作品，其主要標誌是詩中所蘊含的批判現實的精神。

誠然，這首長詩在「古意」的詩題下描寫了西漢國都長安形形色色的人與物，展示出上層統治集團驕奢淫逸、爭權奪利的情狀，帶有宮體詩「輕豔綺靡」的色彩。但是，對比梁、陳宮體詩着意追求聲色感官享受，對淫靡放蕩生活的津津樂道，《長安古意》在詩的立意和它所顯示的格調與之迥異。作者在結構謀篇的過程中，獨運匠心，將清醒的批判和冷靜的嘲諷鎔鑄在敍事狀物之中，矛頭所向分明是唐代初年帝京長安社會種種黑暗、腐朽的現象。

唐代開國以來，隨着國家的統一，政局的逐步穩定，在經濟日益發展，物質財富不斷積累的基礎上，上層統治集團恣意揮霍從人民身上榨取而來的財富，窮奢極慾，淫逸無度。例如高祖的兒子李元嬰就是一位「驕縱逸遊」（見《舊唐書·高祖二十二子傳》），不知節制的人物。任洪州都督時，臨江建閣，經常沉溺於輕歌曼舞之中。他死後，青年詩人王勃在《滕王閣》詩中，以感慨的筆調抒寫閣主不在，物是人非，昔盛今衰的情景，詩末「閣中帝子今何在，檻外長江空自流」兩句，實際上是對得意一時、豪奢無度的統治階級無法逃避衰敗命運的嘲諷。和《滕王閣》詩不同的是，《長安古意》不從專詠一人一事落筆，它對當時上層統治階級享樂的生活和驕橫的氣勢作了多方面的大膽的揭露，但其嘲諷的意味更爲深長，其批判力量更爲有力。

從詩的開篇到「娼婦盤龍金屈膝」是詩的第一段。這段總寫長安的繁華景象。從大道到小巷，來往不絕的香車寶馬，運載着排場盛大的王侯權貴，遊絲繞樹、嬌鳥啼花的熱鬧春光，更顯出皇家宮闕的巍峨壯麗，權貴第宅氣勢不凡，琳琅滿目的形象，令人目不暇接。作者在總寫長安城中的繁華景象之後，集中筆墨描寫那班跟隨權貴出遊的歌姬舞女的生活和心境。入時的妝束打扮，可謂窮奢極麗，有力地襯托出當時王侯權貴之家生活的豪奢情狀，但是優裕的物質生活享受並不能填補她們心中的空虛。這些被豢養在高楼深院的女子，有如被關進金絲籠中的鳥兒，任憑主人玩弄，以自由、青春和輕歌妙舞爲代價，換取錦衣玉食，作出千嬌百態，在人生的舞臺上逢場作戲。然而，作者並沒有滿足於寫這些年輕女子外在的生活情狀，他的敏銳的洞察眼光，直窺人物靈魂深處的奧秘。她們也有苦悶和追求。秦弄玉夫婦成仙而去，固然幸福，但它太虛幻，太縹緲了，可望而不可及，不值得去羡慕；人間的愛情却是現實得多了，因而值得拚死去追求。她們憧憬着不平凡而又幸福的歸宿，嚮往和自己心愛的伴侶比目共游，鴛鴦相隨，享受人生的歡樂。聞一多先生在論述唐初詩風的轉變時，對這首詩作過精闢的分析和熱情贊揚。他說：「誠然這不是一場美麗的熱鬧。但這顛狂中有戰慄，墮落中有靈性。『得成比目何辭死，願作鴛鴦不羡仙』，比起以前（梁、陳宮體詩）那種光是病態的無恥……如今這是什麼氣魄！對於時人那虛弱的感情，這眞有起死回生的力量。」（見《唐詩雜論·宮體詩的自贖》）這種「氣魄」和「力量」，是對窒息靈魂的奴隸生活的抗爭，它和津津樂道奴隸生活的奴才意識相比，眞是涇渭分明。它使「清辭巧制，止乎衽席之間；雕琢蔓藻，思極閨闈之內」（見《隋書・經籍志》）的宮體詩黯然失色。難怪聞一多先生當年要大聲疾呼：「我幾乎要問《長安古意》能否算宮體詩！」（同前所引）

從「御史府中烏夜啼」到「燕歌趙舞爲君開」是詩的第二段。作者的注意力從長安白日繁華的街頭轉向晚間北里熱鬧的娼家，寫出肆無忌憚的俠客和玩忽職守的金吾——禁衛軍軍官共宿娼家的放蕩的夜生活。初看起來，這段寫得平穩客觀，不露嘲諷痕跡。但如對照段前「御史府中烏夜啼，廷尉門前雀欲棲」的冷清的氣氛，作者寓嘲諷於場面的調度對比之中，其用心可辨。試想，掌彈劾的御史和掌刑法的廷尉門前無人問津，說明其無能爲力，行使不了職權；腐敗的社會風氣積重難返的情況可以想見。從有關資料可知，唐初上層統治階級追求遊樂的顛狂風氣，其影響遍及全社會。《大唐新語》載：正月十五夜，「金吾馳禁，特許夜行。貴族戚屬及下俚工賈，無不夜遊。車馬喧闐，人不得顧。王、主之家，馬上作樂，以相競誇。文士皆賦詩一章，以紀其事」。詩人蘇味道所賦《正月十五夜》：「火樹銀花合，星橋鐵鎖開。暗塵隨馬去，明月逐人來。遊妓皆穠李，行歌盡落梅。金吾不禁夜，玉漏莫相催。」傾城夜遊賞燈的情景，躍然紙上，見出統治階級生活的豪奢以及全社會廣受影響的情況，可作這首詩的佐證。

從段意上看，本段承前段而落筆，祇是調轉筆鋒，從上層統治階級的生活寫到中下層社會的縱慾享受，暗示出當時社會上腐朽、縱慾之風的風源，來自上層社會。作者將敏銳的觀察和冷靜的嘲諷寓於不言之中，產生了「此時無聲勝有聲」的藝術效果，給人以思索、回味的餘地，可謂筆力穩健。從全詩的結構謀篇來看，也是順理成章的。

從「別有豪華稱將相」到「自謂驕奢淩五公」是詩的第三段。詩人着重揭露統治集團內部在權力鬥爭中的醜惡表演。那班文臣武將爲了鞏固自己的權力，互相傾軋，水火不相容。在奪得權力的基礎上，自以爲榮華永保，窮奢極慾。「自言」、「自謂」二句，兩個「自」字，將他們志得意滿的驕橫氣勢，作了傳神的刻畫。筆墨精練，以少勝多。然而却說出了一個既平常又深刻的道理：統治階級對物質財富的佔有和揮霍，從享受到淫蕩，原來是在政治權力的保障之下實現的。封建政權的腐朽本質，經作者以筆爲刀的剖析，給人以清晰的印象。至此，作者對長安社會形形色色的人與物，作了淋漓盡致的描寫，其畫面形象之多，變化之快，色澤之豔，有如萬花筒一般，讓人眼花繚亂。

最後一段，從「節候風光不相待」到「飛來飛去襲人裾」。八句之中，層次分明，借形象發議論，抒感慨。前四句借碧海桑田、玉堂青松之變，在盛衰對比之中嘆時光易逝，人生有限，以嚴峻的筆觸揭示統治階級不可避免的沒落、衰敗的命運，對幻想憑藉政治權力以享受「歌舞長千載」的王侯權貴，簡直是一聲無情的警鍾，對他們自視甚高，以榮華富貴傲視人間的驕橫氣勢，也是一次冷靜的嘲諷。後四句以漢代辭賦家揚雄自比，披露作者不羡慕權貴，不追求豪奢，守窮學業的情志。在塵世庸俗的喧鬧聲中，這幾句不甘隨俗沉浮的歌唱，顯示出作者清高獨立的人格。而南山桂花自開自發、幽香襲人的意境，則又是對這種甘守寂寞、閉門著書，追求另一種更有意義的人生的詩意橫溢的肯定。

《長安古意》在唐初詩壇上顯示出不同凡響的格調，是和上述的批判精神分不開的。

不過，對詩末四句，給予這首詩以很高評價的聞一多先生，是持非議態度的，聞先生認爲這個結尾「有點突兀，在詩的結構上既嫌蛇足，而且這樣說話，也不免暴露了（作者）自己態度的褊狹」，是「一點點藝術的失敗。」（同前所引）我認爲，從全詩的結構來看，這四句不但沒有給人以「蛇足」之感，而且還給人感到它是統攝全詩的饒有詩意的結尾。

古人在探討長篇歌行的結構時，喜歡講究開合佈置。宋代姜夔指出：「作大篇尤當佈置，首尾俱匀，腰腹肥滿」，勿使「前面有餘，後面不足；前面極工，後面草草」（姜夔《白石道人詩說》）。要求前後照應，佈置合理，體現結構謀篇上的和諧美。文學史研究中，對初唐七言歌行以賦爲詩，鋪張宏麗的特點，是歷代評論家公認的。如前所述，這首詩以長安爲中心，多角度地描寫了紛繁的人與物，暴露出社會生活中不少骯髒、醜惡的東西。雖說在章節段落之間，通過敍事狀物，或暗寓嘲諷，或直抒感慨，或明或暗地表現出作者的思想傾向。但是，沒有一個較有分量的結尾，還是不足以將分散在各段之間的抒情、議論集中起來，創造出一個帶有總結意義的、造語精妙的意境，深化詩的主題思想。因此，詩末四句以南山桂花沁人的幽香象徵甘守寂寞，窮守學業，追求創造的清高情操，是富有感染力的生動、形象的收束完篇之筆。這是提高全詩格調的有力的一筆，不但對題材本身帶有的宮體色彩起了消蝕、蕩滌的作用，同時也表明作者將自己置身於統治階級腐朽生活之外的態度，和他對現實社會的怨憤之情。作者一生官卑位低，生活景況並不順利，往往喜愛歌詠桂花寄託情懷。「山有桂兮桂有芳，心思君兮君不將」（《獄中學騷體》），繼承楚辭香草美人的傳統，藉桂花芳香無人賞識，抒懷才不遇的心情。「獨有南山桂花發，飛來飛去襲人裾」的意境，雖說帶有清高自賞的情味，但也表明作者在塵世喧囂中的寂寞心境及其自慰與自勉。如果沒有詩末這四句情趣盎然、意境優美的點題之筆，這首詩的藝術魅力或許將大爲遜色。因而不能說這個結尾是「藝術的失敗」。

如果說這首詩在藝術上還有某些失敗之處，我以爲倒不在它的結尾，而是字裏行間表現出來的諸如辭藻的堆砌痕跡，對偶句式間或生硬凝澀等方面，表明作者在語言駕馭上未能徹底擺脫六朝形式主義詩風的影響，給詩歌語言帶來了某些雜質。而成功與失敗兩方面共存的這首唐初詩歌名篇，正體現出處在由宮體詩蛻變過程中的這一特定時期詩歌的特色。

（林家英）

在獄詠蟬

駱賓王

西陸蟬聲唱，南冠客思侵。那堪玄鬢影，來對白頭吟。露重飛難進，風多響易沉。

無人信高潔，誰爲表予心？

這是一首工於比興寄託的詠物名篇，也是一曲憂憤深廣的人生悲歌。

調露元年（六七九），擔任侍御史的駱賓王由於屢次上書諷諫政事，觸犯了當權的武則天，被誣在長安主簿任上犯貪贓罪，於這年秋天下御史臺獄。監獄西面，古槐數株，上有秋蟬悲鳴，引起他對自身品行遭際的聯想和對人生社會的感慨，寫下這首託物詠懷、抒發幽憤的詩篇。

首聯聞蟬興感，正點題面。日行西陸謂之秋，這裏即以「西陸」代指秋天。「南冠」用《左傳》成公九年楚囚鍾儀南冠而縶事，此處代指繫囚，點明自己「在獄」的特殊身份。蟬到了秋天，生命力趨於衰竭，鳴聲聽來特別悽切。這對於一個身處異鄉而又失去自由的人，感情上不用說是一種強烈的觸動。「客思」在這裏便不單指羈愁鄉思，而且包含身世沉淪之感和窮途抑塞之悲。「侵」字帶有漸進的意味，顯示出在聽蟬的過程中，幽憤的「客思」不斷浸潤擴大、深化強化，透露出這種難堪的「客思」是怎樣地侵擾、咬嚙着詩人痛苦的靈魂。這一聯以工整的對仗起，「西陸」、「南冠」又分別用典，顯得典重深凝。這和詩人因聞蟬而興悲的感情狀態是一致的。

頷聯就「侵」字進一步抒寫不堪聞蟬的悲苦心情。古代女子有將鬢髮梳得鬆薄如同蟬翼的髮型，稱蟬鬢，這裏轉以「玄鬢影」形容秋蟬的身影。白頭，詩人自指，這一年他不到四十歲，但因愁苦憂憤，髮已花白。吟，指蟬的哀鳴。兩句用流水對，語意一貫，意思是說，哪能經受得住這玄黑縹緲的秋蟬身影，對着我這憂憤白頭的人哀聲慢吟呢？「那堪」二字直貫到底，突出了感情的強度。「玄鬢」、「白頭」，分切秋蟬與自己，對偶工妙，不但見詩人的巧思，而且給人以鮮明的視覺形象，展現出置身囹圄的白頭詩人面對高樹悲蟬，形影相弔，不勝哀怨憂憤的情景。這就使蟬和人進一步結合起來，爲後幅以蟬喻人創造了條件。

詩人在哀怨悽切的蟬聲中聽到了自己的心聲，也在秋蟬身上進一步發現了自己，因此腹聯便由前幅的聞蟬興感自然過渡到以蟬自喻。「露重飛難進，風多響易沉」，這兩句專從秋蟬和它所處環境的關係着筆。「露重」、「風多」，正切秋令，比喻環境的惡劣和世路的艱險；「飛難進」、「響易沉」，比喻政治上難以進展，呼號不爲人所聞。整個社會，就像霜露沉沉、寒風悽悽，充滿陰冷氣氛的世界，到處都有沉重的壓力和艱險的阻力，自己則正如秋蟬弱羽，欲飛而不能前進，哀音弱息，欲訴而響寂聲沉。這一聯不祇是抒寫了作爲一個囚徒蒙受誣枉、有翅難飛、有口難訴的痛苦處境與心情，而且融鑄了詩人長期以來備受壓抑、歷盡坎坷的人生體驗，從而在廣闊的範圍上概括了封建社會中受壓抑的下層知識分子的共同遭際與感受，具有較高的典型性。兩句緊切節物，純用比體，寄慨遙深，而無晦澀之弊，是比興寄託的上品。

「無人信高潔，誰爲表予心？」末聯由「響易沉」生發。蟬棲息高樹，古人認爲它餐風飲露，食性清潔，歷來視爲高潔之士的化身。但風多響沉，微弱的聲音既不爲人所聞，自己「高潔」的品格也就無人理解和相信，茫茫人世，又有誰爲自己表白心跡與品性呢？這一聯雖然仍關合着蟬來說，但直接抒情的意味更濃，感情也更沉痛憤激。全詩就在這感情的高潮中收束，留下一片沉冤莫辨、無人理解的痛苦呼號的餘音，在讀者耳際縈迴蕩漾。

從構思看，這首詩筆筆不離蟬和人。但前幅是因蟬興感，物我分詠，着重抒寫因聞蟬引起的主觀感受；後幅則借蟬自喻，物我合一，寫蟬的環境、遭遇和感情，也就是寫自己。原先引起思緒的外物——蟬，已轉化爲詩人自身的象徵。末聯彷彿專從詩人着筆，但「高潔」之語，仍緊密關合蟬的特性，因此全聯固不妨看作人格化的蟬的自我抒情。衹是詩人的感情發展到這裏，已經強烈到幾乎要衝破比興的外殼而訴之於直接抒情的程度了。這樣，全詩在託物寄興的過程中，蟬與人既密切相關，又有分有合，有各種不同的結合方式。這就在統一中顯出多樣和變化來。

清施補華《峴傭說詩》云：「三百篇比興爲多，唐人猶得此意。同一詠蟬，虞世南『居高聲自遠，端不（《全唐詩》作「非是」）藉秋風』，是清華人語；駱賓王『露重飛難進，風多響易沉』，是患難人語；李商隱『本以高難飽，徒勞恨費聲』，是牢騷人語。比興不同如此。」這裏指出了不同地位、遭遇與氣質的詩人，在同一託詠蟬以寄意的詩中所表現出來的藝術個性。其中涉及取象與寄興的關係問題，值得細加探討。

（劉學鍇）

秋日登洪府滕王閣餞別序

王勃

豫章故郡，洪都新府。星分翼軫，地接衡廬。襟三江而帶五湖，控蠻荊而引甌越。物華天寶，龍光射牛斗之墟；人傑地靈，徐孺下陳蕃之榻。雄州霧列，俊彩星馳。臺隍枕夷夏之交，賓主盡東南之美。都督閻公之雅望，棨戟遙臨；宇文新州之懿范，襜帷暫駐。十旬休暇，勝友如雲。千里逢迎，高朋滿座。騰蛟起鳳，孟學士之詞宗；紫電清霜，王將軍之武庫。家君作宰，路出名區。童子何知，躬逢勝餞。

時維九月，序屬三秋。潦水盡而寒潭清，煙光凝而暮山紫。儼驂騑於上路，訪風景於崇阿。臨帝子之長洲，得仙人之舊館。層臺聳翠，上出重霄。飛閣流丹，下臨無地。鶴汀鳧渚，窮島嶼之縈迴。桂殿蘭宮，列岡巒之體勢。披繡闥，俯雕甍。山原曠其盈視，川澤盱其駭矚。閭閻撲地，鐘鳴鼎食之家；舸艦迷津，青雀黃龍之軸。虹銷雨霽，彩徹區明。落霞與孤鶩齊飛，秋水共長天一色。漁舟唱晚，響窮彭蠡之濱；雁陣驚寒，聲斷衡陽之浦。

遙吟俯暢，逸興遄飛。爽籟發而清風生，纖歌凝而白雲遏。睢園綠竹，氣凌彭澤之樽。鄴水朱華，光照臨川之筆。四美具，二難併。窮睇眄於中天，極娛游於暇日。天高地迥，覺宇宙之無窮。興盡悲來，識盈虛之有數。望長安於日下，指吳會於雲間。地勢

王勃

秋日登洪府滕王閣餞別序

極而南溟深，天柱高而北辰遠。關山難越，誰悲失路之人。萍水相逢，盡是他鄉之客。懷帝閽而不見，奉宣室以何年？

嗟呼！時運不齊，命途多舛。馮唐易老，李廣難封。屈賈誼於長沙，非無聖主。竄梁鴻於海曲，豈乏明時。所賴君子見機，達人知命。老當益壯，寧移白首之心。窮且益堅，不墜青雲之志。酌貪泉而覺爽，處涸轍而猶懽。北海雖賒，扶搖可接。東隅已逝，桑榆非晚。孟嘗高潔，空餘報國之情。阮籍猖狂，豈效窮途之哭？

勃，三尺微命，一介書生。無路請纓，等終軍之弱冠。有懷投筆，慕宗慤之長風。舍簪笏於百齡，奉晨昏於萬里。非謝家之寶樹，接孟氏之芳鄰。他日趨庭，叨陪鯉對。今晨捧袂，喜託龍門。楊意不逢，撫凌雲而自惜；鍾期既遇，奏流水以何慚。嗚呼！勝地不常，盛筵難再。蘭亭已矣，梓澤坵墟。臨別贈言，幸承恩於偉餞。登高作賦，是所望於羣公。敢竭鄙懷，恭疏短引。一言均賦，四韻俱成。請灑潘江，各傾陸海云爾。

從六朝到初唐，一種偶體雙行的駢體文統治了文壇。這種文章多數在內容上虛假、空洞、頹靡，形式上講究對偶聲韻，大量使典用事，濫用華辭麗藻，因而被後人批評爲「繡繪雕琢」的「無用之文」。唐代韓、柳倡導「古文」，就是針對駢文的；否定了駢文，才開創了中國散文發展的新生面。但是，在衆多的駢文作家中，不乏有才華的人物；駢體作品，也頗有值得一讀的佳篇。一些優秀的駢文，在嚴格的形式束縛之中，使用了鋪排、描摹、敍事、抒情等技巧，發揮了漢語文特有的對偶、聲韻、事典、辭藻等表現手段，成爲摹寫生動、情致宛然、和諧可誦的好作品。王勃的《秋日登洪府滕王閣餞別序》，就是這樣的一篇代表作。

王勃（六五〇——六七六），字子安，絳州龍門（今山西河津縣）人，是初唐詩壇上著名的「四傑」之一。初唐是社會大變動時期，不少出身寒微的知識分子靠政能文才飛黃騰達，直抵卿相；但王勃雖才華早著，却仕途坎坷。他十四歲舉幽素科，授朝散郎，做沛王府修撰。以後兩次得罪，後一次遇赦免死。其父王福時

秋日登洪府滕王閣餞別序

也受累貶官南海。他到南方省親，渡海溺水，驚悸而死，年僅二十七歲。他才氣橫溢，文名早著，寫詩力圖改變六朝以來「爭構纖微，競爲雕刻」的弊風（楊炯《王子安集序》），開唐詩繁榮的先聲；著文雖沿襲駢儷餘習，但亦見新變，有些篇章已做到情眞意切，清麗可喜。《秋日登洪府滕王閣餞別序》，是他赴南海省父，路過洪州（今南昌市），參與都督閻某在滕王閣上舉行的飲宴而作，是古今傳誦的駢文名篇。

登高感懷，是中國古代文學的傳統主題；宴飲作序，是當時文人的習俗。但是，許許多多這類題材的作品，內容空洞，陳陳相因，以華辭麗藻來文飾無病呻吟，値得一讀的不多。王勃的《滕王閣序》，雖然通篇用駢偶，詞采相當絢麗，格式非常嚴整，但內容充實，富於眞實的感情，敍事清晰而生動，描寫景物有詩情畫意，并不給人雕琢柔靡的印象。

文章先從洪州地理形勢寫起：

豫章故郡，洪都新府。星分翼軫，地接衡廬。襟三江而帶五湖，控蠻荆而引甌越。……

王勃爲滕王閣飲宴作序，一開始不寫樓臺，也不寫宴會，先宕開一步，寫滕王閣所在的洪州襟江帶湖、控荆引越的形勢，境界開闊，落筆不俗。接着，他用駢文鋪排事典的技巧，歷敍當地物產珍異、人物薈萃、宴會樓臺的地勢、與宴賓主的才德，層層鋪寫，把讀者引向了高朋勝餞的集會，扣緊了餞宴的題目。

滕王閣本是初唐時高祖子滕王李元嬰官洪州都督時所建，在章江門城上。危樓高聳，下臨贛江，遠覽山川，俯瞰城府。後經改建，被稱爲「江西第一樓」，爲一郡遊覽的勝地。王勃躬逢盛會，在寫到宴集的盛大之後，并不黏着題目，而是再宕開一步，另起端緒，以充滿詩情的文筆，描寫了滕王閣的壯麗及其周圍的風光。

古代的宴集序這種文體，是一種記敍文，也往往是宴會上集體作詩的說明書。王勃是個有才氣的詩人，他帶着詩情寫樓臺景物，文字宛如辭采明麗的散文詩。他在這裏打破了一般駢文敍寫風物時雕琢藻飾、模山範

秋日登洪府滕王閣餞別序

水的舊格，把豪放超逸的情致，融入綺麗的詞采和生動的描繪之中，帶着讀者趨名樓，登高閣，覽觀樓臺的壯麗，山川的曠遠，市井的繁華，舟檝的衆多，點綴以漁歌、雁聲，描繪出一幅色彩鮮明、情景交融的畫圖。他用了駢句，但語氣奔放而自然；他又着重辭采藻飾，但表現得生動而和諧。「潦水盡而寒潭清，煙光凝而暮山紫」，寫出充滿秋意的晚景：清明的湖水與紫色的暮靄造成了色彩的對比；近水與遠山形成了景物的層次；一個「寒」字又突出了山川給人的清爽感覺。寫樓臺，僅用「層臺聳翠，上出重霄，飛閣流丹，下臨無地」十六個字，以誇飾筆法突出危樓入雲的壯觀，用生動描摹表現檐翼如飛，丹彩欲流。這十六個字精彩廉悍地復現了滕王閣的氣勢形貌。後面的「落霞與孤鶩齊飛，秋水共長天一色」，更是千古名句。相傳都督閻某舉辦飲宴，以擬讓子婿孟學士作序，并早經宿構；謙讓衆賓，王勃不知推辭，惹得主人大怒，拂衣而去。後來聽說寫出「落霞」兩句，閻某矍然而起，說：「此眞天才，當垂不朽矣。」這個傳說，出自小說家言，不必是實，但却可見這兩句文章的精闢卓異。前人寫到水天（或天地）相接景象的很不少，著名的如晉袁宏《東征賦》：「即雲似嶺，望水若天。」梁吳均《與朱元思書》：「風煙俱淨，天山共色。」梁元帝蕭繹《蕩婦秋思賦》：「天與水兮相逼，山與雲兮共色。」而王勃把這種景象凝聚到一雙對句的下句，描繪出一個曠遠的背景，在這水天一色的一片青碧之中，點綴以紅霞、白鶩，構成色彩明麗的畫面。前人又曾指出，王勃的句法，出自庾信《馬射賦》：「落花與芝蓋齊飛，楊柳共春旗一色。」這類句式在王勃前還有不少，如後魏釋僧懿《平心露布》：「旌旗共雲漢齊高，鋒鍔共霜天比淨。」《唐德州長壽寺舍利碑》的「浮雲共嶺松張蓋，明月與巖桂分叢」，等等，但這些句子都顯得雕鑿造作，形象也不如王勃的優美動人。例如庾信描寫落花與馬射隊伍中繪着芝草的車蓋齊飛，聯想就很欠自然。王勃寫紅霞在天上飄動，白鶩在紅霞中翺翔，造成藍天上一紅一白的色彩對照；無生命的晚霞與有生命的飛鳥并舉，構成的畫面更爲明麗鮮活。前人評王勃文，說是「篇篇結綠，語語連珠，胸無儉思，腕有餘藻」（《鐵立文起》）。就拿這一段寫景文字來說，雖然用了偶對辭彩，但已相當自然流利。絢麗的文辭、工整的對偶，有助於文意的表達，是當得起這個評價的。

如果文章按此敷寫下去，在內容上就會仍然局促於流連光景的陳規舊套。但王勃以大起大落的筆勢，由

秋日登洪府滕王閣餞別序

逸遊的豪興陡轉入興盡悲來的感慨。他從自己的際遇引發出對人生的思索，從而使文章表達出更深厚的情意。他在寫了「遙吟俯暢，逸興遄飛」的興致之後，在「四美具，二難併」的詩酒歌管之中，忽發深沉的感傷。

聞一多先生論到「四傑」，說他們「年少而才高，官小而名大，行爲都相當浪漫，遭遇尤其悲慘」（《唐詩雜論·四傑》）。王勃在四個人中很有表代性，他本來處身新王朝的興盛時期，但已成爲統治階級內部矛盾的犧牲品。他的外露的才華和不羈的作風，被時人攻擊爲露才揚己、恃才傲物，因而爲社會所不容。所以他的不遇之悲，是對社會的一種控訴，是對「盛世」之下的現實矛盾的一種揭露。他慨嘆宇宙無窮，表露出對人生短暫和功業不就的感傷；他悲悼盈虛有數，表明了自己在「命運」面前的無能爲力。「望長安」以下四句，是說自己無力躋身朝廷，如今將流落南海。他把自己比擬爲屈原；屈原《楚辭·離騷》有句云：「吾令帝閽開關兮，倚閶闔而望予。」是說他讓天帝的守門者打開天門，但守門人倚在門旁觀望，不予理睬。王勃却說自己連守門的人都望不見。他又把自己比擬爲賈誼：賈誼遷謫長沙，終被漢文帝徵回，召見於宣室。王勃慨嘆不知何時有這樣的機會。接着，他又列舉出馮唐、李廣、梁鴻等人作比，從各個方面說明自己困頓處境。在這裏，他表現出嗟卑嘆老的傷感和見機知命的消極。但是，感情又突然逆轉，他表示自己的壯懷白首不移，清操愈厲，困而彌堅。他又用了《莊子·逍遙遊》典，說自己像大鵬鳥一樣，仍可乘飄風扶搖直上九霄；他還用《漢書·馮異傳》上所謂「失之東隅，收之桑榆」的說法，表示自己雖然早年失意，但仍懷着在後半生救世濟時的信心。這樣，他寫失意的悲哀，成爲對時代的抨擊；他又寫積極的壯懷，表現出一種用世的樂觀精神。而他以跌宕之筆抒寫的這種內心矛盾和痛苦，正展示了才智之士處困頓、受壓抑的精神面貌。所以，他的這種懷才不遇的感傷情懷，千百年來引起過許多人的共鳴。

最後一段，歸結到自己的志向、旅程，對主人的知遇表示感謝，對盛大的宴餞表示依戀，恰恰照應文章的開頭。首尾關聯，成爲結構嚴謹的整體。

《新唐書·文藝傳》概括唐文發展說：「唐有天下三百年，文章無慮三變。高祖、太宗，大難始夷，沿江左餘風，絺句繪章，揣合低昂，故王、楊（炯）爲之伯。」宋代的洪邁，在《容齋四筆》中也曾指出，王勃

秋日登洪府滕王閣餞別序

「用駢麗作記、序、碑、碣，蓋一時體格如此」。但像王勃《滕王閣序》這樣的駢文，却已表現出文體和文風的新變，與六朝以來流行的駢文有很大的不同。這不只是由於他的才氣，更由於他在時代矛盾中獲得了對現實與人生的新的感受，新的認識。他把它們表現在文章中，就是駢文的僵化凝固的形式所束縛不住的。在他那些華麗的詞藻和繁多的事典中，已經表現出流麗自然的氣勢，迸發出眞實純樸的心聲。

在藝術上，這篇序有着駢文的一個缺點。如排比事典、牽扯古人，使古典知識不多的人難於了解。爲了硬湊四六對句，把薦舉司馬相如的楊得意縮爲楊意，把被陳蕃賞識的徐孺子略爲徐孺，早已被前人指爲措辭荒謬。文章重複、冗雜處也不少。但總的説來，這篇文章在藝術表現上有許多長處。全文以記敍爲線索，條理清晰，首尾照應，似乎是隨手注措，信筆寫來，但結構層次井然，開合起伏多變化。描寫的生動，抒情的眞摯，前面已分析到了，這裏不再贅述。文章用了許多事典，一般都相當貼切，而且運用得比較自然。文章用了不少絢麗的字句，但大多都很有表現力，沒有故作文飾和雕琢的弊病。文章基本使用偶體雙行的四六句式，但注意參差變化，不使人覺得刻板劃一，而能造成音節整齊，和諧可誦的效果。所以，王勃在這裏如像戴着鎖鏈跳舞一樣，在駢體的束縛中表現了自己高超的技巧，儘量發揚了駢文藝術的積極方面，使文章具有較大的表現力。

在文學史研究中，駢文一般被當作形式主義的產物，很少受到重視。目前出版的古文選本，也很少選到駢文。實際上，駢文是中國散文史上一份很值得注意的遺產。它把使用對偶、聲韻、事典、詞藻等表現手段的技巧片面地、畸形地發展了，使形式凝固化了，造成形式脫離了內容；但它對散文形式與藝術技巧的發展是有貢獻的。從六朝到初唐，駢文統治文壇幾百年，後來散體「古文」興起，但駢文仍綿延不絕。許多有才華的文人在這上面窮盡精力，創造出不少藝術上的精品。《滕王閣序》就是一例。韓愈一生中反對駢文最力，但他讚賞這篇序。他寫《新修滕王閣記》，説自甘列名王勃之後，還感到很「榮耀」。他的「古文」不廢偶對句法、儷語麗詞，早已有人指出他是吸取了六朝駢文的神髓的。柳宗元早年習駢文，這種素養對他以後寫「古文」大有益處。他的著名的《永州八記》就是駢散間行的。唐、宋名家散文，講究音節頓挫、聲調低昂、語氣緩急、句式短長，使文章聲情并茂，音調和諧；又注重運用事典，使用詞藻，力求表達上凝煉、深厚、生動、鮮明，如此等等，都有取於駢文的藝術經驗。所以，今天我們寫散文，讀點駢體文，會是有一定益處的。

（孫昌武）

送杜少府之任蜀川

王　勃

城闕輔三秦，風煙望五津。與君離別意，同是宦遊人。海內存知己，天涯若比鄰。無爲在歧路，兒女共霑巾。

離愁別緒，是古代詩歌中常見的一種主題，古代交通不便，一旦分離，再會難期，就連通信也不是一件容易的事。所以在這些送別或留別的詩裏，難免染上淒涼、傷感的色彩。江淹《別賦》所謂「黯然銷魂者，唯別而已矣」，在古代確乎是這樣的。但也不可一概而論，古人寫的別詩，也有明朗樂觀之作。初唐詩人王勃的名作《送杜少府之任蜀川》，就是這樣的一首好詩。

王勃，字子安，絳州龍門人。十四歲時應舉及第，當了一名朝散郎，沛王召爲修撰，但不久就被唐高宗貶黜了。於是王勃便漫遊蜀中，一度任虢州參軍，又犯了死罪，幸而遇赦，但官職還是丟掉了。他的父親受他牽累，貶爲交阯令。他渡海省親，不幸溺水而死。年僅二十七歲。

《送杜少府之任蜀川》是他在長安的時候寫的。「少府」，是唐代對縣尉的通稱。這位姓杜的少府將到四川去上任，王勃在長安相送，臨別時贈給他這首詩。

「城闕輔三秦，風煙望五津。」開頭兩句分別點出送別的地點和行人的去向。「城闕」，指京城長安，闕是宮門兩邊的望樓。「三秦」，泛指長安附近。項羽破秦後，把秦國原來的地盤分爲雍、塞、翟三國，封秦朝的三個降將爲王，稱爲「三秦」。「城闕輔三秦」，是說京城長安周圍有三秦夾輔着。「五津」，是杜少府要去的地方。四川的岷江從灌縣到犍爲這一段有白華津、萬里津等五個渡口，稱「五津」。長安是詩人和杜少府分手的地方，城郭宮闕，氣象雄偉，歷歷在目。杜少府離開這裏，自然是戀戀不捨。而將去的蜀川呢？千里迢迢，風煙渺渺，極目望去不免產生幾分惆悵。這兩句通過一近一遠兩處景物的對照，襯托出行者、送者雙方依依惜別的感情。

這位姓杜的朋友在京城得到縣尉這樣一個小官，長途跋涉到蜀川去上任，恐怕是一個很不得志的知識分子。王勃自己遊宦在外，也不怎麽得意。當他們走出都城，遠望五津的時候，彼此的感情很自然地會溝通在一起。「與君離別意，同是宦遊人」，這兩句詩把兩人之間感情的共鳴寫了出來。這兩句的大意是：我和你都是離鄉遠遊以求仕宦的人，你去蜀川，我留長安，去和留雖有不同，但此刻的惜別之意却是一樣的啊！這兩句表現的感情很眞摯，態度很誠懇，一種體貼關注的語氣，從字裏行間自然而然地流露出來，是很動人的。

五六句忽然將筆鋒一轉，轉而去寬慰那即將遠行的友人：「海內存知己，天涯若比鄰。」意思是說：我們分手之後，雖然天各一方，但是不必悲傷。海內有知心的朋友，即使遠隔天涯，也像是近鄰一樣。最後兩句就此再推進一層說：「無爲在歧路，兒女共霑巾。」意思是，不要在分手的歧路上因離別而悲傷，就像那些青年男女一樣地別淚霑巾。以上四句是從曹植的《贈白馬王彪》脫化出來的。曹植在和他的弟弟曹彪分離時寫道：「丈夫志四海，萬里猶比鄰。」又說：「憂思成疾疢，無乃兒女仁！」但王勃的詩更凝煉、更鮮明。

《送杜少府之任蜀川》是長期以來膾炙人口的詩篇，特別是「海內存知己，天涯若比鄰」兩句，至今還常被人們引用。這首詩寫得樂觀開朗，沒有一般贈別詩常有的那種哀傷和悱惻。我想，這正是它受人喜愛的一個重要原因。它的情調和唐朝前期經濟文化走向繁榮、封建社會上升發展的時代精神是一致的。

樸素無華是這首詩的藝術特色，也正是它的好處。從齊梁到初唐，浮華豔麗的詩風一直佔據着詩壇的統治地位。王勃和楊炯、盧照鄰、駱賓王等人扭轉了齊梁詩風，爲詩歌創作開創了新的風氣。王、楊、盧、駱，「以文章名天下」，稱「初唐四傑」，在中國文學史上有不可忽視的地位。杜甫在《戲爲六絕句》裏說：「王楊盧駱當時體，輕薄爲文哂未休。爾曹身與名俱滅，不廢江河萬古流。」杜甫說那些嗤笑「四傑」的人只能「身與名俱滅」，而「四傑」却像萬古長流的江河，他們的美名永遠不會泯滅。杜甫對「四傑」的推崇是一點也不過分的。就拿王勃這首詩來說吧，并不堆砌詞藻和典故，只是用質樸的語言，抒寫壯闊的胸襟。但在質樸之中又有警策，在豪語中又包含着對友人的體貼，絕不是一覽無餘、索然寡味。詩人本來是要勸慰杜少府的，勸他不要過於感傷。但并不是一上來就勸他，而是先用環境的描寫襯托惜別的心情，表示自己是和他一樣的宦遊人，因而最能理解他那種離開親友遠出求仕的心情。接下去又說，山高水遠并不能阻隔知己的朋友在精神上和感情上的溝通，「海內存知己，天涯若比鄰」，遂成爲全篇的警策。直到最後才勸他不要在分手的時候過於悲傷。這樣寫來多麼委婉！杜少府一定會感到親切，他那點纏綿悱惻的感情也一定可以排解開了。（袁行霈）

從軍行

楊　炯

烽火照西京，心中自不平。牙璋辭鳳闕，鐵騎繞龍城。雪暗凋旗畫，風多雜鼓聲。
寧爲百夫長，勝作一書生。

楊炯

從軍行

楊炯（六五〇——？），陝西華陰人。十一歲舉神童，授校書郎。高宗永隆二年（六八一），皇太子已釋奠，求豪俊，充崇文館學士，遷詹事司直。因諷刺朝士的矯飾作風，遭人忌嫉。武后時貶爲梓州司法參軍，任期滿，改爲婺州盈川令，卒於官。著有《楊盈川集》十卷。

楊炯是四傑中成就較差的一個，他擅長五律，善於運用樂府歌行來作律詩。《從軍行》原是樂府「相和歌·平調曲」舊題，敍述軍旅戰事。楊炯却用來就律，寫來自然明快，看不出一點斧鑿痕跡。確如王夫之所說，楊炯「裁樂府作律，以自意起止，混合入化」。

唐代初期，西北方突厥等貴族軍事集團，常常侵擾邊境，威脅着祖國邊疆人民的生命和財產的安全。唐王朝或被迫迎擊，或以主動出擊的手段來捍衛與鞏固邊疆。因此，邊塞戰爭頗爲頻繁。四傑都去過邊塞，對邊塞生活有一定體驗和認識。所以，寫了不少具有現實意義的邊塞詩。楊炯的《從軍行》就是這類作品。

《從軍行》是抒寫作者在邊境貴族軍事集團叛亂，情況危急的時刻，自願投筆從戎，捍衛疆場的慷慨精神。詩的開頭是：「烽火照西京，心中自不平。」戰爭的火警已照到長安來了，我心裏感到很不平靜。「西京」即長安。詩一開始就點明了邊境告急，作者心中不平靜。這就給詩的主題的展開開闢了道路。前一句是「從軍行」的客觀條件，後一句是「從軍行」的主觀條件，如果沒有後一句把主觀和客觀結合起來，也就無所謂「從軍行」了。「烽火照西京」句的「照」字，很有分量。邊塞的烽火再猛也照不到西京那麼遠，這分明是誇張之言，也是寫意之說。但正因爲用了「照」字，就很傳神地把戰火緊急的情況傳達給讀者，使之眞的好像看到戰火就快燒到西京了那樣的感覺。情況既然這麼緊急，當然會引起人們的嚴重注意。這樣，「心中自不平」句，就顯得更有着落，連接得更緊了。

接下去作者寫道：「牙璋辭鳳闕，鐵騎繞龍城。」這是寫出征將士的威武。意思是說，將帥辭別皇宮，領兵出征，那精壯的騎兵包圍了敵人的駐地龍城。「牙璋」，是古代發兵所用的兵符，有兩塊，相合處爲牙狀，分掌在朝廷和主帥手中。「鳳闕」，泛指帝王宮闕。「鐵騎」，既精強的騎兵。「龍城」，是漢時匈奴大會祭天之處，這裏泛指敵人駐所。這兩句，乍看起來，似乎很平常，究竟將士的威武如何表現的呢？前一句，作者之所以從「牙璋」、「鳳闕」來取材，是有其用意的。那就是說，這次出征是奉皇帝之命，是極其重要的衛國行動，并非尋常的出師可比。因此，給人有隆重莊嚴之感。後一句「鐵騎」兩字，顯示了兵強馬壯，所向無敵。而「繞」字更有壓倒敵人之勢，它裏面體現了唐軍處在主動出擊的地位。

將士們出征邊塞，究竟邊塞的征戰情況怎樣呢？「雪暗凋旗畫，風多雜鼓聲。」大雪紛飛，不見天日，軍旗上的繪畫都被雪花掩蓋着，像是凋落了一樣。呼呼的風聲和鼓聲混雜在一起。這裏主要是寫塞外冰雪苦塞、淒風怒吼，而在它背後又是體現了戰鬥的艱苦。在一般情況下，上兩句寫了將士出征，這兩句應該從正面寫戰鬥情況，爲什麼反而寫邊塞苦寒？第一，這首詩的主題不在於描寫戰爭，而在於抒寫作者投筆從戎的壯志。這就沒有必要描寫戰爭的具體情況，而要選擇最能突出他從軍的意志的來寫。第二，如上所說，「鐵騎繞龍城」句已表明了唐軍所向無敵、有壓倒敵人之勢，戰爭穩操勝券。這樣，要是描寫戰鬥，只能是寫唐軍殲滅敵人，這對主題的展開是沒有什麼幫助的。所以第三，作者只能從塞外冰天雪地的軍事生活方面來落筆。因爲那樣艱苦的生活更能顯示出從軍的意之堅、志之昂。第四，這兩句又不是完全脫離軍事行動來寫。它的妙處就在於通過軍事行動來描寫邊塞的苦寒，如所謂「凋旗畫」、「雜鼓聲」。古代戰爭是擊鼓指揮的，「風多雜鼓聲」句，又是體現了戰爭的激烈。這樣，它又和上兩句緊緊地聯繫起來了。

那麼，對於這樣艱險的軍事生活，作者抱什麼態度呢？最後兩句解答了：「寧爲百夫長，勝作一書生。」作者寧願作一個低級軍官，這比作一個書生要好得多。「百夫長」，即卒長，泛指低級軍官。出自《書·牧誓》：「千夫長，百夫長。」這兩句充分表現了作者自願投筆從戎、保衛祖國的堅定決心和愛國熱情。很明顯，他不願居高位、享清福，而願意到那天寒地凍的塞外去，履險殺敵。如果沒有爲保衛祖國安全的一片丹心，能够這樣做嗎？而這一點正是比之那些鑽營官場，追求高官厚祿而置祖國民族於腦後的人要高得多。據《舊唐書·高宗紀》載：「永隆二年（六八一），突厥寇原慶等州（今寧夏固原、甘肅慶陽一帶地區），遣禮部尚書裴行儉率師討突厥溫傅部落。」當時楊炯爲崇文館學士，詩中所寫的就是他對那次邊疆叛亂的義憤胸懷，表示願去邊塞，爲保衛祖國統一而戰，不甘於過優閑的學士生活，這就使詩裏充滿了一股英勇的精神和豪邁的氣概。

（鄭孟彤）

代悲白頭翁

劉希夷

洛陽城東桃李花，飛來飛去落誰家？洛陽女兒惜顏色，行逢落花長嘆息。今年花落顏色改，明年花開復誰在？已見松柏摧爲薪，更聞桑田變成海。古人無復洛城東，今人還對落花風。年年歲歲花相似，歲歲年年人不同。寄言全盛紅顏子，應憐半死白頭翁。此翁白頭眞可憐，伊昔紅顏美少年。公子王孫芳樹下，清歌妙舞落花前。光祿池臺文錦繡，將軍樓閣畫神仙。一朝臥病無相識，三春行樂在誰邊？宛轉蛾眉能幾時，須臾鶴髮亂如絲。但看古來歌舞地，惟有黃昏鳥雀悲。

作者劉希夷（651——？），字庭芝，汝州（今河南省臨汝縣）人。史稱他美姿容，好談笑，落魄不拘常檢，苦篇咏，特善閨帷之作，詞情哀怨，多依古調，體勢與時不合，遂不爲所重。惜其詩流傳非常少，《全唐詩》收三十五首。

《代悲白頭翁》本樂府古題，又作《代白頭吟》。《白頭吟》是漢樂府相和歌楚調曲，古辭寫女子毅然與負心男子的决裂，主旨爲「願得一人心，白頭不相離」。劉希夷之擬樂府則創造出女子和老翁的形象，揭示出生命不永、富貴無常、韶華易逝的人生哲理。由他開拓出的新題意，構思巧妙，語言華美，感情深沉，是一首意境很高的作品。這首作品也成爲他的代表作，是歷代傳頌的名篇。

全詩的基調暗含於開篇，首句即點明時令，桃李開花已是暮春；第二句進一步申明，時花已開始凋零飛落。春去本自傷情，何况又睹這紅消香斷呢?所以基調必是「悲」無疑。下文即由此生發開，展開對悲的鋪敍。作者選用了妙齡女兒和白頭老翁爲主人公，並對比他們的景况，總結出亘古不變之理：歲歲年年花相似，年年歲歲人不同。這兩句也成爲了中國文學史上膾炙人口的名聯。《唐才子傳》、《大唐新語》、《劉賓客嘉話録》、《本事詩》都記載了有關這兩句詩的故事，即劉希夷的舅舅宋之問酷愛這一聯，知其未傳於人，就要求劉希夷讓給他。劉希夷許而竟不與，宋之問惱羞成怒，使奴以土囊壓殺於别舍，時未及三十，人悉憐之。此事的眞假，前人多以爲不確，但體現出人們對這一聯的欣賞。

全篇從内容上看，可以分爲三部分。第一部分圍繞洛陽女兒來寫。描寫了她見到落花後的感傷。感傷的原因就是時間易逝，如白駒過隙，美麗和生命一樣不能免俗地受到時間的侵蝕，今年我看到了落花，明年花期時我還在不在呢?松柏乃長壽之物，也不免朽枯最後被當成柴燒，桑田終變成滄海也是現實的生活。這兩樣能持久的事物猶如此隨時間變遷，古人、今人又何以堪?焉有長久永壽之理?第一部分用上面提到的名言作結，其實全詩的意旨已經揭出。

第二部分用忠告的語氣告誡「紅顔子」們，不要嘲笑白頭老翁，而是應該憐憫他們。因爲他們的現在就是紅顔子們的將來。何以見得呢?詩人用了八句概括了老翁由盛而衰的一生，前六句描寫了老翁年輕時風流倜儻的生活，他也曾裘馬輕狂，舞榭歌臺，出入權要，與達官貴人品文論武，但是一旦老病襲來，所有的得意煙消雲散，賞心樂事無緣眷顧。最後用問句「三春行樂在誰邊」結出否定的意思，並加强了語氣，表達出所有的一切都會隨着時間的流逝而成爲過眼雲煙，時不待人，時不饒人。

第三部分是最後四句，它是對全詩的總結。「宛轉蛾眉能幾時，須臾鶴發亂如絲。」是對洛陽女兒和白頭老翁兩個主人公的總結。其實他們二人這一盛一衰的狀態就是人生全部內容的縮影，趨勢必是由盛而衰，進度必是轉瞬即逝。「但看古來歌舞地，唯有黃昏鳥雀悲。」這一句更進一層，上文都寫得是「物是人非」的悲傷，這一句連「物」也面目全非了，曾經繁華的歌舞游樂地，如今唯見黃昏中枝上鳥雀的悲鳴。這裏不僅直接點明的全詩的基調「悲」字，照應開頭的暗敍，同時上昇到「物非人亦非」的境地，將永恒和久長通通否定，這個悲情之深、之重可謂無以復加。

全詩層次分明又過渡自然，融合無間，語言華美而不綺靡。聞一多先生認爲張若虛的《春江花月夜》的出現，是對齊梁以來以艷俗爲風格的宮體詩的反駁和自贖，在當時的初唐詩壇，風氣頹靡綺麗，初唐四杰就已對此表示不滿，並試圖改革。到了劉希夷，他既是對四傑的繼續，也是張若虛的先聲，這個評價大抵是準確的。其中詩的第二部分化自東漢宋子侯的樂府歌辭《董嬌嬈》，經過劉希夷的再創作，意旨的抒發更流暢，概括更典型。綜觀全詩，很有意境，由生老病死的人生現象上昇到人生哲理的高度，這是文人作品感悟力强，從而超過古辭就事論事的體現。

劉希夷的作品不僅影響了張若虛，還影響了後世的文學作品，如《紅樓夢》中的《葬花吟》即多處化用此詩。但是劉希夷生前並不太有名，在他死後，孫季良編選《正聲集》「以劉希夷詩爲集中之最，由是大爲時人所稱」。（《大唐新語》）

（趙樂）

雜詩（其三）

沈佺期

聞道黃龍戍，頻年不解兵。可憐閨裏月，長在漢家營。少婦今春意，良人昨夜情。誰能將旗鼓，一為取龍城。

律詩自初唐上官儀、四傑確立以來，至沈、宋時已發展成爲成熟的詩體。沈佺期本是唐高宗、武則天時代的一名宮廷詩人，詩多奉和應製之作，內容多蒼白無力。但他也有一些感嘆身世和寫征人思婦的作品，寫得相當出色，在藝術方面，他的五、七律都寫得相當成熟工穩。這首《雜詩》就是其中之一。

「聞道黃龍戍，頻年不解兵。」「黃龍戍」，舊註多云其在今遼寧省開原縣北的黃龍崗，其實這是錯誤的。黃龍戍其實就是龍城，在今遼寧省朝陽縣。漢時此處爲遼西郡，唐時爲營州，州治所在地在營州城，爲當時關防要塞。初、盛唐時與奚、契丹的許多次戰爭，就常常在這裏發生。營州城在慕容燕及南朝劉宋時，也稱爲龍城或黃龍城。因爲，唐代邊塞詩中常常提到這個地方。如楊炯的《從軍行》「牙璋辭鳳闕，鐵騎繞龍城」；王昌齡的《出塞》「但使龍城飛將在，不教胡馬度陰山」。詩中的「龍城」都指的是它。因唐時營州屬漢時遼西郡，故思邊詩中也常提到「遼西」；金昌緒詩：「打起黃鶯兒，莫叫枝上啼。啼時驚妾夢，不得到遼西。」沈佺期《雜詩》其二中也說到：「妾家臨渭北，春夢著遼西。」既然有這麼多邊塞詩中都提到遼西、龍城（營州城），可見，唐代前期的營州確實是戰爭的多發區。本詩中的「黃龍戍」也就是營州城。明白以上情況，那麼下句的「頻年不解兵」就很好理解了。首句既云「聞道」，可見詩人也是不曾去過遼西邊境的，沈佺期的傳記也沒有去過東北邊塞的記載。

「可憐閨裏月，長在漢家營。」此聯通過征夫的心理活動來寫閨中少婦相思之恨。看到軍營夜空上的明月，征夫就不禁想起家中的妻子，遙想閨中的妻子一定是在蕭瑟秋風的夜晚望月流淚了。此二句就是說，「漢家營」中良人所見之月，也就是閨中少婦所見之月，過去良人在閨中與妻子共賞團圓之月，如今已變成了漢家營中征夫獨看的別離之月，如今夫婦雙方只好借明月而寄恨了。「可憐」二字，道出思婦征夫兩地無限相思之恨。「長在」，有的本子作「偏照」，那就更加強了濃厚的感情色彩。「閨裏月」而「偏照漢家營」，更突出了「可憐」二字的分量。「漢家營」其實就是唐家營。唐人詩中以「漢」代「唐」已成慣例，如「漢家煙塵在東北」、「漢皇重色思傾國」、「笳鼓喧喧漢將營」等。

「少婦今春意，良人昨夜情。」此聯上句承「閨裏月」下句承「漢家營」。少婦指閨中相與玩月之人，而良人則指營中獨自嘆月之人。頷聯着重從良人角度寫之，頸聯則着重從少婦的角度寫之。此聯是寫少婦感時傷春，深感年華易失，青春難再，這就更加突出了少年夫妻的相思別離之苦。「昨夜」二字不可泥解，猶言昔日，即回憶起往昔與良人團聚的情景，今日倍加傷感。王昌齡「閨中少婦不知愁，春日凝妝上翠樓。忽見陌頭楊柳色，悔教夫婿覓封侯」的詩句，就是「少婦今春意」的最好註解。清人黃生說：「五懷春，六夢遠，夢字不說出，名句中藏字法。」（《唐詩摘鈔》）他說「良人昨夜情」指的是夢境，是說少婦昨夜在夢中與良人團聚，早上醒來後面對大好春光倍覺惆悵。此說很有道理。頷聯和頸聯分別從良人和少婦的角度，倍訴相思之情，寫得「含容渾厚，有一段幽淒之苦」（清章燮《唐詩三百首註疏》）。

尾聯「誰能將旗鼓，一爲取龍城。」寫出了本詩的主旨和願望。造成怨女曠夫、夫妻分別家庭離散悲劇的原因何在？詩人在詩的首聯已經指出，在於「頻年不解兵」。如何才能結束這場戰爭悲劇？詩人認爲在於「解兵」。怎樣「解兵」呢？詩人在詩的末尾呼籲，要選用「能將旗鼓」的良將，才能擊敗敵人，收復國土，重返家園。對於造成家庭分離悲劇的原因和責任，詩人雖然沒有明說，但實際上是很清楚的。他的立場很明顯是站在士卒的一邊，在譴責敵人侵略的罪行、邊塞主帥的無能和朝廷用人之不當。這二句中的「將旗鼓」就是率領軍隊打仗。「一爲取龍城」即一舉拿下龍城要塞。詩人寫此詩是有所指的。據史載契丹主萬榮、李盡忠據營州作亂，侵掠邊地。朝廷派兵鎮撫，因用人不當，屢屢戰敗。詩人呼籲朝廷要任用良將，迅速戡定邊境，掃平叛亂。「誰能」二字表達了詩人和當時人民盼望有人能領導平叛戰爭取勝的強烈願望。同時，這也是對邊帥無能的一種鞭撻和諷刺。據載則天朝時「屬契丹以營州叛，建安郡王武攸宜親總戎律」（《故右拾遺陳公旌德碑》）征契丹，但武攸宜「輕易無將略」，致使「前軍敗，舉軍震恐」（《新唐書·陳子昂傳》）。像武攸宜這一類的無能之輩執掌邊防軍權，才致使邊境叛亂不斷發生，朝廷用兵頻年不解，造成國家和人民和平生活的巨大破壞，因此任用邊帥的問題成爲唐代前期一個引人注目的大問題，引起唐代詩人們的普遍關注。他們每每思念像李廣、李牧這樣傑出的將領，來保衛國家和人民的和平安定生活，如高適「君不見沙場征戰苦，至今猶憶李將軍」；王昌齡「但使龍城飛將在，不教胡馬度陰山」；李白「李牧今不見，邊人飼豺虎」。他們的呼聲強烈地表達了廣大人民的意願。

此詩是首五律，在藝術技巧上不僅屬對精切，而且意脈圓轉，前後呼應，思理極細。如詩的首聯就點出了「頻年不解兵」，指出了造成怨女曠夫家庭離散的原因，接着頷聯和頸聯就分別從良人和少婦的角度來渲染相思別離的淒苦之情，結尾則道出了廣大征夫和思婦的共同願望——「解兵」，願朝廷選派良將，迅速收復失地，結束這場曠時日久的戰爭。從「不解兵」開始，到盼解兵結束。以末句「取龍城」呼應首句的「黃龍戍」。頷聯的「閨裏月」上承首聯的「不解兵」，因「不解兵」才造成少婦不能與良人共賞「閨裏月」；頷聯「漢家營」上承「黃龍戍」，因「黃龍戍」才致使良人長在「漢家營」；頸聯「今春意」上承頷聯「漢家營」，因夫婿長在「漢家營」才引起少婦春日的傷春之情；頸聯「昨夜情」上承頷聯「閨裏月」，因往昔閨中共賞明月正是少婦所思的「昨夜情」。這相思之恨怎樣才可了結呢？尾聯就直寫出願得良將，直取龍城，凱旋收兵，歸家團圓，化別離月爲團圓月，重過和平安樂日子的美好願望。全詩環環相扣，句句相接，蟬聯而下，

首尾呼應，渾然一體，但却寫得自然妥帖，不見痕跡，不愧是初唐五律中的名篇。（葛景春）

度大庾嶺

宋之問

度嶺方辭國，停軺一望家。魂隨南翥鳥，淚盡北枝花。山雨初含霽，江雲欲變霞。
但令歸有日，不敢恨長沙。

宋之問是初唐對近體詩的發展有着重要貢獻的詩人。他的五言律詩屬對精嚴，音律和諧，描摹工致，語言凝煉，與同時致力於近體詩創作的沈佺期齊名，「號爲沈宋」，在當時很有影響。不過宋之問的一些應製之作，只注重文字技巧，寫得莊重典雅，無內在的激情，所以沒有感人的藝術力量。被貶以後，有眞切的生活感受，一些紀行感懷、思家傷情的詩篇爲人們所傳誦，這首《度大庾嶺》在宋之問的五言律詩中算是較優秀的篇章。

唐中宗神龍元年（七〇五），武則天被迫退位，張柬之、敬暉等扶中宗復位。宋之問因依附武則天的寵臣張易之，朝廷議罪，貶爲瀧州參車，《度大庾嶺》就是赴嶺南貶所途經大庾嶺時所作。詩一開始就用對偶句表示自己被貶嶺南，對故鄉的深切思念。首句突出「度嶺」，一方面緊扣題面，一方面表示自己被貶遙遠的嶺南，要翻越這南北分界的大庾嶺，一個「方」字，表明被貶後離開長安之速。次句緊承，因爲過了大庾嶺就進入嶺南地面了，離家鄉也就越遠，所以在嶺上停車「一望家」。這一句寫了停車和望鄉的兩個行動，突出

「望」，而在「望」中飽含思鄉深情。這一聯的起句和對句之間，有着時間和空間的伸延，也有着怨愁和思鄉之情的伸延。由長安抵大庾嶺自然有一段艱苦的行程，隨着旅程的推進，造成了長安和大庾嶺之間的時空距離，也造成了詩人感情的空間，這就是身在嶺上而望家的悠長情思。這些空間的創造，使詩意更加豐富，更能引發讀者的審美情趣和藝術想象。

「魂隨南翥鳥，淚盡北枝花」，是因被流放而激起的懷鄉感情的進一步深化和發展，開拓得很自然。關於「魂隨南翥鳥」這一句，一般註釋爲「自己像南飛的鳥一樣一路南行」，這恐怕與詩意不合。詩中分明說的是「魂隨南翥鳥」，并無「自己像南飛的鳥一路南行」之意，此其一。其二，詩人已經南行至大庾嶺而「停軺一望家」了，怎麼在第二聯又重複說自己像南飛的鳥南行呢？我以爲高步瀛在《唐宋詩舉要》中的解釋是正確的，他引宋之問《題大庾嶺北驛》首聯「陽月南飛雁，傳聞至此回」爲證，認爲「此南翥鳥亦謂雁也」。「南翥鳥」既是指雁，根據南飛鴻雁至大庾嶺即北返的傳說，那麼「魂隨南翥鳥」的含意應是：自己被貶嶺南，遠離家鄉，願魂魄隨南飛北返的大雁回到故鄉。從詩人感情發展的層次來看，這一句既是承「望家」而來，又是「望家」後思鄉之情更深一層的發展。「淚盡北枝花」則是因景啓情。據傳大庾嶺多梅，因嶺南與嶺北氣候不同，嶺南梅花開盡，嶺北才開。這是中原與嶺南地區分界的標誌。所以詩人在思鄉望鄉之時，見「北枝花」而「淚盡」，其中包含着被貶遐荒的無限辛酸，也有「我行殊未已，何日復歸來」（《題大庾嶺北驛》）的深沉悲怨。這一聯據寫「辭國」思鄉深情，前虛後實，虛實相間，抒情達於高潮，眞摯感人。在藝術表現上是情中見景。

第三聯承接「淚盡北枝花」轉向大庾嶺，描寫即目所見景色，十分自然。這一聯描繪一種變幻不定的動態景物，觀察精微，描摹細緻，頗見工力。如果我們根據這兩句詩的意境加以描述，那就是：大庾嶺一帶，山雨剛停，林木帶水，分外清新，天空濃雲方收，天氣漸漸放晴；陽光照射，遠處江上飄浮的雲霞，也慢慢地變得像彩霞一般絢麗。這山中雨後初晴物狀的描畫，并非詩人遠貶嶺南還有觀賞自然景色的閑情逸致，聯繫詩人感情發展的層次，我以爲在景物描寫的背後，含蘊着詩人的悲辛，因爲越過這分界嶺後，何日方能回歸，難以逆料，這山嶺中特有的景色也很難再觀。所以隱含風光雖好，難以久賞的悵惘，同時從這變幻景色的選擇和描繪中，我們也可以窺見詩人不平靜的思緒。這一聯着重寫景，而於景中見情。

結聯正面抒發強烈希望離嶺南北歸的感情。在藝術表現上很巧妙，反用賈誼被貶爲長沙王太傅的典故，自然無跡而又加強了抒情氣氛，使急切希望北返之情躍然紙上。西漢時的賈誼爲大臣所忌，被貶爲長沙王太傅，因長沙荒遠卑濕，賈誼自傷壽命不長，十分悲苦。宋之問反用其意，意思是説，自己只要能離開嶺南回到五嶺以北，即使居長沙這樣的地方，也不敢有所怨恨。這一典故的反用使全詩收束有力而又情韻不匱。

這首五言律詩，語言流暢工麗，對仗工整，韻律和諧，很能體現宋之問在創作中「回忌聲病，約句準篇」的特點。從藝術結構看，以抒情開始，抒情作結，中間雜寫景，不像盛唐一些詩人的五言律詩前兩聯寫景，後兩聯抒情，或者前兩聯抒情，後兩聯寫景，而是交錯變化。從感情層次看，第一個層次是由「辭國」而「望家」，第二個層次是思鄉之情的深化和發展，以「魂歸」、「淚盡」爲標誌，第三個層次是景中見情，可以説是思鄉之情的輻射，最後又聚合於渴望回歸。這就把詩人複雜的思想感情，多重的心理活動很好地表現出來，情韻悠遠。

（王啓興）

靈隱寺

宋之問

鷲嶺鬱岧嶢，龍宮鎖寂寥。樓觀滄海日，門對浙江潮。桂子月中落，天香雲外飄。

捫蘿登塔遠，刳木取泉遙。霜薄花更發，冰輕葉未凋。夙齡尚遐異，搜對滌煩囂。待入天臺路，看余度石橋。

靈隱寺在杭州西湖西北武林山下，始建於東晉時。《淳祐臨安志》說，在東晉咸和元年（三二六），印度僧人慧理，看到這座山，驚嘆道：「此天竺國（古印度）靈鷲山之小嶺，不知何年飛來，佛在世日，多爲仙靈所隱……」於是籌建了靈隱寺。

「鷲嶺鬱岧嶢，龍宮鎖寂寥」，鷲嶺，即印度靈鷲山，這裏借指飛來峯。岧嶢，山勢高峻貌；冠一「鬱」字，見其高聳而又俱有葱蘢之美。龍宮，相傳龍王曾請佛祖講經說法，這裏借指靈隱寺。寂寥，佛家以「清靜」爲本，冠一「鎖」字，更見佛殿的肅穆空寂。這兩句，借用佛家掌故而能詞如己出；先寫山，後寫寺，山寺相映生輝，更見清嘉勝境。「樓觀滄海日，門對浙江潮」，是詩中名句。入勝境而觀佳處，開人心胸，壯人豪情，怡人心境，它以對仗工整和景色壯觀而博得世人的稱賞。據說這兩句詩一出，競相傳抄，還有人附會爲他人代作[一]。接下去，進一步刻畫靈隱一帶特有的靈秀：「桂子月中落，天香雲外飄。」傳說，在靈隱寺和天竺寺，每到秋爽時刻，常有似豆的顆粒從天空飄落，傳聞那是從月宮中落下來的。天香，異香，此指祭神禮佛之香。上句寫桂子從天上飄落人間，下句寫佛香上飄九重，給這個佛教勝地蒙上了空靈神秘的色彩。

寫詩如作畫，要有主體，有旁襯，有烘托。詩的前六句是詩的主體。下面八句是寫詩人在靈隱山一帶尋幽搜勝的情景和感想：「捫蘿登塔遠，刳木取泉遙，霜薄花更發，冰輕葉未凋」四句是說，詩人在山上時而攀住藤蘿爬上高塔望遠；時而循着引水瓢木尋求幽景名泉·，時而觀賞那迎冰霜盛開的山花和未凋的紅葉。這四句雖爲旁襯之筆，但通過對詩人遊蹤的描寫，不是更能使人想見靈隱寺的環境之幽美嗎？「夙齡尚遐異，搜對

[一]《古今詩話》認為這兩句詩是當時在靈隱寺出家為僧的駱賓王所代作。

滌煩囂」，是說自己自幼就喜歡遠方的奇異之景，今日有機會面對這愜意的景色正好洗滌我心中塵世的煩惱了。「待入天臺路，看余度石橋」。天臺山是佛教天臺宗的發源地，坐落在浙江天臺縣，天臺山的楢溪上有石橋，下臨陡峭山澗。這兩句，乍看似乎離開了對靈隱寺的描寫，而實際上是說因遊佛教勝地而更思佛教勝地。乍看「若離」，而實「不離」。這種若即若離的結尾，最得詠物之妙，它很好地起到了對靈隱秀色的烘托作用。張炎在《詞源·詠物》條下說：「體認稍眞，則拘而不暢；模寫差遠，則晦而不明；要須收縱聯密，用事合題，一段意思，全在結句，斯爲絕妙」。「看余度石橋」不正是詩人遊興極濃的藝術再現嗎？以一幅想象中的遊蹤圖結束全篇，給人以新鮮之感。

（傅經順）

感遇（其二）

陳子昂

蘭若生春夏，芊蔚何青青。幽獨空林色，朱蕤冒紫莖。遲遲白日晚，嫋嫋秋風生。

歲華盡搖落，芳意竟何成！

唐代是中國古詩成就的頂峯。如果說盛唐時代的李、杜猶如經天之日月，那麼有篳路藍縷之功的陳子昂便如同東方的啓明星。倘說唐代是一個產生巨人的時代，那麼陳子昂便是從地平線上走來的第一位詩中巨子。韓愈曾道：「國朝盛文章，子昂始高蹈。」可謂中肯之評。但始爲高蹈者的功績，絕不同於逸思勃興者的成就，在詩歌創作上，陳子昂還缺乏精熟完美的技巧，他的開創之功，主要在揭揚起一種朗健的氣骨。如《感遇》之體，其源出自阮籍之《詠懷》，同時之張九齡亦善爲之，但陳子昂所得者在「古雅」，而張九齡所得者在「清淡」。品之以格調，陳子昂的《感遇》詩是古樸拙雅的，勝處在氣骨不在風神。釋皎然曾認爲其「復多而變少」，而「復」之所謂，在於「返古」。的確，置陳子昂《感遇》詩於漢魏古詩之列，幾乎難以區分，這是它的絕勝處，也是它的失色處。然而在初唐的特定時代，當詩壇上綺靡的媚聲已使人們厭煩的時候，《感遇》詩篇的金石之音確能有起衰振靡的作用。

我們欣賞陳子昂的《感遇》詩，首先要有對古直簡樸之美的熱愛。這首「蘭若生春夏」，顯然用的是傳統的比興手法，在領略了唐代諸多名家那令人目不暇接的天才創造之後，這種傳統手法有時會給人以某種單調感，在興象超妙的詩的意境面前，這種象徵性的詩歌境界會因爲過於透明而顯得缺少韻味。然而，它的美正在這裏，像一曲淳厚高雅的古琴之音，足以令人傾倒在它的眞純面前。

此詩可能作於初唐聖曆元年（六九八），當時作者已辭官歸隱。作者寫此詩時的心境，易使人想起寫《美女篇》時的曹植，那「歲華盡搖落，芳意竟何成」的憂傷，不也近於「盛年處房室，中夜起長嘆」的悲慨嗎！或者比那更顯得悲沉。所不同者，曹植之作乃是擬己以美人，而陳子昂則是託志於香草，要之，都是祖述《離騷》的「美人香草」之旨。這類詩的特點是顯而易見的，即將自我內心的情志外化作芳花香草的蕙性蘭意，以它的豐茂繁盛來象徵自己的人格才識，以它的搖落枯衰來喻示自己的失意不遇。如陳子昂此詩便以「蘭若」自喻，蘭者，蘭草；若者，杜若，總之，都是香草。這種託志於物的物象本身，是被詩的歷史所提煉過的，在屈原的《離騷》中，就有「紉秋蘭以爲佩」和「余既滋蘭之九畹兮」的句子，而與作者同時的張九齡，在其《感遇》詩中也說：「蘭葉春葳蕤。」如果說在屈原賦辭之際，確實是取象於楚地之水澤草木，從而其筆下的形象是一種主觀意象與自然物象的美妙結合，那麼，在長期的沿襲使用使之逐漸固定化之後，這種形象便成了一種有固定比喻意義的歷史性語彙，我們已毫無必要去追究「蘭若」究竟是何種香草了。

春夏之際，正是草木豐茂的時節，故「芊蔚何青青」是寫「蘭若」茂盛之美姿。《廣雅・釋訓》：「芊芊，蔚蔚，茂也。」而此處之「青青」，又非指顏色的青翠，而是道其姿容的豐美，當讀爲「菁」音。總之，開首兩句在於藉頌讚「蘭若」之美儀來自美其志。接下兩句，有承上啓下的作用，在進一步描寫「蘭若」之華容的同時，托出一腔幽獨之感。朱蕤，此指蘭若之花；冒，花朵垂垂覆蓋之狀。前言春夏之際，蘭若枝葉豐茂，此時已到夏秋之際，蘭若開花，其芳姿華容，自可空絕林中草木了，其中「空」字，正是色容空絕之義。然而，其花雖美，却無人知賞，於是自然有不盡幽獨之感，聯繫到作者生平遭遇，顯然是喟嘆世無知己者。

夏盡秋來，時光流逝，歲月無情而盛時易去，壯心難酬的詩人於此焉能不發出「無可奈何花落去」的深長嘆息！草木搖落於秋風，壯士悲慨於暮年，一切都眼看着無可挽回了，詩人呢，只能長歌當哭。「遲遲」，是漸漸之意，《詩經·豳風·七月》有「春日遲遲」，是說春日漸漸長起來，此處說到「秋風」之季，便是反用其意。秋天本來日短，何況又臨近日暮西山的時刻，這裏分明有時不待我的焦灼之感，詩人已陷入壯志未酬而「餘壽弗將」的沉沉悲慨之中了，就像世人悲傷於蘭若之木在瑟瑟秋風中搖落一樣。「嫋嫋」，似不作「長弱貌」解，而是狀摹「秋風搖木」的情景。

抒寫至此，便到卒章顯志的時候了，於是將心中怫憂和盤托出。一個「盡」字下得極慘，「盡」者，略無餘剩，已是絕望的情緒。蘭若盡搖落，結束了一歲一榮枯的歷史，其所象徵喻示着的作者自己，又怎能不發出「芳意竟何成」的仰天浩嘆呢！陳子昂喜言「王霸大略」，志在濟世，雖體弱多疾而「感激忠義，常欲奮身以答國士」，以爲「不可見危而惜身苟容」，誰知身世不幸而「芳意」難成，這是足可令千載以下的我們爲之悲慨而動容的。

（韓經太）

感遇（其三十四）

陳子昂

朔風吹海樹，蕭條邊已秋。亭上誰家子，哀哀明月樓。自言幽燕客，結髮事遠遊。赤丸殺公吏，白刃報私讎。避讎至海上，被役此邊州。故鄉三千里，遼水復悠悠。每憤胡兵入，常爲漢國羞。何知七十戰，白首未封侯！

陳子昂的詩歌觀念是屬於美刺比興系統的，他力主「風雅」而倡言「興寄」，強調詩歌感諷時事的能動作用。其《感遇》之作，便是這一主張的具體實踐，所反映的社會問題是多方面的，而「朔風吹海樹」一首則涉及後來邊塞詩所一再歌吟的題材領域。讀此詩，當從兩個層次上去作把握。唐汝詢《唐詩解》曾言：「此亦從軍出塞，而述戍卒之詞以自況也。」就是說，從表層的意象上看，它近乎一首敍事詩，甚至採用了傳統的問答體式，但從深層的意蘊上講，它畢竟是詠懷性質的作品，所以在述寫戍卒之不幸遭遇并藉此以批判社會現實的同時，又在自抒悲慨。

讓我們以由表及裏的剖析方法來鑒賞一下這首《感遇》之作。

起首兩句，渲染邊塞秋日的苦寒，爲以下「幽燕客」的出場製造氣氛。詩中有被役邊州和遼水悠悠的描寫，可知首句所謂「海樹」，不過是指邊庭秋木，因爲遼水之地臨近渤海，所以言之爲「海樹」，同時，與下文中避讎「海上」相呼應，也是狀寫邊塞之地的遙遠，離故鄉竟有三千里之路呢！接着人物出場，三、四兩句

感遇（其三十四）

設問，五句以下至結束則爲戍卒之回答，通篇的主體，卽在戍卒的自述。爲具體領會「亭上」、「明月樓」的境界，最好吟誦李益的《夜上受降城聞笛》：「回樂烽前沙似雪，受降城下月如霜。不知何處吹蘆管，一夜征人盡望鄉。」「亭」者，邊塞哨亭，「樓」者，哨亭戍樓。其中「哀哀明月樓」一句，辭氣哀婉，少有邊塞曠野之氣，近乎張若虛的「何處相思明月樓」，因此必須聯繫全篇來作理解。實際上，這裏所寫完全是一派蕭條荒漠的景象，在茫茫邊塞之地，朔風凜冽，冷月如霜，駐於哨亭戍樓之上的將卒，於苦寒悲哀中動了千里思鄉之情，當此之際，一位不曾出面的抒情主人公以深切的同情問訊於這些哀哀思鄉的士卒，從而引出了自稱「幽燕客」者的一番自述。

今河北省北部及遼寧一帶，古爲幽州，戰國時屬燕國，故稱作「幽燕」。在古代，這一地區素以民風剽悍而著稱，在《史記·貨殖列傳》的記載中，甚至說其人「矜懻忮，好氣任俠爲奸，不事農商」。詩中的這位邊庭戍卒，自幼薰陶於這樣的環境，自然也以遊俠爲榮，故甫及結髮，就仗劍出遊了。任俠行爲的具體內容，無非仗義行俠，甚至替人不平而手刃其讎，這也是富有傳統性的，在晉代張華的詩中就寫着：「雄兒任氣俠，聲蓋少年場。借友行報怨，殺人租市旁。」到唐人崔顥的《遊俠篇》亦然，寫着：「少年負膽氣，好勇復知機。仗劍出門去，孤城逢合圍。殺人遼水上，走馬漁陽歸。」陳子昂詩中的這位戍卒的任俠行爲，其具體特點又與盧照鄰《長安古意》中所寫者相近。其實，據《漢書·尹賞傳》所記，早在漢代，長安少年便有專門刺殺官吏而爲人報仇的組織，每次行動前設赤、白、黑三種彈丸，使各人摸取，得赤丸者去殺武吏，得黑丸者去殺文吏，得白丸者爲死於行動的同伴治喪事。看來直到唐代，這種現象依然存在，具體細節或有出入，但詩人所寫既在推揚其義勇精神，我們也就不必去膠柱鼓瑟。但由此而得知，這位邊庭戍卒之所以服役邊塞，并非其他原因，而是因爲替人報仇而殺人市塵之中，於是招致了敵仇的報復，爲遠避禍害而逃離家鄉，從而才來到遼水之地并被役而入伍爲卒的。雖然邊地苦寒，又遠離鄉國，年長日久，免不了月夜聞笛而生哀思，但畢竟是懷着一腔的報國熱忱，想望着建功邊地，好榮耀而歸。詩中「每憤」兩句，尤能見出這位戍卒的愛國激情，對於外族入侵而國家受辱的事，他是義憤塡膺而不惜以身相爭的。誰知忠誠無報而死戰無功，身歷七十餘戰而不得封賞獎勵，怎讓他不萬念俱灰呢？從辭面上看，作者此處用了漢代李廣的故事，《史記·李將軍列傳》稱：「廣結髮與匈奴大小七十餘戰。」威震匈奴，但終於未得封侯而憂憤自殺。詩中感諷之義，原在藉戍卒乏遭遇反映現實社會中不賞邊功的軍政腐敗現象，而歷史典故的運用，又分外增加了戍卒之申訴的感人力量，使現實的批判意義因爲具有了歷史的深遠度而更其深刻。

然而，此詩絕不僅僅是「從軍出塞」一類的敍事體短歌，它更是一首自抒情志的詠懷之作。於是，詩中那位自少任俠而後獻身邊庭的人物形象，分明也是作者自己的寫照。據盧藏用《陳氏別傳》，子昂家「世爲豪族，父元敬，瑰偉倜儻」，他自己也「奇傑過人，姿狀嶽立。始以豪家子，馳俠使氣」。那「白刃報私讎」的俠舉或許非作者所曾爲，但由此體現出的見義勇爲的性格和捨身忘死的膽魄，却與陳子昂「常欲奮身以答國士」并自認「不可見危而惜身苟容」的氣質個性多麼一致！也許，正是作者自己的感慨與邊塞戍卒的遭際深相共鳴，從而才產生了這敍事與自況水乳交融的詩篇。既然如此，那常爲國羞的愛國激情與久戰而不得封賞的悲憤，甚至連那遠離鄉國的哀愁，也都有詩人自己在內罷！於是，我們可以聯繫到此詩的具體背景，唐萬歲通天元年（六九六）五月，營州契丹松漠都督李盡忠、歸誠州刺史孫萬榮舉兵反，攻陷營州，九月，以同州刺史建安郡王武攸宜爲右武威衛大將軍，光清邊道行軍大總管，以討契丹，當時，陳子昂以右拾遺隨軍參謀，到神功元年（六九七）三月，軍次漁陽，前軍總管王孝傑與孫萬榮戰於東硤石谷，大敗，孝傑陣亡，舉軍震恐，不敢前進，陳子昂力諫武攸宜嚴立法制，并請分萬人爲前驅，奮命破敵，結果非但不被採納，反而因此署以軍曹。這種壯志難酬的悲慨，自然要融化到對戍卒之久戰未賞的不平中去，從而共同構成了此詩強烈的感諷意義。

總而言之，陳子昂的這首《感遇》詩，兼得詠懷之體與邊塞歌行的兩種特性，也就是說，它承詠懷之源而啓邊塞之流，在詩歌的演進史上也處在關樞地位。

（韓經太）

感遇（其三十四）

登幽州臺歌

登幽州臺歌

陳子昂

前不見古人，後不見來者。念天地之悠悠，獨愴然而涕下。

凡讀過這首詩的人都覺得它好，但好在哪裏却難說清楚。當我執筆寫這篇文章之前，也曾躊躇了許久。一般用來分析詩詞的招數，如情景交融、比喻擬人之類，對這首詩全用不上。它的語言是那麼枯槁，它的構思是那麼平直，它的表現手法又是那麼簡單。感情噴湧着，使陳子昂顧不上雕琢和修飾，兩句五言，兩句騷體，就那麼直截了當地喊了出來，却成爲千古之絕唱。其中的奧妙究竟何在呢？

還是從我讀這首詩的感受說起吧。欣賞以感受爲基礎，沒有眞切的感受就沒有藝術的欣賞。因此，從自己的感受出發，進而探索作者的用心，不失爲藝術欣賞的一條途徑。每當我讀這首詩的時候，眼前總彷彿有一位詩人的形象，他像一座石雕孤零零地矗立在幽州臺上。那氣概，那神情，有點像屈原，又有點像李白。風雅中透出幾分豪情，憤激中滲出一絲悲哀。他的眼睛深沉而又悵惘，正凝視着無盡的遠方。他爲自己的不幸而苦惱着，也爲一個帶有哲理意味的問題而困惑着。這，就是陳子昂。於是，在我耳邊響起了他的喊聲：「前不見古人，後不見來者。……」

這首詩塑造了一位具有悲劇性格的抒情主人公形象，他的不平，他的憂憤，他心底的波瀾，是那麼鮮明地呈現在讀者眼前。

登幽州臺歌

陳子昂是在統一的唐帝國建立以後成長起來的一個知識分子，他胸懷大志，才情四溢，夢想施展自己的政治抱負。二十四歲中進士，擢爲麟臺正字。此後屢次上書指論時政，提出許多頗有見識的主張，但因「言多直切」而不見用，一度還因「逆黨」牽連被捕入獄。公元六九六年，契丹攻陷營州，武攸宜出討，陳子昂以參謀隨軍出征。第二年軍次漁陽，前鋒屢敗，三軍震懾。陳子昂挺身而出，直言急諫，幷請求率領萬人爲前驅，武攸宜不允。他日又進諫，言甚切至，復遭拒絕，幷被降爲軍曹。陳子昂報國無門，滿腔悲憤，一天登上薊丘（即幽州臺）。這附近有許多燕國的古跡，它們喚起詩人對燕國歷史的回憶，特別是燕昭王禮賢下士的故事深深地觸動了他的心，他於是作了《薊丘覽古七首》。接着又「泫然涕下」，唱了這首《登幽州臺歌》。在這首歌裏，詩人說：古代那些明君賢士早已逝去，只留下一些歷史的陳跡和佳話供人憑弔追憶，再也見不到他們了。即使今後再有那樣的英豪出現，自己也趕不上和他們見面（當今這般碌碌之輩，如同塵芥一樣，還値得一提嗎？）從戰國以來，天地依舊是原來的天地，它們的生命多麼悠久。相比之下，人的一生却是太短暫了！自己的雄心壯志來不及實現，自己的雄才大略來不及施展，就將匆匆地離開人世。想到這裏，怎能不愴然涕下呢？詩人的孤獨和悲愴，是那個壓抑人才的封建社會造成的。他的這首浸透着淚水的詩就是對那黑暗社會的控訴。

然而，這首詩還有更普遍的意義和更大的啓發性。「古人」和「來者」，不一定只限於指燕昭王和樂毅那樣的明君賢臣，也可以在一般的意義上理解爲「前人」和「後人」。「前不見古人，後不見來者。」這是一聲人生短暫的感喟。詩人縱觀古往今來，放眼於歷史的長河，不能不感到人生的短促。天地悠悠，人生匆匆，短短的幾十年眞如白駒之過隙，轉瞬之間就消失了。這種感喟既可以引出及時行樂的頹廢思想，也可以引發加倍努力奮鬥的志氣。自古以來有多少仁人志士幷不因感到人生短暫而消沉頹唐，反而更加振作精神，使自己有限的一生取得接近無限的意義。正因爲陳子昂抱着這種積極態度，所以他才「愴然涕下」。也正因爲在悲愴的深層，蘊蓄着一股積極奮發欲有所作爲的豪氣，所以才能引起我們的共鳴。

《登幽州臺歌》在藝術上也幷不是沒有什麼可講的。詩之取勝，途徑非一。有以詞藻勝的，有以神韻勝的，有以意境勝的，有以氣勢勝的……取勝之途不同，欣賞的角度也就不一樣。這首詩純以氣勢取勝，詩裏有一股鬱勃迴蕩之氣，這股氣挾着深沉的人生感慨和博大的歷史情懷，以不可阻遏之勢噴放出來，震撼着讀者的心靈。我們如能反覆涵泳、反覆吟誦，自然能感受到它的磅礴氣勢，得到藝術的享受。

陳子昂曾稱讚他的朋友東方虬所寫的《詠孤桐篇》，說它「骨氣端翔，音情頓挫，光英朗練，有金石聲」（《修竹篇序》）。用這幾句話評論陳子昂的《登幽州臺歌》也正合適。陳子昂和初唐四傑都不滿意梁陳以來流行的宮體詩，都試圖開創新的詩風。四傑的方法是改造它，試着從宮體裏蜕變出一種新的詩歌。陳子昂則是根本拋棄了它，直接繼承建安風骨的傳統。所以他寫詩不肯堆積詞藻，也不大講究對偶和聲律，而是追求一種慷慨悲涼、剛健有力的風格。這首《登幽州臺歌》就是體現了陳子昂詩歌主張的成功之作。像這種詩在初唐是十分難得的，它代表着詩歌創作的新方向，標誌着自梁陳以來宮體詩的統治已經結束，盛唐時代詩歌創作的高潮即將來臨了。文學史家之所以重視這首詩，原因就在這裏。

幽州臺就在今天的北京附近。現在還有沒有什麼遺跡可以發掘呢？這有待考古學家回答。如能在那確切的地址上，立一塊刻有《登幽州臺歌》的碑石，供「來者」憑弔，也許不是一件多餘的事吧？我想。

（袁行霈）

詠柳

賀知章

碧玉妝成一樹高，萬條垂下綠絲絛。不知細葉誰裁出，二月春風似剪刀。

這首詩的作者賀知章，是盛唐前朝的一位著名的詩人，生於公元六五九年，卒於公元七四四年。字季眞，晚年自號「四明狂客」。越州永興人，永興就是今天的浙江蕭山。他年輕時就以文詞而著名，性格曠放，善於談笑。曾任太子賓客，兼秘書監。天寶三載請求還鄉，還鄉後不久就去世了。

賀知章金龜換酒的故事，是文壇上的一段佳話。天寶元年李白應詔到長安，曾以詩投太子賓客賀知章。賀知章十分賞識，當讀到《蜀道難》這一首時，不禁嘆曰：「子謫仙人也！」於是解下他自己所佩帶的金龜換酒，宴請李白，從此，李白的聲名就更高了。

賀知章的作品流傳不多，《全唐詩》錄存其詩一卷，只有十九首。他的《回鄉偶書》：「少小離家老大回，鄉音無改鬢毛衰。兒童相見不相識，笑問客從何處來。」是久已膾炙人口的名篇了。這裏講他的另一首七絕《詠柳》。

第一句「碧玉妝成一樹高」，用一個比喻形容柳樹的風姿。一樹綠柳，高高地站在那兒，好像是用碧玉裝飾而成的。碧玉的比喻，畫出柳樹的鮮嫩新翠，那一片片細葉彷彿帶着玉石的光澤。碧玉，又是南朝宋代汝南王的小妾的名字，樂府吳聲歌曲有《碧玉歌》，歌中有「碧玉小家女」之句，後世遂以「小家碧玉」指小戶人家出身的年輕美貌的女子。「碧玉妝成一樹高」，在詩人的想象裏，也許覺得那裊娜多姿的柳樹，宛如凝妝而立的碧玉一般。

第二句「萬條垂下綠絲縧」，「絲縧」，就是絲帶。上句是寫柳樹給人的總的印象，這句是具體集中地寫柳枝，那茂密的、輕柔的、下垂的柳枝，是最足以代表柳樹特徵的。詩人用綠絲縧來形容柳枝，使人彷彿看到了柳枝隨風飄拂的樣子，藝術效果很強烈。

第三句和第四句：「不知細葉誰裁出，二月春風似剪刀。」這兩句描寫柳樹的嫩葉，詩人設問：那細細的柳葉兒是誰裁出來的呢？噢，原來二月的春風好似剪刀，這一樹碧玉，萬條絲縧和數也數不清的細葉，便是她的傑作啊！

這首詩雖然很短，只有四句、二十八個字，但藝術上有許多值得注意的地方。

首先，這是一首詠物詩，從「詠柳」這題目一看就知道了，是歌詠柳樹的。這首詩的確是處處扣緊柳樹來寫的。但是我覺得詩人所歌詠的決不僅僅是柳樹，他是借着柳樹歌詠了春風，歌詠了春天的到來，人們對於春的感受，往往是從自然界的變化中得到的。河水的解凍，燕子的歸來，都是春回大地的訊號。不要忘記，在報春的各種事物中，柳樹也是一位十分敏感的使者。民間諺語說：「五九、六九，隔河看柳。」早在五九、六九的時候，遠望之中的柳梢已經隱約地帶上一些兒新綠了。賀知章借着描繪柳樹的新綠，歌詠春天的來臨，是很能喚起讀者共鳴的。詠柳，而不局限於柳，借詠柳而詠春，這是高出於一般詠物詩的地方。

其次，這首詩的構思新穎，比喻巧妙，詩的形象彷彿要凸出於紙面之上。特別是後兩句，用剪刀比喻春風，她裁出細葉，剪好絲縧，妝成碧樹，不管吹到哪裏，就把勃勃的生機帶到哪裏。她剪破嚴冬的籠罩，裁出萬紫千紅的世界，她的輕捷，她的銳利，隨之而來的創造的愉悅——種種美好的想象都可以從這兩句詩中產生出來。好詩都是富於啓示性的，言近而意遠，能够通過一兩個突出的形象喚起讀者的聯想，啓發讀者在自己的頭腦中構成無數新鮮的畫面。這首詩正是這樣，它通過一株柳樹寫出了整個的春天；通過似剪刀般的春風，讚美了一切創造性的勞動。像這樣新穎的構思，以及由此造成的高雅的意境，是十分難得的。

第三，這首詩雖然只有四句，却很富於層次的變化。第一句「碧玉妝成一樹高」，先寫總的印象；第二句「萬條垂下綠絲絛」，單就柳枝作一番細緻的描寫；第三句、第四句「不知細葉誰裁出，二月春風似剪刀」，再進一步寫柳葉。先從大處着眼，愈寫愈細，好像繪畫，先勾出輪廓，再添枝加葉補充細節。這首詩前兩句和後兩句寫法也不一樣。前兩句是描寫形容，碧樹如玉，柳枝如絲，碧樹如何高上去，柳枝如何垂下來。後兩句寫柳葉，如果還用這種寫法，說柳葉如何細，如何嫩，好像是剛剛剪裁出來的一樣，那就顯得太呆板了。詩人在後兩句上換了一種寫法，不對細葉作任何形容，也不打什麼比喻，似乎已無須多說了；詩人猜測是誰裁出了這美麗的細葉。描寫的重點，轉移到春風上來，是春風像剪刀般地裁出了細葉。這就在前兩句的意境之外，另外開闢了新的意境，使讀者耳目爲之一新。

王之渙和賀知章都死於唐玄宗天寶初年，在盛唐詩人裏算是前輩。他們沒有看到「安史之亂」，却充分感受到開元盛世那種蓬勃向上繁榮發展的時代氣氛。因此，他們詩中的「盛唐氣象」是十分鮮明的。像《登鸛雀樓》詩裏的昂揚精神，《詠柳》詩裏的春天氣息，都帶着典型的盛唐時代的印記。這樣的詩，今天讀來仍然能够引動我們的詩情，激發我們的精神，給我們以健康的藝術享受。

（袁行霈）

回鄉偶書二首

賀知章

一

少小離家老大回，鄉音無改鬢毛衰。兒童相見不相識，笑問客從何處來。

二

離別家鄉歲月多，近來人事半消磨。惟有門前鏡湖水，春風不改舊時波。

賀知章是唐代詩人和著名書法家。他年輕時離家，到長安考中進士，後官至太子賓客。天寶二載，上疏請求歸還故里，天寶三載（七四四）正月，「玄宗遣左右相以下送別於長樂坡，賦詩贈之」。八十六歲的老詩人回到了家鄉越州永興（今浙江省蕭山）後，深感人事滄桑，遂寫成了《回鄉偶書》二首。詩雖是隨便寫的，却眞實地記錄了詩人回歸故里的情狀及純眞感人的鄉情。

第一首詩，寫詩人回到家鄉時的所遇所感，抒發了久客傷老之情。詩的一、二句，簡練勾出了還鄉者形象：一位少小離家的人還鄉了，他頭髮已白，仍操着滿口鄉音。首句是樸實無華的敍述，次句是神形俱現的形象描寫，兩句的句中自對和映襯擴充了感情的容量。「少小」與「老大」的時間對舉，隱括了詩人客居他鄉幾十載的經歷，蘊含了把青壯年和老年均消磨在他鄉的感慨。「鄉音無改鬢毛衰」是對「老大」一詞的形象補充，形中透神。詩句突出了詩人未改的鄉音和頭髮已白的衰老容顏，這鄉音的不變與容顏巨變的映襯，表現了詩人久而愈深、老而彌堅的鄉情鄉戀。一「離」一「回」，則是詩人對人生道路上兩個旅程點的總結。當他走在故鄉的路上，望着這似熟悉而又陌生的一切，思緒萬千。在這同一條路上，昔日，他風華正茂，離鄉外出，開始了人生的搏鬥；而今，從這條路回來，已是皤然一翁，行將結束人生了。詩人行進在鄉間路上，回顧這「離」、「回」之間悠悠幾十載中，人生的坎坷，宦海的風波，客地的生涯，鄉思的煎熬，不禁悲從中來，悲人生之多艱。今日，終於如願以償，回到故鄉，且喜落葉得以歸根，眞是悲喜交集。一「離」一「回」，頓挫含情，意味深長，總結了人生歷程，抒發了無限的人生感慨。這寓繁於簡的敍述、抒情，使人意運神馳，浮想聯翩。

兩句詩中的自對和映襯，把詩人還鄉的欣喜，對人生短促而漫長的感喟，重睹故里鄉情的急切，這種種感情表現得精練而又深沉。

詩的後兩句，陡轉筆鋒，別開境界。兒童笑問的場面頗具戲劇性，他看見一位陌生的老爺爺走來，驚訝地迎上去詢問。「笑問」畫出了兒童的音容笑貌，眞是一派天眞，稚態可掬。兒童的熱情使老詩人感到了鄉情的溫馨和親切，而「不相識」的態度，「客」的稱謂，「何處來」的疑問，雖在情理之中，又在意料之外，是給回鄉者心上的一擊。他感到遺憾，微微的失望，不禁泛起了悲老傷老之情，激起了反主爲客之悲。

第一首詩寫詩人乍到家鄉時所遇所感，第二首詩寫詩人到家後，通過與親朋好友會晤交談，了解了家鄉人事的種種變遷，發出了人生無常的感嘆。

一、二兩句縱筆直抒感慨。首句「離別家鄉歲月多」是「少小離家老大回」同一語意的重複，這一反覆詠嘆，不僅使兩首詩互相呼應，而且加深了感情的抒發。由對自己久客他鄉的感慨自然地轉到對人事的議論。「近來人事半消磨」，語約意豐，在抽象的概括中，既包含了親朋謝世、好友沉淪、近鄰遷徙等人生滄桑的事實，也包含了由此而引起的詩人的驚呼、唏噓、嗟嘆等複雜感情。正因爲具體情狀無法一一枚舉，也無心緒一一枚舉，只好籠統言之。這種籠統，表現了詩人在人事皆非面前的一種難言的鬱悶和沉痛。「近來」一詞，頗耐玩味。事實上，「半消磨」的事早已發生，只是因爲「離別家鄉歲月多」，所以「近來」才知。惟其「近來」才知，這就引起了詩人久客傷老和人生無常的雙重悲哀。

三、四句的自然景物描寫，進一步開拓意境。他佇立在鏡湖之畔，只見春風輕拂，碧波微蕩。鏡湖不改舊時模樣，依然是那麼迷人。這永恆美好的鏡湖景色與「半消磨」的故鄉人事，形成了強烈的對照。

這兩首詩，以探幽入微之筆，直抒久客還鄉者心靈深處的感情波瀾。詩人用毫無雕飾、明白如話的藝術表現，典型地概括了許多人之所經所歷、所見所感却又未曾道出來的感受。做到了狀難寫之境，如在目前；道己之所感，使人如同身受。所以，千百年來，受人喜愛。

（姚品華）

春江花月夜

張若虛

春江潮水連海平，海上明月共潮生。灩灩隨波千萬里，何處春江無月明？江流宛轉繞芳甸，月照花林皆似霰。空裏流霜不覺飛，汀上白沙看不見。江天一色無纖塵，皎皎空中孤月輪。江畔何人初見月？江月何年初照人？人生代代無窮已，江月年年祇相似。不知江月待何人，但見長江送流水。白雲一片去悠悠，青楓浦上不勝愁。誰家今夜扁舟子？何處相思明月樓？可憐樓上月徘徊，應照離人妝鏡臺。玉戶簾中卷不去，擣衣砧上拂還來。此時相望不相聞，願逐月華流照君。鴻雁長飛光不度，魚龍潛躍水成文。昨夜閑潭夢落花，可憐春半不還家。江水流春去欲盡，江潭落月復西斜。斜月沈沈藏海霧，碣石瀟湘無限路。不知乘月幾人歸，落月搖情滿江樹。

這首詩從月生寫到月落，把客觀的實境與詩中人的夢境結合在一起，寫得迷離惝怳，氣氛很朦朧。也可以說整首詩的感情就像一場夢幻，隨着月下景物的推移逐漸地展開着。亦虛亦實，忽此忽彼，跳動的，斷續的，有時簡直讓人把握不住寫的究竟是什麼，可是又覺得有深邃的、豐富的東西蘊涵在裏面，等待我們去挖掘、體味。

全詩三十六句，四句一轉韻，共九韻，每韻構成一個小的段落。

詩一開頭先點出題目中春、江、月三字，但詩人的視野并不局限於此，第一句「春江潮水連海平」，就已把大海包括進來了。第二句「海上明月共潮生」，告訴我們那一輪明月乃是伴隨着海潮一同生長的。詩人在這裏不用升起的「升」字，而用生長的「生」字，一字之別，另有一番意味。明月共潮升，不過是平時習見的景色，比較平淡。「明月共潮生」，就滲入詩人主觀的想象，彷彿明月和潮水都具有生命，她們像一對姊妹，共同生長，共同嬉戲。這個「生」字使整個詩句變活了。三四句：「灧灧隨波千萬里，何處春江無月明？」灧灧是水波溢滿的樣子。江海相通，春潮渙渙，月光隨着海潮湧進江來，潮水走到哪裏，月光跟隨到哪裏，哪一處春江沒有月光的閃耀呢？

接下來：「江流宛轉繞芳甸，月照花林皆似霰。空裏流霜不覺飛，汀上白沙看不見。」這四句由江寫到花，由花又回到月，用其他景物來襯托月光的皎潔。「芳甸」，就是生滿鮮花的郊野。「霰」，是雪珠。「江流宛轉繞芳甸，月照花林皆似霰」，是說江水繞着生滿鮮花的郊野曲折流過，明月隨江水而來，把她的光輝投到花林上，彷彿給花林撒上了一層雪珠兒。「空裏流霜不覺飛」，因爲月色如霜，所以空中的霜飛反而不能察覺了。古人以爲霜是從天上落下來的，好像雪一樣，所以說「飛霜」。「汀上白沙看不見」，是說在潔白的月光之下，江灘的白沙也不易分辨了。一句寫天上，一句寫地上，整個宇宙都浸染上了明月的白色，彷彿被淨化了似的。從這樣的境界，很自然地會想到深邃的人生哲理，所以第三段接着說：

「江天一色無纖塵，皎皎空中孤月輪。江畔何人初見月？江月何年初照人？」江天一色，連一粒微塵也看不見，只有一輪孤月高懸在空中，顯得更加明亮。在江邊是誰第一個見到這輪明月呢？這江月又是哪一年開始把她的光輝投向人間呢？這是一個天眞而稚氣的問，是一個永無答案的謎。自從張若虛提出這個問題以後，李白、蘇軾也發出過類似的疑問。李白說：「青天有月來幾時？我今停杯一問之。……今人不見古時月，今月曾經照古人。」（《把酒問月》）蘇軾說：「明月幾時有？把酒問青天。不知天上宮闕，今夕是何年。」（〔水調歌頭〕）這已不僅僅是寫景，而幾乎是在探索宇宙的開始，追溯人生的開端了。

第四段由疑問轉爲感慨：「人生代代無窮已，江月年年只相似。不知江月待何人，但見長江送流水。」

人生易老，一代一代無窮無盡地遞變着，而江月却是年復一年沒有什麼變化，她總是生於海上，懸於空中，好像在等待着什麼人，可是總沒等到。長江的水不停地流着，什麼時候才把她期待的人送來呢？詩人這番想象是從「孤月輪」的「孤」字生發出來的，由月的孤單聯想到月的期待；再由月的期待一跳跳到思婦的期待上來：「白雲一片去悠悠，青楓浦上不勝愁。誰家今夜扁舟子？何處相思明月樓？」浦，水口，江水分岔的地方，也就是江行分手的地方。白雲一片悠悠飄去，本來就足以牽動人的離愁，何況是在浦口，青綠的楓葉點綴其間，更增添了許多愁緒。「誰家今夜扁舟子？何處相思明月樓？」月光之下，是誰家的遊子乘着一葉扁舟在外飄蕩呢？那家中的思婦又是在哪座樓上想念着他呢？一句寫遊子，一句寫思婦，同一種離愁別緒，從兩方面落筆，頗有一唱三嘆的韻味。

從第六段以下專就思婦方面來寫。曹植的《七哀》詩說：「明月照高樓，流光正徘徊。上有愁思婦，悲嘆有餘哀。」張若虛化用這幾句的意思，對月光作了更細緻的描寫：「可憐樓上月徘徊，應照離人妝鏡臺。玉戶簾中捲不去，擣衣砧上拂還來。」那美好的月光似乎有意和思婦作伴，總在她的閨樓上徘徊着不肯離去，想必已照上她的梳妝臺了。月光照在門簾上，捲也捲不去；照在衣砧上，拂了却又來。她是那樣的依人，却又那樣的惱人，使思婦無法忘記在這同一輪明月之下的遠方的親人：「此時相望不相聞，願逐月華流照君。鴻雁長飛光不度，魚龍潛躍水成文。」一輪明月同照兩地，就和我想念你一樣，你一定也在望着明月想念我。有明月像鏡子似地懸在中間，我們互相望着，但彼此的呼喚是聽不到的。我願隨着月光投入你的懷抱，但我們相距太遠了。上有廣袤的天空，善於長途飛翔的鴻雁尚且不能隨月光飛度到你的身邊；下有悠長的流水，潛躍的魚龍也只能泛起一層層波紋而難以游到你的跟前。我又怎麼能够和你相見呢？「昨夜閑潭夢落花，可憐春半不還家。江水流春去欲盡，江潭落月復西斜。」思婦回想昨夜的夢境：閑潭落花，春過已半，可惜丈夫還不回來。江水不停地奔流，快要把春天送走了；江潭的落月也更斜向西邊，想借明月來寄託相思也幾乎是不可能了。這四句把夢境與實境結合在一起寫，是夢是醒，思婦自己也分辨不清了。

最後一段，天已快亮：「斜月沈沈藏海霧，碣石瀟湘無限路。不知乘月幾人歸，落月搖情滿江樹。」斜月沉沉，漸漸淹沒在海霧之中，月光下的一切也漸漸隱去了，好像一幕戲完了以後合上幕布一樣。這整夜的相思，這如夢的相思，怎樣排遣呢？遊子思婦，地北天南，不知道今夜有幾人趁着月華歸來！看那落月的餘輝搖動着照滿江樹，彷彿懷着無限的同情呢！

《春江花月夜》是樂府清商曲吳聲歌舊題，據說是陳後主創製的，隋煬帝也曾寫過這個題目，那都是浮華豔麗的宮體詩。張若虛這首詩雖然用的是《春江花月夜》的舊題，題材又是漢末以來屢見不鮮的遊子思婦的離愁，但張若虛還是以不同凡響的藝術構思，開拓出新的意境，表現了新的情趣，使這首詩成爲千古絕唱。而張若虛也就以這一首詩確立了文學史上永不磨滅的地位。

詩人把遊子思婦的離愁放到春江花月夜的背景上，良辰美景更襯出離愁之苦；又以江月與人生對比，顯示人生的短暫，而在短暫的人生裏那離愁就越發顯得濃郁。這首詩雖然帶着些許感傷和淒涼，但總的看來并不頹廢。它展示了大自然的美，表現了對青春年華的珍惜以及對美好生活的嚮往。那種對於宇宙和人生的眞摯的探索，也有着深長的意味。

《春江花月夜》，題目共五個字，代表五種事物。全詩便扣緊這五個字來寫，但又有重點，這就是「月」。春、江、花、夜，都圍繞着月作陪襯。詩從月生開始，繼而寫月下的江流，月下的芳甸，月下的花林，月下的沙汀，然後就月下的思婦反覆抒寫，最後以月落收結。有主有從，主從巧妙地配合着，構成完整的詩歌形象，形成美妙的藝術境界。

這首詩對景物的描寫，採取多變的角度，敷以斑斕的色彩，很能引人入勝。同是月光就有初生於海上的月光，有花林上似霰的月光，有沙汀上不易察覺的月光，有妝鏡臺上的月光，有擣衣砧上的月光，有斜月，有落月，多麼富於變化！詩中景物的色彩雖然統一在皎潔光亮上，但是因爲襯托着海潮、芳甸、花林、白雲、青楓、玉戶、閑潭、落花、海霧、江樹，也在統一之中出現了變化，取得斑斕多彩的效果。

《春江花月夜》的作者張若虛是初唐後期著名的詩人。關於他的生平，材料很少，只知道他是揚州人，曾經做過兗州兵曹。唐中宗神龍年間已揚名於京都，玄宗開元初年與賀知章、張旭、包融號稱「吳中四士」。

他的詩留傳至今的，還有一首《代答閨夢還》，連同這首《春江花月夜》，統共只有兩首了。（袁行霈）

鄴都引

張說

君不見，魏武草創爭天祿，羣雄睚眦相馳逐。晝攜壯士破堅陣，夜接詞人賦華屋。都邑繚繞西山陽，桑榆汗漫漳河曲。城郭爲墟人代改，但見西園明月在。鄴傍高冢多貴臣，蛾眉曼睩共灰塵。試上銅臺歌舞處，惟有秋風愁殺人。

鄴邑故址在今河北臨漳縣西南，西面羣山環抱，漳水從城中穿過流入衛河（近代漳水南移，故址已隔在河北岸）。自春秋齊桓公建邑到唐朝，已有一千多年歷史。戰國魏文侯曾在此定都，西門豹也曾在此爲民除害。但鄴城只有和曹魏事業聯繫在一起，才煥發光華，彪炳史冊。建安十八年（二一三），曹操封魏公，定都於鄴。曹丕代漢，定都洛陽，鄴仍爲五都之一。鄴似乎已成爲曹魏政權的一種象徵。這首憑弔鄴都的懷古詩以曹操一生功業爲中心，可謂抓住了關鍵，顯示出張說透視歷史的深邃目力。

東漢末年，以黃巾軍爲代表的農民革命武裝，從根本上動搖了東漢王朝的腐朽統治。士族豪強紛紛割據稱雄，連年混戰，把曾經繁盛富庶的中原地區，變成了「出門無所見，白骨蔽平原」的荒野。在衆多的割據者中間，曹操是一個強者。他「挾天子以令諸侯」，轉戰南北，逐個地擊敗了競爭對手，結束了漢末長期動亂的

鄴都引

局面，使北方重歸於統一，并爲以後西晉王朝統一全國創造了條件。「君不見，魏武草創爭天祿，羣雄睚眦相馳逐。」作者以簡括的語言形象地再現了羣雄「逐鹿」中原的歷史。「睚眦」本爲怒目而視之意，這裏用以勾勒衆豪強爭奪天下誓不兩立的嘴臉，十分傳神。天祿，天賜的爵祿，這裏特指帝位。着一「爭」字，表現了曹操乘時而起，以統一天下爲己任的豪邁氣概，飽含着詩人對曹操歷史功績的充分肯定與讚頌。曹操生前「志窺漢鼎」，但迫於擁漢派的反對，雖身爲宰相，「人臣之貴已極」，却終於不敢稱帝（只是在死後被兒子追尊爲武帝），而且，「生性不信天命」的他，不得不一再表白自己并無「不遜之志」，所作所爲，不過是順從「天意」而已。以「天祿」隱指帝位，似乎也包含着這種深意。

曹操不僅是一個傑出的政治家，而且也是一個傑出的軍事家和文學家。王沈《魏書》云：太祖「御軍三十餘年，手不舍書，晝則講武策，夜則思經傳，登高必賦，及造新詩，被之管絃，皆成樂章」（《三國志》裴松之註引）。他一生金戈鐵馬，南北征戰，擧凡誅袁術、擒呂布、破袁紹、滅劉表、征三郡烏桓、平韓遂馬超……無不「所征必克」。在戎馬倥偬之際，他常常橫槊賦詩，表現出文學家的氣質和才能。他強調用人唯才，特別注意延攬文學之士，當時的一些優秀作家，如徐幹、王粲、劉楨、陳琳等，幾乎都被曹操羅致鄴都，「俊才雲集」，形成了一個鄴下文學集團，開創了建安文學「彬彬之盛」的新局面。「晝攜壯士破堅陣，夜接詞人賦華屋。」作者將曹操一生功績濃縮在一晝夜之中，以兩個對偶工整的句子把曹操「外定武功，內興文學」的文武業績包攬無遺。用語簡括，氣概闊大，而又形象鮮明，興象宛然。讀至此，我們可以想見曹操橫戈躍馬、雄蓋一世的英武氣概，也可想見他「以相王之尊，雅愛詩章」的文士風度，以及他和衆文人「傲雅觴豆之前，雍容衽席之上。灑筆以成酣歌，和墨以藉談笑」的歡洽場面。曹操作爲政治家、軍事家、文學家三位一體的形象已是呼之欲出了。

述曹操功業如此簡括，寫鄴都繁盛也決不瑣碎。「都邑繚繞西山陽，桑榆汗漫漳河曲。」西山之北，大大小小的建築物屈曲環繞，鱗次櫛比，漳河兩岸遠遠近近的村莊林木，蓊鬱葱蘢，一望無際。作者馳騁想象，鳥瞰這千年古都，不僅勾畫了鄴城的地理形勢，而且烘染出人煙稠密、四方輻輳的繁盛氣象。我們知道，曹操統一北方以後，實行了興屯田、修水利、墾荒地、減租稅、抑兼并等進步措施，社會生產力逐漸得到恢復發展，鄴都作爲曹魏統治中心，很快就出現一片繁榮景象。「野田廣開闢，川渠互相經。黍稷何鬱鬱，流波激悲聲。菱芡覆綠水，芙蓉發丹榮。」（曹丕《於玄武陂作》）「雙渠相溉灌，嘉木繞通川。卑枝拂羽蓋，修條摩蒼天」（曹丕《芙蓉池作》）等等就是對當年鄴都的生動描述。其後左思的《魏都賦》更以洋洋萬言，極寫其繁華鼎盛。與這些描寫相比，張說的這兩句詩顯得視野開闊，筆力遒勁，堪稱尺幅之中有千里之景。

詩的後半篇，詩人從歷史回到現實，集中寫鄴都的荒廢。作者撮取秋郊荒冢，銅臺悲風一、二實景，以西園明月、蛾眉曼睩的想象點染其間，虛實相生，今昔映襯，把一腔興亡之感，抒發得淋漓盡致，既蒼涼沉雄，又含蘊無窮。而無論是實是虛，無不蘊含着豐富的歷史內容，緊緊關合「鄴都」題意。曹操曾在鄴都建金虎、銅爵（即銅雀）、冰井三臺，皆十分嵯峨雄偉，尤以銅爵臺最爲壯觀。臺高十丈，周圍殿屋一百二十間，樓頂置大銅雀，舒翼若飛。臺成之日，曹操「悉將諸子登臺，使各爲賦。」曹植「援筆立成」，因而博得父親的寵愛。那時曹操何等躊躇滿志！曹操又置女樂於臺上，常在此歌舞宴飲。曼睩，語出《楚辭·招魂》：「蛾眉曼睩，目騰光些。」本指美麗靈活的眼珠，這裏指代歌伎。曹操臨死前曾囑咐讓他的「婢妾及伎人」「著銅雀臺……月旦十五日，自朝至午，輒向帳中作伎樂……時時登臺望余西陵墓田」（曹操《遺令》）。而今不僅「一世之雄」長眠地下，就連安慰他靈魂的歌伎舞女也早和那些「壯士」、「詞人」一起化爲塵土了，正是「只今惟有西陵在，無復當時歌舞人」（郭良驥《鄴中引》）。西園亦稱銅雀園，景致優美，曹氏父子常攜衆文人來此遊賞賦詩，往往白日賞玩不足，晚上還要在月色中行遊。「清夜遊西園，飛蓋相追隨。明月澄清影，列宿正參差。」（曹植《公宴》）現在世事變異，高臺華屋皆成廢墟，唯有一彎冷月依然如故。說明月仍「在」，正見出其他種種皆「不在」，無限今昔之感，盡在不言中。作者力掃繁縟，摒棄鋪陳，亦不拘泥於轉接過渡，以後半篇陡接前半篇，其間歷史跨度達五百年之久。其用意也在強調世事變遷之速，繁華消歇之快，使末尾「惟有秋風愁殺人」的一聲喟嘆更爲深沉有力！

全詩以魏武草創始，以銅臺悲風結，上下千年，縱橫萬里，高度概括而不失之空泛，語言質樸剛健，境

鄴都引

界高遠雄渾，已初步體現出盛唐詩境富於深廣概括力的特色。胡應麟說：「唐七言歌行，垂拱四子，詞極藻豔，然未脫梁、陳也。張、李、沈、宋，稍汰浮華，漸趨平實，唐體肇矣，然而未暢也。」（《詩藪》內編卷三）充分肯定了張說啓迪盛唐詩風的作用。把洋洋灑灑的長篇，熔鑄成凝煉深厚的短歌，變「四子」的華靡富麗爲蒼勁雄渾，在初唐詩人「清新的歌唱」中注入了更多的氣骨，這正是張說對唐代詩歌的貢獻。胡氏所說的「未暢」，恰恰道出了《鄴都引》爲代表的馭繁於簡、由博返約的特色，顯示了七言歌行從初唐到盛唐這一過渡時期的獨特面貌。

張說能寫出氣概不凡的《鄴都引》，自然是與他高度的藝術修養分不開的，但歸根結底還在於他不同於一般詩人的身分和氣質。張說歷仕武后、中宗、睿宗、玄宗四朝，尤以輔佐玄宗，建樹卓著。他「前後三秉大政……其封泰山，祠脽上，謁五陵，開集賢，修太宗之政，皆說爲倡首」（《舊唐書·張說傳》），遂成一代名相。他「重氣輕生知許國」（張說《巡邊河北作》），巡朔方，擊叛胡，安撫九姓部落，裁減邊兵，整頓禁衛軍……表現出治國用兵的雄才大略。在文學上，他更是「當朝師表，一代詞宗」（唐玄宗《命張說兼中書令制》），「掌文學之任凡三十年，爲文俊麗，用思精密」（《舊唐書》本傳），時稱「開元彩筆，無過燕許」。特別難能可貴的是，他重視文學的作用，倡導風雅，獎掖後進，當時文士莫不以出自燕公門下爲榮。他欣賞王灣「海日生殘夜，江春入舊年」一聯，說明他在藝術上崇尚「天然壯麗，奇情新拔」（張說《洛州張司馬集序》）的風格，而這正是盛唐詩歌的藝術風貌。總之，張說是具有匡時濟世之才、治國用兵之術的政治家，是以建功立業的王霸之氣振起風雅、激勵後進的詩歌革新的贊助者。要言之，正因爲他自己就有「晝攜壯士破堅陣，夜接詞人賦華屋」的身分和經歷，才能如此高屋建瓴、俯仰古今，將豐富複雜的歷史內容舉重若輕地熔鑄於這一短章中，不枝不蔓，縮龍成寸，而又不給人以支解細碎之感，充分顯示他歷史家的洞燭力、哲人的深邃和政治家的博大氣度。因此，《鄴都引》雖也感慨人事無常、富貴不可長保，却自不同於一般的憂生嘆逝之作。作者對曹操匡正之功的讚頌，正傾注了自己「從來思博望，許國不謀身」（張說《將赴朔方軍應制》）的豪邁意氣。結尾蕭瑟秋風，意緒悲涼，但哀而不傷，氣韻沉雄，深處激蕩着的正是亟欲乘時建功立業、唯恐盛年難再的積極精神，其實質和孟德「對酒當歌，人生幾何」的慷慨悲歌和建安文人的「梗概」之氣幷無二致。這也啓示我們：張說對建安精神的繼承和發揚，正是他建樹功業、成一代名相的關鍵所在，也是他能够領袖文壇，轉變文風，爲盛唐詩人開拓道路的關鍵所在！

（徐定祥）

次北固山下

王灣

客路青山外，行舟緑水前。潮平兩岸闊，風正一帆懸。海日生殘夜，江春入舊年。鄉書何處達？歸雁洛陽邊。

北固山在江蘇鎮江市的北面。有南、中、北三峯。北峯三面臨江。一千二百多年以前，盛唐詩人王灣乘船來到山下，停泊之後，又在晨曦中揚帆啓程了。春潮涣涣，江風習習，從東海升起的太陽照亮了沉沉的黑夜，結隊北歸的大雁報告着春天的來臨。詩人目送大雁漸漸遠去，寫下了這首詩。這首詩描寫景物有一個視點，這個視點在船上，一切都是從一艘帆船上看到的。明確這個視點很重要，便於我們身臨其境，進入到詩的意境中去。

詩一上來就點出題目中的北固山：「客路青山外」的青山，當然就是指北固山。那麽，「青山外」是什麽意思呢？詩人是説，自己的路程幷不是到北固山爲止，前面還有一段遥遠的路等着他。我們可以把一二句對照起來看，「客路青山外，行舟綠水前」。青山外，綠水前，使我們覺得詩人是穿行在青山綠水之間。一路上飽覽着秀麗的江南景色，就像走進了一幅圖畫一樣。「客路」不是歸路，不是回家鄉洛陽，而是離開洛陽來到南方。這兩句詩表現了一個北方人來到江南時那種新鮮的感受。而且對自己將要去的地方，對自己的前途又充滿了希望。詩人旅行在景色秀麗的江南，想必是心曠神怡。但他只是很樸素地交代了自己的行程，至於心情怎樣就留給細心的讀者自己去體會了。

第二聯「潮平兩岸闊，風正一帆懸」，氣象十分開闊。春潮渙渙，水波不興，江面幾乎和堤岸平了。「兩岸闊」，我想不是說兩岸之間的距離。兩岸之間的距離是固定的，不管潮水平不平，總是一樣。「兩岸闊」是船上人的視野。因爲潮水上漲，船位也隨着升高了，從船上向兩岸看去，視野開闊一覽無餘，所以說「潮平兩岸闊」。「風正一帆懸」也寫得好。「風正」是說風向與航向恰好一致。好風相助，可以揚帆直前。這兩句十個字，寫了四種事物：潮、岸、風、帆。用了四個形容詞：平、闊、正、懸，簡潔而又生動。我們讀以上四句詩有一種正在運動的感覺，覺得自己隨着詩人的行舟和詩人的視綫，正向着無限深遠的地方拓展開來。基點是詩人的那只帆船，從這個基點伸展出來是無限的空間。

第三聯「海日生殘夜，江春入舊年」，更是膾炙人口的名句。《河嶽英靈集》云：「『海日生殘夜，江春入舊年』，詩人以來少有此句。張燕公手題政事堂，每示能文，令爲楷式。」當時的宰相張説親手把這兩句詩題在他辦公的地方，讓人當作學習的模範。海日孕育在長夜之中，在黑夜將殘未殘的時候她就誕生了。江春長入到舊年裏去，在寒冬將盡未盡的時候，她已到來了。海日和江春，竟是這樣熱情主動、迫不及待地提前到來了！那個「生」字，那個「入」字，讓人覺得海日和江春都彷彿有了生命，有了性格。太陽升起得早，春天也來得早，一切都提前了。特別是那個「入」字，使我們想起杜甫的兩句詩：「紅入桃花嫩，青歸柳葉新。」在用字上有異曲同工之妙。從「江春入舊年」這一句看來，這一年的立春是在臘月，在舊年裏就已經立春了。另外，江南春早，在舊年裏就有春意，草木已經發芽，氣候已經轉暖，大地又恢復了生機，這是另一層意思。「海日生殘夜，江春入舊年。」這兩句詩也給人一種運動感，給人一種奮進的、向上的力量。如果說上四句是空間的伸展，這兩句就是時間的提前。歡呼黎明和春天的到來，歡呼新生事物的出現！明代的胡應麟曾經把這兩句詩作爲盛唐詩歌的代表，和中唐、晚唐的詩作了比較，指出不同時代詩歌裏不同的氣象，是很有見地的（見《詩藪》內編卷四）。

詩人最後說：「鄉書何處達？歸雁洛陽邊。」因爲看到北歸的大雁而引起思鄉之情。他想托大雁捎一封家書，捎到哪裏呢？就捎到家鄉洛陽。詩的末尾雖然寫思鄉，但沒有一點悲涼。整首詩的意境是開闊的，感情是明朗的，充滿對前途的希望和信心，的確有一種盛唐的氣象。（袁行霈）

邊詞

張敬忠

五原春色舊來遲，二月垂楊未掛絲。即今河畔冰開日，正是長安花落時。

這是一首以邊塞爲題材的絕句。作者張敬忠，曾在唐中宗神龍年間入朔方軍幕府。詩中提到的五原（今內蒙古自治區五原縣），當時屬北部邊陲地區。詩以《邊詞》爲題，寫的是征人初到邊地時的所聞、所見、所感和所思，却巧在通過尋訪春事的構想把它們綰連在一起，似隨意揮灑，毫不經意，而自有一氣呵就、水到渠成之妙。

詩通篇就五原春遲一點生發。首二句從所聞寫到所見。「舊來」指自來、從來，暗含傳聞之意，意謂此說相沿已久，自己却未嘗親眼目睹。及至這回來到邊地，方知此說不虛，而最有力的物證便是柳色未青，楊絲未掛。如果在中原地區，二月仲春之際，早已是楊柳婀娜的一片爛漫風光了。賀知章《詠柳》詩云：「碧玉妝成一樹高，萬條垂下綠絲絛。不知細葉誰裁出？二月春風似剪刀。」可見垂楊掛絲正是二月的典型物候。而這裏却仍未有絲毫跡象，邊地之苦寒可以想見。然則詩人面對眼前陌生的景象，驚訝之餘，仍執意尋找春的蹤跡。天涯何處沒有春的蹤影，詩人終於欣喜地發現了：在這裏，姍姍來遲的春天，走的是另一條特殊的路線。它既不像在江南地區，如謝靈運名句「池塘生春草」所寫的，首先在萋萋芳草上嶄露頭角；也不像在中原一帶，如李商隱所吟詠的「花鬚柳眼各無賴」，藉搖曳的柳條開眼示意；而是從河冰的脆裂聲中傳出它最初的足音。敏感的詩人在河冰冬堅春脆的微細變化中，捕捉到了春來的明確無誤的信息。春無往而不在，只要執著地追尋，它就會來到你的面前。這不僅是詩人新鮮的發現，而且也使我們對春天增添了一份認識。但當詩人在邊地迎來春色時，憶及此時長安，却已經進入暮春季節，應是芳期已過，春意闌珊了。同是寫邊地春遲，詩人偏翻作兩層來說，先說不見春色，這固然是春遲的明顯表徵；爾後說發現春色，却又比內地晚來了幾乎整整一個季節，仍然是春遲。詩的末兩句以「冰開」和「花落」作對比，突出了兩地時差之大，而邊地之遙遠也不言自明了。以上是就詩所寫的「事」這一方面來說。

就詩人所抒寫的情思來看，字面上似不露聲色，惜墨如金，但若把握住此詩「寓情於事」、「情隨事生」的特點，仍不難發現其中的蛛絲馬跡。當詩人首先選擇了二月垂楊來探聽春訊時，他心中不正是在用昔日內地的生活經驗來和邊地的卽目之景加以比照？面對眼前荒寒的陌生畫面，又安能不懷念中原那萬條垂絲的熟悉景象？不過此時潛伏在詩人心中的情思尚隱而未發，待到春色一旦顯豁，這情思也便立刻脫穎而出。故剛見到河冰融化，思緒竟一下子飛越關山來到長安。三、四兩句句首的「卽今」、「正是」，轉折得何等迅疾，承接得何等流利！這倏忽而生的聯想，這衝口而出的語吻，其實正是詩人胸中不可抑遏的情思所致！至此，征人的故國之思，也盡在不言中了。眞可謂是「不著一字，盡得風流」。

這首詩寫了邊地之遠、之寒，又寫了邊人之思，詩題《邊詞》的義藴已盡呼出，而表現上却委婉藴藉，毫無刻露着力的痕跡。詩的用筆輕倩流易，恰和怡然的思致相吻合。詩中的時間一直在變化着，幾乎一句一時，但移步換形使人不覺，略無呆滯之跡，如由「舊」到「今」是明寫，由二月到暮春却是暗寫，安置在「二月」和暮春之間的「卽今」二字，既承上句把時間往前推進了一步，又啓下句逗引出彼地春已歸去的意思。全詩如行雲流水，意在言外，不愧爲初唐名篇。

（鍾元凱）

感遇（其一）

張九齡

蘭葉春葳蕤，桂華秋皎潔。欣欣此生意，自爾爲佳節。誰知林棲者，聞風坐相悅。草木有本心，何求美人折！

這首詩是張九齡《感遇》十二首的第一首。寫得非常和平沖淡，彷彿寫一遺世獨立之好女子，孤芳自賞。前兩句的「葳蕤」、「皎潔」，寫蘭的生氣勃勃和桂花的光彩明朗，她們生長在不同季節，各有不同的美的姿致，都以欣欣向榮的生的意態，受人賞識。正因爲春有蘭花，秋有桂花，春、秋便自然成爲「佳節」。這是詩人對蘭、桂的最高贊美。春天，百花爭豔，何止一種蘭花，但詩人以爲只有春蘭葳蕤的旺盛的生機才足以代表春天，象徵春的發育滋長。秋天，萬木凋零，只有華美芳潔的桂花，顯示了獨立的凌雲之志。詩中沒有特別贊美蘭的幽香，而是歌頌蘭葉的葳蕤豐茸的繁盛之貌；同樣，對丹桂，也沒有寫她的香飄十里，而是贊賞她的光彩、高潔的風致。

春是蘭的時令，秋是桂的季節。

正因爲蘭、桂本身具有這樣內在的美好的品格，林棲者自然聞風而傾慕之，而蘭、桂并不以此爲意，有自己的守獨之志，并不希冀美人（林棲者）的采折。這是草木的本心，也是詩人的懷抱，無論詠物、抒情，都達到自然、完美之致，獲得高度統一的意境美。

這首詩借物詠懷，表現了張九齡的風格、節操。其後杜甫在《八哀詩》中形容張九齡如「仙鶴下人間，獨立霜毛整」。呂溫在《張荊州畫象贊》中贊美張九齡「德容恢異，天骨峻擢，如波澄東溟，日照泰嶽」。相比而讀，都使人產生「高山仰止，景行行止」之感。

張九齡，早年以文采受知於張說，當張說主宰朝政時，他一直是張說得力的助手，輔佐朝政。也因此隨着張說的升沉而升沉。張說故去，玄宗懷念張說，憶及九齡，啓用九齡爲相。繼姚崇、宋璟及張說的餘緒，九齡力承重任，卽杜甫所謂的「矯然江海思，復與雲路永」，方欲致君堯舜，希圖大治，但唐玄宗已經到了「倦勤」的階段。九齡雖然「以生人爲身、社稷自任，危言抗爭無所避，秉大節而不可存，小必諫，大必爭，攀帝檻，歷天階，犯雷霆之威，不霽不止。……日與讒黨抗行於交戰之中」。終於不敵宵小，被玄宗借故外放爲荆州大都督府長史。

這次外放，無論就張九齡或對唐王朝都是一個轉折點。對張九齡來說，此後，政治生涯漸趨末路，沒有幾年他就去世了；對唐王朝來說，也從此失去了清明政治，走着由治而亂的下坡路。

在荆州時，九齡製作較多，《感遇》十二首卽是在這時寫的。除這首外的十一首都流露出深深的悲憤之情，如第七首云：「江南有丹桔，經冬猶綠林。豈伊地氣暖？自有歲寒心。……徒言樹桃李，此木豈無陰？」就表現得很明白。這裏介紹的一首雖則和平沖淡，孤高自賞，却有着與其他詩共同的基調：感不遇。這第一首看來是平靜地自陳胸襟，不平之氣也還是可以隱約地感覺出來。

陳子昂也有《感遇》詩，評論家們以爲他的詩不及張九齡的《感遇》詩含蓄、蘊藉，稍嫌古樸、深奥。

清人沈德潛在《唐詩別裁》評這首詩的末兩句說「想見君子立品，卽昌黎『不采而佩，於蘭何傷！』意。」方東樹在《昭昧詹言》中則說：「言物各有時，人能識此意，則安命樂天。」看得太平易了些。韓愈所以倣效張九齡的立意，因爲最後兩句，正是本篇詩境的深刻處，卽追求一種自我完善的美的境界。

（喬象鍾）

望月懷遠

張九齡

海上生明月，天涯共此時。情人怨遙夜，竟夕起相思。滅燭憐光滿，披衣覺露滋。
不堪盈手贈，還寢夢佳期。

有人說「月亮是縣掛在天上的一首詩」，的確，在月亮上載滿人類最美好的情感。唐代詩人張九齡的《望月懷遠》便是一個例證。

詩起首一句便把我們帶入一種靜謐、闊大的抒情氛圍——「海上生明月；天涯共此時。」「此時」，張九齡翹首望月，思念着遠方的親人，而伊人「此時」也在翹首望月，思念着九齡吧。遠隔千里，音訊難通的有情人該怎樣溝通感情呢？唯有普天同照的月光是他們的媒介。自南朝宋人謝莊有了「隔千里兮共明月」（《月賦》）的發現後，人們便開始通過明月寄託相思了。月亮好似一只巨大的折光鏡，把此方的感情折射給彼方，又把彼方的感情折射給此方。正因如此，才有了李白的「舉頭望明月，低頭思故鄉」（《靜夜思》）；杜甫的「今夜鄜州月，閨中只獨看」（《月夜》）；白居易的「共看明月應垂泪，一夜鄉心五處同」（《自河南經亂，關內阻飢，兄弟離散，各在一處。因望月有感，聊書所懷》）。而在張若虛的眼中，這面天然的折光鏡不僅可以折射相思者的情感，甚至可以折射相思者的容貌：「可憐樓上月徘徊，應照離人妝鏡臺。玉戶簾中卷不去，擣衣砧上拂還來。此時相見不相聞，願逐月華流照君。」詩中主人公在望月，她想象中情人此時也在望月，因此，望見月亮，就好像在月中望見了自己的情人。痛苦的離情化成美好的寄託，美好的寄託又化成動人的詩篇，生活與藝術的聯繫竟是如此奇妙！

「天涯共此時」大約有兩層含义。一是詩人與遠在天涯的伊人共此一輪明月；二是融融月光遍灑人間，天下離人此時都在望月懷遠。與杜甫鄜州望月和白居易「五處鄉心」等具有鮮明個性感情色彩的懷人之作不同，張九齡把自己的懷遠之情與天下人共通的懷遠之情融在一起，形成詩歌內容的不確指性，我們很難說出張九齡所懷念的遠人是父母、妻子還是情人或朋友。正是這種不確指性使詩歌產生了含蓄、蘊藉的美感。

皎皎月光，最易逗起人們的相思之情，以至使人徹夜不眠，而只有難以入眠的人才會感到夜的漫長，不免點起蠟燭，漫無目的地四處尋覓。「滅燭憐光滿，披衣覺露滋」便是尋尋覓覓之中的感受。詩人披衣來到庭院，翹首久佇，以寄相思，直到夜露打濕了衣衫。當他回到房中時才發現，熄掉燭火的房屋內滿是月色，如水如銀，非常可愛。在柔和的月光中，詩人的心緒漸漸平復，并生出捧一掬月色獻給遠人的願望。然而皎潔的月光「照之有餘輝，攬之不盈手」（陸機《擬明月何皎皎》），這使詩人意識到既然不能把可愛的月光贈給遠人，還是回到臥榻上，在夢裏與遠人相會吧。這首詩情致委婉，語言淺近，化用六朝謝莊《月賦》、陸機《擬明月何皎皎》詩中語意而自然流轉，給人以淡雅清新的感覺。

在此還應指出的是，以月寄情不僅是中國古典詩歌的傳統手法，且爲日本的古典詩歌所襲用。成書於一二二五年的《新古今和歌集》中便有大量望月懷遠的篇什，茲選錄三首試譯如下：

蕭蕭班馬去，暗鏡抱殘燈。所羡惟明月，隨君日日行。

（第一二六五首）

離恨何時篤，不眠長夜中。無言擡淚眼，月色正朦朧。

（第一二五八首）

四野纖塵淨，憑窗憶遠人。月華明與暗，每每動心神。

（第一二六八首）

這三首和歌完全可以看作是張九齡《望月懷遠》的註脚，中日兩國文化的關聯如此密切，實在令人驚嘆。

（宋紅）

涼州詞

王 翰

葡萄美酒夜光杯，欲飲琵琶馬上催。醉臥沙場君莫笑，古來征戰幾人回？

唐代詩人寫了不少邊塞詩，從數量上說，恐怕比任何一個封建朝代都要多。這和唐代屢次對外用兵自然有密切的關係，但却不是唯一的原因。因爲這種戰爭幷非唐代所專有，像宋代就一直被糾纏在對外防禦的重擔之中，但是宋代詩人就拿不出多少有分量的邊塞詩來。唐代詩人有一個時期，似乎對邊塞風光很感到興趣，有

涼州詞

王翰

不少人也眞的老遠跑去，親自領略那裏的景色，并且把它寫進詩裏。沒有去過的人，也往往要借些樂府古題，點染一下塞外風光，才覺得滿意。這種風氣的出現，原因比較複雜，這篇短文也沒有必要作詳細分析。但是有一點我願意說明，就是唐代在國力上升的時候，國家强盛，民氣昂揚，詩人自然不能不受到時代的影響，他們對於邊疆戎馬的生活，往往抱着欽羨、幻想和渴欲一試的心情。反映在詩歌上面，就成爲昂揚興奮的情調，不然就是一片純眞的幻想。當然除此之外也還有悲哀的慨嘆和反戰的呼籲，這也仍然是那個時代複雜的客觀實際的反映。這種複雜性，有時就在一個詩人的作品中也會同時出現的。

王翰是盛唐詩人，現存作品不多；可是像現引的這一首，却不失爲表現那個時代的昂揚向上的情調而又藝術性很高的代表作。

一開頭，詩人便把塞上的軍中生活描畫得像詩一樣的美麗。我們看見詩中有一位軍人，捧起夜光杯，斟滿葡萄酒，正在喧鬧嘈雜的人羣中歡呼嬉笑；忽然，琤琤琮琮的琵琶聲，在馬上響起來了，它奏着的是行軍的調子，還是一支舞曲呢？作者并沒有說出來。也許是戰士們奏起抒情的曲子，催他們到廣場上去跳一個舞罷了。總之，不論怎樣，這種軍中生活，是豐富多彩、富有浪漫主義的情調的。看來從軍的戰士們，似乎并沒有感到軍隊的生活有什麼單調枯燥，他們毋寧是滿足於這種緊張的、熱鬧的，并且帶有朦朧的追求與幻想的生活。

這樣的豪情逸興，也許只是詩人的主觀想象；也許他確實看到了，却只是軍隊生活中的一瞬間的熱鬧。但是，也實在代表了當時某些人對於邊塞軍隊生活的一些幻想和嚮往。正因如此，詩人在下面兩句裏，就進一步用飽滿的筆觸，淋漓地寫下了他的見解：「醉臥沙場君莫笑，古來征戰幾人回！」

這後二句，不小心是容易發生誤解的。有人說：後二句「作悲傷語讀便淺，作諧謔語讀便妙」（施補華《峴傭說詩》）。照他的意思，這兩句是悲傷到衹好用打趣的話來抒發戰士們的思想感情：「反正是回不去了，喝得酩酊大醉，躺在沙場上，這有什麼可笑的呢！」還有人認爲這衹是一首反戰詩。其實，這還是一種誤解，沒有領會到整首詩的基本情調是昂揚向上的，是充滿了對軍中生活的幻想的。葡萄酒和夜光杯，都是西域地方的本色，當然不是寫離家出發時離筵別宴的風光，所以詩的開頭就沒有什麼離家遠行的愁情；而「醉臥沙場」，也不是戰士覺得有家歸不得而借酒澆愁。詩人寫下的這兩句話，其實是壯語，說它是悲壯的也無不可。而悲壯却是消沉傷感的反面。它不是什麼嗟嘆，也并非無可奈何的諧謔。中唐詩人戴叔倫有兩句詩：「願得此身長報國，何須生入玉門關。」寫戰士們忠勇愛國的氣概，自然很明白；而「古來征戰幾人回」，也同樣是這個意思，不過用筆曲折了一些，并且帶有悲壯的情調罷了。

讀這首詩，要從它整個基調來看，似乎不應該衹看到最末一句，就以爲它純粹是反戰的詩歌。這是個人的一點粗淺的看法。

（劉逸生）

登鸛雀樓

王之渙

白日依山盡，黃河入海流。欲窮千里目，更上一層樓。

唐代詩人王之渙描寫西北邊塞風光的作品，在當時卽廣爲樂工製曲歌唱，故開元中蜚聲騷壇，名動一時，尤以《登鸛雀樓》一詩爲人稱道激賞，它以短小的體製，精粹的字詞，描寫出闊大的境界。

詩人登臨的鸛雀樓，是唐代蒲州城（今山西省永濟縣）上的一座高樓。據《清一統志》記載，舊樓在郡城西南黃河中高阜處；時有鸛雀棲其上，遂名。鸛雀樓分三層，面對高聳入雲的中條山，下臨奔騰東去的黃河而巍然特立，是當時著名的登臨遊覽勝地。由於人世滄桑，河道變遷，當年的鸛雀樓早已圮毀，樓基高阜成了河心，但詩人的彩筆仍把我們帶上鸛雀樓——此刻，呈現在人們眼底的，是一片「天蒼蒼，野茫茫」，遼闊無邊的高原風光。秦晉高原高敞而爽朗，鬱鬱葱葱的中條山坐落天際，夕陽西下，那圓圓的紅日似乎已經消失，然而，落日的餘暉仍然映照着大地，原野上蕩漾着白茫茫的天光；蔚然深秀的中條山色，漪漣似的五彩霞光，加上奔騰的黃河濁流，閃爍着無數金點，光耀奪目。詩人在這幅巨大的油畫前佇立了好久，注視着夕陽墜地而帶來色塊的跳躍和斑斕變化，欣賞着祖國河山無限壯麗的雄奇美。

何以知道詩人曾憑樓站立很久呢？

詩人對夕陽的描寫充分顯示出動態美，而這種動態描寫，又是通過精心選擇的字詞來表現的。如果仔細體味就會發覺，詩人用「依山」和「盡」這樣的字詞對「白日」進行修飾限定，在時間上是抵牾和不統一的。「白日依山」，指白日與大山銜接在一起，這時尚可以看見依傍在山脊上的半輪；「盡」，則完全沉下山脊，只見餘霞，不能見日。白日——依山——盡，分明在我們眼前畫出了夕陽西沉時的弧度。從這一「依」一「盡」兩個字所反映的時間差來看，詩人站在鸛雀樓上目送歸雀、落暉已經好久了。

有人以爲，中條山在鸛雀樓東面，如果將白日解釋爲太陽，白日依山而盡，豈不是太陽從東面落下山嗎？因此，白日是指明晃晃的日光而不是指太陽本體。此說頗具新解，可備參考。但是，將「依山盡」釋成天光日影在山石草木上反射、伸展，直到詩人目力盡頭，終難令人完全信服。無論根據字詞索解還是從詩意出發，依山而盡的，都應是與大山互相映襯，形成對比，作爲畫面構圖不可缺少的實體，而不是白茫茫的天光雲影或虛無縹緲的煙嵐雲氣。從字詞的角度考慮，我們在漢魏詩中也可以找到同樣用於句首，以白日、大山爲描寫對象的佐證。如曹植的《贈徐幹》：「驚風飄白日，忽然歸西山。」曹植寫白日、大山，著一「歸」字，因日出於東山而歸於西山，想象合理，語極精妙；王之渙寫大山落日，遣一「依」字，意新語工，亦極傳神。李善釋曹植詩「白日」爲「赤日」；可見「依山盡」和「歸西山」完全是一個意思。

其實，中條山雖地處鸛雀樓東南，但離鸛雀樓僅十幾公里；它綿延一百六十多公里，山勢不斷，餘脈斜

登鸛雀樓

亘，憑樓眺遠是可以看到落日依山而盡的奇觀的。因此，正確理解詩意，體會詩歌意境，都必須從字詞入手。

鸛雀樓與渤海灣相距千里之遙，站在鸛雀樓上，當然看不到海口和黃河「入海」的壯觀。眼前只能看見粗獷、奔騰的黃河，像脫韁的野馬，向東南方飛馳而去，那磅礴的氣勢，宏大的聲響震撼着整個大地，也震撼着詩人的心靈。「河聲入海遙」，詩人的心彷彿隨着大河奔流，挾着雷鳴般的轟響，直入汪洋大海。於是「黃河入海流」五字便脫口而出，自然生輝。

黃河奔騰遠去，紅日依山斜墜，水流終於被天際的平野和中條山巒遮斷，極天處一片混茫，再也看不清楚了。這層意思，詩人雖未明言，我們却同樣可以通過對字詞的索解體味出來。「窮」是窮盡暢達的意思，「欲窮」者，說明未能窮也。但詩人并未止於未窮，更未因眼前景物被遮斷而發悲嘆，產生消極情緒，而是拾級而上，進一步抒發奮進昂揚的登臨之志：「欲窮千里目，更上一層樓。」詩人的意思是：要想極目騁懷，毫無阻攔地俯瞰祖國的壯麗河山，就必須站得更高，再登一層樓。

王之渙這首詩是題在鸛雀樓上的。唐代詩人有題壁題柱的習慣。白居易曾說他自己「自長安抵江西，三四千里，凡鄉校佛寺逆旅行舟之中，往往有題僕詩者」（《與元九書》）。鸛雀樓既是遊覽勝地，墨客騷人，登臨不絕，樓上自然留下不少讚美山河景色的詩篇。在這些詩篇中，宋代沈括《夢溪筆談》以爲，「唯李益、王之渙、暢諸（一作暢當）三篇能狀其景」。李益的詩暫且不談，我們不妨將暢諸的《登鸛雀樓》抄錄於下，以資比較。暢諸詩云：

迴臨飛鳥上，高出世塵間。天勢圍平野，河流入斷山。

暢諸也寫登樓眺遠，寫到黃河和中條山，語意高峻、氣勢挺拔，正如唐人李翰在《河中鸛雀樓序》中所說的「山川景物，備於一言」，堪稱好詩。但如果把它拿來與王之渙的詩比較，兩者的高下就很明顯了。

在寫景和字詞方面，王之渙詩中既沒有說「迴」，也沒有說「高」，更沒有像暢諸那樣，用「飛鳥」和

「出世塵」作鋪墊，對鸛雀樓本身作細緻的描繪；而是抓住西北高原最典型、最有代表性的景物——落日、高山、大河，所擇字詞富有特徵和表現力，筆法粗獷豪放，故顯示出的意境足以開拓讀者的心胸，引起人們的聯想，體會到比詩裏直接說出來的東西更多。更重要的是，暢諸的詩，四句都是描寫客觀景物本身，至於作者登樓的感想如何，却隻字未提。這種有景無情的寫法，不免使詩歌顯得內容單薄、意境狹窄，從而大大減弱了它的藝術感染力。王之渙的詩則注入了詩人眞切的感受和昂揚的激情，既未空發議論，也未停留在對客觀景物的描繪上，而是情景交融，渾然一體，從而使詩歌內涵豐富，意境闊大，更耐人尋味。說此詩爲暢諸五律的前半首，全詩未見，似不足據。

從形式上看，這首詩是五絕，它在詩歌中體制最爲短小，而「白日」、「黃河」，「依山」、「入海」，「欲窮」、「更上」，「千里目」、「一層樓」，字詞相對十分工整，無呆板滯澀之累，色彩濃鬱而意境闊大，具有對稱的形式美和和諧的音樂美，作者確是匠心獨運，骨力奇高。

王之渙生當開元、天寶盛世；此時正值我國封建社會的頂峯，國力昌盛，人思奮發，整個社會充滿積極進取和富於創造的開拓精神。王之渙的「欲窮千里目，更上一層樓」，正是盛唐時代精神的反映。中唐以後，封建社會逐漸走下坡，卽使在激昂的邊塞詩中也不免夾雜有衰落之音了。

站得高，看得遠。「更上一層樓」，才能縱目千里，高瞻遠矚，王之渙用小體制寫大境界，所以成爲千古登臨絕唱，傳誦至今。

（曹旭）

涼州詞（其一）

王之渙

黃河遠上白雲間，一片孤城萬仞山。羌笛何須怨楊柳，春風不度玉門關。

這是一首有名的絕句，王之渙僅僅衹是保存下幾首詩來，便成爲唐代令人難忘的詩人，其中這首詩是起着重要作用的。有人也許懷疑這首詩第一句的「上」字有些費解，因爲河水只應該向下流，不應向上去，這當然符合於物理學的原理，可是詩人也許只是從遠處眺望這條大河，未必就注意到水流的情形，何況「橫笛能令孤客愁，綠波淡淡如不流」（劉長卿《聽笛歌》）呢？這時就主要不是物理學的問題而是繪圖學的問題，我們畫一幅山水畫，遠處的水總要畫得高些，何況黃河的斜度本來較大，說「黃河之水天上來」或「黃河遠上白雲間」，不過一個是從遠說到近，一個是從近說到遠，但却有着動靜的不同。「黃河之水天上來」是結合着水勢說的，是動態，「黃河遠上白雲間」是作爲一個畫面來寫的，是靜態，「黃河之水天上來」因此帶有強烈的奔流的感情，而「黃河遠上白雲間」却近於一個明淨的寫生。

也許就是由於引起了懷疑的緣故，這第一句又作「黃沙直上白雲間」，「黃沙」當然是可以「直上」的，但《國秀集》明翻宋刻本這句則又作「黃河直上白雲間」，這樣「黃河」就變本加厲的不但可以「上」而且簡直可以「直上」，出現三種不同的句子，這裏當然有版本問題，本文不想作版本上的考證，只是看起來，贊成「黃河」的還是比贊成「黃沙」的多些，羣衆是有眼力的，大多數選擇了「黃河遠上白雲間」，這究竟

涼州詞（其一）

是什麼緣故呢？從形象上說，「黃沙直上白雲間」確是不太理想，因爲「黃沙」如果到了「直上白雲間」的程度，白雲勢必就早變成了黃雲，所謂「黃雲斷春色，畫角起邊愁」（王維《送平淡然判官》），乃是邊塞的典型景色，而這裏顯然沒有到黃沙蔽天的程度，眞是「大漠風塵日色昏」了（王昌齡《從軍行》），怎麼還能有白雲的聯想呢？「黃沙」、「白雲」在形象上是不統一的不完整的。至於「黃河直上白雲間」，當然也不好，簡單的說就是有點像瀑布，而不太像河流。那麼「黃河遠上白雲間」就那麼好嗎？本文就想說說這個。

要說明這首詩以至於這一句究竟好在哪裏，首先得講清楚詩中的最後兩句。可是這後兩句到底說的什麼呢？是說玉門關一帶十分荒涼呢？還是說那裏是一個美好的地方？這就彷彿有點講不清楚。

詩中用了北朝《折楊柳歌辭》裏的意思：「上馬不捉鞭，反折楊柳枝；下馬吹長笛，愁殺行客兒。」這原是表達行客離情的歌曲，而且曲子是用胡笛吹的，自然更是帶着濃厚的異鄉情調。唐人詩中常常寫到這個曲子的如何動人，李白《春夜洛城聞笛》說：「誰家玉笛暗飛聲，散入春風滿洛城；此夜曲中聞折柳，何人不起故園情。」劉長卿《聽笛歌》也說：「又吹楊柳激繁音，千里春色傷人心；隨風飄向何處去，惟見曲盡平湖深。明發與君離別後，馬上一聲堪白首。」詩中的「折柳」、「楊柳」就都是指的這支曲子。同時更值得注意的是這支曲子又總是與春風緊密聯繫着的，李白詩中如此，劉長卿詩中也如此。王之渙又有一首《送別》詩說：「楊柳東風樹，青青夾御河；近來攀折苦，應爲別離多。」「楊柳」既是「東風樹」，當然與春風就密不可分。青青是快樂，離別是苦事，楊柳却兼而有之，這就成了一種複雜心情的交織，王維有名的《渭城曲》說：「渭城朝雨浥輕塵，客舍青青柳色新。」一方面是「客舍」是「離情」，一方面是「柳色」是「青青」；也是利用了這個矛盾，寫出了豐富的思想感情。而《折楊柳》這支曲子又多了一段歷史關係。它的另一首歌詞裏說：「遙望孟津河，楊柳鬱婆娑；我是虜家兒，不解漢兒歌。」孟津河在今河南，那裏古代原是中原地帶，本土所習見的楊柳當然很多，歌曲就是由此而產生的。可是楊柳雖是本土習見的，歌曲却是胡曲。從「昔我往矣，楊柳依依」（《詩經·小雅·采薇》）到「青青河畔草；鬱鬱園中柳」（古詩十九首之二），「榮榮窗下蘭，密密堂前柳」（陶淵明《擬古》），這個帶有濃厚民族感情的楊柳，如今却出現在一支動人的「不解漢兒歌」的典型胡曲之中，這就又多了一層複雜的情調，而歷史是發展的，南北朝結束後，胡漢邊界已經不在中原，而是遠遠的在玉門關一帶，那麼還有那麼多習見的楊柳嗎？那裏的春天既然很少，作爲「東風樹」的楊柳想來也是難得的，那麼胡笛的曲子裏爲什麼還要吹起楊柳的哀怨呢？這就是詩人天眞的發問。詩寫的是涼州，還沒有到玉門關，但已是胡漢雜居的地方，所謂「涼州七里十萬家，胡人半解彈琵琶」（岑參《涼州館中與諸判官夜集》），這裏邊塞的情調已很濃厚，從涼州再想象玉門關，就愈覺得離開祖國遠了，也就愈多了鄉土的懷念，這是一種愈稀少愈珍惜的感情，而到了連楊柳都沒有的時候，笛中的楊柳也就成了美麗的懷念，因此詩人的發問彷彿是責備這個曲子，其實正是想聽到這個曲子，我們無妨把這兩句話的邏輯翻過來想想，那就是說：既然羌笛還在怨楊柳（這是客觀事實，耳朵聽到的），春風豈不是度過了玉門關嗎？這就出現了語言上的奇跡，說：「春風不度玉門關」，而悄悄裏玉門關却透露了春的消息，然而詩中究竟說的是「不度」，這就又約制了盡情度過，彷彿春風在「關」上欲度未度的當兒。這乃是一個邊塞之春，而邊塞的春天愈少，一點的春意就更覺得令人嚮往，正像嚴冬之後，冰河初解，原野明淨，出現在初春的轉折點上的景象，別有一番新鮮迷人的地方，在這樣的情景下，究竟是「黄河遠上白雲間」好呢？還是「黄沙直上白雲間」好呢？豈非十分明白的事嗎？正是詩中這一點清新明晰之感，遙迢的嚮往之情，構成了邊塞之春的圖像，它才爲「春風不度玉門關」做好了翻案文章，於是玉門關不再是荒涼的而是美麗的，正如「玉」所給人們的印象一樣，恰恰的符合於它的名字。

（林庚）

臨洞庭

孟浩然

八月湖水平，涵虛混太清。氣蒸雲夢澤，波撼岳陽城。欲濟無舟楫，端居恥聖明。坐觀垂釣者，徒有羨魚情。

此詩爲孟浩然在開元二十五年（七三七）秋遊洞庭湖所作，是詩人面對煙波浩渺、氣象萬千的洞庭湖而傾吐的一支心曲。

此詩又題作《望洞庭湖贈張丞相》。「張丞相」卽唐代名相張九齡，與孟浩然有着十分友好的關係。孟浩然在詩中曾多次提到過他。

孟浩然的一生基本上是在隱遁中度過的。他久居鹿門山，看慣了淡月竹影，聽慣了松泉清響，一旦來到這洶湧浩蕩的洞庭湖，難免會興致勃發，詩潮澎湃。何況正値洞庭八月，秋水盛漲，更顯得水天浩闊，氣魄非凡。詩人面對如此壯觀的洞庭湖水，只用了一個「平」字來形容，不僅表現了湖水的靜謐，更主要的是描繪出了湖水的浩渺。「涵虛」是寫湖水極深極廣，似乎要將高邈莫測的虛空都包容在內了。「太清」指天空。詩人用了一個「混」字，則寫出了湖水碧波萬頃，汪洋浩浩，與岸相融，與天相接的景色，正如詩人在另一首描寫洞庭湖的詩中所說的：「莫辨荆吳地，惟餘水共天。」（《洞庭湖寄閻九》）已是水融青天天接水，水天相映，渾涵一體了。

然而，八百里洞庭的壯觀景色還遠不止此。當洞庭湖水蒸騰的時候，氤氳萬狀的水光雲氣便擴展開去，籠罩了廣袤的雲夢二澤，雲巒霧障中的波光水影更具有了誘人的魅力。它也有波翻浪湧的時候，每當「夏秋水漲，濤聲喧如萬鼓，晝夜不息」（宋范致明《岳陽風土記》），連連而至，似乎要把岳陽城搖動起來，這是洞庭湖的力量。一個「蒸」字和一個「撼」字，筆無餘蘊地寫出了洞庭湖內在的氣勢和外在的聲威，充滿活力，動人心魄。

觸景生情，眼前的景物使詩人聯想到自己的身世和時事。詩人說，他想渡湖却沒有船隻，而閑居又覺有愧於這聖明之世，透露了自己不甘心隱居生活，而要幹一番事業，但又沒有途徑的苦衷。欲渡不能，欲罷不忍，將自己的矛盾心理形象地坦露出來。

五、六兩句進一步加強和深化了自己的矛盾心理。看到湖邊有人垂釣，便引起羨慕之情。在這裏，「垂釣」者指得志的朝官；「羨魚」者是詩人自指。儘管自己十分不情願被置於「坐觀」的位置，但失意者的「羨魚」情終歸是徒勞的。

過去，總認爲這是一首不露痕跡的干謁詩，是希望以此得到張九齡的薦引。但我們再三品味，總感到未能釋然於懷，覺得它在不露的「痕跡」裏還有更爲隱微的含義。

孟浩然早年的隱逸，曾有着積極入世的準備，於清風竹林中也是「俱懷鴻鵠志」（《洗然弟竹亭》）的。但自四十歲長安落第，便情緒黯淡，大有懷才不遇之感，心中充滿了痛苦、失望、不滿和牢騷：「久廢南山田，謬陪東閣賢。」（《題長安主人壁》）常有世態炎涼，彷佛被拋棄之感：「當路誰相假？知音世所稀。只應守寂寞，還掩故園扉。」（《留別王維》）他按捺不住內心的激憤之情和哀傷之感寫道：「北闕休上書，南山歸敝廬。不才明主棄，多病故人疏。」（《歲暮歸南山》）他對皇帝也產生了幾分怨意。因此，便「拂衣從此去，高步躡華嵩」（《京還略別新豐諸友》）。過起了「紅顏棄軒冕，白首臥松雲。醉月頻中聖，迷花不事君」（李白《贈孟浩然》）的生活。

詩人的心靈是有着創傷和不平的。如今，浩瀚激蕩的洞庭湖水，似乎翻騰起了他壓在胸中多年的鬱悶，多少煩惱與失望，滿腹的苦衷與牢騷，都一齊訴說出來：早年曾懷有「欲濟」的宏圖偉願，可是并未受到當朝的重視，因而不得不退隱。我是不甘心「坐觀」的，可是既不能「執竿而釣」，那「羨魚情」也就是徒然的了。這四句詩，既有自怨自艾之意，也有被世棄置的深沉哀嘆。這種思想感情，對於當時被貶爲荆州長史的張九齡是容易理解和易於接受的。

《臨洞庭》在藝術上很有特色。首先，它在寫景上起筆不凡，從宏觀着眼，將洞庭湖的秋色描繪得氣勢磅礴，雄渾壯美，景象十分闊大，這在孟浩然詩中是不多見的。沈德潛在《唐詩別裁集》中評論這首詩說：「起法高渾，三四雄闊。」可謂恰切。後人還將「氣蒸雲夢澤，波撼岳陽城」一聯與杜甫的「吳楚東南坼，乾坤日夜浮」（《登岳陽樓》）相並列，有「後人自不敢復題」（方回《瀛奎律髓》）之譽。其次，在抒情上委婉含蓄，不露聲色，情中有情，干謁的痕跡下蘊含着更爲隱微的詩意。其「棄賢」的主旨如不深挖是很難一下明瞭的。

（初旭）

宿桐廬江寄廣陵舊遊

孟浩然

山暝聽猿愁，滄江急夜流。風鳴兩岸葉，月照一孤舟。建德非吾土，維揚憶舊遊。還將兩行淚，遥寄海西頭。

宿桐廬江寄廣陵舊遊

孟浩然爲人誠篤，在不少詩作中對朋友傾注了一片深摯的感情。如從《秋登蘭山寄張五》、《夏日南亭懷辛大》便可看出詩人與兩位普通友人的深厚情誼。這首詩，也是懷友之作。所不同的，前兩首都是詩人在自己家鄉或家中懷人，而這首詩却是客中懷人。情緒、格調、意境，與前兩首都大異其趣。

桐廬江，在浙江省建德縣與桐廬縣境。詩人於開元十八年（七三〇）溯浙江西行，行於建德境時孤舟晚泊，懷念廣陵（今揚州）老友，寫下這首詩。

全詩分前後兩段。前段旨在寫景抒情，突出一「宿」字；後段旨在抒情傳意，突出一「寄」字。前後兩段關合，精確地表達了題旨。這種謀篇布局方法，是孟浩然詩歌創作的一種常見模式。

前四句寫「宿桐廬江」。詩人是如何捕捉桐廬江特點的呢？他寫了「山」，寫了「江」，寫了「風」，寫了「月」。這一組四個意象，組成桐廬江的主體意象羣。我們知道，這一組意象擺在任何一條江上都是可以的，還未揭示桐廬江的特色。但是，詩人第一句通過「暝」，點染出山的深邃、幽靜；二句的「滄江」、「急流」突出了江的性格；三句喧嘩的蘆荻、樹葉狀出風的聲響；四句月下孤舟則描摹出獨宿的淒清景況。再加上暝暝深山中有猿猴的啼喚，於是在前面主體意象羣中又出現「愁猿」、「急流」、「鳴葉」、「孤舟」四個輔助意象。這一組輔助意象羣，對造成詩中情緒氛圍、節奏律動和意境建構方面起着關鍵作用。那麼，詩人在這裏又是怎樣在寫景中表現自己感情的呢？「聽猿愁」的「聽」和「愁」，是聯繫抒情主體與客體的媒介。「猿」的啼喚，本無所謂「喜」或「愁」的，只是「聽」者將自己的主觀情緒移注於啼猿，己「愁」，則猿啼聲亦「愁」也。於是從「聽猿愁」中，讀者自然可以看到被愁城困鎖的詩人自己的形象了。這樣，作品伊始，詩人便將自己與客觀景物水乳般交融在一起，一點也不顯得生硬，且顯出一種境界開豁，情緒清寂的美學效果。難怪清人沈德潛說：「孟公詩高於起調，故清而不寒。」（《唐詩別裁·孟詩評》）

第二句是說，滄江急着在夜間也匆匆趕路（人在夜間却要休息）。這一「急」字，既是「滄江」的人格化，也是詩人的主觀意念的外射。它提示人們，可以將這「滄江」視爲一條人生的河流。人類在匆匆趕路，詩人也在匆匆趕路。但從哪裏來？到哪裏去呢？這個亘古以來哲學家們思考的問題，在詩人對「急流」的思考中生發出來，使詩人產生一種時不我待的惆悵，延伸出一種人生價值的失落感。於是引出後兩句詩意。

詩人此次東遊，是因爲長安求仕失意，帶着「不才明主棄」（《歲暮歸南山》）的委屈、壓抑、沮喪和落拓的心緒來尋求自我排遣的。在這種心境下，在船艙中唯聞江風翻弄兩岸草樹、蘆葦的聲響。反襯得內心更爲空曠和淒涼，彷彿大自然在嘲笑自己的失意與落魄。下句清冷的月光，灑在孤泊的小舟上。一方面表現出詩人表裏俱澄澈的冰雪肝膽，另方面更強烈地烘托出孤寂清冷的氛圍。詩人懷才不遇的孤獨感在這樣的境界中就顯得特別凝聚和強烈。

以上四句詩歷來被世人目爲孟浩然寫山水詩的佳句，但很少人能眞正領會其「佳」在何處。從以上分析可以看出，詩人在提煉素材，選擇形象，組建意境，安排結構方面是很費斟酌的。清空的自然景物，融進自己的身世之感和情緒律動，不生硬，不做作，不勉強。而且在動、靜的藝術辯證關係的處理上，詩人也很有考究。首句有聲而無動；二句有動而無聲；三句有聲又有動；四句純靜但却有光照。

後四句則全爲直抒胸臆。「建德非吾土」是對前四句的總關合。一「非」字，透露出此次東遊是不得已而爲之。「非吾土」有幾層涵意，一是指非故鄉；二是指不是我久留的地方；三是指這裏也不能容留我。同時也就滲透了思鄉之情、思友之情和思維揚之情，也就自然而然地引出「寄廣陵舊遊」的全部心思。維揚，今江蘇省揚州市。《梁溪漫志》：「古今稱揚州爲惟揚，蓋取《禹貢》『淮海惟揚州』之語；今則易『惟』爲『維』矣。」後兩句，是懷念維揚舊友感情的進一步眞切化和具體化。「海西頭」，指揚州。揚州之東即大海。因爲一切感情，一切思念，全已在前四句寫景和五六句對比中說完，無須再說，無言以寄，於是只有「寄淚」了！用「兩行淚」來表達情感與思想，這是多麼沉痛的哀傷！這是多麼誠摯的深情！這又是多麼淒慘的人生呵！

江東人劉昚虛有詩《暮秋揚子江寄孟浩然》：「木葉紛紛下，東南日煙霜。林山相晚暮，天海空青蒼。暝色況復久，秋聲亦何長！孤舟兼微月，獨夜仍越鄉。寒笛對京口，故人在襄陽。詠思勞今昔，江漢遙相望。」中間四句，極像回答孟浩然《寄廣陵舊遊》詩的口吻。不知讀者以爲然否？

（沈家莊）

過故人莊

孟浩然

故人具雞黍，邀我至田家。綠樹村邊合，青山郭外斜。開軒面場圃，把酒話桑麻。
待到重陽日，還來就菊花。

這是孟浩然的名作。特別是前四句給人印象最深，這四句幷曾以一首絕句的形式，誤入王維集中，也可見這首詩與王維的作品相近。王孟幷稱，相沿已久，這是由於後人特別強調王維隱逸詩的緣故。其實即使就隱逸詩來說，王維的風格也顯然與孟浩然有別，前者比較自然朗爽，後者比較深遠清峭。至於王維其他的方面，如一些邊塞的主題，七古的長篇，七言的絕句，甚至於五律中像《觀獵》、《送趙都督赴代州》等，都與孟浩然相去頗遠。孟浩然大部分詩作都集中在隱逸一類的主題與五律的體裁上，一種謹嚴洗煉的風格，往往給人以更深的孤獨感。他的冷峭之中有時甚至於是激切的，像他的名作《宿桐廬江寄廣陵舊遊》，詩中的形象是王維詩中所少見的。而孟浩然的風格正是在表面的幽靜中注入了深深的不平，這是和他一生的遭遇與性格分不開的。當然孟浩然也偶有一些天眞忘懷之作，這首《過故人莊》就是其中的代表。

要說明這首詩的天眞忘懷，最好是舉孟浩然的另外一首詩《秋登蘭山寄張五》來對照一下：

北山白雲裏，隱者自怡悅。相望始登高，心隨雁飛滅。愁因薄暮起，興是清秋發。

時見歸村人，平沙渡頭歇。天邊樹若薺，江畔舟如月。何當載酒來，共醉重陽節。

這也是名作。可是這首詩中，詩人是孤獨的。他雖然「時見歸村人」，却只能「隱者自怡悅」。他在山頂上望見了那麼美麗的人間，而自己却只能在白雲之中。正像《招隱士》中所說的：

桂樹叢生兮山之幽，……王孫兮歸來，山中兮不可以久留。（《文選》卷三十三）

山中儘管高潔，詩人却不能不感到一些清冷。所以這首詩與《過故人莊》雖然最後都歸結於希望在重陽節的時候與友人共飲，可是一個是在寂寞的山中，一個是在人間的農莊；一個是以清峭的心情在期待着溫暖，一個却忘懷於友情與大自然之中。孟浩然大部分的作品其實正是屬於前者。這首《過故人莊》因此表現了一個寂寞的詩人到了人間所能獲得的喜悅，而這個人間只有在素樸的農莊中是存在的，也只有這個素樸的農莊才眞正能够接待我們不幸的詩人。

陶淵明有一首膾炙人口的《歸去來辭》，寫詩人把官一丢而跑回農村去，那時充滿了多麼喜悅的心情。我們在這裏也就不難理解，爲什麼《過故人莊》中，孟浩然是那麼充滿了喜悅的。正是這個喜悅讓孟浩然歌唱出一個和平生活的美麗的農村，這美麗，也只有那素樸的農家的心才會眞正地深深感受到。這樣一個普通的農村，既沒有引人注目的名勝，也沒有任何出奇之處，眼前不過是一片場圃，一片桑麻，一些村人來往的道路。誰眞正愛這個天地呢？而孟浩然確是寫出了這個淳樸的天地。這裏與陶淵明的《桃花源記》有異曲同工之處。一個詩人，寫出一個天地是不容易的事。這裏要眞正全心全意地歌唱它，要詩人的世界觀與農村淳樸的生活有高度的統一，於是通過詩人的內心世界再現一個典型的和平的農村、一個理想的天地。這裏孟浩然幷沒作任何更多的表白，它的藝術形象眞實地告訴了我們。

要進一步地理解這首詩，就還要更具體地通過詩句的分析。

過故人莊

這首詩的第一二句似乎很平淡，它的素樸的語言與素樸的田家款待，所謂：

故人具雞黍，邀我至田家。

讓全詩在一個平民生活的氣氛中展開，這對於全詩是一個良好的開始。通過雞黍這樣具體細微的事物的描寫，喚起了整個田家的形象。這裏是和諧的，眞實的，而又是開朗的。於是出現了那千載流傳的名句：

綠樹村邊合，青山郭外斜。

這是全詩的靈魂，思想情感與藝術形象交融的頂峯。要知道這兩句詩眞正的好處，我們這裏引一首馬致遠《雙調夜行船》中的幾句：

紅塵不向門前惹，綠樹偏宜屋角遮，青山正補牆頭缺，竹籬茅舍。

這也是散曲中的絕唱。如果分開來看，馬致遠的詩句可能更容易引人入勝，因爲這裏刻畫得更新鮮。可是一對照起來，我們就會覺得孟浩然的詩句更渾厚些，它絲毫沒有露出怎樣加工的痕跡，然而整個農莊歷歷在目，這裏表現了更深的功夫。這當然也由於馬致遠是從一個茅舍的角落來寫的，這是一個小小的天地，然而這小小的天地却與大自然一脈相通，這正是可喜之處。而孟浩然所寫的却是整個農村，在這裏孟浩然的詩有更多的人間味，在更爲普遍的天地裏有更多的生活氣息，這也就是所以更爲深厚的緣故。高度的藝術性是永遠不能離開思想性的，孟浩然這裏所表現的藝術性的渾厚，正是他的思想性的深厚。

「綠樹村邊合，青山郭外斜」，不但寫出了層次分明的近景和遠景，而且這圍繞着村落的綠樹與斜倚在

過故人莊

綠樹之外的青山，正是相映成趣地表現爲一種和諧而單純的美。這裏我們無妨說它們是在心心相印着，所謂「相看兩不厭，只有敬亭山」。那綠樹像母親的溫柔，懷抱着這個村落；而那青山像一個崗哨，遠遠地也注視着這個村落。它們的心全在這個村落上，因而那城郭也就被冷落地丟在一邊了。這裏我們才明白，既然說「綠樹村邊合」，已經是在城郭之外了，爲什麼還要說「青山郭外斜」呢？這詩句正在於陪襯出那城郭的不重要來；青山、綠樹、村落，那麼水乳交融地打成一片，那城郭就只好若有若無地默默站在一邊，這眞是再親切也沒有的一幅圖畫。這裏難道沒有農家的心嗎？而與此同時，通過那青山遠處的顧盼，通過那綠樹近處的凝視，對於這個村落，我們將感到多麼熟悉啊，彷彿我們早就該認識它們了。於是我們感受到每一塊草地的綠色，每一片莊稼的成長，每一條小路上的泥土氣息。這些，詩中都幷沒有寫，它却存在於青山的一瞥與綠樹的擁抱之中。而我們不幸的詩人，像一個貧困的孩子，忽然到了眞正心愛的樂園，他要東看西看，東問西問。於是：

開軒面場圃，把酒話桑麻。

這裏他不知有多少話在說呢。他忘懷於這個面前展開的天地之中了。於是：

待到重陽日，還來就菊花。

他說他下次還要再來。他當然是要再來的，這難道不是最誠懇最動人的話嗎？凡是稍有童心的人都會知道，一個孩子在要離開玩了一整天的心愛的地方的時候，那天眞的心將要說出什麼。「綠樹村邊合，青山郭外斜」，這一片天地將永遠生活在詩人的心裏，這首詩因而也就永遠活在我們每個人的心中。

今天在我們的時代裏，城郭完全變爲古跡了（當然在古代，城郭也多半是古跡，可是同時又有新的），農村也發生了空前的變化；然而這詩中的形象透過了歷史不同的階段，依然帶給我們以深深的嚮往。這裏是和平的生活，是淳樸的心，是大自然的美好和城鄉之間的主客關係。藝術的語言正是通過特殊而達於普遍。孟浩然通過他自己生活中的深刻體驗普遍地感染了我們。　　（林庚）

宿建德江

孟浩然

移舟泊煙渚，日暮客愁新。野曠天低樹，江清月近人。

上面孟浩然的這首詩寫於暮色降臨、客愁轉深之際。全詩四句，二十個字，句句相承，字字相扣，以多種因果關係暗中鈎連，暗中承接，針線極其綿密。

就四句詩分別來看：首句中，「泊煙渚」緊承「移舟」，是爲「泊」而「移」；次句中，「客愁新」緊承「日暮」，是因「暮」添「愁」；第三句中，「天低樹」緊承「野曠」，是因原野之「曠」而感到天宇之「低」；末句中，「月近人」緊承「江清」，是因江水之「清」而感到月影之「近」。就整首詩貫串來看：它以「日暮客愁新」句爲中心，照應上下，聯結全篇。對於上句所寫的移舟泊岸之事、洲渚籠煙之景，這句中以「日暮」二字承接，以「客愁新」三字承轉，一合一開。一方面，其事、其景收結爲日色已暮；另方面，此事、此景又引出客愁添新。至於下兩句所寫的野曠天低、江清月近，則既是由這一句宕開，又是從這一句生發，是因「日暮」才有這樣的景色，因「客愁」才有這樣的感受。

宿建德江

不過，對這首詩作這樣的剖析，并不是說：詩人在我與物會、情與景融，進而運思謀篇、遣詞造句時，曾苦心的推求事物的前因後果，精心安排字句的上呼下應。他只是具有如王國維《人間詞乙稿序》所說的既能「觀我」、又能「觀物」的本領，以善感的詩心、敏鋭的詩筆，如實寫出了當時之事、當時之景、當時之情，而其事、其景、其情自有其內在的聯繫而已。而且，還須指出，詩人之「如實寫出」，不一定是對外界景物作客觀上的忠實描述。以這首詩的警策——後兩句來說，它們就并不是一般意義上的「如實」，而是詩歌這一特定文學形式所要求的「如實」。

「野曠天低樹」句中的「天低樹」，乍看似違反理性、背離眞實。因爲，天空本無邊無際，一片青冥，并無可見的形體，不可能與有形之體比高低，既無所謂高於樹，更無所謂低於樹。至於依照慣常的說法，天是至高無上的，是高於萬象萬物的。在詩人的誇張的筆下，至多說「黛色參天二千尺」（杜甫《古柏行》），「連峯去天不盈尺」（李白《蜀道難》），而這句詩意說天比樹低，豈非無理又不眞？但它在藝術效果上却給人以更眞切之感。這說明，詩人的寫景狀物，往往并不衹要求其進行理性的觀察，從事客觀的表述，還要求其寫出自我的感受、攝取當時的直覺，甚至容許包括剎那間的錯覺。在一個特定的環境中、特定的時空內、特定的心態下，詩筆可以偏離客觀的眞實，徑寫其主觀的眞實；超越現實的眞實，升華爲藝術的眞實。這一「天低樹」的描寫，在客觀上、理性上確不合乎一般人心目中的眞實，其中有視覺上的錯誤。但在詩人說來，這是他在泊舟煙渚後，極目遠眺時，所見到的暝色和野景。天低於樹，正是他當時的實感、直覺；寫爲詩句，只有用一個「低」字才能把他當時的感覺傳達給讀者，做到藝術上的忠實。這一感覺，近似戴叔倫《泛舟》詩所說的「夜靜月初上，江空天更低」，以及蘇軾《澄邁驛通潮閣》詩「杳杳天低鶻沒處」，陸游《遊修覺寺》詩「天向平蕪盡處低」，都是在一個曠闊的空間裏一直望到地平線時產生的印象。這裏自有其主觀的眞實、藝術的眞實。謝榛在《四溟詩話》中說：「貫休曰『庭花濛濛水冷冷，小兒啼索樹上鶯』，景實而無趣。太白曰『燕山雪花大如席，片片吹落軒轅臺』，景虛而有味。」應當說，「雪花大如席」，是在大雪紛飛、漫天蓋地時可能產生的感覺，除了藝術誇張外，虛中也有實在。

「江清月近人」句中的「月近人」，似乎也不是合乎理性、合乎現實的描述。因爲，運行在天上的月亮固然遠離人間，反映在水中的月影則本非實體，也無所謂遠人或近人。這個「近」，不是客觀上的「近」，而是詩人主觀上的「近」。是詩人獨立船頭，在暝色四合中，把視線從遠方移到近處、由天邊移到水上，面對那夜月初上、倒影入江的景色時所形成的距離感。其中顯然有錯覺成分。但正如杜甫在《漫成一絕》中所說的「江月去人只數尺」，就當時詩人之所見而言，眼前的月影却分明是近在咫尺的。綜上所述，「天低」與「月近」之感的描寫，既有其獨特性，也有其共同性，儘管是客觀事理所無，却正是人人心中所有，因而能引起讀者的共感。

當然，這兩句詩之特別感染讀者，成爲古今傳誦的名句，還不止於因其寫景眞切，而且因其景中寓情，使人神與俱遠。沈德潛在《唐詩別裁集》中說，這首詩「下半寫景，而客愁自見」。黄叔燦在《唐詩箋註》中也說，對這一聯詩，「人但賞其寫景之妙，不知其卽景而言旅情，有詩外味」。如果細加玩味，不難體會出：這兩句詩中呈現的，不只是當時客觀存在的物象，而且注入了詩人隨日暮而加深的「客愁」，是帶有感情色彩的意境。

前面說，「日暮」是「客愁新」之因，是從生活體驗來說的。在生活中，暮色漸濃的時候總是愁人添愁的時候。這時，詩人的新愁由日暮而引起，是先有日暮，才有新愁，如鮑照《日落望江贈荀丞詩》所說的「旅人乏愉樂，薄暮增思深」，劉長卿《瓜州道中送李端公南渡後歸揚州道中》詩所說的「惆悵江南北，青山欲暮時」，辛棄疾〔菩薩蠻〕詞所說的「江晚正愁予」，都是明證。但是，從創作體驗來說，詩人應是因愁而感，因愁而寫，讀者從詩句中看到的暮色是因愁而現，是心中先有新愁，筆下才有日暮，其因果關係是倒轉過來的。因此，欣賞這首詩，既要從日暮泊舟來看詩人愁思之所起，也要從詩筆下的野曠天低、江清月近的暮色來看詩人愁思之所注。從「野曠」句聯類想起的，有岑參《過磧》詩「黄沙磧裏客行迷，四望雲天直下低」，以及無名氏《隴頭歌》「隴頭流水，流離四下。念我行役，飄然曠野」等詩句。其所表達的都是一種迷惘孤寂的旅情；但兩詩明白道出了「客行迷」和一身「飄然」之感，而孟句則把這種愁思隱寓在看似純景色的描寫中，就更有耐人咀詠的詩外之味。從「江清」句也可聯想起一些類似的詩句，如朱超《舟中望月詩》中所說的「大江闊千里，孤舟無四鄰，惟餘故樓月，遠近必隨人」。其孤旅獨泊之情可能是相同的；但朱詩是情見句中，意盡篇內，而孟句只用一個「近」字隱約透露情意，就在詩外留有更大的尋味餘地。

（陳邦炎）

春曉

孟浩然

春眠不覺曉，處處聞啼鳥。夜來風雨聲，花落知多少？

這首詩描寫詩人經過一夜酣睡之後對春曉的所聞所想。第一句說明他一夜酣睡，不覺天已大亮；第二句寫他醒來後聽覺的感受——啼鳥聲；第三句寫他昨夜睡夢中聽覺的記憶——風雨聲。二、三兩句虛實相生，構成一個美妙而又飄渺的大自然音樂世界。最後一句是詩人對春曉的意識反應，他淡淡地自我反問道：「花落知多少？」這是詩人對大自然的花開花落、變動不居的頓悟。而這頓悟則是在不經意的聯想中獲得的，它不是出於對人間的強烈關心，而是對大自然的淡漠的發現。因此，《春曉》一詩與其說是傷春的感慨，毋寧說是無所關心的醒覺。

中國舊詩中描寫春天的詩眞是汗牛充棟，賞春、惜春、傷春……應有盡有。它們充滿着春天迷人景色的描摹和強烈的情緒色彩。但《春曉》一詩寫春天卻有與衆不同的地方。首先，它所提供的主要是聽覺形象，構成

春曉

依稀隱約、淡遠朦朧的美學境界，它給人的感受更多的是空靈的美感。其次，詩中的感情色彩非常淡薄，淡到幾乎等於無。但淡薄本身也是一種情感態度，是對社會人生漠不關心的超脫，是看破紅塵的疏淡心情的表現。

從這裏可以看出：這首詩的主旨是表現詩人的擺脫、超變的心境，一種東方式的禪悟。也就是詩人企圖擺脫宦海浮沉、人世紛擾，把自己的心靈沉浸到大自然的律動裏，領略大自然的機趣，獲得無所關心的滿足。因而，詩人借大自然的春曉來表現他的心境，用自己的聽覺表象建造自我陶醉的逃路。詩中充滿着超脫、寧靜的意趣。

我們懂得了這首詩的主旨以後，那麼對它的內容就可以有新的理解了。「春眠不覺曉」，這對那些白天裏奔波勞碌的人來說，是多麼舒適的享受啊！但爲什麼能得到這樣的享受呢？這說明詩人已經超脫了現實生活的痛苦，盡情接受春天的撫慰，讓心靈平靜地休息。假如詩人的心中整日縈懷的是眼前的功名利祿，他怎能嘗到「春眠不覺曉」的生活樂趣呢？很明顯，詩的第一句對全詩主旨的表現起了定音的作用。接着描寫詩人一覺醒來後聽到悅耳的鳥啼聲，這種大自然的美妙音樂好像在歡迎他從夢的世界回到現實的世界。他聚精會神地諦聽春天的聲音。這時，人世的喧鬧聲在這大自然的音樂聲中消逝了、忘却了，自我完全沉入大自然的律動裏。這更是一種美的享受啊！於是，詩人憶起依稀在耳的「夜來風雨聲」。春天的微風細雨所發出的聲音也是大自然的美妙音樂，彷彿在爲詩人靈魂的休息伴奏催眠。這二、三兩句是詩人聽覺的聯覺現象，情緒色調不可能是相反的。因此，這裏的風雨聲幷不會引起風刀雨箭那樣凌厲凄冷的氣氛的聯想，相反的，它們共同構成大自然美妙音樂的虛實共生的世界。這個世界的恬靜、優美的音符彌漫着詩人醒前覺後的心靈，也把讀者引入一個超脫人世紛擾的境界。在這裏，詩人巧妙地用大自然的喧鬧反襯了心靈的寧靜。啼鳥聲、風雨聲，都是大自然的喧鬧聲。然而，只有擺脫了人生的喧鬧，才能傾聽到大自然的喧鬧。因此，能從大自然的喧鬧聲中感受到美的人，不正證明他心靈的寧靜嗎？詩人在這種美妙的大自然音樂世界裏，他什麼也不想，什麼也不關心。「花落知多少」的發問，既是問人，也是自問。然而他不深究，也不究人，而只是詩人在沉醉大自然的音樂世界中的瞬間感念，是詩人對大自然花開花落、變動不居的頓悟。詩人完全忘却世俗的痛苦，彷彿與大自然融爲一體。在這裏，詩人又巧妙地用對大自然變化的關心來反襯對世事的不關心。試想想，一個一心想着功名利祿的人能够關心大自然花開花落的微小變化嗎？只有超脫了世俗的功利獲得人靈寧靜的人才能眞正與大自然取得和諧。總之，二、三、四三句是用兩個相反的旋律來加強第一句對全詩主旨的定音。我們只有把這短短的四句詩看成一個整體，讓我們的審美注意沉入詩中的意境，細細揣摩詩中透露的詩人的心境，才能看到詩的眞正旨趣。

佛教主張「從自我在宇宙中流逝經歷的對立中解脫出來，看到自我遁入宇宙之中，或者和絕對的統一」。詩人在經歷了仕途失意之後，轉而嚮往佛家的理想境界。《春曉》一詩表現的正是這種心境。叔本華說過：「……生命意志的否定經常總是從意志的清靜劑中產生的，而這清靜劑就是對於意志的內在矛盾及其根本上的虛無性的認識……沒有徹底的意志的否定，眞正的得救，從生命和痛苦中得到的解脫，都是不能想象的。」這一段話對我們理解《春曉》一詩的思想也是很有幫助的。《春曉》一詩正是詩人苦心炮製出來的自我意志否定的清靜劑。

這樣說來這首詩的思想是消極的了？是的。這是詩人對現實矛盾的消極態度的表現。但是事物往往具有兩面性，詩人在表現他對現實的消極態度時，却爲後人提供了一個特殊的審美境界。使人們從詩中獲得對大自然的審美情趣，從而成爲人們回歸大自然的超越感的象徵。

確實，啼鳥聲、風雨聲，正是人類的一種良好的催眠劑。據聞日本發明了一種枕頭，它能模擬下雨的聲音，代替安眠藥而起到良好的催眠作用，蘇聯黑海之濱的阿扎里亞療養院，醫生們讓神經衰弱病人聽鳥語啁啾的錄音，而治好了他們的病。這是現代科學的成就，但古代的詩人早就直觀地感受到大自然的音樂對人類心靈的撫慰作用了。春天的微風細雨、鳥語花香，構成一種寧靜、舒適、優美的境界，使古代社會人類勞碌、苦難的心靈獲得某種程度的解脫、超升。俗語說：「難得浮生半日閑。」那些經歷了大半生宦海浮沉、人世倥偬的人，是多麼嚮往靈魂的休息，需要大自然的撫慰啊！而「春眠不覺曉」的吟詠，不正是爲這些人提供一支心靈的搖籃曲嗎？當我們閉目潛心地反覆吟詠這首詩，想象詩中那隱約、淡遠的境界時，我們便會昏昏欲睡，進入半睡眠的狀態，而獲得一種無所關心的滿足。康德說過：「無關心的滿足就是美的。」《春曉》給人的就是這種無所關心的審美愉悅。這就是此詩千古流傳的深刻原因。（林興宅）

黃鶴樓

崔　顥

昔人已乘黃鶴去，此地空餘黃鶴樓。黃鶴一去不復返，白雲千載空悠悠。晴川歷歷漢陽樹，芳草萋萋鸚鵡洲。日暮鄉關何處是？煙波江上使人愁。

這是唐代詩人崔顥筆下的黃鶴樓。多少年來，人們吟誦着這氣酣韻暢、神行語外的詩句，想象着這座卓然而立於中國建築藝術史上的江南名樓的英姿，都從中獲得過各自的審美享受。

黃鶴樓，屹立在武漢市長江大橋武昌橋頭的黃鶴磯上。它背靠蛇山，俯瞰長江，綺姿雕甍，重檐翼舒，氣勢軒昂宏偉，聳天峭地。遠遠望去，崢嶸的樓影隱現於縹緲煙靄之中，壯麗輝煌，宛如仙宮瓊殿，自古就有「天下絕景」之譽，曾與湖南的岳陽樓、江西的滕王閣並稱爲我國江南三大名樓。它始建於吳黃武二年（二二三），屢建屢廢，更莫能記，至今已有一千七百餘年了。關於黃鶴樓的得名曾流傳許多神話傳說，歷代典籍多有記載。《太平寰宇記》說：「昔費文禕登仙，每乘黃鶴，於此樓憩駕。故名。」《名勝志》記述亦同。《南齊書·州郡志》說：「黃鶴磯，世傳仙人子安乘黃鶴過此。」《方輿記》等書也有這樣的記載。《述異記》又說乘黃鶴升仙的是荀環。《漁隱叢話》則說是「抱關老卒。」《又玄集》和《吳禮部詩話》則說「黃鶴，乃人名也。」較通行的說法是，「黃鶴」是鳥名而非仙人名，「黃鶴樓」是因黃鶴磯或王子安乘鶴升仙事而得名。

縱觀歷史興廢，不難看出，黃鶴樓是一個充滿神奇，頗爲迷人的地方。幸運者得道乘鶴升天，登臨者借景弔古抒懷。當仕途失意、飄泊無依之際的崔顥登臨此樓，自然會有一種弔古傷今，人去樓空的索寞之感，加之神話傳說的觸動，蓄積在胸中的詩情便噴湧而出，面對無限的時空唱出了一曲渾然天成的浩歌。

詩的前四句從傳說落筆，然後生發開去，隨口說出，頗爲自然。過去的仙人已駕着黃鶴飛去了，這裏只留下一座空寂的黃鶴樓。黃鶴一去再也沒有歸來，千載長空只見白雲悠悠。仙人乘鶴，本屬虛無，而詩人化虛爲實，以無作有，從神話傳說寫到現實感受。一是弔古，一是傷今，而感情的側重點則是傷今，這種傷今之情從遙遠的傳說寫起，就給人一種歲月不再得，古人不可見的深沉幽遠之感和世事茫茫之慨。詩人開篇兩句就寫出了那個時代人們登樓所常有的感受，可以說是「念天地之悠悠，獨愴然而涕下」（陳子昂《登幽州臺歌》）之後的餘音。我們彷彿看到了詩人獨佇樓臺，或翹首蒼天，或憑欄凝思的身影。鶴去樓空，唯餘天際白雲，悠悠千載，飄忽不定，「浮雲遊子意」，此時此景，也更增添了詩人的思鄉之情。四句詩中，包含了詩人縈回無盡、百感茫茫的複雜之情，懷才不遇的苦悶之憤；傷時感世的沉鬱之感；俯視天地的孤傲抱負；宇宙永恆、人生短暫的慨嘆，一氣貫注，盤旋轉折，躍然紙上。詩人生逢經濟繁榮、文化昌盛的開元、天寶時代，曾有過「報國行赴難，古來皆共然」（《贈王威古》）的壯懷，還有過「我昔初在昭陽時，朝攀暮折登玉墀」（《行路難》）的希望與追求。但是，現實使他的希望破滅了。他企圖超脫：「借問路旁名利客，無如此處學長生。」（《行經華陰》）「洗意歸清淨，澄心悟空了。始知世上人，萬物一何擾。」（《游天竺寺》）他登高賦愁，向高天厚地抒發自己的憂怨：「向晚登臨處，風煙萬里愁。」（《題潼關樓》）這種心境在《黃鶴樓》詩中借神話傳說和白雲黃鶴的形象又一次含蓄地表露出來。

詩的上半篇在神馳象外，敍仙人黃鶴杳然歸去，抒發了渺茫之感後，馬上收住，而變爲晴川草樹歷歷在目、萋萋滿洲的眼前景象。元人楊載在論律詩的第三聯時說：「與前聯之意相應相避，要變化，如疾雷破山，觀者驚愕。」（《詩法家教》）這一變確乎如此，恰得好處，既烘托了登樓遠眺者的愁緒，又使文勢因之跌宕起伏。詩人站在黃鶴樓上極目遠眺，但見晴朗的天氣裏，武昌之西的漢陽樹影歷歷在望，長江之中的鸚鵡洲綠草青葱。眼前之景使他自然想起了《楚辭・招隱士》中「王孫游兮不歸，春草生兮萋萋」的句子；也想到了即席作《鸚鵡賦》的禰衡那充滿辛酸和血淚的遭遇，這些，都牽惹起心靈的微妙悸動，思鄉之情和身世之感又茫然而生，很自然地引出了詩的結句：暮色蒼茫，煙波浩渺，何處是歸程？眼前唯有煙靄沉沉，渺渺而去的一線江水。思致茫然，愁緒難遣，使詩意重歸於開頭那種渺茫不可見的境界，可謂首尾相合。

全詩充滿了詩人對世事渺茫的愁緒，其中，不但含有鄉愁，而且通過思鄉抒發了仕途失意的憂憤。滿紙愁緒，但不絕愁，精神意象絕不頹唐。

後人對這首詩推崇備至。宋代嚴羽在《滄浪詩話》中說：「唐人七言律詩，當以崔顥《黃鶴樓》爲第一。」宋代胡仔在《苕溪漁隱叢話》中引李畋的《該聞錄》說：「唐崔顥《題武昌黃鶴樓》詩云……。李白負大名，尚曰：『眼前有景道不得，崔顥題詩在上頭。』欲擬之較勝負，乃作《登金陵鳳凰臺》詩。」這雖是傳說，但足以證明《黃鶴樓》的影響。附帶說明一下，李白的《登金陵鳳凰臺》雖也學崔作，但格調高雅，剛健遒勁，內容更爲深厚，思想尤爲深沉，可與《黃鶴樓》相媲美，堪稱「格律氣勢，未易甲乙」（方回《瀛奎律髓》）。「鳳凰」展翅，終於追上了翩翩的「黃鶴」。在欣賞《黃鶴樓》的同時，我們也不得不贊佩李白的「服善」態度和勇於「下敵手棋」的精神。

《黃鶴樓》能千古聞名，并爲大詩人李白所心折，究其要質，主要還是藝術上的成功。

在藝術上，《黃鶴樓》詩天造地設，一氣貫注。古人論詩講究「氣」，所謂「氣」則是指詩中所蘊含的精神及氣質的深厚修養和所貫穿的邏輯力量，以及外在表現形式。這首詩高華空闊，瀟灑清麗，詩中所蘊含的深沉的感慨和渺茫的愁緒毫無半點滯礙，一氣旋轉，順勢而下。清人方東樹對此曾有透闢的分析：「崔顥《黃鶴樓》，千古擅名之作。只是以文筆行之，一氣轉折。五六雖斷寫景，而氣亦直下噴溢。收亦然，所以可貴。」（《昭昧詹言》）在詩的章法上，崔詩可能師承了初唐沈佺期的《龍池篇》，運用轆轤相傳、圓轉流暢的民歌式的靈活句法，前半首用散調變格，三次出現「黃鶴」二字；第三句幾乎全用仄聲字；第四句又用三平調煞尾；次聯不拘對偶，按七律格式要求，確有「折腰疊字之病」。但是，在當時七律已經基本定型的情況下，詩人是以「不以詞害意」的美學原則去實踐的。當他借傳說抒寫了世事茫茫之慨後，便整飭格律，後半首則嚴格歸於七律的法度之內了。人們一氣讀下來，似乎完全未覺察到詩中的平仄不符和疊字之病，完全被高唱入雲的詩句和一貫到底的文氣所感染和陶醉。所以清人沈德潛稱善說：「意得象先，神行語外，縱筆寫去，遂擅千古之奇。」（《唐詩別裁集》）

一九八五年春，黃鶴樓在被毀的百餘年後重又落成，白雲黃鶴重返武漢。氣勢非凡的萬里長江第一樓，地處江漢巨流之腹心，雄視龜蛇二山自黃武，引來天下遊人。「晴川歷歷漢陽樹，芳草萋萋鸚鵡洲。」崔顥筆下的詩情畫意仍在，然而，歷史的命運已經掌握在創造歷史的人民手中了。

（初旭）

長干曲

崔顥

君家何處住？妾住在橫塘。停船暫借問，或恐是同鄉。

家臨九江水，來去九江側。同是長干人，生小不相識。

崔顥

長干曲

盛唐詩人崔顥，當時詩名很大。但他留存下來的膾炙人口的作品并不很多。最爲人們傳誦的，除了據説曾使大詩人李白折服的《黄鶴樓》之外，大概就要數《長干曲》了。

《長干曲》是一組採用樂府舊題、模倣長干里（今江蘇南京秦淮河南）民歌寫成的聯章體詩，共四首。通讀全篇可知，女主人公是一個採蓮少女，詩就是描寫她主動與一個船家青年水上相識的情景。爲什麼這組詩千多年來廣爲流播，深受人們喜愛呢？原因固然很多，但最主要的，恐怕還是由於它涵藴十分豐厚的緣故。

首先，詩歌在極爲簡短而平凡的對話中塑造了鮮明生動的人物形象。「君家何處住？」開頭之問，好像只爲交代這是一對完全陌生的青年，姑娘連小伙子家住什麼地方都不知道（反之當然也一樣），實際上，一開始就寫出了姑娘的微妙心理和某些性格特徵。作爲一個經常外出、往來水上的採蓮少女，遇到行舟江上的船家青年，自然是尋常之事，但無緣無故同一個陌生的青年男子攀談，可能就并不尋常了。稍有生活經歷的人見到這一鏡頭，自然會想，大概姑娘對小伙子產生愛慕之情了吧，否則，一個青年女子怎麼會隨隨便便跟這個陌生男子兜搭呢？因此，她的主動攀談，有意親近，也就不無自媒之嫌了。如果説此種心理在這一問話之中還不太明朗的話，那麼不等對方回答，她又立卽主動自我介紹，就清楚不過了。「妾住在横塘」，她不但要了解對方，而且還要讓對方了解自己。這一句表面上只是告訴對方自家的住處（横塘在長干里附近），實際上要讓對方知道自己的又豈止這一點！那種情切切欲與對方結交親近之意躍然紙上。這裏，我們從姑娘的問人鄉貫和自報家門中，不僅可以看到她的那顆欲結琴瑟之好之心，而且還可以想見其舉止大方和性格開朗。她毫不扭扭捏捏，不把感情在心底埋藏。照理，下面該小伙子回答了，然而接下來却還是這位熱情的姑娘的話語：「停船暫借問，或恐是同鄉。」初讀，你可能會覺得這兩句與上文意思并不相屬。其實，「語不接而意接」，雖出讀者料想之外，却在人物情理之中。也許，小伙子在突如其來的姑娘的熱情面前愣住了，有些手足無措起來，不知如何回答是好了；也許，小伙子心中納悶——此人是誰？問這作甚？看到對方這副腼腆窘迫或凝惑不解情狀，這時姑娘才意識到自己的舉動未免有些孟浪，感到不好意思起來了。於是，她强忍嬌羞，申明緣由——沒有别的意思，停船請問，只不過想打聽一下您是否與我同鄉。這裏，我們固然可以從小伙子的該答未答中約略想見其性格之樸實和憨厚，但更可以從姑娘的巧妙掩飾中想見其機敏和聰慧。因前有「君家何處住」之問，故這兒提「或恐是同鄉」之想。圓滑周密，合理自然。既掩飾了羞澀和隱秘，又打破了僵局，緩和了氣氛。

然而姑娘的狡黠儘管恰到好處地應付了當時的情境，但又怎能把對方瞞過？小伙子此時已完全看清了她的「醉翁之意」，并暗中表示願成秦晉之好。因此，他的回話同樣耐人玩味。「家臨九江水」，表面上是對姑娘之問的直接回答。然而「九江」是泛指長江下游漫長的一段，小伙子對姑娘的殷勤詢問怎能如此相答？所以，這實際上是向對方介紹自身經歷，以說明下面提出的爲什麼同鄉而不識。也許小伙子怕姑娘沒有全懂，所以緊接又解釋：「來去九江側。」原來，他爲生活所迫，一貫在水上奔波，可以說，他是以水爲家的，大江就是他的家。由於從小離鄉，長年在外，因此，「同是長干人，生小不相識」。到這裏，才具體答覆了姑娘之問，落實了她的同鄉之想。這一來，他們的關係自然變得更加親近了。一個「同」字，使人歷歷如見小伙子當時的欣喜情狀。然而小伙子究竟爲何而喜呢？表面上似乎是因爲於意料之外得遇同鄉而喜。假如僅此而已，那麼下一句何不說「今日幸相識」？假如在喜遇之中又不免可惜昔日無緣，那麼下一句何不說「今日才相識」？而小伙子却說「生小不相識」，於喜遇之後反倒流露出無限憾恨來，這就異乎常情了。其實，這裏同樣是「語不接而意接」。表面異常，實乃正常。因爲小伙子一見傾心了，自然後悔起從小不識，當初未能青梅竹馬來了。句中無其辭，句外有其意。我們從小伙子意到而語不到的妙答中，不難想見其感情之熱烈而又不失沉穩和持重。可以說，耳畔目前，音容俱在。管世銘說：「讀崔顥《長干曲》，宛如艤舟江上，聽兒女子問答，此謂天籟。」（《讀雪山房唐詩》）這說明，詩在簡短平凡的對話中，確實把人物寫得栩栩如生。

其次，《長干曲》涵蘊豐厚還表現在故事情節方面，所謂「咫尺有萬里之勢」。雖所寫只是雙方關於鄉籍的霎那之間的問答，但此前情事不難想見。一個青年女子看中了一個陌生的青年男子，當然得經過一定的側面觀察。比如，對方長相身材如何，衣着風度怎樣，豈能不顧？而且可以肯定，一定覺得符合自己的審美要求。否則，愛慕之心，何由產生？這是第一。從「或恐」一句可知，姑娘還對青年的發言吐語早就予以注意和辨別了，否則，「同鄉」之猜，何由說起？這是第二。從「停船」一句可知，起先他們雖一起弄舟江上，但并非齊頭并進，姑娘或在其後，或在其前，而要創造攀談之機，她自要或快或慢、或左或右悄悄調整速度航向接近對方，否則，相距老遠，如何「借問」？這是第三。還有，當姑娘情心萌動，暗生「妾擬將身嫁與」想法之後，怎樣向對方表露心跡，如何啓齒最爲得體，自也免不了要費一番躊躇，最後才選定了「君家何處住」的話頭作爲突破口。這是第四。……至於故事的結局如何，詩面亦未交代。然而從男子一往情深以李報桃的回答中，不妨設想是喜劇性的——雙方一見鍾情，并船而歸。可見，詩雖未言開頭結尾，只是截取了中間的一個很小的片段，但頭尾全在讀者的想象之中。王士禛說：「詩如神龍，見其首不見其尾，或雲中露一爪一鱗而已。」（趙執信《談龍錄》）就《長干曲》而言，既未見其「首」，也未見其「尾」，只雲中露「一爪一鱗」而已。然掩卷而思，全「龍」宛在。

王夫之在《薑齋詩話》中贊賞《長干曲》云：「墨氣所射，四表無窮，無字處皆其意也。」應該說，這是對其涵蘊豐厚特點的精當概括。

（劉刈）

從軍行

崔國輔

塞北胡霜下，營州索兵救。夜裏偷道行，將軍馬亦瘦。刀光照塞月，陣色明如晝。

傳聞賊滿山，已共前鋒鬥。

從軍行

盛唐邊塞詩的燦燦羣星，集中湧現在廣袤的西方邊陲的天幕上。在以東北邊塞爲背景的不多的詩星中，崔國輔的《從軍行》，頗爲引人矚目。這首詩，大約作於開元年間，寫強大唐軍聞警而動、緊急馳援圍城營州（治柳城，今遼寧朝陽）。營州，「西北與奚接界，北與契丹接界。」（《舊唐書·地理志》）正如開元名相張九齡所說，「營州鎮彼戎夷，扼喉斷臂，逆則制其死命，順則爲其主人。」（《舊唐書·宋慶禮傳》）奚、契丹視營州爲南下牧馬的眼中釘，唐則以營州爲東北邊防重鎮。開元七年（七一九），唐置平盧節度使，治營州。僅在開元八年之前的二十三年中，營州就兩度淪陷於奚、契丹之手。足見奚、契丹爲患之深，而營州乃兵家必爭之地。詩中所寫，即當時營州不可勝計的戰事中的一個片段。

首聯寫胡兵圍，營州求救。「塞北」，本泛指長城以北，這裏特指營州以北。營州以北，即是胡天。胡天霜降，象喻着胡兵突然襲來。「胡霜」謂以「下」字，令人充分感受到胡兵鋪天蓋地襲來的嚴峻態勢和沉重戰氛。被圍困的營州，呼求救兵，十萬火急。營州向何處求救？詩中未說。按唐史，治幽州（今北京）的范陽節度使，其使命是作營州後盾，共同「監制奚、契丹。」（《舊唐書·地理志》）每當營州吃緊，總是幽州赴援。因此，營州所求救兵，就是幽州唐軍。詩句不曰「索救兵」，而曰「索兵救」，即不用動賓結構，而作兼語結構，便連續兩次出現動詞，一「索」一「救」，緊緊呼應，以強烈的節奏感，傳遞着戰爭的緊張感，詩情跳蕩不已，扣人心絃。營州求救、幽州唐軍聞警出動的情節，實已概括於其中。這樣煉句，當然不只是爲了趁韻。

以下皆寫援軍動作，是全詩主筆。次聯，寫援軍奮迅挺進。「夜里偷道行」一句，意蘊層次有三。曰夜間行軍，則日夜兼程，馬不停蹄，如在目前。這是第一層。狀以「偷道行」，則抄近路、搶時間，意在言外。這是第二層。不僅如此，「偷」之一字，還意味着靜悄悄、銜枚疾行。其意何在？原來，胡兵圍城，唐爲被動。要破敵解圍，就必須變被動爲主動。主動的關鍵，在於援軍的突然而至，打其不意，出奇制勝。偷道行軍，意在於此。這是第三層。幽州之去營州，行程一千里稍多。這是一場艱巨的強行軍。所以，「將軍馬亦瘦」。描寫戰馬亦瘦，正陪襯出將士們的消瘦。可見行軍速度之急，赴援之情之切。「瘦」字鍛煉有力，既刻畫出唐軍人馬風塵僕僕面容消瘦的形象，更刻畫出唐軍健兒一往無前萬難不屈的氣概。詩人把一副氣勢磅礴的唐軍千里行軍圖，展現在我們眼前。

三聯寫援軍抵達營州城外，轉現出一副唐軍布陣圖的壯麗畫面。「刀光照塞月」。強大唐軍，刀槍林立，刀光照射，與塞月爭輝。竟使塞月也爲之黯淡無光。這一出色的描寫，是以顛倒主賓結構、變被動爲主動的詩句而告成功的。若依常理，本應寫作：塞月照刀光，或：刀光映塞月。但詩人却匠心獨運，造出這「刀光照塞月」的奇句。這無理而妙的詩句，精微地反映了詩人心理中一種深刻而強烈的變被動而爲主動的意向，正是在這一意向的支配下，才會有這樣變被動爲主動的運思。因此，這句詩，實際上是唐軍將士包括詩人自己變被動爲主動決戰決勝意志的折光。如果說，「刀光照塞月」是刀光之特寫，那麼，「陣色明如畫」，則是陣容之全景。尤可注意的是，無論上句之特寫，或下句之全景，突出的都是光的感受。這樣以光感所創造的詩的境界，實在是畫難以表現的。請看唐軍，堂堂之陣，正正之旗，刀光照耀，一片光明，不但使月光相形失色，甚至使茫茫夜色中的祖國疆土，也明如白晝。本來沉重的氛圍，已明朗起來，這洋溢着浪漫激情的描寫，眞可與李白同樣是善於表現光感的詩句「爐火照天地」、「赧郎明月夜」（《秋浦歌》）相媲美，而且毫無遜色。可以想見，營州城上，軍民萬衆歡騰；營州城下，敵人一片恐慌。返觀上聯寫行軍，「其疾如風」、「如火」（《孫子兵法·軍爭》），是極寫動勢；而此聯寫布陣，「不動如山」，「以靜待嘩」（同上），則是極寫靜態。一動一靜，描寫唐軍用兵之如神，已極詩家之能事。

尾聯，只寫到傳聞前軍已與胡兵交鋒，即輕輕收住筆墨。雖說「賊滿山」，但其腹背受敵，在神勇的援軍與頑強的守軍夾攻之下，將不堪一擊，那是不用說了。從《詩經》中的《采薇》、《六月》開始，中國的邊塞詩，就并不以描寫殺伐場面爲能事。其寫戰勝，往往是以描寫軍容之盛、士氣之旺來啓示的。此詩也正是如此。邊塞詩的這一特徵，體現着尊勇敢而不尙武力的中國文化精神。

這首詩在盛唐邊塞詩中頗有特色。它雖沿用樂府舊題，但寫的是盛唐東北邊塞特定的戰爭事態，所以眞實。它透過行軍布陣的層層描繪，來啓示營州解圍的必然勝利，所以含蓄。煉字煉句，幾乎逐聯皆有，所以精警。尤其善以光感造境，所以新奇。至於詩中洋溢的浪漫情調，則爲盛唐邊塞詩所共有的風神。開元時，「王昌齡、王之渙、崔國輔輩聯唱疊和，名動一時」（白居易《故滁州刺史贈刑部尙書滎陽鄭公墓志銘》）。從這首詩的藝術造詣來看，崔國輔能與王昌齡、王之渙齊名，確乎不是偶然的。

（鄧小軍）

從軍行（其一）

王昌齡

烽火城西百尺樓，黄昏獨坐海風秋。更吹羌笛關山月，無那金閨萬里愁。

被尊爲「開、天聖手」、「詩家夫子」（辛文房《唐才子傳》）的王昌齡，是盛唐邊塞詩派的著名詩人，他的七言絕句《從軍行》七首爲邊塞詩名篇。絕句短詩僅僅四句，離首卽尾，是最難工的一種詩體。王昌齡却偏精獨詣，他寫的七絕在開元時期與李白聯璧詩壇，絕倫超羣，被譽爲「神品」（胡震亨《唐音癸籤》）。他因難出奇，將邊塞征戰等題材納入小小體製之中，大大開拓了七絕概括生活的容量，并在意境與風格上創新立異，爲後人提供了學習範例，在文學史上產生了深遠影響。《從軍行》屬《相和歌辭·平調曲》，所寫皆軍旅戰爭內容。王的《從軍行》七首是以組詩形式——分開則各自獨立成篇，合攏則形成有機整體，採用樂府歌辭古題寫當時現實生活的詩篇。據今人考證，王昌齡在年輕時曾經「出塞復入塞」（《塞下曲四首》其一），到過河西、隴右，到過青海、玉門，甚至可能到過李白的出生地碎葉。他有着塞垣戎旅生活的親

從軍行（其一）

身體驗，因此才能把當時邊塞軍事生活，特別是戰爭與屯戍的苦況眞實地反映了出來。

這首詩是《從軍行》組詩的第一首，寫久戍邊塞的將士思念妻子的愁懷。詩的首句勾畫出一副典型的邊境戰鬥環境、景物：報警的烽火臺、鎭守的高高戍樓；次句巧妙點出時間——秋天的黃昏，抒情主人公——一個久戍的將士，獨自在「海風」（由西北地區內陸湖泊上吹來的風）中寂坐凝望。詩的前兩句雖是次第寫出地點、時間、人物，但從這幅圖景中，已經引逗出一種凄惋之情來。

在古詩句，「黃昏」常用以表現思親懷鄉之情。「鷄棲于塒，日之夕矣，羊牛下來。君子于役，如之何勿思！」（《詩經·王風·君子于役》）「日之夕」到了王昌齡筆下，賦予邊塞的風光異物，就別具有一番凄愴逼人的景象：「向晚橫吹悲，風動馬嘶合。」（《變行路難》）向晚橫笛吹奏出的悲涼樂曲，與風中戰馬的嘶鳴聲連成了一片。「向夕臨大荒，朔風軫歸慮。」（《從軍行二首》其一）這裏刻畫出一個「百戰苦風塵，十年履霜露」戍卒的哀痛心情：在暮色沉沉之時來到邊庭荒遠之地，凛冽的北風深深地觸發了他思歸家鄉的憂愁。

「悲哉！秋之爲氣也。」宋玉《九辯》爲悲秋定了千古絕調。王昌齡筆下的「秋」也滲透了詩人內心的愁苦：「秋月對愁客，山鐘搖暮天。」（《潞府客亭寄崔鳳童》）「杉上秋雨聲，悲切蒹葭夕。」（《岳陽別李十七越賓》）「但有秋水聲，愁使心神亂。」（《贈史昭》）仕途坎坷，屢遭貶斥的詩人，在「草根寒露悲鳴蟲」的秋天，敏感地領略到「巖間寒事早，衆山木已黃。……獨臥時易晚，離羣情更傷」（《秋山寄陳讜言》）的孤獨遲暮、壯志難伸的況味。

以上作者自己的詩句，可以啓迪我們體味「黃昏獨坐海風秋」的豐富底蘊：它點出時間、季節，烘托出詩中主人公悲苦孤寂的心境，并從黃昏、暮秋、海風的搖落中透出對荏苒青春的深深喟嘆。

詩的三、四兩句深衷隱厚，以一支小小羌笛引出戍邊將士與妻子的無限離愁。羌笛是西北羌族的樂器。「關山月」爲樂府曲名，屬《橫吹曲》。用以描寫離別愁苦之情。王昌齡深諳樂理，并善於把音樂與人物感情巧妙地融合起來描寫。關山月，既是景——作爲樂曲的關山月和自然實景的關、山、月，又是情——融和着吹笛人和聽笛人的感懷之情。從笛聲中我們彷彿聆聽到戍邊征夫的呼喚與嘆息，也聆聽到金閨思婦的低吟與啜泣。作者在另一首詩中，曾爲這位金閨思婦作了一幅生動剪影：「香幃風動花入樓，高調鳴箏緩花愁。腸斷關山不解說，依依殘月下簾鈎。」（《青樓怨》）關山連着征夫，殘月依着思婦。關山月，在詩人筆下已化爲情景兼融的意象，是征夫思婦萬里愁情的形象體現。「無那」，無奈。「萬里愁」既是遠隔萬里之遙的別愁，又喻指別愁的綿綿無垠。

王昌齡的邊塞詩往往以刻畫人物的心理活動見長。這首詩以深情幽怨之筆曲折委婉地表達了征人久戍思家之情。詩人雖衹從對面來寫思婦不堪忍受、無法消除的萬里愁懷，而征人的愁情不言而喻已包含在其中了。短短二十八字，含蘊着層出不窮的意境，由表及裏，體情入微，將一個久戍邊塞的征人黃昏獨坐、高樓凝望、聞笛思家的複雜心緒一一揭示了出來。

我國古典詩歌是高度凝煉的藝術，沙裏淘金，汰去一切可汰去的成分，最常見的是省略掉主語，留下的精粹主體就變得稱謂不定，亦此亦彼，令人難以捉摸，以致造成一種測之無端、玩之無盡、含蓄深遠的意境，耐人尋繹。例如這首詩的三四兩句卽是如此。詩中吹笛的主語就有多種不同理解，它可以指「獨坐」征夫，可以指其他人，也可兼指兩者。同樣，「萬里愁」的主語可以指「金閨」思婦，可以指「獨坐」征夫，也可兼指兩者。魯迅說：「看人生是因作者而不同，看作品又因讀者而不同。」（俄文譯本《阿Q正傳》序）詩歌欣賞是對於詩歌作品形象的認識，由於詩歌形象是要讀者通過想象去把握的，比起其他藝術樣式就有着更大的創造性，讀者在欣賞活動中對詩歌形象的想象也就各具不同特點。可以說，詩歌欣賞活動是讀者對詩歌形象的一種積極生動的再創造過程。「作者得於心，覽者會以意」。覽者於欣賞王昌齡這首七絕的再創造過程中，自將各顯其能，各臻其妙。

（吳翠芬）

從軍行（其二）

王昌齡

琵琶起舞換新聲，總是關山舊別情。撩亂邊愁聽不盡，高高秋月照長城。

這首詩通過月夜聽邊地音樂的感受，抒發了征戍者深沉、複雜的思想感情。

「琵琶起舞換新聲」，詩境就在一片音樂聲中展開了。「琵琶」本是傳自西北少數民族、富有邊地風味的樂器，所謂「胡人半解彈琵琶」。在邊塞軍營中，置酒作樂，常常少不了「胡琴琵琶與羌笛」。這些邊地的器樂，對征戍者來說，帶有異域情調，容易喚起強烈的感觸。這句是說，隨着舞蹈節奏的變換，琵琶又翻出新的曲調。既然是「新聲」，那麼總能給人一些新的情趣、新的感受吧？

不，「總是關山舊別情」。邊地音樂的主要內容，可以一言蔽之，「舊別情」而已。本句用「舊」對照上句的「新」。實在的，在邊地，「別情」幾乎成了音樂的普遍主題。這是由一個簡單的道理決定的：藝術反映實際生活。在邊地，征戍者誰個不是別婦拋雛、背鄉離井？「別情」實在是最普遍、最深厚的感情和創作素材。所以，琵琶盡可翻新曲調，却改變不了歌詞包含的感情內容。以「新聲」奏出「舊別情」。這樂曲是否太乏味了呢？

不，「撩亂邊愁聽不盡」。那傾訴「邊愁」的曲調，不管什麼時候，總能攪得人心紛亂不寧，然而又總含有動人的成分。這也由於一個極簡單的道理：「眞」的藝術才能「美」，才能打動人心，或者說，才能使人激動。心情「撩亂」，正是激動的一種表現。所以那奏不完、「聽不盡」的曲調，實在叫人又怕聽，又愛聽，永遠動情。「聽不盡」三字，是怨？是贊？是嘆？意味深長。可以說是怨，又是贊，又是嘆。這句提到「邊愁」，它包含的情感內容不是單一的。一方面，由上句的「別情」可知，這裏有征人久戍思歸、盼早日回鄉與親人團聚的對和平生活的嚮往；另一方面，和平生活要求有一個鞏固的邊防，當時來自北方的侵擾幷沒有消除，尙不能盡息甲兵，所以這裏又該有征人守衞邊疆的責任感。此外，立功邊塞，是盛唐志士的理想，此願未遂時，他們也會心不寧意不平的。

詩的前三句都就樂聲抒情，末句却不再寫聲，而純乎寫景。彷彿在一組軍中設酒舞樂的「特寫鏡頭」後，忽然拉出了一個月照長城的莽莽蒼蒼的「遠景」：古老雄偉的長城，綿亘起伏，秋月高照，景象壯闊而悲涼！對着它，你會生出什麼感想？你說，這是「可憐閨裏月，長在漢家營」，是鄉愁，不錯。你說，這是「秦時明月漢時關」的詩意呀，其中有立功邊塞的雄心、「匈奴未滅」的責任感，也不錯。也許，還應當加上對祖國山川風物的深沉的愛……多麼豐富複雜的感情內容！

讀完全詩，你也許會感到，在前三個詩句中的感情細流曲折發展，到最後一句，却匯成一汪深沉的湖水，蕩漾，回旋。這是感情的飛躍，而不是簡單的重複。征戍者的感情，已經表達得入木三分了。

（周嘯天）

從軍行（其四）

王昌齡

青海長雲暗雪山，孤城遙望玉門關。黄沙百戰穿金甲，不破樓蘭終不還。

這首詩的作者王昌齡，被譽爲盛唐詩壇上的「七絕聖手」。他的七絕，確有當時一般詩人難以企及的獨特造詣。《出塞》、《從軍行》等抒寫邊塞征戍生活之作，大都發興高遠，境界開闊，含蘊豐富，容量巨大。七絕是格律詩中的短製，宜於從小處着筆，以小見大，寫出意境含蓄精美的篇什。但王昌齡寫邊塞七絕，却往往是高屋建瓴地整體地攝取生活，又多從大處落墨，着意提煉和創造闊大的時空意象，借以概括富於廣闊的空間感和久遠的時間感的思想内容。此詩明顯地體現出上述藝術特色。

詩一開篇，便展現出壯大的形象和境界。首句「青海長雲暗雪山」，寫了青海，海上密布的陰雲，以及横亘海北、綿延千里、白雪皚皚的祁連山。這七個字，概括的空間幅度已够廣闊的了。但詩人意猶未足。次句「孤城遙望玉門關」，又把詩筆揮灑開去，勾勒出一座矗立於河西走廊荒漠之中的孤城；而與孤城遙遙相對的，是位於涼州西境（今甘肅敦煌西南）的軍事要塞玉門關。這樣，從青海、甘肅直到玉門關外，當時整個西北邊陲的壯闊景象，全被詩人以極精練之筆，收攝進詩的畫面。

對於這兩句詩，歷來衆説紛紜。有人説，這是詩中的抒情主人公在玉門關上東望青海；也有人説，是從青海西望孤城玉門關。由於中國古典詩歌句法結構的鬆動靈活，這些解釋都有道理，也都可以講得通。劉學鍇先生認爲：這兩句詩「是對整個西北邊陲的一個鳥瞰，一個概括」（見《唐詩鑒賞辭典》第一一六頁）。他的看法，我很贊同。詩人把彼此遠不相及的幾個地名組合在這兩句詩裏，意在勾畫出一幅氣勢磅礴的西北戰區的鳥瞰圖，展現戍邊將士生活和戰鬥的典型環境。這樣看，也更符合王昌齡寫邊塞七絕善從大處着墨、創造闊大的時空意象的藝術作風。我們試看他的《出塞》詩，開篇的「秦時明月漢時關，萬里長征人未還」，不也是運用時空交織的意象，再現出從秦漢到唐代數百年的歷史風雲、戰爭烽煙，并勾畫了萬里長征、月照邊關的蒼涼悲壯的畫面麽？詩人視通萬里、思接千載的藝術想象力和概括力，的確是驚人的。

但詩的前半幅，決不僅僅是展現了西北邊陲的寥廓景象。詩是抒情的藝術，感情是詩的血液。尤其是被聞一多先生稱爲「詩中之詩」的抒情短章，更不容許不帶感情色彩的純客觀描寫。這兩句雖是寫景，但景中已飽含着強烈的感情。一個「暗」字，色調陰鬱濃重，再加上一個「孤」字，顯示了軍情緊急，強悍的敵軍還沒有打退，守衛城堡的我軍將士處境孤危。這就烘托出了戰爭的氣氛。展現在讀者眼前的畫面，是多麽壯闊雄渾，又是多麽迷濛暗淡呵！這聚集在青海上空的層層陰雲，這被陰雲籠罩而顯得昏暗無光的雪山，還有戍守孤城的將士們眼望心繫着的玉門雄關，都滲透了豐富複雜的思想感情。我們可以從中體會到，這些將士正密切關注着邊防的形勢，他們既感到戍邊生活孤寂、艱苦，又爲自己肩負重任而自豪。

詩人在創造了典型的環境氛圍之後，便轉而直接抒寫戍邊將士的思想感情。詩的第三句「黃沙百戰穿金甲」，對將士們艱苦卓絕的戰鬥生活作了高度的形象概括。在黃沙滾滾的大漠之中，將士們奮勇殺敵，身經百戰，以至身上的鐵甲都被黃沙磨穿了。「黃沙百戰」，是空間和時間、具體和抽象相結合的意象。再配合上一個精心提煉的「穿金甲」的典型細節，便把戍邊時間的漫長，戰爭的頻繁和激烈，邊地環境的荒涼與艱苦，表現得淋漓盡致！但是，黃沙可以磨穿金甲，却消磨不了將士們殺敵報國的壯志。聽，這些忠勇的將士們發出了鋼鐵般的誓言：「不破樓蘭終不還！」他們要在沙漠裏長期堅持戰鬥，不消滅入侵之敵，堅決不回家鄉。這一句中的「樓蘭」，是漢時西域的鄯善國，在今新疆維吾爾自治區鄯善縣東南一帶。漢武帝時，派遣使者通西域，樓蘭王勾結匈奴單于，殺漢使者多人。後來傅介子奉命前往，用計刺殺樓蘭王，威懾西域。這裏，「樓蘭」泛指當時侵擾西北地區的敵人。詩人以斬釘截鐵的語氣，寫出了將士們痛擊敵人的決心。眞是豪氣逼人，鏗然有金石之聲。就在感情抒寫到最強烈的高潮時，詩人突然收煞，全詩戛然而止。而這慷慨激昂的聲音，却久久地震撼着讀者的心絃。

《全唐詩》說：「昌齡詩緒密而思清。」的確，王昌齡的七絕構思嚴密，由錘琢洗煉而達到完美，而不同於李白七絕的自然流走，似信筆而成。這首詩，也顯示了王昌齡善於運用多種手法錘琢詩境的藝術匠心。首先，從情與景的處置來看，詩的前兩句以寫景爲主，景中含情；後兩句以抒情爲主，景藏情中。詩由寫景自然過渡到抒情，使全篇達到了情與景的水乳交融，典型環境與人物感情的高度統一。其次，從賓與主的處置來看，詩人運用了「衆賓拱主」的藝術手法。詩的前三句，寫了邊地的廣漠，軍情的緊急，戰鬥的激烈，這都是「賓」，是爲了層層烘托出結句抒寫將士忠勇這一主旨。在如此艱苦、險惡的環境中，將士們發出的誓言更顯得有份量，有力度，產生一種崇高感和悲壯感。再次，從色彩的處置來看，詩人顯然運用了色彩的對比。詩的前兩句，景物的色調是寒冷，暗淡的；而後兩句，「黃沙」與「金甲」相互輝映，却是鮮明、熱烈的色彩。在冷色的襯托下，暖色更爲醒目，使人如見這些身穿金色鎧甲的將士們在如浪的黃沙中奮勇衝殺的威武形象。富有匠心的色彩映襯與對比，突出了將士們在險惡環境中的英風豪氣，收到了很好的藝術效果。

總之，這首詩形象雄壯，境界闊大，音節響亮，洋溢着熾烈的愛國熱情，是盛唐戍邊將士的一曲高歌，一座莊嚴的雕塑。

（陶文鵬）

從軍行（其五）

王昌齡

大漠風塵日色昏，紅旗半捲出轅門。前軍夜戰洮河北，已報生擒吐谷渾。

《從軍行》七首是「詩家天子王昌齡」所寫的組詩，此首是組詩的第五首。標題雖是樂府舊題，體裁實爲七言絕句。就詩歌的題材而論，它是一首邊塞詩，卽是一首以邊塞戰爭爲題材的詩歌。

此詩通過邊塞健兒從軍出征場面的描寫，歌頌了唐軍高昂的士氣和軍事上的勝利，顯示出唐帝國的聲威。詩的首句，卽把讀者帶進平沙莽莽、廣袤無垠的大沙漠之中，這是行軍出征的自然環境。茫茫瀚海，氣象萬千，時而風煙滾滾，時而飛沙走石，詩人用「大漠風塵日色昏」一句，十分簡括地捕捉到沙漠地區的氣候特點，形象地描繪出風沙彌漫的景象。「日色昏」三字擺在「大漠風塵」的後邊，使兩者有了因果關係，「日色昏」不是指日色已晚，時近黃昏，而是指風沙遮天蔽日，風煙滾滾，致使天昏地暗。岑參詩中的「平沙莽莽黃入天」與此境界相近，有俯仰蒼茫之感，境界十分渾厚。緊接着詩人用「紅旗半捲出轅門」一句，點出了出征的場面。這句詩雖只七字，但含蘊很豐富，可以說是「以少總多」。「紅旗半捲」四字，有聲有色，「半」字用得很講究。在沙漠中頂風冒沙行軍，爲了減少風沙的阻力，所以要捲旗，「捲」字透露出急行軍的信息。但如果把旗全然捲起，旣看不到紅旗的飄揚之狀，也聽不到風扯紅旗的聲音，無聲無色，何以壯軍威？偃旗息鼓是無法表現出邊塞健兒的高昂士氣的。所以我們說「半捲」二字很有分寸。「出轅門」三字，意味着拔營起寨，將要執行一次軍事任務。轅門是軍營的門，古代行軍紮營時，常用大車環衛，出入處將兩車的車轅相向豎起，對立如門，故稱轅門。大軍離營而出，紅旗下活動着千軍萬馬，他們頂風前進，在紅旗的指引下，一支馳驅朔漠，殺氣雄邊的勁旅出動了，大軍逶迤前進，其場面何等雄壯，看來一場激烈的戰鬥是不可避免的了。

三四兩句，詩人將筆一轉，使緊張的氣氛一下子跌落下來。後繼部隊正準備投入戰鬥，忽然傳來這樣的消息：「前軍夜戰洮河北，已報生擒吐谷渾。」「洮河」即洮水，發源於甘肅省臨潭縣西北的西傾山，是黃河上游的支流之一。「吐谷渾」，南朝晉時鮮卑族慕容氏的後裔，據有洮水西南等處，時擾邊境，後被唐高宗和吐蕃的聯軍所敗，這裏的「生擒吐谷渾」是泛指俘獲敵酋。此二句詩寫後軍出營增援，前軍捷報已到，使後軍無用武之地，情節的發展既快而又出人意料，充分顯示出唐軍戰勝敵人是綽綽有餘的。這樣就從側面烘托出唐軍力量的強大和穩操勝券。

這首詩的構思十分精巧，詩人着力描寫的是後繼的增援部隊，對於前軍的戰鬥勝利只是側筆虛寫，即用傳捷報的方法一筆帶過。但從「前軍夜戰洮河北」的「夜戰」二字，透露出昨日的軍情是緊急的，不然何以在夜間與敵人進行殊死的決鬥，這可以想見昨夜短兵相接的戰鬥是多麼慘烈，勝利的獲得，決非輕而易舉。這樣描寫，可以讓讀者去想象夜戰的艱苦以及這一仗打得如何出色。

詩人在四句詩中製造了兩種不同的氣氛，一種是前兩句詩所描寫的箭拔弩張的緊張氣氛，一種是後兩句詩所流露出的勝利後的喜悅氣氛，一張一弛，一起一落，這樣就牽動了讀者的感情波瀾，在緊張的戰鬥之後，來了一個富有戲劇性的悠閑插曲，使詩的筆法顯得輕快跳脫，這比正面描寫大廝殺，收到了事半功倍的效果。詩人運用絕句的純熟技巧，在四句二十八字之中，騰挪跌宕，捲舒自如，很耐人尋味。這種構思的精巧，實得力於側面的烘托點染。

（劉文忠）

出塞（其一）

王昌齡

秦時明月漢時關，萬里長征人未還。但使龍城飛將在，不教胡馬度陰山。

王昌齡以「詩家夫子」、「七絕聖手」響譽盛唐詩壇，《出塞》是其傳誦千古的一首七言絕句，前人對它評價特高。明人李攀龍嘗稱此詩爲「唐人七絕壓卷第一」；王世貞在其《藝苑卮言》卷四中云：「于鱗（李攀龍字）言唐人絕句當以此壓卷，余始不信，以少伯（王昌齡字）集中有極工妙者。既而思之，若落意解，當別有所取；若以有意無意、可解不可解間求之，不免此詩第一耳。」「有意無意、可解不可解」正道出了此詩的妙處。

這是一首樂府七絕，《樂府詩集》卷二十一《橫吹曲辭·出塞》引曹嘉之《晉書》曰：「劉疇嘗避亂塢壁，賈胡百數欲害之，疇無懼色，援笳而吹之，爲《出塞》、《入塞》之聲，以動其游客之思，於是羣胡皆垂泣而去。」可見此曲本來卽有「慘淡可傷」之意。有戰爭，就有離別的鄉思，有鄉思，就有怨憤的悲凄，王昌齡借用此題寫下了這首北方邊塞的戰歌。

王昌齡的絕句向以工於發端著稱，此詩也不例外。然而，首句「七字天造地設，訓詁不得」，謂「橫空盤硬語也，人所難解」，爲後代留下很大的解讀空間。明人楊慎解釋首二句云：「蓋言秦時雖遠征而未設關，但在明月之地，猶有行役不逾時之意；漢則設關而戍守之，征人無有還期矣。」（《升庵詩話》卷二）按字面意義把詩歌坐實故然有一定道理，但其實秦漢在這裏只是代指古代，「以月屬秦，以關屬漢者，非月始於秦，關起於漢也，意謂月之臨關，秦漢一轍，征人之出，俱無還期」（唐汝詢《唐詩解》卷二十六），「秦時明月」與「漢時關」是采用互文見義的手法，此句猶言「秦漢時的明月秦漢時的關」，悠悠往古，只言秦漢，莽莽邊疆，只言月關，看似不符合邏輯，卻與形象思維契合，李白有詩云「今人不見古時月，今月曾經照古人」，詩意略同。秦漢時的明月與關城到如今依舊，長期戍守在邊塞上的征人一代又一代，難以歸還。明月與關城陪伴着千年來無數戍卒度過寂寞而又凄涼的日夜，爲什麼呢？因爲戰爭永無休止。這種互文見義的手法大體上是唐人的句法，宋以後并不常用，所以後人理解起來也歧義較多。起首寫景，「發興高遠」，以新奇取勝；次句寫情，承接上句，使情與景恰如其分地勾連在一起。首句上下千年，次句縱橫萬里，眞有「思接千載，視通萬里」之感。與明月和關城相聯繫的樂府曲辭還有《關山月》（《樂府詩集》卷二十三《橫吹曲辭》），《樂府解題》云：「關山月，傷離別也。」作者面對關月，觸景生情，想到離別家園遠赴邊塞的將士，心情可想而知，誠如其另外一首詩所云：「琵琶起舞換新聲，總是關山舊別情。」（《從軍行》其二）在這裏作者以古諷今，時空交織，所抒之情不是一人一事一時之悲，所以顯得意境闊大，氣勢雄渾。

三四句以議論入詩，點出作詩主旨，上用「但使」下用「不教」，意在以想象中的美妙反襯現實中的缺陷，充滿了對古代像李廣這樣的英雄人物的欽慕，隱含着對現實的微諷。所謂側面烘托，由古卽今，含蓄有餘味，正是絕句的上乘。「在」、「度」二字頗見功力。李廣爲漢代名將，曾爲右北平太守，人稱「飛將軍」，他曾使匈奴「避之數歲，不敢入右北平」（《史記·李將軍列傳》），受到後世的推崇。關於「龍城飛將」後世注釋無窮，大體上有三種說法，一是認爲「龍城」應爲「盧城」，「飛將」指李廣。二是認爲此處是將衛青、李廣事合用，「龍城」是漢代名將衛青曾破匈奴處，「飛將」則代指李廣。三是認爲李廣是隴西成紀人，成紀在隋唐時屬於隴城縣，「隴」與「龍」同音相假，「隴城」卽是「龍城」，「龍城飛將」卽龍城人飛將軍李廣。今人多作「龍城」，一則唐人作詩引用地名時多是虛實相生，漢唐地名兼用，不一定完全符合實際；二則「龍城」亦可能爲「盧龍城」的簡稱；三則「龍城」在前代邊塞題材的樂府詩中爲常用語，并非特指。王昌齡在這裏以漢喻唐，將歷史與現實連接，表達對戰爭的厭倦，「龍城飛將」只是襲用而已，不必過於拘泥。

詩句的意思明了之後，詩的主旨自明。可是曆來還是有不同的說法，有人說是抒發盛唐昂揚奮發的時代精神，這恐怕不是作者此詩所要表達的主要意思，這從詩題和詩意均可作出解答。有人說此詩是對唐代窮兵黷武將非其人的戰爭的諷刺，王安石《唐百家詩選》卷五評此詩時云：「攻不如守，出塞則徒蹈覆轍，在擇邊將而已。」清人沈德潛《說詩晬語》卷上云：「蓋言師勞力竭而功不成，由將非其人之過，得飛將軍備邊，邊烽自熄，即高常侍（適）《燕歌行》歸重「至今人說（按：應爲『猶憶』）李將軍」也。」那麼此詩是否含有此意？我們認爲弄清此詩作於何年是一個關鍵。傅璇琮先生《王昌齡事跡考略》一文通過考訂認爲王昌齡「開元二十二年舉宏詞以前任校書郎期間，或開元十五年進士登第之前，是他去西北的最有可能的時間」，可以確定，其「富有特色的邊塞詩，是他早期的作品，也就是開元中期或中期以前的作品」。那麼，有些學者認爲此詩是在諷刺唐玄宗後期特別是天寶時期一系列開邊的黷武戰爭，似乎有將史實強加於詩的意旨的主觀臆測之嫌。當代學者整理王昌齡集時編此詩於王昌齡入仕前，具體係年在開元十一年（723）前游曆河南、河北途中所作（胡問濤、羅琴《王昌齡集編年校注》），是有道理的。此詩是作者早年的作品，無關開元後期、天寶時期的邊塞戰爭事。開元前期唐玄宗在西南、西北、東北的用兵，還不能說是「勞師力竭而功不成」，所用將領如王忠嗣、哥舒翰、封常清等不能說成「將非其人」。理解此詩恐怕要聯繫王昌齡不如意的生活，他曾在《上李侍郎書》中說他「久於貧賤，是以多知危苦之事」，且「力養不給」（《全唐文》卷三三一），四處奔波，所以詩人不僅於詩中表達對於征戍士卒的同情，同時也寄托着自己不得志的情思，自己正如李廣一樣壯志難酬，即「衛青不敗由天幸，李廣無功緣數奇」（王維《老將行》）之意。

盛唐人作絕句講究渾成氣韻，不好發議論，後世批評家也認爲中晚唐以後因爲句涉議論而不佳。但觀此詩卻將寫景抒情議論融爲一爐，雖有議論但不給人枯燥抽象之感。全詩基調「悲壯渾成」，意態雄健，情思悱惻，雖表現出對戰爭與現實的不滿，但失望並不絕望，沒有中晚唐衰颯之氣，蓋「風度勝故，氣味勝故」（《唐詩摘鈔》），正是盛唐骨格。

明人王世懋云：「絕句之源，出於樂府，貴有風人之致，其聲可歌，其趣在有意無意之間，使人莫可捉着。」（《藝圃擷餘》）這首絕句正得此種眞諦，詩題卽源於樂府，二十八字幷無生字僻典，而將普通字句加以巧妙組合，融悲涼與反諷於一爐，啓發後人很多聯想，所謂尺幅千里，鑄成一曲邊塞絕唱。明人楊愼稱其「可入神品」，誠非虛譽。

（曲景毅）

長信秋詞（其三）

王昌齡

奉帚平明金殿開，且將團扇共徘徊。玉顏不及寒鴉色，猶帶昭陽日影來。

這是一首反映宮廷婦女不幸命運的作品，卽所謂宮怨詩。在中國封建社會中，統治階級爲了荒淫享樂，總是在正式配偶以外，還有許多姬妾的。尤其是最高統治者——皇帝，所霸佔的婦女多極了。他們每隔幾年，或者趁着一時高興，就要挑選大量年輕貌美的女子入宮，其中有民間姑娘，有大家閨秀，也有貴族千金。她們多數是被迫的，當然也有少數貴族官僚家庭中的父母，甚至少女本人，爲了享受富貴榮華和增高家庭權勢而爭取入宮的。她們一旦進入深宮，就一輩子過着幽囚的生活，既難以及時婚配，又不能與家人團聚。而皇帝的淫威、后妃的妒忌、同輩的傾軋，都使得每一個人隨時有得罪和被害的危險。因此，絕大多數的宮女，都在對自由的渴望中消磨了自己的青春和生命，而少數的，則雖然經過激烈的競爭，獲得了恩寵，但這種恩寵也

長信秋詞（其三）

是非常靠不住的，因而也在「得寵憂移失寵愁」（李商隱《宮詞》）的情況下同樣度過了痛苦憂傷的一生。

唐代詩人以充滿了同情心的筆墨，從各種不同的角度描寫了她們可悲的生活。由於世界觀和階級立場的局限，這些作品當然不能指出問題的本質在於封建制度本身，同時，在「溫柔敦厚」的文藝觀點制約之下，其所作的抨擊還不够有力；但詩人們的人道主義精神和現實主義藝術手段，仍然使得讀者能够透過鳳闕龍樓、錦衣玉食的幃幕，看清了這些女子的奴隸地位、囚徒生活與玩物身分，聽到了她們從心靈深處發出的悽慘的聲音，從而在客觀上喚起了人們對於這種制度的不滿。如果以這些作品和梁陳宮體詩作一比較，就不難發現，它們之間相距是多麼遠了。

這一組詩共有五篇，題爲《長信秋詞》，是因爲它是擬託漢代班婕妤在長信宮中某一個秋天的情事而寫作的。班婕妤是西漢成帝的一位姬妾（婕妤是宮中的一種職稱），她美而能文，最初很是得寵。後來成帝又愛上了趙飛燕、合德兩姊妹。班婕妤恐怕見害，就主動請求到長信宮去侍奉太后，以了餘生。古樂府歌辭中有《怨歌行》一篇，其辭是：「新裂齊紈素，皎潔如霜雪。裁爲合歡扇，團團似明月。出入君懷袖，動搖微風發。常恐秋節至，涼飆奪炎熱。棄捐篋笥中，恩情中道絕。」此詩相傳是班婕妤所作，以秋扇之見棄，比君恩之中斷。王昌齡這篇詩寫宮廷婦女的苦悶生活和幽怨心情，卽就《怨歌行》的寓意而加以渲染。以漢事喻唐事，是唐代詩人的習慣，這組詩也是借長信故事反映唐代宮廷婦女的生活，它所反映的是當時的社會現實，而不是前朝的歷史故事，這是讀時應當先弄清楚的。

詩中前兩句寫天色方曉，金殿已開，就拿起掃帚，從事打掃，這是每天刻板的工作和生活；打掃之餘，別無他事，就手執團扇，且共徘徊，這是一時的偷閑和沉思。徘徊，寫心情之不定。團扇，喻失寵之可悲。說「且將」則更見出孤寂無聊，唯有袖中此扇，命運相同，可以徘徊與共而已。

後兩句進一步用一個巧妙的比喻來發抒這位宮女的怨情，仍承用班婕妤故事。昭陽，漢殿，卽趙飛燕姊妹所居。時當秋日，故鴉稱寒鴉。古代以日喻帝王，故日影卽指君恩。寒鴉能從昭陽殿上飛過，所以它們身上還帶有昭陽日影，而自己深居長信，君王從不一顧，則雖有潔白如玉的容顏，倒反而不及渾身烏黑的老鴉了。

她怨恨的是，自己不但不如同類的人，而且不如異類的物——小小的、醜陋的烏鴉。按照一般情況，「擬人必於其倫」，也就是以美的比美的，醜的比醜的，可是玉顏之白與鴉羽之黑，極不相類；不但不類，而且相反，拿來作比，就使讀者增強了感受。因爲如果都是玉顏，則雖略有高下，未必相差很遠，那麼，她的怨苦，她的不甘心，就不會如此深刻了，而上用「不及」，下用「猶帶」，以委婉含蓄的方式表達了非常深沉的怨憤。凡此種種，都使得這首詩成爲宮怨詩的典型作品。

（沈祖棻）

閨怨

王昌齡

閨中少婦不知愁，春日凝妝上翠樓。忽見陌頭楊柳色，悔教夫婿覓封侯。

絕句因爲十分短小，「離首卽尾，離尾卽首」，所以要想寫好，就得在選材角度新穎、集中概括凝煉、含蓄委婉曲折等方面下功夫，才能收到小中見大、咫尺萬里、句意幽婉、情韻深長的藝術效果。王昌齡的絕句在盛唐詩壇上光華四射，堪與李白比肩。這首《閨怨》，是他絕句珍品中的名篇之一。

第一句，「閨中少婦不知愁」。少而曰婦，可見是已婚有夫之女；婦而曰少，可知其新婚不久。燕侶間第一次離別，而且離別時間還不長；離愁尚淺，「少年不識愁滋味」。婚後讓丈夫遠征戍邊，希望他能取得功名。所以分別後，并沒有感受到寂寞，還是無憂無慮地像少女一樣生活在閨中。

第二句，「春日凝妝上翠樓」。陽春之際，柳綠桃紅，春風送暖；少婦禁不住欣欣然要上樓觀賞春景。「凝妝」，卽盛妝，打扮得明媚豔麗、光彩照人。一定要先凝妝然後才上樓，可見她眞的「不知愁」也。因爲知愁的人自然無心思去打扮了。宋代女詞人李清照在「只恐雙溪舴艋舟，載不動，許多愁」的時候，是「懶起畫蛾眉」，「日晚倦梳頭」。《西廂記》中鶯鶯送張生赴京在長亭送別時，紅娘問她：「姐姐今日怎麼不打扮？」她回答說：「你哪知我的心裏呵？見安排着車兒、馬兒，不由人熬熬煎煎的氣，有什麼心情花兒、靨兒，打扮得嬌嬌滴滴的媚。」

第三句，「忽見陌頭楊柳色」。上樓後，由樓頭望去，「忽見」，卽驟然間觸目所見，見到什麼呢？見到街道旁楊柳青青，依依披拂，不覺心中有所感。觸目而驚心，觸景而生情，柳色勾動了少婦的情懷，使她突然間領悟到自然界已春滿人間，而在這生機盎然的季節裏，自己却形影相依。夫婿走了，杳無音訊；值此陽春，獨守空閨、過着孤寂的生活，辜負了大好春光。刹那間，無限愁緒湧上心頭，不由得陡生悔意，「悔教夫婿覓封侯」。

這最後一句中「悔」字用得貼切、精妙。因以前沒有經歷過，由「不知」到悟，故曰「悔」也。「悔教」方是少婦；若改「悔」字爲「愁」字，「愁教夫婿覓封侯」，則爲老婦口吻了。

題爲《閨怨》，第一句却從「不知愁」寫起，說是「不知愁」，但讀完四句，只覺得愁雲滿紙。從愉悅安閑，到盛妝打扮，到歡快上樓，一上樓就新奇興奮地遠眺；不眺望則已，一眺望則觸柳驚心，愁湧心上，追悔莫及。由不知愁的滿目春光，到忽知悔的滿腹愁緒；在這一短暫的過程中，包含了多少細微豐富起伏多變的思想活動。「悔」後的言行，留給讀者去想象。一波多折，扣人心絃，語淺意深，韻味雋永。

劉熙載云：「絕句取徑貴深曲，蓋意不可盡，以不盡盡之，正面不寫寫反面，本面不寫寫對面旁面，須如覩影知竿，乃妙。」（《藝概》）王昌齡的絕句確是達到了這樣的境界，不愧爲「七絕聖手」。

（程郁綴）

芙蓉樓送辛漸（其一）

王昌齡

寒雨連江夜入吳，平明送客楚山孤。洛陽親友如相問，一片冰心在玉壺。

在盛唐的詩壇上，有一位在當時就享有盛名的詩人，叫王昌齡，因他的詩做得好，又因他曾在江寧做縣丞，故人們稱他爲「詩家夫子王江寧」。

王昌齡的詩以七絕見長。清代宋犖《漫堂說詩》稱：「三唐七絕，并堪不朽，太白、龍標，絕倫逸羣。」說他是與李白齊名的七絕聖手并不過譽。他的絕句有寫邊塞蒼涼的，如《出塞》；有寫深閨幽怨的，如《閨怨》；也有友朋贈別之作，如《芙蓉樓送辛漸》。《芙蓉樓送辛漸》共兩首，這裏選錄的是其一。

這首詩深情婉轉，造語新奇，也是王昌齡的千古名篇。詩當作於詩人第一次遭到貶謫之後。和詩人同時代的殷璠曾經談到，王昌齡「晚節不矜細行，謗議騰沸，再（從校本改）歷遐荒」。他爲何事而貶，貶於何處，史書未涉及。不過在他自己的詩作以及孟浩然、岑參等人的贈詩中約略提到，他在開元末曾經貶謫到嶺南，天寶初年已在江寧任上。這時岑參寄詩給他說：「王兄尙謫宦。」他自己也嘆息：「出處兩不合，忠貞何由伸！」可見他在江寧還是逐臣的境地，情懷是抑鬱的。《芙蓉樓送辛漸》就是這個時期的作品。後來過了不多年，他再被貶爲龍標尉，就是殷璠所說的「再歷遐荒」。

環境對王昌齡來說，確實極其不利。你看他遭受着沒完沒了的謗議，蒙受着不可言狀的恥辱。從他的生活經歷和詩篇中所表現的情調來看，他并不是一個充滿着浪漫氣質的詩人。所謂「不矜細行」，或許是誣枉；即使屬實，也不過是「細行」，怎會搞得「謗議騰沸」？《唐詩紀事》引殷璠的話，說他是「孤潔恬淡，與物無傷」。這兩句在今本《河嶽英靈集》中不見，這倒是很有關係的話。王昌齡在開元十五年進士登第以後，就做秘書省校書郎的冷官，這夠「恬淡」的了。大約這時他是坐着冷板凳寫他的關於詩歌創作理論著作《詩中密旨》一書的，不去權門競奔，當然「與物無傷」。爲什麼還要遭到貶謫呢？問題就出在「孤潔」上面。在漆黑一團的官僚集團中，怎能容得有人一塵不染？何況還要堅持到底！了解到這些，可有助於讀者對本詩的理解。

這首詩題曰「芙蓉樓送辛漸」，芙蓉樓在唐代的江南道潤州丹陽（現在的江蘇省鎮江市）。王昌齡做過江寧（現在的南京市）縣丞。江寧與丹陽一水之便，所以能在芙蓉樓上送客。

詩的場面是這樣展開的：送別雖在清晨，詩却從昨夜寫起。「寒雨連江夜入吳」，描寫話別時的自然景色，暗寓了詩人的抑鬱心情。詩人和辛漸都在芙蓉樓上，夜色沉沉，江流挾雨，颯然而至，頗有「八表同昏，平路伊阻」（陶潛《停雲詩》）的感慨。接着場景一換，就是「平明送客」了。辛漸去洛陽，應由丹陽渡江經淮南地區。淮南舊屬楚地，楚山即指對岸的山。平明時能望見對岸的山，這時是雨霽天晴了。爲什麼「楚山孤」呢？山嶺逶迤，似斷若連，本來是分不出孤與羣的，這裏是表達詩人內心的感受。他望着行人的茫茫去路，黯然神傷，由於朋友的分離，覺得遠處的山也都孤零零似的了。這正如王國維在《人間詞話》中所說的：「以我觀物，故物皆著我之色彩。」前二句完成送客場面的描寫，暗示讀者，他們在芙蓉樓上是通宵話別的。景色由夜到明，中間布置了靜場。這裏可用第二首中的「高樓送客不能醉，寂寂寒江明月心」兩句來做補充。

下面的三四兩句詩所寫的是：詩人已從目前芙蓉樓上的話別，一下子想到洛陽親友的問訊了。他的意念在時間和空間方面都有很大的跳躍。洛陽有王昌齡的親友：如劉晏、李頎和綦毋潛等人。他們是關懷王昌齡的，聽到辛漸從江南歸來，必來問訊。看來辛漸了解王昌齡，王昌齡也是相信辛漸的，所以託他表達心情：「洛陽親友如相問，一片冰心在玉壺。」冰心玉壺這個奇特的比喻，是詩人憑藉豐富的想象而琢造出來的，它雖經苦心錘煉而又出之以自然明秀的語言，其中寄寓了深刻的思想內容。千載以來，家喻戶曉。然而即使這樣廣泛流傳的名句，還有人不能對它做出貼切的解釋，如沈德潛在《唐詩別裁集》中說，這是詩人「言己之不牽於宦情也」。這大大地減弱了這首詩的積極意義。詩人在遭遇貶謫的時候，還說出「一片冰心在玉壺」，是對一切誣謗之言的公開答辯，申言自己是「清白無瑕的」，這不表示將「我行我素」嗎？心像冰一樣清，一樣潔；而且這清潔的心還貯置在晶瑩的玉壺之中，微塵不染。這樣，裏裏外外，清涼晶潔，世界還有什麼可以相比的呢！宣稱自己是這樣高潔，不是在傲岸地對一切誣蔑予以反擊嗎？這種不屈服於非議的態度，就是這首詩所具有的積極的內容。同時，詩人恢奇瑰麗的想象，在藝術上也取得了很大的成功。有人認爲這句詩出自鮑照的《白頭吟》「清如玉壺冰」，這是皮相的說法。當然這兩者之間也許有些淵源，不過它襲用的只是某些語言的外殼，至於在藝術構思上却完全不同。王昌齡的詩句具有鮑詩所沒有的新的意境。本來，心，是熱的，不可能像冰一樣；尤其是把心貯放在玉壺裏，這想象就十分奇特而出人意外了。然而讀者對這個比喻，不認爲荒誕，而認爲可以理解，可以接受，因爲只有這樣使用誇張的語言，才能最好地表達詩人高尚的情操。於是產生一種特殊的美學效果，淨化了人們的心靈。我們因此聯想到更遠的往古，多少詩人爲保持自己的節操，也都發出過誓言。志潔行芳的屈原，曾經爲堅持眞理而喊出：「亦余心之所善兮，雖九死其猶未悔！」說得那麼深沉而激烈。王昌齡當然比不上屈原。他的「洛陽親友如相問，一片冰心在玉壺」兩句表達的方式與屈原比較，顯然不盡相同，但不妨說這一片冰心，也是佩蘭餐菊的屈《騷》的遺意。

（劉樹勳）

古從軍行

李頎

白日登山望烽火，黃昏飲馬傍交河。行人刁斗風沙暗，公主琵琶幽怨多。野雲萬里無城郭，雨雪紛紛連大漠。胡雁哀鳴夜夜飛，胡兒眼淚雙雙落。聞道玉門猶被遮，應將性命逐輕車。年年戰骨埋荒外，空見蒲桃入漢家。

「從軍行」是樂府古題。此詩寫當代之事，由於怕觸犯忌諱，所以題目加上一個「古」字。它對當代帝王的好大喜功，窮兵黷武，視人民生命如草芥的行徑，加以諷刺，悲多於壯。

詩開首先寫緊張的從軍生活。白天爬上山去觀望四方有無舉烽火的邊警；黃昏時候又到交河邊上讓馬飲水（交河在今新疆吐魯番西面，這裏借指邊疆上的河流）。三、四句的「刁斗」，是古代軍中銅製炊具，容量一斗。白天用以煮飯，晚上敲擊代替更柝。「公主琵琶」是指漢朝公主遠嫁烏孫國時所彈的琵琶曲調，當然，這不會是歡樂之聲，而只是哀怨之調。一、二句寫「白日」、「黃昏」的情況，那麼夜晚又如何呢？三、四句接着描繪：風沙彌漫，一片漆黑，只聽得見軍營中巡夜的打更聲和那如泣如訴的幽怨的琵琶聲。景象是多麼肅穆而凄涼！「行人」，是指出征將士，這樣就與下一句的公主出塞之聲，引起共鳴了。

接着，詩人又着意渲染邊陲的環境。軍營所在，四顧荒野，無城郭可依，「萬里」極言其遼闊；雨雪紛紛，以至與大漠相連，其凄冷酷寒的情狀亦可想見。以上六句，寫盡了從軍生活的艱苦。接下來，似乎應該正面點出「行人」的哀怨之感了。可是詩人却別具機杼，背面傅粉，寫出了「胡雁哀鳴夜夜飛，胡兒眼淚雙雙落」兩句。胡雁胡兒都是土生土長的，尚且哀啼落淚，何況遠戍到此的「行人」呢？兩個「胡」字，有意重複，「夜夜」、「雙雙」又有意用疊字，有着烘雲托月的藝術力量。

面對這樣惡劣的環境，誰不想班師復員呢？可是辦不到。「聞道玉門猶被遮」一句，筆一折，似當頭一棒，打斷了「行人」思歸之念。據《史記·大宛傳》記載，漢武帝太初元年，漢軍攻大宛，攻戰不利，請求罷兵。漢武帝聞之大怒，派人遮斷玉門關，下令：「軍有敢入者輒斬之。」這裏暗刺當朝皇帝一意孤行，窮兵黷武。隨後，詩人又壓一句，罷兵不能，「應將性命逐輕車」，衹有跟着本部的將領「輕車將軍」去與敵軍拚命，這一句其份量壓倒了上面八句。下面一句，再接再厲。拚命死戰的結果如何呢？無外乎「戰骨埋荒外」。詩人用「年年」兩字，指出了這種情況的經常性。全詩一步緊一步，由軍中平時生活，到戰時緊急情況，最後說到死，爲的是什麼？這十一句的壓力，逼出了最後一句的答案：「空見蒲桃入漢家。」

「蒲桃」就是現在的葡萄。漢武帝時爲了求天馬（卽今阿拉伯馬），開通西域，便亂啓戰端。當時隨天馬入中國的還有「蒲桃」和「苜蓿」的種子，漢武帝把它們種在離宮別館之旁，彌望皆是。這裏「空見蒲桃入漢家」一句，用此典故，譏諷好大喜功的帝王，犧牲了無數人的性命，換到的是什麼呢？衹有區區的蒲桃而已。言外之意，可見帝王是怎樣的草菅人命了。

此詩全篇一句緊一句，句句蓄意，直到最後一句，才畫龍點睛，顯出此詩巨大的諷諭力。詩巧妙地運用音節來表情達意。第一句開頭兩字「白日」都是入聲，具有開場鼓板的意味。三、四兩句中的「刁斗」和「琵琶」，運用雙聲，以增強音節美。中段轉入聲韻，「雙雙落」是江陽韻與入聲的配合，猶如雲鑼與鼓板合奏，一廣一窄，一放一收，音節最美。中段入聲韻後，末段却又選用了張口最大的六麻韻。以五音而論，首段是羽音，中段是角音，末段是商音，音節錯落，各極其致。全詩先後用「紛紛」、「夜夜」、「雙雙」、「年年」等疊字，不但強調了語意，而且疊字疊韻，在音節上生色不少。

（沈熙乾）

送陳章甫

李頎

四月南風大麥黃，棗花未落桐陰長。青山朝別暮還見，嘶馬出門思舊鄉。陳侯立身何坦蕩，虬鬚虎眉仍大顙。腹中貯書一萬卷，不肯低頭在草莽。東門酤酒飲我曹，心輕萬事如鴻毛。醉臥不知白日暮，有時空望孤雲高。長河浪頭連天黑，津口停舟渡不得。鄭國遊人未及家，洛陽行子空歎息。聞道故林相識多，罷官昨日今如何？

在盛唐詩人的作品中，李頎的人物寫照是很有特色的，他那摹態狀神的筆力與頓挫跌宕的章法，竟使我們聯想起當時裴旻的舞劍、吳道子的作畫和張旭的書法，也許，它們所共同的東西正就是所謂「盛唐氣象」吧！從李頎寫人的詩篇中，我們不僅可以看到一個個氣度不凡的傲岸不羈之士的形象，而且也能看到他自己，於是，我們不禁迷惘：詩人究竟在替人寫照呢？還是在爲我傳神？其實，這正是詩之所以爲詩的魅力所在。

這首《送陳章甫》詩，如同《別梁鍠》等作一樣，主要幷不在抒寫別情，而是通過表現自己對陳章甫不幸遭遇的同情和對其人格的欽仰，着重爲這一人物寫照。陳章甫，楚江陵（今湖北省江陵）人，開元中制策登科，曾官太常博士。早年曾長期棲隱於嵩山。李頎《與諸公遊濟瀆泛舟》詩曾道：「我本家潁北，開門見維嵩。」其《緩歌引》又寫道：「十年閉戶潁水陽。」可能李頎於此時便與陳章甫相識相知。被《河嶽英靈集》稱爲「偉才」的李頎，他所欽仰的人物絕不會是平庸之輩，高適有《同觀陳十六史興碑》詩，其《序》云：

李頎

送陳章甫

「楚人陳章甫繼毛詩而作《史興碑》，遠自周末，迨乎隋季，善惡不隱，蓋國風之流。」而詩中復云：「伊人今獨步，逸思能間發，永懷掩風騷，千載尚矻矻。」原來陳章甫還是一位祖述風騷而兼有史筆的「才傑」。至於能具體見出陳章甫之爲人的，當爲開元中制策登科時爲「天下稱美」的一件事，據《封氏聞見記》載，當時吏部放榜，陳因「戶部報無籍」而遭放罷，陳即上書論其事，引經據典，慷慨陳辭，致使「所司不能奪，特咨執政收之」。看來陳章甫確乎是一位不拘常規而敢於作爲的不羈之士。

現在歸到李頎的送別詩篇，開首所寫，可謂奇景湧出，另一篇《送劉昱》開首亦云：「八月寒葦花，秋江浪頭白。」這種開篇的景物描寫，當爲題中應有之義，關鍵在於點出時地之特徵，而李頎此作可謂曲盡其妙了，大麥棗花，分明中原物類，南風桐陰，自然初夏光景。三四兩句便接觸到送別主題，但一片情意并不直露道出，而於鋪敘平淡中自然萬感橫集。句中所謂「青山」，并非泛指，而是指嵩山，因陳章甫曾棲隱嵩丘二十餘載，而作者也隱居潁陽十年并「開門見維嵩」，故「青山」實乃二人相知的象徵。此番老友別去，不知何時方得相會，而眼前「青山」依然朝暮可見，就是說，「朝別」是指與章甫別於「青山」之下，後文「鄭國」「洛陽」之語可證，而「暮還見」者，就衹說作者自己從此唯見「青山」了。由此順勢而下，「嘶馬出門」之句，令人想見「揮手自茲去，蕭蕭班馬鳴」的情景，一片惜別之意，自在言外。或問：「思舊鄉」者，李頎乎？陳章甫乎？我們說，毫無疑問是陳章甫，從結句可知，陳氏此行乃是「罷官」而歸，本是不得已的事，但作者不言其罷官而歸，僅說是思鄉而還，就使惜別之情中蘊含着一種勸慰之意。不僅如此，前句已暗點「青山」棲隱之事，對於陳章甫來說，這又無疑於勉之以世外之志了。

詩寫到此，筆下一頓，轉入對陳章甫其人的正面刻畫。立身坦蕩，可作其人的一句定評，坦蕩者，光明磊落豁達通脫之謂。這是先聲奪人的筆法。其《別梁鍠》起句亦云：「梁生倜儻心不羈。」難怪殷璠《河嶽英靈集》稱李頎詩「發調既新，修詞亦秀」，其實，「新」之以外尚有警動之長。寫過陳章甫之胸次，接寫其狀貌，龍鬚虎眉、天庭闊大，正是堂堂偉丈夫的形象。虬，古代傳說中的一種龍，《離騷》云：「駟玉虬以乘鷖兮。」王逸註道：「有角曰龍，無角曰虬。」由此而引申出盤曲如虬。詩中所用顯係引申之義。虎眉，語出

《太平御覽・人事部》引《帝王世紀》之「文王虎眉」，乃狀其眉目之有神而勇武威嚴。顙，指額，《易・說卦》有「其於人也，爲寡發，爲廣顙」。總之，於陳章甫之相貌，作者幷不精細刻畫，衹寫出與其坦蕩胸次相一致的龍虎之氣與闊大之相，貴於傳神。

由前引高適詩句，我們已知陳章甫之「逸思」不凡，堪稱「才傑」，而李頎此處却用另一手法。腹中貯書，有一典故，《世說新語・排調篇》曰：「郝隆七月七日出日中仰臥，人問其故，答曰：『我曬書』。」這自然表現了晉宋逸士的作風，通脫高蹈而兼些諧謔玩世的習氣。依着陳章甫的襟度個性，非如此寫不足以顯其風采。既有如此才能，更兼處於盛唐之世，那是一個富有自信的時代，誰又肯自我埋沒呢！李白曾放歌：「仰天大笑出門去，我輩豈是蓬蒿人？」陳章甫的不肯低頭「草莽」，不正是同樣的精神狀態嗎！

其實，盛唐詩人的風采還不僅是表現在飽學濟世的高度自信上，他們那「俱懷逸興壯思飛」的情懷往往是與「會須一飲三百杯」的豪快聯繫在一起的，所以才有杜甫筆下的「飲中八仙」，卽使李頎筆下，不也有「朝朝飲酒黃公壚，脫帽露頂爭叫呼」的梁鍠嗎！既然如此，身處盛唐之世而又以「逸思」「獨步」一時的陳章甫，豈能例外！李頎又有《宴陳十六樓》詩，可見「飲我曹」者亦幷非虛語。不僅好酒，而且飲必豪飲，一醉方休，唐人的豐姿逸態往往在醉中顯現，藝術家的才思也往往在酒杯中醞釀，故終日醉臥是毫不足怪的。不僅如此，因狂而豪飲，飲後則更狂，甚至於「天子呼來不上船」，陳章甫的「心輕萬事如鴻毛」也就是理所當然的了。但事情原沒有這般簡單，心輕萬事，一者是自信，「天生我才必有用」；一者是高蹈，如同棲隱嵩丘一樣；而另一者却是自我逃避，在酒鄉中麻醉自己，因爲在盛唐氣象下面掩蓋着的是政治的黑暗，在詩人的自信背後跟着失志的自悲，而在高蹈的後面又隨着深深的孤寂，所以，在醉眼矇矓中他要望着天空的孤雲出神，須知，那分明是他心境的反照呵！想想李白的《獨坐敬亭山》：「衆鳥高飛盡，孤雲獨去閒，相看兩不厭，衹有敬亭山。」詩人在「坐忘」中找到了自我，而陳章甫的「敬亭山」就是他眼中的「孤雲」。

總之，作者既寫了陳章甫的豪邁不羈，也寫了他的孤高寂寞，於是就寫出了他可敬的人格與可嘆的遭遇。如今，其人「罷官」而歸，誰想到又渡頭遇阻，長河浪險，怎不叫人分外惆悵呢！文中「鄭國」與「洛陽」對舉，實指同一地方，即今河南省中部黃河以南地區，因春秋時屬鄭國，故稱。作者本人曾官新鄉縣尉，離任後亦歸居潁陽，活動在洛陽一帶地區，而陳章甫也有別業在洛西金谷，制策登科後，官於兩都，所以這兩句頗含互文之義。但意關送別，此處却另有情味，「未及家」者，陳章甫也，「空嘆息」者，作者也，表示自茲分手便無一日不在掛念故友的平安，衹有故友到家後寄來信函，這懸着的一顆心才能放下。當然，「嘆息」者，不止限於這一層意義，它一方面還承上而對「停舟渡不得」而發，一方面則又有啓下而爲「罷官昨日」而發。陳章甫的遭遇自然可嘆，作者自身的命運，又何嘗不可嘆呢！所以，「空嘆息」者，也是自悲之辭。寫到這裏，似乎辭意俱備了，但作爲摯友，又怎能不爲其別後的生活和今後的命運而操心！陳章甫豪爽大度，其在故鄉，定然相識衆多，那麼歸鄉之後倒也不致寂寞，但作者是深知其壯心難已的，而且自己也不願他就此消沉下去，所以詩作以問句作結，表示一種期待之意，言外有好自爲之的勸勉之情。

詩的要義，不外狀物態而寫人情，物非獨謂物象，也包括世態人物，情非獨謂自我情感，也包括社會人情，能盡此兩端之美者，自然上乘。如李頎此詩，既善人物寫照，復能寄意深遠，既盡送別之義，復得自抒懷抱，自然是佳構美作，更何況從格局到情調，都體現着洋洋盛唐氣派！

（韓經太）

送魏萬之京

李頎

朝聞遊子唱離歌，昨夜微霜初渡河。鴻雁不堪愁裏聽，雲山況是客中過。關城曙色催寒近，御苑砧聲向晚多。莫見長安行樂處，空令歲月易蹉跎。

盛唐詩人李頎，以邊塞詩和送別詩聞名於詩壇。李頎的送別詩共五十多首，佔他現存的一百二十多首詩的一半左右。他善於在這類詩中用飽含感情的筆觸，刻畫被送者的形象；并且按不同的志趣、處境、身分、年齡，分別給被送者以關切、同情或者慰勉，很少千篇一律的套話。《送魏萬之京》就是其中有代表性的一首。

魏萬，後名顥，是比李頎晚一輩的詩人。《唐詩紀事》載，李白曾說魏萬「爾後必著大名於天下」，魏萬後來果然登第，李頎送他上京，應當是在他登第之前。

那正是曉風殘月、清霜布地的一個秋天的早晨，詩人和魏萬在河邊分手了。詩的第一句就正面寫「別」。「離歌」，就是《驪歌》，離別之歌，歌詞是：「驪駒在門，僕夫具存；驪駒在路，僕夫整駕。」這反覆的句式，迫促的旋律，動人地渲染了依依惜別之情。詩人祇用「離歌」兩個字，喚起我們對這段歌詞的記憶，收到了言簡意豐的效果。第二句點「秋」，也祇用「微霜」一詞逗露，而景物的蕭條，心情的淒冷，遊子旅程的艱辛，就都包含其中。它令我們立即聯想到溫庭筠《商山早行》「雞聲茅店月，人跡板橋霜」的情境。

這聯詩有一點歧義，就是「初渡河」的主語，究竟是「遊子」呢？還是「微霜」？兩種說法都有，從語法上看，兩種說法也都說得通。但是，參照李頎《古塞下曲》「春色渡河陽」之句，就可以看得出，詩人喜歡把抽象的節候形象化、擬人化，用表示具體動作的「渡」字來形容秋之神是怎樣悄悄地從河的北岸來到河之南岸的。這種構思并非李頎首創，初唐詩人杜審言在《和晉陵丞早春遊望》中，就曾經用「梅柳渡江春」來形容春天的脚步。李頎的好朋友王昌齡也常用這種方式來表示節候的變化，如他《塞上曲》中有「秋風夜渡河，吹却雁門桑」的句子。尤其是《芙蓉樓送辛漸》開頭的一聯「寒雨連江夜入吳，平明送客楚山孤」，如果把句序顛倒一下，立意和這聯詩又何其相似！總之，無論縱觀橫比，都可以找到是「微霜」渡河的根據。

這聯詩在時間上用了倒置的手法，先說「今朝別」，再說「昨夜霜」，把「離別」放在最醒目的位置。其中既有對遊子衝寒上路的愛惜，又有和遊子乍逢卽別的惆悵。

第二聯寫別後心情。先承「秋」，從「聞」的角度寫秋雁哀鳴。雁，是惜別思鄉的傳統意象。漢魏詩人曹丕說，「羣燕辭歸雁南翔，念君客遊思斷腸」（《燕歌行》）；岑參說，「見雁思鄉信」（《巴南舟中夜書事》）。雁，常常引起對故鄉、對親人的定向聯想。「雲山」句承「別」。韓愈說：「雲橫秦嶺家何在？」（《左遷至藍關示侄孫湘》）那雲遮霧繞的重重山嶺，象徵着和故里、親人的重重阻隔。正是：離愁且不堪，更添雁叫；雲山徒礙目，何況客中！詩人用「不堪」、「況」交叉承接第一聯，造成轉折離卽的韻致。

第三聯宕開寫景，景中有情。雁叫聲裏，雲山過處，京城已在望中。關城、御苑，從空間轉換點明遊子行程；曙色、向晚，從時間順延極寫一日行速。「砧聲」，搗衣聲。秋天了，家家搗練，爲征人遊子趕製寒衣。這聲音單調而親切，它常常引起去國之慨，遲暮之悲。「催寒」、「向晚」，催、向又表示一種迫促的動作，使人深感歲月如流，時不我待。暑遠寒催，一年年循還往復；砧聲起落，一日日暮去朝來。最後水到渠成，提出慰勉的話語：不要沉緬於長安的逸樂生活，空使歲月蹉跎！明代詩評家楊愼指出這聯詩本自杜審言的「始出鳳凰池，京師易春晚」，「蓋言繁華之地，流景易邁」（《升庵詩話》卷六）。詩人以流景易逝，要珍惜寸陰，早日成就功業來勉勵到長安謀取功名的後輩，但并不板起面孔說教，總以情語婉轉出之。「輕輕赴題，不着豪情重語」（清方東樹《昭昧詹言》卷十六），而拳拳長者之情，已充溢於詩行中。

這首詩章法巧妙，風格流麗。「離歌」、「鴻雁」、「砧聲」，從「聞」的角度着筆；「微霜」、「雲山」、「曙色」，從「見」的角度行文。聞——見，聞——見，見——聞：有反覆，有交叉，形成聲色錯雜的內在節奏。朝、夜、曙、晚四個字重用，明代詩評家胡應麟認爲是「白璧之瑕」（《詩藪·內編》卷五），其實自有妙用，它構成多變而緊迫的時間旋律，爲「莫令歲月易蹉跎」張本。

李頎的七言律，歷來評價很高。胡應麟說：「盛唐七言律稱王（維）、李（頎）。」（同上）明人高棅的《唐詩品匯》列李頎爲七律正宗，并把他的七首七律全部選入。清代詩評家翁方綱甚至認爲「東川（李頎號）七律，自杜公而外，有唐詩人，莫與之京」（《石洲詩話》卷一）。清詩評家沈德潛比較客觀，他說：「東川七律，故難與少陵、右丞比肩，然自是安和正聲。」（《唐詩別裁》卷四）李頎的這首七律，內容和平閑雅，聲律響亮整肅，對後代詩人，尤其是明代詩人影響很大。明楊基有一首《送魏萬之安西》：「梁苑微霜木葉紅，行人此日發關東……」幾乎全擬此詩，但被認爲「流麗不及」（朱琰《明人詩鈔》引陳子龍《皇明詩選》評語），這正好說明了李頎的不易追攀的詩歌造詣。

（侯孝瓊）

終南望餘雪

祖　詠

終南陰嶺秀，白雪浮雲端。林表明霽色，城中增暮寒。

祖詠

終南望餘雪

此詩選自《全唐詩》。在《南部新書》、《文苑英華》、《唐詩別裁》等書中，詩題又作《雪霽望終南》、《終南霽色雪》和《望終南殘雪》等。揣摩詩意，實是表現作者從長安遠望終南山餘雪之情狀，因而題目似以「望終南殘雪」最爲切當。用此題，也就不會發生是作者在終南山中眺望的誤解了。

終南山是秦嶺山脈從陝西武功縣以東到藍田縣以西一段的別名，位於唐長安南，也就是今西安南郊三十餘公里處。它又有南山、太乙山等不同的名稱。每當雨雪乍晴時，空氣中浮塵減少，南山便清晰地呈現在長安人家的門窗之前，正如賈島《望山》詩中描繪的：「陰霧一以掃，浩翠寫國門。長安百萬家，家家張屏新。」壯美的終南山色，曾觸發多少詩人的雅興，使他們不惜用大量筆墨，來描述自己觀賞中的感受和它與長安的深厚緣分，如林寬的「標奇聳峻壯長安，影入千門萬戶寒」（《終南山》）；王貞白的「終南異五嶽，列翠滿長安」（《終南山》）；李白也寫了「出門見南山，引領意無限。秀色難爲名，蒼翠日在眼」（《望終南山寄紫閣隱者》）等深情的句子。我們所選這首詩，則集中表現早春終南山的殘雪景色。全篇四句二十個字，緊扣詩題，提綱挈要，按詩人看到的順序和感受款款道來：終南山北坡（陰嶺）已披上綠裝，山頂尚未消融的積雪像是漂浮在流雲裏，新晴後的斜陽照亮了高山上（帶有雪花）的林梢，冷光逼人，使傍晚的長安也增加了幾分寒意。前兩句縱向寫終南山「帶雪復銜春」（張喬《終南山》）的季節特點和高大氣象，後兩句橫向寫一天中的傍晚時刻，它所帶給長安的影響。「萬里寒光生積雪」（祖詠《望薊門》），望梅既能止渴，望雪也就能生寒。實際是詩人通過視覺的感受，將南山的雪景與長安初春時早、晚寒涼的自然氣候特徵，巧妙地結合了起來。這樣，作者本人也就成了整個畫面中的有機組成部分。可以看出，作者不用典故，不加雕飾，不用難詞險語，如大師的素描一般，淡淡幾筆，就使人看到了終南山早春的秀色和生機，感到了即將遠去的嚴冬的餘威。但畢竟衹是「餘雪」，衹能略增「暮寒」。襯托之下，秀色和霽色更顯得明媚動人。詩中「浮」、「明」、「增」等字的運用非常成功，這不僅使畫面上的景色活靈活現，使白雪、霽色、寒氣給人以動態的感覺，也使我們得以品味到這些變化的時間過程和空間關係。難怪王士禎的《漁洋詩話》，要把祖詠此詩列爲古代「最佳」的詠雪詩之一了。

還要提到的是，據《唐詩紀事》、《南部新書》等文獻記載，這首詩是祖詠參加進士考試時所作。《南部新書》說當時「限六十字」，祖詠寫了這四句便交卷，主考官問其原因，他回答「意盡」。唐代試帖詩（應試詩）規定寫排律，一般要求六韻或八韻，除講究平仄對仗外，并限用韻脚。這許多清規戒律，就使考生很難在有限的時間裏，寫出好的作品來。祖詠在如此重要的場合，敢於打破常規，不矯情造作、不隨意拼凑，而力求詩作的完美，無疑是值得稱頌的。在題材類似的作品中，姑不論一些生硬空洞的試帖诗，即以皎然的《晨起登樂遊原望終南積雪》爲例，「凌晨擁蔽裘，閑上古原頭。雪霽山疑近，天高思若浮。瓊峯埋積翠，玉嶂掩飛流。曜影含朝日，搖光奪寸眸。寒空標瑞色，爽氣襲皇州。清眺何人得，終當獨再遊。」語句繁複，缺乏新意，并且一覽無餘。對照之下，就更顯出了祖詩的蘊藉有味。這便是許多評選家推崇祖詠這首小詩的原因。

（武復興）

隴頭吟

王　維

長安少年游俠客，夜上戍樓看太白。隴頭明月迥臨關，隴上行人夜吹笛。關西老將不勝愁，駐馬聽之雙淚流。身經大小百餘戰，麾下偏裨萬戶侯。蘇武才為典屬國，節旄空盡海西頭。

王維

隴頭吟

這是一首盛唐時代的邊塞詩。邊塞詩最早出現於南北朝時期，至盛唐進入全盛時期，藝術上也臻於爐火純青的成熟之境。例如在這首詩裏所出現的明月、邊關、笛，也在當時其他詩人的作品裏大量出現，諸如「秦時明月漢時關」、「高高秋月照長城」（王昌齡句）、「羌笛何須怨楊柳」（王之渙句）等等，幾乎成了邊塞無往而不在的普遍象徵，它們一掃前朝曲中充斥着悲風、黄沙、苦霧、暗雪的陰霾氣氛，給邊塞賦予了寥廓爽朗的性格，也給征人邊情的抒發憑添了悠遠瀏亮的韻味。這些典型意象的形成和深入人心，正是邊塞詩成熟的標誌之一。但是，不同的詩人在運用這些典型意象時又各具隻眼，王維的這首詩，就以其不落凡俗的藝術處理而獨具勝場。

詩人將兩個不同的人物并置於同一場景之中。詩裏首先出現的是「長安少年」，在這風清月白之夜，登上戍樓仰望太白金星。古人認爲太白星主用兵之象，據説從星的進退可以預測戰事的勝負吉凶。少年夜觀星象，透露出他求戰心切，渴望馬到成功的興奮心理。這一筆，將少年人對功名前程的天眞爛漫的展望，活脱勾出。爾後出現的另一位人物是身經百戰的「關西老將」，他的心境却與少年迥然不同，沒有臨戰前的焦灼和亢奮，也沒有浪漫的遐想，衹是靜靜地駐馬聽笛，把無限愁緒盡化爲一掬傷心之淚。這位久經沙場、盡忠效命的將軍，在他的邊塞生涯中早就嘗够了人間的不平和辛酸，眼見得自己當年的部下，那些偏裨副將如今一個個封侯拜爵，領功受賞，而自己却反而無故遭到冷落和壓抑，迄未能得到拔擢升遷。這種不公平的待遇，如何教人不心寒呢！這位老將的命運和東漢時蘇武的遭遇頗爲相似。蘇武出使匈奴被扣，在北海無人處牧羊，雖掘野鼠、摘草實爲食，仍執持節杖，盡忠朝廷，達十九年之久而不變節，然而回朝後却衹被授予典屬國這樣無足輕重的官職。所謂「糟糠養賢才」，不正是千古以來志士賢人命運的共同寫照嗎？詩裏用蘇武的典故和老將比照，就把老將的身世遭遇普遍化了，使之具有了歷史的深度。末兩句中的「才爲」、「空盡」四字，又分明喊出了他們憤激不平的心聲！就在對封建統治集團寡恩薄義、忌刻成性的揭露和抗議中，閃爍出詩人民主思想的火花。

當詩人把「長安少年」和「關西老將」這兩個看來彷彿互不相涉的人物并置在一起時，詩的深邃主題就出現了。「長安少年」和「關西老將」恰似人生征途上的兩代人，今日之老將乃昔日之少年，而今日之少年又安知不會成爲明日之老將。當少年人滿懷報國立功的豪情，準備血灑疆場時，又怎會料到等待着他的可能是老將似的悲劇命運？玩繹這首詩的立意，與其說這是對於不諳世事的少年人的警戒和諷諭，無寧說是詩人站在少年人一邊，所發出的懇摯而又沉痛的呼吁：歷史的悲劇不應重演，不能讓不公正的冷漠褻瀆了少年人熱忱的追求！「人生代代無窮已」，蘇武——老將——少年恰似一條從過去通向未來的鏈條，這就使這首詩的主題突破了一般指責執政者賞罰不均的窠臼，而表現出更宏闊的歷史眼光，具有更加精警動人的力量。詩的深邃主題正是通過詩人新穎獨特的藝術構思而得到了圓滿的完成。

回過頭來再看詩的三、四兩句，就知這兩句穿插在其中的「景語」并非閒筆，它們在兩個人物之間起了承轉銜接的關鍵作用。「明月」承上一句「太白」而來，由星辰至月亮，彷彿是少年視覺的延伸；「吹笛」下啓聽笛，由聽覺形象又引發出老將的愁懷。其間經由視覺到聽覺的轉換，自然而然地完成了從一個人物向另一個人物的過渡。尋常的物象竟成了詩中結構組織的關捩，而且天衣無縫，使人渾然不覺，詩人的功力確實令人嘆爲觀止。而這歷經千載俯視人世的明月，這飛越關山動人心絃的笛聲，不也和這首詩的思想意蘊遙相呼應，爲之增添了深永的意味嗎？

（鍾元凱）

山居秋暝

王　維

空山新雨後，天氣晚來秋。明月松間照，清泉石上流。竹喧歸浣女，蓮動下漁舟。

山居秋暝

隨意春芳歇，王孫自可留。

這首詩開篇的兩句，便點出了詩題上的「山居秋暝」，空山之中，日暮黃昏時分，一場新雨過後，天氣漸漸有了些初秋的氣息。這裏的「來」字略帶有時間延續和行進的意味，所謂「夜來風雨聲」（孟浩然《春曉》）、「晚來天欲雪」（白居易《問劉十九》）、「塞下秋來風景異」（范仲淹《漁家傲》）都莫不如此，因此「天氣晚來秋」，其實就是「晚來天氣秋」，是在遲暮黃昏之中生出了幾分秋天的涼意。陳子昂《感遇》中的「遲遲白日晚，裊裊秋風生」，也正是從前一句連帶出後一句，彷彿是由那一個「晚」字呼喚出了裊裊秋風的。然而，詩人幷沒有在這裏停留，從「晚來」而下，到「明月松間照」，則已是從黃昏到夜間了。詩人獨坐山間，也有了相當長的時辰。而詩人之所見所聞又正是山居秋暝的寂靜和清爽，也就是那一點隨着夜色而愈來愈濃鬱的秋天的氣息。「明月松間照，清泉石上流」，夜的寧靜有月光陪伴，而秋的清爽又在那石底清泉的一片空明之中。所謂「潦水盡而寒潭清」（王勃《滕王閣序》）也正是這同一時節的景色了。月華如水，照在松林之間，波光與明月涵漾着一片澄澈的光輝。他的《過香積寺》中所寫的景色：「清泉咽危石，日色冷青松。」這時在月光之下，竟别是一番情致了。我們驚訝於月光的影響，我們更感到了夜的存在。然而，詩人之所以喜愛夜晚，却不衹爲它的寧靜。夜色活躍起我們的感官，使我們對於寧靜中的一切都獲得了一種全新的感覺。這正是詩的感覺，它無往而不在，它甚至在竹林的喧嘩中，在蓮花的顫動上。這便是「竹喧歸浣女，蓮動下漁舟」兩句。詩人在這裏利用了詩歌句式的彈性和靈活性，在語序的安排上，傳達出一個追尋感覺的過程。夜色中的動静，固然不能如同白晝那樣一目了然，因此，從「竹喧」到「歸浣女」，從「蓮動」到「下漁舟」，這之間便有了一個遊移和詢求的間歇。而由於有了這兩句，夜晚的寧靜和秋天的寂寞之中，乃逐漸生出了一點活潑的情調，彷佛依舊是夏季，又好像是回到了春天。這於是又有了「隨意春芳歇，王孫自可留」一句。《楚辭·招隱士》寫隱士的入山：「王孫游兮不歸，春草生兮萋萋。」而在歲暮寒秋之際便召喚着他的歸來：「王孫兮歸來，山中兮不可以久留。」在這裏，詩人反用其意，任它春芳凋謝，山中依然可留。因此，秋與春的對比，却無異於是秋與春的認同。春芳雖歇，而春意猶存，那麼，王孫又何必離去呢？這裏又有他另外的一首詩《山中》：「山中相送罷，日暮掩柴扉。春草明年綠，王孫歸不歸？」日暮時分，也正是秋天吧。王孫大概是耐不住秋冬的寂寞而離開了山中。然而，春天的時候，他離道不應該歸來嗎？這末尾的兩句，乃在春天的嚮往中，奏出了明亮的綠色的旋律，這便是秋天裏的生意，詩人生命中的春天，因此，也正是「隨意春芳歇，王孫自可留」了。

這首詩從「明月松間照，清泉石上流」到「竹喧歸浣女，蓮動下漁舟」，氣氛由寂寥而逐漸變得有些喧鬧了。而這轉變似乎正得自那「竹喧」和「蓮動」的瞬間上。詩人的心境終於從寂寞和寧靜中被喚醒，有了輕盈跳動的生氣。如果與他的另一首詩《鹿柴》比較，同樣也是寫黃昏的空山，也有「人語」的回響和夕陽「返景」的那一線絢爛的餘輝，却終於衹是消失在那無邊的「空山」之中，而復歸於寧靜和幽冷了。因此，儘管人們每每談及王詩的幽寂，然而，細細讀來，却又有許多微妙的差異，這些正是我們所不應該忽略的。（商偉）

終南山

王　維

太乙近天都，連山到海隅。白雲回望合，青靄入看無。分野中峯變，陰晴衆壑殊。欲投人處宿，隔水問樵夫。

終南山

登山臨水，盡情欣賞大自然的優美景色，這是盛唐詩人的生活情趣。盛唐詩人不僅欣賞自然之美，而且藝術地表現令人心曠神怡的自然美，所以在他們的詩集中，不乏色彩鮮明，物象生動，既有畫意，又具詩情的佳作。工詩、善畫、精通音律、名盛於開元、天寶間的王維，更善於以畫家的眼光來觀賞湖光山色，林泉勝境，同時以繪畫的藝術構思和藝術技巧來創作山水詩，因此，他的詩篇更是詩情濃鬱，畫意盎然。蘇軾在《書摩詰藍田煙雨圖》中指出：「味摩詰之詩，詩中有畫；觀摩詰之畫，畫中有詩。」劉士麟《文致》云：「晁補之云：『右丞妙於詩，故畫意有餘。』余謂右丞精於畫，故詩態轉工。」這些詩歌藝術和繪畫藝術相通而又互相補充的觀點，應該說是對王維山水詩創作經驗的深刻的美學概括。這樣，對王維獨具特色的山水詩的鑒賞，僅就詩篇進行藝術美的分析是不夠的，必須借助繪畫美學才能探幽抉微，闡明詩中動人的畫意。這一首衆口交譽，廣泛傳誦的《終南山》，就是詩人運用某些繪畫技巧，又遵循五言律詩的藝術規律，精心結撰的名篇。

這首五言律詩的詩題，《文苑英華》卷一五九作《終山行》，題下註云：「集作終南山行。」就是說，北宋初年《文苑英華》的編纂者看到的王維詩集中，本詩題爲《終南山行》。細讀全詩，確爲詩人敍寫終南山一日遊的情景，并非詠終南山，所以我認爲詩題作《終南山行》較爲符合詩意。

詩一開始，作者就以如椽之筆描繪了終南山聳入天際的壯偉雄姿，連山海隅的磅礴氣勢。這劈空而來突兀挺拔的起句，極富創造性藝術想象的對句，不惟有引人入勝之妙，而且在讀者的審美心理上留下強烈的壯美的印象。就詩歌的藝術表現層次而言，這是詩人未登山時對終南山作一總的輪廓勾畫。「太乙近天都」，是說終南山高入雲表，接近天帝所居的天府，雖是誇張之筆，但這是詩人目睹終南山的巍峨高峻而進行的藝術概括，偏於實寫；「連山到海隅」，則是由終南山的逶迤延綿而展開藝術想象，峯巒起伏的終南山向東伸延到海邊，偏於虛寫。這兩句都是從空間來描畫終南山的，首句狀其直插天際，次句圖其東延海隅，矗立與橫向相映帶，給人以鮮明的立體感，同時又有壯闊雄偉的美感。唐太宗的《望終南山》首聯云：「重巒俯渭水，碧峯插瑤天。」雖也顯得氣象崢嶸，不過僅描繪了終南山的峻峭而已，與王維詩相較，遜色得多。至於賈島的《晚晴見終南諸峯》首聯：「秦分積多峯，連巴勢不窮。」也是就望終南山的主觀感受進行描繪，但十分平弱，無論從氣勢的壯偉，或藝術的感染力都不能和王維詩相比。

從繪畫藝術的角度來考察，「太乙近天都，連山到海隅」是用「高遠」的透視法來勾繪的。宋代的郭熙在《林泉高致》一書中說：「山有三遠，自山下而仰山巔，謂之高遠；自山前而窺山後，謂之深遠；自近山而望遠山，謂之平遠。……高遠之勢突兀，深遠之意重疊，平遠之意沖融而縹縹緲緲。」這著名的「三遠法」，是我國繪畫藝術特有的處理遠近高低等空間關係的重要藝術手法，被奉爲「南畫之祖」的王維，也善於用詩歌語言來表現「三遠」。就《終南山》的首聯來說，要把「西起隴山，東逾商洛，綿亘千里有餘，南北亦然」（《陝西通志》）這樣一座莽莽蒼蒼、又是立體的大山移入畫面，自然必須採用「高遠之勢突兀」的「高遠」法。首句起勢軒昂，使人們的視線向上，突出終南山突兀之勢，次句由西到東的横向勾勒，這更能使高遠之勢突現，突兀之感更加濃烈。宋代的韓純全強調畫山應「以近次遠，至於廣極」，（《山水純全集》），方有曠闊鬱盤之氣韻，王維連山海隅的揮灑，正是運用這種藝術手法，這與「高遠」法相結合，可謂相得益彰。

「白雲回望合，青靄入看無」，這是詩人登山暢遊中的眞切感受，充滿着動態和流動感。首先是詩人游山的進程，通過「回望」和「入看」生動地表現出來。「回望」表明詩人至半山而回顧所走過的山路，這裏既含着時間的推移，又暗示詩人由山下登至半山的途程，則詩人登山的行動完全可以「思而得之」。「入看」表現詩人繼續攀登崎嶇的山路前進，將至山巔。這裏既有詩人觀看的行動，又清晰顯示詩人前進的行程，藝術概括力和表現力之精妙，實令人嘆爲觀止。其次是「白雲」、「青靄」的流動感。詩中雖然衹寫了「白雲回望合」，但却給讀者以廣闊的藝術想象天地，我們可以想象得出，詩人登山時終南山白雲繚繞，攀登中白雲不停地從詩人身邊飄過，峯巒疊嶂、流泉飛瀑、古樹奇卉……都被白雲所籠罩，待到半山回首一看，白雲聚合，匯成茫茫雲海，景物奇妙固不待言，白雲飄浮的流動感不是很鮮明嗎？再往上攀登，景色大異，這裏白雲已消散，到處是青色的山嵐迷漫，待近前一看，嵐氣若無，眞是可望而不可及。在這變幻不定的景色中，青靄的浮動飄蕩也給人以十分眞切的流動感。這一切作爲空間藝術的繪畫是無法表現的，不過從設色和雲霧的點染而論，這兩句詩中也還有繪畫藝術的構思。

作爲畫家，王維是很富於色彩感的，不過他尤其喜歡水墨，是盛唐時期自成一派的水墨山水畫家。他以畫家所特有的淡墨顏色感去看自然景物，能够生動地表現山光物態之美。終南山白雲聚合，籠罩羣峯，青靄似有若無，這是一幅水墨淡彩畫。從繪畫技法看，正是王維首創的「渲淡」法，既不是濃墨重彩，又非金碧勾塡，畫面上山巒間白雲裊裊，青靄迷濛，縹緲不定，有無相生，特爲生動。另外，畫面上大片白雲和青靄相間，又有「借雲藏山」，以顯其深邃幽遠的妙境。清代的唐岱在《繪事發微》中說得好，高山聳峙，「山腹曠闊，須有雲煙繚繞」，「煙嵐雲靄，或有或無，總在隱沒之間寫照」，這才能表現「山川勝槪」。王維點染白雲、青靄正表明他深知此中三昧。

「分野中峯變，陰晴衆壑殊」，這是詩人登上「中峯」時所見景象，其中含蘊着詩人穿雲海，出青靄向着「近天都」的「中峯」攀登的行程，也有詩人立足「中峯」放眼四望的愜意情狀。從詩歌藝術表現來探求，這一聯是從縱深來表現終南山的深遠遼闊的。所謂「分野中峯變」，意思是說，「中峯」所佔的地方就分屬不同的州，以表示終南山的廣闊。這當然是詩人登「中峯」而望時的聯想，有着詩人面對雄偉河山而產生的審美激情。「陰晴衆壑殊」，是詩人立「中峯」而縱目觀覽所見，可謂千峯萬壑盡收眼底。但詩人并不採取直敍終南山深遠的手法，而是以居高臨下，視線所及看到山巒壑谷「陰晴」不同，來襯托出終南山的深幽曠遠。這裏的「陰晴」應是指陽光照射山谷巖壑明暗不同，因爲山高壑深，有能照到陽光處，有照不到處，所以形成「陰晴衆壑殊」的景象，并非千巖萬谷有陰有晴。這一聯從繪畫藝術的角度來考察，顯然是採用「深遠」法寫終南山之深闊。「自山前而窺山後」，這位水墨畫家移動視點，俯瞰羣峯，畫出了層巒疊嶂，峯高壑深的深遠境界，給人以不測其涯的藝術感受。

結聯「欲投人處宿，隔水問樵夫」，多言外之意，值得仔細體味。這一聯雖然衹寫詩人覓宿處而問樵夫的內心活動，以及由此而產生的具體行動，但聯繫前三聯所寫的內容來分析，我們可以想到詩人是在暢遊終南山之後下山時日將暮，加上登山疲乏，想找一山村歇息，由於山深林密，人煙稀少，欲問無人，聽到砍樵之聲，循聲而來，隔水而問樵夫何處有人家可投宿。至於樵夫如何答，如何指引，都沒有寫出，在有問無答中戛然而止，達到了言有盡而意無窮的妙境。就是說，詩人的藝術創造給我們提供了展開藝術想象羽翼的天地，我們可以根據自己的生活經驗，審美情趣，去進行藝術的再創造。有人認爲這一聯與前三聯不統一、不相稱，這是把此詩看作詠終南山，因此衹着眼於景物描繪，而不了解這是詩人遊終南山時遊中寫景，遊後問樵投宿所致。

全詩由望終南山，進而登山觀覽勝境，最後下山投宿，層層展敍，渾然一體；語言藝術融入繪畫藝術構思及技巧，氣韻生動，是王維山水詩中的佳篇，也是唐詩中的上乘之作。

（王啓興）

觀獵

王維

風勁角弓鳴，將軍獵渭城。草枯鷹眼疾，雪盡馬蹄輕。忽過新豐市，還歸細柳營。
回看射雕處，千里暮雲平。

詩題一作《獵騎》。描寫將軍的一次狩獵活動，歌頌主人公高超的射技和雄武的英姿。意境開闊，氣勢雄渾，通篇洋溢着一種昂揚奮發的精神，大約是王維前期的作品。

首句「風勁角弓鳴」陡然而起，敍寫在勁吹的寒風之中，以獸角裝飾的硬弓聲響處，一支飛箭呼嘯而出，有力地射向獵物。未見其人，先聞其聲，還沒有寫明主人公出場，可是通過風聲和弓弦聲，早把緊張的氣氛渲染得很足，人物射獵的雄姿和不凡的技藝已先躍然紙上。起筆突兀見奇，出人意表，「直疑高山墜石，不知其來，令人驚絕」（方東樹《昭昧詹言》）。第二句才讓人物亮相：「將軍獵渭城。」渭城在長安西北渭水北岸，本是秦代咸陽故址，漢武帝時改稱渭城。這句交待人物的身份、活動的性質以及地理範圍，語意極爲重要，在敍寫次序上原應在前，但它藝術上較平，所以作者倒裝放在次句。這說明詩人深諳詩的發端要精警有力，避免平庸，以便先聲奪人，一下子吸引讀者，收到較好的藝術效果。

頷聯「草枯鷹眼疾，雪盡馬蹄輕」，描寫具體的打獵活動。時值冬末春初，平原上野草乾枯，動物失去遮避，容易被獵鷹發現。當蒼鷹迅雷不及掩耳地搏擊獵物時，將軍隨之縱馬追趕，由於積雪已經消融殆盡，所以馬匹跑起來特別迅猛輕快，一下子就追蹤而至。「疾」和「輕」字用得十分準確生動，既客觀地寫出了鷹和馬的敏捷快速，又反映了獵者的主觀心情。這一聯觀察入微，刻畫精細，富有畫意和動感，猶如一幅狩獵圖，又如一個精彩的電影鏡頭，宛然可見，逼真傳神。在表情達意上，它和鮑照的名句「獸肥春草短，飛鞚越平陸」相似，但比鮑詩顯得更加含蓄蘊藉。兩句衹寫鷹和馬，而且僅僅用形容詞寫「鷹眼」和「馬蹄」，未用一個動詞，更沒有提及人物，但獵鷹「兔起鶻落」似地俯衝和馬匹風馳電掣般地奔跑的情景如在目前，獵者矯健的身影和得意的神情亦自現筆底，可謂「不著一字，盡得風流」。

詩的前四句寫出獵，後四句則敍獵歸。頸聯「忽過新豐市，還歸細柳營」，極寫獵罷返回營地的迅疾。同樣寫動作的快速，上一聯容量較大，顯得濃密，此聯包含兩個地名，顯得比較疏淡，寫法富有變化；而兩聯的流動輕靈則是一樣的，可說是異中又有同。新豐市在今陝西臨潼縣東，細柳營在今陝西長安縣，兩地泛指長安附近，之間有相當長的距離。言「忽過」和「還歸」，是上承「雪盡馬蹄輕」，在描寫獵歸之速的同時，點出了人物輕快喜悅的情緒和豪壯英武的氣概。「新豐」是出產美酒的地方，容易使人產生繫馬高樓而豪飲的聯想。「細柳營」原爲漢代名將周亞夫的軍營所在地，周以治軍嚴明著稱，此處明寫狩獵將軍的駐紮之地，實際暗寓其具有周亞夫的名將風度。這些和前面描寫將軍意氣之盛、射技之高正相一致。

尾聯「回看射雕處，千里暮雲平」，表現狩獵歸途中的情景。由於收穫甚豐，將軍對這次出獵頗爲滿意，於是一邊馳歸，一邊不時地帶着躊躇得意的心情回看行獵之處。雕，一種鷙鳥，能疾飛，不容易射中。「射雕」有出典：北齊斛律光曾隨世宗打獵，看見一隻大鳥在雲中飛翔，他一箭射中它的頸子，大鳥旋轉而下，至地一看原來是隻大雕，於是他被人稱爲「射雕手」。這裏寫「射雕處」，暗含稱頌將軍武勇過人的意思。回顧時，但見暮雲橫亘天際，浩瀚無垠，凝滯不動。如畫的寥廓遠景，反映了獵者開闊的胸襟和舒坦的心情。從開頭起，詩篇一直處在緊張、急速的節奏和熱烈、昂揚的氣氛中，而此處却以舒緩淡遠的景語作結，搖曳生姿，別有意蘊，顯示出長留餘味的特點。

這首詩在結構上表現爲精嚴和靈動的統一，在表意上做到了含蓄和明快的結合。它起得雄峭，結得悠然，中間寫行獵和獵歸，層次分明，前後連貫，全詩一氣呵成，渾然無跡。而開始不顧及敍寫次序，以倒裝句出之；中間兩聯濃淡相間，均用流水對，精工而富有流動美；末尾由動而靜，用筆搖曳，則又顯得機變空靈。該詩往往意在言外，情由景生，時而在生動順暢的描寫中暗藏故實，都給人以蘊藉雋永之感。急速的節奏，輕靈的筆調，用典若胸臆語，不使人覺，連用三個地名，自然而不呆板，描寫如繪畫，具體可感，這些使得詩又具有一種明快曉暢的格調。

（吳小林）

漢江臨眺

王　維

楚塞三湘接，荆門九派通。江流天地外，山色有無中。郡邑浮前浦，波瀾動遠空。襄陽好風日，留醉與山翁。

完整的東西不一定都是美的，但是，美的東西必然完整。特别是在文學藝術的創作中，衹有和諧的完整的形象才能構成藝術美。一樹繁花，如果襯托它們的是枯枝敗葉，那將是何等大煞風景，同樣，一首律詩如果衹有高明的中間兩聯，或是衹有不凡的開頭與結尾，而全篇的結撰却很不平衡，有如一件百衲衣繡上幾朵織金鏤彩的花朵，那也衹會招來人們的嘆息。

律詩，是唐代詩歌百花園培育出來的色澤光鮮、芬芳特異的一枝。所謂「律」，就是嚴格的規定和法度。在我國古典詩歌的所有詩體之中，律詩是一種不但講究平仄而且講求對偶的規律異常嚴謹的詩體。無論五言律或七言律，開始與結尾的兩句一般是散體，稱爲首聯和尾聯，中間三四兩句稱頷聯，五六兩句稱頸聯，這兩聯不僅必須對仗，而且在律詩的寫作中具有十分重要的地位和作用，因此，詩人們非常重視中間兩聯的推敲和錘煉，有些詩人往往是先有中間精彩的幾句，然後發展成篇，但是，那種衹在兩聯的對仗上下功夫而忽視全篇的做法，畢竟是爲優秀的詩家也是爲詩論家所不取的。明代王世懋在《藝圃擷餘》中指出：「今人作詩，多從中對聯起……因就一題，衍爲衆律。然聯雖旁出，意盡聯中，而起結之意，每苦無餘。於是别生枝節而附

漢江臨眺

會，或卽一意以支吾，掣衿露肘。」清代施補華《峴傭說詩》也有類似的看法：「今人作律詩，往往作中二聯，然後裝成首尾。故卽有名句可摘，而首尾平弱草率，劣不成章。必須一氣渾成，神完力足，方爲合作。五律尤要，所謂『四十賢人』也。」從這裏可以看到，古代有識見的詩論家都反對律詩寫作中有句無篇的弊病，強調藝術整體的和諧感與完美性，這卽使對新詩創作，也是有啓示意義的。

王維的《漢江臨眺》，就是一首頗堪諷詠之作。

題中「臨眺」，卽登高望遠之意，「漢江」卽漢水，源出陝西寧強縣，流經襄陽，在武漢匯入長江。唐玄宗開元末年，王維爲殿中侍御史，他到襄陽後登臨遠眺江漢的景色，寫下了這首著名的詩篇。在戰國時期，漢水一帶是楚國的北疆，而三湘歷來是湖南省的漓湘、瀟湘、蒸湘的合稱，泛指湖南；荆門在湖北省宜都縣西北，九派則是長江在這一帶的衆多的支流。「楚塞三湘接」一以寫山，「荆門九派通」一以寫水，「山」與「水」成爲全詩的抒情線索，貫串全篇，同時，它一開始就寫出詩人不但是遠眺中而且是想象中的景色，實景虛寫，有如一闋宏大的樂曲所奏鳴的第一個壯麗的樂句，音域闊大，氣魄雄張。詩人在如此大筆揮寫後尙嫌意有不足，於是接筆承「九派」再寫「江流天地外」，承「楚塞」再寫「山色有無中」，這一聯，如同樂曲中的精彩樂段，自來得到詩人的追慕和讀者的贊賞。陸游在《老學庵筆記》中說：「權德輿《晚渡揚子江》詩云『遠岫有無中，片帆煙水上』，已是用維語，歐陽公長短句云云，詩人至是已三用。」所謂「三用」，就是除了中唐詩人權德輿化用之外，宋代歐陽修《朝中措——送劉原父出守維揚》一詞中，有「平山欄檻倚晴空，山色有無中」之語，完全是襲用王維的成句，而蘇軾的長短句中也有「記取醉翁語，山色有無中」之說，他似乎是誤把這一名句的版權歸在歐陽修的名下了。總之，這一聯純用意筆寫山水的壯觀，筆意清潤，意象超遠，紙上江聲浩蕩，胸中雲煙綿邈，確實是全詩錦上生花的筆墨。因爲全詩是寫漢江臨眺，在運筆空靈地分寫了遠景的山水之後，詩人集中筆力寫水，而且比較側重於近處的實境，筆姿毫不平板重複，「郡邑浮前浦，波瀾動遠空」，一「浮」一「動」這兩個動詞，和前聯的方位詞「外」與「中」一樣巧妙，「外」與「中」置於一句之尾，如裊裊餘音，作用在引人聯想，「浮」與「動」置於五言中關鍵性的第三字的位置，作用在於加強動態之美。由宋入元的詩論家方回在《瀛奎律髓》中說：「右丞此詩，中兩聯皆言景，而前聯尤壯，足敵孟杜岳陽之作。」他雖更稱美頷聯，但他認爲王維這首詩可以和孟浩然《望洞庭湖贈張丞相》與杜甫《登岳陽樓》相比美，當然是包括頸聯在內的。清代紀曉嵐認爲這首詩「五六撐不起，六句尤少味，復衍二句故也」，我以爲這種說法并沒有足以服人的道理。山翁，指晉代的山簡，他任征南將軍時鎮守襄陽，常去那裏的名勝之地遊覽。王維在風和日麗之中臨眺江山，自然不禁要聯想到過往的風流人物，并抒發自己對祖國山川的愛戀之情。「襄陽好風日，留醉與山翁」，悠然而止，極具風致。謝榛在《四溟詩話》中論說律詩「重在對偶」之後，又特地指出「詩以兩聯爲主，起結輔之，渾然一氣」，王維的這首詩，就達到了「渾然一氣」的和諧美的境界。

法國十八世紀最傑出的啓蒙運動思想家和作家狄德羅，在他的名著《論戲劇藝術》中說，「任何東西假使不是一個整體就不會美」，「效果長期存留在我們心上的詩人才是卓越的詩人」。追求藝術的完整美與和諧美，追求作品的使人永誌不忘的美感作用，看來是中外藝術家所共同嚮往的美學境界。不是嗎？（李元洛）

使至塞上

王　維

單車欲問邊，屬國過居延。征蓬出漢塞，歸雁入胡天。大漠孤煙直，長河落日圓。
蕭關逢候騎，都護在燕然。

使至塞上

開元二十五年（七三七）三月，鎮守涼州（今甘肅武威）的河西節度副大使崔希逸奉命向吐蕃突然發起進攻，大破吐蕃於青海。王維以御史身份，監察塞上，奔赴涼州，宣慰將士。這首詩就是赴河西節度幕時所作的邊塞詩。

細味全詩，雖然境界闊大，氣象壯觀，但是其間似乎染上一層悲涼之感，注入一種沉鬱之情；即便是寫聞捷而喜，似乎也衹是爲了贊揚一下崔希逸，而非眞正表現出由衷的喜悅。照理說，他奉命赴邊時，戰事當已結束，捷報早已傳來。因爲這次戰爭是閃電戰。崔希逸鎮涼州時，見吐蕃在交界處樹壁立障，做防禦工事，便和吐蕃歃血立誓，各不相擾。吐蕃於是拆除工事。就在這時，朝中宦官爲了邀功，矯詔命崔希逸突襲吐蕃，攻其不備，所以很快大獲全勝。王維聞捷，理應興高采烈，何來悲壯情懷?!是不是不贊成崔希逸背信突襲？當然不是。他不會站在吐蕃的立場上。悲壯之情乃源於他自己政治上的失意之感。他在政治上同張九齡比較接近，并且受到張九齡的器重和提拔；就在這一年，張九齡在政治上遭到打擊，被貶爲荊州長史。這不僅使他感慨，也使他沮喪。他在《寄荊州張丞相》詩中說：「所思竟何在，悵望深荊門。舉世無相識，終身思舊恩。」足見他的感慨之深。他奉使塞上，形同外放。先是保留御史身份，後來成爲節度判官。他在涼州的時間并不很短。在這裏寫的詩，除《使至塞上》外，還有《出塞》、《涼州郊外遊望》、《涼州賽神》以及《雙黃鵠歌送別》，或寫塞上武事，或寫塞下風俗，或寫塞外離情。從《雙黃鵠歌送別》「天路來兮雙黃鵠，雲上飛兮水上宿，撫翼和鳴整羽族。不得已，忽分飛」，可以推知，他同某朋友一起到塞上，朋友將入京，而他在送別時衹能「悵離憂兮獨含情」。由此可見，他的出使塞上，是政治上失意的結果，所以心情一直是沉鬱的。了解當時的背景和他的經歷，我們便可以明白這首詩爲什麼感情基調不是輕快而是沉鬱的。

這種感情是通過寫景敍事表現出來的。其敍事寫景之妙在於能虛中有實，實中有虛，虛實結合，構成意境。

詩中敍事虛中有實，其妙處在善於用事。古典詩歌敍事多忌直說，尤其是抒情詩中的敍事，甚至忌於實說。爲的是給讀者留下聯想和回味的餘地。本篇開頭兩句《文苑英華》作「銜命辭天闕，單車欲問邊」，這便完全合乎五律的格律，不至失黏；但却顯得質直，衹道得領命離京乘車赴邊這樣一件事情，淡而寡味。一般選本都不取此說，或許就是這個緣故。「單車欲問邊，屬國過居延」，這樣說就含蓄多了。這裏的「單車」、「屬國」、「居延」都不是現實的，而是借古喻今，物名、官名、地名都以古代今，以虛爲實。「屬國」，一說指地名，卽漢武帝時「五屬國」中的居延屬國；一說指官名，卽蘇武歸漢所任典屬國之職。兩說均可通，但如果同「單車」聯繫起來，便知後說勝於前說。「單車」卽獨車，王維出使自然不會是獨車問邊。「單車」不是實寫，而是虛用。李陵《答蘇武書》云：「足下昔以單車之使，適萬乘之虜，遭時不遇，至於伏劍不顧，流離辛苦，幾死於朔北之野。」雖然王維的「問邊」（宣慰邊庭將士）與蘇武「單車之使」赴匈奴性質有別，不可簡單類比；但是就出使荒漠的塞外這一點，其悲涼之感却有相通之處。所以這裏的「屬國」很有可能以蘇武典屬國之職代指使者。居延古塞，是匈奴南下涼州的要道，在漢張掖郡西北，後置縣。其地遠在涼州之西，「屬國過居延」，如果從實處理解，便差以千里了。「居延」充其量衹能說是詩人用以代指涼州。他在《出塞》中說「居延城外獵天驕」，就用以代指涼州。看似虛寫，却也實有所指。這詩敍事，基本上是借漢喻唐，以漢朝同匈奴的對抗來暗指唐朝同吐蕃的對抗。首聯如此，末聯亦復如此。「蕭關逢候騎，都護在燕然」，也是借古喻今。蕭關幷非指唐神龍三年以後在原州白草軍城所置的蕭關縣，而是指原州高平縣西南四十里的蕭關故城，卽漢文帝十四年，匈奴殺北地都尉所入之蕭關。這個蕭關幷非王維赴涼州河西節度必經之地。「候騎」是負責偵察軍情的騎兵。在漢朝和匈奴對抗時蕭關是要塞，常有候騎出入。所謂「蕭關逢候騎」，從字面看，乃是虛寫，衹是爲了借匈奴與漢朝的對抗，喻吐蕃與唐朝的對抗，才提起這個與實際路途了不相及的蕭關。而詩句的拈出也許受到梁何遜《見征人分別詩》「候騎出蕭關，追兵赴馬邑」的啓示。這句詩眞正想說的意思就那麼一點兒：途中得到消息。這消息就是勝利的消息，卽「都護在燕然」。「燕然」，不是指唐代燕然州（今寧夏靈武），而是指燕然山。「都護」是都護府長官，邊防軍的統帥，這裏指東漢車騎將軍竇憲。竇憲曾率軍出鷄鹿塞，大破北匈奴，登燕然勒石紀功而還。用竇憲燕然勒銘事，意在贊頌崔希逸破吐蕃的勝利。首尾兩聯寫出塞，寫聞捷，事情幷不複雜，而作者却綴聯漢人與匈奴對抗的各種典故，化而出之，爲讀者留下了想象的餘地。通過想象，塞外的荒涼景象，塞上的戰爭風雲，詩人的悲涼心境以及邊將的烜赫戰功，都可以深切感受到。這種虛中帶實的敍事，引出一種富於畫意詩情的境界。《塞上作》七律也是借漢喻唐，其妙處也在善於用事。

詩中寫景實中有虛，其妙處在善於比興。古典詩中的景物，如果衹是作景物看，看得太實便索然無味了。須知詩中景物之妙往往不在實處，而在虛處，即由景物引發出來的思想感情。本篇中間二聯的詠物寫景，便能做到實中有虛。「征蓬出漢塞，歸雁入胡天」，可以理解爲詩人出塞時所見之物。征蓬，又叫飛蓬，是一種草，秋來斷根，隨風飄轉；雁是候鳥，寒時南飛，暖時北歸。蓬和雁在塞外是可以看得到的，是塞上的景物，詩中所寫可以理解爲作者眼前所見實物。但是我疑心詩人未必眞見到這兩樣實物，其主要用意乃在虛處。否則，二物的時地相悖便無法解釋了。蓬草飄轉在秋天，鴻雁北歸在春天，二者實在不可得兼。實物虛寫則不受時空限制，因爲它衹是起到一種象徵作用。征蓬和孤雁，常用以比喻在外漂泊的旅人，這裏都是暗擬詩人自己，意在寄寓詩人奉命（或許是被迫）出使漂泊在外的悲壯情懷。然則，「出漢塞」、「入胡天」，便有着落了，即指詩人出使的方向。「漢」「胡」二字又暗示了詩人在借漢喻唐。詩中蓬、雁似實而虛，虛景中夾帶實事；「大漠孤煙直，長河落日圓」，這兩句則是實中有虛。大漠即沙漠，這在西北自然是眼前實景，我們能想得到，邊塞的烽煙，意味着邊情。烽火有報警急，有報平安。不管這孤煙是警急或是平安，在它的背後，我們可以想象到，或者是戰爭的緊張氣氛，或者是一場戰爭剛剛結束。景中寓事，實中帶虛，它的作用不衹是以闊大景象來烘托感情。長河指黃河，「長河落日」，也是眼前實景。王國維《人間詞話》說：「『黃河（長河）落日圓』，此種境界，可謂千古壯觀。」豈止壯觀！在這壯觀的畫面背後，我們可以感受到戰爭已經結束的一種平靜氣氛，又可以感受到國力強大的一種盛唐氣象，還可感受到詩人出塞所懷的一種悲壯心情，這就是實中有虛。「大漠」二句，如果說受到何遜《學古詩》（其一）「陣雲橫塞起，赤日下城圓」的啓迪，那麼可以說是青出於藍而勝於藍。一個「直」字，一個「圓」字，就像一對詩眼。猶如畫龍點睛，直欲破壁飛去。這兩字不止使這一聯活了，也使全詩活了。

塞詩。

總之，這詩敘事以虛代實，寫景由實入虛，事中見景，景中見事，事與景交織成文，相映成趣，把邊塞的景象和邊庭的戰事融化在千古壯觀的境界之中，表現出詩人的悲壯之情，從而使之成爲一首千秋傳誦的邊塞詩。

（林東海）

鳥鳴澗

王　維

人閑桂花落，夜靜春山空。月出驚山鳥，時鳴深澗中。

王維有《皇甫嶽雲溪雜題五首》，題詠友人皇甫嶽的山居景色。這是其中的第一首。詩人以輕柔的筆觸，清淡的色調，表現雲溪春夜的幽靜意境，抒寫出他的一顆詩心對大自然的細緻的體驗。這首小詩彷彿是一幅水墨畫，那麼清新淡雅；又宛如一首小夜曲，非常幽美恬靜。

詩人一下筆便寫出「人閑」二字，點明自己的心境。這二字是全篇詩的眼睛。「閑」，就是閑靜。詩人在朋友的山居下榻，沒有人事的煩擾，不聞車馬的喧囂，心境是多麼悠閑、寧靜呵！在靜的環境中，又有靜的心情，對於大自然中的聲音和動態最爲敏感。所以，當春桂細小的花瓣從枝頭上飄落下來，立刻被詩人感覺到了。是花瓣落在衣襟上，引起了他的觸覺？是風吹花瓣的細微聲息，被他聽見？還是花瓣散發出的縷縷清芬，沁入了他的肺腑？對此詩人沒有細寫，他讓讀者自己去想象。春夜山中的景物很多，但詩人衹寫桂花輕輕墜

鳥鳴澗

落，便把讀者引進一個靜謐、幽雅的境界。

桂花的飄落，使詩人更感到春夜裏萬籟無聲，一片寂靜。又由於夜的寂靜，詩人越覺得春山格外空曠，好像除了自己以外，周圍什麼都不存在了。詩的前兩句用了對仗，對得既工整又自然。因「人閑」而知「花落」，因「花落」而感「夜靜」，因「夜靜」而覺「山空」。詩意環環相扣，一氣蟬聯而下。且不說在這春山靜夜中花瓣的輕輕飄墜，是那麼饒有情趣和韻致，單就詩句中詞意的聯屬而言，就給人一種流動的美。

忽然，一輪明月破雲而出。幽柔的清光灑滿山林，驚動了棲息於澗中的山鳥。於是，在這條名叫「雲溪」的春澗之中，時而傳來一兩聲山鳥的鳴囀。音回空谷，既暫時打破了春山的寂靜，同時又使春山愈發顯得清幽空寂。多麼迷人的美景呵！

花落，月出，鳥鳴。詩人連續寫了春夜山中這幾種景物的動態和聲響。但我們讀這首詩所體驗到的，却是一個極爲靜謐清幽的境界。原因何在？原來，詩人非常懂得事物的「動」與「靜」相反相成的辯證關係。他在這首詩中，巧妙地運用了「以動顯靜」和「以聲寫靜」的藝術手法。前三句，用花落、月出的動態，顯出春山月夜之靜，後一句是用鳥啼來破靜，又反襯出靜。寓動於靜，寓聲於靜，愈見其靜，這就更生動、深刻地創造出幽靜的境界。正如錢鍾書先生所說的「寂靜之幽深者，每以得聲音襯托而愈覺其深」（《管錐編》第一冊）。

花落，月出，鳥鳴。這是山中極其平常的景致。然而，却使我們感受到那麼濃郁的詩意。這又是爲什麼呢？朱自清先生說：「一些顏色，一些聲音，一些香氣，一些味覺，一些觸覺，也都可以有詩。……發現這些未發現的詩，第一步得靠敏鋭的感覺，詩人的觸角得穿透熟悉的表面向未經人到的底裏去。」（《新詩雜話》）王維以敏鋭的詩的觸角，抓住自然景物在特定情況下所呈現出來的光色、聲響和動態變化，細緻深刻地描繪出來，揭示出一般人感受不到或表達不出的自然美的奧秘，因而使人們感到生意盎然，詩意雋永，韻味無窮。

王維在許多山水詩中都創造了「空」、「靜」的意境，却情致不同，毫不重複。如《鹿柴》所寫的「空山不見人，但聞人語響。返景入深林，復照青苔上」，這樣的靜境是幽暗、清冷的；《過香積寺》中的「古木無人徑，深山何處鐘。泉聲咽危石，日色冷青松」，更氣氛蕭索，幽寒枯寂。而這一首《鳥鳴澗》的靜境，却漾溢着春夜的溫馨、安恬的氣息，賞心悅目，使人怡然陶醉！既流露出詩人熱愛生活、熱愛大自然的思想感情，也反映了盛唐時代和平安定的社會氣氛。所以，對於王維山水詩靜境所具有的明朗健康或低沉消極的不同情調，我們欣賞時應該注意辨別。

（陶文鵬）

鹿柴

王維

空山不見人，但聞人語響。返景入深林，復照青苔上。

王維約在四十歲後，隱居終南別業，開始過着半官半隱的生活。不久又在長安附近的藍田輞川，買下詩人宋之問的別墅，謂之「輞川別墅」，「與道友裴迪，浮舟往來，彈琴賦詩」，并吃齋供佛。輞川別墅有孟城坳、華子岡、文杏館、斤竹嶺、鹿柴、木蘭柴、茱萸沜、宮槐陌、臨湖亭、南垞、欹湖、柳浪、欒家瀨、金屑泉、白石灘、白垞、竹里館、辛夷塢、漆園、椒園等二十處佳境。王維與裴迪，對每境都各寫詩一首以稱賞。《鹿柴》是王維描寫「鹿柴」佳境的一首五言絕句。「柴」也寫作「砦」，即「寨」字，指有籬落的別墅。

鹿柴

詩從寫山落筆，而劈頭用一個「空」字。王維寫詩常喜用「空」字來形容他所流連的客觀景物，如：「空山新雨後」（《山居秋暝》），「空翠濕人衣」（《山中》），「夜靜春山空」（《鳥鳴澗》），「空堂欲二更」（《秋夜獨坐》），「波瀾動遠空」（《漢江臨眺》），「積雨空林煙火遲」（《積雨輞川作》）。王維的詩與「空」字結下如此不解之緣，是因爲這「空」字在佛教的經義中，是虛幻不實，空寂明靜的意思。他「一生幾許傷心事，不向空門何處銷」（《嘆白髮》），所以他念念不忘這佛家的「空」字。一讀「空山」，我們便知：他這「鹿柴」是在山中。其實，山是不空的，至少有人，有深林，還應該有鳴鳥，有流泉。由於詩人主觀「唯好靜」，用佛家的空寂眼光看待客觀景物，因而山上的一切，乃至整個的山都被看作是「空」的。因其「空」，故「不見人」；反之，因舉目「不見人」，故更覺其山之「空」。但是，「不見人」祇是我不曾看到人，至於山中到底有沒有人，則留待下句作答。接着第二句「但聞人語響」。山中是有人的。但有人爲何又不見人呢？這就要讀者細心去體會了：凡身居鬧市而到過靜謐深山的人，都會有這樣的體驗：在鬧市，往往對面說話會聽而不聞，到了幽靜的深山，人在看不見的遠處，却能聞其語響。從這不見其人而能聞其語響的寫照中可以想象：「鹿柴」所處的「空山」是何等之靜。

第三句：「返景」，即斜陽，「景」同「影」，指日影。《初學記·日部》：「日西落，光返照於東，謂之日景。景在上曰反景，在下曰倒景。」三、四兩句：日影、深林、青苔，三者都是靜態景物。然而，日影不停地西移，深林的冬蕭夏榮，青苔的寒隱暑顯，這一切又都涵蘊豐富，充滿生機。日影、深林、青苔，三者彼此似乎獨自存在，互不相關，但如果沒有日影，則深林和青苔便默然一片，靜而近乎寂滅。這不是詩人所要的境界。在這首詩中，他把自己恬淡的心境和清幽的環境融爲一體，和整個大自然陶然同樂。讀完全詩，一幅美麗的圖景便浮現於我們的眼前：幽靜的深山，到處是茂密的樹林，一座圍着木柵的屋子點綴其間，屋子的主人在這時聞人語而不見人影的山林中賞景閑散。斜陽的光輝透過深林，稀疏地映照在布滿蒼苔的地上。景象顯得柔和、靜謐而又生機盎然。

全詩四句，二十字，分上下兩截。上截寫不見人，寫動，寫聲、以動、聲顯靜；下截寫見，寫靜，寫色，以靜、色顯動。詩中有畫，景中有聲。這既反映了詩人對自然景色的熱愛，對塵俗濁世的厭棄；也顯示了詩人「晚年唯好靜，萬事不關心」的思想情趣。

（殷海國）

竹里館

王　維

獨坐幽篁裏，彈琴復長嘯。深林人不知，明月來相照。

這首五言絕句是王維《輞川集》二十首之一。據作者自序可知，他的輞川別業有二十處風景點，他與好友裴迪爲之各賦五言絕句，《竹里館》即其中之一。竹里館是怎樣一個所在呢？裴迪所作給我們描繪了一個概貌，提供了一個註脚：「來過竹里館，日與道相親。出入惟山鳥，幽深無世人。」從裴詩中可知，此處極其幽寂，令人與道相親，懷出世之想。然而，從裴詩中僅可感知到「道」的表層義，而王維詩中却展示了深刻的禪境。

王維在青年時期曾懷有建功立業之志，但由於張九齡罷相，李林甫專權，使他感到失望，而退隱輞川，熱烈的感情開始轉爲冷漠的思想，但他幷非眞正完全忘却世事，在心懷隱憂同時，仍有着潛藏的熱情，在這首詩中是可以體會到的。

詩一開頭，就描繪了一個幽寂無人的境界。《楚辭·山鬼》有句：「余處幽篁兮終不見天」，在這幽深而不見天日的竹林中，僅有自己一人獨坐，然而，面對着鳳尾森森、龍吟細細的竹子，在清風沐浴中，在月光朗照下，作者并未完全化入這一清澄的境界中，却「彈琴復長嘯」，頗有「竹林七賢」之一的阮籍的風貌。阮籍《詠懷》有「夜中不能寐，起坐彈鳴琴」之句，《世說新語・棲逸》又有「阮步兵嘯聞數百步」之說。作者彈琴、長嘯，并非心境一片平和，而是內心深處實有類似阮籍的憂生之嗟。但是，由於獨處幽篁，在竹林深處，人們并不知道自己的行止，更難以窺見自己的內心，衹有明澈的月亮投來一片清光，與自己相伴。

讀王維此詩，如果僅見其清幽、孤寂，恐怕還是止於淺層。詩中的彈琴、長嘯、明月相照，與阮籍《詠懷》首篇頗多相似，但「阮旨遙深」尚可從「憂思獨傷心」等句中窺其底蘊，而王維削多成少，以一馭萬，神龍僅露一鱗一爪，是極不易見其眞意的。但是，我們如果參見以《輞川集》中的其他作品，則亦可見其端倪。如《漆園》和《椒園》等作，都在遁世的主旋律上發出了或傲世、或難以忘世的泛音，仔細聆聽這一淡泊、恬適的田園山居交響樂，是應該聽得出《竹里館》的鳴琴和長嘯具有什麼涵義的。

胡應麟《詩藪》曾說《辛夷塢》是「入禪之作」，云「讀之身世兩忘，萬念皆寂」，而我們說，《竹里館》却表現出更深刻的禪理。爲什麼這樣說呢？因爲「入禪」并非「身世兩忘，萬念皆寂」的僅爲消極，「禪是中國人接觸佛教大乘義後體認到自己心靈的深處而燦爛地發揮到哲學境界與藝術境界，靜穆的觀照和飛躍的生命構成藝術的兩元，也是構成『禪』的心靈狀態。」（宗白華《美學散步》）《竹里館》的「獨坐幽篁裏」，旣是「幽篁」而又兼「獨坐」，當然是極爲幽深、寂靜，在此心澄而意定，對世相、人生最可作靜穆的觀照。但作者并非心如古井，噤聲默誦，却彈琴、長嘯，以人爲的抒發打破了自然的寂靜。然而，在空曠的山林、別墅之中，自然的寂靜終於又涵茹了琴聲與嘯聲，客觀的靜浸染了主觀，以致「深林人不知」。可就在聲音歸於寂靜之時，一點明月窺人，以清光相照，使詩人在感受到明月的溫馨友情之時，又重新發現了自我。從詩中可以看到，詩人并非冷漠地對待人生，而是在幽寂的環境中，以疏淡的詩筆表現出生命的活力，和對人生的愛。王維信奉佛教，此時正當禪宗流行，禪宗認爲「心生則種種法生；心滅則種種法滅」（《古尊宿語錄》卷三），從《竹里館》中亦似多少可以體味到這種「生」「滅」關係，但「靜穆的觀照」和「飛躍的生命」則

竹里館

更是兩大因素，從這個意義上說，詩中的禪境是深刻的。

這首僅有二十字的小詩，在藝術上有什麼高明之處，以致博得經久不息的傳誦呢？詩中景語唯「幽篁」、「深林」、「明月」三詞，「幽」、「深」同義，「篁」、「林」實一，在小詩中頗感詞贅，「明月」一語更是經千萬人所慣用，因而寫景幷無驚人之處。再從寫情言，則未見明說，僅從所爲可作體味，倘以「含蓄」讚之，亦非了不起的事。但是，分則無奇，合則出常，這首小詩是極有意境的，「有境界則自成高格，自有名句」（王國維《人間詞話》）。《竹里館》之成爲名篇則不足怪了。王維是畫家，詩中有畫，畫中見色（如「白石」、「紅葉」之類），但他更是水墨南宗大師，常脫略物境形、色，而見其神、韻。此詩中的篁、林、月都不作細寫，而幽篁、深林、明月所構成的畫意却釀就和烘托出詩情，正是這物境的清幽與心境的微瀾相會。但這種深藏的嗟嘆訴之於鳴琴、舒嘯後，復又歸於平靜，心、物相近而相融，在明月的清光之下，外景與內情逐漸泯合了。全詩畫意與詩情達到高度和諧，心靈與物象在動靜相映之中也趨於統一，其空明、澄澈的意境，是眞可令人「超以象外，得其環中」的。

王維的小詩常是意高筆減，風月無邊，《竹里館》不僅遺貌取神，而且設境、遣辭有着獨運的匠心，正是竹林和明月，才表現出這一風景點的特色，才能與詩人的心境、情懷相表裏，正是彈琴和長嘯，才能狀隱居而未能遺世之意；至若以「人不知」應「獨坐」，以「深林」映「幽篁」，以「明月」照亮幽林同時，又暗襯「人不知」，則可見這一純乎天籟的小詩實出於人籟了。

（鄧喬彬）

雜詩

王維

君自故鄉來，應知故鄉事。來日綺窗前，寒梅著花未？

這是王維三首雜詩中的一首。

所謂「雜詩」，當爲寫一些拉雜的東西，或曰「雜題」。按前人或近人的習慣，寫詩一般都有一個詩題，在此題下，單詠一個或一部分的人、景或事物。而「雜詩」可以什麼都寫進去，小至一針一線，大至宇宙日月。明代王漁洋的《秦淮雜詩》，吟詠金陵的興衰史實，但也重點地描寫了秦淮景象，看是寫景而主要是寫史。清代龔定盦的《己亥（道光十九年）雜詩》則是以大量（亦卽雜）的事實，強烈地揭露和抨擊清王朝反動腐朽的封建制度，因之，他的雜詩主要是政治詩。雜詩，可以羅列一些景象、事物或感觸（此類亦有稱爲雜感者。）而後加一概括性的句子，結束全詩。有的作者不將這類作品歸類，而徑題爲「雜詩」。但也有些作者，因年代久遠湮失了名姓和詩題，後來的編選者，一時不能確定其詩原來旨趣，衹好歸之於雜詩一類。自唐以來，保存下來的雜詩不少，僅就王維所生存的時代（唐朝）的雜詩，詳加品評，應推上述這首獨步。

王維，字摩詰，太原人。九歲能爲文，與弟王縉俱有俊才。開元九年，擢進士第一，至天寶末官至給事中，安史叛軍陷兩京，被俘，迫受僞職。亂平後，罪三等，降爲太子中允。因凝碧池賦詩，流傳於靈武，至是

雜詩

得獲惘宥，遷中庶子、中書舍人，復拜給事中，轉尚書右丞。王維工詩善畫，又擅音律，故負盛名於開元、天寶間。世稱王摩詰「詩中有畫，畫中有詩」。後得宋之問輞川別墅，山水絕勝，乃與裴迪等嘯詠其中，卒年六十二歲。有集六卷，今存。他作詩的題材和風格多種多樣，其藝術造詣很高，形象思維豐富，僅次於李白和杜甫。

對「君自故鄉來」這首雜詩，歷來有些評詩家認爲，詩人在作了一、二兩句的發問以後（指「君自故鄉來，應知故鄉事。」）祇問及「窗前的梅花開了也未？」似乎過於閑適沖淡了；也有的認爲祇問這一句，正是詩人之高雅所在。對這一點，我有一些不同看法：王維十七歲那年作的《九月九日憶山東兄弟》七絕云：「獨在異鄉爲異客，每逢佳節倍思親。遙知兄弟登高處，遍插茱萸少一人。」從異鄉作客，到逢佳節而倍念親人，鋪開去，遙想到在兄弟們登高的地方，數遍插在各人頭上的茱萸，才發覺少了一個人，而這個人正是他自己。王維這首詩，開始略一點出自己「倍思親」之後，卽刻轉到山東諸兄弟思念自己的情形上去，實際上是王維自己深切地懷念他的兄弟們。可見王維的手足情深，感人肺腑。

那麼，揆情度理，如果王維當時見到那位來自家鄉的客人，一見面就問他：「寒梅花開未？」而客人祇答上這麼兩個字：「開了」，或者「沒開」。於是雙方拱手揖別，各走各路，各行其是，豈不成了戲臺上背詞不熟的一主一客互說臺詞一句後，卽各自下場，或相對僵立了嗎？用一句舞臺詞彙，那叫「多干」啦！但問題就在於王維是個感情充沛的人。姑不論太白、少伯、摩詰俱爲絕句聖手，就以一個常人來說吧，偶然遇到一位來自家鄉的人，大抵都要詢問一下家鄉的情況吧！祇有當需要問的和需要知道的得到滿足或仍有一部分存疑以後，才順便問件他也想知道的小事。這正如蜀人想知道榨菜，黔人想知道茅臺酒，皖人想知道安慶胡玉美蠶豆辣椒醬那樣的心情。王維也是畫家，順便問一問梅花開未？是情理中事。至於第一、二兩句，雖含有發問語義，但也含有肯定的語義。「應知故鄉事」一句，實際上已將需知的故鄉事，寓答於問地隱含其中了。所以談來談去，最後順便問一問梅花開未便是順理成章的。如果說祇問梅花，正是詩人的高雅之處，那麼王維眞是一個無心肝，至少是無人情的人了，這樣，他也不可能作出像《渭城曲》、《九月九日憶山東兄弟》那樣的詩來。

元楊載《詩法家數》云：「絕句之法要婉曲回環，刪蕪就簡，句絕而意不絕。多以第三句爲主，而第四句發之。有實接有虛接。承接之間，開與合相關，反與正相依，順與逆相應，一呼一吸，宮商自諧。大抵起承二句固難，然不過平直敘起爲佳，從容承之爲是。至如宛轉變化，工夫全在第三句，若於此轉變得好，則第四句如順流之舟矣。」（註：重點號爲筆者所加）

二十個字的五言絕句，自然容納不了許多事情，可以假定，王維和客人談話的內容是很廣泛的，但無法也沒有必要一一具寫，衹用一、二句隱隱地作了交代，等到談完了要談的事，轉問了一句「寒梅」，便結束了這場談話。前兩句與後兩句，談他事與寒梅之間的轉換，用的虛接法。正因爲談話內容的駁雜，故王維命題曰：「雜詩」。這首詩在三句一轉，順流放舟，自然成結，神充氣完，餘味無窮。——詩人連故鄉的寒梅是否開花都問到了，可見其問故鄉事之細，思故鄉情之深。

（汪民全）

少年行四首

王　維

一

新豐美酒斗十千，咸陽遊俠多少年。相逢意氣為君飲，繫馬高樓垂柳邊。

少年行四首

二

出身仕漢羽林郎，初隨驃騎戰漁陽。孰知不向邊庭苦，縱死猶聞俠骨香。

三

一身能擘兩雕弧，虜騎千重衹似無。偏坐金鞍調白羽，紛紛射殺五單于。

四

漢家君臣歡宴終，商議雲臺論戰功。天子臨軒賜侯印，將軍佩出明光宮。

用同一體裁寫下許多篇詩來表現一個的主題，我們今天稱爲組詩，古人則叫做連章詩。它們的結構，有的比較嚴密，不但首尾有照應，而且篇章前後的安排，都有軌轍可尋。有的則比較鬆散，衹是作者依據特定的題材，廣泛地表現他所具有的獨特感受和見地，然後會集在一處而已。當然，這種區別也并不是絕對的。結構嚴密，也不能排成數學公式；鬆散，也不是混淆顛倒，雜亂無章。

王維《少年行》四首就是結構比較嚴密的。它們之間有次序，有聯繫，每首可以獨立存在，合起來又是一個有組織的整體。他選擇了當時遊俠少年生活中的幾個側面，從不同的角度予以再現，從而將他們的昂揚意氣、勇猛精神，對祖國的熱愛，立功名的雄心，很完整地反映了出來。

這第一首是寫一羣俠少相逢聚飲。他們性格豪爽，不拘形跡，偶然會遇，衹要意氣相投，就立刻下馬登樓，歡呼痛飲，杯酒之間，成爲知己。本是寫俠少聚飲，却將美酒放在首句來寫，以見豪俠之人，自然應當飲名貴之酒，也就是俗話中「寶劍贈與烈士，紅粉送與佳人」之意。次句寫少年，而冠以遊俠二字，則這羣年輕人的身份和性格都清楚了。遊俠是先秦、兩漢時代的社會產物，司馬遷作《史記》，特立《遊俠列傳》，歌頌了他們當中的一些傑出人物。這種人有司馬遷所指出的「救人於厄，賑人不贍」，「不既信，不背言」的長

少年行四首

處，又有韓非子所指出的「以武犯禁」的短處。本詩所寫，衹是俠少行事和性格中積極的一方面。新豐，漢縣，在今陝西省臨潼縣西北。咸陽，秦都，今陝西省咸陽市。這組詩是寫唐代的遊俠少年，因爲唐代詩人習慣於借漢朝來寫本朝，所以用的地名、典故都是漢朝的。

第一句寫酒，第二句寫人，第三句才把兩者關合起來。此句寫這些少年的相逢及相聚時的精神狀態。「爲君飲」三字，旣渲染了互相獻酬的歡樂，又照應了美酒之可口。這樣，就將他們在相逢之頃，立刻成爲朋友，飲酒談心的少年豪氣刻畫出來了。據杜甫詩，唐代普通的酒一斗大概是三百錢，而此詩及李白詩中均有美酒一斗十千的記載，就是說，要比普通的酒貴三十多倍。而這些俠少在相逢之際，就將這種名貴的新豐特產痛飲起來，這也暗示了他們的家庭出身，不止是形容其飛揚的意氣而已。結句點明少年們相逢的場所，「高樓」指酒樓，亦卽「爲君飲」的地方，「垂柳邊」，旣描寫了高樓景物，又爲「繫馬」生根。這句乃是倒敍，事實上是在「爲君飲」之前，又是「意氣」的補充描寫。有了這一句，俠少們的形象就更爲鮮明了。

第一首是少年們的羣像，以下三首則是其中一人的單像。

第二首前兩句寫這位少年的出身和經歷，是敍事。後兩句寫他的志願，是抒情。羽林郎是漢代禁衛軍的軍官，他們大都來自漢陽、隴西、安定、北地、上郡、西河等六郡的良家（世家大族），通稱六郡良家子。驃騎指西漢時代著名的將軍霍去病，他曾任驃騎將軍，反擊匈奴的侵擾，卓著戰功。漁陽，漢郡，故地當今北京市東北一帶。他不但出身良家，初入仕途就擔任過令人羨慕的羽林郎的官職，而且還跟過名將出征，具有實戰經驗。但現在，他却缺少到邊疆去作戰的機會。於是，他爲了這個而難受起來了：誰能知道這種不能到邊疆去的苦處呢？到邊疆去作戰，當然會有危險，甚至喪失生命，但是爲了保衛祖國而犧牲，該是多麼的光榮啊！卽使最後剩下的衹有一堆白骨，這骨頭也帶着俠氣，發着香味，也就是說，爲國獻身，必然流芳千古。（張華《遊俠曲》：「生從命子遊，死聞俠骨香。」這裏沿用其語，但意義比張詩崇高多了。）一般詩人多寫邊塞從軍之苦，而王維此詩獨寫不能到邊塞從軍之苦，從而突出爲國獻身的崇高願望、昂揚鬥志和犧牲精神，使我們在今天讀了，還深受感動和鼓舞。

第三首寫這位少年的武藝和戰功。起句寫其射技超羣。雕弧是刻了花紋的弓。能擘開兩張弓，卽能左右開弓。這在以弓箭爲遠距離攻擊手段的古代，是一種很重要的武藝。次句寫其不怕強敵，卽後來小說中所常常描寫的，衝進千軍萬馬，如入無人之境。後兩句承上而來。白羽，指箭。白羽、金鞍，與雕弧同，都是爲這位主人公的武器和服飾着色，以襯托其風姿的英俊。五單于，原來是漢宣帝時匈奴族內部爭立的五個君長，這裏借指敵人的幾個首領。偏坐，應上兩雕弧。他在戰鬥中，憑藉着高超的武藝和騎術，英勇殺敵，偏左偏右地坐在馬上，抽出箭來，射了出去，敵人的幾位首領，便紛紛被消滅了。這位少年的武藝、勇敢、功勞和爲國獻身的精神，通過這篇詩的戰鬥描寫，使讀者獲得完整的印象。

第四首寫這位少年勝利凱旋，評功受賞。第一句寫皇帝賜宴，第二句寫諸將評功。雲臺是東漢洛陽宮中的一座臺。明帝時，曾把開國功臣鄧禹等二十八人的像畫在臺上。論戰功而在雲臺，暗示這次戰勝強敵，功勞巨大，可以和開國功臣比美。第三、四句寫受獎封侯。軒，這裏指皇宮中有廊的平臺之類。有些禮儀要皇帝在軒中舉行，稱爲臨軒儀。明光，漢宮名。這時，這位少年已經不是俠少，而是將軍了，評功以後，又封侯爵，他佩帶着侯印。走出明光，眞算是躊躇滿志，衣錦榮歸了。

這組詩共四首，一寫任俠，二寫立志，三寫建功，四寫受獎。有頭有尾，有條有理，勾畫了這位少年的前半生。但第三、四兩首，與其說是詩人用現實主義手法反映了這位少年已經達到的事實情況，還不如說是詩人用積極浪漫主義手法表現了他應該達到的發展情況。通過對某一個人的幾個側面的描寫，詩人給當時的遊俠少年的一生畫出了一個輪廓，描寫了他們的現狀，又着重指出了他們成長發展的道路。在盛唐時代，西北各族與漢族之間的鬥爭漸趨頻繁，反擊侵擾，使各族人民得以和平共處，繼續進行經濟上和文化上的交流，是中央政府的當務之急。這就是詩中俠少的生活理想和成長道路的現實依據。詩中當然也摻雜了追求功名富貴的個人名利思想，但爲國效勞的崇高願望佔着支配地位。

王維是唐代大詩人當中思想和風格變化非常劇烈的一位。他早年的積極浪漫主義和現實主義精神，到了晚年，幾乎完全被消極的浪漫主義代替了。他在《酬張少府》中寫道：「晚年惟好靜，萬事不關心。自顧無長策，空知返舊林。」在《秋夜獨坐》中寫道：「白髮終難變，黃金不可成。欲知除老病，惟有學無生。」很難想象，此詩的作者筆下也曾經出現過《少年行》中的遊俠少年的形象。這，詩人本身當然要負一部分責任，但最根本的原因，還在於在封建制度之下，許多優秀人物被迫無所作爲。王維是如此，其他的唐代大詩人如李白、杜甫、白居易等又何嘗不也是在不同程度上由早年的積極轉變爲晚年的消極呢？

（沈祖棻）

九月九日憶山東兄弟

王　維

獨在異鄉為異客，每逢佳節倍思親。遙知兄弟登高處，遍插茱萸少一人。

王維的這首節日懷鄉思親絕句，歷來爲人們，尤其是遠離故鄉的人們所喜愛。其主要原因就在於它以高度概括素樸的語言表達了離鄉人的共同感情，那種人人也許都能感受到的，但又是一般人道不出的感情。

王維的原籍是太原祁（今山西省祁縣），從他父親處廉開始，遷居到蒲（今山西省永濟縣），蒲在華山以東，所以作者稱他的在故鄉的兄弟爲「山東兄弟」。王維作此詩年值十七，這是一個感情充沛、求知慾旺盛的年齡，然而又是一個在各方面尚未十分成熟的年齡。

「獨在異鄉爲異客」，詩開句一個「獨」字道出了一個遊子形象。「獨」不僅給讀者一種單影孤形的視覺印象，重要的是作者通過它傳達出了自己孤獨的心靈感受。他處在無親無故的「異鄉」，這個「異客」與

九月九日憶山東兄弟

「異鄉」的人相見不相識，或是相識不相知。據趙殿成所編年譜，開元五年（七一七），王維年十七，開元七年赴京兆府試，推知他作此詩時正在異鄉準備應試。也許他是第一次遠離故土親人，所以，這種思鄉之情和孤獨之感尤爲強烈，更何況是在佳節之時。詩人將日久凝聚的思鄉之情化成「每逢佳節倍思親」的感受，使之一齊迸發了出來，此句因此成了這首絶句的警策之句，使讀者爲之共鳴，而流芳後世。

這裏，「每」與「倍」字用得很妙。「每」不僅僅包含了隱隱牽懷的平時思念，更有一般節日的思念，在衆多節日裏，又特别突出了九月九日重陽節。「倍」字意爲「加倍」，而這時的思念又何止是加倍呢？平時亦思，節日亦思，今天這個佳節更思。看到别人與家人歡聚，自己却隻身單影時，強烈的對比使詩人的思鄉之情達到了無以復加的程度。隨着感情的到達高峯，詩筆也似乎到了無路之境了。但聰明的詩人没有被難住，他妙筆一轉，探過一步寫，「遙知兄弟登高處，遍插茱萸少一人」。由寫「我」的思親自然地轉到寫「兄弟」們的思我，達成了一個「柳暗花明又一村」的詩境。這裏，表現了一個近乎孩子般的心理，他没有寫節日裏父母怎樣牽掛自己，而是用想象兄弟們的活動襯托自己的孤單，這是一個剛剛脱離少年步入青年的人的特殊想象。

詩人的思緒回到了家鄉，衹是身體還在異地。他知道，在這一天，在他的家鄉，他的那些兄弟們一定又在那個地方登高，并且，滿頭都戴着茱萸。《風土記》記載：「俗尚九月九日，謂爲上九。茱萸至此日，氣烈顏色赤，可折其房以插頭，云避惡氣禦冬。」今年，時同景同人却異，兄弟們忽然覺出少了一個人，那就是正在異鄉的我。他們的小隊伍裏少了一個人，也就少了一份樂趣，少了一點興致，因而玩得一定不像往年那樣盡興了。

王維的這種寫法是合情合理的。人們如果想念一個人，往往是替對方着想，站在對方的角度上，想象對方在做什麼，想什麼。古人很善於用這種過一層的表達方法，杜甫的《月夜》就是最好的一例：「今夜鄜州月，閨中衹獨看。遙憐小兒女，未解憶長安。香霧雲鬟濕，清輝玉臂寒。何時倚虚幌，雙照淚痕乾？」這首詩寫月夜自己在長安對妻子兒女的思念，却完全不寫自己的感情，而是整首詩都寫遙想中的妻子兒女。紀昀稱這樣的寫法爲「探過一步作收，不言當下如何，而當下可想」。王維的這首詩就是恰到好處地運用了這種技巧。

這首表達遊子思親的詩，不是寫「陌上新別離」的心情，而是抒發「余亦辭家久」的感受；不是寫「日暮客愁新」的愁思，而是表達「每逢佳節倍思親」的遙想。它不像宋人表現這類主題那樣淒婉，而是將濃重的鄉思包含在平淡質樸的語言中，它表達的不是感情的一瞬，而是永恆，具有高度的總結概括性。

（蘭翠）

送元二使安西

王 維

渭城朝雨浥輕塵，客舍青青柳色新。勸君更盡一杯酒，西出陽關無故人。

在古代，由於交通困難，通訊不方便，給人們的離別帶來了一種悲涼的色彩。尤其是到遙遠的地方去，就更加讓人擔心：「一赴絕國，詎相見期？」於是在送別的時候，就「左右兮魂動，親賓兮淚滋。可班荊（匆匆話別）兮贈恨（向對方傾訴心事），唯尊酒兮敘悲（祇有借樽酒敘說離別的悲苦）」（江淹《別賦》）。王維的《送元二使安西》，又名《渭城曲》，是一首有名的送別詩。這首詩正是通過描寫飲酒送別，來表現朋友離別的複雜感情的。

詩的前兩句寫景，寫送別的環境。

「渭城朝雨浥輕塵」，一是點明送行的地點——渭城。渭城位於長安西北，座落在渭水岸邊。通西域的商賈、外交使節，出使安西、北庭都護府的官員，都要經由渭城，直奔陽關西去。現在，元二要出使安西了，詩人特地趕到渭城爲他送別。二是點明送行的時間——早晨。三是寫了當時的天氣——正是一霎雨過，天清氣爽。這雨，衹能把浮土沾濕，可見很輕、很細，好像衹是爲了與元二送行而灑落下來似的。「浥輕塵」三個字，寫的正是隨風潛入，潤物無聲的濛濛細雨。

「客舍青青柳色新」是寫餞別的地點——客舍。古人有折柳贈別的習慣。據記載，遠在漢代，人們送客到長安附近的灞橋時，就折下柳枝送給行人（《三輔黃圖》），要藉依依的楊柳，表示自己依依的別情。這正是：「長安陌上無窮樹，唯有垂楊（柳）管別離。」（劉禹錫《楊柳枝》）也許是爲了同樣的原故吧，客舍修建在綠柳扶疏的地方。經過一場細雨，洗去了枝葉上的浮塵，綠柳比以前更綠了。「柳色新」的「新」字，很親切，寫出了人的感情。在柳色的映照下，客舍也蒙上了一層「青青」的顏色。

景色這樣迷人，空氣這樣新鮮，彷彿還飄散着淡淡的清香。這樣的環境，讓人留戀，讓人陶醉。然而，却要離別。離開這樣美的環境，也離開像這環境一樣美好的友人。在這樣的環境下離別，人們該是一種怎樣的心情呢？

後兩句寫送別的情景。

「更盡」，說明酒已經喝過很多了。喝了那麼多，還要勸飲，好像這萬千離懷，都要通過這杯酒來表達似的。是的，這不是一般的酒。這是「酒逢知己千杯少」的連心酒。朋友們轉眼分離，各自東西，什麼時候再能相聚呢？且莫推辭醉，「更盡一杯酒」，這是轉瞬卽逝的時機！這是「爲此春酒，以介眉壽」（《詩經·豳風·七月》）的祝福酒，衹有酒才能表達對朋友的良好祝願。這又是「何以解憂，惟有杜康」（曹操《短歌行》）的澆愁酒，衹有酒才可以排遣這九曲離腸。是啊，酒，可以使人「兀然而醉，豁爾而醒，靜聽不聞雷霆之聲，熟視不覩泰山之形，不覺寒暑之切肌，利欲之感情（動心）」（劉伶《酒德頌》）。「勸君更盡一杯酒」——不僅要喝，而且要一飲而盡。包含了多麼豐富的感情！

「西出陽關無故人」，又點明了去向。陽關之外，再也見不到老朋友了。再乾一杯，飲下「故人」親手斟的這杯酒，讓它作爲友情，伴你長行吧！

這首詩通過送別情景的描寫，表現了朋友之間的深厚情誼。

在寫作上，先寫景，後抒情，情景交融。寫景時又運用了反襯的手法，以美好的景物，反襯離別的憂傷，收到了「以樂景寫哀，以哀景寫樂，一倍增其哀樂」（王夫之《薑齋詩話》）的藝術效果。全詩內容含蓄，語意明白暢達，第四句尤其有力，耐人尋味。

這首詩表現的感情很眞摯，很動人，是送別詩中很有影響的一首。唐代很多有名的詩人都提到過它。劉禹錫說：「舊人惟有何戡在，更與殷勤唱渭城。」（《與歌者何戡》）白居易說：「最憶陽關唱，珍珠一串歌。」（《晚春欲攜酒尋沈四著作》）李商隱在《贈歌妓》詩裏，也寫下了「斷腸聲裏聽陽關」的句子。「唱陽關」、「唱渭城」，都是指的這首詩。李東陽《麓堂詩話》說：「此辭一出，一時傳誦不足，至爲三疊歌之。後之詠別者，千言萬語，殆不能出其意之外，必如是方可謂之達耳。」唐時「三疊」之法，到宋代已衆說紛紜。有散曲《陽關三疊》，茲錄如下：

無名氏《大石調・陽關三疊》

渭城朝雨浥輕塵，更灑遍客舍青青。弄柔凝千縷，更灑遍客舍青青。弄柔凝翠色，更灑遍客舍青青。弄柔凝柳色新。休煩惱，勸君更盡一杯酒，人生會少，富貴功名有定分。休煩惱，勸君更盡一杯酒，舊遊如夢，祇恐怕西出陽關，眼前無故人。休煩惱，勸君更盡一杯酒，祇恐怕西出陽關，眼前無故人。（隋樹森編《全元散曲》）

但唐人詠別之作，也不能說「殆不能出其意之外」。與王維同時稍晚的詩人高適，他的《別董大》即其一例：

千里黃雲白日曛（昏黃），北風吹雁雪紛紛，莫愁前路無知己，天下誰人不識君。

同王詩以明媚的春景反襯寸寸離腸不同，高詩用無邊的黃雲、凜冽的風雪等壯闊的北國風光，正面襯托豪放磊落的襟懷，令人心胸爲之寬廣。高詩與王詩意境迥別，却同樣膾炙人口。

（張燕瑾）

送沈子福歸江東

王 維

楊柳渡頭行客稀，罟師蕩槳向臨圻。惟有相思似春色，江南江北送君歸。

這是一首送別詩。沈子福，詩人的朋友，事跡不詳。江東，指長江下游以東的地區。長江從九江以下往東北方向流，直至揚州才向東流入海，江東卽指皖南和蘇南一帶。開元二十八、九年（七四〇——七四一），王維曾以殿中侍御史的官職到襄陽知南選，有機會漫遊長江中游一帶，這首送沈子福順江而下歸江東的詩，大約就寫於此時。詩人用無處不在的絢麗春色，比擬送別友人的無限深情，表達了他們之間眞摯的友誼。

詩的前兩句，點明了題意。渡頭，這是送別之地。楊柳，這是送別之景，旣點明了節候，又烘托出依依難捨的氣氛。從漢代起，人們就有折柳送別的風俗，到唐代更爲盛行。行客稀，交待境地的凄清，加深了惜別的留戀之情。罟師，漁夫，此指船夫。臨圻，地名，在今江蘇省江寧縣東北三十里。這兩句不枝不蔓，不略不

送沈子福歸江東

簡，而是層層交待，款款寫來，把詩題所包含的內容全都交待清楚了。

看來，前兩句似乎把這首詩的題意已經寫得「山窮水盡」了；然而，詩人卻筆鋒一轉，另闢蹊徑，又寫出後兩句的「柳暗花明」來——「惟有相思似春色，江南江北送君歸」。詩人眼有所見，心有所想，聯想奇妙，卽景寓情，用可見可觸的春色，寫出了內心抽象的感情，借有形之景來抒無形之情，使情和景妙合無間，達到了完美的統一。春色無邊無際，充塞於天地之間，友情無窮無盡，布滿在人間之內，這種無處不春的美好景色，作爲詩人眞摯友情的象徵，給離別的友人以巨大的安慰和鼓舞。這兩句，是心物交感的藝術結晶，詩人把不易確認和把握的情感（相思）予以定型化（春色），從知性（相思）出發而得到了感性（春色）的表現，以景傳情，情景不分，同時又巧妙地運用了比喻、象徵和聯想，使詩中的幻境（江南江北）和實境（楊柳渡頭）相互滲透，使知性和感性相互融和，從而使得詩人感於外物而又動於內心的思想感情，凝聚爲情景交融的詩中圖畫。詩中的畫（江南江北之春色）雖然是虛的，但畫外意（相思之情）卻是實的，春光到處感覺到，這樣就使得詩歌的意境超越了時空的限制，從而增加了詩的厚度和密度，使這首小詩獲得了永不衰竭的藝術生命力。

唐代有很多借景抒情的送別詩，這首詩主要不是寫景，而是寫人，寫人之情。儘管它們千姿百態，各具特色，但我們稍加比較，還是可以分出高下的。如：「別君祇有相思夢，遮莫千山與萬山」（岑參）、「今日送君須盡醉，明朝相憶路漫漫」（賈至）、「江春不肯留客住，草色青青送馬蹄」（劉長卿）——直言離別，情意深厚，但意象單純，缺少韻味；「聞道神仙不可接，心隨湖水共悠悠」（張說）、「日暮酒醒人已遠，滿天風雨下西樓」（許渾）、「更把玉鞭雲外指，斷腸春色在江南」（韋莊）、「揚子江頭楊柳春，楊花愁殺渡江人」（鄭谷）——以景結情，耐人尋味，但基調悲傷，缺少力度；「海內存知己，天涯若比鄰」（王勃）、「莫愁前路無知己，天下誰人不識君」（高適）——豪放慷慨，奮發鼓舞，但語言直切，缺少形象；「請君試向東流水，別意與之誰短長」（李白）、「孤帆遠影碧空盡，惟見長江天際流」（李白）、「憶君心似西江水，日夜東流無歇時」（魚玄機）、「送君還舊府，明月滿山川」（楊炯）、「我寄愁心與明月，隨君直到夜郎西」（李白）——以水和月喻情，自然深婉，明快纏綿，但這些意象，是詩人們經常運用的，缺少創新。王維的「惟有相思似春色，江南江北送君歸」，這是以色傳情，意象獨創，不落俗套，形象豐滿，韻味深厚，感情奔放，風格渾成。同上述送別詩相比，王維的詩構思獨出新裁，境界終勝一籌。（王連生）

山中

王維

荆溪白石出，天寒紅葉稀。山路元無雨，空翠濕人衣。

這首小詩，用清新自然的語言，描繪出深秋山中特有的景色，歌頌了大自然的鮮麗和秀美，表達了詩人恬淡高雅的生活情趣。宋代蘇軾在稱譽「味摩詰之詩，詩中有畫；觀摩詰之畫，畫中有詩」時，便舉此詩爲例。可見，這首小詩，是得到了人們普遍激賞的。

首句寫山間溪水。荆溪，本名長水，又名滻水，也稱荆谷水。據《長安縣誌》載，荆溪源於陝西藍田縣西南秦嶺山，向北流入萬年縣（今陝西長安縣）東北入灞水。據此，可知這首詩是王維隱居藍田輞川時寫的。白石出，指秋末谿水清淺，溪底磷磷白石都顯露出來了。這句詩既交代了荆溪上游的地理形貌，又暗示了寫詩的季節和時令。

次句寫山上紅葉。天氣轉寒，楓葉經霜變紅了。這句詩不是說入冬以後，天氣嚴寒，紅葉變得稀少了；

而是說剛剛進入晚秋季節，天氣轉寒，當時紅葉尙稀少。這是萬綠叢中的幾點紅葉，它引起人們對美好事物的無限欣喜渴望之情。稀字，寫出了樹葉由綠開始變紅的分寸感，這是深秋山中特有的景色。

以上兩句，語言洗煉準確，色調鮮豔明麗，描寫細膩精巧，境界清幽澄澹，繪出了晚秋山中的靜態圖景。詩的三、四兩句，詩人寫出了在山路攀行時的情趣，神韻悠悠，情思縷縷，充滿着詩情畫意。

元，同原，本來的意思。空翠，空明而蒼翠。三、四兩句是說，在深山小路上攀行，雖然天氣晴朗，根本沒有下雨，然而周圍是青葱碧綠的叢集樹木，頭上是蒼翠遮日的濃陰，不禁使人感到山色翠綠，欲流欲滴，彷彿要沾濕詩人的衣襟。在這裏，狀色的「翠」字，似乎含有濃重的濕度和微涼的溫度了，「翠」字似乎會溢出水份來，滋潤着詩人的全身。「山路元無雨，空翠濕人衣」兩句，詩人通過強烈主觀心靈的直覺感受的描寫，巧妙地反映了客觀的物象，從而把自己內心的審美感受，轉化成詩歌藝術美，增強了畫面的生動性和形象性。另一方面，從「翠」到「濕」，詩人在意象的營造上跨度很大，巧妙地把抽象的思情具體化和感知化。「翠」本是視覺形象，「濕」是觸覺感受，「空翠濕人衣」是從視覺形象的描述到觸覺感受的揭示，使人們的各種感覺可以移借和溝通，從而獲得一種似幻似眞、亦實亦虛的「通感」的藝術效果，讀來饒有韻味和樂趣。「翠」和「濕」對於詩歌來講，衹是語言意象的表層結構，而讀者在閱讀欣賞這首詩時產生的美感情趣，才是詩歌語言意象的深層結構。認識到這一點，才能伸展詩歌語言的內在活力，才能增加詩歌意境的美感彈性。著名詩人戴望舒說：「詩的韻律不在字的抑揚頓挫上，而在詩的情緒的抑揚頓挫上，卽在詩情的程度上。」我們讀《山中》詩，自然產生一種山路有情、怡然自得的樂趣，使人得到一種高雅恬淡、神清氣逸的美感享受，這正是此詩的藝術魅力之所在。

（王連生）

相思

王維

紅豆生南國，春來發幾枝。勸君多採擷，此物最相思。

紅豆，又名相思子，相思木所結實也。傳說「昔戰國時，魏國苦秦之難，有以民從征戍秦，久不返，妻思而卒。既葬，冢上生木，枝葉皆向夫所在而傾，因謂之相思木」（任昉《述異記》上）。相思木，本產於嶺南一帶，與地處北方的魏國相去甚遠。但是，人們并不注意其地理上的差距，而把這動人的情感傾注於美麗的傳說。從此，相思木和紅豆成爲愛情和相思的象徵。王維託物言情，以紅豆的萌發雙關人的相思，「神情寄寓於物」（《冷齋夜話》），而與物妙合無垠，的確是一篇傑作。

「紅豆生南國，春來發幾枝」，詩以紅豆起興，象徵相思之情。「紅豆生南國」點明相思子生於南國溫暖的地方。「春來發幾枝」是說春天到了，相思木又抽出幾條柔枝。乍看去，平淡無奇，仔細玩味，却覺情深意濃。南國紅豆，逢春便發枝，生生不已，有着無窮的生命力，詩人以此比喻綿綿不斷、逢春尤甚的思情，一方面顯示了相思的力量和生命力；另一方面又把表面上平淡的敍事，變成實際上的濃重抒情。這種以淡寫濃，借敍事來抒情的手法，是王維抒情詩的突出特色，如膾炙人口的《渭城曲》亦如是：「渭城朝雨浥輕塵，客舍青青柳色新。勸君更盡一杯酒，西出陽關無故人。」朋友分手，有多少離情別緒要說，詩人却衹道：「勸君更盡一杯酒，西出陽關無故人。」雖然於至關處未說什麼要緊的話，但是他把足以觸發情思引起共鳴的事物道出來，利用讀者的生活經驗去補充，去豐富，造成情愈藏而愈顯的藝術境界，比一瀉無遺地把感情傾訴出來更能令人回味無窮。

「勸君多採擷，此物最相思」前一句是以採紅豆喻採相思，渴望對方更多地想到自己。後一句點破詩題，強調詩旨。詩以第一人稱口吻寫來，但終不言及自己的思情如何，而把目光集中在對方身上，以關切對方的思情襯托自己的思情。作者一方面不用有深淺限度的詞語正面展示自己的思情，以免情深而詞淺，意大而語微。另一方面，却用非常富有情態的「勸」字和最能顯示程度的「最」字，表達對愛人思情的關注，以折射的手法寫自己的相思，既避免了抒情太直太露，又給讀者留下無限想象的餘地，眞可謂「不著一字，盡得風流」。

清新自然的語言是《相思》富有藝術魅力的另一個方面。

《相思》是一首五言絕句，全詩四句二十個字，句句平平道來，猶如與老朋友交談，無一奇字奇句，似無經營之工，所抒發的感情却又是人人心中有，他人筆下無，經營之工由此可見，細追究，似乎又說不出「工」在哪裏。香菱學詩，曾向黛玉道：「據我看來，詩的好處有口裏說不出來的意思，想去却是逼眞的，有似乎無理的，想去竟是有理有情的。」（《紅樓夢》第四十八回）這種能了然於心而不能了然於口的境界，正體現了王維詩歌遣詞造句的藝術匠心。

《相思》以南國紅豆開篇，暗逗相思之情，接着用「發幾枝」、「多採擷」等既合字面之事理，又契言外之情意的雙關詞語，將詩的「言」、「意」兩個方面都完美地表達出來，言事似淺而深，言意似謬而妙，言內之事，詩外之旨，皆由這幾個詞的妙用而境界全出。語言清淡「如秋水芙蕖，依風自笑」（《詩人玉屑》），「詞不迫而味深長」（張戒《歲寒堂詩話》），雖慘淡經營，而毫無營造之跡。

《相思》的魅力，還在於它給予人感情上的啓示作用，據載，安史之亂時，「龜年曾於湘中採訪使筵上唱：紅豆生南國……歌闋，合座莫不望行幸而慘然」（范攄《雲谿友議》）。《相思》是一首愛情詩，它情緒飽滿，感情深厚，實爲王維早期的作品。很明顯，《相思》中所抒發的情感與思君憂國之情無關，但它能令國破家亡之臣聞之「望行幸而慘然」，這說明《相思》已經突破某種特定的思情界限，而富有更廣泛的意義。它展現給讀者的不僅僅是詩人特定的情感，而是通過富有啓示性的語言、形象引發讀者的感情，讀者皆可「自因其情而自得」

（王夫之《薑齋詩話》），達到情感上的共鳴，因此，《相思》具有永久的藝術魅力。（張英）

書事

王維

輕陰閣小雨，深院晝慵開。坐看蒼苔色，欲上人衣來。

這是一首卽事寫景之作。題爲「書事」，是詩人就眼前事物抒寫自己頃刻間的感受。

開頭兩句，寫眼前景而傳心中情。一個細雨初停、輕陰依然籠罩的白晝，詩人獨步深院，懶開院門。首句「閣」，同「擱」，意謂停止。用在此處別有趣味，彷彿是輕陰迫使小雨停止，好讓詩人到院中漫步，散心賞景。淡淡兩句，把讀者帶到一片寧靜的小天地中，而詩人好靜的個性和疏懶的情調也在筆墨間自然流露。三四兩句變平淡爲活潑，別開生面，引人入勝。因爲院門不開，故人自然回車而去，讀書之餘，衹好在院中漫步、閑坐，觀看深院景致。映入詩人眼簾的那一片綠茸茸的青苔，清新可愛，充滿生機。看着，看着，詩人竟產生一種幻覺：那青苔似乎要從地上蹦跳起來，像天眞爛漫的孩子，親昵地依偎到自己的衣襟上來。青苔本是靜景，它怎能給詩人以動的幻覺呢？將這種幻覺寫入詩中，詩味何在？要知道，經過小雨滋潤過的青苔，輕塵滌淨，格外顯得青翠。它那鮮美明亮的色澤，特別引人注目，讓人感到周圍的一切景物都浸染着它的光華，連詩人的衣襟上似乎也有了一點「綠意」。善於從生活中捕捉動人詩意的王維，他的這種主觀幻覺，正是細雨初停之際深院一派地碧苔青的幽美景色的誇張反映，有力地烘托出深院的幽靜，和詩人在此中體味到的幽趣。對自然萬物之美，詩人們是各得其趣的。王維以閑適恬靜的胸襟在深院小景中激賞的是寧靜的幽趣，它恬淡而富生意，單純明朗，似不可湊泊，可謂「妙悟」。這種妙悟正表現出詩人靈鋭的捕捉詩意的能力。他將自己在頃刻間觸發的靈感，通過移情作用和擬人手法，化無情之景爲有情之物，將一腔喜悦、陶醉的感情，饒有韻致地傳達給了讀者。「欲上人衣來」這一神來之筆，十分巧妙地表現出詩人獨特、新奇的感受。

這首小詩神韻天成，意趣橫生。詩人不追求寫實，而是從自我感受出發，極寫深院青苔的美麗、可愛，從中透露出對清幽恬靜生活的追求和陶醉。詩人好靜的個性與深院小景渾然交融，創造了一個物我相生、既寧靜而又充滿生命活力和生活樂趣的意境。

（林家英）

山中與裴迪秀才書

王　維

近臘月下，景氣和暢，故山殊可過。足下方溫經，猥不敢相煩。輒便往山中，憩感配寺[一]，與山僧飯訖而去。

[一] 感配寺：應為化感寺，地處藍田山谷驛路附近，離王維輞川別墅不遠。王維有《過化感寺曇興上人山院》、《游化感寺》等詩。

北涉玄灞，清月映郭。夜登華子岡，輞水淪漣，與月上下。寒山遠火，明滅林外。深巷寒犬，吠聲如豹。村墟夜舂，復與疏鐘相間。此时獨坐，僮僕靜默，多思曩昔，攜手賦詩，步仄徑，臨清流也。

當待春中，草木蔓發，春山可望，輕鯈出水，白鷗矯翼，露濕青皋，麥隴朝雊，斯之不遠，倘能從我遊乎？非子天機清妙者，豈能以此不急之務相邀？然是中有深趣矣，無忽！

因馱黃蘗人往，不一。山中人王維白。

一封書信，在寫出友朋之間篤厚情誼的同時，還寫出詩的韻味、畫的意境，有色有聲，文情幷茂，實在難能可貴。

信是王維在終南山下藍田別墅裏（所謂「山中」）寫的。這裏竹林花塢，景色秀雅，在輞水環抱之中。內有鹿柴、竹里館、華子岡等多處勝景。王維在此度過了多年半官半隱的生活，曾與志趣相諧、同好山水的友人裴迪「浮舟往來，彈琴賦詩，嘯詠終日」。可是這次孤身獨往，不禁懷念往日同遊共飲的好友，於是提筆寫了這封信，約對方來年一起賞春。

信的開頭，講自己一人進山時的情景：「近臘月下，景氣和暢，故山殊可過。」景物引人，天氣晴和，很適宜到舊時遊過的山中來看看。然而「足下方溫經，猥不敢相煩」。你正研讀經書，故我不敢以遊山這樣的瑣屑之事相擾。於是，「輒便往山中，憩感配寺，與山僧飯訖而去」。得便就一個人進山來了。先在感配寺休息了一下，同和尚一起吃過飯，就離開了。

開頭幾句，粗看起來，衹是簡單交代一下自己的行蹤。細細體味，却包含着對朋友的一片深情。作者渴念友人，但出於體貼和關心又不忍打擾；既然不忍打擾，甘願獨自進山，可又感到寂寞孤單。心情處於不能自解的矛盾狀態。文中「故山」二字，自蘊蓄了昔日二人多少同遊的樂趣；「與山僧飯訖而去」一句，就隱隱透出獨遊寂寞的心境。可以想見，若有裴迪同遊，該多愜意。

第二段寫離開感配寺後的情景。「北涉玄灞，清月映郭。」往北渡過澄澈的輞水，看到清明的月光映着城郭。「夜登華子岡，輞水淪漣，與月上下。寒山遠火，明滅林外。」登上華子岡四下眺望，只見輞水閃着微波，在月光輝映下，一起一伏地蕩漾着；遠遠的、黑黝黝的山林間，有燈光忽明忽滅。這是寫所見。這裏，有近水、遠山、村落、寺院，都在月光和燈火的映襯下，依稀可見，宛如一幅山莊寒夜圖。「深巷寒犬，吠聲如豹。村墟夜舂，復與疏鐘相間。」冬夜裏村落深巷中傳來聲聲犬吠，叫得如同豹吼一樣兇猛；山村農家此落彼起的搗米聲，跟寺廟裏稀疏的鐘聲交錯傳來。這是寫所聞。靜夜裏的各種響聲，強弱遠近，聲聲在耳，以此襯托出夜的寂靜，似有音韻之美。「此時獨坐，僮僕靜默，多思曩昔，攜手賦詩，步仄徑，臨清流也。」此時我正靜靜地坐着，旁邊衹有僮僕默默地陪伴。這裏所說的「獨坐」，并不是旁無一人，而是指可以互通心曲的朋友裴迪沒有同在。靜夜寂寞，詩人心潮起伏，不禁反覆回憶起往昔友朋相聚、攜手唱和、并肩漫步小徑，以及登山臨水的樂趣。昔日之樂，更反襯出今日未能同賞山景之憾。這樣，現實見聞，昔日回憶，水乳交融在一起，都表現了作者對裴迪的友情，爲下一步提出春遊之約作了很好的鋪墊。

文章第三段描寫想象中的春天景色。作者以一幅生動誘人的春景圖來約請裴迪到此共享春遊之樂。「當待春中，草木蔓發，春山可望。」等到春天來的時候，樹木抽出了新枝，草把大地鋪得綠茸茸一片，朗潤的山巒看起來那麼清新可愛。河面上，有「輕鯈出水，白鷗矯翼」，輕捷的小白條魚躍出水面，白鷗張開翅膀自由自在地飛翔；原野上，「露濕青皋，麥隴朝雊」，露水潤濕了水邊草地，早晨，雉鷄在麥田裏鳴叫着。作者在想象中寥寥幾筆就勾畫出了一幅生機勃勃的圖畫，自然引出了寫信的本意：「斯之不遠，倘能從我遊乎？」春天已經不遠了，你能與我一起遊賞嗎？斯，這，指前面描寫的春色；倘，或許，以商量的口氣約請朋友，委婉懇切，又顯得尊重對方。接下來又說：「非子天機清妙者，豈能以此不急之務相邀？」若不是你天性超塵出俗，情思高妙，怎麼能用這樣不緊要的事來邀請你呢？這在當時，可說是對朋友的高度贊許。接着筆鋒又一轉，由「不急之務」而強調「然是中有深趣矣，無忽！」然而，進山遊賞有很深的趣味，你不要忽略了。這更加重了懇切相邀之情和誠摯相知之意。王維在《輞川閑居贈裴秀才迪》詩中有「復值接輿醉，狂歌五柳前」的句子，把裴秀才比作春秋時代的楚狂人接輿，又以陶淵明自況。裴迪在對王維的《竹里館》的和詩裏說：「來過竹里館，日與道相親。」這「道」，也就是王維的超然物外、與山水自然相合之道。兩人意趣相投，互相引爲知己同調。

正事寫完了，末尾說：「因馱黃蘗人往，不一。」說明信是托馱藥材黃蘗的人帶去的，所以不能多寫。這樣顯得親切、自然。署名「山中人」，不僅指詩人所在的地方，更表明了自己隱居者的身份。

這封信全文不足二百字，寫得樸素優美，文字簡練。記敘了個人生活行跡，描繪了冬春景物，又抒發了摯友之情。全文結構如行雲流水，自然成篇。其中抒發友情貫穿全篇，猶如山谷清谿，時隱時現，其脈不斷。進山前，由於朋友正在從事「溫經」的正事，沒有去打擾，只好一人進山；進山後，靜夜獨坐，回憶起昔日同遊之樂，思友之情比進山前更加深切；想象未來春色之美，只有「天機清妙」的朋友才能領略，也只有摯友相伴同遊，才能共賞「是中深趣」，可見寫信相約，言由其衷。

信裏兩處寫景，是作者最着力的地方。一處是冬景，實寫所見所聞，選擇了月下流水城郭、寒山疏林燈火、村落犬吠夜春等景物，勾畫了一幅山莊寒夜圖。一處是春景，虛寫心神嚮往，突出了草木青山、鳥飛魚躍、雉鳴麥田等景物，勾畫了一幅生機勃勃的春景圖。蘇軾說：「味摩詰之詩，詩中有畫；觀摩詰之畫，畫中有詩。」這評論，看來對王維的這封信也是適用的。王維詩的意境常常是靜中有動，以動襯靜，像用「竹喧歸浣女，蓮動下漁舟」的動景來襯托「空山新雨後」的寧靜，是人們所熟悉的。本文中以動襯靜的特點，也很突出。冬夜的聲響越發襯托出獨坐者的寂寥心境；春天清晨的魚躍鳥鳴，更顯出環境的清新，自然也流露出與友人諧遊的嚮往。因而，在完美和諧、動靜映襯的活的圖畫中，情景交融，浸透着詩人的個性，這便是王維詩文突出的美學效果。

句法上以四字爲主，配以散句，整齊中富於變化。寫冬夜之景，句末多用下、外、豹、間、坐、默、徑等仄聲字收尾，讀來頓挫中含有淒清的情味，更有利於表現「獨坐無言」的孤寂心情。寫春景，剔透輕盈。這些，都表現了作者高潔恬淡的情趣。

（董扶其）

古風（其十九）

李白

西上蓮花山，迢迢見明星。素手把芙蓉，虛步躡太清。霓裳曳廣帶，飄拂升天行。邀我登雲臺，高揖衛叔卿。恍恍與之去，駕鴻凌紫冥。俯視洛陽川，茫茫走胡兵，流血塗野草，豺狼盡冠纓。

王琦註：「此詩大抵是洛陽破沒之後所作，胡兵謂祿山之兵，豺狼謂祿山所用之逆臣。」（《李太白全集》卷二）唐玄宗天寶十四載（七五五）十二月，安祿山陷東都洛陽。肅宗至德元年（七五六）正月，「祿山自稱大燕皇帝，改元聖武，以達奚珣爲侍中，張通儒爲中書令。高尚、嚴莊爲中書侍郎」（《資治通鑑》卷二百一十七）。這時的李白，雖然仍在江南宣城等地隱居，過着尋仙訪道的生活，但此時的修仙學道，遠不如他早年「儻逢騎羊子，攜手凌白日」（《登峨眉山》）那樣專一、超脫。也不像他十年前寫《夢遊天姥吟留別》時，爲擺脫個人的苦悶而表現出對神仙世界的熱烈嚮往。安史之亂戰火的蔓延，使詩人處於避難的惶恐中，曾遠涉梁苑攜眷倉皇南奔（《奔亡道中五首》專紀其事），「我亦東奔向吳國」（《扶風豪士歌》），不時從虛無的追求中猛醒。社稷危難，生靈塗炭，使詩人曾受嚴重摧折的「安社稷」、「濟蒼生」的雄心躍躍欲試。然而，這畢竟是一顆屢遭挫傷的心，詩人在密切關注國事的同時，并未徹底忘却他幻想中的仙境，入世與出世的尖鋭矛盾始終縈迴於詩人腦際。這首詩，正是企圖把這種思想矛盾加以調和、統一，通過浪漫的遊仙，揭示安祿山稱帝後時局的急劇變化，表現詩人對祖國命運、人民苦難的深切關注。

詩的前十句，寫自己登華山而遊仙。蓮花山卽西嶽華山的最高峯蓮花峯。明星是華山仙女的名字。華山仙女除明星外，還有一位叫玉女的，這裏是兼指。開頭兩句說，我登上巍峨的蓮花峯，遠遠看見了美麗的華山仙女。詩人身在江南，却幻想在西嶽的奇峯登天，這一方面是因它高聳入雲，與天相近，登其巔可俯瞰茫茫秦川，渭、洛二水，易於逼近看清洛陽局勢；另一方面又因華山自古爲道山，有老聃在該山的許多傳說故事，這與詩人的宗教信仰一致。詩人舉明星而不舉玉女，除了押韻的需要外，傳說玉女（卽弄玉）居玉女峯（卽今華山中峯），非居蓮花峯。「明星」又雙關星辰，置入「迢迢」句中，還使人聯想到古詩「迢迢牽牛星」，更富有迷離的神話色彩。這兩句把我們帶進了衆星璀璨的廣闊天宇。詩人緊接着描寫華山仙女。說她們潔白的手中拈着淡色的蓮花，凌空虛步，飛升太清；她們身披拖着寬寬飄帶的彩虹衣裳，在廣宇中飄然行走。神女們在天空中悠哉游哉，使我們不禁想到敦煌壁畫中的飛天圖。我們也跟着詩人沉醉在這縹緲的世界裏。接下四句，寫自己被仙女邀見衛叔卿，并隨之升空遨遊。據葛洪《神仙傳》，衛叔卿是漢代中山人，服雲母成仙。他以爲漢武帝好道，見之必加優禮。於是乘雲車、駕白鹿去謁帝。不料武帝竟待以君臣之禮。衛叔卿大失所望，遂離去。後來武帝派人尋訪，見他在華山上與人博戲。詩人與衛叔卿有過類似的遭遇。他四十一歲時曾被道士吳筠舉薦給玄宗，留長安三年，一直不受重用，後又遭高力士等權貴讒毀，無奈「懇求歸山」。這裏，詩人顯然把衛叔卿當成了知音，同遊紫冥。四句的大意是，華山仙女邀請我登上高高的雲臺，去參拜仙人衛叔卿；恍惚間自己與仙人同遊，駕着大雁昇入了太空。被稱爲謫仙的李白，彷彿果眞變成了仙人，回到了可以自由馳騁的天上。他那飄逸的個性得到完美的展現。

詩的最後四句，寫從高空中俯視所見的中原局勢。詩人飄飄欲仙，却未飄飄遠去。他的心和大地貼得是那麼近，他不能忘懷自己的祖國和人民。就像屈原「神高馳之邈邈」時「忽臨睨夫舊鄉」（《離騷》）一樣，李白從空中鳥瞰洛陽平川，只見遍地都是來去紛紛的胡兵，人民的鮮血塗滿了野草，而那些叛臣逆子却封官加爵，自立朝廷。面對這幅觸目驚心的慘痛情景，詩人顫抖了，陷入無限憂傷的沉思之中。他還忍心遠走高飛嗎？這是不問自答的。詩人那顆憂國憂民的赤誠的心又回到了大地，回到了殘酷的現實。正是這顆赤誠的、充滿愛與恨的心，把全詩兩種世界、兩種格調渾然統一在一起，使人并無割裂之感。

蕭統《文選》將借助描述「仙境」來寄託作者思想感情的詩歌列爲「遊仙」一類。但魏晉以來的遊仙詩，名曰遊仙，實則變相隱逸，每每基於對現實的不滿，以高蹈遺世、蔑視榮華富貴作爲歌詠的主題。李白這首古詩却是眞的遊仙境來了，而且遊得那麼愜意、痛快！詩人的遊仙，又非遠遁於世，而是以積極進取的精神重返現實，這不能不說是此類題材詩歌的顯著進步。李白不直接對現實作細緻描繪，而是借助離奇的幻想，從空中攝像，用粗線條來勾勒現實，概括道出當時局勢的嚴重及人民所遭受的災難，這正是這位詩仙獨具的浪漫主義表現手法。如果我們把杜甫同時期反映戰亂的詩歌與之對比，便可清晰看出這兩位大詩人再現生活的構思有多麼大的差異！

（謝孟）

古風（其三十四）

李　白

羽檄如流星，虎符合專城。喧呼救邊急，羣鳥皆夜鳴。白日曜紫微，三公運權衡。

古風（其三十四）

天地皆得一，澹然四海清。借問此何為，答言楚徵兵。渡瀘及五月，將赴雲南征。怯卒非戰士，炎方難遠行。長號別嚴親，日月慘光晶。泣盡繼以血，心摧兩無聲。困獸當猛虎，窮魚餌奔鯨。千去不一回，投軀豈全生！如何舞干戚，一使有苗平？

唐玄宗天寶年間，是唐王朝國力強盛的時期，但也是各種社會矛盾日益尖銳、危機日益深重的時期。其中包括中央王朝與邊疆少數民族政權之間的矛盾，也是錯綜而激烈，戰火綿延不絕，人民蒙受了沉重的災難。李白的《古風》三十四，便描繪了這歷史悲劇中的一個場景。

這首詩寫的是唐與南詔的戰爭。南詔當時是一個正在興起的奴隸制政權。它從開元末年開始強大，在唐的支持下統一了六詔（均在今雲南西部），歸順於唐。唐王朝之所以支持它，意在對付強鄰吐蕃。但南詔強大之後，却又與唐發生矛盾，即雙方都企圖控制地處今雲南東部的東西二爨，而南詔取得了勝利。再加上唐王朝的邊疆大員貪婪淫虐，戰爭終於不可避免。天寶九載（七五〇），南詔攻陷唐雲南郡（治所姚城，在今雲南姚安北）。次年唐發大軍征討，大敗。南詔即改附於吐蕃。唐王朝不肯甘心，於是連年爭鬥不已。唐軍屢敗，死傷極爲慘重。爲了補充兵員，唐王朝大舉徵募。無人應募，便強制徵發，以至於派禦史分道捕人，帶上刑具送往兵營。甚至採用欺騙手段，設酒食引誘貧民，捆綁入軍。《古風》三十四所寫的便是南方人民被迫從軍的慘狀。

詩的一開頭，「羽檄如流星，虎符合專城。」只用了兩件「道具」——飛速傳遞的文書和合在一起的虎符，就傳達出緊張的氣氛。羽檄，指徵兵的緊急文書。虎符，調發軍隊的符信，以銅刻作虎形，一半留於朝廷，一半在州郡長官處。朝廷調兵時，須執虎符與地方兵符驗合。專城即指州郡長官。接着加以渲染：「喧呼救邊急，羣鳥皆夜鳴。」只聽得喧嘩聲接連不斷，到處鬧嚷着邊境告急；連一羣又一羣鳥兒都被驚擾得不能棲息，在暗夜裏亂紛紛地啼叫不休。鳥兒尚且擔驚受怕，人更不必說；夜間尚且如此，白晝更可想而知。詩人小處着墨，略施數筆，讀者已被帶入惶遽動盪的氛圍之中。

但接下來忽又展現一片清明景象：「白日曜紫微，三公運權衡。天地皆得一，澹然四海清。」聖君臨朝，猶如白日當空；朝廷大員運轉着國家機器。天空清朗，大地安寧，四海寂然無波。得一即得道，係用《老子》語：「天得一以清，地得一以寧，神得一以靈，穀得一以盈，萬物得一以生，侯王得一以爲天下正。」唐朝統治者自稱老子後人，崇奉道教，社會上道家思想頗爲流行，李白即以道家語言稱頌其統治。這四句乍一讀來似與上下文不調和，實際上正眞實反映了詩人矛盾和痛心失望的心情。此詩大約作於天寶十二載[一]。當時任用酷吏、製造駭人聽聞的政治迫害，并且特別忌恨文學之士的奸相李林甫剛剛死去，楊國忠獨攬朝綱。他出於權力鬥爭的需要，打擊李林甫餘黨，又做出收攬人才的姿態，因而曾博得一般士人的某些好感。李白在好幾首詩中對他，對當時的朝廷說過頌揚的話，此詩「白日」四句也是如此。但眼前發生的事又使詩人憂慮萬分，所以他沉痛地說：當此君明臣良、天下晏安之時，爲何突然又出現了這動盪不安的局面呢？

「借問此何爲，答言楚徵兵。渡瀘及五月，將赴雲南征。怯卒非戰士，炎方難遠行。」這六句即以問答形式將所發生的事件交代清楚。楚，這裏指長江下游。瀘水即今雲南省境內金沙江。古人說那裏多瘴氣，三四月最甚，五月以後稍減，故於五月渡江。三國時諸葛亮南征即於五月渡瀘。「怯卒」句點明被徵者都不是訓練有素的士兵，也不是自願從軍的兵募，而是臨時湊合、毫無鬥志的羸弱平民。這就爲下文作了鋪墊，又暗示了戰爭的前途。古語云：「以不教民戰，是謂棄之。」將「怯卒」驅趕上戰場，不正是棄如草芥嗎！

以下正面描繪被徵者與親人離別時的情景：「長號別嚴親，日月慘光晶。泣盡繼以血，心摧兩無聲。」讀者耳畔似乎爆發出一陣陣驚天動地的哭聲，曠野裏，巷陌中，此起彼伏，日月也爲之慘淡無光。詩人悲憤的感情達到了高潮。行人和送行者都已肝腸痛斷，連痛哭的氣力都沒有了。於是撕心裂肺的號哭漸漸變成了無聲

[一] 據詹鍈《李白詩文繫年》，天寶十二載李白自幽州南返，經梁宋而至長江下游一帶。又據《唐會要》九九《南詔蠻》：「十二載，復徵天下兵，俾李宓將之。」《古風》三十四或即作於是年。

的啜泣；湧泉般的熱淚已盡，接着是殷紅的鮮血！天地間一片岑寂，令人戰慄的沉默！

這是生離，也是死別。「困獸當猛虎，窮魚餌奔鯨。千去不一回，投軀豈全生！」送行的和被送的，都清楚地知道此一去決不能再回還，去一千死一千，去一萬死一萬，去十萬死十萬！詩人不禁以深廣的憂憤呼喊道：「如何舞干戚，一使有苗平？」如何才能像遠古時代的舜那樣，謹修德政，不動干戈，而使得有苗氏自動歸順？詩人希望唐王朝做到政治清明、國家富強、社會安定，以招徠邊疆民族，而不要一味用武。這是詩人的理想，其中也隱含着對唐王朝政策的批評。當時形勢，如上文所說，并不能簡單地說是唐侵略南詔，但它在這場衝突中舉措失當，迷信武力，却也是事實。如天寶十載唐軍大舉南下時，南詔王曾謝罪，表示願歸還去年攻陷雲南時所掠人口財物，并修復雲南城。此時唐王朝若能審度形勢，有所節制，或許能取得較有利的地位。但唐軍主帥不許，結果大敗。此後楊國忠等面對一次次失敗，不思更張，却隱瞞敗狀，窮兵黷武，終於造成了巨大的社會騷動。

李白是一位具有飽滿政治熱情的詩人。天寶初年他被擠出京，此後雖浪跡詩酒，但仍時時關注現實。這首《古風》正是一個鮮明的例證。當時人反映南詔之役的詩作不多。今日所見者，如高適《李雲南征蠻詩》爲唐王朝軍事行動大唱贊歌，顯然歪曲了現實；眞實地反映人民痛苦、抒發憂國憂民之情的，則只有劉灣《雲南曲》和李白此作。因此，它是彌足珍貴的。

（楊明）

古風（其三十四）

蜀道難

李白

噫吁嚱！危乎高哉！蜀道之難，難於上青天！蠶叢及魚鳧，開國何茫然！爾來四萬八千歲，不與秦塞通人煙。西當太白有鳥道，可以橫絕峨眉巔。地崩山摧壯士死，然後天梯石棧相鉤連。上有六龍回日之高標，下有衝波逆折之回川。黃鶴之飛尚不得過，猿猱欲度愁攀援。青泥何盤盤！百步九折縈巖巒。捫參歷井仰脅息，以手撫膺坐長歎。問君西遊何时還，畏途巉巖不可攀。但見悲鳥號古木，雄飛雌從繞林間。又聞子規啼，夜月愁空山。蜀道之難，難於上青天，使人聽此凋朱顏。連峯去天不盈尺，枯松倒掛倚絕壁。飛湍瀑流爭喧豗，砯崖轉石萬壑雷。其險也如此，嗟爾遠道之人胡為乎來哉！劍閣崢嶸而崔嵬，一夫當關，萬夫莫開。所守或匪親，化為狼與豺。朝避猛虎，夕避長蛇。磨牙吮血，殺人如麻。錦城雖云樂，不如早還家。蜀道之難，難於上青天，側身西望長咨嗟。

巴蜀地處西南，素有天險之稱。東漢班固《蜀都賦》曾經描繪過那裏崎嶇壯麗的風光：山阜相屬，崗巒錯雜。巍巍峨峨的陡峻高山，直插雲天；波濤洶湧的湍急江流，一瀉千里。幽晦的叢林中，穴宅奇獸，窠宿異禽；翻天的白浪裏，游魚躍濤，中流相忘。在這氣象森嚴、環境險峻的地方，還流傳着許許多多神奇的傳說，伴隨着古老的歷史和風俗，更增添了瑰秘的色彩。但蜀地又是一個令人嚮往的地方，那裏是沃腴的天府之國，商賈雲集的大都會，環繞穿行的幾股江流形成了發達的水上交通，而陸上蜀道之艱難，則使人生畏。這樣，歌詠蜀道難行，就成了文人墨客筆下的題材。據《古今樂錄》記載，劉宋詩人王僧虔曾有《蜀道難行》，可惜早已失傳。宋人郭茂倩《樂府詩集》中所收較早的有梁簡文帝和劉孝威等的作品，其中藝術成就最高、流傳最廣的，當屬李白的七言古體——《蜀道難》。

這首詩有三個特點：結構句式上的新穎，風格上的奇特和遣詞造意的驚心動魄。

與李白的許多詩歌相似，作者對樂府古題又作了一次創新的改革，他衝破了通篇五言的格局，採用長短句式，錯落有致，使詩歌的關節顯得十分靈活。他又以一唱三嘆的方法來渲染主題，不僅有語詞的重複，更多的是意義的重複和情緒上的重複，使得詩從首句起卽達到高潮，而結尾處仍維持着高潮，幷在中間時時掀起一些波瀾，不斷刺激這個高潮的興奮點，維持着，不讓它低落下去。構思和藝術處理都顯得那麼新穎，同時，又是那麼和諧與完整。

讓我們來看看詩人是怎樣在巴山蜀水中發揮自己的藝術才華的。一聲長嘆：「噫吁嚱（吁嚱，蜀地方言，見物驚嘆聲），危乎高哉！蜀道之難難於上青天！」卽把讀者的心懸了起來，借用心理學的說法，叫做「引起注意」。接着，切入正題。然而詩人幷不立刻描寫蜀地的實景，而開始「尋根」，追溯起歷史和神話來了：據說，秦惠王設置蜀郡（今四川省中部地區，治所在成都市）以前，有過蠶叢、柏灌、魚鳧等許多代政權，經歷了好幾萬年，眞是說不清究竟何時就有了這個都城。可是，在那漫長的年代裏，却與世隔絕，直到秦惠王嫁女時，五丁（五個力士）開山，地崩山摧，化爲五嶺，才有後來如此險峻的天梯石棧（卽棧道，兩山之間鑿崖架木而成的道路）。這段不見人跡的歷史，不正證實了蜀道除了鳥道之外，高不可攀之「難」嗎？

詩人似乎幷不滿足於「尋根」，筆鋒一轉，開始勾勒蜀地的風貌：聳入雲霄的高峯，高得擋住了太陽神的龍車（傳說日禦羲和每天駕着六條龍拉着太陽座車運行，走到蜀地，爲高標所阻，只好把車子倒轉回去）；衝波逆折的急流，回漩改變了流向。你看那青泥嶺（在今甘肅徽縣東南，是甘、陝入蜀要道），懸崖萬仞，令

蜀道難

那些入蜀行人心驚膽戰地在山路上蹣跚，似乎他們一伸手，就可以捫觸到星辰。只得仰首屏氣不敢呼吸，坐下來撫胸長嘆行路難。如果你去詢問他們，什麼時間能够從蜀地返回？他們將會異口同聲地回答你：道路如此艱難，誰能說得準歸期呢？啊！展望前程，滿目凄涼，只有林鳥在山間不斷地穿梭啼鳴，特別是子規（卽杜鵑鳥）的鳴聲悲切，從夜叫到天明，好像在說「不如歸去」。

這就是蜀地的現實，一幅多麼有氣勢的山水人物圖畫，然而，從歷史到現實，蜀道之難的意義又進一步加深了。歷史階段是「西當太白（太白山，在今陝西郿縣、太白縣一帶）有鳥道，可以横絶峨眉（峨眉山，在今四川峨眉縣西南）巔」，而現實中的蜀道竟是「黄鶴之飛尚不得過，猿猱欲度愁攀援」、「蜀道之難，難於上青天」，詩人由衷發出了嘆息，可是他并不就此罷休，更有令人戰慄的景色，「使人聽此凋朱顔」。請看，那最高的山巒，幾乎碰到了天；那倒掛的枯松，在絶壁懸崖邊延伸；那飛湍瀑流和巖石撞擊，轟響喧豗，如同萬壑雷鳴，……還有那由漢中通向蜀地的必經之途——劍閣（在四川劍閣縣北，又名劍門關，是大、小劍山之間的一條棧道），更是無法用筆墨形容了。在描繪險惡的環境時，詩人還嫌不够，連說帶勸，入蜀之人，眞有朝不保夕之危，雖然錦城（今四川成都市，又叫錦官城）是個好地方，還不如早早還家。你不信嗎？請看，那些在鳥道上攀援的人，正在「側身西望長咨嗟」：「蜀道之難，難於上青天！」

三次嘆息，三次反覆，突出了一個「難」字，而「難」的程度則在這重複中一次次向縱深發展，從較單純的敍述向夾敍夾議發展。而在這些發展中，我們體味到了創作主體——作者本人的風格，一種超俗的、變幻無窮的、豪放不羈的奇特風格。

清人沈德潛說，李白「筆陣縱横，如虬飛蠖動，起雷霆乎指顧」，正因爲如此，「太白所以爲仙才也」。李白的風格豪邁、奔放，充滿着激情，所以他的奇是一種壯麗的想象和誇張，通過瑰麗的神話傳說，天馬行空式的馳騁想象，詩人的筆下展現出了一連串奇麗峭拔的蜀地風光，令人目不暇接。詩中的歷史神話傳說富有悲劇的崇高美，而描繪景色則用大幅度的跳躍手法，忽而山，忽而水，忽而峯巔，忽而深淵，猶如一組組驚險的電影鏡頭拼接在一起，在我們的眼前快速掠過，讀者的心爲之震盪！李白的奇，并不表現在用僻詞冷字來做文章，而是一種壓倒一切的氣勢，一種行氣如虹、走雲連風的藝術境界。這首詩遣詞造句自然流暢，如同大江一瀉千里。它有一種感染力，緊緊地攫住讀者的心，它駕馭着讀者的情感脈搏，使之和作者一起跳動。這樣，作者、作品和讀者常常融爲一體，當我們欣賞這首詩的時候，似乎和詩人一同體驗了蜀道的艱難，對於那些險峻的蜀地山川，竟會有身臨其境之感。

遣詞造句用平常的字，并不等於詩境的平淡，有時恰恰能收到相反的藝術效果。這首詩雖然用字不奇，但藝術效果却是驚心動魄的。首句，詩人就按照蜀人的習俗，用了當地的驚嘆詞「噫吁嚱」，接着一句「危乎高哉」，又一句「蜀道之難，難於上青天」，語雖平常，但此時此地，烘托着一種氣氛，使全詩一開始就進入了高潮。又如「蜀道之難，難於上青天，使人聽此凋朱顔」，句中也沒有奇字，但後一句却令人毛骨悚然。詩人不直接寫蜀道之難，而是說人們一聞「蜀道」二字，立卽老去幾十年，蜀道之難，可想而見了。這樣的處理，簡略概括，但藝術效果却又十分強烈。蜀道的劍閣是一條三十餘里長的棧道，羣峯如劍，連山聳立，削壁中斷如門，地勢極險，爲天然要塞。詩人寫道：「劍閣崢嶸而崔嵬，一夫當關，萬夫莫開。」句中點化了左思《蜀都賦》中描寫劍閣的句子：「一人守隘，萬夫莫向。」自然而不露痕跡，眞可謂「天然去雕飾」了。

《蜀道難》約作於唐玄宗開元末（七一三——七一四）第一次入長安時。唐天寶中殷璠編《河嶽英靈集》選入此詩，贊揚這首作品「奇之又奇，自騷人以還，鮮有此體調」。自此之後，不少人開始探討詩的本事和寓意，歷來的說法大致有四種：一、罪嚴武說：杜甫晚年與房琯同爲劍南節度使嚴武的部下，嚴武爲人暴虐，李白作詩勸他二人早日離蜀。二、諷玄宗說：安史之亂後，玄宗奔蜀，李白認爲蜀地不宜久居，作詩諷諫。三、刺章讎兼瓊說：章讎兼瓊開元、天寶之際爲劍南節度使，不受中央節制，故李白作詩以諷。四、純屬歌詠蜀地山川，卽事成篇，別無寓意。近年前三種看法基本上已被否定，可參看拙著《李白集校註》。目前尚有人認爲是送友人入蜀之作，或是嗟嘆仕途的坎坷。但是，這兩種看法也缺乏根據。從詩歌的整個內容和風格看，作者并不一定有什麼具體的寄寓，而詩中却反映了詩人對現實生活的看法和態度。他那種傲岸的精神和超邁的風度在詩中仍然表現得十分鮮明。全詩雖然一嘆再嘆蜀道之艱險，幾次勸慰他人西返，但作者自己在詩中的形象却沒有半點恐懼，而是以橫絕太空的氣勢，用俯視的角度來對待「使人聽此凋朱顏」的蜀道，這和詩人的人生態度是一致的。至於《蜀道難》中「錦城雖云樂，不如早還家」，不過是詩人虛指而已。《蜀道難》的產生與詩人的其他作品如《劍閣賦》等描寫蜀地風光的作品有關，同時也深受前朝文人作品的影響，其中左思《蜀都賦》的影響是很明顯的。李白的詩作以想象與現實相結合，爲我們留下了一幅描繪巴山蜀水的絢麗畫卷，它的藝術價值是永存的。

（朱金城）

將進酒

李　白

君不見黃河之水天上來，奔流到海不復回。君不見高堂明鏡悲白髮，朝如青絲暮成雪。人生得意須盡歡，莫使金樽空對月。天生我材必有用，千金散盡還復來。烹羊宰牛且爲樂，會須一飲三百杯。岑夫子，丹邱生，將進酒，杯莫停。與君歌一曲，請君爲我傾耳聽。鐘鼓饌玉不足貴，但願長醉不復醒。古來聖賢皆寂寞，惟有飲者留其名。陳王昔时宴平樂，斗酒十千恣歡謔。主人何爲言少錢，徑須沽取對君酌。五花馬，千金裘，呼兒將出換美酒，與爾同銷萬古愁。

強烈地表現自己的個性，是李白作品的一個重要特點。《將進酒》就是一篇深刻地揭示了詩人內心的矛盾、拚搏，個性非常鮮明突出的名作。

「君不見黃河之水天上來，奔流到海不復回。」對於這個極富有氣勢的開篇，通常將它和下面兩句聯繫起來，認爲是借河水的一去不復返，興起時光的易逝，這種詮釋未免把詩句所能給予讀者的豐富感受，限制得過於狹窄了。實際上這個開頭對全篇具有統攝意味。那宛如自天傾瀉的河水，激浪奔騰，勢不可當，在形象上與詩人洶湧噴發的感情是相似的。詩人寄情於雄偉奔放的黃河，同時也就借黃河把自己的精神性格映現出來了。

「君不見高堂明鏡悲白髮，朝如青絲暮成雪。」表面上看，句意是慨嘆光陰迅速，人生易老。但僅作這樣的理解也嫌簡單。「草不謝榮於春風，木不怨落於秋天」，「萬物興歇皆自然」（《日出入行》），這種萬物由生長到老死的客觀規律，李白本來是以坦然的態度對待它的。現在之所以悲，則有着更深刻的原因。他不是一般地「悲白髮」，嘆息人生短暫，而是悲華年虛擲，未能建立功業。這種悲幾乎痛入骨髓，如果說詩的一、二兩句是借黃河之水象徵性地表現詩人的感情狀態，那麼三、四兩句則點出了感情激浪因何而起。以上兩組長句可謂積鬱難抑、噴薄而出，揭示了感情矛盾的核心，下面則是圍繞這一矛盾，進一步展開種種複雜的情緒活動，時而曠達，時而自信，時而憤懣。同時不管出現何種精神狀態，又都和酒分不開。

「人生得意須盡歡，莫使金樽空對月。」既然人生短暫，功業未成，有無限悲感壓在心頭，那麼遇有得意之時，就應當努力排遣，盡情歡樂。這裏所謂得意，乃是適性快意，指像下文點出的遇到岑夫子（勳）、丹邱生（元丹邱）那樣的好友，言談和思想活動都比較自由解放的狀態。遇有這種適性快意的場合，便可把苦惱暫時拋在一邊，借助酒力，在「得意」中舒展一下身心。兩句中，前面用「須」，從正面肯定、強調，緊接着通過「莫使……空……」構成雙重否定，再進一步加重，把詩人要飲酒、要盡歡的慾望，表現得極其強烈。而詩人的情緒，能够這樣從「悲白髮」中突圍而出，又需要多麼開闊的胸襟和強大的精神力量啊。也可以說這是及時行樂吧，但它不是醉生夢死地打發「百年光陰有限身」，而是在用世願望未能實現的悲感中，要脫卸一下精神負擔的自我拚搏。

正因爲如此，詩人一邊高舉金樽，一邊仍然執著地想到用世：「天生我材必有用，千金散盡還復來。」感情從前面抒發的悲感中彈跳出來，不僅要用世，而且達到充滿自信的程度。李白在人生面前，既有被動的一面，又有主動的一面。社會的不公平，使他功業無成。但他生性豪爽，雖悲亦有推開悲鬱的得意之時；他天生高才，雖悲亦不失自信。而當他意識到自己具有這種對抗社會的能量的時候，就要大張旗鼓地借酒盡情歡樂一番。「烹羊宰牛且爲樂，會須一飲三百杯。」這是何等的氣派！詩人無疑需要擁有強大的精神力量，才會有這種快意的抒發。

以上是第一段，作者的情緒從悲感中突破出來，到自信地盡情飲酒。第二段則是在酒酣氣足中繼而評說社會人生，表現情緒的又一次推進。這一段，前面有一節引子：「岑夫子，丹邱生，將進酒，杯莫停。與君歌一曲，請君爲我傾耳聽。」它起着承上啓下的過渡作用，在穿插中既使詩顯出了層次和變化，同時又完全是席間頻頻勸酒的口吻，給詩增加了眞切深摯的氣氛，讓讀者感到在酒酣之際，詩人激情難以自抑，須面對知己，痛痛快快地傾訴和揮斥胸中的積鬱。

「鐘鼓饌玉不足貴，但願長醉不復醒」，詩人首先把矛頭指向富貴。鐘鼓饌玉、富貴榮華是世俗所重的，那些「蹇驢得志鳴春風」之徒，所借以向詩人表示驕傲的，也無非是富貴，詩人否定了它，精神上也就更加主動了。

除了鐘鼓饌玉者外，人間還有聖賢一流。對於聖賢，詩人并不否定，但他們在賢愚顛倒的社會裏也是受冷淡的，蹭蹬寂寞，其道不行，當今之世難道還應再效法嗎？反之，那些飲者，倒往往驚世駭俗，留名千古。「留其名」的飲者，當然不是一般的酒徒。「小飲眞瑣瑣」是不够格的，而應該是和詩人自己一樣痛飲狂歌、飛揚跋扈的人物。詩人把聖賢和飲者對舉，抑彼而揚此。言下之意是，當聖賢還不如當飲者。人們據這個邏輯逆推，去尋求它的前提（社會根源），自然會想到社會的不合理。李白在作這樣抑揚的時候，對於飲者的思想行爲有違於聖賢之道，應該是心中有數的。但他寧爲飲者而不爲聖賢，不遵從聖賢所提倡的中庸之道，而採取狂傲不恭的態度，却是一種帶有報復性的心理，不合理的社會壓抑他，讓他「不得開心顏」，反過來他也不願給社會好看。「一醉累月輕王侯」，酒酣之後，用白眼去看那個污濁的社會，以變態（人）去對抗變態（社會），不是比做依中庸之道而行的聖賢痛快得多嗎？

「陳王昔時宴平樂，斗酒十千恣歡謔。主人何爲言少錢，徑須沽取對君酌。五花馬，千金裘，呼兒將出換美酒，與爾同銷萬古愁。」爲了給飲者壯聲色，詩人拉上了曹植。這位聲名赫赫的人物，曾在平樂觀與賓客醉飲，美酒一斗，價值十千，恣意歡謔。李白以曹植作爲效法的對象，勸主人莫愁錢少，要把寶馬輕裘典當出去，以佐酒資，當然不是一般的消遣，而是不喝酒固然不成，喝少了也不成。

所謂「萬古愁」，又回應了開頭的「悲」，它是以懷才不遇爲中心，把整個古代史上賢愚不分、才智之士未得舒展懷抱的憤鬱都囊括在內了。詩人要通過痛飲把「萬古愁」都銷盡，這種飲酒所表現出的狂傲、放肆，當然也就更足以驚世駭俗了。

就這樣，整首詩都讓人感到，詩人的感情始終處在激烈的拼搏之中。全篇就是一曲借助酒力，努力排遣愁悶，渴望伸展才智，在悲感中交織着自信的樂章。封建社會中普遍存在的懷才不遇的矛盾，通過李白的感受和體驗，激成了像黃河之水那樣洶湧澎湃的情感波濤。

這篇名作突出地顯示了詩人思想性格的特點：一方面無論悲哀還是自信，都以強有力的形式表現出來，它反映了李白精神情感的力度，反映了其情感內部的種種衝突、搏擊，常常是以非凡之勢展開的。另一方面，面臨上述矛盾，李白的趨向，不同於屈原「九死未悔」地「法夫前修」和杜甫的「白首甘契闊」。屈、杜按封建社會的道德規範，矻矻以求，甚至知其不可爲而爲之。但李白在矛盾面前，却不循封建社會的繩墨規矩而行，他有偏離封建正軌，趨向叛逆的時候。自信到自認爲「我材」出於「天生」，而且宣布「必有用」，實際上是對不承認和扼殺天才的庸俗社會的叛逆；否定權勢富貴，不願效法聖賢，把飲者擡到他們之上，當然更是一種叛逆。至於靠酒給他增加叛逆的精神力量，典裘賣馬地向狂醉中奮進，并且內心中始終與一份深刻的悲涼情緒拚搏着，又未免被杜甫用「佯狂眞可哀」講到本質上去了。這些，正是表現着李白精神性格的主要特點和內在的複雜性。

性格的鮮明突出，與詩人抓住的酒酣時的精神狀態加以抒寫很有關係。此時便於深入揭示內心世界的激蕩和矛盾，展開精神世界的各個側面。嚴羽說：「一往豪情，使人不能句字賞摘。蓋他人作詩用筆想，太白但用胸口一噴卽是，此其所長。」這評論是很精到的。李白正是抓住烈士對酒的契機，借酒作爲引發詩情的觸媒，「用胸口一噴」，把整個精神性格鑄入了詩篇。讀這首詩，彷彿使酒逞氣、熱血沸騰的李白，彷彿這位傲岸倔強、情感如大河激浪、要用酒去衝銷「萬古愁」的詩人就在眼前。

（余恕誠）

行路難

李　白

金樽清酒斗十千，玉盤珍羞值萬錢。停杯投箸不能食，拔劍四顧心茫然。
欲渡黃河冰塞川，將登太行雪滿山。閑來垂釣碧溪上，忽復乘舟夢日邊。
行路難，行路難！多歧路，今安在？長風破浪會有時，直掛雲帆濟滄海。

英才蹭蹬，志士侘傺，任何時代都有懷才不遇的悲歌。此詩嗟悲歌於拔劍，吐塊壘於對酒，壯懷激烈，磊落雄亢，堪稱千古悲歌中的雄作。

「行路難」是樂府舊題，郭茂倩《樂府詩集》卷七十《雜曲歌辭》中，收錄了六朝鮑照以來的「行路難」數十首。《樂府解題》云：「《行路難》備言世路艱難及離別悲傷之意。」李白此作的題旨也相類，但全詩却悲而不傷，自有豪氣英風在。胡震亨《唐音癸籤》卷九《評彙》五說：「太白於樂府最深，古題無一弗擬。或用其本意，或翻案另出新意，合而若離，離而實合，曲盡擬古之妙。嘗謂讀太白樂府者有三難：不先明古題辭義源委，不知奪換所自；不參按白身世遭遇之概，不知其因事傳題、借題抒情之本指；不讀盡古人書，精熟離騷、選賦及歷代諸家詩集，無繇得其所伐之材與巧鑄靈運之作略。」李白此首《行路難》獨特的思想和藝術個性，也必須解「三難」，然後可得其意。

詩開頭卽從華宴高座寫起，「金樽清酒斗十千，玉盤珍羞值萬錢」，「金樽」、「玉盤」，器皿貴重；「清酒」、「珍羞」，酒饌佳美；「斗十千」、「值萬錢」，極言筵席的豐盛、奢華。前句化用曹植《名都篇》「美酒斗十千」；後句用《北史》「韓晉明好酒縱誕，招飲賓客，一席之費，動至萬錢，猶恨儉率」的典故。可見「巧鑄靈運」之妙。李白曾高歌「人生達命豈暇愁，且飲美酒登高樓」（《梁園吟》），在這「金樽清酒」、「玉盤珍羞」的場合，本來應當是「一杯一杯復一杯」、「會須一飲三百杯」的，可是，詩篇接着却是場面陡轉，平地波瀾，倏忽間推出一個特寫鏡頭，「停杯投箸不能食，拔劍四顧心茫然」。詩人沒有往日的歡謔，只有浩茫的心事。他停下酒杯，丟下雙箸，如此「清酒」、「珍羞」却沒有引起詩人的食慾。他拔出長劍，却是四顧茫然。此二句顯然是化用鮑照《擬行路難》第六首：「對案不能食，拔劍擊柱長嘆息。」但在全詩中表現出比鮑詩更爲複雜的歧路彷徨的苦悶之感。而一、二兩句與三、四兩句的轉捩，形成鮮明對照，更加深了這種效果。詩人的痛苦和鬱悶可想而知。

詩人回首往事，展望前程，眼前浮現的是一派艱險可怖的景象：「欲渡黃河冰塞川，將登太行雪滿山。」開元十八年（七三〇），詩人抱着「何王公大人之門，不可以彈長劍乎」的自信，「西入秦海，一觀國風」，欲「申管、晏之談，謀帝王之術，奮其智能，願爲輔弼，使寰區大定，海縣清一」，他「遍干諸侯」、「歷抵卿相」，幻想一騁雄才。可是得到的却是「冷落金張館，苦雨終南山」、「彈劍作歌奏苦聲，曳裾王門不稱情」、「大道如青天，我獨不得出」。詩人終於初諳了世道的艱險，功名的難求，理想的渺茫。這詩中的「冰塞黃河」、「雪滿太行」，不正是李白一入長安，備受坎坷，行路艱難的象徵麼？鮑照《舞鶴賦》中「冰塞長川，雪滿羣山」，顯然是李詩這兩句點化脱胎的所在，但李白賦予了它一種具有特定意義的象徵。

既然政治黑暗，詩人找不到政治出路，也就只能歸隱身退了。但詩人又遙想起商朝末年的吕尚，年過八十，還在渭水之濱垂釣，後來終於被周文王起用，輔佐君王，大展鴻圖。又聯想到伊尹在被商湯任命爲宰相之前，曾夢見乘舟過紅日之旁。詩人不禁滿懷感奮，幻想自己總有一天像吕尚、伊尹一樣，時來運轉，一騁雄才。於是寫下了「閑來垂釣碧溪上，忽復乘舟夢日邊」。詩人的濟世之心可沒有泯滅呵！他堅信世上風雲際會，命途變幻，要實現自己的理想，只有等待時機。

但是，這種幻想的自慰，只能唤起詩人心靈深處更大的痛苦，面對現實，詩人不得不憤然悲號：「行路難，行路難，多歧路，今安在？」這悲愴的怒喊，千載之下，仍然震撼着人們的心靈，使人感染到詩人的激憤之氣。長歌當哭，只有長呼大叫，方能一洩憂憤。人生道路上歧路紛沓，路在哪裏？哪裏是路？在此，全詩由原來的七言轉爲三言，節奏急切，高亢激越，凝縮着詩人火山噴發般的激憤之情。

然而，結句却又使詩境豁然開朗：「長風破浪會有時，直掛雲帆濟滄海。」這彷彿是貝多芬《英雄交響樂》中的英雄主題衝破陰翳和黑暗，來到一片金色的燦爛朝陽中。詩人壯思飛越，豪情逸興，充滿對前途和理想實現的有力展望和樂觀信念，使這首悲歌頓時充溢着豪邁進取的激情，噴發出一種壯闊雄渾的盛唐氣象。

此詩當是詩人開元十八、九年（七三〇、七三一）初入長安、困頓而歸時所作。《唐宋詩醇》評《行路難》三首説：「冰塞雪滿，道路之難堪矣。而日邊有夢，破浪濟海，尚未決志於去也。」此論頗切。與《行路難》同時之作有《梁園吟》、《梁甫吟》等。《梁園吟》末句「東山高卧時起來，欲濟蒼生未應晚」；《梁甫吟》末尾「張公兩龍劍，神物合有時，風雲感會起屠釣，大人峴屼當安之」：與此詩末句「長風破浪會有時，直掛雲帆濟滄海」思想感情如同一轍，反映了當時詩人壯志未酬、雄心不泯的自勉。或釋「濟滄海」爲棄世歸隱之意，如明人朱諫云：「世路難行如此，惟當乘長風，掛雲帆以濟滄海，將悠然而遠去，永與世違，不蹈難行之路，庶無行路之憂耳。」（《李詩選註》）倘從李詩同時諸作的思想感情和《行路難》（其一）的感情基調考察，這種「棄世歸隱」説顯然不當，有悖詩人原意。況此二句顯然是化用宗慤典故，《宋書·宗慤傳》記載：宗慤年少時，叔父宗炳問其志，他慨然答：「願乘長風破萬里浪。」李白化用此典，鑄成這一千古雄句，激蕩千秋志士之心。

《行路難》波瀾起伏，跌宕有致，反映了詩人感情的跳躍多變。詩的構思緊緊圍繞主觀和客觀、理想和現實劇烈的矛盾衝突而展開，時而熱烈，時而沉鬱，時而絕望，時而高昂，開合騰挪，牢籠百態，沛然奇氣，充塞其中。充分展示了詩人李白「瑰奇宏廓，拔俗無類」（范傳正《李公新墓碑》）的個性特點。在韻律節奏上，時而用對句轉折，形成排奡之氣，音節從低沉到高亢：時而長短錯落地安排節奏，并運用音色、音勢、音長、音重的變化，或復疊高呼。長歌當哭；或高歌遏雲，雄句突起，表現詩人內心情緒的奔騰起伏和憂憤悲喜。在這短章方寸之中，充分馳騁詩人的才情。胡震亨《李詩通》云「凡太白樂府，皆非泛然獨造。必參觀本曲之詞與所借用之詞，始知其源流所自，點化奪換之妙」。從全詩的源流承繼上看，詩人在此詩中最受曹植、鮑照的影響，詩中有不少從曹、鮑詩中脫胎奪換而出的詩句，但詩人巧鑄靈運之辭，化作自己的筋骨血肉，在思想和藝術境界上，比前人更高一籌。

（郁賢皓　倪培翔）

日出入行

李　白

日出東方隅，似從地底來。歷天又復入西海，六龍所舍安在哉？其始與終古不息。人非元氣，安得與之久徘徊？草不謝榮於春風，木不怨落於秋天。誰能鞭策驅四運，萬

日出入行

物與歇皆自然。羲和！羲和！汝奚汨沒於荒淫之波？魯陽何德，駐景揮戈？逆道違天，矯誣實多。吾將囊括大塊，浩然與溟涬同科。

李白愛月，那皎潔晶瑩的明月映照出詩人天眞爽朗的襟懷；李白也愛白日，他從太陽終古不息的運行中體認到宇宙的生命，并與自己的人生理想融而爲一。說這是一首抒情詩吧，它分明包含了富有哲理的思索；說這是一首哲理詩吧，它那激越的感情洪流又似乎不是智者的玄想所盡能包容。這是哲理與詩情的匯合和交融，也是詩人精神境界的一次飛揚和升華。

太陽的晝行夜伏，這本是亘古不變的自然現象，可是這尋常的景象却激蕩起詩人不尋常的詩情。在這首詩裏，詩人既無意於再現朝陽噴薄而出的壯觀畫面，也無意於描繪麗日當空時金碧輝煌的色彩，却追尋着太陽運行的軌跡，從天涯直尋到海角，從此刻上溯到終古，終於在眼前展現出一個在空間上廣袤無垠、在時間上綿延不盡的偌大宇宙！白日的運行既是空間的超越，又意味着時間的流駛，它的這種雙重的性質被詩人巧妙地用來作爲認知宇宙的探測器。以此之故，詩裏發出的「六龍所舍」和「人非元氣」這兩問，就并非是詩人格至物理所生的疑竇，而是詩人面對如此宏闊渺遠的宇宙所發的驚喜交加的浩嘆和禮贊。以宇宙之廣大，所以爲日馭車的六龍究竟在何處棲息，竟無從尋覓；以宇宙之綿遠，最初可追溯到天地萬變始生之前（古人認爲元氣爲世界的本原，萬物皆由之派生），則人類雖歷經百世千載，相比之下又安知不同於一瞬！如果說，詩人在面對雄偉的山水景物時，就曾情不自禁地發出「仰觀勢轉雄，壯哉造化功」（《望廬山瀑布》之一）的驚嘆，那麼，當他置身於浩瀚的宇宙之中，面對如此的造化神功時，其心靈又如何能不爲之所震懾！何況，這自古以來周轉不已的太陽，又給這寥廓茫遠的宇宙帶來了生命的律動，它躍動着，徜徉着，以永恆的運動發散出活力，給世界帶來了光明，灌注了生氣，這一幅宇宙圖景所具的魅力，該是多麼令人神往！

詩人由驚嘆陷入沉思。這茫茫的宇宙并非渾沌一片：春去秋來的時序轉換，朝榮夕謝的盛衰變化，彷彿都遵循着一定的秩序。然而這秩序却并不是有誰在那裏冥冥主宰着，用其一己的意志強加於世界的結果。萬物的繁盛與凋殞，時序的更迭和變換，都是自然之母的產物。這無言的「自然」本身，就意味着生命和運動的自由。「草不謝榮」、「木不怨落」兩句，胎出於《莊子》郭象註：「暖焉若陽春之自和，故蒙澤者不謝；淒乎若秋霜之自降，故凋落者不怨。」其實，就是「萬物興歇皆自由」的思想也源出於郭註：「物皆自然，無使物然也。」「物各自生而無所出焉，此天道也。」（《齊物論》註）這裏可見詩人所受道家思想的影響。但詩人在前哲的引發下，着重抒寫的却是追求生命自由的一片熱忱。詩人用先抑後揚的手法，先借古代神話傳說中羲和、魯陽公兩個人物，對他們的反自然的行爲進行了嘲諷和斥責，然後直抒胸臆。羲和在古代傳說中不僅是爲日駕車的禦者，而且還是主掌四時運行的職官。然而一身焉能二任，當他駕着太陽沉入到虞淵之中時，又如何能履行其執掌四時的職責？詩人用揶揄的口吻對羲和提出了質疑，暗應了前面「誰揮鞭策驅四運」一句。傳說中魯陽公在與韓搆難酣戰時曾援戈揮日，「日爲之反三舍」，詩人對此更是直言揮斥。羲和與魯陽都想以一己的意志凌駕於天道自然之上，隨意支配這萬類競自由的大千世界，無怪乎詩人要指爲「矯誣」，視爲不足信的讕言了。先着此兩筆反撥，最後詩人直白的宣言就顯得分外有力：詩人要和這其大無外、彌漫元氣的宇宙融而爲一，要投入并擁抱這充滿了自由的生命活動的自然。詩人對神奇的大自然的感悟，已經升華爲一種乘化順時的人生理想了。

中國古代盛行「天人合一」的思想，道家更強調從對大自然的直觀中得到人生的啓示和心靈的契合。李白在他的許多詩篇中，往往在謳歌自然的同時，迸發出反權貴反禮法、擺脫世俗拘束爭取人生自由的強烈的思想傾向。他對「天道」、「天運」的思索，實際上是他用來表達他所追求的人生境界的一種獨特方式。這首詩也是如此。它用的是樂府舊題，但漢樂府《日出入行》抒寫的是人生短暫，企望登遐升仙的苦悶情懷；李白這首詩却充滿樂觀的自信，他彷彿在這運行有序、洋溢着蓬勃生機的宇宙中發現、領悟了人生的眞諦。全詩用屈伸自如的雜言句式、靈活多變的語氣，活脫地表現出詩人「與萬物爲一」的氣概和襟懷。構想的恢奇、形式的自由和嚮往充分人生的意蘊互爲表裏，透露出人類邁向自由王國的永恆追求。

（鍾元凱）

長干行（其一）

李白

妾髮初覆額，折花門前劇。郎騎竹馬來，繞牀弄青梅。同居長干里，兩小無嫌猜。十四為君婦，羞顏未嘗開。低頭向暗壁，千喚不一回。十五始展眉，願同塵與灰。常存抱柱信，豈上望夫臺！十六君遠行，瞿塘灩澦堆。五月不可觸，猿聲天上哀。門前舊行跡，一一生綠苔。苔深不能掃，落葉秋風早。八月蝴蝶來，雙飛西園草。感此傷妾心，坐愁紅顏老。早晚下三巴，預將書報家。相迎不道遠，直至長風沙。

一般都認爲，李白的詩如黃河之水，自天而下，激宕千里，入海不回。但李白也有另一種韻調的詩篇，這種詩宛若涓涓清流，回環九曲，而以沉鬱深摯，表達細微縝密的情致爲其特點。當然，那種豪放奔騰的詩，體現着李白作爲浪漫主義大師的基本特點，而這類細密的詩，則從另一個側面展現了這位詩人的豐富和博大。和杜甫、白居易等偉大詩人情況相同，他們的創作總展現出藝術上的多種才能。

要是拿《長干行》和《蜀道難》相比，二者的風格迥然異趣。《蜀道難》當然屬於長江大河一類，有非凡的氣勢；而《長干行》則不啻叮咚作響的山泉，在月下閃着銀色的光亮。前者粗獷，後者柔婉。當我們欣賞了《蜀道難》讓人驚心動魄的雄奇險峻，再來吟誦《長干行》的深情綿邈，柔腸百折，是別有一番滋味的。

《長干行》以女性第一人稱的語氣回顧了女主人公的愛情與婚姻生活，通篇沉浸在對於往事的深沉憶念之中。這可認爲是一「部」僅以三十行一百五十個字（要是不算《長干行》其二的話）寫就的一個普通女性的愛情心史。它是這樣一首詩：在別離的凄苦中，一個女子發出了對於愛情的輕輕的嘆息，這是一曲女子思念自己遠遊的夫君的詩篇。它以凝練概括的筆墨，集中生動地寫出了一個普通女子從天眞爛漫到情竇初開、從少女的矜持到婚後的篤誠，以及飽經別離之後的思戀之情的全部心靈的歷史。這份纏綿，這份柔腸百結的細膩，的確讓我們窺見了李白藝術風格除了豪放與豁達之外的另一面。

《長干行》是寫相思、寫離愁別恨的。但它採用了十分現實的筆法。因爲思念遠人，不免思及他們交往與結合的難忘的經歷。她一開始就陷入了一個十分甜蜜的往事的沉思之中：「妾髮初覆額，折花門前劇。郎騎竹馬來，繞牀弄青梅。同居長干里，兩小無嫌猜。」妾，是舊時女子的卑稱——我那時很小，頭髮長得剛剛遮住前額。我在門前採集野花，你騎着竹馬跑來了，我們倆圍着牀玩那青青的梅子。我們是長干里的鄰居，兩顆小小的心靈，天眞爛漫而不避嫌疑。這裏只用了三十個字，展現了一幅童年的純眞友誼的情景。「青梅竹馬，兩小無猜」八個字，已經成爲異性男女童年友情的最凝練的概括。

「十四爲君婦，羞顏未嘗開。低頭向暗壁，千喚不一回。」這裏又有四行二十個字，它宣布了忘情嬉戲的童年的結束。十四歲就當了新婦，猝然開始的婚姻生活，給這個還是少女的女性帶來了充滿羞澀之感的新鮮。「羞顏未嘗開」寫盡了這位新婦的嬌柔嫵媚：她怕在人前露面，俯首向壁，千喚不應，只是背人而立。詩人用「低頭向暗壁，千喚不一回」這十個質樸的文字，對一個特定年齡（十四歲）的新婚女子的內心世界作了準確而又有鮮明特點的概括。一個「低頭」，又一個「千喚」不應，簡潔的動作（而且是「不動」的動作），從靜態的描寫中畫出了她那交織着複雜情緒的、十分不平靜的感情。這是一位藝術大師忠於生活塑造出來的藝術典型。

過了一年，彼此間有了認識與體諒，蹙皺的眉端方才有了舒展，開始了由衷的愛戀。這就是「十五始展眉，願同塵與灰。」在共同的生活中建立了眞摯的愛情——願意塵灰般地和合相依而永不分離。「常存抱柱信，豈上望夫臺！」是從女子此時的心理狀態寫他們愛情的成熟。「抱柱信」是《莊子》裏的一個故事：尾生

（人名）與一女子約定相會於橋下，橋下忽然漲水而女子未到。尾生誓守信約，不願離開，結果抱着橋柱淹死。後人因此稱堅守信約爲「抱柱信」。這裏仍然是女子的口氣——婚後兩情篤好，常常想的是抱柱殉情之信；但願彼此長久團聚而永不離別，更不敢想到有爲禱祝夫君歸來而登上「望夫臺」的一天！

自開篇至「常存抱柱信，豈上望夫臺」之前的文字，是關於往事的回憶，大體勾畫出了從男女愛情種子的初萌到成熟的全部歷程。當她回憶童年的嬉戲，新婚的羞赧，以及婚後的漸趨平淡而彌見堅貞的感情發展過程，基調是歡悦的，情緒也平穩，除了前一大段的結句：「豈上望夫臺」預示了情感激動的前奏之外，并沒有大的波瀾，全篇似乎都沉浸在一種輕鬆抒情的氣氛之中。當然，它的追念往事却也不全是透明與單純，它業已滲透出一種淒迷的落寞的情緒。這一股思緒彷彿是幾縷飄拂不定的蛛絲，却隱隱地以不可見的情緒觸角撥動着你的心絃。在這裏，充分顯示了這位抒情詩人對於人們情緒的感受及捕捉的能力是精妙的。

前半首詩創造了一種夢幻般的情調，展現着感情發展的各個階段的線索，它讓人帶着清淡的憂愁，以不無惆悵的心情回味那帶着微苦的甜蜜，悼惜業已失去的不知憂愁的時光。這一部分的筆墨全然是爲了後一部分的主題展開作準備。

「十六君遠行，瞿塘灩澦堆。五月不可觸，猿聲天上哀。」從這裏開始，是以大激蕩的自然景色來映襯大激蕩的內心情感。它把一種悠悠的思念之情放在極其波動的情景中來描寫。婚後第三年，女子十六歲的時候，男人爲謀生而長別離。從此開始了「遠行」的主題。《長干行》發生的地理背景是長干里，據《方輿勝覽》：「建康府有長干里，去上元縣五里。」上元治所在今南京市。這位青年女子思念遠人的長干里，係今南京秦淮河一帶地方。她的男人由此遠行而溯瞿塘峽當是沿江西上——由建康而入川的路線。這在古代，是相當遙遠的旅行。而「遠行」的主題就是這樣一個動人心魄的大場面下展開的——那就是巨浪排空，險仄驚人的瞿塘灩澦堆。瞿塘峽亦名夔峽，在四川奉節縣境，兩崖聳峙，江流其中。灩澦堆爲大礁石，在瞿塘峽口，舟行至此，驚險萬狀。每年五月漲水季節，灩澦堆淹沒水中，船隻易於觸礁，故云「五月不可觸」。

「十六君遠行」之前，寫的是對於往日的回憶；之後，寫的是離愁別緒。爲了寫出這深沉的情愛，一開始就選擇了入川途中的一個自然的險境，借以映襯女子爲自己丈夫的旅途安全擔驚受怕的心境。接着是「猿聲天上哀」：巫山三峽沿岸，舊日是十分荒涼的所在，時有野猿對空哀鳴。李白就有過「兩岸猿聲啼不住」的名句，不過那首詩裏的猿聲，表達的却是另一種情緒。在瞿塘峽口的驚濤駭浪過去之後，在沉寂落寞之中，猿在遙遙的山頭上發出了悠長的哀啼，這種筆墨，正是爲了渲染女主人公那種淒苦的、驚惶不安的心情。驚濤乍過，又是這來自「天上」的猿的哀號，此情此景，人何以堪！

往下八句：「門前舊行跡，一一生綠苔。苔深不能掃，落葉秋風早。八月蝴蝶來，雙飛西園草。感此傷妾心，坐愁紅顏老。」從三峽的動景中猛然收縮，回到了眼前的家園靜景。我們把這首詩喻爲深摯情愛的「心曲」，企圖證明詩人完全是按照感情流動的邏輯，譜寫這個內心世界的抒情曲。女主人公的情緒是波動與沉寂交織着的，她的思緒隨着情感的潮水而起伏。開始，她爲愛人而設身處地，彷彿伴隨着自己的所愛經歷了三峽的艱難與淒苦。這裏猛然一收，回到了眼前：孑然一身，悵對舊物，門前是他舊日常行的路徑，他留下的足跡上，已經生起了綠苔。對於在寂寞中生活的、心境悲哀的人，那淒厲的秋風彷彿來得格外的早，瑟瑟的秋風早把枯葉吹得滿地都是！而積滿了厚厚青苔的地上，連落葉也掃不動了——秋風，落葉，覆蓋了離人足跡的青苔，這些身外之景都爲了極寫心中之情，這當然是淒楚萬端的。陰曆八月，蝴蝶雙飛，嬉戲於西園草叢。這情景，更增添了心中的傷痛，青春年華就這麼一天一天地在思念中成爲過去，女主人公的心情充滿無可言狀的哀愁——「坐愁紅顏老」，「坐愁」猶云深愁。——以上數句，完全是感時觸景而發爲悲情的筆墨。

「早晚下三巴，預將書報家，相迎不道遠，直至長風沙。」——這是《長干行》（其一）的結束四句，仍然是女子心靈深處的私語。她只能在這種孤寂淒苦的思緒中遙遙地對着浩浩長江自語——遲早有那麼一天，你從三巴（今四川東部一帶）歸來，切盼預先來個書信，我將懷着急切而喜悅的心情，不畏路途遙遠去迎接你。長風沙是舊日地名，在今安徽安慶市東。自南京至安慶，不下數百里，女子決心走這麼長的路途去迎接她的愛人，這說明她是多麼眞誠。

《長干行》并沒有展現李白一貫的豪放風格。它的長處不在這裏，它追求的是細膩地表達內心的波動。

細膩并不意味着平板和單調，它富有變化。只是這種變化仍然是細微的。全詩可分前後兩半：前半回憶，後半懸想。前半的回憶又有層次，大體爲童年、新婚、婚後三個階段，統一的回憶之中又有鮮明的起伏。後半起於大激宕的場面，顯得不凡。但很快又沉穩下來，復歸於深沉的追憶（「門前舊行跡」、「八月蝴蝶來」），又返回到開始時的那種平靜。但這時表面的平靜却掩蓋不住情感的風暴：表面的靜孕含着內在的波動——這種內心情感的富有層次的起伏變化，造成了《長干行》耐人尋味的藝術魅力，也體現着這首優秀詩篇的高度藝術成就。

（謝冕）

靜夜思

李白

牀前明月光，疑是地上霜。舉頭望明月，低頭思故鄉

靜悄悄的秋夜，明亮的月光穿過窗子灑落在牀前地面上，一片白皚皚的，簡直像是濃霜。夜深了，詩人尚未入睡，他舉頭賞玩皎潔的秋月，不久卽低頭沉思，墜入想念故鄉的愁緒中。短短二十個字，情景交融，描繪了一幅客子秋夜思鄉的鮮明圖景，語淺情深，耐人尋味，無怪它成爲千百年來廣泛傳誦、幾乎家喻戶曉的名篇。

這首詩上兩句所寫情景，讀者很容易認爲是詩人已經上牀睡覺、意識有些朦朧時的錯覺。實際恐怕不是

那樣。如果詩人已上牀，頭平臥枕上，何來下兩句舉頭、低頭的動作呢？疑，可作「似」講，疑是，就是「似是」、「猶如」之意，只是語氣比「似是」更強一些。第二句是說月色濃重，猶如秋霜，是一種誇張性的比喻，并不是表現詩人刹那間的錯覺。李白《望廬山瀑布》詩云：「飛流直下三千尺，疑是銀河落九天。」這裏正好和《靜夜思》相同，用「疑是」引起誇張的比喻，而并不是寫錯覺。他的另一首《望廬山瀑布》有云：「欻如飛電來，隱若白虹起。初驚河漢落，半灑雲天裏。」接連用了三個誇張性比喻，上兩個用了「如」字、「若」字；下兩句也用銀河墜落作比，因變換句法，「如」、「疑」一類字都不用了。這也可作爲旁證。又司空曙《雲陽館與韓紳卿宿別》詩有云：「乍見翻疑夢，相悲各問年。」詩中「翻疑夢」也是一種誇張性比喻，形容與故人久別重逢，事出意料，猶如夢境。這使人想起杜甫的《羌村》詩句，「夜闌更秉燭，相對如夢寐」用了「如」字。

夜深人靜時，特別是月華如練、人們不能入睡之際，更是容易思緒紛繁，遐想聯翩，想念故鄉，想念久違的親友等等。我國古詩中歷來就有描寫月夜想念家鄉、親友的傳統。曹丕的《燕歌行》寫思婦縈念客遊邊地的夫君，正是「明月皎皎照我牀」的秋夜。略早於李白的張九齡，在其《望月懷遠》詩中唱道：「海上生明月，天涯共此時。情人怨遙夜，竟夕起相思。」張若虛的《春江花月夜》更是充分展示了春江花月背景下懷人的情景。這幾首詩都是讀者所熟悉的著名篇什。可是，對李白《靜夜思》有直接影響的，還是漢代的《古詩》和南朝的《子夜秋歌》：

明月何皎皎，照我羅牀幃。憂愁不能寐，攬衣起徘徊。客行雖云樂，不如早旋歸。
出戶獨彷徨，愁思當告誰？引領還入房，淚下霑裳衣。（《古詩》）

秋風入窗裏，羅帳起飄揚。仰頭看明月，寄情千里光。（《子夜秋歌》）

前者是《古詩十九首》之一，寫遊子思鄉；後者則是南朝樂府無名氏作品，寫女子憶念情人。比照之下，不難看出《靜夜思》在選材構思、遣詞造語方面都受到這兩篇詩歌的啓發。《古詩十九首》是漢代無名氏《古詩》中的傑作，被選入《文選》。南朝樂府又是李白很熟悉的。李白從這兩篇詩獲得啓發進行再創作，是不難理解的。《古詩》篇幅較長，寫遊子激烈的思鄉情緒頗爲眞摯，但顯得直率而缺少藴藉含蓄。《子夜秋歌》語簡情深，意境與《靜夜思》非常接近；但《靜夜思》比月色爲秋霜，寫舉頭、低頭的不同表現，寫景抒情，內容顯得更加豐富曲折。李白這篇絶句，以淺顯而復簡練的語言，表現了旅人思鄉的這個帶有普遍性的主題，它吸收了古詩的營養，但寫得更爲婉曲動人，有「雖說明却不說盡」（《唐詩別裁集》）之妙，顯示出他卓越的藝術才能。

本篇第一句第三句，不同版本的字句上有些差異。宋代以來的各種《李太白集》和較早的總集郭茂倩《樂府詩集》、洪邁《唐人萬首絶句》等書，第一句都作「牀前看月光」，第三句都作「舉頭望山月」。「看月光」變成「明月光」，見於清人的選本王士禎《唐人萬首絶句選》、沈德潛《唐詩別裁》；以後蘅塘退士《唐詩三百首》，連「望山月」也改成「望明月」了。這種改動爲以後的唐詩選本（包括解放後的選本）所遵用。從版本發展過程看，恐怕原貌應是「看月光」、「望山月」。只因清人這幾種選本特別《唐詩三百首》流行廣泛，所以現在大家所熟悉的是「明月光」、「望明月」了。我國過去的一些選本在選錄作品時，對某些詞語作一點小小改動，是屢見不鮮的。李白詩中，山月和故鄉似乎有着特殊的聯繫。他在離開蜀地的旅途中，曾經寫了美麗的《峨眉山月歌》絶句。他晚年時，當送別一位蜀地僧人去長安時，又寫了一首《峨眉山月歌送蜀僧晏入中京》七古。他愛故鄉，愛峨眉山月。因此，當他在異鄉靜夜看到明月越過某個山頂照射牀前時，他想起了峨眉山月，想起了故鄉，是很自然的事情。清人把「看月」、「山月」兩處都改成「明月」，雖然不合原貌，但在藝術上的確勝一籌，這樣改動，使詩歌更含蓄有韻致，更帶有普遍性，爲廣大讀者所喜愛和易於接受。何況，如上文所介紹，古代不少詩歌寫靜夜思鄉懷人，也都用「明月」，已經形成一種習慣了。《靜夜思》雖然不是一首人民口頭創作，但它在流傳過程中被改動，這種改動又爲羣衆所接受，其情況倒有些像口頭創作。我們不贊成現在編選本時再改動古人的詩，但得承認這一效果良好的既成事實。

《靜夜思》採用樂府詩體寫，被收入《樂府詩集》的新樂府辭。南朝樂府清商曲辭的吳聲歌曲和西曲歌中，包含着大量民歌，大抵是五言四句的短詩，以樸素自然的語言歌詠男女感情。上舉《子夜秋歌》便是其中的一例。李白的一部分詩歌風格深受民歌影響，他的五絕受吳聲歌曲、西曲歌影響尤爲顯著。《靜夜思》、《越女詞》（五首）、《巴女詞》等作是其特出例子。今人劉永濟《唐人絕句精華》評《靜夜思》云：「絕去雕采，純出天眞，猶是《子夜》民歌本色。」中肯地指出它的語言風格富有南朝民歌風味。它雖是絕句，但不講究平仄和上下句的黏附，也是民歌的一種本色。全詩風格逼近南朝清商樂府小詩，只是不採用《子夜》、《讀曲》等舊題，而是自製新題，所以被收入新樂府辭。

（王運熙）

子夜吳歌（其三）

李　白

長安一片月，萬戶擣衣聲。秋風吹不盡，總是玉關情。何日平胡虜，良人罷遠征？

吳歌出自江南，東晉南遷，更爲流行。《子夜歌》是吳聲歌曲中的一種。《舊唐書·樂志》載：「《子夜歌》者，晉曲也。晉有女子名子夜，造此聲，聲過哀苦。」足見此曲本是哀傷的調門；可到了南朝却變爲歡快的內容。正如《樂府解題》所說：「後人更爲四時行樂之詞，謂之《子夜四時歌》」。歌詞的內容多數是寫男女愛戀之情，這或者就是所謂「行樂之詞」。「四時」是指夏春秋冬四個季節。李白這四首《子夜吳歌》，是倣《子夜四時歌》而作的，四時各詠一首。這首是第三首，即「秋歌」。詩的內容不是寫行樂，而是寫閨思。

盛唐時期，邊塞多事，征夫從征，思婦怨思，詩人創作了大量反映這一社會現實的詩歌，所謂「邊塞詩」也就成了一個詩派出現在詩壇上。李白也用樂府體裁寫了不少邊塞詩。這些樂府詩一反南朝民歌描寫一般愛情的傾向，更多地表現征夫和思婦的相思之情。寫征夫的如《關山月》：「明月出天山，蒼茫雲海間。長風幾萬里，吹度玉門關。漢下白登道，胡窺青海灣。由來征戰地，不見有人還。戍客望邊色，思婦多苦顏。高樓當此夜，嘆息未應閑。」就是寫征夫在西北邊陲征戍，望月思鄉。寫思婦的如這首《子夜吳歌》，就是寫思婦秋夜擣衣，懷念征夫。如果拿《關山月》和這首《子夜吳歌》對照着讀，可以體會到，男女分離，遙相呼應，兩地相思，一種情懷。細味詩意，我們甚至可以認爲兩詩寫的是同一個月夜。一輪皎潔的秋月高掛在天上，照耀着天山，照耀着長安。男的正登上戍樓，望着邊色，想念着家人；女的在擣練，準備爲征夫縫製寒衣。秋風從西方吹來，吹過玉門關，直到長安。征夫因秋風吹度玉門而更勾起思婦之情。然而在西北的征戰之地，古來是很少有人能夠活下來的。漢代班超年老思歸，上書皇帝說「但願生入玉門關」，征夫也擔心能否生入玉門關。何況戰事未了，胡人還時時窺探着青海灣。思婦則因秋風送來寒意，更掛念着玉門關外受寒的征夫，思念之情既急切，擣衣之聲也就隨之急促起來。「不盡」二字雙關着聲（擣衣聲）和情（玉關情）。征夫正守衛着邊關重鎮，防禦胡虜入侵；思婦的心願是早日平定胡虜，丈夫可以不要再出外遠征。兩詩寫一男一女，一呼一應，密切相關，契合無間，眞可謂雙璧，都是表現邊塞題材的佳作。

歌詞的一個重要特點是既具體又概括，既形象又抽象，一句話：既實又虛，虛實相生。這首《子夜吳歌》是一首很典型的歌詞，短小精練，容量極大，之所以能達到這樣的藝術效果，就是因爲採用了虛實相生的寫法。詩中所寫的事物都是具有典型性的「長安一片月」，這不是一般地、具體地寫都城的月夜。這個「月」是具體的，但又是概括的。衆所周知，詩中的月亮，可以從不同的角度構成各種不同的意象。其中作爲觸發兩地相思之情的意象更爲詩人們所普遍運用。寫征夫思婦的邊塞詩，月亮便是不可或缺的意象。王夫之說，「如『長安一片月』，自然是孤棲憶遠之情」（《薑齋詩話》）。這種體會是深刻的。由於月亮能夠勾起憶遠之情，并引起普遍性的聯想，因此這一形象也就帶有抽象化的傾向。「擣衣」同樣如此。本來擣衣在古代是製作寒衣的一個工序，卽在裁衣之前先用砧杵把帛或練擣一擣。一般有錢人家穿的衣服都要經過這道工序。卽唐詩人于濆《裏中女》詩所說「貧窗苦機杼，富家鳴杵砧」。南朝詩人謝惠連《擣衣》詩就曾寫閨中女子月夜擣紈素的事。詩中說：「紈素旣已成，君子行未歸。裁用笥中刀，縫爲萬里衣。」說的是製寒衣寄遠行的「君子」。後來詩中寫擣衣似乎都是爲了寄給遠出征戍的丈夫的。如王勃《秋夜長》詩「調砧亂杵思自傷，思自傷，征夫萬里戍他鄉」，李白《擣衣篇》「夜擣戎衣向明月，明月高高刻漏長」，王灣《擣衣篇》「月華照杵空隨妾，風響傳砧不到君」，就是寫擣衣寄征夫的。擣衣之聲也因此逐漸發展爲表達思婦想念征夫的一種意象，帶有旣具體又概括的典型性。詩中的「玉關」也不是一般的具體地名，而是泛指邊關的意象。李白《王昭君二首》（其一）云：「漢家秦地月，流影照明妃。一上玉關道，天涯去不歸。」舊註說「漢與匈奴往來之道，大抵從雲中、五原、朔方，明妃之行亦必出此」，因斷言李白詩「一上玉關道」有誤，是「文人之病」。（見清代王琦註《李太白全集》卷四）其實，李白筆下的「玉關」多屬邊關地名的泛稱。如他詩中所謂「從軍玉門道，逐虜金微山」，玉門關在西，金微山在北，相去甚遠，豈能從軍於玉門而逐虜於金微？再如他的「寒山秋浦月，腸斷玉關聲」，「玉關殊未入，少婦莫長嗟」，這些採用虛實相生的手法，使之意象化，詩的意境也就富於典型性，爲讀者留下廣闊的想象餘地，因此有小中見大尺幅千里的藝術效果。簡練、概括、形象，這都體現了這首歌詞的特點。

氣象於小巧中見宏大，情調於纏綿中見悲壯，柔中有剛，剛柔相濟，是這首《子夜吳歌》的藝術風格。寫月夜擣衣，在南朝的《子夜四時歌·秋歌》中便有了。如：「風清覺時涼，明月天色高。佳人理寒服，萬結砧杵勞。」又如：「白露朝夕生，秋風凄長夜。憶郎須寒服，乘月擣白素。」這兩首擣衣詩寫佳人在秋夜月下擣白練，準備爲丈夫製寒衣。就題材而言，同李白這首詩是很相似的，然而細細體會一下詩的氣象和情調，

子夜吴歌（其三）

却很有區別。南朝《秋歌》氣象小而巧，情調淒而清；李白這首秋歌則有別。題材相似，因而其氣象也有小巧的一面，情調也有纏綿的一面，但却能於小巧中見宏大，於纏綿中見悲壯。思婦擣衣，這畫面幷非壯闊，但李白却在描繪事物形象時開拓了新的意境。寫月說「一片」，這「一片」不是簡單的數量詞，而是寫空間的廣袤性，給人的印象是到處都是月色。寫擣衣說「萬戶」，用數量來誇大擣衣的場面，給人的感覺是滿城都是擣衣之聲。寫秋風說「不盡」，則以時間的綿延性來渲染情景：秋風之吹不盡，使人敏感到寒冬將臨；擣衣聲吹不盡，使人意識到思婦們在搶時間，趕製冬衣；「玉關情」吹不盡，使人體會到思婦想念征夫深長的相思之情。「不盡」二字維繫着景、事、情，幷把這三者交織成開闊悲壯的境界。通過事物描寫來開拓意境，還不足以構成悲壯的情調和宏大的氣象，更重要的因素是詩人把豪放的性格和奔放的熱情注入詩的意境之中，從而使氣象宏大，情調悲壯。所謂「風格卽人格」，正是在這一點上顯示出來的；另一個重要因素是時代精神的反映。盛唐時代，國力強盛，許多文官武將都爭着奔赴邊庭立功，卽所謂「功名只應馬上取」。這種報國立功積極進取的精神就是當時的時代精神。這種精神反映到這首閨思詩中，也能見出盛唐氣象。「何日平胡虜，良人罷遠征？」思婦的情思是纏綿的，感慨是深切的，但不是低沉的、消極的，而是積極的、激昂的。她不是一味地怨，也不是一味地愁，而是期待着平定胡虜，期待着勝利，期待着丈夫立功歸來。思婦的這種積極昂揚的情緒，於纏綿中顯示出悲壯。詩歌藝術的開拓，詩人個性的顯露，時代精神的體現，構成了這首詩優美中見壯美這樣一種剛柔相濟的藝術風格。

總之，這首小詩雖然用的是樂府的舊題，然而在題材方面却有了新的開拓，表現手法方面體現了歌詞的本色，藝術風格方面也反映出詩人的特性，是李白樂府小詩的精品，所以至今海內外傳誦不衰。（林東海）

秋浦歌（其十五）

李白

白髮三千丈，緣愁似箇長。不知明鏡裏，何處得秋霜？

《秋浦歌》十七首是安史亂前（天寶十三載）太白漫遊至池州，觸物感懷，所寫的一組組詩。那時，唐帝國正處於大亂前夕，安祿山在幽州養精蓄銳，蠢蠢欲動，這是太白探幽燕歸來後，早已瞭如指掌。他曾說：「君王棄北海，掃地借長鯨。」已說明其岌岌可危之勢。與此同時，和西南邊境的南詔的戰爭也沒有結束，就在當年的六月雲南節度使留後李宓擊南詔，全軍覆沒，李宓被殺。帝都長安咸陽一帶正被旱災折磨着。太白在《書懷贈豐南陵冰》中說：「雲南五月中，頻喪渡瀘師。毒草殺漢馬，張兵奪秦旗。至今西洱河，流血擁殭屍。……咸陽天下樞，累歲人不足。雖有數斗玉，不如一盤粟。……霜驚壯士髮，淚滿逐臣衣。……」太白自身則「還同月下鵲，三繞未安枝」（《贈柳園》）。此時心境的不安與痛苦自然非同尋常。

所以，《秋浦歌》十七首中除了少數寫景狀物者外，多是抒寫愁懷的。如第一首中的「秋浦長似秋，蕭條使人愁。正西望長安，下見江水流。遙傳一掬淚，爲我達揚州」，傾訴了憂國的深情。又說「君莫向秋浦，猿聲碎客心」（其十），長年作客他鄉，生活的潦倒，切身的悲苦也增加了詩人的哀傷心境：「秋浦夜猿愁，黃山堪白頭。青溪非隴水，翻作斷腸流。欲去不得去，薄遊成久遊。何年是歸日？淚雨下孤舟。」（其二）多麼深沉的客愁。伴隨着政治上的失路與窮困：「醉上山公馬，寒歌寧戚牛。空吟白石爛，淚滿黑貂裘。」（其

秋浦歌（其十五）

七）「白石爛」與「黑貂裘」是用寧戚、蘇秦在政治上失意落魄的典故。李白引來正是表明自己當時的不幸的處境。在此家、國雙重愁困之中，所寫的《秋浦歌》的基調是愁與淚。「兩鬢入秋浦，一朝颯已衰。猿聲催白髮，長短盡成絲。」（其四）彷彿一入秋浦，使他的白髮突然增添，容顏突然衰老，秋浦的猿聲，催白了頭上的長短髮絲。「白髮三千丈」這一首就是《秋浦歌》組詩的最高音，感情激越、悲憤，迸發而爲震撼人心的呼聲。雖然同是說愁，它不似李清照的「只恐雙溪舴艋舟，載不動許多愁」（〔武陵春〕）那麼淒婉，悲苦。更不似李後主的「剪不斷，理還亂，是離愁，別是一般滋味在心頭」（〔相見歡〕）那麼淒婉、纏綿。它不是平心靜氣的訴說，是再也壓抑不住的、火山爆發一樣的憤怒的狂呼。試設想三千丈白髮的詩人形象吧，那是只見白髮而不見詩人，飄飄然的白髮，障蔽了一切，彌漫無際，都是緣愁而生的白髮。不是憑藉山、水，而是愁容、白髮，兩者已混然一體。本來緣愁而生白髮，白髮亦卽愁容，因是果，果也是因。因果的循環往復，不正是人們生活中千百次出現的現象嗎？寫白髮之長，是爲了訴悲愁之深。在大變動的前夜，對一個偉大而敏感的詩人，他有這種感受，當然是真實的。

前面兩句抒寫愁思已盡，可是後面兩句轉而又問：「不知明鏡裏，何處得秋霜？」似乎明鏡中的秋霜不是自己白髮的反照，自己不是因爲明鏡才看見了「長短盡成絲」，才看見了「白髮三千丈」，那冷冰冰的明鏡似乎和自己沒有關係。這幷非明知故問，或者故作遊嬉之筆。因爲這時詩人覺得「愁」和「白髮」，都在自己一體之中，身心雖異而血肉相連，不禁要反問冰冷的明鏡：「何處得秋霜？」也是爲加強前兩句悲愁與白髮相因依的關係。

人們把這首詩看作李白浪漫主義誇張的代表作，忽略了分析它在感情、生活方面的真實感受，他的現實生活的依據。但是，生活是藝術的源泉，白髮和愁是密切相連的，寫白髮之漫長無際，正所以寫愁思的浩渺無邊。詩人的誇張，是爲了表現他的哀時傷世的激憤情感。如果從天寶末年唐帝國的險象環生的社會危機來看，李白的莽莽悲愁，也正是時代的悲愁。

（喬象鍾）

峨眉山月歌

李白

峨眉山月半輪秋，影入平羌江水流。夜發清溪向三峽，思君不見下渝州。

李白雖然幷不是出生在蜀中，但因五歲的時候就移居到這裏，所以他是把這裏當作自己的故鄉看待的。蜀中的自然山水引起李白很大的興趣，江油附近的戴天山（大匡山），成都附近的青城山，以及著名的峨眉山，都曾留下他的足跡。特別是峨眉山的險峻和山上的煙霞，使李白驚嘆不已。他在一首題爲《登峨眉山》的五言古詩裏說：「蜀國多仙山，峨眉邈難匹。周流試登覽，怪絕安可悉？」可見峨眉山給他留下了多麼深刻的印象！

這首《峨眉山月歌》也是寫峨眉山，不過幷不是寫山本身，而是寫山上的月亮。月亮哪裏都有，在一般人看來哪裏的月亮都一樣。但是詩人的感覺就不同。杜甫說：「露從今夜白，月是故鄉明。」（《月夜憶舍弟》）他覺得故鄉的月最明亮。李白也是這樣，他最喜歡峨眉山的月亮。早年寫了這首《峨眉山月歌》，晚年又寫了一首《峨眉山月歌送蜀僧晏入中京》，那是公元七五九年，李白死前三年在江夏（今湖北武昌）寫的。有一位四川和尙（蜀僧晏）要去長安，李白寫了這首詩爲他送行。詩裏說：「我在巴東三峽時，西看明月憶峨眉。月出峨眉照滄海，與人萬里長相隨。」從中可以看出李白對峨眉山月懷着多麼深厚的感情。這不僅是對峨眉山月的喜愛，也是對故鄉的眷戀。

頭一句「峨眉山月半輪秋」點出一個「秋」字，說明那是一個秋天的夜晚。「半輪」，說明正是月兒半圓之際。「半輪」就是半圓，但說「峨眉山月半圓秋」，顯然不如說「峨眉山月半輪秋」，因爲「輪」字更有實感，它不僅有圓的形狀，還有動的感覺。它的蘊含更豐富。把「半輪」和「秋」這兩個詞連起來也很有意思。「半輪」不是修飾形容「秋」字的。「秋」無所謂一輪、半輪。這「半輪」乃是修飾上邊那四個字「峨眉山月」，「秋」是說明當時的季節。正常的句式應當是「半輪山月峨眉秋」，但這樣不合平仄。即使不考慮平仄，也太平常了。李白把「半輪」放在「山月」和「秋」字中間，既修飾了「山月」，似乎又和「秋」發生了關係。因爲七言詩的句式是上四下三，誦讀的時候，習慣地讀成「峨眉山月——半輪秋」。秋當然不能用「半輪」去修飾，但是那「半輪」，做爲秋天景色的一種突出的點綴，却能造成深遠的意境，把一幅清晰的圖畫呈現在讀者眼前。詩人要說明的重點不在峨眉山已到了秋天，或者從峨眉山樹木的顏色看出了秋天，而是從半輪山月上感覺到秋天的來臨。大家都會有類似的體驗，秋月和夏月是不一樣的。也許因爲空氣的溫度、濕度不同，秋月特別皎潔、明亮。彷彿也帶着幾分涼意，李白正是把這種體驗說了出來。

第二句「影入平羌江水流」，主語是什麼呢？顯然是峨眉山月，是峨眉山月的影子投入平羌江水之中，隨着江水的流動，也在流動着。那個「流」字是指江水的流動，也是指月影的流動。從這句詩看來，平羌江水一定是十分清澈的，否則見不到月影。孟浩然的《宿建德江》：「野曠天低樹，江清月近人。」天上的月離人很遠，不會近人。「月近人」的月，是江水中的月，詩人坐在船上，江水又十分清澈，月亮的影子投入江中，詩人覺得它離自己很近，有幾分親近之感。李白這句「影入平羌江水流」，雖然只說了月影隨着平羌江水在流動着，但江水之清澈已在不言之中了。四川樂山市北約二十三公里的岷江上有一段叫嘉州小三峽。北爲犂頭峽，中爲背峨峽，南爲平羌峽。自平羌峽以下至樂山一段江流又名平羌江。

三四句，詩意遞進了一層，地點也改變了。「夜發清溪向三峽」，「清溪」，據《輿地紀勝》是驛名，在嘉州犍爲縣，平羌峽南口東岸。夜裏從清溪出發再向下游走去，當然還會有月亮伴隨着，但那峨眉山月却見不到了。所以第四句說：「思君不見下渝州」。「君」，您，指峨眉山月。思念着您，却又見不到您。就這樣，在對峨眉山月的思念之中沿江而下，駛向渝州（今重慶），再經渝州到三峽。這兩句詩讓人感到李白一路之上都在思念着那半輪峨眉的山月，沉浸在山月的美好回憶之中。

王鳳洲曰：「此是太白佳境，二十八字中有峨眉山、平羌江、清溪、三峽、渝州，使後人爲之不勝痕跡矣，可見此老爐錘之妙。」的確，一首七言絕句，四句二十八個字，竟連用了五個地名，如果缺乏藝術的才能，就會寫得枯燥無味，像是一篇地理位置的説明書。可是出自李白筆下，却是那麼新鮮自然而又動人。這就是因爲李白注入了自己的感情和個性。從平羌江，到清溪、到渝州，到三峽，一路之上他的心中充滿了對峨眉山月的愛，他捨不得離開她，捨不得離開故鄉。在漫長的行程裏，峨眉山月雖然漸漸地不可見了，但在李白的心中，她却始終清晰地浮現着。

（袁行霈）

懷仙歌

李　白

一鶴東飛過滄海，放心散漫知何在？仙人浩歌望我來，應攀玉樹長相待。堯舜之事不足驚，自餘囂囂直可輕！巨鰲莫載三山去，我欲蓬萊頂上行。

此太白自制新題樂府，用韻及聲調均屬古體，亦不拘對屬；而七言八句，啓承轉合，章法嚴整，又顯然受近體影響。題曰懷仙，實爲抒憤，語似平淡而含意深遠。蘇軾論詩有云：「梅止於酸，鹽止於咸，飲食不可

懷仙歌

無鹽梅，而其美常在咸酸之外。」（《讀黃子思詩集後》）即所謂「味外之旨」，讀此詩不可不知。

元人蕭士贇解此詩：「一鶴自喻，仙比人君，玉樹比爵位。時肅宗即位於靈武，明皇就遜位，時物議有非之者；太白豪俠曠達之士，亦曰法堯禪舜自古有之，何足驚怪，爲是囂囂者不知古今，直可輕也。末句拳拳安史之滅，宗社之安，或者用我乎！身在江湖，心存魏闕，白有云云。」鶴固是自喻，仙比人君、樹比爵位、堯舜比玄宗父子、巨鰲比安史、仙山比宗社云云，則非也。蕭氏解詩，每喜強爲比附以牽合時事，殊不可信。但他對此詩寫作時間的判斷，大體上是對的。竊意此作於辭官以後當無問題，至於在安史之亂前後則難斷定，詩中寓意不可泥於具體史實。

發端二句，很自然地使人聯想起《行路難》其一結尾：「長風破浪會有時，直掛雲帆濟滄海！」滄海，北海島名，仙人之所居也（見《海內十洲記》）。辭官之初，由於對現實失望，決心棄世遠遯，去和神仙打交道；豪言壯語，其所表達的却是深沉的悲感。現在這種悲感更深了一層：想象自己如孤單的仙鶴飛到滄海，却仍不知何處棲身！放心散漫，猶云自由自在，可安身之所何在呢？知何在猶云不知何在。三、四承上，作強自寬解語：終究會有仙人前來做伴，自應耐心等待。玉樹，仙樹，因爲自比仙鶴，故云攀玉樹，此處并沒有蕭士贇所說的意思。以上四句用仄聲韻，辭情婉約，似有自得之趣，而無所適從的悲哀自在言外。五、六改用平聲韻，轉而抒憤：堯舜這樣賢明的君主其作爲亦不足稱道，其餘囂囂者那就更不值一提了！蕭氏竟將這種俯視千古的豪言解作贊成肅宗即位云云，殊爲可笑。不過，對於這種豪言的真意，仍舊需要從言外去了解。堯舜之事以及自餘囂囂者，乃概言歷代政治，李白決不會等閒視之，所謂不足驚，直可輕，說穿了，不過是阿Q精神的表現罷了。然而李白的阿Q精神又是很可同情的，他一輩子都念念不忘於政治，以至垂暮之年還請纓參軍，但同時對現實政治又深感失望，始終無法施展其抱負，因而才不時地發出這類激憤之語，豪言背後是隱藏着許多辛酸的。此詩最感人還在末兩句。三山，指方丈、瀛洲、蓬萊三仙山，傳說各由三巨鰲負載（見《列子》），由於在現實中沒有出路，只好還是去和神仙打交道，因此央告巨鰲莫載仙山遠去，於是又回到懷仙的主題。然而，首句東飛過滄海已流露出遊移，結句蓬萊頂上行就更顯得混茫難求了。五、六情調激越，七、八又變成了一種無可奈何的央告口吻，這在李白實屬少有，所以感人；使人聯想起詩人的生平抱負及其淒涼晚景，於彼了解愈多，於此感受愈深。

李白後期抒情詩，多寄情於酒與仙，其真意均在抒發對現實的深刻不滿。不同在於，縱酒表示狂放傲世，故其作色重，其情濃郁；懷仙則表示高蹈忘機，故其作色淡，其情蘊藉。前類作品可以《將進酒》爲代表，後類作品可以《懷仙歌》爲代表。風格有別，却出自同一個李白。

（裴斐）

贈汪倫

李白

李白乘舟將欲行，忽聞岸上踏歌聲。桃花潭水深千尺，不及汪倫送我情！

天寶十四載（七五五），李白從秋浦（今安徽貴池）前往涇縣（今屬安徽）遊桃花潭，當地人汪倫常釀美酒款待他。臨走時，汪倫又來送行，李白作了這首詩留別。

詩的前半是敍事：先寫要離去者，繼寫送行者，展示一幅離別的畫面。起句「乘舟」表明是循水道；「將欲行」表明是在輕舟待發之時。這句使我們彷佛見到李白在正要離岸的小船上向人們告別的情景。

送行者是誰呢？次句却不像首句那樣直敍，而用了曲筆，只說聽見歌聲。一羣村人踏地爲節拍，邊走邊唱來送行了。這似出乎李白的意料，所以說「忽聞」而不用「遙聞」。這句詩雖說得比較含蓄，只聞其聲，不見其人，但人已呼之欲出。

詩的後半是抒情。第三句遙接起句，進一步說明放船地點在桃花潭。「深千尺」既描繪了潭的特點，又爲結句預伏一筆。

桃花潭水是那樣的深湛，更觸動了離人的情懷，難忘汪倫的深情厚意，水深情深自然地聯繫起來。結句迸出「不及汪倫送我情」，以比物手法形象地表達了眞摯純潔的深情。潭水已「深千尺」，那麼汪倫送李白的情誼更有多少深呢？耐人尋味。清沈德潛很欣賞這一句，他說：「若說汪倫之情比於潭水千尺，便是凡語。妙境只在一轉換間。」（《唐詩別裁》）顯然，妙就妙在「不及」二字，好就好在不用比喻而採用比物手法，變無形的情誼爲生動的形象，空靈而有餘味，自然而又情眞。

這首小詩，深爲後人讚賞，「桃花潭水」就成爲後人抒寫別情的常用語。由於這首詩，使桃花潭一帶留下許多優美的傳說和供旅遊訪問的遺跡，如東岸題有「踏歌古岸」門額的踏歌岸閣，西岸彩虹罔石壁下的釣隱臺等等。

（宛敏灝　宛新彬）

聞王昌齡左遷龍標遙有此寄

李　白

楊花落盡子規啼，聞道龍標過五溪。我寄愁心與明月，隨風直到夜郎西。

聞王昌齡左遷龍標遙有此寄

李白一生任俠尚義，足跡遍神州，聲名滿天下，廣交高朋雅士，寫了大量的贈答佳作，歌唱朋輩間的真摯友情。這種友情正是建立在「人生貴相知，何用金與錢」（《贈友人》三首其二）的道義基礎上的。

李白與王昌齡的七言絕句堪稱唐人小詩的冠冕。從這個意義來說，兩人可謂「大匠同時並出」。他們又是神交，友情的純眞自不待言。《聞王昌齡左遷龍標遙有此寄》一詩，就是李白爲王昌齡而作的。

王昌齡的仕途屢經挫折，開元二十七年（七三九）貶放嶺南，天寶元年（七四二）謫遷江寧（今江蘇省南京市）丞，天寶七年（七四八）再貶龍標（今湖南省黔陽縣）尉。據《新唐書·文藝傳》載，王昌齡這次左遷（古時尊右卑左，故稱貶官爲「左遷」）是因爲「不護細行」，即生活小節失於檢點。《唐詩箋註》卷八載有王牧郇的話：「本傳言少伯（王昌齡字少伯）『不護細行』，或有所爲而云。」究竟「所爲」指的是什麼，已難考察，可能是欲加之罪，極言之，也不算什麼大問題。王昌齡在《芙蓉樓送辛漸》一詩中，就曾巧用鮑照《白頭吟》的妙喻——「一片冰心在玉壺」以言心志，表明自身光明磊落、廉正高潔的操守。

李白在東南地區漫遊期間，得悉王昌齡這次的不幸遭遇，深表同情和關切，當即寫了此詩，遙寄給他，以帶去一點慰藉，分擔他的愁苦，從中可見李白的俠腸和肝膽。

詩篇的前兩句：「楊花落盡子規啼，聞道龍標過五溪。」

前句寫景。楊花，如同浮萍，是漂泊無依的形象，「無情有思」的楊花，在愁人眼中，「點點是離人淚」（蘇軾〔水龍吟〕）；子規，即杜鵑，又名杜宇，啼聲哀切，所謂「杜宇聲聲不忍聞」（宋人李重元〔憶王孫〕）。詩人所以在繁花雜樹中獨取楊花，在諸多禽鳥中特選子規，不僅因爲它們能點明時令是在暮春，以切合當時情事（王昌齡是在天寶六年秋聞貶謫龍標之命，於翌年春抵達貶所的），還由於它們可以烘托淒涼悲惋的氛圍，以寄寓詩人嘆飄零、感離恨的特定心境。「楊花」一句眞是融情入景，景中見情的佳句。

次句由寫景轉入言事，正扣題面「聞王昌齡左遷龍標」的字樣。「聞道」，聽說，可想見詩人得知摯友被貶時的驚愕痛惜之情。「龍標」，這裏當指地名，而非指王昌齡。王昌齡固然時稱王龍標（唐時有以任所代人稱的風習），那是他貶任龍標尉以後才有的稱謂，李白不會在他剛剛左遷或赴任途中便以貶所之名呼之。所

聞王昌齡左遷龍標遙有此寄

謂「龍標過五溪」是說龍標那個地方還要過了五溪才能到達。足見貶地的荒涼遙遠和王昌齡行路所遇的艱難險阻。唐時是以貶地距離京城長安的遠近來衡量貶官罪責輕重的。王昌齡只因「不護細行」，竟然被遣放到比五溪更遠的沅水之濱，也可得見當時世道的不公。五溪，指酉溪、辰溪、巫溪、武溪和沅溪（《通典》），或謂雄溪、樠溪、酉溪、武溪、辰溪（《水經註》）。兩說雖不盡相同，但其地均指今湘西一帶，故無傷對詩作的理解。

兩句詩，意雖悲痛，但不遺悲痛之語，而是令人玩詠得之。正如白居易所云：「說喜不得言喜，說怨不得言怨。」（轉引自宋人張戒《歲寒堂詩話》卷上）這也正是形象思維的一種特點和詩貴含蓄的一個原則。

詩篇的後兩句：「我寄愁心與明月，隨風直到夜郎西。」再扣詩題中的「遙有此寄」四字，從而全面坐實了題意。元代韋居安《梅磵詩話》卷上說：「絕句括盡題意方佳。」此詩正是這樣。這兩句又由寫景言事轉爲抒情寄慨。意思是：將我的同情和懷念之心託付給多情的明月，隨風一直到達你的貶所吧！此詩或係夜中所作，故有「寄愁心與明月」這種卽景抒情之語。愁心者，當然是從友人被貶龍標而生。又，末句一作「隨君直到夜郎西」，則王昌齡應在拜命途中，詩句不言寬慰，寬解之意自明。夜郎，當在今湖南省沅陵縣境，龍標在其西南方向，而非指在今貴州省桐梓縣的夜郎。清人劉獻庭《廣陽雜記》：「王昌齡爲龍標尉。龍標卽今沅州也，又有古夜郎縣，故有『夜郎西』之句。若以夜郎爲漢夜郎王地者，則相去甚遠，不可解矣。」

託月寄情的詩意，李白以前的詩賦中多有出現。如南朝樂府《子夜四時歌·秋歌》：「仰頭看明月，寄情千里光。」劉宋謝莊《月賦》：「美人邁兮音塵闕，隔千里兮共明月。」梁朱超《舟中望月》：「唯餘故樓月，遠近必隨人。」唐張若虛《春江花月夜》：「此時相望不相聞，願逐月華流照君。」宋蘇軾〔水調歌頭〕：「但願人長久，千里共嬋娟。」李白這兩句詩，語意尤爲深厚，表明惟有同時光照兩地的中天明月，深知此時詩人無告的愁思和心曲，那就請這位多情而好心的知己代向相隔萬里的遷謫者表述吧！

在我國古典詩詞中，詩人抒情言志時，有時把主觀的意念和感受賦予客觀事物，彷彿客觀事物同樣具有人的感情和性靈，幷與作者在感情方面是交流的、共鳴的。如「多情只有春庭月，猶爲離人照落花」（唐張泌

《寄人》），「蠟燭有心還惜別，替人垂淚到天明」（唐杜牧《贈別》）之類。這種人格化的修辭方式如果運用得好，會有助於加強作者深厚感情的表達，使詩味更加醇厚。李白《聞王昌齡左遷龍標遙有此寄》一詩便是精彩的範例。

（李如鸞）

廬山謠寄盧侍御虛舟

李　白

我本楚狂人，鳳歌笑孔丘。手持綠玉杖。朝別黃鶴樓。五嶽尋仙不辭遠，一生好入名山遊。廬山秀出南斗旁，屏風九疊雲錦張，影落明湖青黛光。金闕前開二峯長，銀河倒掛三石梁，香爐瀑布遙相望。迴崖沓嶂凌蒼蒼。翠影紅霞映朝日，鳥飛不到吳天長。登高壯觀天地間，大江茫茫去不還。黃雲萬里動風色，白波九道流雪山。好為廬山謠，興因廬山發。閑窺石鏡清我心，謝公行處蒼苔沒。早服還丹世無情，琴心三疊道心成。遙見仙人彩雲裏，手把芙蓉朝玉京。先期汗漫九垓上，願接盧敖遊太清。

這是一首抒情詩，抒隱逸者遺世之情；又是一首山水詩，寫江山雄奇之美。

正如詩人在詩中所寫：「好爲廬山謠，興因廬山發。」描寫廬山是這首詩的主旨。盧侍御，名虛舟，是至德以後被授爲侍御史的。這時李白正隱居廬山屏風疊。盧有《通塘曲》，誇寫廬山的美好，李白以詩相和：

「君誇廬山好，通塘勝耶溪。通塘在何處？遠在尋陽西。青蘿嫋嫋拂煙樹，白鷴處處聚沙堤。……」（《和盧侍御〈通塘曲〉》）通塘雖好，尚不及廬山。李白在《廬山謠寄盧侍御虛舟》一詩中，是從更高更廣的角度來描繪廬山的美境。

前六句爲太白自述，把自己比作楚狂接輿，見當今政治之不可爲，便不去枉費心力。春秋時楚國的陸通（字接輿），佯狂不仕，并且向孔子唱「鳳兮，鳳兮……」的歌，諷諭孔子，認爲孔子那樣悽悽遑遑以從政，是不可能有什麼好結果。這和他在《贈王判官時余隱居廬山屏風疊》詩中所說：「吾非濟代人，且隱屏風疊」的思想是一致的。「五嶽」兩句則是對自己一生尋訪名山勝景的生涯的概括。然後進入了主題對廬山的描繪。

李白早年曾寫過廬山瀑布詩，使他飲譽天下。但是他還沒有從整體上、從多種角度來寫廬山的秀美。「不識廬山眞面目，祇緣身在此山中。」（蘇軾《題西林壁》）要來賞識廬山的秀美，須立身於廬山之外。「廬山秀出南斗旁，屏風九疊雲錦張，影落明湖青黛光」這三句所採取的角度正是處於從廬山之南的鄱陽湖上來凝望的。廬山在星子縣之西，故曰「秀出南斗旁」。在鄱陽湖上，才可能看見廬山秀麗的輪廓，在進一步凝視中，又可以看見山中影影綽綽嵯峨的山嶺，錯綜的峯巒，不祇形勢、姿態各異，而且顏色濃淡不同，像屏風似地向空開張。而廬山的倒影映入鄱陽湖中，則是一個沉沉的黛色的閃動的影子。同是一個廬山，呈現着兩種美的景色：向空是一扇錦屏，多彩多麗；向下，是明湖中閃灼的倒影。既是靜態的，又是動態的，都可以讓你追索、尋味。

如果說黃山以雲海爲人所稱賞，廬山則以瀑布令人贊嘆。而在廬山衆多的瀑布之中，尤以開先、三疊、香爐峯的瀑布令人神往。「金闕」三句正是寫廬山的瀑布。開先瀑布從兩峯間瀉出，如巨靈開山而來；三疊泉的水聲如雷震耳，三疊而後下落，向稱宏偉博大；香爐峯的瀑布，上端有紫氣氤氳，如煙似雲，瀑布如簾似練，自高空落下，太白早有「疑是銀河落九天」之句，寫盡其神奇之勢。這裏祇是把三種不同美的瀑布拈出，足以代表廬山多少瀑布的景觀。三句雖不曾細寫三個瀑布，但也各點出其不同特徵。如開先瀑，卽以「雙峯」、「金闕」爲特點。

「回崖」三句是把廬山置於朝霞之前來描繪。層峯聳翠，影落明湖。「翠」、「紅」本是強烈的對比色，長天、飛鳥又以無限大的境界與微小的飛鳥對舉，造物者既爲人間安排了這些絕妙的景色，「非有老筆，清壯何窮。」這是李白法書《上陽臺》帖中的話，只有他以彩筆再現出來。最後四句乃是詩人站立在廬山的高峯所見，把廬山放在大地長河之際來看，從更高更廣的角度來寫江山之美。長江於此九脈匯流，長空萬里，風雲變幻，又是一個宏觀世界。描繪廬山自然美的詩句至此結束。

詩人攝取廬山的鏡頭忽近忽遠，忽高忽低，角度也在變化着。他用的色彩是非常濃郁的：「青黛」、「金」、「銀」、「蒼」、「翠」、「紅」、「黃」、「白」、「雪山」、「蒼苔」、「彩雲」，詩人雖非丹青聖手，而這首濃墨重彩的詩，豈不是懸掛在天地之間的彩繪？

最後一段又是詩人浪漫主義的自我抒發，頗有遊仙意味。每遇勝境，太白常懷謝公。夢遊天姥是如此，在廬山亦復如此。廬山上謝公遺跡已爲蒼苔所蔽沒了，只有謝公曾經照過的石鏡（謝靈運《入彭蠡湖口》：「攀崖照石鏡，萬感盈朝昏。」）仍然使人心神澄清。撫今思昔，便感到人生的短暫，世情的煩累。轉而欲服食求長生，以擺脫塵累。晉人葛洪在所著《抱朴子·金丹》篇中說如果每天服一調羹（刀圭）還丹，一百天即可成仙。又如果反覆誦讀《黃庭內景經》（別名曰《琴心文》）也可得道。這些得道、升仙的訣竅使詩人興奮起來，甚至想入非非，彷彿遠遠看見仙人手持芙蓉，站在彩雲裏，正往元始天尊所居住的玉京去朝拜呢。眞可以和那個怪物汗漫相約，接了盧敖往最高的高空一遊。

詩的開端處的自敍和尾聲的遊仙，寫法雖不相同，而對政治的淡漠情緒則是一致的，這是安史之亂初期李白思想的實際情況。

這首詩的客觀寫景眞實、生動，是寫實的手法，主觀抒發則是浪漫主義的，末兩句約盧敖作九垓之遊，是切盧侍御，也是娛樂盧侍御，難道他會想到自己眞能騰空而起？

（喬象鍾）

夢遊天姥吟留別

李　白

海客談瀛洲，煙濤微茫信難求。越人語天姥，雲霞明滅或可覩。天姥連天向天橫，勢拔五嶽掩赤城。天臺四萬八千丈，對此欲倒東南傾。我欲因之夢吳越，一夜飛度鏡湖月。湖月照我影，送我至剡溪。謝公宿處今尚在，淥水蕩漾清猿啼。脚著謝公屐，身登青雲梯。半壁見海日，空中聞天鷄。千巖萬轉路不定，迷花倚石忽已暝。熊咆龍吟殷巖泉，慄深林兮驚層巔。雲青青兮欲雨，水澹澹兮生煙。列缺霹靂，丘巒崩摧。洞天石扉，訇然中開。青冥浩蕩不見底，日月照耀金銀臺。霓為衣兮風為馬，雲之君兮紛紛而來下。虎鼓瑟兮鸞回車，仙之人兮列如麻。忽魂悸以魄動，怳驚起而長嗟。惟覺時之枕席，失向來之煙霞。世間行樂亦如此，古來萬事東流水。別君去兮何時還，且放白鹿青崖間，須行卽騎訪名山。安能摧眉折腰事權貴，使我不得開心顏！

《夢遊天姥吟留別》又名《別東魯諸公》，寫成於唐玄宗天寶四載（七四五）。天寶三載（七四四）李白在唐都長安受權貴們的排擠，被放出京。第二年，李白將由東魯南遊越中，這首詩是行前書贈友人的。全詩託以夢幻，設以虛境，用夢遊天姥的浪漫主義的奇特想象，寄以情懷，向山東諸公申明心跡。

全詩可分爲入夢、夢遊、驚夢三個部分。

一開篇，詩人出以對句，故意推宕一筆，以神山的不可覓求，反襯出天姥之分明可睹，點示題旨。接着，進入對天姥的刻畫。詩人寫其山之壯闊：「連天向天橫」，拔地聳天，大有橫空出世之概。再用對比手法，盛誇氣勢超拔於著名的五嶽，蓋過山峯連綿的赤城。這樣對比猶覺不足以顯示天姥的峻高和氣勢，「天臺四萬八千丈，對此欲倒東南傾」，巍峨的天臺山跟天姥比，也相形見絀。這一來，水漲船高，不明言天姥之高，而其高自出；不直說其勢，而遮天蔽日、橫雲割霧的氣勢又自可想見，使之更爲顯著和突出。正因爲天姥高峻無比，氣勢壯偉，詩人不禁心動神馳，浮想翩然。「我欲因之夢吳越」的「因」交代了「夢」的緣起，由聆聽「越人語」而神思騰越，想象張開彩翼翱翔於九天之上，於是當年「仗劍去國，辭親遠遊」（《上安州裴長史書》），浪跡吳越的山水見聞便再次顯現腦際。這樣，此番的夢遊不僅有現實的觸發，而且有往昔的基礎，因而奇特的浪漫主義想象就深深地植根在歷史和現實的土壤之中。夢遊的念頭的萌發廓開了下文，使詩人的感情形成波瀾，詩篇的境界得到開拓，把讀者引向一重新的形象天地，逗起人們和詩人一起暢遊的濃鬱興味。

詩人「一夜飛度鏡湖月」，進入全詩的第二部分也是主體部分。着一「飛」字，摹擬超神入化，足見「度」得何等迅速，詩人對吳越的神往是多麼急切。趁着皎潔的月色，掠過滿湖的湖水，意氣飛揚，託出情懷。「夜」、「月」的入句，既環扣了題目的「夢」字，又使詩的境界彌漫出清麗的氛圍。詩人駕長風，披一身月光，飛過鏡湖，抵達剡溪這東晉名詩人謝靈運投宿的處所。乍到剡溪，觸目的是淥水蕩漾，接耳的是清猿長啼，雅境滿眼襯出詩人的雅興滿懷。詩人不及洗刷一身風塵，馬上「脚著謝公屐，身登青雲梯」，「著」、「登」動作聯屬，寫出詩人迫不及待地拾級爬山的輕捷情態。當他卓立山巔，青雲白霧彷彿纏繞在腰間，他縱目東眺，遙望到一輪紅日從海浪中跳波湧出，耳聽到報曉天鷄引頸啼鳴。這幅異景兼聲兼色，壯闊雄奇。天姥蒼郁，朝陽如染，海波湛藍，畫面的色彩壯麗而協調。至此，夢遊的時間從月夜推到拂曉，夢遊的行爲從飛渡進入登臨，夢遊的境界由秀美而及壯美，夢遊的情懷由急切而成豪放，一切緣「夢遊」的意脈而來。此山此水入胸懷，此畫此景入詩來，這位謫仙詩人此時此刻心胸是何等開闊、暢朗！隨着詩境的按步換形，詩人的幻想色彩益見濃郁。接寫晨曦微露到薄暮入暝的一天飽遊。這一天，詩人該見過多少奇景異物，但他只以一筆拎出：「千巖萬轉路不定，迷花倚石忽已暝。」天姥山上，秀色撲面，層巒聳翠，回環奇絕。詩人往來山陰道上，目不暇接；留連巖石之間，迷途失津，突然之間才覺得晨昏變易，夜幕降臨。這一句雖是概述文字，未曾盡寫千巖萬嶺、山花爛漫的細緻風光，但是，一個「忽」字，可見他已醉情山水，戀意花木，樂而忘返，不知「暝」之將至矣。這是從主觀感受上下筆的。這一句既總括一天的遊程，又爲下面寫傍晚所見拓開了筆路。在曙色籠罩的天姥山上，飛瀑巖泉發出轟鳴巨響，猶如熊在吼叫，龍在長吟，使人髮寒齒冷，毛骨竦然。再加之森森萬樹，樹瀑怒鳴，連綿山峯，神峙鬼立，更爲之增添了恐懼氛圍、戰慄色彩。不唯於此，天地萬物在入暮後都發生了急劇變化：「雲青青兮欲雨，水澹澹兮生煙。」雲頭低垂，水面蒸煙，眼看滂沱大雨即將來臨。何處避雨，哪裏投宿，詩人不禁精移神駭！這裏的境界、情調、景象自與上面判然有別、意趣迴異。正當詩人手足失措之際，猛然間，「列缺霹靂，丘巒崩摧」。兩句來得突兀，也使畫面的轉換來得迅速，一道閃電驟然掠過，貫耳的天雷跟着炸響，「丘巒崩摧」是寫情景，也是誇張霹靂的威力。就是這聲霹靂打破了適才的陰森氣氛，打開了另一重境界，把幻想托上了高峯，想象的彩翼振翮直上。「訇然中開」的「訇然」，摹以巨響，使畫面有巨音翻過，令人魂顫魄動。這在詩的氣勢上，湧起由低徊向昂奮的波瀾；在詩的境界上，形成晦深到瑰偉的變化。眩惑心目的景象紛呈於讀者眼前，詩人來到了神仙世界。青色的蒼穹，清澈透明，一望無涯；日月光耀，樓閣嵯峨，流金溢彩。設置了天風朗朗的仙境，詩人請神仙出場了：「霓爲衣兮風爲馬，雲之君兮紛紛而來下。虎鼓瑟兮鸞回車，仙之人兮列如麻。」仙人出遊有氣氛上的足够渲染，一個「下」字從行動上勾畫了他們翩翩出遊的輕盈，從風度上傳送出他們心情的輕快。「如麻」極言其多，「紛紛」則寫其風姿，這裏既有奇麗的形象，又有色彩的描繪，且有舒卷的情趣，這是詩人夢遊暢想的最高境界，也是全詩最爲飽滿、明朗的藝術畫面。虛擬仙界的俊逸飄忽，實爲表明詩人的超凡脫俗，眞乃筆態夭矯，意境俱到。

正當詩人沉浸在仙氣繚繞、變幻莫測的畫面中神志俱忘時，「忽魂悸以魄動」，詩人心悸夢醒，驚坐長嘆。枕席依舊，而煙霞泯滅。詩的境界陡然劇變，詩的情緒急轉直下，由雲蒸霞蔚的遐想進入嚴峻冷峭的現實。詩中兩次出現「忽」，忽者，突然也。前「忽」表示留連山水，心志俱忘；此「忽」是暴露理想和現實的抵牾，個人和環境的尖鋭矛盾。由此全詩進入第三部分。詩人夢覺低徊失望之餘唱道：「世間行樂亦如此，古來萬事東流水。別君去兮何時還，且放白鹿青崖間，須行卽騎訪名山。安能摧眉折腰事權貴，使我不得開心顏！」這是全詩的主旨所在。在他看來，天地無窮，萬事不過如遊仙夢幻，還不如騎上白鹿去尋仙訪道，這種宇宙無垠、人生倉促的感慨是李白這首詩的消極面。這是詩人由於事君不合、迭受打擊產生的消極思想。在感嘆造物無情之際，詩人又不屈伏於封建統治者，隨波逐流，他從心底喊出的是高亢響亮的聲音，充溢着火山噴突般的激憤：「安能摧眉折腰事權貴，使我不得開心顏！」這是全詩感情的凝聚點，在詩的結構上是「卒章顯其志」，所顯的是詩人嶙峋直立的傲志，不取悦於世而又不苟合於世的一腔怨憤。

這首詩的思想意義是十分突出的。

李白有着高遠的政治理想和宏偉的抱負，但是，在世道混濁的歷史環境中，他的理想無法得到實現。上層統治者暴殄天物，驕奢淫逸，對人民實行錙銖盡取的剝削。他們把握權柄，昏庸無能，扼殺賢才。這樣，他們既陷廣大勞動羣衆於水深火熱之中，又阻撓像李白一類的知識分子去實現理想抱負。面對上層社會的黑暗，詩人沒有輕易改變自己的理想，犧牲自己的人格，去迎合權貴們的心願，成爲他們的「北門學士」。對黑暗如漆的社會，他奮力抗爭，以明亮的詩篇在墨黑的長空中劃出了眩目的光柱。《夢遊天姥吟留別》就是在這種思想指導下發出的理想追求之聲，對權貴們的反抗之音。他把神仙世界當作沒有現實人生中的權貴橫行、饕餮恣睢的理想境界來詠歌和追求。他以傲然卓立的姿態出現在當時文壇上。因而，他在這首詩中表現出來的理想和熱情，不僅僅是屬於個人的，而且有其強烈的社會意義。他和上層統治集團的決裂是勇敢的、徹底的，具有無畏的氣概。他那響亮的呼聲代表了當時進步知識分子的要求，直抒出他們的心聲；他那豪放俊逸的品格成了當時進步知識分子思想品格的集中體現和概括。同時，他對黑暗世界的揭露和批判，也使我們認識到唐王朝的種種腐敗和罪惡。因而，這首夢遊詩具有強烈的歷史進步性，以其特有的積極浪漫主義精神在唐代詩壇上獨標異幟。

另一方面，我們又看到當他鬱結孤憤、難以奮飛之時，只是想浪跡江湖，求仙訪道，道家憤世嫉俗、歸返自然的思想就鳴響在他的詩歌琴弦上。這是消極面，但跟他決不向權貴們摧眉折腰的反抗精神相比，又是居於次要地位的。

這首詩藝術上的成就是異常顯著的。集中到一點就是浪漫主義的藝術風格。

詩人以現實作爲衝飛騰越的立脚點，從現實去入夢，去暢遊，但是大夢一醒，又回到現實慘淡的人生。顯然，他的浪漫主義是非現實的，但又不是避離人世的荒誕，而是緊緊聯繫着現實的。然而，他的理想又經過藝術的加工，經過充分的發揮，這種業經巨大發揮的理想就更顯得超邁豪縱，所包含的思想意義就更爲深邃。所以，經過夢遊回到人世的不願摧眉折腰的思想也就更有震懾人心的力量。

由於詩人採用超現實的形式來表達積極浪漫主義的精神，因而，能調動衆多的藝術手法來表現自己的情志。

美妙的意境，奇特的想象。李白多方面地借用奇特的誇張，繽紛的想象，使這首詩變幻多姿。飄忽鏡湖，月光臨照，碧波漣漪，見其秀色；拾級登山，天鷄啼晨，海浪湧日，見其壯美；暮色迷茫，飛湍瀑流，驚雷急炸，見其森凜；飛閣流丹，樓臺噴彩，神仙出遊，見其瑰麗。每幅畫面都有規定的意境、色彩和具體鮮明的形象，一系列富於美學意義的神話、自然的形象天衣無縫地網織在一起。各幅畫面之間既有氣氛色彩上的對比、調節，顯得不澀不滯，又在整體上交融成壯秀得兼的形象領域，這就是詩的圖畫美和藝術感染力。

深入披露出感情的波瀾起伏。炬照全詩的感情火把是篇末結韻，這根感情的彩線串接首尾，得到輾轉生發，神話和生活形象隨着感情的波瀾起伏，跳脱而出，藝術畫面之間雖然瞬息萬變，坐馳萬象，但是由於有着感情的穩固聯繫，就不顯得支碎，而顯得完整。而從畫面的迅速轉換中，我們又分明窺見到詩人感情潮水的激蕩。如果我們翻開《李太白全集》，就會發覺迅速表現詩人感情波瀾是李白詩的一貫特色。他的《行路難》（其一）等詩就是如此。

生動、明淨、自如的藝術語言。「清水出芙蓉，天然去雕飾」（《贈江夏韋太守良宰》），概括了李白詩歌語言的特色。這首夢遊詩也是如此。他的詩語不是靠苦吟、雕琢、堆砌而成的，乃是直接從生活形象中提煉而成的，例如「對此欲倒東南傾」、「安能摧眉折腰事權貴，使我不得開心顏」，明白自如。但明白自如，又不是淡若涼水，味同嚼蠟，而是有豐富的形象力和表現力，寓豪放於自然，寄深刻於淺顯，圓活通暢，音韻瀏亮，一掃六朝以來的綺靡詩風。

體裁運用上的大膽突破。李白在這首詩中突破了一般留別詩的陳規舊俗，表明了詩人衝破舊形式的勇敢精神，詩中無一字吟「別」意，而是借「別」抒懷，另有寄託。李白擅歌行體，這是因爲這種詩體不拘一格，不受嚴格控制，適於馳騁情懷。這首夢遊詩以七言爲主軸，錯以其它長短句式，參差多變，渾然一體，忽剛忽柔，或縱或斂，於波瀾起伏之中，益見其不同凡響的氣概和逸興壯思的豪放。

李白在這首詩中表現出的藝術成就主要取決於他的生活實踐，同時也與吸取前代精華和繼承民歌傳統分不開。李白對屈原十分崇拜，稱說「屈平詞賦懸日月」（《江上吟》）。這固然有其思想的繼承性，也有其藝術的繼承性。他在本詩中寫的「霓爲衣兮風爲馬，雲之君兮紛紛而來下」等就全用屈賦的句法。他又善於學習民歌中富有表現力的語言和有生命力的形式，在學習的基礎上又加以藝術的冶鑄，這當然會在中國詩壇上自成一家了。

（吳功正）

金陵酒肆留別

李白

風吹柳花滿店香，吳姬壓酒勸客嘗。金陵子弟来相送，欲行不行各盡觴。請君試問東流水，別意與之誰短長。

留別，是留詩告別的意思。留別的場所是金陵酒店，題目已經標明，似乎不必再寫了。但那是文，不是詩。試讀第一句，分明仍是寫那個酒店，却多麼富於詩情畫意。當然，詩不同於畫，那畫面，要通過讀者的想象和聯想去創造，關鍵在於詩人是否提供了引發讀者想象和聯想的充分條件。「風吹柳花滿店香」，這是寫店內，但你難道不會因此而想到店外嗎？楊柳含煙，綠遍十里長堤，楊花柳絮，隨着駘蕩的春風，漫天飛舞，有一些，直飛到這個酒店裏，送來春天的芳香，令人陶醉。有人挑剔道：「柳花不可言香。」辯解者說：《唐書·南蠻傳》裏明說訶陵國以柳花椰子釀酒，這裏的柳花，就是柳花酒，當然是香的。其實，這都有點兒隔靴搔癢。詩人在第二句裏才說「酒」，第一句裏的「柳花」即是柳絮，何必懷疑。時當暮春，地屬江南，店外自然是「雜花生樹」的芳菲世界。春風吹入店內，在送來柳絮的同時也送來花香，一個「香」，把店內和店外連成一片，從而烘托出醉人的氛圍，這是第一層。第二、這「香」字又和第二句的「酒」字密切相關。「吳姬壓酒勸客嘗」，只用七個字，就把那個吳姬寫活了。她一見客人進店，就趕忙壓榨新酒，又把壓出的新酒捧過來，笑咪咪地說：「快嘗嘗，這酒真香！」這期間，那新酒已經香氣四溢，與風吹柳花帶來的芳香融爲一體，渾然莫辨。兩句詩，展現了如此美好的境界，令人迷戀。而這，正是爲下文抒發惜別之情作鋪墊。所謂以樂景寫哀，一倍增其悲哀。

第三句突轉。金陵子弟一來，店內似乎更加熱鬧了，但他們是來送行的。店外春光明麗，風景宜人；店內新酒初熟，吳姬殷勤好客；金陵子弟又紛紛來送，意厚情深。這眞可以說是「四美具，二難並」，怎忍捨此遠行呢？惜別之情，於是油然而生，從而引出了以下三句。

「欲行不行各盡觴」一句，有人作了這樣的解釋：「欲行的詩人固陶然欲醉，而不行的相送者也各盡觴。」這似乎不合原意。「欲行」而又「不行」，正表現了詩人不得不行、而又無限依戀的矛盾心理。詩人不忍遠行，相送者又何嘗希望他馬上就走，於是出現了「各盡觴」的場面。這裏的「各盡觴」，當然不是彼此只乾一杯。而是繼續勸酒，繼續乾杯，甚至當詩人多次起身告別之時，相送者還多次「勸君更盡一杯酒」呢！

前人多認爲「此詩妙在結語」，前面幾句，一般人都作得出。其實，結語固妙，前面幾句，也不能說不精彩。而且，沒有前面的烘托、鋪墊、轉折，結語之妙，又何從顯現？讀完前四句詩，已感到惜別的意緒，浩浩無涯，綿綿不盡。在此基礎上再看結語，就覺得恰從詩中人物的肺腑中流出，一片眞情，略無造作。正因爲這樣，才以情動情，感人肺腑。

當然，結語之妙，還可以從藝術表現上探求。惜別的意緒浩浩無涯，綿綿不盡，但這是抽象的。滾滾東流的江水，浩浩無涯，綿綿不盡，則是看得見，摸得着的。那座金陵酒店，也許正好面對大江；而詩人，也許告別之後卽坐江船遠去。當他與送行者「各盡觴」之時，遙望大江，心物交感，於是融別意於江水，給抽象以形象，從而強化了藝術感染力。就這一點而言，李白可能受到前人的啓發。謝朓《暫使下都夜發新林至京邑贈西府同僚》中的「大江流日夜，客心悲未央」，陰鏗《晚出新亭》中的「大江一浩蕩，離悲足幾重」，正與此同一機杼。李白的創新之處在於：他不用簡單的比喻而出之以詰問。讀「請君試問東流水，別意與之誰短長」兩句，那詰問者的神情，聽衆們的反應，以及展現在遠處的江流、平野，雖然未着一字，却都視而可見，呼之欲出。劉禹錫「欲問江深淺，應如遠別情」，李後主「問君能有幾多愁，恰似一江春水向東流」，都是從這裏變化出來的。

（霍松林）

黃鶴樓送孟浩然之廣陵

李白

故人西辭黃鶴樓，煙花三月下揚州。孤帆遠影碧空盡，唯見長江天際流。

此詩約作於開元十六年（七二八）。前兩句「故人西辭黃鶴樓，煙花三月下揚州。」落筆生花，誘人注目。「故人」二字，點出送別對象是詩人傾心愛慕的老朋友，親切深摯的友情已溢於言表。「黃鶴樓」是送別的地點，它雄踞江夏（今湖北武昌市）黃鵠磯上，面臨長江，巍峨挺拔。「煙花三月」是送別的時間，是雲煙迷濛的暮春季節。「揚州」點明故人此行的目的地。孟浩然長李白十二歲，「風流天下聞」，李白稱之爲「孟夫子」，可見其傾慕之意。黃鶴樓之別，孟浩然的心情如何雖不得而知，李白這個二十七歲的青年一定是依依不捨的。孟浩然登舟東下了，李白却一直佇立在江邊目送着「孤帆遠影碧空盡」，人的輪廓看不清楚了，便凝望孤帆；孤帆愈去愈遠，模模糊糊，影影綽綽，終於縮成一點，消失在藍澄澄的水天交界線上。只是在這個時候，李白高度集中的注意力才開始分散，「唯見長江天際流」，忽然看到滔滔江水緩緩流向天邊水空相接處。結句，境界高遠，氣象流動。「唯見」二字，畫龍點睛，表現了李白的注意力從去帆移向江水的過程。一個人在完全沉浸於他所關注的對象時，無暇顧及周圍的事物。注意力愈集中，注意的範圍就愈小。李白正因全神凝

黄鶴樓送孟浩然之廣陵

望故人，所以眼前滾滾奔流的長江竟像沒有看見一樣。只是當孤帆消逝於碧空盡處，他才清楚地看到長江天際流的壯偉景象。心理學表明，客觀對象的特點，如果強烈新奇、優美壯麗、對比鮮明、不斷變化，都容易引起人們的無意注意。逐漸縮小而成一個白點的孤帆，與遼闊的蔚藍天空，在形狀、大小、顏色上的對比和差別，可謂鮮明而強烈。長江天際流的壯觀，可謂雄奇瑰瑋。觀察對象的對比與變化，產生一種強大的吸引力，誘發詩人從有意注意向無意注意轉移。從這一心理過程的變化中，我們清楚地感受到，李白佇立江邊，注視故人遠去，其精神是何等集中、專一、持久；可謂達到忘我入定的境地。其友情的深厚、熱忱、真摯於此也就不言而喻了。王夫之說：「情景名爲二，而實不可離。神於詩者，妙合無垠。」此詩描繪送別景況，沒有一句抒情而又無不句句寓情，情景交融，渾然一體。

此詩運用山水畫筆法寫景，達到神妙境地。全詩形象鮮明，饒富畫意。「孤帆遠影碧空盡，唯見長江天際流」，可說是一幅壯麗的長江曠遠景色圖。從透視的角度看，孤帆遠影消失在水空交界處，視線交點遠在天際，可見視線長，視點高。詩人從矗立在江岸的黃鶴樓上極目眺望，才能於碧空盡頭，看到「長江天際流」這樣開闊曠遠的景象。這裏，山水畫境與送別詩意融會貫通，渾然天成，倍增藝術魅力。長江形象的壯美瑰瑋，鮮明地襯托出李白友情的純潔篤厚。自然美與人情美交互輝映、相得益彰，給人以強烈的審美感受。

此詩調子輕快，音節流暢，氣勢軒昂，境界開朗，煥發着一種蓬勃朝氣與青春活力，充分顯示了青年時代李白的個性特色。

（何國治）

渡荊門送別

李白

渡遠荊門外，來從楚國遊。山隨平野盡，江入大荒流。月下飛天鏡，雲生結海樓。
仍憐故鄉水，萬里送行舟。

李白在他的《上安州裴長史書》中曾以昂揚的情緒、感奮的筆調說到自己青年時期「仗劍去國，辭親遠遊」的經歷。這首五律，就是李白初次離開從小生活的蜀地（現在的四川省）到楚國（現在的湖北、湖南一帶）遊歷，行至荊門外贈給送別的友人之作。李白時年二十六歲。

詩一開頭，就以明快的手法點明了此行的行程：「渡遠荊門外，來從楚國遊。」「渡遠」，是乘船遠行。「荊門」即荊門山，在現在的湖北省宜都縣西北長江南岸，與北岸虎牙山相對，上合下開，形勢險要。荊門山以東，地勢平坦，蜀中諸山，到這裏便不復見了。故陳子昂《渡荊門望楚》有「巴國山川盡，荊門煙霧開」的詩句。此行的起點、途中已經到達的地方以及將要前往的目的地，以至乘坐的交通工具和此行的目的，都盡包含在這兩句詩之中。

起句「渡遠荊門外」的「荊門外」，又是詩人緊扣題目、縱意揮毫的所在。因而中間兩聯就順勢寫出「荊門外」的自然景象來。頷聯是「山隨平野盡，江入大荒流。」「大荒」，是廣闊無邊的原野。這頷聯寫的是連綿的羣山隨着廣闊的原野的展現而消失，浩蕩的長江流入莽莽平原奔向遠方。頸聯是「月下飛天鏡，雲生結海樓。」「天鏡」即月亮。「海樓」即「海市蜃樓」，這是光線經不同密度的空氣層，發生顯著折射時，把遠處景物諸如城市、樓臺等顯示在空中或地面的幻景。這頸聯寫的是月亮映到江水裏，好像從天空中飛下來一面明亮的鏡子，江上的行雲簇擁而來，在天空中變幻而成「海市蜃樓」。頷聯景象雄闊，頸聯景象瑰麗。「荆門外」的山川勝景，兼收筆底。

尾聯「仍憐故鄉水，萬里送行舟。」歸結到送别。「仍」，是「始終」的意思。「憐」，是「愛」的意思。長江從四川東流而下，李白從小生活在四川，所以把四川看作自己的故鄉，親切地稱流經四川的長江爲故鄉水。故鄉水本來就是可親可愛的，現在又不遠萬里，伴送詩人的行舟，自然就更勾起詩人憐愛故鄉的心情了。由此，詩人作别故土、惜别親友的誠摯感情，也就自然洋溢於詩句的字裏行間。

全詩以啓程遠遊起筆，中間寫途中所見景色，最後以惜别作結。過渡自然，結構謹嚴。但是，更值得稱道的，是詩中所表現的景物描寫的藝術手法。李白的詩歌，長於描繪自然景物。特别是祖國的高山大川，展現在他奇特的詩句中，形象是何等鮮明，氣勢是何等磅礴！

《渡荆門送别》所寫景物，都是雄偉奇麗的遠景。詩中的畫面，極其廣闊。頷聯中羣山的消失、平野的廣闊、江流的邈遠和頸聯的水中月影、天上行雲等等景象，都絶不是俯拾近視可以得到的。它們很容易使我們聯想到杜甫的「星垂平野闊，月湧大江流」（《旅夜書懷》），王維的「江流天地外，山色有無中」（《漢江臨眺》）這些雄偉的畫卷，儘管這些詩句所描繪的景象和所體現的情趣與《渡荆門送别》不盡相同。至於開頭兩句和最後兩句，雖然或則偏重於敍述，或則偏重於抒情，但它們同樣爲人們描繪了一卷尺幅千里的雄偉畫面。

當然，詩中雄偉奇麗的畫面，并不是大自然景色的隨意拚凑和簡單再現。這裏面，處處體現着詩人的藝術匠心。詩人是很善於攝取自然景物到詩境中來的。荆門外的景色，可入詩者自然很多，而詩人只選取了羣山、平野、月影、行雲和萬里送行舟的故鄉水五者而已。而且，在詩人筆下，這些自然景色，又都和浩蕩長江密不可分。羣山是長江兩岸的羣山，平野是長江流經的平野，月影是長江水中的月影，行雲是長江空中的行雲，萬里送行舟的故鄉水，也還是長江水。它們以浩蕩的長江爲中心，共同和諧地構成了一幅雄偉奇麗的江景圖。可見，詩人又是非常善於選取寫景的角度的。如果再作細緻一點的觀察，我們還可以發現，這幅雄偉奇麗的江景圖，又是在江上舟中的詩人的眼裏出現的。詩人身在江上的舟中，寓目成景。向兩邊看，見「山隨平野盡」，向前方看，見「江入大荒流」，低頭向水面看，是「月下飛天鏡」，擡頭向空中看，是「雲生結海樓」，回過頭來再看看來時的水路呢，映入眼簾的，却是「（仍憐）故鄉水，萬里送行舟」的使人動情的美好景色。這些詩句，我們玩味起來，就彷佛和詩人一道置身於江上舟中，一同享受這寓目成景的愉快一樣，倍感自然親切。

詩人寫景用語著字，也是匠心獨具的。在這方面，詩中最顯著的成功，是恰當地配合使用動詞，使得詩句所再現的景象，貼切入微，動態分明。「山隨平野盡」中的「隨」字和「盡」字的配合使用，「江入大荒流」中的「入」字和「流」字的配合使用，寫出了羣山逐漸消失，長江由近而遠的眞切的動態。「月下飛天鏡」中的「下」字和「飛」字的配合使用，「雲生結海樓」中的「生」字和「結」字的配合使用，分別把由於月亮的影子從天上下落，飛映到水中，造成水中月影的變化過程，和由於行雲的湧現而變幻成海市蜃樓的過程寫活了。

照一般的說法，詩有卽景詩和卽興詩之分。其實，卽興詩固然不必一定寫景，而卽景詩倒是常常離不開寄興的。因爲觸景生情，借景抒情，以至於情景交融，本來是理出自然，因而也是詩家常用的藝術手法。因此，詩中的景物，當然不是自然景物的簡單的摹擬，它是染上了詩人內心的感情色彩的。「情樂則景樂」。應該說，進入詩人眼中而又再形諸詩人筆下的荆門外的雄偉奇麗的自然景色，和這位青年詩人初離故土，投身到更廣闊的天地，去追求那不平凡的事業的廣闊胸懷和奔放熱情的情調是和諧一致的。無怪乎胡應麟在《詩藪》中説，詩中三、四句，「太白壯語也」。詩的最後兩句，景物中更是飽含着詩人的激情。這激情，是惜別的激情，更是滿懷希望、展望前途的激情。這是因爲：「故鄉水」之所以值得詩人如此憐愛，在詩人看來，不僅僅是因爲它來自故鄉，而更重要的是因爲它不辭萬里，熱情地把詩人自己送上生活道路上的遠大前程。

（張煉強）

宣州謝朓樓餞別校書叔雲

宣州謝朓樓餞別校書叔雲

李白

棄我去者，昨日之日不可留，亂我心者，今日之日多煩憂。長風萬里送秋雁，對此可以酣高樓。蓬萊文章建安骨，中間小謝又清發。俱懷逸興壯思飛，欲上青天覽明月。抽刀斷水水更流，舉杯消愁愁更愁。人生在世不稱意，明朝散髮弄扁舟。

我們對於自己熟悉的作品每每不肯用一番氣力去研讀它。這或許也并不是「不肯」或「不願意」，有時只是因爲心理上已經形成了一種定勢，妨礙着我們重新去接觸作品。我們往往自以爲是懂得它的，甚至可以一句接一句地背誦它。於是，在我們的意識中，作品中的一切——語言、形象和詩句的安排，便都是理所當然、本該如此的了。這樣，我們便不免失去了第一次讀它時的那種新的感觸和新的發現。一旦定下心來，仔細地將作品玩味一番，那結果也許會使我們自己感到意外的：我們會發現一個古老而又新鮮的世界，一位熟悉而又陌生的朋友。我們曾對他點頭微笑，可是對他的許多特徵實際上却是熟視無睹的。這正是我讀《宣州謝朓樓餞別校書叔雲》的感覺。

這篇歌行是十分聞名的，其中的詩句像「棄我去者，昨日之日不可留，亂我心者，今日之日多煩憂」、「抽刀斷水水更流，舉杯消愁愁更愁」，都十分精彩，令人過目不忘。但是，如果我們停下來，細細地讀一讀，也許就不難看到，像「棄我去者，昨日之日不可留，亂我心者，今日之日多煩憂」這樣散文化的長句子，

宣州謝朓樓餞別校書叔雲

在詩歌中不是多少顯得有些不同尋常嗎？而「昨日之日」、「今日之日」又是何等奇特的一種修辭呢？當我們讀到「抽刀斷水水更流，舉杯消愁愁更愁」時，也許會詫異，一句之中竟能連用兩個「水」字和三個「愁」字；而讀罷全篇，我們更不明白，「俱懷逸興壯思飛，欲上青天覽明月」這樣高亢的情調何以竟會一轉而變成了「舉杯消愁愁更愁」的騷動和不平。所有這一切在一瞬間便產生出令人驚異的效果，彷彿是一個新的發現。而一篇優秀的作品正是永遠在期待着發現，或者更準確地說，是在呼喚着發現。我們對此能一無所感嗎？

這首詩一上來就用兩個極長的句子來寫詩人騷動不安的心情，由此定下了全詩的感情基調。詩人將「棄我去者」和「亂我心者」突出地擺在句首，并形成了一個自然的語氣停頓。而後面的「昨日之日不可留」和「今日之日多煩憂」，則用了四個重複的「日」字，造成了語言行進中的停滯，更加強了那種踟躕彷徨、紛擾不定的心情。從意義上說，「昨日之日」中只要一個「昨日」就足矣。這兩句如果寫成「昨日不可留」、「今日多煩憂」，意思上不僅沒有什麼損失，反而是更近於詩的凝練了。但是，這兩句却因此失去了它們特有的散文式的節奏，而這散文式的節奏在這裏原是有助於傳達詩人紛擾不寧的心情的。因此，從感情的表達上說，這「日」字的重複和這散文化的長句却并不是可有可無的。

詩人想到時光流逝，昨日一去不返，心情是悵惘的。可是今日却又只是徒然地帶來煩憂，不免要在莫知所適之中，過去、消失，成爲又一個不可復得的「昨日」。那麼，詩人如何能够從這煩憂到悵惘、悵惘到煩憂的循環中得救呢？詩的第三、四句，於是改弦更張，另起話題：「長風萬里送秋雁，對此可以酣高樓。」浩蕩不盡的長風送走了南去的雁行，帶來了遼遠無邊的萬里空闊，這是多麼豪爽的風呵！內心的煩憂轉眼之間便被一掃而空了。詩歌的感情上於是便出現了一次大的轉折和飛躍。而這還僅僅是一個開始。面對着這豪爽不盡的秋風，還有什麼比登樓遠眺、飲酒嘯傲更爲適宜的呢？於是，把酒對飲，談詩論文，神思激越，逸興飛揚，這就是所謂「蓬萊文章建安骨，中間小謝又清發。俱懷逸興壯思飛，欲上青天覽明月。」寫到這裏，詩人的一顆心直是要從高樓飛上青天，去擁抱那一輪明月了。眞是一波未平，一波又起。在這瞬息之間，感情便被推向了高潮，從而與詩歌開篇的兩句形成了強烈的對比。在這戲劇性的變化與轉折面前，我們只有驚奇，只有困惑，

宣州謝朓樓餞別校書叔雲

我們還能說些什麼呢？

當然，要說的話也是有的，那主要是關於詩句的理解。「蓬萊文章建安骨，中間小謝又清發」兩句，通常有兩種說法：一是說回顧自漢以來的文壇，讚美漢代文章和建安風骨，追慕謝朓的風調；一是說二句分指主客，上句說李雲的文章得建安風骨，下句則自比爲小謝的清發。在我看來，這兩種說法本不矛盾。說古未必不是談今，談今却又是憑藉着說古。二者一表一裏，正是辭淺而意深。我們無妨來做一點具體的解釋。「蓬萊」原是指海上的神山，相傳仙府秘籍皆藏於此。東漢時宮中藏書和著書多在東觀，因此東觀也被稱爲蓬萊山。這裏的蓬萊文章正是「漢代文章」的意思。而漢魏以下，從古至今，這中間便又有謝朓清新駿發的詩章。這裏顯然是沿着歷史的線索說下來的，這「中間」二字因此并不是虛設之辭。從這個意義上說，前一種說法是可以成立的。不過，詩人的意思又不限於談論過去，所謂「蓬萊文章」哪裏只是泛泛而論呢？李雲這時任秘書省校書。而唐代的秘書省，正有如漢代的東觀。因此，所謂「蓬萊文章建安骨」又兼有贊譽李雲之意。至於「中間小謝又清發」也正是詩人自比之辭，因爲謝朓的清發是久爲李白所仰慕的。他所謂的「解道澄江靜如練，令人長憶謝玄暉」，其實又豈止是追憶與憑弔而已呢？這兩句實際上正是說李雲的文章得建安風骨，自己的詩歌則有小謝的清發。因此接下來才有了「俱懷逸興壯思飛」一句，不然的話，至少這裏的「俱」字就不那麼好交代了。

詩人談到主客的詩文，便神思飛揚，如前一段所說，很快達到了一個感情的高潮。那麼，高潮之後又將是什麼呢？我們凝神期待，屏息傾聽，聽到的却是這樣幾句詩：「抽刀斷水水更流，舉杯消愁愁更愁。人生在世不稱意，明朝散髮弄扁舟。」在那意興飛揚，舉杯酣飲的一刹那，情緒却又出人意料地跌落到最低點上，彷彿是從波峯到谷底，形成了大起大落的感情波瀾。我們要尋問它變化的消息嗎？那彷彿是乘興而來，興盡而返，全無蹤跡可尋。如果非要探問出它的來去，則似乎是隱含在他另一篇詩歌中的：「金樽美酒斗十千，玉盤珍羞直萬錢。停杯投箸不能食，拔劍四顧心茫然。欲渡黃河冰塞川，將登太行雪滿山。閑來垂釣碧溪上，忽復乘舟夢日邊。行路難，行路難。多歧路，今安在？長風破浪會有時，直掛雲帆濟滄海。」（《行路難》其一）

宣州謝朓樓餞別校書叔雲

這兩首詩的相似是顯而易見的。這裏所謂「停杯投箸不能食，拔劍四顧心茫然」，正是本篇中「抽刀斷水水更流，舉杯消愁愁更愁」的開始。而這首說「長風破浪會有時，直掛雲帆濟滄海」，本篇則說「長風萬里送秋雁，對此可以酣高樓」。雖然一在海上，一在樓上，這萬里長風却是一以貫之的。所不同的是，這首詩結束在長風乍起，揚帆欲飛之際，情緒正從低潮走向高潮去；而在本篇中，長風已過早地消逝，全篇恰恰結束在詩人青天攬月歸來，在舟中歇息的當兒，也就是不幸應驗了「縱令風歇時下來」那個假設的時刻。情緒這時自然是從高潮落到了低潮，不足與前一首相比。但是，這無形的風變化莫測，來去無常，誰又能把握得住呢？誰能够保證「明朝散髮弄扁舟」之後，詩人不會寫出「直掛雲帆濟滄海」這樣的詩句呢？假如他在扁舟上掛起風帆，或者僅僅因爲他想繼續寫下去的話。詩人的感情正像是這無形的風，它行猶響起，藏若景滅，時而猛似奔浪，時而又細如嘆息。我們不清楚這中間的變幻，更不知道它會朝哪個方向吹，我們想去追問那八面來風嗎？

現在，我們也許要問：一篇不長的詩歌中竟有這樣大幅度的感情跳躍，那麼，它如何能够保持自身的完整性和統一性呢？的確，從「長風萬里送秋雁」到「蓬萊文章建安骨」，這中間未免有些開闔失度。不過，這并不妨礙它通篇的完整。從全篇來看，篇末的四句可以說是一個大的跳躍與轉折。但是，這却並非劈空而來，而是與開篇的那種不平和惶惑的感情基調一脈相承的。作品前後呼應，似乎走完了一段心路的歷程，重新回到它最初的起點。我們若是還要尋找那時間上的憑藉，末句的「明朝」不正是從頭二句中的「昨日」、「今日」一貫而下的嗎？在這時間的順序展開之中，詩歌的感情基調貫穿終始，從而保持了作品的內在統一性。而除此之外，通篇淋漓盡致的抒情，散文化的筆法，也給作品帶來了通暢而奔放的氣勢。因此，儘管大起大落，大開大闔，却總是筆斷而氣不斷，騰踔跳躍而又融洽自如。這時我們才懂得了這首詩的奇妙之處。一首好的詩歌不能沒有感情上的跳躍，但是又貴在一氣呵成，氣勢通貫。我們第一次認眞讀它時，會震驚於它跌宕起伏的變化，而讀得多了，却能更多地體會到它內在的統一感。

（商偉）

答王十二寒夜獨酌有懷

李白

昨夜吳中雪，子猷佳興發。萬里浮雲卷碧山，青天中道流孤月。孤月滄浪河漢清，北斗錯落長庚明。懷余對酒夜霜白，玉牀金井冰崢嶸。人生飄忽百年內，且須酣暢萬古情。君不能狸膏金距學鬥鷄，坐令鼻息吹虹霓；君不能學哥舒，橫行青海夜帶刀，西屠石堡取紫袍。吟詩作賦北窗裏，萬言不值一杯水。世人聞此皆掉頭，有如東風射馬耳。魚目亦笑我，謂與明月同。驊騮拳跼不能食，蹇驢得志鳴春風。《折揚》《黃華》合流俗，晉君聽琴枉清角。《巴人》誰肯和《陽春》，楚地猶來賤奇璞。黃金散盡交不成，白首為儒身被輕。一談一笑失顏色，蒼蠅貝錦喧謗聲。曾參豈是殺人者，讒言三及慈母驚。與君論心握君手，榮辱於余亦何有？孔聖猶聞傷鳳麟，董龍更是何鷄狗！一生傲岸苦不諧，恩疏媒勞志多乖。嚴陵高揖漢天子，何必長劍柱頤事玉階！達亦不足貴，窮亦不足悲。韓信羞將絳灌比，禰衡恥逐屠沽兒。君不見李北海，英風豪氣今何在？君不見裴尚書，土墳三尺蒿棘居。少年早欲五湖去，見此彌將鐘鼎疏。

這是李白詩歌中的長篇名作之一，是李詩成熟高峯時期的作品，作於天寶八載（七四九）之後，客居金陵時期，從詩題可知，這是一首酬答友人之詩。王十二，姓王，弟兄間排行十二，名字和生平不詳，從詩中內

答王十二寒夜獨酌有懷

容來看，王十二也是一個磊落英才，與李白有着深厚的情誼。

一場紛飛的江南大雪，觸發了王十二的豪情逸興，他多麽想與好友李白雪夜圍爐暢飲啊，可是覓而不得，於是對雪作了一首《寒夜獨酌有懷》詩寄贈。李白就作此詩作爲酬答。詩中將多年來鬱積在心底的憤懣和牢騷一齊排遣出來，指陳時事，抨擊黑暗，笑傲王侯，浮雲富貴，揮斥幽憤，痛快淋漓，充溢着一股懷才不遇的勃鬱不平之氣。

全詩長達五十一句，細繹詩意，明顯可將全詩分成四個段落。

第一段，從「昨夜吳中雪」至「且須酣暢萬古情」，共十句。設想王十二寒夜懷念自己的情景，領起全詩，爲下面傾心暢抒情懷奠定感情基調。「昨夜吳中雪，子猷佳興發」，開頭兩句，用東晉王子猷雪夜訪戴逵的故事，將時間、地點、環境的交代巧妙地融化在典故中，簡潔蘊藉，出神入化。以王子猷比王十二，以戴逵自比，又顯得別有一番風流情趣。接着四句，「萬里浮雲卷碧山，青天中道流孤月。孤月滄浪河漢清，北斗錯落長庚明」，描寫寒夜的景色。浮雲碧山，青天孤月，滄浪河漢，北斗錯落，從黄昏一直到天明，景中烘托和寄寓着豪傑之士卓犖不羈的生活態度和孤高霜潔的品格節操。王國維《人間詞話》說：「有我之境，物皆著我之色彩。」李詩名篇多能創造不平凡的氛圍，以表現「奇之又奇」的境界。「懷余對酒夜霜白，玉牀金井冰崢嶸」，傳神地想象出王十二寒夜獨酌的環境，感情眞摯，氣象奇偉。「人生飄忽百年内，且須酣暢萬古情」，詩人筆鋒一轉，直抒胸臆。對上承接「懷余對酒」，對下開啓洶湧而至的萬古情懷的閘門。自然地過渡到第二段。

從「君不能狸膏金距學鬥鷄」至「有如東風射馬耳」九句爲第二段。詩人以憤怒的筆觸，直刺時事，揭露權貴專横跋扈、志士寒窗孤寂的黑暗現實，點明共同的遭遇是兩人引以爲知己的基礎。「君不能狸膏金距學鬥鷄，坐令鼻息吹虹霓；君不能學歌舒，横行青海夜帶刀，西屠石堡取紫袍。」詩人連用兩個「君不能」，形成排比的氣勢，聲聲讚美王十二正直高潔的人品。前人都認爲此四句，是告誡王十二之辭，其實不然。這裏的「君不能」猶言「君不會」，王十二乃一介書生，是個正直之士，對鬥鷄徒與黷武者也是深惡痛絶的，故李

答王十二寒夜獨酌有懷

白謂其不善於取悅統治者。鬥鷄小兒們挖空心思，不擇手段邀勝請寵。「狸膏」指用狐狸的油脂熬成的膏，《爾雅翼》：「鬥鷄，私取狸膏塗其頭，輒鬥無敵。此非有厭勝，特是狸能捕鷄，異鷄聞狸之氣則畏而走。」金距，帶鋸齒的鐵片，在鬥鷄時縛在鷄足上，可以增強殺傷力。《呂氏春秋》云：金距，施金芒於距也。「坐令鼻息吹虹霓」，他們鼻子裏的呼吸簡直可以衝到天上干擾彩虹，極言鬥鷄徒的囂張氣燄，勾勒出一幅小人得志的醜惡嘴臉。李白另有《古風》「路逢鬥鷄者，冠蓋何輝赫，鼻息干虹霓，行人皆怵惕」，可參證。當時玄宗驕寵鬥鷄小兒賈昌之流，所以民間諺語說：「生兒不用識文字，鬥鷄走馬勝讀書。」第二個「君不能」，是針對玄宗的不義戰爭而言。《舊唐書·哥舒翰傳》，記載天寶八載（七四九），哥舒翰以數萬唐軍的生命爲代價，強克在青海地區的石堡城，擒吐蕃四百餘人，屠殺全城百姓。又載，哥舒翰因克石堡有功，拜特進鴻臚員外卿加攝御史大夫。紫袍，指三品以上官服。哥舒翰以殘忍兇悍換取紫袍，西鄙人歌曰：「北斗七星高，哥舒夜帶刀，吐蕃總殺盡，更築兩重濠。」所有這些行徑，都是爲仁人志士所鄙棄的，王十二也不善於幹這樣的事。王十二既不會鬥鷄取悅統治者，又不會屠殺邊疆人民取得高官厚祿，那麼王十二會什麼呢？李白詩中接着說：「吟詩作賦北窗裏，萬言不值一杯水。世人聞此皆掉頭，有如東風射馬耳。」王十二只會在北窗下吟詩作賦，可是縱有詩賦萬言，它的價值連一杯水都不如，世人聽了只把頭一扭，就像東風吹進馬耳一般，無動於衷，毫不關心。詩人悲慨王十二白首下帷，不被世人理解的境遇，寄寓着無限同情。而王十二的這種境遇，豈不正是詩人自己的遭遇嗎？於是由別人推及自己，懷才不遇的不平，在胸中翻騰起伏，蓄積起更大的感情氣勢，化作狂波巨瀾，沖決而下，詩就轉入第三段。

第三段，從「魚目亦笑我」至「讒言三及慈母驚」十四句，抒發憤慨不已的情感，抨擊黑白顛倒，是非不分，小人得志，賢人受辱的黑暗現實，爲自己遭到讒毀和誣陷的不幸大鳴不平。

「魚目亦笑我，謂與明月同」，明月，珍珠名，即明月珠。那班庸碌無能之輩居然也恥笑我，自稱他們與有才有德的人一樣。眞是魚目混珠，賢佞不分！「驊騮拳跼不能食，蹇驢得志鳴春風」，千里馬屈伏在馬厩裏受饑挨餓，而跛足的驢子却在春風中得意長鳴，這裏比喻賢人被貶斥受屈辱，奸佞小人竊取高位，氣燄囂

答王十二寒夜獨酌有懷

張。「《折揚》《黃華》合流俗，晉君聽琴枉清角」，《折揚》、《黃華》都是古代流行的俗曲，《莊子・天地篇》：「大聲不入裏耳，《折揚》《皇華》則嗑然而笑。」「清角」典出《韓非子・十過篇》：春秋時晉平公很昏庸，却強迫師曠爲他演奏清角，結果，晉國大旱三年，晉平公也得了病。二句意思是說：只有《折揚》、《黃華》等曲調符合流俗，而昏君聽清角，結果反而帶來災難。「《巴人》誰肯和《陽春》，楚地猶來賤奇璞」，這裏用兩個典故。前句用宋玉《對楚王問》：「客有歌於郢中者，其始曰《下里》、《巴人》，國中屬而和者數千人；……其爲《陽春》、《白雪》，國中屬而和者不過數十人。」後句用《韓非子・和氏》記載：春秋時，楚人卞和先後三次向三位楚王獻璞玉，前二次都認爲是石頭，以欺君之罪砍去雙足。第三次使人剖璞，果然得到寶玉。詩人悲嘆世俗只愛唱《下里》、《巴人》那樣的俚語俗曲，誰肯去附和《陽春》、《白雪》那樣高雅的曲調？統治者歷來把奇璞當石頭，不識寶玉，這裏顯然是比喻統治者只會起用平庸無能之輩，而不識傑出人才。「黃金散盡交不成，白首爲儒身被輕」二句，詩人感嘆世風的澆薄勢利。想當初詩人曾慷慨解囊，高歌「千金散盡還復來」，以爲「人生貴相知，何必金與錢！」可是，他想不到如今黃金揮盡，朋友難交。自己一輩子讀書作賦，却被人輕視。世道實在太骯髒啊！接着，詩人又悲慨自己遭讒受逐的不幸；「一談一笑失顏色，蒼蠅貝錦喧謗聲，曾參豈是殺人者？讒言三及慈母驚。」前二句意思是說，對待權貴稍有不敬，不以笑臉相迎，姦佞小人就製造謠言，羅織罪狀。蒼蠅，典出《詩經・小雅》：「營營青蠅，止於樊。豈弟君子，無信讒言。」李白詩中經常說，「青蠅易相點，白雪難同調」（《翰林讀書言懷》）；「楚國蒼蠅何太多，連城白璧遭讒毀」（《鞠歌行》），等等。貝錦，典出《詩經・小雅》：「萋兮斐兮，成是貝錦，彼譖人者，亦已太甚。」都是說小人進讒。「曾參豈是殺人者，讒言三及慈母驚」，典出劉向《新序・雜事》：春秋時，曾參在鄭國，一個和他同姓名的人殺了人，有人去告訴他母親，先後二次母親都不相信，但到第三次她就相信了。當時曾母正在織布，她扔下機梭，越墻逃走。這裏意思是說曾參幷沒有殺人，可是最信任兒子的慈母聽了三次報告，還是相信謠言而逃走了，可見讒言的可怕。詩人親身遭受讒逐，所以對小人進讒深惡痛絕。李白在不少詩中曾指斥當時統治者不分賢愚，顛倒是非。「珠玉買歌笑，糟糠養賢才」（《古風》十五）；「梧桐巢燕雀，枳棘棲鴛鸞」（《古風》三十九）；「鷄聚族以爭食，鳳孤飛而無鄰。蝘蜓嘲龍，魚目混珍，嫫母衣錦，西施負薪」（《鳴皋歌送岑徵君》）。在此詩中，詩人通過一系列譬喻和用典，把被顛倒了的是非現象排列在一起，形成強烈的對比，鋪張揚厲，歷數小人得志猖狂，志士賢才受害的黑暗，襯托出詩人磊落佗傺、純潔高尚的人格力量。

「與君論心握君手」至「見此彌將鐘鼎疏」十八句，是全詩的第四段。寫詩人睥睨富貴，笑傲王侯的氣概，表達詩人輕視功名，尋求自由，看破世俗的情緒，最後決心全身遠禍，歸隱江湖，表示對黑暗現實的抗爭。

「與君論心握君手」，論心握手，這是詩人與王十二的深情厚誼，只有他們知己之間才能披心瀝膽坦誠相見。面對醜惡現實，詩人敢說敢爲，置榮辱於身外，傲然卓立，「榮辱於余亦何有？」詩意奇突，情感激憤。「孔聖猶聞傷鳳麟，董龍更是何鷄狗！」孔聖指孔子，《論語・子罕》：「子曰：『鳳鳥不至，河不出圖，吾已矣夫。』」又《史記・孔子世家》載，孔子因魯人獵獲麒麟而嘆息曰：「吾道窮矣！」這句意思是說，被人們視爲聖人的孔子尚且不得志，更何況自己呢！也就是李白詩中說的：「大聖猶不遇，小儒安足悲！」（《書懷贈南陵常贊府》）「董龍」句，典出《晉書・苻生傳》：十六國前秦宰相王墮性格剛直，不願理睬小人董龍，有人勸王墮敷衍一下，王墮罵道：「董龍是何鷄狗，而令國士與之言乎？」詩人在這裏矛頭直指當朝權奸，表現出剛腸嫉惡如讎，決不與小人同流的堅定意志。「一生傲岸苦不諧，恩疏媒勞志多乖」，這是詩人對自己一生行爲的總結語。李白一生傲岸頡頏，不屈己，不干人，「安得摧眉折腰事權貴，使我不得開心顏」。正是詩人高傲的個性，皇帝疏遠他，薦舉的人白白煩勞了一陣，自己的志向却被人看作乖戾不合時。可是，詩人還是堅持自己高士的人格：「嚴陵高揖漢天子，何必長劍拄頤事玉階。」他要像當年嚴子陵對待漢光武那樣，長揖不拜，何必一定要站在君門玉階之下，長劍拄頤侍奉皇帝呢？因爲詩人覺得「達亦不足貴，窮亦不足悲」，做高官算不上得尊貴，處困境也不必悲傷，詩人超塵拔俗，一切都無可謂了。接下二句「韓信羞將絳灌比，禰衡恥逐屠沽兒」，當年韓信羞於與周勃、灌嬰同列諸侯，禰衡更把當時名人陳羣、司馬朗看作宰

答王十二寒夜獨酌有懷

猪賣酒之人，不願與他們交往。詩人在這裏自比韓信、禰衡，傲視權貴，蔑視禮教，不僅因爲他要追求人格自由，更因爲他自己的抱負根本不是當朝權貴們所可比擬的。接着，詩人筆鋒又一轉，犀利之筆直指黑暗時事：「君不見李北海，英風豪氣今何在！君不見裴尚書，土墳三尺蒿棘居！」天寶六載，姦相李林甫杖殺北海太守李邕，逼死刑部尚書裴敦復。這兩個人物在當時是衆臣仰望的正直之士，與李白曾有深厚友誼。他們的被殺不僅使李白極爲憤怒，而且朝廷上下都大爲震恐。但權姦李林甫當道，人們敢怒不敢言。詩人在此悲憤地呼喊李北海的英風豪氣已不見，裴尚書的土墳長滿蒿棘，這是對權姦的強烈控訴。詩人深感正直的人不得善終，世道實在太黑暗了，終於又產生了退隱思想：「少年早欲五湖去，見此彌將鐘鼎疏！」「五湖去」，典出《吴越春秋》：越國大夫范蠡協助越王勾踐打敗吴國後，功成退隱，泛舟五湖。「鐘鼎」，古代貴族家中飲食時鳴鐘列鼎，這裏借指富貴榮華。詩人少年時代就立志要像范蠡那樣功成身退，如今看到世道如此艱險，朝廷政治如此腐敗，更加把富貴榮華看得疏淡了，退隱思想彌加堅定。這既是詩人的自述志向，也可看作對王十二的規勸。詩寫到這裏，話都講完了，詩也就到此結束，但憤慨的餘音却仍在篇外回蕩。

全詩感情跌宕多變，骨氣端翔，直抒胸中不平之氣，痛快淋漓。尤見李白詩歌縱横捭闔、奇突不平的特色。可是，元、明二代的李詩註家蕭士贇、朱諫、胡震亨等人都把此詩斷爲僞作。蕭註云：「按此篇造語敘事錯亂顛倒，絕無倫次，董龍一事尤爲可笑，決非太白之作。」其實，如果抓住詩人抒情的特點，沿着詩人感情脈絡探索，不難理出此詩頭緒，根本不存在「錯亂顛倒，絕無倫次」的地方。此詩抒情上的最大特點是感情如火山噴發，強烈如注，跌宕起伏。意象跳躍不定，乍讀似乎若斷若續不相連；但仔細品味，就可看出意脈一貫，一氣呵成，渾然一體。在句法上，以七言爲主，又有五言交錯，排句散句，交雜使用，也體現出多變的情韻，與詩人激烈變化的感情相吻合。清代方東樹評李白的詩說：「太白當希其發想超曠，落筆天縱，章法承接，變化無端，不可以尋常胸臆摸測。」（《昭昧詹言》）說得很對，此詩的脈絡確實是「不可以尋常胸臆摸測」的。

（郁賢皓　倪培翔）

陪族叔刑部侍郎曄及中書賈舍人至遊洞庭（其二）

陪族叔刑部侍郎曄及中書賈舍人至遊洞庭（其二）

李　白

南湖秋水夜無煙，耐可乘流直上天？且就洞庭賒月色，將船買酒白雲邊。

山水酒月伴隨李白一生，直到暮年。乾元二年（七五九）秋，詩人長流夜郎遇赦後，與被貶謫的刑部侍郎李曄及中書舍人賈至同遊南湖。南湖，唐代亦名浥湖，位於岳州（今岳陽市）南，旁通洞庭湖。這裏湖水澄清，山林碧翠，風光旖旎，自古爲巴陵勝地。李白不久前與賈至遊龍興寺，登西閣遠眺，曾用現實主義的彩筆，描摹過南湖美麗如畫的日景：「剪落青梧枝，浥湖坐可窺。雨洗秋山浄，林光澹碧滋。水閑明鏡轉，雲繞畫屏移。」這一回，詩人則以浪漫主義筆觸描寫其清幽空靈的夜景，別有一番超逸情趣：

南湖秋水夜無煙，耐可乘流直上天？

你看，長煙一空，煙霧全消，天空顯得分外澄淨、透明。湖邊遠處，水天相接。詩人面對這夢幻般迷人境界，不禁浮思聯翩，幻想着怎麼能够乘着粼粼碧波，直上青天。詩人興致勃勃，「嗜酒見天眞」（杜甫《寄李十二白二十韻》），乘流直上青天途中，還不忘記「且就洞庭賒月色，將船買酒白雲邊」。在李白的想象世界裏，天地到處有酒，「天若不愛酒，酒星不在天。地若不愛酒，地應無酒泉」（《月下獨酌·其二》）；既然「天地愛酒」，那麼暫

陪族叔刑部侍郎曄及中書賈舍人至遊洞庭（其二）

且向洞庭湖面賖來一派晶瑩月色，帶着小船，駛向天邊，於白雲湖水相接處買酒，這樣，才「愛酒不愧天」呢。

酒和月是李白的親密伴侶。詩人歌唱酒和月，篇篇有新意，句句動人：或「月下獨酌」，或「把酒問月」；或「舉杯邀明月」（《月下獨酌・其一》），或「唯願當歌對酒時，月光長照金樽裏」（《把酒問月》）。此詩則別開生面，獨樹一格：「且就洞庭賖月色，將船買酒白雲邊。」賖月色句極佳，妙趣橫生，一字傳神，盡得風流，意興豐滿。其妙處之一：以虛顯實。詩人在這裏不用彩筆濃墨和華麗詞藻從正面實寫月光的潔白、清亮、明淨；只由側面虛寫「賖月色」，留出廣闊的想象空間，啓發人們聯想。有同賖相生相成。正是由於洞庭湖面灑滿銀光閃閃、明亮晶瑩的月光，才能隨時隨地「賖」來月色。詩人著一賖字，便立見月色之多與亮；不寫月色光亮而光亮自見。這種從虛處落筆，虛中藏實的手法，宛如中國畫「計白爲墨」的空白構圖法。畫面的空白處不是虛無，而是藏境。空白與露景相呼應，構成一個對立統一的和諧的藝術整體，人們會從畫面所露的實景自然地聯想出所藏的虛景與情境，所謂象外之象與言外之意。例如，齊白石的水墨畫《蝦》，觀衆對蝦須的舒卷自如與蝦前脚的自由伸展裏，彷彿望見蝦羣在水中活脫脫地游動。畫面的空白處沒有寫水，却使人聯想到滿紙是水。《蝦》畫中空白處與「賖月色」句的妙諦，可謂異曲同工——虛實相生，以虛露實。

賖字句妙處之二：以量顯質，虛處傳神。賖字不但表現月色的量多，而且還將月亮擬人化，表達其質高：純潔清白，大公無私。她慷慨大方，無償地賖給人間以晶瑩清輝，所謂「清風朗月不用一錢買」。坎壈潦倒的李白因而樂意「賖月色」，盡情欣賞自然美。賖字將詩人與月亮之間親密融洽的審美關係表露無遺，饒富幽默感與詼諧味，充滿濃鬱的生活氣息。

這首詩的藝術造詣達到爐火純青境地。想象新穎獨特，出人意表，超凡拔俗，「可謂奇之又奇」（殷璠《河嶽英靈集・李白詩選序》）。境界開闊、高遠、縹緲，詩人以山水畫的筆墨技巧寫景。首先，藝術構思充分體現了古代闊遠構圖法的特色。所謂闊遠，即黄公望在《寫山水訣》中所說的「從近處望遠中間相隔遙者」。[一]此

[一] 此句通行本作「從近隔開相對謂之寬遠」。見《畫論叢刊》或俞劍華《中國畫論類編》。

法善於表現景物的無窮遠。詩人描寫景物，採用散點透視，視線移動，從南湖近處而洞庭而白雲邊，中間相距遼曠，漸遠漸高，以至「直上天」。唐代山水畫家總結出闊遠景物的特色爲「遠水無波，高與雲齊」（王維《山水論》）。此詩末句「將船買酒白雲邊」，船與白雲齊，可見湖水高遠、開闊，景物迷茫浩渺，給人以飄逸的審美感受。此詩構圖寫景佳處就在於以畫家筆法入詩。

其次，詩人以畫家般敏銳的眼睛感知自然景物的本色，詩中所創造的「意境色」，配合和諧，彌漫着一種陰柔的色彩美。看吧，「南湖秋水夜無煙」，夜色幽冷，天空蔚藍，湖水碧澄，一片青、藍。洞庭月色，晶瑩銀亮；天邊白雲，潔淨、素淡；洞庭湖水，墨藍深暗；澄空月光，雪白淺明。上下與中間的景物色調，對比鮮明，層次清晰，而又平衡和諧，配調適當，都統一在冷色調中。這種清淡素冷的「意境色」，無言却有意地傳達了詩人恬靜澹泊、曠達超脫的情懷。詩的格調也因而顯得沖淡平和，饒富陰柔的優美感。（何國治）

望廬山瀑布（其二）

李　白

日照香爐生紫煙，遙看瀑布掛前川。飛流直下三千尺，疑是銀河落九天。

李白的《望廬山瀑布》，共兩首。一首是五言古詩，寫從近處仰觀瀑布的生動情狀；一首是七言絕句，寫遠望中瀑布的壯麗景象。這裏介紹的是後一首，卽七言絕句。這首詩雖僅四句，却寫得氣勢飛動、景色壯闊

望廬山瀑布（其二）

而又清新自然、韻味醇美，體現了李白詩歌豪放雋逸的藝術風格。

題目是《望廬山瀑布》，「望」說明詩人站在遠處眺望，寫的是瀑布的遠景。廬山，又稱匡廬山，在今江西省九江市南，北依揚子江，南臨鄱陽湖，山勢秀拔，風景幽美，自古以來就是我國著名的遊覽勝地。「談匡廬之勝者，輒首瀑布」（清吳闌思《匡廬紀遊》），而香爐瀑布，又以壯觀擅名宇內。李白這首詩，生動地再現了香爐瀑布的雄奇壯麗。

「日照香爐生紫煙」，陽光照耀，香爐峯際蒸騰着紫色的煙霧。「香爐」，即香爐峯，是廬山北部的一座高峯，因形似香爐而得名。日照峯頂，雲蒸霞蔚，山更顯得高大雄偉、明媚秀麗。東晉名僧慧遠在《廬山記》中所說的「孤峯獨秀，氣籠其上，則氤氳香煙」，就是描繪的香爐峯這一景象。香爐生煙，是當時日常習見的現象，它使人很容易聯想到輕裊繚繞、盤旋升騰的景象，顯得樸實而親切。這雖是景物名稱的偶然巧合，但也是詩人妙手偶得、細心體味景物特點的結果。

詩開頭，不直接寫瀑布，而先寫山，這是詩人慣常使用的映襯手法。寫山的高大雄偉，正是爲了映襯瀑布的豪壯奔放。所以，這一句恰好畫出了瀑布壯美而闊大的背景。

「遙看瀑布掛前川」，遠遠看去，瀑布懸空飛注，從香爐峯直接到山前的水面上。「遙看」二字，也同時起着引領首句并啓迪以下兩句的作用；用在這裏，不僅使詩句凝練，也把瀑布這一主要景物突現出來了。「遙看」，就是遠望，點出了「望」字。「掛」字脫口而出，不着痕跡，却傳神入化，描畫出遠望中瀑布的形象。在《廬山謠》中，詩人曾用「倒掛銀河」形容瀑布；在另一首《望廬山瀑布》詩中，則直接稱瀑布爲「掛流」，那是非常形象的。山水從廬山高處的開先寺（又稱秀峯寺）側流出，經青玉峽，破壁而出，懸掛崖間，形成香爐瀑布（見清潘耒《遊廬山記》，）遠望如珠簾垂空，如白練曳下，景象雄偉而壯觀。

這句引導讀者從遠山望瀑布，彷彿向讀者指點一幅氣象宏大的山水圖景，採用的是提頓蓄勢的筆法，不直接對瀑布進行具體描寫。接着，作者筆鋒急轉，在讀者面前展現出瀑布的具體景象：「飛流直下三千尺，疑是銀河落九天。」「飛流」，不只是改換一下瀑布的稱呼，它既寫出瀑布懸空飛注的動態，也寫出了水勢

望廬山瀑布（其二）

的迅疾。「直下」，遙應前句「掛前川」，既寫出瀑布呈直掛下、如珠簾垂空的情狀，也寫出了瀑流的陡削、驚險。「三千尺」則狀瀑流之長，幷非確指。如果說這句是诗人以誇張的筆墨，寫出望中的直感，那麼，接着「疑是銀河落九天」一句，則是借助藝術想象，使景物升騰到更高的境界，達到了描寫瀑布的極致：瀑布淩空而下，半灑雲天，「隱若白虹」，「忽如飛電」（《望廬山瀑布》其一），遠處乍看，恍如銀河從九天之上猛然瀉落下來。瀑布的壯美及其氣勢磅礴、飛動雄偉的特徵，就一下子呈現在讀者面前了。它給人以美的感受，同時也使人受到力的激發。把瀑布倒流比作銀河落天，新穎別致而又形象逼真。宋代大詩人蘇軾曾稱贊這句詩說：「帝遣銀河一派垂，古來唯有謫仙詞。」（南宋葛立方《韻語陽秋》）他認爲這句詩是神來之筆，堪稱描寫瀑布的千古絶唱。這評價是幷不過分的。一個「疑」字，畫出詩人乍驚還疑、傾心讚美的情態，也把美好的想象與現實的景物極其自然地交融在一起了。

讀完這首詩，在你面前就展現出這樣一幅畫面：香爐峯高聳雲天，瀑布懸空垂掛；雲生山際，水出崖間，飛流直下，忽如天落。這景象是何等的壯美，境界又是何等的開闊！你會覺得，詩人不是在寫詩，而是揮動巨型彩筆，將自己的感情傾諸筆端，在臨空摹畫祖國的山水圖。

李白與王昌齡同被譽爲唐人七言絶句的冠冕，在藝術上有較高的成就。這首詩寫於李白晚年，它的寫作技巧已臻於爐火純青、渾然天成的境界。

景中寓情。從表面看，這首詩似乎純粹寫景；其實不然。任何一個認眞的讀者，從詩人所着意勾勒的畫面中，都會感到詩人熱愛祖國河山的感情，如同他所描繪的瀑布急流一樣，跳蕩在字裏行間。在那兀傲高聳的香爐峯頂，在那豪邁奔放的瀑布急流之中，你都恍如見到詩人自己的影象，正是由於在自然景物中，熔鑄進了詩人自己的感情，賦予了詩人自己的美學理想，自然景物才顯得那樣壯美，才會產生那樣動人心弦的藝術效果。因此，詩人優美、健康的感情，是這首詩的靈魂；而詩中藝術形象的壯美，正是詩人對祖國、對生活熱愛的藝術體現。

想象豐富。李白是積極浪漫主義的大師，豐富的想象力和鮮明的形象性是他的詩歌的共同特點。前人說他的詩「才氣豪邁，全以神運」（清趙翼《甌北詩話》），讀之「令人神遠」（清沈德潛《說詩晬語》）。

這首詩確實具有這些特點。寫瀑布下注，却先寫香爐峯高入雲天，落筆不俗，境界闊大。一個「掛」字，狀物傳神。「三千尺」的說法，誇張而不失眞，使人感到瀑流的氣勢。銀河落天的想象，使瀑布這一藝術形象更加鮮明生動，而且能令人產生一種詩意的聯想，餘味無窮。

語言清新。「清水出芙蓉，天然去雕飾」（《贈江夏韋太守良宰》），是李白對詩歌語言提出的一個原則。這首詩是實踐了的。全詩沒用一個典故，沒用一個生僻的詞匯，讀來明白如話，和諧流暢，但却表現出大自然雄健奔放的氣勢，塑造出瀑布壯美的藝術形象。這是詩人善於學習民間詩歌的結果，也是詩人善於觀察體驗生活的結果。

總之，李白這首七言絕句，熱情地讚頌了祖國的壯麗山河，表現了詩人的開闊胸襟，今天讀來，仍能給人以豐富的藝術感受，激發起人們热愛祖國大好河山的感情。

（李伯齊）

秋登宣城謝朓北樓

李白

江城如畫裏，山晚望晴空。兩水夾明鏡，雙橋落彩虹。人煙寒橘柚，秋色老梧桐。
誰念北樓上，臨風懷謝公？

《秋登宣城謝朓北樓》是李白在天寶十三載八月重遊宣城時做的。宣城在皖南，南齊詩人謝朓在這裏做太守，曾在城南陵陽山上建造一所北樓，後人稱謝脁樓。李白愛這地方風景很美，又因爲謝脁是他很佩服的詩人，他每到宣城必到北樓遊覽。集中詠北樓的詩很有幾首，這是其中一篇比較著名的五律。

開頭「江城如畫裏」一句就寫出這次登望的總的印象，全詩就由這句總帽子生發出來。這句和下句在因果關係上是倒裝的。本是「山晚望晴空」，才望出「江城如畫」，而現在把「山晚望晴空」放在次句，「江城如畫裏」突如其來，便顯得突出有力。「山晚望晴空」寥寥五字，寫出登望的地點（山）、時間（晚）、望的動作、當時的天氣（晴）以及所望的對象（晴空）。古漢語在字句的處理上彈性較大，特別是在詩裏，所以能有這樣簡煉的句子。

接着兩聯四句便就「江城如畫」這個概括的印象作具體的渲染。宣城有宛溪、句溪兩水繞城後合流，其中繞城東的宛溪上下有鳳凰、濟川兩橋。從北樓上望去，這兩條水就像兩個明鏡合在一起，兩座橋就像天上的彩虹落到地面來。這兩句顯得天氣是晴朗的，和前句「晴空」呼應。這兩句還見不出秋意，晴空的色彩是新鮮燦爛的，望者的心情也理應是怡悦的。「人煙」兩句表面上是承上兩句烘託「江城如畫」，而實際上這裏有個大轉折，是由「晴空」轉到「山晚」。這裏寫的不但是晚景，而且是秋山晚景，點出詩題中的「秋」字。「人煙寒橘柚」句乍看很費解。據清康熙間繆日芑校宋本《李太白全集》和王琦註《李太白文集》，「寒」字下都註「一作空」，這大概是後人以爲宣城無橘柚而且不了解「寒」字的意義憑臆測妄改的。「人煙空橘柚」拙劣無味。李白《送通禪師還南陵隱靜寺》詩有「嚴種朗公橘」句，還可見當時皖南產橘。李白有時愛用奇字險句，這裏「寒」字便是一例。這句詩本來的意思是說秋天傍晚從山上望起來，人煙和樹木都現出一片冷清（寒）的意味。詩人彷彿在人煙的寒和橘柚的寒中間見出因果關係，橘柚的寒彷彿是由於人煙的寒。這裏的「寒」字和上兩句的「夾」字「落」字以及下句「老」字都是作動詞用的。這樣用「寒」字，全句詩就寫活了。梧桐是樹木中到秋天最先枯謝的。「梧桐一葉落，天下盡知秋。」如果寫散文，我們只須說「梧桐到了秋天便現老象」。李白把「老」字用作動詞，這句詩譯成散文便是「秋色使梧桐變老了」。讀到這兩句，不但要體會詩人用字的凝練，更要體會詩人灌注生氣於自然景物的那種體物入微的情感及化靜爲動的描寫法。

「人煙」兩句不但就客觀景物說是個轉折，就詩人主觀情感說也是這樣。詩人在這兩句裏幷沒說出自己的心情，但是「人煙寒橘柚，秋色老梧桐」那種淒清遲垂的感覺恰足傳出他當時的心情，這正是所謂不言情而情自見。有這兩句，結尾「誰念北樓上，臨風懷謝公」兩句便有伏脈。李白對前代詩人，特別推尊謝朓，集中提到懷念謝朓的詩不少，最著名的是「解道澄江浄如練，令人常憶謝玄暉」。李白之所以景仰謝朓，不但是由於謝朓的詩才，也由於遭遇略有類似。謝朓自宣城太守去職後不久，被姦人陷害身死。李白自天寶三載遭楊妃和高力士的忌去官，落魄江湖已十年之久。「誰念」二句一方面寫出舉世無與語的寂寞之感，一方面也寫出在古人中有同調的安慰。

（朱光潛）

望天門山

李　白

天門中斷楚江開，碧水東流至此回。兩岸青山相對出，孤帆一片日邊來。

安徽省當塗縣靠長江邊的東梁山（亦稱博望山），與和縣臨長江的西梁山東西相向，對峙如門，所以又總稱兩山爲天門山。安徽古代屬楚國地域，因此詩人把流經這裏的長江叫楚江。天門山形勢險要，李白曾在《天門山銘》中寫道：「梁山博望，關扃楚濱，夾據洪流，實爲吳津。兩坐錯落，如鯨張鱗。」天門山之所以險要，就因爲它「夾據洪流」，是千里大江的咽喉之地。詩的一開頭就抓住這個要害，將兩者——山、水——聯在一起，詩人不是用一加一的辦法把二者簡單地湊在一起，而是通過「斷」、「開」、「回」等字把它們相互作用的內在關係揭示出來。「天門中斷楚江開」，這是橫跨大江的天門山給楚江留下了一條通道呢？還是巨流沖出了一個天門？不管怎樣，都顯示出大自然的奇妙和力量。「碧水東流至此回」，由於天門鎖江，江面狹窄，那浩蕩的長江流到這裏也不得不回旋一陣才能擠過天門。這兩句主要是寫江，但不是任何地方的長江，而是有着典型色彩的天門山一段的長江，詩人借長江巨流的變化，顯示出天門扼江的力量。所以我們可以說這裏是水中有山，以水寫山。交錯寫來，十分自如。

第三句寫山，但也不離水，「兩岸」二字，就是暗寫了長江。「兩岸青山相對出」，既生動地畫出了天門山橫跨長江，對峙如門的勢態，也寫出了雙峯聳立，俯瞰大江的雄姿。如果詩人的「望」，僅着眼於天門山，也許還不能完全認識它，只有把它放在千里長江這個廣闊的背景中才能更加覺出它的雄偉險峻。詩的最後一句，正是從這個意義上振起全篇。「孤帆一片日邊來」，一下子就把鏡頭拉遠了，眞是妙筆生花，眼前頓時變得開闊無垠。那茫茫的江水從天際流來，穿過壁立的天門，又滔滔滾滾，遠隨天去，而在那水天相連之處一片白帆，沐浴着燦爛的陽光從天邊飄來。這裏我們順便說一下：「日邊」，卽天邊，形容其遠。從詩的格律來講，這裏應用仄聲。所以詩人用仄聲的「日」字，代替了平聲的「天」字。這樣一來，不僅平仄協調，畫面也變得明朗，形象則更富有浪漫主義的色彩。有人把「日邊」說成是用典，代指唐朝的帝都長安，似乎求之過深。因爲它畢竟是一首寫景詩，把它和「西入長安到日邊」（李白《永王東巡歌》）那種政治色彩很濃、寓意很明白的詩同等看待，就難免牽強，失之穿鑿。

《望天門山》爲我們展現了一個闊大深邃、色彩明麗的畫面。它有高有低，有遠有近，錯落有致；青山碧水，藍天紅日，還有那耀眼的白帆，交相輝映；同時，它還有靜有動，你看那白浪滔天的江水，日夜不停地在天門脚下回旋咆哮，可是天門山却巍然不動，相對而立，雄視大江。這種動靜結合，以動襯靜的手法，更加顯示出天門山夾據洪流，傲然屹立的那種天險之地的雄偉氣勢。

在中國文學史上，李白可以說是一位自然美的敏銳的發現者，也是善於刻畫自然美的詩人。這不衹是個人的天才所致，而是封建社會的黑暗腐敗的現實，使他有志難伸，只得放情山水，傾心於美好的大自然，他的足跡幾乎遍中國，飽覽了祖國的名山大川。豐富的經歷和熾熱的感情，使得他「胸中山水奇天下」。在他的筆下雖然也有山花、夜月一類明媚秀麗的風光，但更多的是表現高山大河磅礴飛動的氣勢和奇偉瑰麗的雄姿。這些形象不僅是自然美的再現，其中也跳動着詩人的脈搏，表現了詩人傲岸不羈、熱情奔放的性格。它給我們以美的享受，激起我們對詩人的敬仰，更喚起我們對祖國的熱愛。

（趙其鈞）

早發白帝城

李　白

朝辭白帝彩雲間，千里江陵一日還。兩岸猿聲啼不盡，輕舟已過萬重山。

從字面看，這首詩無非是寫三峽水流之急，船行之快，是一首詠山川、紀行旅的作品。我們還可以引《水經注》中描寫三峽的那一段文字來印證。但是，詩的意思如果僅僅是這些，那不過是把《水經注》改寫成一首詩歌而已，就不會成爲千古絕唱了。我覺得這不僅是一首寫山水紀行旅的詩，也是一首抒情詩，抒寫了詩人自己心情的輕鬆與喜悅。據攷證，這首詩是李白在流放途中走到三峽遇赦返回的時候寫的。「千里江陵一日還」的「還」字就暗示了這一點。歸還時的輕鬆和喜悅，是以流放途中的痛苦和艱辛爲對比的。正因爲不久之前有判罪流放的痛苦，有逆水行舟的艱辛，所以遇赦歸來順流而下的時候才感到格外的輕鬆和喜悅。即使是淒涼的猿啼，李白以此時的心情聽來也非同彼時了。這種輕鬆喜悅的感情，李白沒有在詩裏直接說出來，而是從字裏行間流露出來的。如果不細細品味也許還不易察覺呢！

講到這裏，詩的意思是不是講完了呢？沒有。我覺得其中還有另一種感情，就是惋惜與遺憾。上三峽的時候，李白是一個流放犯，三峽的景色只能加重他的愁苦，他大概沒有心情去欣賞周圍的風光。只要看他當時所寫的《上三峽》這首詩，就可以知道他的心情有多麼沉重了。詩曰：「巫山夾青天，巴水流若茲。巴水忽可盡，青天無到時。三朝上黃牛，三暮行太遲。三朝又三暮，不覺鬢成絲。」巫山夾着青天，巴水從中間流過。這狹窄的甬道，幾時才能走通呢？巴水是可以走到頭的，青天却永遠也上不去。船在黃牛山旁繞來繞去，自己的兩鬢不知不覺地已經愁白了。而寫《早發白帝城》的時候，詩人已恢復了自由，順着剛剛經過的那條流放路，重又泛舟於三峽之間。他一定願意趁這個機會飽覽三峽的壯麗風光，可惜還沒有看夠、沒有聽够，沒有來得及細細領略三峽的美，船已飛馳而過。「兩岸猿聲啼不盡，輕舟已過萬重山。」在喜悅之中又帶着幾分惋惜與遺憾，似乎嫌船走得太快了。「啼不盡」（「盡」，一作「住」。）是說猿啼的餘音未盡，身子已經隨着船飛過了萬重山。雖然已經過了萬重山，但仍沉浸在剛才從猿聲裏穿過的那種感受之中。究竟是喜悅還是惋惜，此時復雜的心情，恐怕連詩人自己也難以分辨清楚了。

中國古典詩歌講究「言有盡而意無窮」，絕句的體製短小，尤其要含蓄不盡。李白的這首詩既有一瀉千里的氣勢，又避免了一覽無餘的毛病，所以才能讓人百讀不厭，常讀常新。

（袁行霈）

宿五松山下荀媪家

李白

我宿五松下，寂寥無所歡。田家秋作苦，鄰女夜舂寒。跪進雕胡飯，月光明素盤。令人慚漂母，三謝不能餐。

五松山，在今安徽銅陵縣南。山下住着一位姓荀的農民老媽媽。一天晚上李白借宿在她家，受到主人誠摯的款待，這首詩就是寫當時的心情。

開頭兩句「我宿五松下，寂寥無所歡」，寫出自己寂寞的情懷。這偏僻的山村裏沒有什麼可以引起他歡樂的事情，他所接觸的都是農民的艱辛和困苦。這就是三四句所寫的：「田家秋作苦，鄰女夜舂寒。」秋作，是秋天的勞作。「田家秋作苦」的「苦」字，不僅指勞動的辛苦，還指心中的悲苦。秋收季節，本來應該是歡樂的，可是在繁重賦稅壓迫下的農民竟沒有一點歡笑。農民白天收割，晚上舂米，鄰家婦女舂米的聲音，從墻外傳來，一聲一聲，顯得多麼淒涼啊！這個「寒」字，十分耐人尋味。它既是形容舂米聲音的淒涼，也是推想鄰女身上的寒冷。

五六句寫到主人荀媪：「跪進雕胡飯，月光明素盤。」古人席地而坐，屈膝坐在脚跟上，上半身挺直，叫跪坐。因爲李白吃飯時是跪坐在那裏，所以荀媪將飯端來時也跪下身子呈進給他。「雕胡」，就是「菰」，俗稱茭白，生在水中，秋天結實，叫菰米，可以做飯，古人當做美餐。姓荀的老媽媽特地做了雕胡飯，是對詩

人的熱情款待。「月光明素盤」，是對荀媼手中盛飯的盤子突出地加以描寫。盤子是白的，菰米也是白的，在月光的照射下，這盤菰米飯就像一盤珍珠一樣地耀目。在那樣艱苦的山村裏，老人端出這盤雕胡飯，詩人深深地感動了，最後兩句說：「令人慚漂母，三謝不能餐。」「漂母」用《史記·淮陰侯列傳》的典故：韓信年輕時很窮困，在淮陰城下釣魚，一個正在漂洗絲絮的老媽媽見他饑餓，便拿飯給他吃，後來韓信被封爲楚王，送給漂母千金表示感謝。這詩裏的漂母指荀媼，荀媼這樣誠懇地款待李白，使他很過意不去，又無法報答她，更感到受之有愧。李白再三地推辭致謝，實在不忍心享用她的這一頓美餐。

李白的性格本來是很高傲的，他不肯「摧眉折腰事權貴」，常常「一醉累月輕王侯」，在王公大人面前是那樣地桀傲不馴。可是，對一個普通的山村老媽媽却是如此謙恭，如此誠摯，充分顯示了李白的可貴品質。

李白的詩以豪邁飄逸著稱，但這首詩却沒有一點縱放。風格極爲樸素自然。詩人用平鋪直敍的寫法，像在敍述他夜宿山村的過程，談他的親切感受，語言平淡，不露雕琢痕跡而頗有情韻，是李白詩中別具一格之作。

（袁行霈）

月下獨酌（其一）

李　白

花間一壺酒，獨酌無相親。舉杯邀明月，對影成三人。月既不解飲，影徒隨我身。

暫伴月將影，行樂須及春。我歌月徘徊，我舞影零亂。醒时同交歡，醉後各分散。永結無情遊，相期邈雲漢。

這首詩突出寫一個「獨」字。李白有抱負，有才能，想做一番事業，但是既得不到統治者的賞識和支持，也找不到多少知音和朋友。所以他常常陷入孤獨的包圍之中，感到苦悶、彷徨。從他的詩裏，我們可以聽到一個孤獨的靈魂在呼喊，這喊聲裏有對那個不合理的社會的抗議，也有對自由與解放的渴望，那股不可遏制的力量眞是足以「驚風雨」而「泣鬼神」的。

開頭兩句「花間一壺酒，獨酌無相親」，已點出「獨」字。愛喝酒的人一般是不喜歡獨自一個人喝悶酒的，他們願意有一二知己邊聊邊飲，把心裏積鬱已久的話傾訴出來。尤其是當美景良辰，月下花間，更希望有親近的伴侶和自己一起分享風景的優美和酒味的醇香。李白寫這首詩的時候正是這種心情，但是他有酒無親，一肚子話沒處可說，只好「舉杯邀明月，對影成三人」，邀請明月和自己的身影來作伴了。這兩句是從陶淵明的《雜詩》中化出來的，陶詩說：「欲言無予和，揮杯勸孤影。」不過那只是「兩人」，李白多邀了一個明月，所以是「對影成三人」了。

然而，明月是不會喝酒的，影子也只會默默地跟隨着自己而已。「月既不解飲，影徒隨我身」，結果還只能是自己一個人獨酌。但是有這樣兩個伴侶究竟是好的，「暫伴月將影，行樂順及春」，暫且在月和影的伴隨下，及時地行樂吧！下面接着寫歌舞行樂的情形：「我歌月徘徊，我舞影零亂。醒時同交歡，醉後各分散。」「月徘徊」，是說月被我的歌聲感動了，總在我身邊徘徊着不肯離去。「影零亂」，是說影也在隨着自己的身體做出各種不很規矩的舞姿。這時，詩人和他們已達到感情交融的地步了。所以接下來說：「醒時同交歡，醉後各分散。」趁醒着的時候三人結交成好朋友，醉後不免要各自分散了。但李白是捨不得和他們分散的，最後兩句說：「永結無情遊，相期邈雲漢。」「無情」是不沾染世情的意思，「無情遊」是超出於一般世俗關係的交遊。李白認爲這種擺脫了利害關係的交往，才是最純潔的最眞誠的。他在人間找不到這種友誼，便只好和月亮和影子相約，希望同他們永遠結下無情之遊，并在高高的天上相會。「雲漢」，就是銀河，這裏泛指遠離塵世的天界。這兩句詩雖然表現了出世思想，但李白的這種思想并不完全是消極的，就其對社會上人與人之間庸俗關係的厭惡與否定而言，應當說是含有深刻的積極意義的。

這首詩雖然說「對影成三人」，主要還是寄情於明月。李白從小就喜歡明月，《古朗月行》說：「小時不識月，呼作白玉盤。又疑瑤臺鏡，飛在青雲端。」在幼小的李白的心靈裏，明月已經是光明皎潔的象徵了。他常常借明月寄託自己的理想，熱切地追求她。《把酒問月》一開頭就說：「青天有月來幾時，我今停杯一問之。人攀明月不可得，月行却與人相隨。」在《宣州謝朓樓餞別校書叔雲》這首詩裏也說，「俱懷逸興壯思飛，欲上青天覽明月。」他想攀明月，又想攬明月，都表現了他對於光明的嚮往。正因爲他厭惡社會的黑暗與污濁，追求光明與純潔，所以才對明月寄託了那麽深厚的感情，以致連他的死也有傳說，說他是醉後入水中捉月而死的。明月又常常使李白回憶起他的故鄉。青年時代他在四川時曾遊歷過峨眉山，峨眉山月給他留下深刻的印象。他寫過一首《峨眉山月歌》，其中說「峨眉山月半輪秋，影入平羌江水流」，很爲人所傳誦。他晚年在武昌又寫過一首《峨眉山月歌》，是爲一位四川和尚到長安去而寫了送行的。詩裏說他在三峽時看到明月就想起峨眉，峨眉山月萬里相隨，陪伴他來到黃鶴樓；如今又遇到你這峨眉來的客人，那輪峨眉山月一定會送你到長安的；最後他希望這位蜀僧「一振高名滿帝都，歸時還弄峨眉月」。明月是如此地引起李白的鄉情，所以在那首著名的《靜夜思》中，才會說「舉頭望明月，低頭思故鄉」，一看到明月就想起峨眉，想起家鄉四川來了。明月，對於李白又是一個親密的朋友。《夢遊天姥吟留別》裏說：「我欲因之夢吳越，一夜飛度鏡湖月。湖月照我影，送我至剡溪。」在另一首題目叫《下終南山過斛斯山人宿置酒》的詩裏，他又說：「暮從碧山下，山月隨人歸。」簡直是以兒童的天眞在看月的。更有意思的是，當他聽到王昌齡左遷龍標的消息後，寫了一首詩寄給王昌齡，詩裏說：「我寄愁心與明月，隨君直到夜郎西。」在李白的想象裏，明月可以帶着他的愁心，跟隨王昌齡一直走到邊遠的地方。

當我們知道了明月對李白有這樣多的意義，也就容易理解爲什麽在《月下獨酌》這首詩裏李白對明月寄以那樣深厚的情誼。「舉杯邀明月，對影成三人」，「永結無情游，相期邈雲漢」，李白從小就與之結爲伴侶的，象徵着光明、純潔的，常常使李白思念起故鄉的月亮，是値得李白對她一往情深的。孤高、桀驁而又天眞的偉大詩人李白，也完全配得上做明月的朋友。

（袁行霈）

與史郎中欽聽黃鶴樓上吹笛

李　白

一爲遷客去長沙，西望長安不見家。黃鶴樓中吹玉笛，江城五月落梅花。

這首詩是詩人晚年流放遇赦、重返江夏（今湖北武昌）時作，時在乾元二年（七五九）五月。李白另有《江夏使君叔席上贈史郎中》云：「昔放三湘去，今還萬死餘。」「史郎中」，當卽此詩中的「史郎中欽」，兩詩當爲同時之作。

江城武昌，雲橫九派，長江之中，黃鵠磯頭，屹立着一座千古名樓——黃鶴樓。「遷客騷人，多會於此，覽物之情，得無異乎？」他們或嘆黃鶴遠逝，白雲空在，痛人間非神仙之住處；或登斯樓，臨風懷想，羨長江之浩渺；或滿目蕭然，魂斷神傷，嘆人生之迍邅。或發日暮鄉關之思，或抒投荒謫遷之情，留下了無數驚墨華章。李白此作抒遷謫之情，羈旅之思，飄零之感，遲暮之悲，「淒切之情，見於言外，有含蓄不盡之致」（《唐宋詩醇》），堪稱黃鶴樓詩中的名篇，也是李白絕句中最富情韻、最爲蘊藉的佳作之一。

與史郎中欽聽黃鶴樓上吹笛

詩人以蒼涼激楚的音調叩響全詩：「一爲遷客去長沙」，開首便用賈誼的典故。遙想西漢賈誼，年輕有爲，却被朝中權貴讒害，貶官長沙，數百年來一直爲人們所同情。詩人自天寶三載三月，被玄宗賜金還山，逐出長安以來，天涯飄零，不料因參加永王李璘幕府，釀成悲劇，被判長流夜郎。李白流放夜郎，按唐代刑法，乃是流刑，僅次於死刑的一種重刑。流刑依流放地的遠近，可分爲二千里、二千五百里、三千里三等。夜郎屬珍州，據《元和郡縣誌》卷三十記載，該州「本徼外蠻夷之地」，「東北至上都五千五百五十里，東北至東都四千五百四十五里」，夜郎即在州之近側。由此可見，李白的流刑乃是最嚴重的一等，按《新唐書·刑法志》載：「特刑者三歲縱之。」可見李白的遭遇比賈誼要慘得多，李白遭流放後經常以賈誼自比，曾有「獨棄長沙國，三年未許回」（《放後遇恩不霑》）之句。詩人只得寄希望於特赦，其《流夜郎贈辛判官》云：「我愁遠謫夜郎去，何日金鷄放赦還？」乾元二年（七五九）三月丁亥（二十一日），「以旱降死罪，流以下原之」（《新唐書·肅宗紀》），李白終於因老天大旱而被赦還，五月抵武昌，遇到故人史欽郎中，同遊黃鶴樓，聞笛而感懷，遂作此篇。感慨良多，蘊藉至極。此時一、二兩句，既是詩人境況的眞實寫照，又是用典虛寫，道出身世遭遇的沉淪之悲。側身西望，長安日遠，浮雲遮蔽。長安經過戰爭洗劫，宮圮廢頹，殘垣遍地，人民生靈塗炭，皇帝風塵奔走，更重要的是朝廷「白日掩徂暉，浮雲無定端，梧桐巢燕雀，枳棘棲鴛鸞」（《古風》三十九），小人得志，羣佞陰翳，詩人悲憤無端，家國之恨，沉淪之怨，湧上心頭。「西望長安不見家」，乃是天高皇帝遠之謂，「家」指皇帝，蔡邕《獨斷》：天子無外，以天下爲家，又居其地曰家。長安城對遷謫之人來說，是多麼遙遠，多麼隔膜，望而不見，使詩人黯然神傷。多少酸楚、憤懣，盡在「西望」的典型動作中，眞是「憂讒畏譏，滿目蕭然，感極而悲者矣！」（范仲淹《岳陽樓記》）

「黃鶴樓中吹玉笛，江城五月落梅花」，黃鶴樓中，玉笛聲聲，悠揚悅耳，那是一闋《梅花落》的笛曲。《樂府詩集》卷二十四《漢橫吹曲》有《梅花落》，釋云：「本笛中曲也。」鮑照有《梅花落》樂府：「中庭雜樹多，偏爲梅咨嗟。問君何獨然，念其霜中能作花，露中能作實。搖蕩春風媚春日，念爾零落逐風飆，徒有霜華無霜質。」那飄轉江城的笛聲，時而幽咽泉冷，時而沉回轉惻，時而繁音雜響，時而嘹亮悠遠，深深地撥動着詩人落寞悲涼的心弦，詩人眼前頓時幻化出一幅梅花飛舞、隨風飄颺的景象，這種幻覺乃是現實中聽覺與想象中視覺的通感結晶。《梅花落》倒作落梅花，所以寫高樓笛聲因風散落之情景，乃活用傳神之筆，實非趁韻。這種通感的例子不少，高適《塞上聽吹笛》：「借問梅花何處落？風吹一夜滿關山！」李白《觀胡人吹笛》：「胡人吹玉笛，一半是秦聲。十月吳山曉，梅花落敬亭。」亦可參證。詩人的高妙之處，是細膩地將自己當時的情緒，用「玉笛」、「梅花」兩種俱是十分美好的意象傳達出來，韻味雋永。「玉笛」多麼冰瑩，「梅花」多麼寒潔，這種美好的意象那麼冰清玉潔，它正與詩人落寞的心境相吻合，顯得悲涼婉轉，有力地烘託了詩的意境之美，尤其是結句，神韻悠然，弦外之音繚繞不盡。

李白早年還寫過《春夜洛城聞笛》：「誰家玉笛暗飛聲，散入春風滿洛城。此夜曲中聞折柳，何人不起故園情？」與此詩同樣是絕句，同樣寫聞笛，用意也相似，但一寫去國飄零之感，一抒鄉愁客思之情。構思不同。早年的詩是順敘，先寫聞笛，然後寫引起的思鄉感情，着力在前二句，意境條暢；而晚年的詩則是倒敘，先敍自己的心情，然後寫聞笛，着力在後二句，意境含蓄。竟陵派詩人鍾惺《唐詩歸》稱此詩是：「無限羈情，笛中吹來，詩中寫出。」可謂是一眼窺中此詩之「性靈」。

（郁賢皓　倪培翔）

獨坐敬亭山

李　白

衆鳥高飛盡，孤雲獨去閑。相看兩不厭，只有敬亭山。

獨坐敬亭山

李白平生最佩服的南朝詩人是曾任宣州（治所在今安徽省宣城市）太守的謝朓，敬亭山（原名昭亭山）就在宣州，山上有敬亭，爲謝朓臨眺吟詠之處。

《獨坐敬亭山》寫於天寶十二年（七五三）遊歷宣城之時，李白由於仕途不得志，政治理想不能實現，此時已經年過半百，垂垂老矣，孤寂淒涼之感時時襲上他的心頭。他孤獨地坐在敬亭山上，這是在欣賞山河美景，還是懷念往昔的才人呢？詩人沒有直接回答，而是爲讀者展示了眼前高曠閎闊的景色：「衆鳥高飛盡，孤雲獨去閑」，天之高與廣在衆鳥高飛和孤雲遠去中得到充分的表現。詩人用「盡」字表現衆鳥全都飛去，對敬亭山毫無留戀；用「閑」字描寫一片白雲悠然遠去，對敬亭山不屑一顧。一切有生和無生的都離開了敬亭山，這不僅描繪出怡然靜謐的意境；而且表現出一種不被理解的孤獨感，敬亭山是這樣，詩人也是這樣。

「相看兩不厭，只有敬亭山。」詩人看着敬亭山，遂想象敬亭山也看着自己。詩人和敬亭山相望着永不知倦。這是因爲詩人在敬亭山的形象中找到了自己。這正像南宋辛棄疾在〈賀新郎〉中所說：「我見青山多嫵媚，料青山見我應如是。」山是詩人個性的外化。

和流水的千姿百態不同，山是最少變動的（起碼在古人眼中如此）。古人說「仁者樂山」，就是從它屹立不變和蘊蓄萬物而言的。因爲山不動就難以描寫，因此，詩人總借助附着於山、與山有關的事物化靜爲動來展現其形象。如陶淵明的「採菊東籬下，悠然見南山」，左思的「白雲停陰崗，丹葩曜陽林……非必絲與竹，山水有清音」都是如此。而此詩表現的不僅是靜態的敬亭山，而且把可能附着於山的東西也都驅趕而盡了。鳥讓它飛去，孤雲讓它飄走，敬亭山還有什麼呢？什麼也沒有了，然而這才是眞正的敬亭山。詩人就望着這座靜止而孤獨的山，他想敬亭山也以同樣的目光望着自己。這已不是風景詩，而是抒情詩了，抒發了詩人的苦悶、淒涼和孤獨，但也包含着像敬亭山一樣的堅定。此詩短小但蘊涵豐富，故長久爲讀者所喜歡。（王學太）

春夜陪從弟宴桃李園序

春夜陪從弟宴桃李園序

李白

夫天地者，萬物之逆旅；光陰者，百代之過客。而浮生若夢，爲歡幾何？古人秉燭夜遊，良有以也。況陽春召我以煙景，大塊假我以文章。會桃花之芳園，序天倫之樂事。羣季俊秀，皆爲惠連；吾人詠歌，獨慚康樂。幽賞未已，高談轉清。開瓊筵以坐花，飛羽觴而醉月。不有佳詠，何伸雅懷？如詩不成，罰依金谷酒數。

這篇短文是李白集中的名篇，如《與韓荊州書》一樣，爲各種古文選本所共收。《與韓荊州書》表現李白積極用世的精神，而這篇短文則表現了他俯仰今古的廣闊胸懷和樂觀精神。

黃錫珪《李太白年譜》「賦及雜文編年目錄」定此文爲開元二十一年春李白在安陸作，《與韓荊州書》爲是年夏作，時間相距很近。黃氏的編定可信從。白稍後有《安陸白兆山桃花巖寄劉侍御綰》、《長相思》等詩，《長相思》也有「日色欲盡花含煙」之語，可見當時安陸桃花很盛。則李白園中栽種，亦合情理。

據舊譜，當時李白已婚於許圉師家。開元二十一年（七三三）白年三十三歲。其政治上的不得意，見於《上安州裴長史書》、《與韓荊州書》等文，從這篇短文也可看出他對人生的看法，「浮生若夢，爲歡幾何」，頗有些渺茫難知的感覺，但「吾人詠歌，獨慚康樂」，「不有佳詠，何伸雅懷」，基本精神還是樂觀的。

春夜陪從弟宴桃李園序

文章的開頭說：

夫天地者，萬物之逆旅；光陰者，百代之過客。而浮生若夢，爲歡幾何？古人秉燭夜遊，良有以也。

這是古往今來英雄志士、騷人墨客共同感受的至理。《古詩十九首》之三：「人生天地間，忽如遠行客。」李白則先從天地、光陰（指日月運行）談起，用逆旅（客舍）比天地，就較劉伶說的「吾以天地爲棟宇」（《世說新語·任誕》）爲深刻，而用過客比喻光陰催人易老，甚是恰當。

接下去說「浮生若夢」，略同於曹操《短歌行》的「對酒當歌，人生幾何，譬如朝露，去日苦多」，這更是李白素習道家之學的反映：「昔者莊周夢爲蝴蝶……俄然覺，則蘧蘧然周也，不知周之夢爲蝴蝶與？蝴蝶之夢爲周與？……此之謂物化。」（《莊子·齊物論》）人生數十寒暑，至爲短暫，如夢一場，小說《枕中記》（記黃粱夢）是頗能打動人的。既然人生如夢，歡樂自然不能長久。「幾何」二字極言短少，鮑照《擬行路難十八首》之三：「人生幾時得爲樂？」之五：「人生苦多歡樂少，意氣敷腴在盛年。」李白用此意，出之問語，極其簡練。

《古詩十九首》之十五：「生年不滿百，常懷千歲憂，晝短苦夜長，何不秉燭遊？爲樂當及時，何能待來茲？」曹丕《與吳質書》也說：「少壯眞當努力，年一過往，何可攀援？古人思秉燭夜遊，良有以也。」李白直用其語，而承接非常自然。這一句就暗寫了夜宴。

第一段是總論。

第二段說：

況陽春召我以煙景，大塊假我以文章。會桃花（《文苑英華》作桃李）之芳園，序

春夜陪從弟宴桃李園序

天倫之樂事。羣季俊秀，皆爲惠連；吾人詠歌，獨慚康樂。

這裏寫春景，也寫了諸人聚會，梁元帝《纂要》：「春爲陽春、三春、九春。」煙景喻美景，煙字似言春暖之氣，如說「花含煙」，李白《落日憶山中》詩：「雨後煙景綠，晴天散餘霞。」也說的春景。大塊指地，張華《答何劭》詩：「洪鈞陶萬類，大塊稟羣生。」李善註：「洪鈞，大鈞，謂天也，大塊謂地也。」文章說文采，也指文辭，《史記·儒林列傳》序：「文章爾雅，訓辭深厚。」這兩句陽春說時，大塊說地，文因美景而成。習語說大塊文章，則指鴻文鉅制。這裏寫了自己，也寫了諸從弟，然後是寫聚會的所在和活動，「會桃花之芳園，序天倫之樂事」，天倫出自《穀梁傳·隱公元年》：「兄弟，天倫也。」范甯集解：「兄先弟後，天之倫次。」兄弟手足之情，故叫兄弟聚談爲天倫樂事。

「羣季俊秀，皆爲惠連」，羣季謂諸弟，二句贊揚諸從弟皆有文才，南朝宋謝惠連是謝靈運的從弟，「年十歲能屬文，族兄靈運加賞之云：每有篇章，對惠連輒得佳語，嘗於永嘉西堂思詩，竟日不就，忽夢見惠連，即得『池塘生春草』，大以爲工。嘗云：此語有神功，非吾語也。」（《南史·謝方明傳》附惠連傳）「吾人詠歌，獨慚康樂」，又說到自己，是謙詞，不是自負，以太白之才，尚以爲不如靈運。《宋書·謝靈運傳》：「史臣曰：……靈運之興會標舉，（顏）延年之體裁明密，幷方軌前秀，垂範後昆。」靈運也曾說過：「天下才共一石，曹子建獨得八斗，我得一斗，自古及今共用一斗。」（《釋常談》）李白虛懷若谷，不似後人動以曹植、靈運自喻。

這一段寫桃花園聚會與聚會諸人，只在寫園中而不在細寫桃花，因桃花人所常見，不必細寫，而令人想象得之。寫聚會諸人重在文才，不在其他，因爲夜宴的目的就是敍談和賦詩，而賦詩更爲主要目的。

第三段說：

幽賞未已，高談轉清。開瓊筵以坐花，飛羽觴而醉月。不有佳詠（《文苑英華》爲

春夜陪從弟宴桃李園序

佳作），何伸雅懷？如詩不成，罰依金谷酒（《英華》註「集有斗字」）數。

這裏稱賞景爲幽賞，可見園景之幽美，賞之未足，接以清談，清談的內容雖未詳述，但大抵不外第一段那樣的內容，前後照應，讀之自見。「開瓊筵以坐花，飛羽觴而醉月」，這才是夜宴的正面敍寫。是明寫。瓊筵喻珍美的筵席，羽觴出自《招魂》：「瑤漿蜜勺，實羽觴些。」《漢書·外戚傳》註：「師古曰：酒行疾如羽也。孟康曰：羽觴，爵也，作生爵形，有頭尾羽翼。……師古曰：孟說是也。」謝朓《送遠曲》說：「瓊筵妙舞絕，桂席羽觴陳。」坐花、醉月表現桃園夜宴，用開筵的開、坐花的坐、飛觴的飛、醉月的醉，在動中着力地活畫出當日飲宴的境況。這兩句偶對與第一段開始的排比句、第二段的全用偶句，都增加了文章的整飭，駢散結合得妙。

最後說「不有佳詠，何伸雅懷」？寫出夜宴作詩的目的，「詩者，志之所之也」（《詩大序》），詩人的情志，只有用詩來表現。「如詩不成，罰依金谷酒數」，結尾是督促勉勵，緣用舊事舊語。石崇《金谷詩敍》：「遂各賦詩，以敍中懷。或不能者，罰酒三斗。感性命之不永，懼凋落之無期。」這裏的前二句即李白說的「不有佳詠，何伸雅懷」，末二句與本文第一段的意思也相近。

可惜李白與諸從弟的桃園賦詩今已無存。

這一篇文章很能吸引讀者，千餘年來諷誦不衰。而行文流暢，音調鏗鏘，字字珠璣，的是非凡之作。我將它分爲三段，段各八句，較爲整齊，全篇二十四句，一百一十九字。

這篇文章，從末段明顯可見受到石崇《金谷詩敍》的影響，當然也受到王羲之《蘭亭集序》的影響，比較讀之自見。但不是簡單的擬作，而是有革新變化的創作。與前面的兩篇著名序文相比，雖然較爲簡短，但文章精練，堪稱鼎足而三。

這是序文，明人吳訥說：「序之體，始於《詩》之大序，首言六義，次言風雅之變，又次言《二南》王化之自。其言次第有序，故謂之序。東萊云：『凡序文籍，當序作者之意。如贈送燕集等作，又當隨事以序其實也。』大抵序事之文，以次第其語，善敍事理爲上。」（《文章辨體序說》）《春夜陪從弟宴桃李園序》既是記事的序文，符合上述要求，其第一段又可以當作哲理短論，而全篇更可以當作催人奮勉的座右銘讀。

《文苑英華》卷七一〇《序·遊宴》題作《春夜宴諸從弟桃（四部叢刊本有花字）園序》，正文中作「會桃李之芳園」，故有的選本作《春夜宴桃李園序》。第一句下四部叢刊本及咸淳本有註：「一本作『夫萬物者，天地之逆旅也』。」恐是偶誤，《莊子·知北遊》只是說：「世人直爲物逆旅耳。」說的是人，沒有說物。一本所作不如今本的妥善。又《四六法海》說：「太白文蕭散流麗，乃詩之餘，然有一種腔調，易啓人厭，如陽春、大塊等語，殆令人聞之欲吐矣。陸務觀亦言其識度甚淺。」（《李白集校註》卷二十七「評箋」引）大概後世沿用擬作者多，才令人有見而生厭之感。「天地」「大塊」字面略復，不足爲病。（劉開揚）

燕歌行

高適

開元二十六年，客有從元戎出塞而還者，作《燕歌行》以示。適感征戍之事，因而和焉。

漢家煙塵在東北，漢將辭家破殘賊。男兒本自重橫行，天子非常賜顏色。摐金伐鼓下榆關，旌旆逶迤碣石間。校尉羽書飛翰海，單于獵火照狼山。山川蕭條極邊土，胡騎憑陵雜風雨。戰士軍前半死生，美人帳下猶歌舞！大漠窮秋塞草腓，孤城落日鬥兵稀。

燕歌行

身當恩遇常輕敵，力盡關山未解圍。鐵衣遠戍辛勤久，玉箸應啼別離後。少婦城南欲斷腸，征人薊北空回首。邊庭飄颻那可度，絶域蒼茫無所有。殺氣三時作陣雲，寒聲一夜傳刁斗。相看白刃血紛紛，死節從來豈顧勳？君不見沙場征戰苦，至今猶憶李將軍！

高適的《燕歌行》是一首膾炙人口的邊塞詩佳作，它以深刻的思想，精湛的藝術，贏得人們的喜愛，千百年來傳誦不已。

《燕歌行》爲樂府古題，其辭多與邊地征戍有關，寫思婦懷念征人之情。此題文學史上文人多有擬作，淒怨感人者亦不乏見，但就內容的深度廣度而言，高適此首堪稱絶無僅有。由自序可知，此詩爲和人之作，但絶非無聊應酬，故作呻吟。作者系「感征戍之事而作」：這裏的「感」，又非一般的感觸，而是飽和着血淚的感慨；這裏的「事」，也非道聽途說之辭，而是作者曾身歷其境，親眼所睹。不妨打一個比喻，這首詩絶非乾枯的無本之木，而是一株深深紮根於現實生活土壤的參天大樹。

此詩作於唐玄宗開元二十六年（七三八）。此前八年，即開元十八年，契丹可突干殺其王李邵固，率其國人併脅奚國之衆叛唐降突厥。奚王李魯蘇及其妻韋氏、邵固妻陳氏投奔唐朝。從此唐東北邊境不靖，奚、契丹的不斷侵擾，迫使唐王朝不得不接連發兵征討。當時正落魄失意的高適，便萌發了安定邊疆，建立功業，以求進身的志向。於是於開元二十（七三二）年北遊燕趙，干謁邊將，以期入幕從戎。結果身遭棄置，在邊地浪遊達三年之久。高適此行雖未遂願，但使他深入了解邊塞情況、軍中內幕，寫出了一些深刻反映現實的邊塞詩篇，如《塞上》、《薊門五首》等。這些詩或表現抵禦侵犯、安定邊疆、建立功勳的豪情壯志與懷才不遇、抱負難展的強烈矛盾，如：「常懷感激心，願效縱横謨；倚劍欲誰語，關河空鬱紆」（《塞上》）；或指斥邊策，揭露弊端，如：「轉鬥豈長策？和親非遠圖。」（《塞上》）「總戎掃大漠，一戰擒單于。」（同上）「戍卒厭糟糠，降胡飽衣食。關亭試一望，吾欲涕霑臆」（《薊門五首》）；或反映戍卒的疾苦，喊出他們的呼聲。題材多樣，內容豐富。我們了解了高適的這一段生活經歷，讀了他這期間的詩作，就會感到這首《燕歌行》的產生，并不是偶然的。如果拿樂章作比，《燕歌行》是主旋律，而這一時期的詩則是它的序曲或前奏。

詩序中的「元戎」，實指幽州節度使張守珪，有的本子徑作「御史大夫張公」。於是有人以此詩爲諷刺張守珪之作。據史書記載，開元二十六年，張守珪確有爲其部將掩敗奏勝、欺騙朝廷之舉，但與此詩所寫內容不合。此詩具有廣闊的社會背景，它雖然暴露了邊策的失當、邊將的腐敗，但絕不限於影射某人某事，而是作者對邊塞生活所作的高度的藝術概括。

《燕歌行》全詩分爲三個層次：

第一層爲前八句，寫將領聞警受命率兵出征。開頭兩句中的「漢家」、「漢將」，皆借漢指唐，「煙塵」指戰警。「男兒本自重橫行，天子非常賜顔色」，是說堂堂男子本以馳騁沙場殺敵立功爲重，更何況受到天子的非常恩遇，必將盡力報效。這裏作者的感情是複雜的：一方面對將領們破敵衛國，建立奇勳，寄予希望；另一方面又爲他們驕恣蠻幹，邀功求賞，深抱隱擾。但因爲前一方面居主，故語含贊頌。「摐金伐鼓下榆關，旌旆逶迤碣石間」，這兩句繪聲繪色地寫出了戰士直赴前線榆關（今山海關），行進在碣石山（今河北昌黎西北）間的情形。摐、伐皆爲敲擊之義。金指金屬樂器，軍中以敲擊金鼓爲指揮進退的信號。逶迤，彎曲而長。這裏是寫旗幟飄揚之狀。《離騷》：「載雲旗之委蛇（同逶迤）。」「校尉羽書飛翰海，單于獵火照狼山」，極寫局勢緊急，戰火蔓延。前句謂軍中緊急警報到處飛傳。校尉，漢時爲宿衛兵統領。唐時爲武散官，位次將軍。這裏泛指將領。翰海，大沙漠的古稱，其地東起興安嶺西麓、西至天山東麓。後句謂外敵進犯的戰火已熊熊燃起。單于在這裏泛指外族首領。獵火本指圍獵之火，古時習稱遊牧民族侵擾的戰火。狼山，有多處，這裏與翰海對舉，當爲狼居胥山。《漢書・霍去病傳》：「封狼居胥山，單于姑衍，登臨翰海。」狼胥居山又名狼山，屬陰山山脈，在今內蒙古自治區狼山縣西北。這兩句不僅用誇張手法寫出了戰地空間的廣漠，而且借助於翰海與狼山對舉的典故，引向歷史的縱深；人們不禁要撫今追昔，提出疑問：爲什麼漢將受封管轄之地，至今却戰亂四起？作者引導人們反思當今邊策的意圖，不難窺知。

第二層爲「山川」八句，寫戰場交戰和將領與士卒遭遇的不同。既是全詩的中心，又是前後轉折的關鍵。「山川蕭條極邊土，胡騎憑陵雜風雨」寫官軍處境的險惡，前句寫邊地自然環境的艱苦，後句表現了敵兵進攻的猛烈。「戰士軍前半死生，美人帳下猶歌舞」，是說戰士在前沿流血，犧牲慘重，而將帥們却安居軍帳，流連聲色。作者懷着極大的憤慨喊出了軍中的不平，成爲千古絕唱。不言而諭，正是將帥與士卒之間這種苦樂不均、死生迥異的地位和待遇，從內部瓦解了官軍的戰鬥力。「大漠窮秋塞草腓，孤城落日鬥兵稀」，腓，這裏是衰萎之義。這兩句以邊塞秋末自然景色的衰敗，襯託官軍兵力的枯竭。「身當恩遇常輕敵，力盡關山未解圍」，這兩句再一次把將領與士卒對舉，寫將領們身受恩寵，肆無忌憚，輕舉妄動，邀功求賞，致使戰爭連連失利，士卒們力已耗盡，仍未能解圍。前句主語爲將領，「身當恩遇」正與前「天子非常賜顏色」相呼應。後句主語爲士卒，「力盡」正與前「鬥兵稀」相呼應。

「鐵衣」十二句爲第三層，專寫士卒。「鐵衣遠戍辛勤久，玉箸應啼別離後。少婦城南欲斷腸，征人薊北空回首」，箸，筷子。玉箸，古時常用以形容婦女雙流的眼淚。這四句所寫爲《燕歌行》的傳統主題，而在本詩中已降居從屬地位，并且還賦予新意：首先與上文緊承，表現士卒愈遭冷遇，愈感到寒心，而思鄉之情也就愈切。其次，强調了一個「久」字，就是說，相思之怨并不在於出征，而在於由於邊將無能、邊策失當所造成的久戍不歸。這兩點都是與本詩主旨緊緊相連的。「邊庭飄颻那可度，絕域蒼茫無所有」，寫征戰生活的艱苦。飄颻，遠貌。前句謂邊城遙遠，難可度越。後句謂偏遠邊陲，蒼茫廣漠，一無所有。充分表現了飄零孤獨之苦。「殺氣三時作陣雲，寒聲一夜傳刁斗」，寫戰爭氣氛的緊張。三時，早、午、晚，概指整日。陣雲：古人所謂象徵戰爭之兆的雲氣。其狀如《史記·天官書》所說：「陣雲如立垣。」刁斗爲軍中銅製用具，日以作炊，夜以敲更。這兩句與前兩句密切相關，前兩句從空間上着筆，寫征戰生活的飄蕩無定；後兩句從時間上着筆，寫征戰生活的日夜不寧。「相看白刃血紛紛，死節從來豈顧勳？君不見沙場征戰苦，至今猶憶李將軍」，這四句以表達士卒的心願結束全詩，意謂士卒們勇敢殺敵，不惜犧牲，完全是爲了報效國家，哪裏念及個人功動？只是沙場征戰艱苦難熬，至今還在盼望能有像李廣那樣體恤士卒、胸懷韜略的良將出現。李廣爲漢武帝時的將軍，史載他優待士卒，用兵有謀，曾大破匈奴。這結尾四句，又與前兩層內容照應：把士卒與將領對照，以見志向、品格之尊卑；把李廣與當今諸將相比，以見才能、功德之高下。既緊扣全篇主旨，又給讀者留下無窮回味。

以上三個部分，層層相因，波瀾起伏，最後達到了高潮。

這是一首敍事與抒情緊密結合的詩。論敍事，不僅寫了出征、交戰、失利、久困的過程，描繪場景、渲染氣氛，筆力非凡，而且重在刻畫事件的主體——人物。寫人物又沒有簡單化，如寫將帥，既表現他們威武豪壯的一面，又表現他們驕奢淫佚的一面；寫士卒，着重揭示他們的矛盾心理：抗敵衛國的壯志與身遭塗炭的寒心。論抒情，不僅發個人之感慨，更注意深探戰士心曲，替他們鳴不平。通篇抗敵的豪情與不平的憤怒錯綜交織，構成一曲悲壯的史詩，深刻地反映了現實的矛盾。

明代胡應麟《詩藪》論唐人七言古詩曾說，「盛唐高適之渾，岑參之麗，王維之雅，李頎之俊，皆鐵中錚錚者」，「高、岑、王、李，音節鮮明，情致委折，濃纖修短，得衷合度」（內編卷三）。《燕歌行》堪稱高適七古中的姣姣者，它「以雅參麗，以古雜今」，「聲律風骨」兼備。全詩整個格調給人以渾浩之感，氣勢也頗雄偉，而形象又明麗如畫。語言不乏雕飾，講究工對聲律之句屢見，而又不失自然之美。遣詞用典頗重意義和形象的雙關，以增加詩句的容量和韻味，而又不覺牽強。例如「胡騎憑陵雜風雨」，「風雨」既爲實筆，同時借用典以比喻胡騎進犯之猛烈，《新序·善謀》：「且匈奴者……來若風雨，解若收電。」又如「殺氣三時作陣雲」，「殺氣」既指深秋肅殺之氣，又指戰場殺伐之氣，兩者皆叫人感到森然。再如「寒聲一夜傳刁斗」，「寒聲」既指風聲，又指淒涼的刁斗聲，寒風傳刁斗，寒上加寒，令人戰慄。至於講究聲律，也服從於表現內容的需要。例如用韻，不僅三個層次有異，而且每個層次中間皆轉換一次，形成一揚一抑的起伏。第一層前四句用入聲韻，收韻之促迫與行動之緊急相應；後四句用平聲陽聲韻字，聲音洪亮又與滿懷豪情出征之壯觀場面相諧。第二層前四句用上聲陰聲韻字，雖仄而舒，與深沉之感嘆相合；後四句用平聲陰聲韻字，雖揚未張，亦與低沉之氣氛相配。第三層前八句用上聲陰聲韻字，雖仄而舒，與一唱三嘆的相思和無窮無盡的邊愁一致；後四句用平聲陽聲韻字，聲轉嘹亮，與表達意願、寄寓希望的內容吻合。

《燕歌行》是一首悲壯之歌，可以說，此詩從形式到內容完整地體現了悲壯之美。

（孫欽善）

別董大（其二）

高 適

千里黃雲白日曛，北風吹雁雪紛紛。莫愁前路無知己，天下誰人不識君！

高適的《別董大》，共有兩首。另一首是：「六翮飄颻私自憐，一離京洛十餘年。丈夫貧賤應未足，今日相逢無酒錢。」敦煌寫本《唐人選唐詩》殘卷（伯二五五二、二五六七），「六翮飄颻」爲第一首，「千里黃雲」爲第二首。明代銅活字本《高常侍集》與《全唐詩》，這兩首的次序剛好顛倒。從內容來看，兩首詩所寫的時間有前有後，「六翮飄颻」寫「相逢」，「千里黃雲」寫送別，以敦煌寫本的編次較爲合適。敦煌寫本的詩題作《別董令望》，可知董大名叫令望。當時著名琴師董庭蘭，排行老大，也叫董大。是否卽是一人，史無明文記載，已無法確攷。

高適在二十歲時初次到京城長安和東都洛陽。本想謀一官職，但沒有成功。「十餘年」後北遊燕趙，投靠朔方節度副大使信安王李禕，未能見用。從「一離京洛十餘年」的回顧中，可以想見董大是高適當年在長安、洛陽結識的朋友。正因爲是老朋友，所以無錢買酒也不妨直說。其實，高適在燕趙，酒還是常喝的，曾

「縱酒燕王臺」（《眞定即事奉贈韋使君二十八韻》），「縱酒涼風夕」（《鉅鹿贈李少府》）。但有時也難免斷頓。這次與董大相遇，正好陷入囊空羞澀、無錢買酒的困境，只好直言相告，表示抱歉。眼看董大又要上路，便寫了這首「千里黃雲」送別以壯行色。有人以爲《別董大》作於北遊燕趙歸來閑居宋中（今河南商丘）時。但詩中所寫的揚沙攪雪的天氣與宋中的氣候不合。也有人以爲此詩作於從軍河西時。但在河西時的高適，尚不致窘困到無錢買酒的地步。

開頭兩句以絕大筆力展示了塞上冬日悲而壯的闊大景象。這是一個揚沙天氣，極目所見的千里雲霞，都被染成了黃色，明亮的太陽漸漸斂起耀眼的光芒，成了一個昏黃的圓球。「千里」，明本《高常侍集》與《全唐詩》均作「十里」。此據《唐人選唐詩》殘卷。詩人掃視莽莽蒼蒼的天空，視野極爲開闊，似不當作「十里」。「曛」，昏暗的樣子。「白日曛」是揚沙天氣特有的景象。次句點出時令已是初冬，北風勁吹，大雁南飛，大雪紛紛。詩人不說「飛雁」或「雁飛」而說「吹雁」，似乎雁是被動的，從而更顯示出大自然的嚴酷，增強了詩句悲壯的色調。這兩句所寫，并非同一時間所見，「黃雲」、「白日」不可能與紛紛大雪同時出現。詩人有意將不同時間所見的景象攝入詩中，不僅強調了環境的嚴酷性，同時也富有象徵性，令人聯想到人世的艱辛。

面對如此惡劣的現實，詩人并沒有勸友人留下，也不作臨歧分手時的兒女之態，而是以信任的口吻鼓勵友人踏上征程，唱出了豪邁的後兩句：「莫愁前路無知己，天下誰人不識君！」「莫愁」二字，一筆拍轉，從易愁之景中反跌出「莫愁」的豪情。唯其景色易愁，更見出「莫愁」之彌足珍貴。詩情也由前兩句的悲壯一變而爲高亢的令人心嚮往之的壯美。

古來的別離之作，絕大多數抒寫感傷的情懷，表現爲一種柔婉的女性風格。無論是江淹長聲詠嘆的「黯然銷魂者，唯別而已矣」，或是曹丕低聲吟唱的「別日何易會日難，山川悠遠路漫漫」，也不論是王維、李商隱等人繼起的歌唱，莫不如此。能不隨流揚波而獨具陽剛之美的，百不得一。除了王勃的《送杜少府之任蜀川》外，就要數到高適的這首《別董大》了。高適之得以寫出如此奮發向上的詩來，固然與他年少氣盛有一股初生牛犢不怕虎的精神有關，更重要的則在於時代給予他的展望。因而儘管身無分文，却依然心有天下；懷才不遇，但又不甘心寂寞沉淪。於是借着給董大送行的機會，用他人的酒杯澆自己胸中的塊壘，借題發揮，傾訴了自愛、自信、自強的情懷。讀罷這首詩，我們不僅見到了在茫茫風雪中行將出發的董大，而且還看到了軀幹奇偉、正準備投入生活海洋中去拼搏一番的高適的形象，不禁心爲之動，情爲之壯，躍躍然也想投入到彌漫的風雪中去拼搏一番了。嚴羽在《滄浪詩話·詩評》中說：「唐人好詩，多是征戍、遷謫、行旅、離別之作，往往能感動激發人意。」《別董大》正是這樣的一首好詩。由於這首詩表現了積極進取、自強不息、一往無前的盛唐精神，因而即使在千年以下，仍能「感動激發人意」，給人以鼓舞激勵，給人以美的藝術享受。

（陳志明）

封丘作

高　適

我本漁樵孟諸野，一生自是悠悠者。乍可狂歌草澤中，寧堪作吏風塵下。
祇言小邑無所為，公門百事皆有期。拜迎長官心欲碎，鞭撻黎庶令人悲。
歸來向家問妻子，舉家盡笑今如此。生事應須南畝田，世情盡付東流水。
夢想舊山安在哉？為銜君命且遲迴。乃知梅福徒為爾，轉憶陶潛歸去來。

封丘作

唐開元二十三年（七三五），詩人高適被宋州刺史張九皋推薦，初次出仕，任封丘縣（今河南省封丘縣）縣尉。縣尉是在縣令管轄下，主持一縣的公安工作，以捕察所謂盜賊爲任務，實際上就是直接迫害人民，漁肉鄉裏的封建官吏。這首詩，就寫於詩人在封丘任職的期間，故名《封丘作》，或名《封丘縣》。生動眞實地表達了詩人「拜迎長官心欲碎，鞭撻黎庶令人悲」的不堪其職的苦悶心情。

這詩是以敍述詩人的生平身世開篇的：「我本漁樵孟諸野，一生自是悠悠者。」概括地表明自己本是個以漁樵爲業、逍遙世外的自由人。「孟諸」，古代澤藪名，在今河南省商丘縣東北。詩人曾經浪跡於「孟諸」一帶，故詩人自述捕魚砍柴在「孟諸」之野。「悠悠」，指悠閑自適的生活。高適自認爲生來本是個過着悠閑生活無拘無束的人。這兩句表明詩人酷愛自由的性格情趣。而這樣的稟賦，與仕途生活原是格格不入，難以契合的。所以下面緊接着便說：「乍可狂歌草澤中，寧堪作吏風塵下！」「乍可」，做只可解。上句說自己只可在「孟諸」草澤中狂放歌吟，進一步從正面表白出了自己的個性。「寧堪」，做怎能容忍解。與上句「乍可」緊相呼應，表示意念的轉折。「作吏風塵」，指官場紛亂的生活。這下句是說自己難以忍受官場的生活，從反面又表明了自己喜愛悠閑自適的本性。開篇四句的內容，是詩人自敍性本狂放自由，不堪忍受仕途紛亂的生活。這起段便塑造了具有鮮明個性的詩人的自我形象。

「衹言小邑無所爲，公門百事皆有期。」這裏是在訴說不堪作吏的因由。先說出仕之前以爲小縣邑裏的官職，沒有更多的公事可做，依舊可以自由自在的生活。後說任職之後方知并非如此，各種公事都有嚴格限制和期限規定，官身不由自己。言外之意，踏入官場後就已感到了失望和悔恨，大有早知如此，悔不當初的味道。接下兩句，「拜迎長官心欲碎，鞭撻黎庶令人悲」，更進一步訴說了「寧堪作吏」的縣尉的處境、職務，以及詩人的痛苦心境。小小的縣尉，對於上級長官是卑躬屈膝，笑臉相迎；對於黎民百姓是作威作福，兇狠鞭笞。「心欲碎」、「令人悲」，表達了詩人內心的痛苦和悲傷，感情深沉眞摯，令人同情贊嘆。這兩個詩句概括性很強，它僅通過縣尉對長官與對百姓截然不同的兩種態度，便深刻地揭示出了封建社會下層官吏可憐而又可憎的嘴臉。特別應該指出的是後一個詩句，側面地透露出了人民羣衆被迫害的不幸境遇，其中又充溢着詩人對人民的深切同情。

「歸來向家問妻子，舉家盡笑今如此。」這裏通過家人的通達世故，表出了詩人的率眞迂闊。前一句是寫詩人感到仕途的苦悶，無法解脫，只得回家去詢問妻子兒女。詩句極其淺顯平易，無一字誇張，無一點塗飾，僅以白描的手法，展現了詩人自我的形象，使讀者宛如目睹了他那眞摯迂憨的神態表情。後一句是寫家人對詩人詢問的反應。「舉家盡笑」，一個「笑」字表達了詩人妻子兒女的複雜感情。一方面在「笑」詩人的迂腐，不通時務；另一方面在「笑」的背後，包含着對世事的激憤和慨嘆，這實乃一種「哭笑不得」的「笑」，而不是一種喜悅的「笑」。「今如此」，意謂當今都是如此。這三個字，雖是輕筆一點，却把封建社會官場的齷齪，一語破的地全道了出來。

「生事應須南畝田，世情盡付東流水。」此是承上而來，因爲「舉家盡笑今如此」，結果詩人便更加厭倦了官場，產生了辭官歸田的意念。「生事」，相當於生計。上句意爲：爲生計所迫才出仕作官，本應該是在家耕田的。詩人的內心勃起辭却縣尉一職，嚮往歸隱耕田的願望。「世情」，指官場的世態。下句意爲：將官場上的世態炎凉都付諸東流吧，不再讓它們縈繞在自己的心頭。這便更深入一層地表述了辭歸的心願。這幾句詩的內容，表達了詩人對官場的汚濁有了認識，心中萌生起辭官歸田的願望。詩人的自我形象，愈加鮮明。

「夢想舊山安在哉？爲銜君命且遲迴。」「舊山」，指詩人的故鄉渤海。上句直承前段而下，因有了辭官歸田的念頭，所以就「夢想」起故鄉來。可是自己早已離鄉在外，多年浪迹天涯，而今故鄉又「安在哉？」感嘆之下，傾吐出了一股有鄉歸不得的悵惘之情。「爲君命」，指受君王之命。「遲迴」，遲疑不決。這下句是表達自己矛盾的心情，本想辭官但又未能辭去，因爲封丘縣尉的官職是接受了皇帝的詔命。所以才遲疑不決，未敢輕意拂袖而去。這裏流露出了詩人的忠君思想。做爲一個封建時代的士人，是不可能斷然擺脫這種思想束縛的，這是時代給詩人思想留下的烙印。詩中所吐露的內心矛盾是眞切的，如實地表達了那個歷史時代裏知識分子思想感情的眞實活動過程。詩的結穴：「乃知梅福徒爲爾，轉憶陶潛歸去來」，這裏是借古人的事蹟，抒發了詩人的深沉感慨。梅福字子眞，西漢末年人。曾經做過南昌尉，後棄官而去。詩人現在才理解

封丘作

了梅福是由於感到南昌尉無所作爲才棄官而去。此時詩人的心境與當年梅福的心境可以說是「心有靈犀一點通」的。他們都爲諂上驕下、無所作爲的縣尉職務而煩惱，進而渴望擺脱，嚮往退隱。就在這種情況下，詩人又轉念追憶起陶潛賦《歸去來兮辭》的情景。陶潛任彭澤縣令後，深惡官場的黑暗，感到自己「質性自然，非矯勵所得」，「於是悵然慷慨，深愧平生之志」。決心不「爲五斗米折腰向鄉里小兒」，斷然辭官歸隱。詩的末尾表明，詩人經過一番思想鬥爭後，已不願再爲封建統治階級充當「鞭撻黎庶」的打手，而要效法陶潛，堅決離開官場，不再繼續做封丘縣尉了。後來事實證明，高適果然辭去了縣尉這一極不光彩、令他悲苦的職務。偉大詩人杜甫當時還曾爲高適此舉謳歌祝賀，稱贊他「脱身簿尉中，始與捶楚辭」（《送高三十五書記十五韻》）。可見，高適的毅然辭官，是值得表彰的正義行動。

綜上所述，可知本詩是傾述了詩人任封丘縣尉的痛苦心情和表達了詩人辭官歸隱的思想。詩人之所以感到痛苦，原因有三：他稟賦性情狂放不羈，可是「公門百事」都有嚴格的限制，他不堪忍受這種約束，這是一。他處事態度剛直不阿，然而縣尉却要「拜迎長官」，他不堪忍受這種恥辱，這是二。他待人接物心地善良，但是任職後要「鞭撻黎庶」，他不堪忍受這種折磨，這是三。透過詩人這種痛苦心情和歸隱思想，我們首先看到了作者正直的品格，純潔的心靈，自由的個性。詩人的形象由此而倍加鮮明生動，眞摯感人。其次又看到了當時社會的情景，官場的黑暗，官吏的殘酷，世態的炎凉。因此説，這是一篇具有現實意義的進步詩篇。

這是一首抒情詩，詩人基本上採用了直抒胸臆的手法。全詩以不堪任縣尉之職爲中心，圍繞着這一中心，抒寫出了詩人思想感情變化的過程。詩篇開始先陳述自己的性格志趣，然後寫仕前對官場的想象，繼之寫踏入官場後的內心矛盾以及留去的思想鬥爭，最後寫辭官歸田的決心。從詩人的思想感情來説，其發展變化的脈絡清晰可見；從詩作的謀篇布局上看，首尾呼應，結構嚴謹。雖然詩人直抒胸臆，但感情率眞而不空疏，眞摯而不虛飾。這既符合詩人的思想實際，又符合社會的眞實情況。唯其如此，它才感人至深。

這是一首七言古詩，詩人運用淺近平易、樸實無華的語言來表達眞情實感，其中沒有過分的修飾，極度的渲染。然而語言在平易如話之中，做了精心的藝術加工，這主要表現在散句與對仗的交錯搭配上。我們細讀全詩，便不難發現，篇中兩個散句之後，便是兩個對偶句，有規律地反覆交錯出現。以此造成一種鮮明的節奏和旋律，構成一種變換有致的造型，給人一種獨特的藝術美感，深深地吸引着讀者。

要特別指出，本詩的結尾兩句，異常巧妙動人。詩人借古人梅福和陶潛的身世際遇，來表達自己無盡的情思。這種借古人古事做爲抒情的憑借手段，不僅形象生動，而且又具有韻味悠長的特點。所以，這兩個詩句使人感到蘊藉深厚，耐人尋思。讀者掩卷默想，覺得猶有餘韻在口，留有無盡的思索餘地，這也是本詩獲得強烈的藝術感染力的原因之一。

（馮宇）

图书在版编目（CIP）数据

历代名篇赏析集成．魏晋南北朝隋唐五代卷．上 / 袁行霈主编．—北京：高等教育出版社，2009.3（2017.2重印）
ISBN 978-7-04-023575-3

Ⅰ．历…　Ⅱ．袁…　Ⅲ．①古典文学－文学欣赏－中国－魏晋南北朝时代②古典文学－文学欣赏－中国－隋唐时代③古典文学－文学欣赏－中国－五代十国时期　Ⅳ．I206.2

中国版本图书馆CIP数据核字（2008）第035825号

策划编辑　迟宝东　　责任编辑　李健秋
封面设计　刘晓翔　　版式设计　刘晓翔
责任校对　姜国萍　　责任印制　尤　静

出版发行　高等教育出版社
社　　址　北京市西城区德外大街4号
邮政编码　100120
印　　刷　北京佳信达欣艺术印刷有限公司
开　　本　787×1092　1/16
印　　张　36.75
字　　数　600 000
购书热线　010-58581118
咨询电话　400-810-0598
网　　址　http://www.hep.edu.cn
　　　　　http://www.hep.com.cn
网上订购　http://www.landraco.com
　　　　　http://www.landraco.com.cn
版　　次　2009年3月第1版
印　　次　2017年2月第4次印刷
定　　价　83.00元

物 料 号　23575-00